刑法各論

[第2版]

林 幹人 ──［著］

東京大学出版会

CRIMINAL LAW:
Specific Offence
(2nd Edition)
Mikito HAYASHI
University of Tokyo Press, 2007
ISBN978-4-13-032342-0

はしがき

　これほどに刑法の学者が増え，学問が進歩してくると，体系書のもつ意味は以前ほどのものではなくなっている．刑法の研究を始めた頃すでに，私は，体系書，あるいは教科書といわれるものの価値に疑いをもっていた．体系書の本場のドイツでも，このごろは，優れた学者でありながら，あるいはそれが故にこそ，そのようなものに手を出さない人が出てきている．アメリカなどでも，いわゆる体系書のようなものは数少ないし，学問的にそれほど重視されているわけでもないように思う．わが国でも，民法や商法ではすでにそのような状況のようである．日本の刑法学において体系書が依然として意味あるものとされているのは，学問として未熟だからかもしれない．……そのような疑いを抱きつつ，論文を書き続けてきたわけだが，4，5年ほど前に，論文を書くということに関しては，やるべきことは大体やったという気持ちとなり，自然な成り行きとして，体系書を書こうという意欲が湧いてきた．それからは体系書の執筆に主力を傾け，ここに本書の上梓となった．

　体系書は，長い間わが国の刑法学の発展の原動力だったから，そこで一介の浅学がなしうることは高が知れている．それでも，この発展に何ほどかの新しい刺激を与ええたとすれば，それは，刑法各論の理論化ということだと思う．刑法各論は総論と比べると，理論的な研究になじみにくい分野である．しかし，これまでの刑法各論は，どうかすると，多くの解釈論を脈絡なしにただ羅列するという傾向があったように思う．これに対して本書においては，さまざまの問題の背後にある基本的な思想を明らかにし，そこから，改めてそれらの問題を考え直してみる，という方法を重視した．このことによって，さまざまの問題の相互の内的な関係が明らかとなり，一貫した解釈論をなしうるだろう．そして，個々の問題を，場当たりに恣意的に解決するのを避けることができるだろう．この刑法の理論化は，同じものは同じくという，法において最も大切な公平性をもたらすこととなるのである．もちろん，このような本書の狙いも，

きわめて部分的に，不十分にしか達しえていない．ただ，現在の刑法各論に最も求められているのは，このような方面における進展にほかならないと思われるのであり，本書はそのためにささやかな貢献をしようとしたのである．

本書の出版にあたっては，東京大学出版会編集部の羽鳥和芳氏にお世話をいただいた．氏は本書の全体に目を通され，体系書としての体裁を整え，読み易いものとするために，多大の力を尽された．また，判例索引と文献表については，篠塚一彦氏にお手伝いいただいた．両氏に厚く御礼申し上げる．

1999 年 7 月

＊　　　　　　＊　　　　　　＊

旧版を出して 8 年がたち，その後の学説・判例の変化が著しいので，ここに新版を上梓することとした．各論の理論化という旧版の動機は，そのまま維持した．それこそがわが国の刑法各論に欠けているものだという気持ちは変わらない．

出版にあたっては，羽鳥和芳氏，山田秀樹氏に多大のお世話をいただいた．両氏に厚く御礼申し上げる．

2007 年 7 月

林　幹　人

目　次

はしがき　　i
略語表　　ix

序　説 ……………………………………………………………………… 1

第1編　個人的法益に対する罪

第1章　人の生命に対する罪 ………………………………………… 7
第1節　殺人罪 ………………………………………………………… 7
　1　殺人罪　7
　　(1)　人の始期　7
　　(2)　胎児性致死傷　15
　　(3)　人の終期——脳死について　19
　2　自殺関与・同意殺人罪　23
第2節　堕胎罪 ……………………………………………………… 34
第3節　遺棄罪 ……………………………………………………… 39

第2章　身体に対する罪 ……………………………………………… 47
第1節　傷害罪 ……………………………………………………… 47
第2節　傷害罪の拡張類型 ………………………………………… 53
　1　現場助勢罪　53
　2　同時傷害罪　54
第3節　暴行罪 ……………………………………………………… 57
第4節　危険運転致死傷罪 ………………………………………… 60
第5節　凶器準備集合罪 …………………………………………… 63

第 6 節　過失傷害・過失致死罪……………………………………………66

第 3 章　自由に対する罪……………………………………………………71
　第 1 節　行動の自由に対する罪……………………………………………71
　　1　逮捕・監禁の罪　72
　　2　脅迫罪　75
　　3　強要罪　80
　　4　略取及び誘拐の罪　81
　第 2 節　性的自由に対する罪——強制わいせつ罪と強姦罪……………87
　　1　総　説　87
　　2　強制わいせつ罪　88
　　3　強姦罪　91
　　4　準強制わいせつ罪・準強姦罪　92
　　5　集団強姦罪　96
　　6　未遂・親告罪・強制わいせつ等致死傷罪　96
　第 3 節　住居侵入罪…………………………………………………………97
　第 4 節　秘密を侵す罪………………………………………………………106

第 4 章　名誉に対する罪……………………………………………………111
　　1　名誉毀損罪・侮辱罪　111
　　2　公共の利害に関する場合の特例　116
　　3　名誉毀損罪における事実の真実性に関する錯誤　121

第 5 章　信用及び業務に対する罪…………………………………………126

第 6 章　財産に対する罪……………………………………………………136
　第 1 節　財産罪総論…………………………………………………………136
　　1　序　論　136
　　2　財産罪の保護法益　140
　　　(1)　経済的財産説——財産的損害の要否　140

(2) 法律的・経済的財産説——不法原因給付と詐欺・横領，本権説と占有説，「他人の」の意義　148

　　　　1　不法原因給付と横領罪・詐欺罪　　2　財産関係の相対性（禁制品・盗品等の財産性）　　3　本権説と占有説，権利行使と恐喝　　4　財産罪における「他人の」の意義

　3　財産罪の客体　172

　　(1) 財物の意義　172

　　(2) 所有権・財産権の対象　174

　　(3) 2項財産罪　175

　　(4) 情報・秘密の保護　179

第2節　窃盗罪……………………………………………………………184

　1　窃盗罪　184

　　(1) 窃　取　184

　　(2) 不法領得の意思　190

　　(3) 未遂と既遂　197

　2　不動産侵奪罪　199

　3　親族間の犯罪に関する特例　202

第3節　強盗罪……………………………………………………………205

　1　強盗罪　205

　2　強盗予備罪　215

　3　準強盗罪——事後強盗罪，昏睡強盗罪　216

　4　強盗致死傷罪　219

　5　強盗強姦及び同致死罪　223

第4節　詐欺罪……………………………………………………………223

　1　総　説　224

　2　欺　罔　225

　3　錯　誤　233

　4　交付行為　235

　5　損　害　247

　6　クレジットカードの不正使用　250

7　準詐欺罪　254
　　8　不実電磁的記録作出利得罪（246条の2）　255
　第5節　恐喝罪……………………………………………………260
　第6節　背任罪……………………………………………………266
　第7節　横領罪……………………………………………………278
　　1　横領罪　279
　　2　業務上横領罪　296
　　3　遺失物等横領罪　297
　　4　横領罪と背任罪・詐欺罪　298
　第8節　盗品等に関する罪………………………………………304
　第9節　毀棄及び隠匿の罪………………………………………313

第2編　社会的法益に対する罪

第1章　公衆の安全に対する罪……………………………………323
　第1節　騒乱の罪…………………………………………………323
　第2節　放火と失火の罪…………………………………………329
　　1　総　説　329
　　2　各罪の検討　336
　第3節　出水及び水利に関する罪………………………………340
　第4節　往来を妨害する罪………………………………………343
　第5節　公衆の健康に対する罪…………………………………347
　　1　あへん煙に関する罪　347
　　2　飲料水に関する罪　348

第2章　文書偽造の罪………………………………………………350
　第1節　偽造罪総論………………………………………………350
　　1　総　説　350
　　2　有形偽造と無形偽造　353

第2節　偽造罪各論……………………………………………370
　　　1　通貨偽造の罪　370
　　　2　文書偽造の罪　372
　　　3　電磁的記録不正作出・不正電磁的記録供用罪　382
　　　4　有価証券偽造の罪　385
　　　5　支払用カード電磁的記録に関する罪　391
　　　6　印章偽造の罪　393

　第3章　公衆の感情に対する罪………………………………396
　　第1節　性的感情に対する罪…………………………………396
　　　1　わいせつ罪の処罰根拠　396
　　　2　わいせつの概念　399
　　　3　公然わいせつ罪　402
　　　4　わいせつ物頒布等の罪　403
　　第2節　死者に関する罪（死体損壊罪等）…………………407
　　　1　保護法益　407
　　　2　死体遺棄等罪　408
　　　3　その他の罪　410
　　第3節　賭博及び富くじに関する罪…………………………412
　　　1　保護法益　412
　　　2　常習性　413
　　　3　各犯罪類型　415

第3編　国家的法益に対する罪

　第1章　国家の存立に対する罪——内乱・外患の罪……………423

　第2章　国家の作用に対する罪………………………………428
　　第1節　公務に対する罪………………………………………428
　　　1　公務執行妨害罪　428

         2 封印破棄罪　436
         3 競売入札妨害罪と談合罪　437
         4 賄賂罪　440
             (1) 保護法益　440
             (2) 職務の内容　444
             (3) 事後収賄罪と事前収賄罪　448
             (4) 第三者供賄罪と斡旋収賄罪　451
             (5) 没収追徴　453
             (6) 贈賄罪　456
     第2節　司法作用に対する罪……………………………………456
         1 虚偽告訴罪　456
         2 犯人蔵匿と証拠隠滅の罪　459
             (1) 犯人蔵匿罪　460
             (2) 証拠隠滅罪　463
             (3) 証人威迫罪　466
         3 偽証罪　467
         4 逃走の罪　469
             (1) 逃走する罪　470
             (2) 逃走させる罪　472

第3章　国交に関する罪……………………………………………475

第4章　国家の作用に関する罪……………………………………479
     第1節　強制執行不正免脱罪………………………………………479
     第2節　職権濫用罪…………………………………………………481

文献表　487
事項索引　495
判例索引　501

略語表

体系書等

浅田ほか　　浅田和己=斉藤豊治=佐久間修=松宮孝明=山中敬一・刑法各論（補正版）（平成12年）
生田ほか　　生田勝義=名和鉄郎=内田博文・刑法各論講義（昭和62年）
井田　　　　井田良・新論点講義シリーズ刑法各論（平成19年）
伊東・現代社会　　伊東研祐・現代社会と刑法各論（第2版）（平成14年）
井上＝江藤　井上正治=江藤孝・新訂刑法学各則（平成6年）
植松　　　　植松正・再訂刑法概論Ⅱ各論（昭和50年）
内田　　　　内田文昭・刑法各論（第3版）（平成8年）
大場　　　　大場茂馬・刑法各論上・下（増訂4版）（明治44年，大正元年）
大塚　　　　大塚仁・刑法概説各論（第3版）（平成8年）
大谷　　　　大谷實・刑法講義各論（新版・追補版）（平成14年）
岡野　　　　岡野光雄・刑法要説各論（第4版）（平成15年）
小野　　　　小野清一郎・新訂刑法講義各論（第3版）（昭和25年）
香川　　　　香川達夫・刑法講義（各論）（第3版）（平成8年）
川端・概要　川端博・刑法各論概要（第3版）（平成15年）
川端・通説　川端博・通説刑法各論（平成3年）
吉川　　　　吉川経夫・刑法各論（昭和57年）
木村　　　　木村亀二・刑法各論（復刊・昭和34年）
江家　　　　江家義男・刑法各論（増補版）（昭和38年）
小暮ほか　　小暮得雄=内田文昭=阿部純二=板倉宏=大谷実編・刑法講義各論（昭和63年）
斎藤信治　　斎藤信治・刑法各論（第2版）（平成15年）
斉藤誠二　　斉藤誠二・刑法講義各論Ⅰ（新訂版）（昭和54年）
斉藤信宰　　斉藤信宰・刑法講義各論（平成2年）
佐伯　　　　佐伯千仭・刑法各論（訂正版）（昭和56年）
佐久間　　　佐久間修・刑法講義・各論（平成2年）
曽根　　　　曽根威彦・刑法各論（第2版補正版）（平成15年）
曽根・重要問題　曽根威彦・刑法の重要問題（各論）補正版（平成8年）
滝川　　　　滝川幸辰・刑法各論（昭和26年）
滝川＝竹内　滝川春雄=竹内正・刑法各論講義（昭和40年）
団藤　　　　団藤重光・刑法綱要各論（第3版）（平成2年）
中　　　　　中義勝・刑法各論（昭和50年）
中村　　　　中村勉・刑法各論要義Ⅰ（平成10年）
中森　　　　中森喜彦・刑法各論（第2版）（平成8年）
中山　　　　中山研一・刑法各論（昭和59年）

略語表

中山・概説	中山研一・概説刑法 II（第3版）（平成15年）
西田	西田典之・刑法各論（第3版）（平成17年）
西原	西原春夫・犯罪各論（第2版）（昭和58年）
野村	野村稔編・現代法講義刑法各論（補正版）（平成14年）
花井	花井哲也・刑法講義各論（平成5年）
林・財産犯	林幹人・財産犯の保護法益（昭和59年）
林・経済犯罪	林幹人・現代の経済犯罪（平成元年）
林・現代的課題	林幹人・刑法の現代的課題（平成3年）
林・基礎理論	林幹人・刑法の基礎理論（平成7年）
林・総論	林幹人・刑法総論（平成12年）
平川	平川宗信・刑法各論（平成7年）
平野	平野龍一・刑法概説（昭和52年）
福田	福田平・全訂刑法各論（第3版・増補）（平成14年）
藤木	藤木英雄・刑法講義各論（昭和51年）
前田	前田雅英・刑法各論講義（第3版）（平成11年）
牧野	牧野英一・刑法各論上・下（追補版）（昭和29年）
町野・現在	町野朔・犯罪各論の現在（平成8年）
松宮	松宮孝明・刑法各論講義（平成18年）
宮本	宮本英脩・刑法大綱（第6版）（昭和11年）
山口	山口厚・刑法各論（平成15年）
山中	山中敬一・刑法各論Ⅰ・Ⅱ（平成16年）

講座等

基本講座	阿部純二＝板倉宏＝内田文昭＝香川達夫＝川端博＝曽根威彦編・刑法基本講座（1）-（6）（平成4-6年）
刑事法講座	日本刑法学会編・刑事法講座（1）-（4）（昭和27-29年）
刑罰法体系	石原一彦＝佐々木史朗＝西原春夫＝松尾浩也編・現代刑罰法体系（1）-（7）（昭和57-59年）
現代講座	中山研一＝西原春夫＝藤木英雄＝宮澤浩一編・現代刑法講座（1）-（5）（昭和52-57年）
現代的展開	芝原邦爾＝堀内捷三＝町野朔＝西田典之編・刑法理論の現代的展開各論（平成8年）
講座	日本刑法学会編・刑法講座（1）-（6）（昭和38-39年）
最前線	山口厚＝井田良＝佐伯仁志・理論刑法学の最前線（平成13年）
争点	西田典之＝山口厚編・刑法の争点（第3版）（平成12年）
論争Ⅱ	植松正＝川端博＝曽根威彦＝日高義博・現代刑法論争Ⅱ（昭和60年）

注釈書

注釈刑法	団藤重光編・注釈刑法（1）-（6）補巻（1）（2）（昭和38-51年）

ポケット注釈	小野清一郎＝中野次雄＝植松正＝伊達秋雄・ポケット注釈全書 (1) 刑法
大コンメ	大塚仁＝河上和雄＝佐藤文哉編・大コンメンタール刑法 (1)-(10)（昭和63-平成3年）

記念論文集

佐伯還暦	佐伯千仞博士還暦祝賀・犯罪と刑罰上・下（昭和43年）
植松還暦	植松博士還暦祝賀・刑法と科学・2巻（昭和46年）
平場還暦	平場安治博士還暦祝賀・現代の刑事法学上・下（昭和52年）
井上還暦	井上正治博士還暦祝賀・刑事法学の諸相 (1)（昭和58年）
団藤古稀	団藤重光博士古稀記念論集1-5巻（昭和58-59年）
平野古稀	平野龍一先生古稀祝賀論文集上・下（平成2年）
荘子古稀	荘子邦雄先生古稀祝賀・刑事法の思想と理論（平成3年）
福田・大塚古稀	福田平・大塚仁博士古稀祝賀・刑事法学の総合的検討上・下（平成5年）
内藤古稀	内藤謙先生古稀祝賀・刑事法学の現代的状況（平成6年）
下村古稀	下村康正先生古稀祝賀・刑事法学の新動向上・下（平成7年）
香川古稀	香川達夫博士古稀祝賀・刑事法学の課題と展望（平成8年）
中山古稀	中山研一先生古稀祝賀論文集1-5巻（平成9年）
松尾古稀	松尾浩也先生古稀祝賀論文集上・下（平成10年）
西原古稀	西原春夫先生古稀祝賀論文集1-5巻（平成10年）
井戸田古稀	井戸田侃先生古稀祝賀論文集・転換期の刑事法学（平成11年）
夏目古稀	夏目文雄先生古稀祝賀論文集・刑事法学の新展開（平成12年）
渡部古稀	渡部保夫先生古稀記念・誤判救済と刑事司法の課題（平成12年）
大野古稀	大野眞義先生古稀祝賀・刑事法学の潮流と展望（平成12年）
田宮追悼	田宮裕博士追悼論集上巻（平成13年）
光藤古稀	光藤景皎先生古稀祝賀論文集上・下（平成13年）
佐藤古稀	佐藤司先生古稀祝賀・日本刑事法の理論と展望上・下（平成14年）
三原古稀	三原憲三先生古稀祝賀論文集（平成14年）
内田古稀	内田文昭先生古稀祝賀論文集（平成14年）
中谷傘寿	中谷瑾子先生傘寿祝賀・21世紀における刑事規制のゆくえ（平成15年）
斉藤古稀	斉藤誠二先生古稀記念・刑事法学の現実と展開（平成15年）
佐々木喜寿	佐々木史郎先生喜寿祝賀論文集・刑事法の理論と実践（平成15年）
河上古稀	河上和雄先生古稀祝賀論文集（平成15年）
阿部古稀	阿部純二先生古稀祝賀論文集・刑事法学の現代的課題（平成16年）
小林＝佐藤古稀	小林充先生佐藤文哉先生古稀祝賀・刑事裁判論集上・下（平成18年）
鈴木古稀	鈴木茂嗣先生古稀祝賀論文集上・下（平成19年）

判例研究

総判研	総合判例研究叢書刑法 (1)-(26)（昭和31-40年）
判例研究	西原春夫＝宮澤浩一＝阿部純二＝板倉宏＝大谷實＝芝原邦爾編・判例刑法研究

xii　略語表

　　(1)-(8)（昭和 55-58 年）
百選　　平野龍一＝松尾浩也＝芝原邦爾編・刑法判例百選 II 各論（第 4 版）（平成 9 年）
基本判例　　芝原邦爾編・刑法の基本判例（昭和 63 年）
刑判評　　刑事判例研究会編・刑事判例評釈集 (1) -（昭和 16 年-）
最判解　　最高裁判所判例解説刑事篇昭和 29 年度-（昭和 30 年-）

雑　誌

警研　　警察研究
刑雑　　刑法雑誌
警論　　警察学論集
現刑　　現代刑事法
ジュリ　　ジュリスト
判評　　判例評論
法教　　法学教室
法セ　　法学セミナー
曹時　　法曹時報

判例・判例集

大判（決）　　大審院判決（決定）
大連判　　大審院連合部判決
最判（決）　　最高裁判所判決（決定）
最大判（決）　　最高裁判所大法廷判決（決定）
高判（決）　　高等裁判所判決（決定）
地判（決）　　地方裁判所判決（決定）
簡判　　簡易裁判所判決

刑録　　大審院刑事判決録
刑集　　大審院刑事判例集，最高裁判所刑事判例集
裁判集刑　　最高裁判所裁判集刑事
高刑　　高等裁判所刑事判例集
裁特　　高等裁判所刑事裁判特報
判特　　高等裁判所刑事判決特報
東高刑時報　　東京高等裁判所刑事判決時報
下刑集　　下級裁判所刑事裁判例集
刑月　　刑事裁判月報
判時　　判例時報
判タ　　判例タイムズ
新聞　　法律新聞

序　説

2　序　説

刑法各論の内容　（1）　刑法各論の主たる対象は，刑法典第2編の罪の中に規定されている刑法各則の罪である．犯罪は，考察の対象としては，一般的・理論的なものとして観念することができるが，現実には，そのようないわば犯罪そのものが存在しているわけではない．犯罪はただ，殺人罪とか窃盗罪のように，個々具体的な犯罪としてのみ存在しているのである．それはまた，必ず，法律の形式によって規定されていなければならない．刑法典第2編に規定されている各種の犯罪は，まさにこのようなものである．

　（2）　このように個々の犯罪は法律の条文の形式で規定されているから，どのような事実がそれにあてはまり，あるいはあてはまらないかは，多くの場合それほど難しい問題ではない．しかし，ときどき，その法律の文言にあてはまるかどうかがはっきりしないことが生じてくる．その場合，法律の文言をいくら眺めても，あるいは，国語辞典をひいても，解答が出てこない．ここからまさに，刑法各論の実質的な作業が始まる．これを**解釈論**ということがある．ある法律の文言を前提として，それにあたるかどうかの判断は，その文言の解釈といえるからである．

　（3）　この解釈論を，どのようにしたらいいかを一般的にいうことは困難である．しかし，最も重要なのは，その犯罪が処罰されている目的はどこにあり，その犯罪を処罰することによってどのような利益を保護しようとしているのか，を考えることである．他方また，問題の事実を処罰するとどのような悪い副作用が生じてしまうか，をも考えなければならない．要するに，その犯罪が社会においてどのような働きをしているのか，いいかえるなら，その犯罪を処罰することによってどのような社会を作り上げてゆくべきなのか，を考えなければならないのである．このように，いわゆる解釈論というものは，実は建設的・創造的なものである．

　（4）　もっとも，解釈論には一定の限界があることも忘れてはならない．それは，法律の文言をはみだして処罰することはできないということである．これを**罪刑法定主義**という．この思想は，われわれの代表（国会議員）が処罰すべきでないと考えたことを，裁判官や行政官が勝手に処罰することは許されないというものであって，近代刑法の鉄則である．この限界を踏み超えて刑法各論の解釈をすることは許されない．

(5) もっとも，現在の法律では処罰できないが，新しい法律を作って処罰することを提案・要求することは別問題である．これを**立法論**という．この立法論は解釈論に劣らず重要であるが，それはさらに難しい作業である．ある有害な行為を新しく処罰する場合には，いろいろなことを考えなければならないのである．本書では，この立法論については，あまり立ち入ってはいない（参照，林・総論 23 頁以下）．

特別刑法上の犯罪　(1) 個々具体的な犯罪は，刑法典第 2 編に規定された犯罪に限られるわけではない．刑法典を一般刑法，刑法典の外にあって犯罪を規定しているものを特別刑法ということがある．たとえば，暴力行為等処罰ニ関スル法律，盗犯等ノ防止及処分ニ関スル法律，軽犯罪法などである．その他，道路交通法など基本的には行政法的な性格をもつもの，会社法など民事法的性格をもつものの中にも，犯罪が規定されている（道交法 72・117 条，会社法 960 条）．これらの特別刑法上の犯罪は，数としてはきわめて多く，実社会においても重要な役割を果たしている．刑法典は明治 40 年に立法されたものであり，その後幾多の改正が加えられたものの，基本的には立法当時の姿を維持している．そこで，時代の変化と共に，新たな社会状況に対処するために，多くの特別刑法が立法され，今日に至っているわけである．

(2) しかし，刑法典に規定された犯罪は，現在でも，その基本的な重要性を失っているわけではない．したがって，本書では，この刑法典に規定された犯罪を中心に検討を加えていくこととする．

叙述の順序　(1) 刑法典第 2 編においては，内乱に関する罪など国家の存立を脅かす罪から規定されている（77 条）．戦前は，皇室に対する罪が第 2 編の最初に規定されていた．これに対して，人の生命を侵害する罪である殺人罪などはかなり後の方に規定されている（199 条）．また，内乱・外患に関する罪等は，殺人罪などよりも法定刑は重い．これらをみると，もともと刑法典においては，国家の利益の方が個人の利益よりも重視されていたとみることができる．

(2) しかし，戦後になって，天皇と国家を絶対視する考えは，新しい憲法によって否定され，国民 1 人 1 人の人権を最大限尊重しようとする考えが基本的な価値観として承認されるに至っている．皇室に対する罪が削除されたのも，

その1つの表れである．それと共に，刑法典の背後にある国家観そのものについても見なおす必要が生じたと考えられる．

　(3)　もっとも，今ただちに刑法典全体を改正しなおす必要まであるとは思われない．なぜなら，規定の順序や配列はそれほど重要なことではないし，内乱・外患に関する罪などが重く処罰されるのも，国家の存立が脅かされたときの個人生活への影響の重大性を考慮してのことだと解釈しなおすこともできるからである．

　(4)　むしろ，たとえば，公務執行妨害罪などの刑は3年以下の懲役若しくは禁錮又は50万円以下の罰金（95条）と，それほど重く規定されているわけではない．本罪は，たとえば，ある警察官が内乱罪を犯した首謀者を逮捕しようとするのを妨害したときに成立するが，その場合に科される刑としては，極端な国家主義からすれば，軽すぎるともみられうる．ところが，その警察官を殺したとなると，彼の個人的な利益としての生命を侵害したものとして，かなり重く処罰されることとされている．このように，刑法典の規定する犯罪と刑罰は，現代の立場からみても，まったく不当というほどのものではない．

　(5)　したがって，刑法典はそのままにしておいて，ただそれを解釈するときに，新しい戦後の価値観を盛り込んでいくというやり方が一応試みられるべきであろう．現在の刑法各論の基本的な方向はこのようなものである．叙述の順序も，まさにこのような方向に沿うものであって，戦前は内乱罪など国家に対する罪から叙述されることが多かったが，最近では殺人罪など個人に対する罪から叙述されるようになっている．本書もこれに従う．

　(6)　なお，すでに述べたように，犯罪は一定の利益を保護するために規定されているのであり（これを法益という），何がその罪の保護法益であるかがその罪の内容を理解する上でもっとも重要なのであるが，この法益は，個人的法益・社会的法益・国家的法益の3つに分けられる．本書はこの順序にしたがって叙述される．

第1編　個人的法益に対する罪

人は，他の人々や国家との関わりとは別に，個人として存在している．この個人的存在としての人の利益の中でも基本的な重要性をもつものがある．たとえば，人の生命・身体・自由，そしてさらに，名誉・業務・財産などである．これらの利益が侵害されたり危殆化されたりするような事態を防止することは，刑法の基本的な任務である．この任務を達成するために設けられているこれらの犯罪は，個人的法益に対する罪と呼ばれ，社会的法益に対する罪や国家的法益に対する罪と区別される．

第1章　人の生命に対する罪

第1節　殺人罪

1　殺人罪

　　人を殺した者は，死刑又は無期若しくは5年以上の懲役に処する（199条）．199条の罪を犯す目的で，その予備をした者は，2年以下の懲役に処する．ただし，情状により，その刑を免除することができる（201条）．199条の罪の未遂は，罰する（203条）．

　人の生命は最も貴重な法益である．ある時代ある地域では，奴隷など一定の人間は財産や動物と同じものとみなされたこともあったが，現代の文明諸国では，すべての人間の生命は同じ価値をもち，しかも，その価値は他のあらゆる法益の中でも最も貴重なものとされている．この生命という法益を保護する罪である殺人罪は，その意味で，刑法各論の中で最も重要なものだといいうる．しかし他方，殺人罪は最も典型的な犯罪であるだけに，刑法総論において詳しく検討の対象とされている．そこで，各論の解釈論上はそれほど大きな問題があるわけではない．各論においてとくに問題とされているのは，人の生命はいつ開始し，いつ終了するかという点である．

(1)　人の始期

出産開始，一部露出，全部露出

　(1)　殺人罪など人の生命に対する罪は，ヒトがどの段階になってから成立すると解するべきであろうか．この問題は，堕胎罪と殺人罪の区別にかかわる．この2つの罪は法定刑が異なるし，また，過失の場合，堕胎はいっさい処罰されない．また，母体内の

胎児を殺害せずに，傷害しただけでは，堕胎罪は成立しない．人となれば，傷害はもちろん暴行に対しても，保護される．したがって，どの段階から「人」となるのかは，刑法上極めて重要である．

現在，体外受精が倫理的・法律的に問題となっているが，受精の瞬間に人の存在が開始するという宗教上の立場もある．しかし，体外受精卵を毀損しても，いまだ人ではないから，殺人罪は成立しない．懐胎されていなければ堕胎罪も成立しない．また，「物」でもないから，器物損壊罪も成立しない．盗んでも窃盗罪は成立しない（反対，佐伯・最前線6頁）．現行法上は処罰しえず，立法論上は問題となる．

おそらく最も早い段階で「人」であることを認める法制は，カリフォルニア州のように，fetus（胎児）も謀殺罪の客体とするものである．同州では，妻と疎遠になった夫が胎内の子を殺そうとして，妻の腹を蹴り，生まれた子が死んだという事件が問題となり，同州の最高裁は殺人罪の成立を否定したのだが，議会はこれを不満とし，前述のように法律を改正したのである（もちろん同州でも，妊婦の同意を得て有資格の医師が行うなどの一定の妊娠中絶は適法としている）[1]．我が国でも母体外において生命を保続することが可能な胎児（妊娠22週を超えた胎児）は人であるとする見解もある（伊東・現代社会19頁）が，母体外で保続可能であれば母体内であってもただちに人としての刑法上の保護を受けるとするのは早すぎるであろう．

ドイツの通説・判例は，**出産・分娩の開始**に至って，人と認める（アメリカの幾つかの州でこの説がとられている）．その1つの理由は，かつての嬰児殺の規定（母親が婚外の子を殺した場合には責任が軽いという理由で減軽されている）において，「出産中の子」を殺した場合とされていたことにある（この規定は現在は削除されている）．しかしそれだけではなく，出産過程はとくに危険なものであり，ここで犯された（とくに医療的な）過誤は，その後の人の生命の運命を決定づけうるものであることが重視されているのである．もっとも，この出産の開始とは，具体的にどのような段階をいうのかは，現在でも争われている．一般に，陣痛開始をもってその基準とされてきたが，陣痛にも幾つかの段階がある．

---

[1] もっとも，この事件のように，母体内で攻撃を受けた胎児が，母体から排出された後に死亡した場合には，我が国でも殺人罪が成立する可能性がある．本書18頁以下を参照．

まず，妊娠中にしばしばおこる妊娠陣痛があり，妊娠末期には，その頻度と強さを増して，前駆陣痛となる．その後，分娩陣痛が起こる．それは，開口陣痛（陣痛発作が規則正しく反復され，間欠が短くなり，外子宮口が全開大する）と，娩出陣痛（胎児娩出の原動力となり，発作と間欠の時間の比率が1に近づく）とに分かれる．娩出直前の腹圧を伴った不随意な子宮収縮を，共圧陣痛と呼ぶ．1983年に連邦裁判所は開口陣痛開始説を採用した（BGHSt 32, 196）．このような陣痛・出産の開始をもって人と認める見解は，我が国においても，支持がある[2]．しかし，この説は，帝王切開のような場合の人の始期をどのように解するべきか問題があるだけでなく，出産過程が危険であるにしても母体内にいまだいるというかぎりで安全とも考えられるから，やはり妥当ではないであろう．

　アメリカでは，全部露出して，さらに，「独立の循環」（independent circulation）があったときに，はじめて人となるという説が有力である[3]．古い判例には，臍帯が切られたときに人となるというものすらあるが，現在では一般にこれでは遅すぎると考えられている．我が国でも，独立呼吸を開始した時点をもって人とする学説がある．生命とは，脳・心臓・肺臓が循環によって結びつけられ機能している現象だとすれば，このような説にも十分な理由があるが，現在の我が国では，支持者はほとんどいない．現実の独立の循環，あるいは，産声を待つのでは，人の生命としての保護は遅きに失するであろう[4]．

　(2)　我が国の多数説[5]・判例は，**一部露出説**をとっている．判例として，大判大正8・12・13刑録25・1367がある．もっとも，この事案においては，全部露出後も加害行為がなされているから，一部露出説は傍論[6]とも解しうる．さらに，旧刑法時代の大判明治36・7・6刑録9・1219は，一部露出後の生命を母体内で殺した事案について堕胎罪としている．このことから，判例が一部露出説をとっていることを軽視する傾向が学説にはある．しかし，新しい判例

---

2)　参照，塩見・法教223号117頁，辰井・法教283号52頁，井田・刑事法ジャーナル2・123，岡上・筑波法政37号88頁以下など．
3)　cf. LaFave & Scott, *Substantive Criminal Law*, Vol. 2, 1986, p. 184.
4)　なお参照，町野・ソフィア41・4・82．
5)　団藤372頁，大谷7頁以下，曽根6頁，西田8頁，平川37頁，山中7頁，山口9頁，西田7頁，佐伯・最前線18頁など．
6)　裁判官の述べた議論のうちで，判決に到達するために必要不可欠とはいえない部分のこと．先例としての拘束力はもたない．

が一般理論として一部露出説を表明していることを，軽視するべきではない．

一部露出説は，一部露出したときに，胎児の生命・身体に対する直接の侵害が可能となるということを根拠とするのである．ところが近年になって，この一部露出説に対しては，次のような批判がなされるに至っている．すなわち，直接の侵害が可能かどうかという行為の態様を基準として，人かどうかを決めるのは妥当でないとし，人かどうかは，客体自体の価値によって決められるべきである，というのである[7]．

このような批判は，我が国では，**全部露出説**からなされているのである．全部露出説は，イギリスの通説であり，我が国でも民法の通説である．民法では戦前は長子相続であったので，双子の場合，長男か次男かは極めて重要であった．ところが一部露出後母体内に戻ってしまうと，その後に分娩された子のどちらが，はじめに一部露出したのか判定困難である．そこで，全部露出説がとられたということもあったようである．

現在刑法上も有力になりつつある全部露出説の根拠は，人がいつ存在するかは，その価値によって決められるべきだというにある．しかし，出産開始・一部露出・全部露出の全ての時期を通じて，ヒトの価値は変わらない．同じ価値をもったヒトが，そのような段階を経て母体から独立の存在を獲得する過程が，出産にほかならない．全部露出したときに価値が飛躍的に高まるというのは，

---

[7] 平野・犯罪論の諸問題（下）262頁，町野・小暮ほか15頁など．一部露出説には次のような問題もある．第一に，出産時期に攻撃を加え，一部露出後に死んだ場合，一部露出前に攻撃を加えたのであるから，人の生命に対する罪の成立を認めえず，また，出産時期よりも早く胎児を母体外に排出しているわけではなく，母体内で殺しているわけでもないから，（判例・通説の堕胎の基準を維持するかぎり）堕胎罪でもなく，結局処罰できないこととなってしまうというものである（木村33頁．もっとも木村11頁は一部露出説をとっている）．しかしこのような場合も，堕胎罪として処罰できると解するべきである．第二に，胎児が母体外に露出して，それを現認した後になされる攻撃の方が責任が重くなるという見解（宮本275頁，佐伯96頁，中9頁）もあるが，責任の重さだけによって人か否かを決定することはできないというものである（町野・前掲書14頁）．たしかに責任の重さだけによって決めることはできないが，かといって，客体の価値によって決めることもできないことは本文に述べるとおりである．第三に，一部露出後母体内に戻ってしまった場合，人でなくなるのか，人だとすれば，直接に侵害可能でないものを人とすることで，その前提と矛盾するのではないか，というものである（町野・前掲書14頁）．通常の出産の場合は，一度人となった以上，母体に戻ったからといって人でなくなるというのは妥当と思われないが，妊娠中に子宮を切開して胎児に直接手術を行い，さらに妊娠を続けたような場合となると，難しい（参照，佐伯・最前線18頁）．なお検討を要する．

社会，とくに母体の側からの，一種の感覚以上のものではない．出産の過程中のヒトの価値を問題とするかぎり，出産開始説，あるいは独立循環説ないし独立呼吸説をとるべきであろう．

　この問題は，結局，ヒトの価値によっては決められないものである．そうだとすれば，同じ価値をもつヒトが，母体外に一部露出したときに，直接の侵害が可能となり，とくに侵害を受けやすくなるから，刑法で厚く保護するべきだとすることには，一応の妥当性が認められる．胎児が人よりも刑法上の保護が薄いのは，母体内では比較的安全だという考慮によるものと考えられる．

　このようにして一部露出説が比較的妥当と思われるものの，足が出たにすぎないような場合まで厚く保護する必要があるか，疑問もありうる．そうだとすれば，生命体の最重要器官である脳の入っている**頭部の一部が露出したときに人となる**と解することも可能であろう．一部露出説を採用した大正 8 年判決の事案も，面部を強圧したというものである．なお，後に述べるように，人の死は脳の死を意味するが，これも，脳こそが生命体の最重要器官だという見解に基づくものである．

母体外での保続が可能な生命　　現在大きな問題となっているものとして，一部露出・全部露出，あるいは独立の循環・呼吸をしていても，母体保護法や堕胎罪の規定との関係で，常に人と認めるべきかというものがある．

　一般に，いったん生まれれば，未熟児で将来発育の見込みがなくても（大判明治 43・5・12 刑録 16・857），仮死状態で呼吸をしていなくても（大判大正 8・12・13 刑録 25・1367），重い遺伝病・精神病に罹患していたとしても，いわゆる植物状態であったとしても，あるいは胎児の段階で受けた攻撃によってその子が間もなく死ぬ運命にあったとしても，人であるとされてきた．後にも述べるように，少なくとも，それが母体外での保続が可能な生命（厚生省事務次官通知により「妊娠満 22 週未満」を超えた生命）については，そのように解するべきである[8]．

　(1)　しかし，**母体外での保続が不可能な生命**については，母体保護法は，

---

[8]　なお，障害新生児の生命維持治療をめぐる問題について，保条・名古屋法政論集 140・151．

「妊娠の継続又は分娩が身体的又は経済的理由により母体の健康を著しく害するおそれのあるもの」と,「暴行若しくは脅迫によって又は抵抗若しくは拒絶することができない間に姦淫されて妊娠したもの」については,一定の条件の下で人工妊娠中絶を正当化している[9]。

ここで,次のような問題が生じる.強姦されたためにできた胎児を,母体保護法により適法に人工妊娠中絶した結果生まれたヒトについて,刑法上の人と認めて,殺人罪によって保護すべきか,である.そのようなヒトも,手厚い医療を施せば,ある程度は生きる.したがって,これを人と認めたならば,そのような医療を施す作為義務が生じ,放置すれば殺人罪が成立することとなる.しかし,そのように解することは,この場合に人工妊娠中絶を合法とした趣旨に反するであろう.他方,強姦でできた胎児であっても,母体外での保続が可能な生命であれば,人工妊娠中絶はできず,あえてそのようなことをすれば,その結果生まれたヒトは,刑法上完全な「人」であり,放置すれば,不作為による殺人罪が成立する.このように,法は,胎児の時間的段階に応じて,価値の違いを認めていると解される.

作為の場合も基本的には同じである.母体外での保続が不可能な強姦によるヒトについて,不作為により放置しても殺人罪が成立しないと解するならば,排出後これを作為で殺しても同じに解さなければならない.また,それは母親であろうと他人であろうと同じである.母親が殺しても殺人罪は成立しないが,他人は成立するなどということを認めることはできない[10].

そしてさらに,強姦によるのでなく,他の理由で排出されたヒトについても同じと解さなければならない.排出された後のヒトは同じ価値をもつから,強姦による場合は殺しても正当化されるが,そうでない場合は正当化されないなどと解することはできない.

現在わが国では,母体外での保続が不可能な生命については中絶することが事実上放任されているが,この状況の下で,排出されたヒトを放置した場合に,たとえそのヒトが適切な医療を与えればある程度は生きるとしても(したがって,もし「人」と解するならば,作為義務を否定することはできない),殺人罪の成立

---

[9] 本書38頁参照.
[10] 参照,大谷・判タ670・60,山口29頁,佐伯・最前線20頁.

を認めることはできない．母体保護法が，保続不能の生命は保続可能な生命より価値が劣るという立場を採用しているからには，刑法もこの立場を前提とせざるをえないのである[11]．

(2) **母体外での保続が可能な生命**については，まず，そのような生命についても，さらに個別的・具体的な「生育可能性」を問題として，これが否定されるときには，人に対する罪の成立を否定する見解がありうる[12]．しかし，一般に明日死ぬ運命にある人であっても，これを刺し殺せば殺人罪が成立しうる以上，ここでの場合も同じであるはずである．したがって，不作為犯も成立しうる．たとえば，放置すれば明日死ぬ運命にある生命であっても，事前的にみて，適切な作為を施せば明日死ぬ危険性を減少させる可能性がある場合には，適切な作為をなす義務が生じる．そして，作為義務を尽くしていたならば，事後的にみて，1週間は生きたであろう場合には，1週間しか生きないという意味では生育可能性がないともいいうるが，人に対する罪の成立を認めうる．そもそも「生育可能性」という概念はきわめて曖昧なものであって，解釈論の基礎となしえないものである．

ただ，不作為犯の場合，次の意味で作為犯の場合とは異なる．たとえば，明日死ぬ運命にある生命を作為で殺害すれば殺人罪が成立しうるが，その同じ生命に対して適切な医療を施しても明日死ぬ危険性を減少させることすらできない場合には，作為義務を肯定し得ず不作為犯は成立しえない[13]．

次に，作為義務を負う人的範囲にも限界がある．まったくの第三者に作為義務を認めることができないことはいうまでもない．最近の最高裁決定は，次のような場合について，業務上堕胎罪の他，保護責任者遺棄致死罪の成立を認め，併合罪とした．産婦人科医である被告人は，Y女の嘱託を受け，妊娠26週に入

---

11) 参照，町野・前掲書16頁．ドイツでは，一般に生活能力（Lebensfähigkeit）があることは人であることの要件ではないと解されている．連邦裁は，妊娠16-20週の段階で堕胎によって排出した後，しめ殺そうとした事案について，排出後生きていたとすれば，殺人罪を構成するとした（BGHSt 10, 291）．本判例については，萩原・警研58・5・64．これに対してカリフォルニア州では，適法な人工妊娠中絶によって母体外に排出された生命を殺したという事案（妊娠何週かは不明）について，医師が殺人罪で起訴されたが，陪審は評決できず，事件は棄却された（参照，中谷・刑罰法体系3・12）．

12) 参照，平野・犯罪論の諸問題（下）261頁，西田21頁．

13) 林・基礎理論104頁，同・総論122頁．

った胎児を堕胎した．その後放置し，未熟による生活力不全により死亡させたというものである（最決昭和63・1・19刑集42・1・1）．もっとも，この事案の場合，保続・生育が可能であったことが認定されていることに注意する必要がある．この場合，医師について作為義務を認めることは可能だとしても，みずから堕胎行為をした医師に，責任要素としての保護責任を認めることには，疑問がある[14]．

　（3）　母体外での保続が可能な生命については，さらに，**堕胎罪との関係で**，人に対する罪の成立をどこまで認め得るかが問題となる．学説上は，前掲最高裁判例のような場合について，業務上堕胎罪が成立する以上，放置して生じた結果は堕胎罪の不法内容に含まれ，さらに人に対する罪の成立を認めることはできないとするものがある（町野・前掲書16頁，松宮・甲南法学24・2・192）．たしかに，前述したように，堕胎によって致命的な損傷を負ったためにもはや作為義務を認めがたい場合はありうる．しかし，最高裁判例の事案は，「生育可能性」があった場合である．そうである以上，作為犯はもちろん，不作為犯としての人に対する罪の成立も認めることができる．堕胎行為後ただちに殺害した場合でも同じである．人に対する罪が堕胎罪によって排除されるという論理は，罪数論としては認めがたい[15]．

堕胎罪の成否　次に問題となるのは，人の生命に対する侵害犯（殺人罪）の成立を認めた場合，堕胎罪の成否をどのように解するべきかである．これは，堕胎罪の解釈として，胎児の殺害を要求した場合[16]，殺害を二重評価することにならないか，ということである．学説上は，人の生命に対する侵害犯の成立を認めるときには，堕胎罪は未遂にしかならないとする説が有力

---

14)　参照，中森37頁，本書44頁．
15)　学説上は，母体外での胎児の殺害が堕胎行為の結果として評価される場合には，人の生命に対する罪を別個構成しないとし，人の生命に対する罪を構成するのは，排出後長時間たって侵害した場合，あるいは中絶行為と無関係の第三者が独立に侵害した場合，さらに，排出行為が適法・無責である場合にかぎられるとするものがある（町野・前掲書16頁．さらに参照，山口30頁）．しかし，堕胎罪が殺人罪を排除するという罪数論は成り立たないと思われる．堕胎罪が規定されている結果として，人の生命が解釈によって限定されるということはありうるが，そのようにして限定された人の生命の価値は客観的・絶対的なものであって，排出後の経過時間や，排出行為の主体，あるいは排出行為の違法性・有責性などの事情によって動かされてはならない．生まれて，保続の可能な生命は，どの段階でも，誰に対しても，また，排出行為の違法性・有責性のいかんにかかわらず，人であり，人の生命に対する罪を構成する．
16)　参照，本書35頁．

である（平野・警研57・4・7）．たしかに，同一行為者について，実質的に同じ客体について2つの死の罪責を問うべきではないから，後の行為について殺人罪の成立が認められるような場合については，堕胎は未遂とするべきであろう（堕胎の未遂は不同意堕胎の場合のみ罰せられる）．しかし，この結論は以上に述べたような罪数論の見地から生ずるものであるから，後の行為が軽い過失致死罪であるような場合には，より重い罪としての不同意堕胎既遂罪の成立を認めるべきであって，後の行為は過失致傷罪として処断するべきであろう（なお，堕胎罪と人に対する罪は，不法内容も責任内容も一体であって，包括一罪とするべきだと思われる．参照，大谷・前掲論文61頁，林・基礎理論225頁）．最高裁判例のような場合も，前述したような理由によって保護責任者遺棄致死罪の成立を否定するのであれば，前の行為について業務上堕胎既遂罪の成立を認めるべきである．さらに，殺害した者が堕胎行為をした者とは別であって，その殺害行為が堕胎行為との間で相当性の範囲内にあるとき（たとえば，堕胎行為後ただちに医師の下に運んだが，医師の業務上過失致死罪のために死亡したような場合）には，堕胎行為について堕胎既遂犯の成立を認めることができる．

　なお，同一の行為者が堕胎行為後，何としても殺そうとして故意に殺害したような場合，一般に，相当性の範囲外にあるとはいえないから，堕胎罪の許されない危険の実現を否定する（参照，山口・法教199・80）ことはできない．ただ，前述したように，罪数論上の見地から未遂となる場合のほか，第三者が故意で殺害したような場合には，相当性の範囲内になく，堕胎罪の許されない危険の実現が否定される場合がありうるであろう（参照，林・上智法学40・4・46，同・総論133頁以下）．

(2) 胎児性致死傷

胎児性水俣病最高裁決定　胎児のときに攻撃を受けた結果として，生まれてから死んだ場合に，人の生命に対する罪が成立するか．この胎児性致死の問題は，我が国では胎児性水俣病に関して問題となった．すなわち，被告人らの排出した工場廃水の中に含まれていたメチル水銀を摂取した母体を通じて，胎児が水俣病に罹患し，生まれた後に死んだという事案である．ドイツではサリドマイド事件に関して問題となった．この場合には，母体が服

用した薬物によって胎児の段階で奇形となって，そのまま生まれた（そして死ななかった）という事案である．いずれの場合も裁判所によって過失致死ないし致傷罪の成立が認められたが，学説上はむしろ反対する見解が有力である[17]．というのは，人の身体・生命に対する罪が成立するためには，人の段階で実行行為を行う必要はない（たとえば，生まれてから死に致そうと思って，毒入りのミルクを生まれる前にプレゼントして，目的を達した場合，殺人罪が成立する）が，人の段階で行為の**作用**が及んでいる必要がある，人の段階で結果が発生するだけでは足りない，というのである．その後，ドイツでは，連邦裁判決によって，このような考えがとり入れられた（BGHSt 31, 348）．これに対して我が国の最高裁は，ほぼ次のような理由で業務上過失致死罪の成立を認めた．胎児に病変を発生させた場合，母体に病変を発生させたといいうる．そして，生まれてからその子が死んだ場合，母体という人に作用を及ぼし，子という人に死の結果を発生させたのであるから，人の生命に対する罪は成立する，というのである（最決昭和63・2・29刑集42・2・314）．しかし，結論からいえば，このような最高裁の判断は妥当ではない．

胎児の傷害と母体の傷害　最高裁は，人に作用がなければ人に対する罪は成立しないという学説の批判をかわすために，このような解釈をとったのである．また，このように解すれば，母体自身の行為による場合（たとえば母親が不注意にもボーリングで遊んで流産してしまった場合）には自傷行為として処罰されないから，胎児性致死を処罰すると妊婦の行動の自由を著しく制限することとなるという批判もかわすことができる．

しかし，この胎児性致死の問題の場合，母体自身は何らの生活機能の障害を被っていない．身体的な利益が侵害されているのは，胎児のみである．一般的に胎児の傷害を母体の傷害とすると，妊婦の行動の自由は保障されるものの，処罰範囲は別の側面で著しく拡張するおそれがある．サリドマイド事件のような場合はもちろん（我が国ではサリドマイドを処方した医師や薬剤師は刑事訴追されていない），妊婦にアルコールをすすめて胎児をアルコール症候群に罹患させた場合や，タバコをすすめて低体重児とさせた場合にも処罰されることとなりか

17）　斉藤誠二472頁，町野・小暮ほか17頁，中森36頁，大谷29頁，西田24頁，山口26頁，佐伯・最前線23頁など．

ねない．それは，胎児の傷害は処罰せず，過失堕胎は処罰しないという我が国の堕胎罪の法制に反することである．一般に，自傷行為は処罰されないにもかかわらず，母親の自己堕胎は処罰されるという規定（212条）も，胎児は母体の一部ではなく，母体とは独立の存在だという前提に立ったものである[18]．したがって，やはり胎児の傷害は母体の傷害ではないと解するべきであろう．

人に対する作用　最高裁はこのようにして母体を傷害しているから，人に対する作用があり，その結果人（子供）が死んだのであるから，過失致死罪の成立を認めうるとした[19]．この理論構成は，結果が人に対して発生していれば足りるとする理論構成（第一審の見解）と若干違ってはいるが，実際上ほとんど違いはない．学説は，胎児のときに傷害を受けたために生まれてから死んだときには人の生命に対する罪の成立を認めるべきでないと批判したが，この問題はそのまま残っている．

たしかに，人が死んでいる以上，「人を死傷させた」（211条）と解することは十分に可能であって，一審や最高裁のような考えが罪刑法定主義に違反するとまではいえない[20]．

人となってから作用がない場合に，人の生命に対する罪の成立を認めるべきではない根拠は，不法内容の実質である法益の侵害について，次のように理解するべきだということにある．法益の侵害は，侵害されていない法益がまずもって存在しており，それに対して外部から新たに侵害を加えていくことを意味するのでなければならない．人の生命という法益を侵害したといいうるために

---

18) また，不同意堕胎罪（215条）よりも，不同意堕胎致死傷罪（216条）が重くされているのは，不同意堕胎罪がそれだけでは母体の傷害とはならないという前提に立ったものと解するべきであろう．

19) このような理論構成によって業務上過失致傷罪の成立を認めたものとして，岐阜地判平成14・12・17（判例集未登載），鹿児島地判平成15・9・2（判例集未登載）がある．

20) 強い薬品で胎児を直ちに殺した場合の方が過失堕胎として処罰されず，本件のようにそれほどまで強くはないために，自然の分娩を経て生まれてから死んだ場合に過失致死罪で処罰されるのは，均衡を失するという批判もなされている（斉藤・法律のひろば41・6・21，町野・前掲書16頁）．しかし，不法内容の軽重は，薬品の強弱ないし攻撃の仕方の強弱によってではなく，客体の価値によって決められるべきである．胎児は侵害されつつ生成し，価値が高まっていくのであって，ここにこの問題の特殊性がある．後にも述べるように，弱い薬品であっても作用が継続的に胎児に及び，生まれてからついに死に致した場合，あるいは，胎児のときには全く作用せず，生まれてから他の物質と化合することによって，強力な毒物となり人に対して作用が始まりこれを死に致した場合には，人の生命に対する罪の成立を認めるべきである．

は，人となってからこれを侵害し，死に致さなければならないのであって，人となる前に侵害されていたために，生まれてから死んだというだけでは足りないのである．

このように解さないと，次のような場合にまで人の生命に対する罪の成立を認めざるをえないこととなる．妊娠 34 週の女性に車を衝突させ，1 週間後に重傷仮死状態の子を早産させ，分娩後 36 時間後にその子を死亡させたという場合である．秋田地判昭和 54・3・29 刑月 11・3・264 は，この場合に業務上過失致死罪の成立を否定した．あるいは，堕胎によって排出されてから，何ら新たな作用を加えないのに，堕胎だけの結果として間もなく死んだような場合，生まれた子が人である以上は，人の生命に対する罪が成立することとなってしまう．これは堕胎を殺人として処罰することにほかならない[21]．

したがって，やはり，多くの学説の主張するように，人の生命に対する罪が成立するためには，人の段階で作用があったのでなければならない．そして，作用とは，人に対してその遺伝子あるいは細胞レベルで何らかの変化を引き起こすことと解するべきであろう．すなわち，人に「接触」するだけでは足りず，他方，「病変」を発生させる必要はない，と解するべきである．

作用の継続 しかし，胎児の段階で作用があったときには，その後はいっさい人の生命に対する罪が成立しえないというわけではない．生まれた子が，胎児の段階で受けた作用の結果間もなく死ぬ運命にあったとしても，新たな作用が加えられ，死期が早められたときには，その新たな作用を惹起した行為は人の生命を侵害したものである．たとえば，本件の場合でも，一部露出あるいは全部露出してからも，臍帯を通してメチル水銀が子に入り込んでいたような場合（二審の判示は不明確であるが，この趣旨とも解しうる），あるいは，生まれてから母親が与えた母乳にメチル水銀が含まれていたような場合には，人に対する新たな作用があったといいうる．

最も問題なのは，生まれてから新たに摂取してはいないが，胎児の段階で摂

---

[21] 胎児の傷害を母体の傷害としても，堕胎罪との間の法定刑の均衡を欠く（町野・警研 59・4・6，川端・法律時報 60・9・40）とまではいいえないであろう．胎児を殺した場合には不同意堕胎罪として法定刑が 7 年以下の懲役なのに，胎児を傷害したにすぎない場合には傷害罪として 10 年以下の懲役であるが，解釈によって 7 年を超えて処断することはできないと解しうるし，傷害罪の下限は不同意堕胎罪のそれよりも軽いからである．

取したメチル水銀の作用が，継続的に及んでいたような場合である．

たとえば，胎児のときに摂取した毒物が，胎児のときには作用を開始せず，人となってはじめて作用したために，死亡したような場合であれば，人に対する罪の成立を認めうる．そうだとすれば，胎児のときに作用を開始したときであっても，人となってからもその作用が継続したために，人となってから受けたその新たな作用によって死期が早められた場合には，人に対する罪の成立を認めるのでなければならない[22]．

もちろん，人となってからはもはやその毒物の作用はなかった（作用があったことの証明がなかった場合も同じである）が胎児のときに受けた作用のために生まれてから病状が悪化し死亡した場合，あるいは，胎児の段階で受けた作用が致死に対して決定的であって，人となってからも作用は継続したが，それによってはほとんど死期が早められることはなかったような場合には，人に対する罪の成立を認めるべきではない．

以上の2つは区別されなければならない[23]．

(3) 人の終期——脳死について

死の概念 殺人罪の保護法益は人の生命である．生命が終了した後の死体に対しては殺人既遂罪は成立しない．死体損壊罪，殺人未遂罪の成否が問題となるだけである．それでは，生命は何時終了するのであろうか．人の死とは何であって，どのように判定されるべきなのであろうか．

以前には，死は肺・心臓・脳の不可逆的停止を確認することによって判定されてきた．すなわち，呼吸停止，心拍停止および瞳孔散大と対光反射消失を確認して，死は判定されたのである．これを**三徴候説**という．現在でも，臓器移植が問題となるような特殊の場合のほかは，死はこの三徴候説によって判定されている．

ところが，人工呼吸器などの発達によって，脳が死んだ後にも，心臓は動い

---

22) たとえば，胎児の時から生まれた後まで継続的に強い放射線をあて続けたために，刻々に生命を蝕み，生まれた子の死を引き起こしたならば，その実行行為が胎児の時に終了していたとしても，生命に対する罪は成立する．
23) 参照，平野・犯罪論の諸問題（下）28頁，大谷・団藤古稀2巻345頁，林・現代的課題162頁，佐伯・最前線26頁．

ているという状況が生じるに至った．三徴候説によるときは，このような状況下にある人も生きていることとなる．したがって，その生命を侵害する行為は殺人罪を構成することとなる．しかし，このような状況の下で人為的な処置を継続することは，死の尊厳を汚すことであるから，人工呼吸器などを取り外すことを認めるべきではないか，という考えが出てきた．さらに，本人・家族が希望しているときには，このような状況下にある人の臓器を摘出し，他の患者に移植することを認めるべきではないか，という考えも出てきた．このようなことを認めるためには，その人はすでに死んでいるのでなければならない．そこで，脳の死をもって個体の死とする脳死説が主張されるようになったのである．

このように，脳死説はとくに臓器移植を事実上の契機として主張されたものであるが，臓器移植のために生きている人を死んだ人として扱おうというのではない．脳が死んでいる以上，その人は死んでいるから，臓器移植も許されるとするのである．

脳死説と臓器移植　脳が死んだ後の臓器移植を適法なものとするためには，脳死説をとらなければならないように思われるが，三徴候説を維持しつつ，このような臓器移植の場合は殺人罪の構成要件には該当するが，違法性が阻却されるとする考えもある[24]．まず，緊急避難（刑法37条）の要件

---

24) 中山・概説16頁，中森7頁，斉藤・刑雑29・1・22，前田12頁など．
　しばしば，我が国の判例は，心臓死説をとっているとされている．しかし，正面から脳死説を問題とした上でこれを否定したものはない．札幌高判昭和32・3・23高刑集10・2・197は，被告人は被害者の首を絞めた後，付近の川に投棄したのだが，この後の行為が死体損壊罪を構成するかが問題となったものである．裁判所は「心臓の鼓動が完全に停止」したときに死体となるのであって，仮死状態のときは死んだとはいえないとした．しかし，この事案では脳も生きていたのではないかと疑われる（その場合に死体損壊罪を認めうるかは，大問題である）．少なくとも，この判例は，脳が死んでも心臓が生きている以上その人は生きているとしたものではない．広島高判昭和36・7・10高刑集14・5・310は，甲が被害者をピストルで撃った後，被告人はとどめを刺そうとして刀を突き刺したというものである．裁判所は，「生活反応」が認められないから，刀を突き刺した時点では被害者は死亡していたとみるべきだとした．しかし，この時点で死んでいたとした鑑定は，その死因をピストルの頭部貫通銃創としている．すなわち，この時点ではすでに脳も死んでいたのではないかと疑われるのである（そうである以上殺人既遂罪の成立を認めることはできない）．したがって，この判例は，脳も心臓も死んでいるときにはその個体は死んでいたものとするにすぎない．現在問題となっているのは，心臓が生きていても，脳が死んでいるときに，その個体を生きているものとしてよいか，というものである．いずれの判例も，この問題については，先例的価値の乏しいものである．

にあたるかが問題となる．しかし，心臓移植の多くの場合，移植を受ける患者は今すぐにも死にそうになっているわけではないので，「現在の危難」といいうるか疑問がある．それだけでなく，緊急避難の性格については，他人の生命を侵害することは，他人の生命を救うためとはいえやはり違法であって，ただ責任が阻却されるだけだという説も有力である．このように解する立場からは，冷静な第三者としての医師に緊急避難の成立を認めることはできないこととなる．

　また，脳が死に，本人・家族の同意もあり，他の患者の生命を救うための医療行為でもあることなどを総合的に考慮して，超法規的に違法阻却を認める（あるいは可罰的違法性を否定する）という考えもありうる．しかし，脳が死んでも，その個体が生きているのであれば，たとえ本人の同意があっても，同意殺人罪（刑法202条）の構成要件該当性は否定し難く，他の患者を救うためということはその緊急避難でありうるが，このように解することにはすでに述べたような問題がある．また医療行為ということも，本人に対しては治療行為性を全く欠くのであるから，違法阻却の根拠とはなりにくい．さらに，この説も，一般に，大脳機能が喪失しているにすぎず，全脳の機能が喪失しているわけではない，いわゆる植物状態の人間から心臓を取り出すことは違法とする．しかし，脳死の場合と植物状態の人間の場合とを区別することは，脳死説をとらずしてはできない．この説によるときは，脳死の場合は，「生きてはいるが，その生命の価値は低い」ということを認めざるをえないこととなるが，このような論理は，それ自体として，認められるべきではない．

　このように考えてくると，このような状況下での臓器移植を適法なものとするためには，やはり脳死説をとらなければならない[25]．

臓器移植法　そこで，脳死を希望する人にはそのことを認め，希望しない人には従来どおりの三徴候説を適用するという折衷案が提案されていた（日本医師会生命倫理懇談会・昭和63年1月12日）が，この考えは平成9年10月16日に施行された臓器移植法によって採用されるところとなった．この法律によれば，書面による臓器提供の意思表示と，遺族が拒否せず又は遺族

---

25) 脳死説として，平野156頁，町野・現在56頁，山口11頁，西田9頁，林・現代的課題138頁，井田・法学研究（慶應）70・12・205など．

がないときには，臓器摘出が可能となり，死体には脳死した者の身体を含むとされた[26]．

　この法律は，脳死説に対する批判と，他方心臓移植を早くすすめたいという考えの妥協の産物である．ただ，脳死は客観的事実であるはずなのに判定があってはじめて脳死となるかのような表現がなされていること（同法6条2項），臓器摘出だけでなく脳死判定にも本人の意思を要求していること（治療を委ねられた以上，医師は独自の判断で脳死判定をなしうると思われる），脳死の判定・臓器摘出に遺族の意思を条件としていること，その結果，死が本人のみならず遺族の意思によっても相対化されてしまうこと，さらに，ガイドライン第1によれば，民法の遺言能力との関係で書面による提供意思の表示は，15歳以上の者の表示のみに限られており，その結果15歳未満の者については臓器摘出をなしえないこと，に問題を残している[27]．

脳死と心臓死　以上に述べたように，死は客観的なものであるべきだとしても，脳死と共に心臓死をも基準として残すべきかが問題となる．脳死説が認められても，人工呼吸器が取り付けられていない場合には（そしてそれが大部分である）これまでどおり三徴候説によって判断される．また，事後的に生活反応を調べて死亡時期を判定する際にも，心臓死が判定資料として用いられるであろう[28]．そこで，アメリカでは，心臓（及び肺臓）死と脳死とを択一的に認める考えが採用された[29]．これは，生命が，脳・心臓・肺臓を結ぶ三角形であって，その一角でも死んだときには，その個体は死んだものとしようという考慮によるものである．しかし，心臓・肺臓の機能が停止すれば，数分で脳も死に至るのであり，また，心臓が「不可逆的」に停止したといえるためには，停止後ある程度の時間をとらなければならず，その間には当然脳も死ぬのであるから，脳の死亡のみを個体の死の基準としても，実際上の不都合は生

---

26) したがって，そのような意思表示をしていない場合には，臓器を摘出できないのはもちろん，「治療」は継続されるべきであり，それに要する費用も本人の負担ということになろう．
27) 参照，秋葉・法教 205・43，平野・ジュリ 1121・30，伊東・ジュリ 1121・39．
28) たとえば，ある切り傷を与えたときにその個体が生きていたかどうかは，――心臓が動いていれば，出血は多いから――出血の状態である程度判定できる．
29) The Uniform Determination of Death Act, Section 1. (1981)．我が国では町野・現在 65 頁以下など．

じるとは思われない．刑法上は，検察官に脳が生きていたことの立証責任を負わせ，そのことにどうしても合理的な疑いが残るときには，殺人既遂罪の成立は否定するということでよいと思われる．心臓を撃ち抜いたような場合だと心臓死の時点ははっきりするが，仮にそれでも脳は数分とはいえ生きているのであれば，その間の個体を死んでいるとするのは不当であろう．やはり，脳が個体の最重要器官であり，この機能停止のみをもって個体の死の基準とするべきものと思われる[30]．

2　自殺関与・同意殺人罪

人を教唆し若しくは幇助して自殺させ，又は人をその嘱託を受け若しくはその承諾を得て殺した者は，6月以上7年以下の懲役又は禁錮に処する（202条）．未遂は罰する（203条）．

<small>総説</small>　本条は，自殺に関与する罪と，相手の同意を得て殺害する罪とを，共に規定している．これに対しては，この2つの罪は性格を異にしており，自殺関与罪は同意殺人罪よりも，不法・責任内容において軽いという見解が主張されている（内田15頁）．ドイツ刑法は，自殺は犯罪ではないとして，これに関与する場合は処罰せず，同意殺人のみを処罰している（216条）．しかし，自殺関与と同意殺人とは，共に生命の主体が自分の自由な意思により死を選択したことに基づいてその生命が失われる場合で，基本的に同じ不法・責任内容をもっていると考えられる．我が法が自殺関与を同意殺人と同様に処罰していることは正当である[31]．

---

30) 脳死の意義について，大脳死説・脳幹死説・全脳死説，器質死説・機能死説の対立があるが，全脳の機能喪失をもって脳死とするべきであろう．大脳死説は人間の生物的内容を，脳幹死説は人間の精神的内容を軽視するものである．また，器質死説は微量の脳細胞が生きているというだけで個体が生きているとすることになりかねない．判定基準についても意見の対立があるが，それはすでに医学の問題だと思われる．
　なお，参考文献として，大嶋・刑罰法体系3・37頁以下，大谷・団藤古稀2巻336頁以下，金澤・刑法とモラル，澤登・法時58・8，斉藤（誠）・刑法における生命の保護135頁以下，小田・広島法学13・1・91，松宮・中古稀419頁以下，佐久間・香川古稀215頁以下，井田・法学研究70・12・199以下，林・現代的課題132頁以下など．
31) 自殺関与と同意殺人の，どちらなのか，問題となることがある．一般論としていえば，直接に死を引き起こした行為が，死んだ本人によってなされたのであれば，行為者は自殺関与であり，

罪質　(1)　本罪が殺人罪よりも軽く処罰されているのは，不法減少のためなのか責任減少のためなのかが問題とされている．**責任減少説**は，本罪の不法内容が殺人罪のそれと同じであると解したときにのみ成立しうる考えであり，その不当なことは明らかである．本人の自由な意思により生命が放棄されていることに基づく**不法減少**が，本罪が殺人罪よりも軽く処罰されている理由である．

(2)　一般論としていえば，本人の意思によりその利益が放棄されている場合，刑法上の意味において法益の侵害はなく，違法でないというのが原則である．それにもかかわらず本罪が処罰される根拠はどこにあるのであろうか．この点をめぐって次の3つの説がある．

第一は，生命は法秩序において最も貴重な法益であり，本人ですらもそれを放棄することは許されない，という考えである．第二は，自己決定権は生命にまで及ぶと考え，完全に自由に生命が放棄された場合には違法ではないが，(強制・錯誤・精神障害など) 瑕疵ある意思に基づいて放棄されることに他人が関与する場合は違法であり，本罪はこのような場合を処罰するものだとする考えである．第三は，生命についても自己決定権は及ぶとして，本罪の保護法益を生命と解することを断念し，生命についての (家族や知人などを主とする) 社会的利益を侵害することを不法内容とするという考えである[32]．

まず，完全に自由に生命が放棄された場合，本罪の成立を認めるべきか，という問題がある．これを否定する第二の考えは，生命の尊厳性に配慮を与えつつも，自己決定権の思想を徹底したもので，優れた解釈論である．ただ，完全に自由に自己決定がなされた場合にはおよそ本罪が成立しないとすることは，

　そうではなく，行為者によってなされたのであれば，同意殺人となるであろう．問題は，共に死を引き起こす行為をしている場合である．たとえば，三島由紀夫の切腹を介錯した行為はそのどちらなのであろうか．裁判所はこれを嘱託殺人罪とした (東京地判昭和47・4・27刑月4・4・857) が，自殺幇助罪とすることも可能であろう．いずれにしても，共に同じ条文に規定され，法定刑も同じなのであるから，区別する実益は少ない．

32)　本罪の処罰根拠を説明するために，国家の後見的配慮，あるいはパターナリズムが強調されることがある．これは，本人の利益を本人のために本人自身から，国家が制裁を科して保護するべきだという考えである．このような考えは，その本人が年少者・精神障害者のときには正当なものであるが，成熟した正常な判断能力をもっている場合に，一見自己に不利益な行為をしていることを理由に国家が個人の私的領域に干渉することには警戒を要する．この問題については参照，中村・井上還暦 (上) 150頁，福田・一橋論叢 103・1・15，甲斐・九大法学 41・84 など．

他の法領域において，たとえば薬物犯罪，シートベルト・ヘルメットの不着用などの場合に，たとえ完全に自由にではあっても生命・身体に重大な危険を生ぜしめるときには処罰することと均衡を失する．論者も，安楽死の場合に，いかに本人が死を「積極的に選択」したとしても，死期が切迫していなかったり，苦痛がそれほどでないときには，本罪の成立を認めるべきだとしている（町野・前掲書 28 頁）．判例もまた，そのような「安楽死」の場合，あるいは，三島由紀夫の切腹の介錯行為を処罰しており，完全に自由に生命放棄がなされている場合であっても本罪の成立を認める立場に立っていることは明らかである．

ただ，この説が，完全に自由に生命を放棄しているときには刑法上の意味で生命の侵害はないとしていることは，やはり傾聴に値する．第三の考えは，第二の考えのこの部分を考慮に入れたものである．これに対して第一の考えは，生命は自己決定権の基盤をなしており，およそ人が侵し得ない至高の価値をもっていると考えて，自己決定権の限界を強調する[33]．しかし，この世には生命よりも尊いものがあるとする価値観に対しても法秩序は寛容であるべきであり，とくに，他人の利益を害さないかぎり人は何をしてもよいとする刑法の原則は重要なものだとすれば，第三の考えにも理由があるといえよう．いずれにしても，第一の考えと第三の考えには実際上の帰結に違いはなく，問題は，説明の論理としてどちらがより妥当かということにすぎない．

　(3)　自殺に失敗した場合，関与者には自殺関与未遂罪が成立しうるのに対して，自殺者本人は自殺未遂として処罰されることはない．その理由が問題となる．学説上は，自殺行為は放任行為（平野 158 頁），あるいは，可罰的違法性を欠く行為（曽根 12 頁）だとする見解が有力である．しかしそれならば，教唆・幇助は，正犯行為が違法なときにのみ成立するという原則からすれば，それに教唆・幇助として関与する行為が違法として処罰されることはないはずである（間接正犯としての関与ならばそのようなことが認められる．参照，林・現代的課題 102 頁）．このような見解は，薬物使用，シートベルト不着用などが違法とさ

---

[33] 第一の見解として，団藤 399 頁，平川 48 頁，吉田・下村古稀 571 頁以下など．第二の見解として，町野・小暮ほか 26 頁，秋葉・上智法学 32・2＝3・16 以下など．第三の見解として，宮本 281 頁，佐伯 100 頁，滝川＝竹内 13 頁など．参照，深町・本郷法政 9・121．なお，大判大正 4・4・20 刑録 21・487 は「本人自ら法益を抛棄したる場合に属するも，仍ほ公益上認容すべきに非ず」とする．

れていることと均衡を失するであろう．自殺に関与する行為が処罰されるのは，法が自殺は違法だという前提に立っているからである．それにもかかわらず自殺者本人が処罰されないのは，これから自殺をしようとする者に国家規範を遵守する動機をもって自殺を思い止まることを期待することは不可能で，責任がないからである[34]．

錯誤と未遂犯　(1)　相手が死ぬつもりがないのに冗談で殺してくれと言ったのを真に受けて殺してしまった場合①（大判明治43・4・28刑録16・760），反対に，相手が死ぬことに同意していることに気付かずに単純に殺すつもりで殺してしまった場合②は，いずれも**抽象的事実の錯誤**の問題である．②の場合にはさらに不能犯の問題も生じる．これらは総論において問題とされるべきことであるが，ここでも一応の結論を示しておこう．

いずれの場合も，殺人罪と本罪とは，生命ないし社会的法益の限度で保護法益が重なり合うから，軽い本罪の限度で既遂犯が成立する（詳細は，林・現代的課題73頁）．②の場合はいわゆる客体の欠缺の場合であり，殺人未遂罪が成立するかも問題となる．判例には，死んでいるのを生きていると思って殺した場合に殺人未遂罪としたものがある（広島高判昭和36・7・10高刑集14・5・310）が，これと同じように考えれば，殺人未遂罪が成立することとなろう．その場合，本罪と殺人未遂罪との法条競合となり，重い殺人未遂罪の刑で処断されることになる（林・基礎理論224頁）．もっとも，存在しない法益に危険は発生しないと考えれば（山口・危険犯の研究167頁），殺人未遂罪の成立は否定されることとなる．

(2)　本罪，とくに自殺関与罪の**未遂犯成立時期**について，争いがある．自殺の教唆・幇助は共犯とは独立の犯罪類型だとする立場から，教唆・幇助行為が行われたときにすでに実行の着手があり未遂犯が成立するという見解が主張されている（平野159頁）．しかし，かりに，自殺関与罪が共犯とは異なる独立の行為類型を構成要件化したものだとしても，構成要件に該当する行為が行われただけでただちに未遂犯の成立が認められるわけではない．未遂犯の成立は，その犯罪によって保護しようとする法益に切迫した危険が発生したときに認め

---

34)　秋葉・前掲論文191頁，吉田・前掲論文571頁．なお，林・基礎理論1頁以下．

られるものである．このように解するときは，教唆・幇助行為が行われたものの，自殺行為が行われなかったような場合には，いまだ未遂犯の成立を認めるべきではないであろう（この問題については，松宮・中山古稀1巻237頁）．

本罪と殺人罪の区別　（1）　同意殺人罪と殺人罪とは，同意をしたか否かで区別される．ここにおける同意は，基本的に自殺関与罪における自殺する意思と同じであって，生命という利益を認識しつつ自由に放棄する意思がその内容である．もっとも，自殺関与罪の場合は，行為者は直接には手を下していないので，**殺人罪の**（被害者の行為を利用する）**間接正犯**との区別も問題となってくる．ここにおいては自殺者に対する行為者の関与内容が問題となり，殺人罪が成立するためには，自殺者に死ぬ意思がなかったこと，あるいは，自由に死を決意したのではないこととは別に，さらに，間接正犯性が認められなければならない．法益処分についての不自由と，間接正犯によって支配されていることによる不自由とは理論的には異なるものであることに注意する必要がある（その区別については，林・松尾古稀上巻241頁）．

　（2）　まず，殺人罪が成立するためには，被害者が，生命という利益を認識しないで，あるいは，認識していても不自由に，それを放棄したのでなければならない．たとえば，首をくくっても仮死状態になるにすぎないと騙され，精神障害のためにそれを信じて縊死してしまった場合（参照，大判昭和8・4・19刑集12・471，最決昭和27・2・21刑集6・2・275），あるいは，5歳位の子供が死ぬことに同意したとしても（大判昭和9・8・27刑集13・1086），それは，生命という利益を十分に理解した上で放棄しているのではないから，殺人罪が成立しうる．ある母親に対して，自殺しなければ子供を殺すと脅して，自殺させたような場合には，母親は生命放棄を認識しながら行為しているが，その放棄は自由になされているのではないから，やはり，殺人罪の間接正犯が成立しうる．

　最近最高裁は，被害者を強制して死の危険を冒す行為に出させた場合について，殺人未遂罪の成立を認めた（最決平成16・1・20刑集58・1・1．本決定については，林・研修687・3）．被告人は，自動車の転落事故を装い被害者を自殺させて保険金を取得する目的で，極度に畏怖して服従していた被害者に対し，暴行脅迫を交えつつ，岸壁上から車ごと海中に転落して自殺することを執拗に要求し，被害者をして，止むを得ず飛び込ませたが，被害者は助かったというので

ある．本決定は，「被告人の命令に応じて車ごと海中に飛び込む以外の行為を選択することができない精神状態に陥らせていた」としている．これは，他行為可能性がない，すなわち，自由意思がないという理由で殺人未遂罪の間接正犯を認めたものである．

(3) 行為者に騙されて死ぬことに同意したり自殺した場合が，とくに問題とされている．判例は，**偽装心中**，すなわち一緒に死ぬと欺いて被害者を自殺させた場合について，殺人罪の成立を認めている（最判昭和33・11・21刑集12・15・3519．なお，合意心中は自殺関与罪となる．参照，大判大正4・4・20刑録21・487）．「本件被害者は被告人の欺罔の結果被告人の追死を決意したものであり，その決意は真意に添わない重大な瑕疵ある意思であることが明らかである」というのがその理由である．これに対して学説上は，この場合死の意味は理解しているのであり，死ぬこと自体には錯誤がなく，ただその動機に錯誤があるにすぎないという理由で，これに反対するものが多い（平野158頁，町野・前掲書28頁）．最近では，同意とは法益処分についての同意にほかならないことを理由として，錯誤に基づく同意が無効となるのは，法益主体が法益について錯誤に陥った場合だけだとし，この判例の場合，このような錯誤はないから，同意は有効だとする見解が有力になりつつある．これを**法益関係的錯誤説**という（佐伯・神戸法学年報1号，山口・司法研修所論集111号）．

たしかに，放棄する法益について認識が及んでいない場合，その放棄は無効である．そのような場合，自由に法益を処分したとはいえないからである．自由とは，他人から影響を受けずに自分の意思で決断することを意味するが，他人から騙され，法益について認識を欠く場合，自分の意思で法益を処分する決断をしたとはいえない．

もっとも，法益に認識が及んでいればつねにその放棄は自由になされたものだとすることはできない．脅迫によって同意をした場合，たとえば，前にあげた子供を殺すと脅されたのでやむなく死ぬことに同意した母親は，法益放棄を認識しているが，その同意は不自由になされたもので無効である．そうだとすれば，ある母親が，子供が目に怪我をしてただちに角膜を移植しなければ失明すると騙されて自己の角膜を取り出すことに同意したような場合にも，その同意は無効だとするべきであろう．この場合，法益関係的錯誤はないが，**自由意**

思をもって同意しているのではないから，傷害罪が成立しうる．同意の有効性を考える上では，殺人罪の場合も同じである．

結局，殺人罪と本罪とを区別する基準は，同意（ないし自殺）が自由意思をもってなされたか，というところにある．法益関係的錯誤は，騙された場合の一部について問題となるものにすぎず，「自由」を判断する1つの要素にすぎない[35]．

(4) このような趣旨を述べた判例は少なくない．たとえば，福岡高宮崎支判平成元・3・24高刑集42・2・103である．被告人は，高齢の被害者から借金をしていたのでこれを殺そうと思い，被害者が犯罪を犯し官憲が迫っており，逮捕されれば刑務所に入れられ，身内の者にも迷惑がかかるなどと欺罔し，自殺させたという事案について殺人罪の間接正犯としたのである．この判例は，「その自殺の決意は真意に添わない重大な瑕疵ある意思であるというべきであって，それが同女の自由な意思に基づくものとは到底いえない」としている．この事案の場合，被害者は騙されて，死なないと生じるであろう不利益はきわめて大きなものであり，それを避けるためには死ぬほかないと考えたのであるから，その結論も正当であろう．

もっとも，脅迫・強制が加えられても，殺人罪が成立するためには，被害者に自由意思がまったくなかったのでなければならない．判例は次のような場合には殺人罪の間接正犯を否定し本罪の成立を認めている．連日のごとく暴行・脅迫を繰り返し，執拗に肉体的・精神的圧迫を加えて自殺を決意・実行させた場合，暴行・脅迫が意思の自由を失わしめる程度のものでないときは，自殺教唆となるというのである（広島高判昭和29・6・30高刑集7・6・944）．この判例も，「自由意思」の有無を基準としている．結論も正当である．

(5) 欺罔の場合も，基本的には，強制の場合と同じである．すなわち，欺罔による場合も，生命という法益は誰にとってもかけがえのない貴重なものであり，そして，殺人罪は本罪と比べてきわめて重い罪なのであるから，その放棄が自由でないとするためには，被害者は，騙された利益が生命よりもさらに

---

35) 参照，山中・関大法学33・3＝4，林（美）・内藤古稀28頁，林・松尾古稀上巻249頁，島田・正犯・共犯論の基礎理論91頁以下，小林・立教法学67・89など．不自由とは，行為者の強制・欺罔により被害者の意思が抑圧され，行為者の意思に置き換えられた状態を意味する．

重大であって，生命を放棄しなければそれが失われると錯誤に陥った場合でなければならない．この観点からみると，偽装心中についての最高裁判例には若干の疑問がある．たしかに被害者は，自分と共に被告人が死んでくれるということを大きな利益と考えたのであり，その点に錯誤がある以上，行為者は被害者の意思を一定程度操作し，被害者が死を最終的に決意するにあたっての1つの重要な理由を提供したといえる．しかし，被害者はそれ以前に，自分の意思で，行為者と添い遂げられずに生きることは大きな苦痛だと考え，自分の方から心中を申し出たのであり，行為者はしぶしぶこれに応じたというのである．死の決意には被害者自身の価値判断が大きな比重を占めている．したがって，その決意はいまだ殺人罪の成立を認める程に不自由なものとはいえないように思われる．

(6) なお，すでに述べたように，殺人罪の間接正犯が成立するためには，行為者には被害者に対する関係で間接正犯性が認められなければならない．たとえば，医者が患者に対して，ガンで余命わずかであり・大きな苦痛が迫っていると騙したために，患者は自殺してしまった場合，患者には法益関係的錯誤があり，従って自殺意思は無効とするべきであろうが，このような事情だけで医師に間接正犯性を認めることには疑問がある．最決昭和28・2・21刑集6・2・275は，重度の精神障害者で自殺の何たるかを理解しない者を利用して自殺させた場合に殺人罪の成立を認めているが，この事案は，「被告人のいうことは何でも服従するのを利用し」たという場合であった．理論的にいえば，被害者の不同意は結果無価値を基礎づけるものである．間接正犯性は，そうした結果無価値を前提として，その結果無価値を生ぜしめた張本人は誰かを問題とするものである．両者は──実際上は重なり合う場合が多いが──理論的には別のものである[36]．

安楽死と尊厳死 (1) 重い病気に罹患したために死期が切迫し，現代医学の治療技術をもってしても手の施しようがなく，しかも，肉体的苦痛が激烈となったために，本人からの真摯な嘱託によってこれを死に致したような場合の刑事責任が問題とされている．これが**安楽死**の問題である．最

---

36) 林（美）内藤古稀36頁，小林・千葉法学15・1・175，塩谷・被害者の承諾と自己答責性70頁，林・板倉古稀84頁．反対，島田・正犯・共犯論の基礎理論257頁．

近，医師が，末期状態にあり意識を失っている患者に対して，家族からの強い要望があったために，塩化カリウム製剤等の薬物を注射して死亡させたという事案について，裁判所は，医師による安楽死の要件は，①耐えがたい肉体的苦痛があること［精神的苦痛が除かれていることに注意——筆者注］，②死が避けられずその死期が迫っていること，③肉体的苦痛を除去・緩和するために方法を尽くし他に代替手段がないこと，④生命の短縮を承諾する明示の意思表示があることであるとしたが，本件の場合は，①④を欠いているために，殺人罪の成立が認められるとした[37]．

この問題については，以下の点に注意しなければならない．まず，殺人罪と嘱託殺人罪を区別せずに，一律に安楽死の適法性について論じられることが多いが，これには疑問がある．殺人罪の違法性は，④の要件さえ備われば，それだけでただちに否定される．その場合，他の要件は，ただ嘱託殺人罪の成否において意味をもつにすぎない．反対に，本人の意思に反していれば，たとえ他

---

[37] 横浜地判平成 7・3・28 判時 1530・28．本判決は，苦しむのを長引かせないため，延命治療を中止して死期を早める不作為型の消極的安楽死と，苦痛を除去・緩和するための措置をとるが，それが同時に死を早める可能性がある治療型の間接的安楽死と，苦痛から免れさせるため意図的積極的に死を招く措置をとる積極的安楽死があるとしている（判時 1530・39）．なお，その後の重要な判決として，横浜地判平成 17・3・25 判時 1909・130 がある．

なお，それ以前のものとしては，名古屋高判昭和 37・12・22 高刑集 15・674 が重要である．名古屋高裁判決は，医師の手によることを本則とするとしていたが，医師でなくても医師とまったく同じことをすることはありうるし，極限的な状況において医師の手によることをえないことはありうるであろう．また，名古屋高裁判決は「その方法が倫理的にも妥当なものとして容認しうるものなること」を安楽死の要件としたが，「倫理的」かどうかを問題とするのは妥当とは思われない．横浜地裁平成 7 年判決が述べるように，行為態様の上で重要なのは，患者に与える苦痛が最小のものであるべきことである．ただ，麻酔医学の進歩した今日では，死期や苦痛の判断だけでなく，患者にとって最も大きな利益をもたらすであろう方法，すなわち，より苦痛が小さく，死期を延長しうるような方法についての判断は専門化しているから，実際上は医師の判断と実行が必要とされることが多いであろう．それは，患者の法益侵害の程度・危険性の問題である．なお，ここで問題となっているのは本人自身の利益の葛藤であって，他人の利益との衡量が問題となっているのではないから，緊急避難の法理を援用するべきではない．また，これは客観的な問題であって，それを前提としての患者本人の意思は別個（④において）問題とするべきなのであるから，ここで自己決定権に言及するのも正当とは思われない．

なお，名古屋高裁判決は，「もっぱら病者の死苦の緩和の目的でなされたこと」が必要だとしている．しかし，家族などが早く精神的・経済的負担から免れたい，あるいは，遺産を相続したいと思ったとしても，そのことで不法・責任が大きくなるとは思われない．

安楽死についての文献はきわめて多いが，比較的最近のものとして，樋口・ケーススタディ生命倫理と法 86 頁（佐伯），甲斐・ジュリ 1293・98．

の要件がすべて備わったとしても，殺人罪の違法性は認めるべきである．もっとも，本人の意思が明らかでない場合，推定的意思であってもよいかが問題となる．一般論としては，この場合だけ推定的意思を除外することに十分な理由があるとは思われない．名古屋高裁判決は，「病者の意識がなお明瞭であって意思を表明できる場合には，本人の真摯な嘱託又は承諾のあること」を要件とし，意識が明瞭でない場合には，それがなくても，違法性が阻却されうることを認めている．この場合，死期の切迫性・苦痛の甚大性などが，患者の意思を推定するときの重要な資料となるといってよく，これらの資料と，後述する生前意思表示 (living will) があるような場合には，**推定的同意**を認めてよいと思われる．しかし，その場合でもさらに，嘱託殺人罪の成否は別個問題となりうる．この局面では，死期の切迫性・苦痛の甚大性などは，まさに，それ自体違法性を減少させる独立の事情として客観的に考慮される．このように，これらの要件のもつ意味は，殺人罪の場合と嘱託殺人罪とでは，まったく異なっている．

　次に，最近**患者の自己決定権**ということが強調されることが多い．上に述べたような意味で，この思想がこの問題において重要な意義をもっていることは否定しえない．また，以前には，患者側の事情ではなく，行為者側の事情（たとえばその惻隠の情）を極端に重視した考えがあったことも事実である（たとえば，小野・刑罰の本質について・その他 197 頁以下）．しかし，被害者の意思に反する殺害のみが殺人罪を構成するということは，ことあらためていうまでもなく，被害者の同意の法理，そして，同意殺人を規定する我が国の刑法からの当然の帰結である．それだけでなく，同意殺人罪は理論的には患者の意思は完全に自由でも成立しうるのであるから，むしろ，死期の切迫性や苦痛の甚大性という要件の方が違法性を減少させるものとして基本的な重要性をもっている．すでに述べたように，患者の意思とこれらの要件とはまったく別のものである．死期が切迫したり苦痛が甚大であっても，生きたいと思うことは少なからずある．その場合に死にたいという意思が表示されたとしても，必ずしも真意のものとはかぎらない．むしろ，激烈な苦痛の中で発せられた死の嘱託は，軽率なもの，すなわち，瑕疵あるものであることが多いとすらいえる．そのような場合であっても，死期の切迫性と苦痛の甚大性を根拠として，嘱託殺人罪の違法性が阻

却されうるのである（さらに，死期を延ばし，苦痛を軽減するための他の方法を尽くし，かつ，問題の行為自体，患者に苦痛を与える上で最小のものでなければならない）．

(2) 安楽死が，末期患者を本人の意思に基づいて激烈な苦痛から解放させることの適法性の問題であるのに対して，人間として**尊厳ある死**を迎えさせる行為の適法性が問題となる場合がある．すなわち，現代医学では治癒が不可能で，死期が切迫しており，苦痛は必ずしもないものの，多くの場合意識を喪失し，末期医療を受けているために体中に医療器具を付けられ，四肢が萎縮し，人間として尊厳ある死を迎えているとはいえないと考えられる場合に，治療を中止することはどのような要件の下で適法となりうるか，という問題である．末期医療の進歩に伴い，このような事態が生じることが多くなり，生前に，このような事態に陥ったときは治療を中止することを意思表示する living will の制度も定着しつつある．

しかし，このような尊厳死を適法なものとすることは，安楽死の場合よりも問題が多い．何よりも，問題の時点では意識を失っているために，その時点での意思を確認することができないことである．生前意思表示はあくまで過去の，そういう事態に陥る前の意思であり，それは，問題の時点での患者の意思を推定する1つの資料とはなりえても，絶対的な拘束力をもつものと考えるわけにはいかない．苦痛がないかぎり，どのような状態になっても人は生きたいと思うことが十分にありうるからである．外からは尊厳あるとは見えなくても，本人は安らかに死を迎えているということはありうる．したがってここでも，あくまで，死期の切迫性と苦痛の甚大性が基本的な前提でなければならない．この意味で，尊厳死とは端的に言えば苦痛のない死だということもできよう．なお，ここでいう苦痛はあくまで患者本人の感じるものが基準とされなければならない．まえにあげた名古屋高裁判決は「何人も真にこれを見るに忍びない程度のものなること」を安楽死の要件としたが，看病人の感じる苦痛は基準とはなりえない．

尊厳死の場合には，医師の治療義務の限界も問題となってくる．横浜地裁判決もそのことに触れている（判時 1530・36）．その理論的根拠となるのは，作為義務は，その作為によって法益の危険が減少する場合にのみ認められるということにあると考えられる．作為しても法益の危険を減少させえないときには，

作為義務を認めることはできない（林・基礎理論 104 頁）．延命治療を施しても死期を遅らせる可能性がまったくない場合にのみ，治療義務ははじめて解除される．それは，文字どおり死期が間近に迫ったときのみ生じることであって，単に治る見込みがないことなどから容易に生じるものではない（参考文献として，宮野・安楽死から尊厳死へ，上田・刑雑 29・1・95，甲斐・刑雑 29・1・131，町野・現在 17 頁以下など）．

第 2 節　堕胎罪

> 妊娠中の女子が薬物を用い，又はその他の方法により，堕胎したときは，1 年以下の懲役に処する（212 条）．女子の嘱託を受け，又はその承諾を得て堕胎させた者は，2 年以下の懲役に処する．よって女子を死傷させた者は，3 月以上 5 年以下の懲役に処する（213 条）．医師，助産婦，薬剤師又は医薬品販売業者が女子の嘱託を受け，又はその承諾を得て堕胎させたときは，3 月以上 5 年以下の懲役に処する．よって女子を死傷させたときは，6 月以上 7 年以下の懲役に処する（214 条）．女子の嘱託を受けないで，又はその承諾を得ないで堕胎させた者は，6 月以上 7 年以下の懲役に処する（215 条）．前条の罪を犯し，よって女子を死傷させた者は，傷害の罪と比較して，重い刑により処断する（216 条）．

保護法益　堕胎罪の保護法益は胎児の生命である．胎児とは，懐胎されているヒトのことである．体外にある受精卵・胚は胎児ではない．母体内の受精卵であっても，懐胎，すなわち着床（受精卵が子宮内に沈下し位置を占めること）するまでは，堕胎罪の保護法益ではないと解するべきである（ドイツ刑法 219 条 d が同旨を規定する）．このように解するときは，着床を妨げる避妊薬の使用は，堕胎罪を構成しない（団藤 448 頁，町野・小暮ほか 59 頁，中森 32 頁，山口 18 頁など）．また，胞状奇胎（卵子の変性または流産により子宮内で形成される肉状塊または腫瘍）は，胎児ではない．さらに，頭蓋と脳が欠け出産後短時間で死亡する無脳体は，脳死説をとるときは，やはり胎児ではない．受精後 8 週までは，各胚葉からいろいろの器官の分化が終わるまでの期間なので，これを胚芽という．妊娠 11 週になると，体重が約 20 グラムとなり，肉眼で四肢は明瞭に区別され，外性器官を見て男女の区別も容易に判別できるようになる．なお，

判例は，胎児の発育状態を問わず，妊娠1ヵ月の段階でも，堕胎罪が成立するとしている（大判昭和2・6・17刑集6・208，大判昭和7・2・1刑集11・15）．

さらに，**母体の生命・身体**も堕胎罪の保護法益とされることが多い（たとえば，団藤440頁など）．たしかに，213条後段，214条後段，216条の婦女の「致死傷」の罪の保護法益には，母体の生命・身体が含まれていると解さざるをえない．さらに，215条（不同意堕胎罪）の場合も，婦女の身体も保護法益となっていると解される．この場合，致「傷」の場合とは異なり，堕胎に通常伴う母体の身体の損傷の故に，刑が加重されていると解されるのである．学説の中には，さらに，213条の同意堕胎が212条の自己堕胎よりも重く処罰されているのは，同意傷害が自傷行為よりも不法内容が重いからであり，したがって，213条の保護法益には婦女の身体も保護法益となっていると解するものがある（平野・総論II 373頁，町野・前掲書58頁）．しかし，致「傷」に至らない程度の，堕胎に通常伴う身体の損傷について，同意傷害の方が自傷行為よりも不法内容が重いと解するのは妥当とは思われない．212条，213条においては，もっぱら胎児の生命が保護法益となっているのであって，ただ妊婦自身が堕胎するのは，一般的に責任が軽いために，自己堕胎は軽く処罰されていると解するべきであろう（中森33頁，西田19頁）．

なおかつては，国家の人口政策や（兵隊をつくるという）戦争政策が保護法益とされたこともあったが，現在ではこのような立場をとるべきではないであろう．

堕胎行為の意義　判例によれば，堕胎とは，自然の分娩期に先立って人為的に胎児を母体より分離することであって，胎児の死亡はその要件ではない（大判明治42・10・19刑録15・1420など）．もっとも，母体内で胎児を殺すことも，堕胎であると解されている．しかし，後の場合に胎児の死亡が要件となるのに，前の場合にそれが要件とならないのは，均衡を欠くのではないかが問題とされ，学説上は，ドイツと同じように，**胎児の死亡**を一般的に堕胎罪の要件とするべきだと主張する見解が有力である（平野161頁，同・警研57・4・7，山口18頁．反対，町野・前掲書60頁，中森31頁）．この見解は，堕胎罪を胎児の生命に対する侵害犯と解するのである．胎児が結局死ななかった場合にまで，堕胎罪の成立を認める必要は現在ではなくなっていると考えられるか

ら，この見解を支持しておきたい．

　また，胎児のときに作用を加え，攻撃しても，自然の分娩期を経て生まれてから死んだ場合，判例によれば，人の生命に対する罪が成立しうるとされている（最決昭和63・2・29刑集42・2・314）．しかし，すでに述べたように[38]，人の生命に対する罪が成立するためには，作用が加えられた段階で，客体が人でなければならないと解するべきであろう．新たな作用がないにもかかわらず死亡した場合には，胎児が人為的に排出されてはいないとしても，堕胎罪を構成しうるものと解するべきである．もっとも，堕胎罪は故意の場合に限られることに注意しなければならない．

　堕胎によって人為的に排出された後であっても，新たな作用が加えられたときには（不作為でもありうる），人の生命に対する罪の成立が認められるとするのが判例である[39]．もっとも，この判例においては，排出された子は**保続・生育する可能性**があったことが前提とされていることに注意する必要がある．なお，胎児の死が堕胎罪の要件だと解する立場からは，排出された後に新たな作用が加えられ死に致されたために，人の生命に対する罪の成立が認められるときには，堕胎罪は未遂となる．業務上堕胎罪などには未遂規定がないので，結局堕胎罪としては処罰されないこととなりうる．もっとも，排出されたヒトが保続不能な段階（後述）であるときは，人の生命に対する罪の成立を認めるべきではない．したがって，この場合には，排出後に新たな攻撃が加えられたとしても，堕胎罪のみが成立することになる．

堕胎と共犯　　堕胎の罪の章には，212条から216条まで種々の犯罪類型が規定されているが，その相互の関係をどのように理解するべきかが，共犯論ともからんで，問題となる．

　まず，214条の業務上堕胎罪は，213条（同意堕胎罪）に対して業務者であることを理由とする**責任加重類型**である．したがって，業務者と非業務者が共犯関係にあるときには，刑法65条2項が適用され，非業務者は213条の刑で処断される．また，215条の不同意堕胎罪は，213条，214条に対して，（堕胎に

---

[38]　本書17頁．
[39]　最決昭和63・1・19刑集42・1・1．業務上堕胎罪の他，保護責任者遺棄致死罪の成立を認めた．この判例に対しては，本書44頁参照．

通常伴う程度の母体傷害について）妊婦の同意がないことを理由とする**不法加重類型**である．

とくに問題となるのは，212条と213条の関係である．まず，第三者が自ら堕胎手術を行えば213条で処断されることは問題ない．判例は，第三者と妊婦が堕胎を共謀し，第三者が堕胎手術を施した場合について，第三者を213条で処断している（大判大正8・2・27刑録25・261）．そしてこの場合，妊婦については212条で処断されることも問題ない．212条が責任減少類型だとした場合はもちろん，不法減少類型だとしても，同意傷害に関与した被害者自身は，不法結果惹起に関与したとはいいえないからである（町野・前掲書61頁）．

問題とされているのは，第三者が妊婦の自己堕胎に関与した場合である．判例は，妊婦の自己堕胎行為を幇助した第三者を，212条の幇助として処断した．すなわち，妊婦に堕胎手術者を紹介・周旋し手術後自宅に滞在せしめた場合（大判昭和10・2・7刑集14・76），妊婦に堕胎手術の費用を与えた場合（大判昭和15・10・14刑集19・685）である（学説として，平野・刑法総論II 373頁，町野・前掲書62頁）．

これは，212条が胎児侵害の他，自傷行為を規定するものであるのに対して，213条は同意傷害を規定するものであって，213条は212条とは別の，より重い不法内容をもつ犯罪類型と考えたためかもしれない．しかしすでに述べたように，重大な傷害や213条後段の致「傷」にも至らない，堕胎に通常伴う程度の傷害について，同意傷害が自傷行為関与よりも重い不法内容をもつと解するのは疑問である．

学説上は，この場合，65条2項を適用して，第三者を213条（場合によってその幇助）の刑で処断するべきだとするものが多い（中森33頁，西田19頁）．この立場は，212条は妊婦自身の堕胎は非難可能性が小さいという責任減少を根拠として軽くしたものだと解するのである．ただ，この場合正犯の妊婦には同意堕胎罪の構成要件該当性がないので，同意堕胎罪の共犯となしうるか，疑問がある（山口22頁）．判例の見解にも理由がある．

なお，「傷害の罪と比較して，重い刑により処断する」（216条）とは，その罪の法定刑と傷害罪のそれとを比較して，上限・下限ともに重い方をその法定刑とする趣旨である．不同意堕胎致傷罪は6月以上10年以下の懲役，同致死

罪は2年以上15年以下の懲役ということになる（12条参照）．

母体保護法による違法阻却　以上のように，堕胎罪の諸規定によって胎児は厚く保護される建前であるが，一般の違法阻却事由，とくに母体の生命を救うための緊急避難（刑法37条）が認められる他，現実には，母体保護法による人工妊娠中絶が広く行われている．

母体保護法の前身であるかつての優生保護法は，母体の生命健康だけでなく，優生を保護しようとする思想（不良な子孫の出生を防止し，優良な種を保存しようという考え方）に基づくものであった．すなわち，本人もしくは配偶者またはその4親等内の血族が一定の疾患（精神病，遺伝病，らい病など）にかかっている場合（胎児適応という）にも，人工妊娠中絶を許容していたのである．しかしこれは，障害者に対する差別である．そこで，平成8年に同法の優生保護思想に基づく部分を削除し，同法を純粋に母体の保護を目的とする法律にしようとする改正が行われた．具体的には，「優生手術」を改め「不妊手術」（生殖不能にする手術）とし，遺伝性疾患等の防止のための手術及び精神病者等に対する本人の同意によらない手術に関する規定を削除し，人工妊娠中絶についても，精神病など遺伝性疾患の防止を目的としたものを削除し，母体の生命健康の保護を目的とするものに限定した．

現在の母体保護法によれば，「妊娠の継続又は分娩が身体的又は経済的理由により母体の健康を著しく害するおそれがあるもの」（医学的適応という），「暴行若しくは脅迫によって又は抵抗若しくは拒絶することができない間に姦淫されて妊娠したもの」（倫理的適応という）には，本人及び配偶者の同意を得て，指定医師（都道府県の区域を単位として設立された社団法人たる医師会の指定する医師）が行う人工妊娠中絶（胎児が，母体外において，生命を存続することのできない時期［平成2年3月20日の厚生省事務次官通知により「妊娠満22週未満」と定められている．以前には妊娠8ヵ月という解釈がとられていたが，未熟児医療の進歩を考慮して改められた］に，人工的に，胎児及びその附属物を母体外に排出すること）は，適法とされる．この規定は実際上極めて緩やかに運用されており，現在の我が国では人工妊娠中絶は事実上黙認されている．

この傾向に対しては，胎児の保護を主張する立場もあるが，処罰を厳しくしても実効性があるかは疑問であり，かえって闇堕胎を横行させ，妊婦の生命・

身体まで危うくするおそれがある．医師以外の者が堕胎行為をしたときには，非医師の医業行為として処罰される（医師法17，31条）．さらに，妊婦の生命・身体に対する罪，生まれてきた子の生命・身体に対する罪の成立が認められる場合もある．その他に，堕胎罪として処罰するべきかは疑問であり，立法論としても堕胎罪の諸規定を存置しておくべきか，疑問がある[40]．

第3節　遺棄罪

老年，幼年，身体障害又は疾病のために扶助を必要とする者を遺棄した者は，1年以下の懲役に処する（217条）．老年者，幼年者，身体障害者又は病者を保護する責任のある者がこれらの者を遺棄し，又はその生存に必要な保護をしなかったときは，3月以上5年以下の懲役に処する（218条）

保護法益とその危険　通説は，遺棄罪の保護法益は，**生命**だけでなく，**身体**をも含むとする[41]．しかし，218条の不保護罪においては，「生存に必要な保護を為さないとき」とされているので，この場合だけでなく，遺棄罪全体の保護法益を生命に限ると解するべきだという見解が有力である．身体が含まれると解すると，犯罪の成立範囲は極めて拡張してしまうお

40）　堕胎についての**各国の対応**は異なる．アメリカでは，1973年に連邦裁判所が，およそ妊娠3ヵ月の終わりまでは中絶するか否かは妊婦のプライヴァシーの権利に属し，その決定と実施は妊婦の主治医の医学的判断に委ねられるとした（Roe v. Wade, 410U. S. 113 [1973]；Doe v. Bolton, 410 U. S. 179 [1973]．参照，アメリカ法 1975・1・111）．これに対してドイツでは，1974年に議会は受胎後12週までの医師による妊娠中絶は不可罰とする立法を行ったが，連邦憲法裁判所は，適応事由の存否にかかわらず無条件で中絶が許されるというのは憲法の人の生命・身体の不可侵（基本法2条2項1段）及び人間の尊厳の保障に反する（受胎後14日後に人間の歴史的存在という意味の生命が開始するとする）という理由で，新規定を違憲，無効とした（参照，宮澤・ジュリ 587・83）．ここにおいては，胎児の生命の保護は妊婦の自己決定権に優先し，期間による解決が否定されたのである．その後適応型の規定が新設された．

　このように，堕胎についての立法にも2つのモデルがある．適応モデルは，一定の理由がある場合（適応）を合法化しようとするものであって，妊婦の生命健康が危険な場合の医学的適応，子が障害を負って生まれる危険がある場合の胎児適応，強姦によって妊娠した場合などの倫理的適応，貧困で養育困難な場合などの社会的適応などがある．期間モデルは，妊娠初期一定期間内の人工妊娠中絶を理由を問わずに合法化しようとするものである．我が国では，この適応モデルと期間モデルを併用しているわけである．

41）　団藤452頁，内田84頁，中森38頁，曽根38頁など．

それもあるから，**生命に限る**と解するべきであろう[42]．

　判例は，本罪の成立には，**具体的危険**の発生を不要としている（大判大正 4・5・21 刑録 21・670）．すなわち，本罪を**抽象的危険犯**だと解している[43]．この見解は，条文に「危険」が要件となっていないことを 1 つの論拠とする．もっともこの説も，一般に，「遺棄」の概念の解釈にあたって，生命に対する危険が発生したかを問題とし，たとえば，養護施設の前に幼児を置去りにする行為は，「遺棄」ではないとする．しかし，そのように解釈する基礎には，具体的なその場合に，およそ危険のない行為を処罰するべきでないとする実質的な考慮があると考えられる．そうだとすれば，そのことを正面から認めるべきであろう．ただ，いわゆる具体的危険犯と解するべきだという見解[44]が，遺棄のほかに，これと独立の要素として危険の発生を要求すべきだとするのは妥当ではない．そのように解しては，条文の中に行為類型のほかに危険の発生を要求している場合（たとえば 110 条）が無意味となってしまうからである．遺棄概念それ自体の中に，本罪の成立に必要な危険が含まれていると解するべきなのである．

　本罪の客体　単純遺棄罪の客体は「老年，幼年，身体障害又は疾病」で「扶助を必要とする者」である．保護責任者遺棄罪のそれは「老者，幼者，不具者または病者」である．保護責任者遺棄罪の場合，条文には，「扶助を要する者」という限定がない．しかし，扶助を要しない者を保護する必要はないから，保護責任者遺棄罪の場合にも，この限定は及ぶと解するべきである．

　扶助を要する者の意義について，判例は，「他人の扶助がなければ，みずから日常の生活を営むべき動作をすることができない者をいう」と解している（大判大正 4・5・21 刑録 21・670）．しかし，本罪の保護法益が生命であることからすれば，他人の扶助がなければ，生命に危険が生じるであろうような者であることを要するであろう（参照，町野・前掲書 66 頁）．もっとも，みずから日常生活をすら営むべき動作をなしえない者はほとんどそのような者であるといってよい．

---

[42] 平野 163 頁，町野・小暮ほか 65 頁，山口 31 頁，西田 26 頁など．
[43] 学説として，前掲平野，町野，中森など．
[44] 団藤 452 頁など．

「病者」などは限定列挙であるから，これらのいずれかにあたらなければ，遺棄罪は成立しない．ただし，高度の酩酊者などは，病者の中に含まれる（最決昭和 43・11・7 判時 541・83）．

遺棄と不保護　通説は，217 条の遺棄は狭義の遺棄，すなわち，**移置**（要保護者を場所的に移転して危険な状態に置く）であるのに対して，218 条の遺棄は広義の遺棄，すなわち，移置だけでなく，不作為としての**置去り**（要保護者を危険な状況に置いたままで立ち去り，場所的離隔を生ぜしめる）を含むと解している（団藤 453 頁など）．最判昭和 34・7・24 刑集 13・8・1163 も，「刑法 218 条にいう遺棄には単なる置去りをも包含する」とした．そして，置去りと不保護とは，**場所的離隔**を伴うか否かで区別されるとするのである．

しかし，このように解することに対しては，次のような批判が可能である．第一に，同じ遺棄という概念をそのように別異に解釈するのは妥当でない．第二に，通説の公式に従うときは，次のような場合には，処罰しえないこととなる．すなわち，要扶助者が扶助者に接近しようとしているのを遮断する場合（たとえば，盲人が橋に接近するのを見て橋を破壊した場合），要扶助者が任意に立ち去るのに任せる場合（たとえば，幼児が遠くにはっていくのを止めなかった場合），すでに生じている要扶助者との場所的離隔を除去しない場合（たとえば，遠方に独りで住む親が発病したにもかかわらず放置した場合）である（もっともこの場合はそもそも処罰すべきか疑問もある）．

法がわざわざ 218 条において，保護責任ある場合にかぎってとくに不作為的形態を処罰しているからには，遺棄は，217 条・218 条いずれの場合も作為によって要扶助者と扶助者との間に場所的離隔を生ぜしめることであって，不保護の中には他のすべての不作為的形態を含むと解するべきであろう[45]．なお，置去りが作為か不作為かは問題のあるところであるが，行為と結果の間に自然的因果関係はないから，不作為とみるべきであろう[46]．

これに対しては，不作為犯的形態の場合であって，保護義務のない場合には，無罪となってしまうのは不当であるとして，217 条の遺棄にも不作為の場合が

---

[45] 町野・前掲書 68 頁，西田 29 頁．なお参照，日高・現代講座 4 巻 167 頁．
[46] 参照，酒井・早稲田法研論集 28・87．なお，作為犯と不作為犯の区別，自然的因果関係については，林・総論 153 頁以下，129 頁以下．

含まれるとする見解が主張されている[47]．しかしこのような見解は，218条において，保護責任ある者にかぎって不作為の典型である不保護を処罰することとしている趣旨に反するであろう．たとえば，知らない内に自分の自動車に乗り込んだ子供を親元に戻さない場合を217条の遺棄として処罰することは，保護責任がないかぎり不保護を処罰しないことを無意味にしてしまうであろう．

遺棄の例として，行為者によって解雇された者が病を得て無断でその管理する建物に滞留していたのを遺棄した場合（大判明治45・7・16刑録18・1083），同居中の老人が病気になり扶助を要するものとなったのにこれを路傍に遺棄した場合（大判大正4・5・21刑録21・670），扶助を要する疾病に罹患した同居の雇人を解雇し強制的に退去させた場合（大判大正8・8・30刑録25・963），義務なくして引き取った病気の義兄を遺棄した場合（大判昭和12・3・28判決全集4・6・42）など．

不保護の例として，病人に適切な医療措置をとらなかった場合（大判大正8・8・7刑録25・953），厳寒期に幼児を便壺内に放置した場合（大判昭和12・9・10新聞4204・9），泥酔者を電車踏切上に放置した場合（横浜地判昭和36・11・27下刑集3・11＝12・1111）など．

なお，前掲最高裁34年判決の事案は，自動車で轢いた者が被害者を車に引き入れ，相当期間乗り回した後，車から出して放置して立ち去ったという場合である．この場合，保護責任者といいうるとすれば（後に述べるように，このように解することには疑問があるが），遺棄か不作為かは重要ではないが，作為による遺棄と解しうる場合であったように思われる．

保護責任　(1) 保護責任のある者の遺棄は加重される．この根拠は，保護責任のある者の遺棄は，**より責任が重い**ことにある[48]．これに対しては，保護責任とは**高度の作為義務**を内容とする，不法加重要件だとする見解が有力である[49]．しかし，作為犯としての遺棄の場合，高度の作為義務を根拠として重くする理由はないと考えられる．高度の作為義務ある者の遺棄の方が，そうでない者の遺棄よりも，――違法性が大きいこともありうるが――一

---

47) 内田88頁，曽根・重要問題56頁，岡本・法学（東北大学）54・3・9，山口35頁など．
48) 平野・警研57・5・10，曽根40頁など．
49) 内田92頁，町野・前掲書70頁以下，中森41頁，山口37頁など．

第3節　遺棄罪　43

般的・類型的に，より違法性が重大だとは考えられない．たとえば，高度に酩酊した者を厳寒の外に遺棄する行為は，彼を雇っており，同宿させている者であっても（大判大正8・8・30刑録25・963はこのような場合に保護責任を認めた），彼のアパートに訪ねてきた友人であっても（この場合保護責任はない），一般的・類型的にいえば，生命に対する危険という点では同じである．

　217条の遺棄を作為に限ると，不作為の場合，218条によってしか処罰することができない．しかし，218条の不作為犯は，217条の遺棄に匹敵するものであればよく，不法内容がより重いものである必要はない．もっとも，あらゆる作為義務違反が218条を構成するわけではない．218条の罪を構成するためには，不法要素としての作為義務違反だけでなく，責任要素としての保護責任違反がなければならない．このように，作為義務と保護責任とは理論的には異なるものである．

　この点をどのように解するかは，**共犯と身分**の問題に影響を及ぼす．保護責任を作為義務と同視し，違法身分と見るときは，非保護責任者が保護責任者の不保護に関与した場合，65条1項により，保護責任者遺棄罪の刑で処断される．これに対して，保護責任を責任身分と解するときは，非保護責任者が保護責任者の不保護に関与した場合，責任がないから218条の刑によっては処断できず，また，作為に関与したわけでもないから，217条の刑によって処断することもできず，無罪とするほかはないこととなる．

　(2)　判例は，保護責任は，法令・契約・慣例その他の根拠によって発生するとしている（大判大正15・9・28刑集5・387）．これは，不作為犯における作為義務の発生根拠として一般にあげられるものと似ている．その趣旨が保護責任は作為義務と同じものだとすれば，すでに述べたように，妥当ではない．それは，長期の緊密な人的関係を基礎として，要扶助者を保護する動機をもつことが強く期待できる場合を意味する（刑法上の責任の内容については，林・基礎理論1頁以下）．

　218条の罪の成立を認めた判例としては，次のようなものがある．病者を引き取り同居させた者は，病者が保護を受ける必要がなくなり，または保護者ができるまでは，これを保護する責任を負うとしたもの（大判大正15・9・28刑集5・387），病気になったときはその保護をするという「暗黙の約諾」が雇主と

雇人との間にあった場合には，雇主が，病をえた雇人の保護をすることなく，これを解雇し強制的に退去させたときには，この罪を構成するとするもの（大判大正8・8・30刑録25・963）などである．

　最近の判例に次のものがある．産婦人科医師が，妊婦の依頼を受け，自ら開業する医院で妊娠26週に入った胎児の堕胎を行い，この堕胎により出生した未熟児に保育器等の未熟児医療設備の整った病院の医療を受けさせれば，同児が生育する可能性があることを認識し，かつ，この医療を受けさせるための措置をとることが迅速容易にできたにもかかわらず，同児を保育器もない自己の医院内に放置したまま，生存に必要な処置をとらなかった結果，同児を死亡するに至らしめた場合，業務上堕胎罪のほかに保護者遺棄致死罪が成立する（最決昭和63・1・19刑集42・1・1）．

　これに対して，古い判例の中には，妊婦が，医師である行為者方で出産した後，自分に引き渡された嬰児をそのままにして立ち去ってしまった場合，被告人が母親に嬰児の保護を約束したという事情がない以上，保護義務は存在しないとするものもある（熊本地判昭和35・7・1下刑集2・7＝8・1031）．学説の中には，医師が母親に嬰児の保護を約束したときにのみ保護義務が生じるとするものがある（町野・前掲書72頁）．

　このように堕胎後放置した場合，自己の先行行為によってその支配下にあるという事情があるから，作為義務を肯定することは可能のようにも思われるが，堕胎行為をした者自身に対して扶助を期待するのは困難であるから，保護責任は認めるべきではないと思われる．

　（3）　判例は，法令があるときに保護責任があるとしているが，**他の法令に責任・義務が規定されていることが，直ちに218条の罪を認める理由となるわけではない**．たとえば，軽犯罪法1条・18条には自己の占有する場所内に扶助を必要とする者があることを知りながら，速やかにこれを公務員に申し出なかった者を処罰する旨の規定がある．あるいは，医師法19条1号には，医師の往診義務が規定されている（罰則はない）．さらに，道路交通法72条1項には，事故を起こした者は負傷者を救護しなければならない旨が規定されている．しかし，これらの規定に反しただけで，刑法218条の成立を認めてはならない．これらの規定が設けられているということは，このような違法行為がなされた

だけでは，218条の罪を構成するとはかぎらないという前提に立ったものと解するのでなければならない．

ところが最高裁は，自動車運転者が過失によって通行人に歩行不能の重傷を負わせた後，負傷者を車内に収容して事故現場を離れ，折りから降雪中の薄暗い車道上まで運び医者を呼んでくる旨欺いて被害者を下ろし，同人を同所に放置したまま立ち去ったという事案について，道路交通法に救護義務が規定されていることを理由として，病者を保護すべき責任ある者にあたると判示した（最判昭和34・7・24刑集13・8・1163）．しかし，そのことを理由とするときは，通行人に歩行不能の重傷を負わせ，逃げた場合には，すべて218条の罪を構成することとなってしまう．それは明らかに行きすぎである．

同様の批判は，過失によって轢いたという**先行行為**を理由として保護責任・作為義務を認める立場（日高・論争II 28頁）についてもあてはまる．判例には，甘言をもって被害者〔女性〕を誘い自車に同乗させたところ，身の危険を感じた被害者が走行中の車両から飛び降り瀕死の重傷を負ったという事案について，先行行為に基づく保護義務を認めたものがある（東京高判昭和45・5・11高刑集23・2・386）．しかし，この判例には疑問がある．

最高裁の事案では，被害者を一度自車の中に引き入れることによって被害者の保護を引受け，そして他人が助けることが不可能な**排他的支配性**を設定した場合であった．これらの事情によって，作為義務は認められるのでなければならない．

もっとも，このようにして作為義務を認めても，ただちに218条の罪の成立を認めてよいことにはならない．責任を加重する保護責任がなければならないからである．最高裁の事案では，前に事故を起こした者の刑事責任が問題となっている．彼に被害者を救助することを期待するのは困難であるから，保護責任を認めることには疑問がある．しかし，最高裁の事案のような場合，作為による遺棄を認めて217条によって処罰することは可能であろう．

遺棄・不保護致死罪と殺人罪との関係 刑法219条には，遺棄・不保護の結果死傷に致したときには，傷害の罪に比べて重い方で処断する旨が規定されている．そこで，被害者が死亡したとき，とくに不作為による場合に，殺人罪との関係が問題となる．轢き逃げについての判例の中には，

不作為による殺人罪・殺人未遂罪の成立を認めたものがある（東京地判昭和 40・9・30 下刑集 7・9・1828，浦和地判昭和 45・10・22 刑月 2・10・1107）。そこで，不保護致死罪と，不作為による殺人罪との区別をどのようにしてするかが問題となる。

判例には，殺意の有無によって両罪を区別すべきだとするものがある[50]。しかし，218 条の作為義務は不作為による殺人罪の成立に要求される作為義務よりは，弱いもので足りる。したがって，この見解によるときは，殺意をもっていたが，殺人罪に要求される程度の作為義務はなかったときには，どちらの罪の成立を認めることもできなくなってしまう。それは不当であろう[51]。たとえば，前掲昭和 34 年最高裁判例の事案においては，被害者を自動車から下ろしたことによって，それまでには完全であった排他的支配性を緩めた場合であった（その結果被害者は助かった）。したがって，そのまま逃げたとしても，不作為による殺人罪の成立を認めるべきではない。これに対して殺人罪を認めた昭和 40 年東京地裁判決[52]においては，被害者を乗せたまま逃走中死亡したという事案が問題となった。この場合，排他的支配性は完全で，他人がまったく救助しえない状況を自らつくりだしているのである。この点に，不作為による殺人罪の成立を認めるべき根拠があると考えられる[53]。

このように，219 条の罪と殺人罪とは，**実行行為の内容**（作為義務の程度）によって区別されるべきである。

---

[50] 大判大正 4・2・10 刑録 21・90。もっとも，最決昭和 63・1・19 刑集 42・1・1 は，殺意があったにもかかわらず，保護責任者遺棄致死罪の成立しか認めていない。
[51] 平野・総論・158 頁，町野・前掲書 74 頁，山口 39 頁など。なお，当該不作為時の被害者の危険状態の程度によって区別するべきだという説もある（前掲浦和地裁判決）。しかし，死ぬ危険が高いことは，必ずしも，作為義務を強めるものではない。
[52] 東京地裁は，不作為の殺人罪を認める根拠として，過失傷害という先行行為，病院に運ぼうとした引受け，死の結果を防止することの可能性，車の中で他の者は手が出しにくいという支配領域性，犯跡をくらまそうとする意図があったことをあげている。この判例も，自己の過失に基づく事故によって相手に重傷を負わせ，未必的殺意をもって逃走しただけでは不作為による殺人罪を肯定するべきではないという前提に立っていることは明らかである。
[53] 学説の中には，引受を作為義務の発生根拠として重視する見解が多い（たとえば，平野・刑法総論 I・158 頁，名和・百選［4 版］21 頁）。しかし，引受けそのものを根拠とするときは，引受を萎縮させることになるおそれがある。作為義務の発生根拠は，被害者の法益の行為者に対する依存性，排他的支配性などの事情を根拠として生じるものであろう。参照，林・総論 162 頁以下。

第 2 章　身体に対する罪

第 1 節　傷害罪

人の身体を傷害した者は，15 年以下の懲役又は 50 万円以下の罰金若しくは科料に処する（204 条）．身体を傷害し，よって人を死亡させた者は，3 年以上の有期懲役に処する（205 条）．

傷害の意義　（1）　判例によれば，傷害とは「他人の身体の**生理的機能を毀損する**」こと（最判昭和 27・6・6 刑集 6・6・795），「その**生活機能に障害を与える**」こと（最決昭和 32・4・23 刑集 11・4・1393）をいう[1]．これに対しては，**身体の完全性**を侵害することが傷害だとする学説が有力に主張されている[2]．両説の違いは，頭髪・髭・爪の切断も傷害となるかというところにあらわれる．下級審には，女性の頭髪の切断を傷害としたものもある（東京地判昭和 38・3・23 判タ 147・92）が，大審院の判例は，健康状態の不良変更を来さないという理由で，かみそりで女性の頭髪を根本から切断した行為を傷害罪にあたらないとした（大判明治 45・7・4 刑録 18・896．ただし暴行罪の成立を認めた）．このような行為を傷害罪にあたるとすることも論理的には可能であるが，暴行罪の限度で処罰すればよいとする判例の見解にもある程度の合理性が認められるように思われるから，ここでは判例の見解を支持しておきたい．ただし，陰毛を毛根部分から引き抜く行為は，表皮を損傷し血管組織を破壊するから，

---

1) 学説として，平野 167 頁，中山 43 頁，中森 17 頁，曽根 17 頁，井田 27 頁，山口 45 頁，西田 39 頁など．
2) 大場（上）143 頁，木村 22 頁，団藤 409 頁，内田 26 頁，大谷 26 頁，平川 52 頁，野村・現代的展開 33 頁など．

生理機能侵害説をとっても，傷害である（大阪高判昭和29・5・31高刑集7・5・752）．

傷害の結果を生ぜしめれば，暴行によらない場合でも，傷害罪が成立する．たとえば，下剤を入れたコーヒーを飲ませ，下痢をおこさせた場合，性交によって性病に感染させた場合，催眠術をかけて崖下に落した場合には，傷害罪が成立する．この場合には，後に述べる暴行による傷害の場合とは異なり，刑法38条1項の原則に従い，傷害結果について認識を要する．

その他判例によれば，次の場合に傷害が認められる．中毒症状とめまい・おう吐（大判昭和8・6・5刑集12・736），皮膚の表皮の剥離（大判大正11・12・16刑集1・799），外見的に打撲痕のない胸部疼痛（最決昭和32・4・23刑集11・4・1393），疲労倦怠（大判大正11・10・23評論11刑400），失神状態（大判昭和8・9・6刑集12・1593），精神衰弱症（東京地判昭和54・8・10判時943・122），処女膜裂傷（最判昭和24・7・12刑集3・8・1237），病菌の感染（最判昭和27・6・6刑集6・6・795）など．

最近の最高裁判例に次のようなものがある．被告人はラジオや目覚まし時計を大音量で鳴らし続けるなどして，被害者に精神的ストレスを与え，慢性頭痛症等を生じさせたという事案について，傷害罪の成立を認めたのである（最決平成17・3・29刑集59・2・54）．この判例の場合，被告人の行為を暴行罪にあたるものとすることはできない．暴行罪の成立には，相手の体に接触することは要しないものの，相手の体に接近して，不法な物理力を行使する必要があるからである．音について暴行罪の成立を認めた過去の判例（最判昭和29・8・20刑集8・8・1277）は，被害者の身辺で大音響を発し続けたという場合であった．また，本最高裁判例は，頭痛・睡眠障害・耳鳴りなどの明らかに「生理的障害」といいうるものを指摘している．傷害罪は「身体」に対する罪であって，精神に対する罪ではないから，単に「精神の健康」状態の不良変更や，生理的機能とはいえない「精神的機能」の障害だけで本罪の成立を認めるべきではない（参照・林・判時1919号3頁以下）．

(2) **軽微な傷害**でも，刑法上の傷害にあたるか，また，**強盗傷害罪**（240条.無期又は6年以上の懲役）**における傷害**は傷害罪のそれと同じであるかが問題とされている．最高裁は，軽微な傷害でも強姦致傷罪（181条.無期又は3年以上

第1節　傷害罪　49

の懲役）の成立を認め（最判昭和 24・12・10 裁判集刑 15・273），強盗致傷罪・強姦致傷罪の傷害は傷害罪のそれと同じものだとした（最決昭和 41・9・14 裁判集刑 160・733）．もっとも，大審院の判例には，約 30 分後になんらの障害も残さないで回復した人事不省は傷害でないとして，強姦致傷罪の成立を否定したものがある（大判大正 15・7・20 新聞 2598・9）．ただしこの判例は，強姦致傷罪の傷害の程度は傷害罪のそれと異なるという前提に立ったものではなく，この程度の場合，傷害罪の成立も認められないという趣旨のものと解される．

　下級審の判例には，軽微な傷害は刑法上の傷害ではないとしたもの（名古屋高金沢支判昭和 40・10・14 高刑集 18・6・691，大阪地判昭和 36・11・25 下刑集 3・11＝12・1106．いずれも強盗致傷に関するもの），強盗傷害罪における傷害は傷害罪のそれとは異なり軽微なものは含まれないとしたもの（広島地判昭和 52・7・13 判時 880・111 など．なおこの判決は広島高判昭和 53・1・24 判時 895・126 によって破棄された）がある．

　暴行罪と傷害罪は，法定刑が異なるし，暴行によらないときは，傷害罪にあたらなければ無罪となる．過失の場合も，傷害にならなければ処罰されない．しかし，軽微な傷害は傷害罪にあたらないとしても，故意の暴行による場合は暴行罪で処罰される．しかも，昭和 22 年の改正により，暴行罪も非親告罪とされ，法定刑も引き上げられた．したがって，きわめて軽微な傷害は傷害罪にあたらないと解するべきであろう[3]．

　もっとも，強姦致傷罪・強盗致傷罪については，平成 16 年の改正により，下限が引き下げられたので，この問題の深刻性は若干減少している．

暴行罪の結果的加重犯としての傷害罪　（1）　判例によれば，傷害罪の中には，傷害の点について故意があった場合だけでなく，暴行の故意で，傷害の結果が発生した場合も含まれる（最判昭和 22・12・15 刑集 1・80 など）．これに対しては，責任主義の見地からして，このような結果的加重犯は明文があるときにのみ認めるべきであるという批判がなされている（木村 23 頁）．この説は，結果的加重犯は「原始的な結果責任の遺物的思想」であって，「近代刑法の原理たる責任主義を徹底」すべきだとし，暴行の故意で傷害の結

---

　3)　参照，福岡高判平成 12・5・9 判時 1728・159．林・判時 1919 号 3 頁以下も参照．

果を発生させた場合，暴行罪と過失傷害罪との観念的競合を認めるのである．しかし，この場合に暴行罪の成立を認めることは，「人を傷害するに至らなかったとき」としている法の明文に反する．したがって，この説からは，過失傷害罪とするほかはない．そうすると，暴行の故意で暴行の結果を発生させたにすぎない場合が暴行罪で処罰され，同じ故意で傷害の結果を発生させた場合の方がより軽い過失傷害で処罰されるという不均衡を生じることとなる．したがって，傷害罪の中には暴行の故意によって傷害の結果を発生させた場合も含まれると解さざるをえないであろう．このような解釈は，暴行罪に「人を傷害するに至らなかったとき」という「特別の規定」があることから導かれるものであるから，刑法38条1項に反するとはいえない．しかし，責任主義の見地からして，傷害結果について**予見可能性**を必要とすると解するべきであろう．

そして，暴行の結果被害者が死亡したときには，傷害罪の結果的加重犯である傷害致死罪が成立することとなる（大判明治43・3・8刑録16・393）．

(2) この傷害致死罪についても，暴行の故意のみならず，死の結果について，予見可能性が必要と解するのでなければならない．

これに対して判例は，結果的加重犯について重い結果に予見可能性を要しないという見解に立っている（最判昭和26・9・20刑集5・10・1937）．しかも，因果関係についても，理論的には相当因果関係説に立っているとはいえ，実際上かなり条件関係説に近い適用をしている．さらに，暴行の概念について，判例は，人に対して物理的有形力を行使すれば，人に接触しなくてもよいと解している．そのために，傷害致死罪などの適用において，被告人にとってかなり苛酷なことになっていることを否定しえない．たとえば，威嚇のために人にあたらないように足元をねらって投石したが，運悪く足にあたり，それが化膿して被害者の手当てが悪かったために死亡したような場合であっても，傷害致死罪となりうることとなる．また，そのような暴行を教唆したにすぎない場合に，正犯が殺す意思で殺したような場合であっても，背後者には傷害致死罪の教唆犯が成立することとなるのである．

現実に判例は，たとえば，暴行後追いかける気勢を示す行為者から逃げようとして躓いて傷害を負った場合には傷害罪を認め（最判昭和25・11・9刑集4・11・2239），暴行を避けるためにやむをえず海中に飛び込み被害者が死亡した場

第1節　傷害罪　51

合に傷害致死罪を認め（大判大正8・7・31刑録25・899），行為者によって加えられた頭部創傷のため重症の脳しんとうを起こし反射機能を失った被害者が，たまたま出会った第三者によって川に投げこまれ溺死した場合に傷害致死罪を認めている（大判昭和5・10・25刑集9・761）．これらの判例の場合，相当因果関係があったか，それがあったとしても，被告人個人に主観的な予見可能性があったか，改めて問題とする必要がある[4]．

同意傷害　（1）　被害者の同意を得て傷害したときでも，一定の場合には傷害罪が成立するというのが，通説・判例である．どのような場合に傷害罪が成立するかについて，2つの見解がある．1つは，ドイツの条文に規定されているように，「行為が承諾にもかかわらず**善良の風俗**に反する場合にのみ違法」とする見解である（福田・注釈刑法（2）II 115頁）．もう1つは，被害が重大であるとき，とくに**生命の危険**があるときに違法となるとする見解である（平野・刑法総論 II 254頁，町野・前掲書39頁）．

第一の考え方に従ったものとして，被害者の犯した不義理にけじめをつけるために小指の先を切断することを依頼されて実行した場合について「公序良俗に反するとしかいいようのない」ものだとし傷害罪の成立を認めた判例（仙台地石巻支判昭和62・2・18判時1249・145）がある．

これに対して，サディズム・マゾヒズムの行為については，むしろ，生命に対する危険性を基準として判断する判例が多い（大阪高判昭和29・7・14判特1・4・133，大阪高判昭和40・6・7下刑集7・6・1166，東京地判昭和52・6・8判時874・103，東京高判昭和52・11・29東高刑時報28・11・143，大阪地判昭和52・12・26判時893・104）．なお，暴行・傷害に同意があるために，その点について違法性が阻却される行為から，死の結果が発生してしまったときは，暴行に承諾があると思っているかぎり，暴行についての故意を認めえないから，傷害致死罪は成立

---

[4]　なお，学説上は，結果的加重犯は，基本犯罪の有する加重結果実現の危険が現実化したときにのみ成立することを根拠として，傷害罪・傷害致死罪は，暴行から「直接」に死傷の結果が生じた場合にしか成立しないと解するべきだという主張がなされている（町野・前掲書43頁．なお，参照，丸山・結果的加重犯論123頁以下，内田・結果的加重犯の構造）．しかし，危険が現実化したときにのみ帰属を認めるべきだということは，相当因果関係論をとるべきだということにほかならない（林・総論137頁，149頁）のであり，相当因果関係論をとりながら，さらに帰属を限定する理由があるものか，疑問である．

しない．しかし，そのような場合であっても，死の結果について同意しているわけではないかぎり，過失致死罪が成立する（前掲大阪高判昭和29・7・14）．

最高裁は，自動車事故にみせかけて保険金を詐取する目的で承諾を得たうえ自動車を衝突させて傷害を与えた場合に傷害罪の成立を認め，「承諾を得た動機，目的，身体傷害の手段，方法，損傷の部位，程度などの諸般の事情を照らし合わせて決すべきものである」とした．すなわち，上に述べた2つの見解を折衷する立場をとったわけである．この事案の場合，3週間から3ヵ月の頸椎捻挫を負った．第一の考え方に従えば傷害罪の成立を認めることとなるのに対して，純粋に第二の考え方に従えば，その成立を否定することになるであろう．最高裁のこの基準は，考えうる全てのものを列挙しているために，基準を示していないに等しく，結局，列挙された何かの要件にあてはまれば違法とされてしまうこととなるおそれがある．

承諾があっても，行為が許された危険の範囲外にあり，かつ，結果も重大であるときには，傷害罪の違法性を認めるべきであろう．行為に「公序良俗」に反したときに違法となるとする見解は，刑法の目的を社会倫理の維持にあるという考えに基づくものであって，支持しえない．

なお，同意傷害の場合，傷害罪の成立を認めても，同意殺人罪の法定刑よりも低く処断しなければならない．

（2）**治療行為**はいつ傷害罪を構成するか．業務行為として行われたとき，あるいは行為が社会的相当性を有するときに，違法性を阻却するという見解があるが，その理論的根拠・基準は十分に明確とはいえない．基本的には，患者の同意が傷害罪の成立を阻却するのである（参照，町野・患者の自己決定権と法）．ただ，医療行為のすべてについて，説明義務があるとはいえず，また，現実に同意が得られているわけでもない．たとえば，麻酔薬の種類についてなどである．このような場合，手術が許された危険の範囲内であったかが，基準となるといえよう．すなわち，治療行為が傷害罪を構成するのは，結果について被害者の同意がなく，かつ，行為が許された危険を超えている場合である．

（3）　被害者の同意は，一般に違法阻却事由の1つとされている（町野・小暮ほか40頁）．生理的機能の障害があるかぎり，傷害罪の構成要件該当性は否定しがたいというのがその理由であろう．しかし，法益の侵害は，法益主体に同

意がないときにのみ存在する．このように考えるときは，被害者の同意は構成要件該当性阻却事由と解するべきだと思われる．傷害罪の場合を，財産罪や住居侵入罪の場合と別異に解釈する理由に乏しい．患者の同意に基づく医学的に正当な治療行為が，生理的機能の障害を引き起こしているという理由で傷害罪の構成要件に該当するとするのは不当である．もっとも，構成要件にあたらないのか，違法性を阻却するにすぎないのかは，刑法の体系上のことにすぎない．

(4) 自殺の場合と異なり，**自傷行為**に教唆・幇助の形態で関与しても処罰されない．しかし，間接正犯として自傷行為を引き起こしたときは，傷害罪として処罰される．たとえば，暴行・脅迫を加えて被害者を抗拒不能にし，指をかみ切らした場合には傷害罪が成立する（鹿児島地判昭和59・5・31刑月16・5＝6・437）．

第2節　傷害罪の拡張類型

外国には軽傷害・重傷害の区別をする立法例が多いが，我が国にはこれがなく，暴行・傷害の区別があるのみである．しかし，特別法である暴力行為等処罰に関する法律には，暴行罪・傷害罪の加重・拡張類型が幾つか規定されていることに注意する必要がある．刑法典の中にも，現場助勢罪と同時傷害罪が規定されている．これらは，傷害罪の拡張類型である．

1　現場助勢罪

> 傷害罪・傷害致死罪が行われるに当たり，現場において勢いを助けた者は，自ら人を傷害しなくても，1年以下の懲役又は10万円以下の罰金若しくは科料に処する（206条）．

本罪と傷害罪の幇助犯との関係をどのように解するべきかについて，解釈が分かれている．判例は，本罪は，傷害の現場における単なる助勢行為を処罰するものであって，特定の正犯者の傷害行為を容易にした場合は，傷害罪の幇助だとした．「ぐずぐずいうなら，いっそのばしてしまえ」と暴行者に言ったときは，幇助だとしたのである（大判昭和2・3・28刑集6・118）．

これに対しては，単なる助勢行為であっても幇助になるのではないか，という疑問が提起され，学説上，この罪は幇助犯の一態様を規定したものであって，ただ，群集心理を考慮してとくに刑を軽くしたものと解する見解が有力である[5]．

しかしこれに対しては，群衆によらない・集団的でない場合にも本条の適用があることを説明しえず，また，傷害の下限はかなり軽いから，さらに軽いその幇助について，法がとくに減軽類型を置いたものとは考えがたいという批判がなされている[6]．

本書は，本罪の性格について以下のように解する．本罪は，傷害罪の幇助とはならないような，すなわち，心理的・物理的因果性がない場合，あるいはその立証ができない場合であっても，双方[7]に対してそのような因果性を及ぼす危険を生ぜしめる行為の独自の不法内容に着目して，これを処罰しようとするものである．たとえば，双方に「ヤレヤレ」というような場合である．これを超えて，一方，あるいは双方に，共犯の因果性を及ぼすに至った場合には，傷害罪の幇助犯とするべきである．

2 同時傷害罪

> 2人以上で暴行を加えて人を傷害した場合において，それぞれの暴行による傷害の軽重を知ることができず，または，その傷害を生じさせた者を知ることができないときは，共同者でなくとも共犯の例による（207条）．

（1） 2人以上で暴行を加えた場合でも，**共同正犯**となる場合，すなわち，共同加功の意思があり共同実行がある場合には，2つ以上の軽重ある傷害のどちらが誰によって引き起こされたかが立証されないとき，あるいは，1つしかない傷害が誰によって引き起こされたか立証されないときであっても，どちらも，重い，あるいは，1つしかない傷害の結果について，責任を負う．その根拠は，その重い，あるいは1つしかない傷害の結果を直接に引き起こしたので

---

[5] 団藤417頁，町野・前掲書45頁，西田43頁など．さらに参照，山口48頁．
[6] 平野169頁，内田33頁，中森19頁，曽根22頁など．
[7] 傷害を行う危険のある者であって，数人のこともありうる．

なくても，もう一方の共犯者（彼が直接に引き起こしたのである）の心理と実行行為を介する間接的な因果関係を認めることができるからである（参照，林・基礎理論159頁，同・総論385頁以下）．

　これに対して，共同加功の意思がない場合，すなわち**同時犯**の場合には，自分の行為から発生した結果についてしか責任を負わないのが原則である．この同時傷害罪の規定は，この原則を修正したものと解されている．すなわち，数人が暴行した場合には，どの傷害が誰の行為から発生したのかの立証は困難であり，被告人しか知らないことが多いので，**立証責任の転換**を図ったものとされているのである．なお，この規定は，傷害結果についての因果関係の推定を認めたものにすぎず，共犯関係の推定を認めたものではないから，ある傷害結果が一方の者の暴行から生じたのが明らかである場合には，他方の者にこの規定を適用することはできない（町野・前掲書43頁など）．

　しかし，傷害の結果が1つであるにもかかわらず，共犯とみなすことによって，2人ともこの傷害の結果について責任を負わせるのは，2人のうちどちらかは無実の罪を負わせられることになる．たとえば，ナイフを持って暴行したとしても，振り回したにすぎず，傷を与えるつもりはなく，現実にも与えていなかったことは十分にありうる．被告人にとって，傷を与えなかったことの反証をあげることも，決して容易ではない．他方，現在の判例理論によれば，現場共謀や暗黙・黙示の共謀などが比較的容易に認められる（林・判時1886号3頁以下）から，傷について心理的因果性を立証することが検察官にとってさほど困難な状況にあるわけではない．本条のような推定規定は，刑法典，特別刑法を通じてきわめて稀にしかないが，傷害罪という犯罪の最も基本的な場合についてこのような推定規定を置くことは，**疑わしきは被告人の利益**という原則を大きく損うものであって，妥当なものとはいいがたい．したがって，この規定は，憲法違反といえるかは別としても，立法論上は削除されるべきだと思われる（参照，平野170頁，町野・前掲書44頁，山口50頁など）．

　(2)　おそらくこのような問題に鑑みて，判例は，各暴行が時間的・場所的に競合する場合にのみ本条の適用があるとしている（大判昭和12・9・10刑集16・1251．もっとも，その事案は，2名が12月下旬から1月中旬までの間，十数回，同一場所で被害者を殴打したときは，本条の適用があるとした．ただし，連続犯の規定の

削除前の判例である）．判例の中には，2人の暴行の間に40分という時間の隔たりがあるときには，本条は適用されないとしたものがある（札幌高判昭和45・7・14高刑集23・3・479．被害者は約70時間後に死亡したが，結局被告人らはどちらも暴行罪で処断された）．

(3) この規定は，傷害致死罪の場合にも適用があるか．判例はこれを認め，2人以上の者が共謀しないで他人に暴行を加え，傷害致死の結果を生じ，その傷害を生じさせた者を知ることができない場合には，本条により，ともに傷害致死罪の責任を負うとした（最判昭和26・9・20刑集5・10・1937）．学説上は，この規定は因果関係についての重大な例外規定であるから，傷害の場合に限定するべきだという批判が強い．なお，判例および多くの学説は，この規定は強盗致死傷罪・強姦致死傷罪・殺人罪などには適用が無いとしている（反対，町野・前掲書44頁）．

いずれにしても，複数の傷害結果が誰の暴行によるものか明らかな場合には本条の適用はないから，そのような場合であって，ただどの傷害が原因となって被害者が死亡したかが明らかでないときには，各暴行者に傷害致死罪を認めることはできない．

(4) 本条は，本来，各行為者に意思の連絡のない場合を予定している．したがって，甲乙が，はじめから共謀し，丙に対して暴行をふるい，傷害の結果を生じさせた場合は，本条は適用されない．刑法60条を適用して，どちらの暴行から生じたか証明できない場合であっても，甲乙ともに傷害結果について責任を負わせることができる．

それでは，甲が暴行をふるった後に，乙と共謀し，ともに暴行を加えて傷害結果を生じさせたが，その傷害結果は共謀成立の前に，甲が生じさせた疑いがある場合はどうであろうか．

この問題については，まず，**承継的共犯**の成否が問題となるが，判例は，承継的共犯の問題について，後行者についても，すでに生じている，あるいはその疑いがある結果についても，遡って責任を認める傾向を示している．ただ，その際，先行する行為・結果などの「積極的な利用」があることを要するというような限定を付する傾向が見られる（大阪高判昭和62・7・10高刑集40・3・720）．前の場合でいうと，乙が甲の暴行を「積極的に利用」した場合には，乙

は傷害についても承継的共犯として責任を負うというのである。しかしながら，いかに「積極的な利用」があっても，因果性のない，あるいは証明できない結果について，刑事責任を認めるべきではない。これが承継的共犯についての原則でなければならない（林・基礎理論 198 頁，同・総論 389 頁以下）。もっとも，甲については，少なくとも共犯の因果性は認めることができるから，刑法 60 条を適用して，傷害結果について責任を負わせることができる。

次に問題となるのは，前のような場合，本条を適用することができるか，である。判例には，少なくとも甲に対しては傷害罪の刑責を問い得ることを理由として，本条の適用を否定するものがある（前掲大阪高判昭和 62・7・10．これを支持するものとして，西田 45 頁など）。しかし，この場合に甲が責任を負うのは，共犯の因果性（心理的因果性）を理由とするのであって，客観的に見れば，まさに本条の前提とする状況が存在している。途中で意思を通じたことを理由に本条の適用を免れる結果となるのは，不合理である。本条を違憲とするのでないかぎり，このような場合にも本条を適用しなければならない（大阪地判平成 9・8・20 判タ 995・286．同旨，山口 52 頁）。本条を甲乙に適用するとは，甲乙ともに傷害結果を直接に引き起こしたと推定するということである。本条は，刑法 60 条などの共犯規定（それは，最低限共犯の因果性があることを理由として結果に責任を負わせるものである）とは別の意義をもっているのである。

第 3 節　暴行罪

> 暴行を加えた者が人を傷害するに至らなかったときは，2 年以下の懲役若しくは 30 万円以下の罰金又は拘留若しくは科料に処する（208 条）。

暴行概念の多義性　刑法典の中には「暴行」という概念が数多く使われている。95 条 1 項，2 項，98 条，100 条 2 項，106 条，107 条，176 条，177 条，195 条，208 条，223 条，236 条，238 条などである。それらの概念の内容は若干異なるとされている。

刑法 106 条（騒乱罪）における暴行は，最広義のものであって，人だけでなく，物に対する有形力の行使をも含む。たとえば，建物の不法占拠や不法侵入

も暴行にあたる（最判昭和35・12・8刑集14・13・1818）．刑法95条1項（公務執行妨害罪）におけるそれは，広義のものであって，客体は人でなければならないが，間接暴行でもよいとされている．たとえば，覚せい剤取締法違反の現行犯逮捕の現場で，司法巡査に証拠物として差押えられた覚せい剤注射液入りアンプルを足で踏みつけて破壊した場合も暴行にあたる（最決昭和34・8・27刑集13・10・2769）．236条（強盗罪），177条（強姦罪）の暴行は，最狭義のものであって，相手方の反抗を抑圧しうる程度のもの（最判昭和24・2・8刑集3・2・75〔強盗罪〕），あるいは反抗をいちじるしく困難にする程度のもの（最判昭和24・5・10刑集3・6・711〔強姦罪〕）であることを要するとされている．暴行罪における暴行は，狭義のものであって，人の身体に加えられた有形力の行使であるとされている．

暴行罪における暴行

(1) まず，被害者の身体に**接触**して**有形力を行使**すれば，暴行となる．判例は次のような場合について，暴行罪の成立を認めている．毛髪を切断・剃去した場合（大判明治45・6・20刑録18・896），被服を引っ張って乗降を妨げた場合（大判昭和8・4・15刑集12・427）．

ところが判例は，人の身体に対して有形力が加えられておれば，接触しなくても暴行になるとしている．たとえば，身辺で大太鼓・鉦などを連打した場合（最判昭和29・8・20刑集8・8・1277），人の数歩手前をねらって投石した場合（東京高判昭和25・6・10高刑集3・2・222），進行中の自動車に投石して窓ガラスを破壊した場合（東京高判昭和30・4・9高刑集8・4・495），4畳半の室内で被害者を脅かすために日本刀の抜き身を振り回した場合（最決昭和39・1・28刑集18・1・31），いやがらせのために自車を被害者の車両に接近させた場合（東京高判昭和50・4・15刑月7・4・480）などである．

(2) 学説上は，暴行罪の成立には，相手の身体に接触して物理力が及んだのでなければならないとして，後の方の判例の傾向を批判する見解が有力である[8]．しかしこの見解によると，たとえば，傷害の意思をもって刀を振り回し

---

[8] 参照，平野166頁，町野・前掲書37頁，平川58頁以下，中森14頁以下，山口44頁など．もっとも，論者によって若干の違いがある．なお，原則として接触を要するが，傷害の故意をもっていた場合には要しないとする見解もある（西田38頁）．しかし，暴行の不法内容は故意以前に一義的に確定されるべきであろう．およそ1つの犯罪の不法内容を，故意の内容によって二元化することは認められるべきではない．

たが，相手がこれをうまくかわしたような場合にまで，処罰できないこととなる（害を加える旨を告知していないから脅迫罪も成立しない）．しかし，これは妥当とは思われない[9]．この場合を処罰することは，単に，相手の「安全感」を保護しようとするのではない．たとえば，毒入りの菓子を郵送して殺害しようとしたが，被害者がこれに気付き怯えたような場合，被害者の家に到達したときに殺人未遂罪が成立するが，それは，その場合相手の感情が害されているからではない．被害者がそれを食べなくても，到達した段階で，被害者の生命の安全が侵害されているからである（林・上智法学40・4・32）．ここでも，前述のような場合，接触しなくても，被害者の身体の安全が侵害されているといえる．

このように暴行罪の保護法益は，**身体の安全**であって，接触しなくても，傷害の危険が認められるかぎり，暴行罪の法益の侵害が認められる[10]．問題は，傷害＝生理的障害の危険がおよそない場合に，暴行罪を認めてよいか，ということである．身体の完全性や触れられない利益，あるいは，不法な物理力の行使を受けない利益，をも保護しようとすることにも理由がないではない．しかしたとえば，頭髪をはさみで切断された場合，被服を引っ張られた場合，ペンキをかけられた場合などには，それぞれ，はさみで傷つけられたり，転倒して怪我したり，皮膚炎を起こす可能性がある．暴行罪の法定刑の下限は低いから，傷害の可能性はかなり低いもので足りると解することができる．傷害の危険がおよそない場合に，暴行罪の成立を認めることは疑問である[11]．

(3)　「暴行を加えた」とするには，**不法な物理力の行使**が必要であるから，次のような場合には暴行罪は成立しない．

---

9)　参照，齋野・成蹊法学28・437，京藤・基本判例97頁，野村・現代的展開38頁など．なお，接触を要しないとすると暴行と脅迫の区別があいまいとなるという批判がなされることがあるが，脅迫罪には独自の不法内容があり，他方身体に対する接触は日常的に行われており，接触を基準とするときは，同意や不法という別の意味で不明確な要素によって犯罪の限界を画さざるをえなくなるという問題が生じる．

10)　江家200頁，大塚35頁，大谷41頁など．

11)　これに対して，学説上は，石を足元に投げる，日本刀を顔面において振り回すように身体損傷の危険がある場合はもちろん，襟首をつかむ，泥水を衣服に振り掛ける，被害者にしつこく付きまとうなどの場合には，身体損傷の危険はないとしても，状況によって被害者の身体の自由を侵害したと評価しうる場合には，暴行となるとするものがある（齋野・前掲論文）が，ここまで広げてよいものか，疑問がある．

第一に，相手の感情を害したにすぎないような場合である．たとえば，いやがらせ電話をかけることは，その結果精神衰弱症・ノイローゼなどを引き起こせば傷害罪となりうるが，暴行罪にはならない．痰や唾をかける行為も同様である．判例には，腹立ちまぎれに相手に数回塩をふりかけた場合について，「不快嫌悪の情を催させる行為」だとして暴行罪が成立するとしたものがある（福岡高判昭和46・10・11刑月3・10・1311）が，疑問である．

第二に，相手の感情を害さないまでも，言葉の意味を通じて攻撃を加えたにすぎない場合には，暴行にはならない．たとえば，催眠術をかけた場合である．もっとも，被害者を騙して落し穴に落としたような場合には，落とした段階で被害者の行為を利用する暴行罪の成立を認めることができる．

第三に，物理力を行使しても，そのことについて相手の同意がある場合である[12]．たとえば，性病に罹患していることを秘して性交した場合，あるいは，下痢薬が入っていることを秘して飲み物を飲ませた場合である．この場合に暴行を認める[13]ことは，「暴行」の日常用語法からして，疑問がある．

第4節　危険運転致死傷罪

アルコール又は薬物の影響により正常な運転が困難な状態で自動車を走行させ，よって，人を負傷させた者は15年以下の懲役に処し，人を死亡させた者は1年以上の有期懲役に処する．その進行を制御することが困難な高速度で，又はその進行を制御する技能を有しないで自動車を走行させ，よって人を死傷させた者も，同様とする（208条の2第1項）．人又は車の通行を妨害する目的で，走行中の自動車の直前に進入し，その他通行中の人又は車に著しく接近し，かつ，重大な交通の危険を生じさせる速度で自動車を運転し，よって人を死傷させた者も，前項と同様とする．赤色信号又はこれに相当する信号を殊更に無視し，かつ，重大な交通の危険を生じさせる速度で自動車を運転し，よって人を死傷させた者も，同様とする（同条

---

12) 町野・前掲書37頁，山中39頁，山口45頁など．最判昭和27・6・6刑集6・6・795は，性病であることを秘して性交し病毒を感染させた場合を暴行によらない傷害と解している．
13) 大塚27頁，大谷27頁，曽根18頁，西田41頁など．この場合，法益関係的錯誤があることを理由に同意は無効とする見解がある．たしかに，傷害結果については錯誤があるが，たとえば同意による性交の場合，物理的な有形力の行使という暴行罪の客観的「不法内容」については，完全に認識した上で同意しており，法益関係的錯誤を認めるべきではない．

2項).

総説 　本罪は，平成13年に，悪質な交通事犯が増加していることに対処するために立法された[14]．**道路交通法**には，酒酔い運転罪，過労運転罪，無免許運転罪，共同危険行為などが規定されており，これらの罪と業務上過失致死傷罪とは併合罪の関係にある（最大判昭和49・5・29刑集28・4・114）とされているものの，併合罪処理を行っても，十分でないとされたものである．とくに，故意に危険運転行為を行っている以上は，傷害・傷害致死罪などの**結果的加重犯**と類似のものとして立法するのが望ましいとされた．本条2項前段の幅寄せ行為，あおり行為などは，現在の判例理論，本書の立場からも，暴行となりうる，あるいは少なくともそれに準じる行為といえる．本罪は，危険な運転行為を行って人を死傷させた場合において，暴行の故意はあるが傷害の故意がない場合における傷害罪・傷害致死罪の特別類型としての性質をも有しており，本罪が成立する場合には，これらの罪は成立しない．

　本罪の危険運転行為それ自体は，道路交通法においても，さまざまの類型として，すでに犯罪とされている．かつ，本罪は，死傷の結果を生じさせたことを理由として重く処罰されているから，本罪が成立するときは，道路交通法上の犯罪は吸収される．もっとも，本罪の危険運転行為が構成要件的に取り込んでいない道路交通法違反の罪は，本罪とは別個に成立する．たとえば，無免許で第1項の罪を犯した場合や，酒気帯びで第2項の罪を犯した場合には，本罪とは別に道路交通法違反（無免許運転，酒気帯び運転）の罪が成立し，両罪は併合罪の関係に立つ．

行為類型 　「アルコール又は薬物の影響により正常な運転が困難な状態」とは，たとえば，飲酒酩酊し，的確なハンドル，ブレーキ等の操作が困難な状態を意味する．薬物には，麻薬・覚せい罪，シンナー，さらに，睡眠薬などが薬物に含まれる．過労や病気そのものは，含まれない．

　「その進行を制御することが困難な高速度」とは，速度が速すぎるため，道

---

14) 解説として，井上・山田・島戸・曹時54・4・33．文献として，交通法科学研究会・危険運転致死傷罪の総合的研究，長井・現刑38・34，井田・法時75・2・31，曽根・ジュリ1216・46，佐伯・法教258・71など．

路の状況に応じて進行が困難な状態で自車を走行させることである．たとえば，カーブを曲がりきれないような高速度で自車を走行させるなどである．それは，具体的な道路の状況，すなわち，カーブや道幅などの状態に照らして判断される．したがって，道路状況などに照らし，このような高速度であると認められない場合においては，たとえば，住宅街を相当な高速度で走行し，速度違反が原因で路地から出てきた歩行者を避けられずに事故を起こしたような場合であっても，本罪にはあたらない．「進行を制御する技能を有しない」とは，ハンドル・ブレーキ等の運転装置を操作する初歩的な技能すら有しないような，運転の技量が極めて未熟なことをいう．

「人又は車の通行を妨害する目的で，走行中の自動車の直前に進入し，その他通行中の人又は車に著しく接近し，かつ，重体な交通の危険を生じさせる速度」とは，たとえば，同一方向に走行中の車両の通行を妨害する目的で，60キロ毎時でいわゆる幅寄せやあおり行為を行い，その結果，同車両をしてハンドル操作を誤らせるような場合である．

「赤色信号又はこれに相当する信号を殊更に無視し，かつ，重大な交通の危険を生じさせる速度」とは，たとえば，パトカーに追跡されて逃走中の者が，赤色信号に従って停止している他の車両の側方を通過し，80キロ毎時の速度で交差点に進入した結果，青色信号に従って交差道路を進行してきた車両に自車を衝突させたような場合である[15]．

主観的要件　本罪の**故意**の成立には，本条によって類型化された不法内容の認識が必要である．単に一般的な危険性の認識（参照，山口53頁）では足りない．他方，死傷の結果発生の危険性の認識までは必要でない．

判例は，結果的加重犯の加重結果について**予見可能性**を要しないとしているから，本罪においても，そのように解されるであろう．しかし，ここでもそれは妥当でない．本罪における危険運転行為が行われ，結果に対する予見可能性もあったが，歩行者の急な飛び出しなどのため，危険運転行為と無関係に事故

---

15) 最決平成18・3・14判時1928・155によれば，赤色信号を殊更に無視し，対向車線に進出して時速約20キロメートルの速度で自動車を運転して交差点に進入しようとしたために，右方道路から左折して対向進行してきた被害者運転の自動車に自車を衝突させて，同人及びその同乗車に傷害を負わせた事案について，本条2項後段の罪が成立する．

を発生させた場合は，結果との間に結果回避可能性＝条件関係ないし相当因果関係を欠く．このような場合，過失（予見可能性）がない（西田 47 頁）というのではない．

第5節　凶器準備集合罪

　　2人以上の者が他人の生命・身体・財産に対し共同して害を加える目的をもって集合した場合において，凶器を準備して又はその準備あることを知って集合した者は，2年以下の懲役又は30万円以下の罰金に処する．前項の場合において，凶器を準備し又はその準備あることを知って人を集合させた者は，3年以下の懲役に処する（208条の3）．

　本条は，本来，暴力団対策のために，刑法 105 条の 2（証人威迫罪）と共に，昭和 33 年の法改正によって立法された．しかしその後，学生運動・政治活動などに対しても，適用されるようになっている．

罪質　(1)　本罪の**保護法益**について，判例は，個人の生命，身体又は財産だけでなく，公共的な社会生活の平穏も含まれるとしている（最判昭和 58・6・23 刑集 37・5・555）．ここで，「公共的な社会生活の平穏」と呼んでいるものの内容は明確でないが，おそらく，社会の人々の安心感ともいうべきものを意味するのであろう（藤木 83 頁，大谷 43 頁）．しかし，他人の生命，身体，財産に対して何らの危険が存在しない場合に，社会の人々に不安感を生ぜしめたというだけで，本罪の成立を認めるべきではないであろう．他方学説には，そのような個人的法益と社会的法益を共に保護法益とする見解も主張されている（町野・小暮ほか 46 頁，久岡・基本講座 6 巻 69 頁）．しかし，個人的法益に対する危険があるときに，社会生活の平穏に対する危険がないという理由で本罪の成立を否定するのは妥当とは思われない．たとえば，社会の人々にはまったく知られる危険がないように集合した場合であっても，本罪の成立を認めるべきであろう．ただ，凶器をもって本罪の加害行為に至るときは，無関係の一般市民が巻き添えになってその生命・身体・財産が害される危険がある．本罪はこのような事態をも不法内容に含んでいるといえよう．その限りにおいて，本罪

は社会的法益に対する危険をも含んでいるとすることは可能であろう．

さらに本罪は，他人の法益を行為者自らが直接に侵害する危険だけでなく，同じ目的をもった**他の共犯者の心理を強化促進**することをも，その不法内容に含んでいる．その意味では純粋な社会的法益に対する罪である騒乱罪に近い（参照，町野・警研 52・4・3 頁）．それでも，加害目的の客体は一個人でも足り，また，2 人以上集合すれば足りる点，他方，凶器を準備しなければならない点で，騒乱罪とは異なっている．

(2) 以上のことから次のような帰結が生じる．

第一に，他人の生命，身体，財産に対する何らの危険もないときには，本罪の成立を認めるべきではない．判例は，迎撃形態の本罪が成立するには，相手方の襲撃の蓋然性・切迫性が客観的状況として存在することは必要なく，凶器準備集合の状況が社会生活の平穏を害し得る態様のものであれば足りるとしている（前掲最高裁昭和 58 年判決）．たしかに，「蓋然性・切迫性」までは必要ないともいいうるが，ある程度の可能性は必要である（参照，町野・前掲書 49 頁，中森 23 頁，曽根 27 頁，山口 60 頁など）．

第二に，他人の生命，身体，財産に対する侵害が終了した後には，本罪は成立しえない．判例は，本罪は，本条にいう集合の状態が継続する限り，継続して成立するとしている（最決昭和 45・12・3 刑集 24・13・1707）．たしかに，実行に着手した後であっても，実行の着手の対象となったのとは別の法益に対する準備的な危険があるかぎり，本罪は依然として成立し続けることが可能である[16]．しかし，他人の生命，身体又は財産に対する加害目的を達した後に，依然として集合していたという事態そのものを，公共の平穏を害しているとして，本罪によって処罰することはできない．

第三に，本罪が「凶器」を要求したのは，そのような場合，他人の法益に対する危険を高めるだけでなく，共犯者の心理を強化促進するからである．社会の人々に不安感を生ぜしめるからではない．学説上は，「集合が，凶器の準備という事実が加わることによって，それだけで一般市民に脅威を及ぼす」とす

---

16) これに対して学説上は，本罪の予備罪性を強調して，実行に至れば，本罪の成立は不可能とするものが多い．参照，平野 171 頁，中森 25 頁，曽根 29 頁，山口 59 頁．しかし，一個人に対する予備罪の論理をここに適用することはできない．

るものがある（藤木・警論21・4・6）が，妥当とは思われない．

　第四に，判例は，本罪と，結果として生じた犯罪とを併合罪としている（最決昭和48・2・8刑集27・1・1）．本罪が，結果として生じた犯罪によって侵害された法益以外の法益に対する危険をも処罰の対象としていることはたしかであるが，牽連犯とするべきではないか，疑問がある（中森25頁，曽根31頁，山口60頁など）．いずれにしても，社会に不安感を生ぜしめた結果を問題としてはならない．

共同加害の目的　　本罪の成立には，共同加害の目的が必要である．行為者自らこの目的をもつことが必要であり，他の集合者がこれをもっていることを認識しているだけでは足りない（町野・前掲書48頁）．

　判例によれば，気勢をあげる目的（大阪高判昭和46・4・26高刑集24・2・320），ピケを張る目的（東京高判昭和44・9・29高刑集22・4・672）でも，共同加害目的を認めうる．また，集合者の全員また大多数の者の集団意思としての共同加害目的は不要で，行動を相互に目撃しうる場所に近接していた者のうち，少なくとも暴行に及びまたは及ぼうとした者らには，漸次波及的に共同加害目的を認めうる（最判昭和52・5・6刑集31・3・544）．さらに，迎撃形態の本罪において，行為者が相手方の襲撃の蓋然性・切迫性を認識していなくても，襲撃がありうると予想し，その際には迎撃して相手方の生命・身体・財産に対して共同して害を加える目的があれば，共同加害目的がある（最判昭和58・11・22刑集37・9・1507）．もっとも，正当防衛行為を目的とする場合には，共同加害目的は否定されるであろう．

凶器　　本罪の成立には，「凶器」の存在が必要である．

　判例は，他人を殺傷する用具として利用する意図で準備されたダンプカーでも，他人を殺傷する用具として利用される外観を呈しておらず，社会通念に照らしただちに他人に危険感を抱かせるに足りないときは，凶器にあたらないとしている（最判昭和47・3・14刑集26・2・187）．凶器にあたらないとされたものとしては，殺虫剤・農薬を入れて火炎ビンにみせかけたビールびん，手中に収まる程度の石3個，2本つなぎの軽い旗竿などがある（東京地判昭和45・7・11判タ261・278）．

　ところが，長さ1メートル前後の角棒は凶器であり（前掲最決昭和45・12・3），

プラカードも，それで殴り掛かった段階で，闘争の際に使用される意図が外部に覚知され，社会通念に照らし人の視聴覚上ただちに危険を感ぜしめる状態になり，凶器となる（東京地判昭和46・3・19刑月3・3・444）．プラカードは，てぬぐいなどとは異なり，それ自体殺傷の危険性をもっているが，殴り掛かった段階でそれまでは凶器でなかったものが突然凶器となるとすることには疑問がある（町野・前掲書47頁）．さらに，表現の自由の観点からも，疑問が生じよう．

集合　「集合」の意義に関して，判例によれば，すでに一定の場所に集まっている2人以上の者が，その場で凶器を準備し，またはその準備あることを知った上，共同加害目的をもつに至った場合も，本罪の集合にあたる（最判昭和58・11・22刑集37・9・1507）．この場合，行為者が加害目的を放棄するか，その集合から離脱しない以上，本罪が成立する（広島高松江支判昭和39・1・20高刑集17・1・47）．

第6節　過失傷害・過失致死罪

　　過失により人を傷害した者は，30万円以下の罰金又は科料に処する．前項の罪は，告訴がなければ公訴を提起することができない（209条）．過失により人を死亡させた者は，50万円以下の罰金に処する（210条）．業務上必要な注意を怠り，よって人を死傷させた者は，5年以下の懲役若しくは禁錮又は100万円以下の罰金に処する．重大な過失により人を死傷させた者も，同様とする（211条1項）．自動車の運転上必要な注意を怠り，よって人を死傷させた者は，7年以下の懲役若しくは禁錮又は100万円以下の罰金に処する．ただし，その傷害が軽いときは，情状により，その刑を免除することができる．

　犯罪は原則として故意犯であって，過失の場合は例外的に，それを処罰する旨の規定がある場合にかぎって，これを処罰することができる（刑法38条1項但書）．刑法典は，過失の場合は，生命・身体・公共の安全など重大な法益に対する場合にかぎって，処罰することとしている．たとえば，財産犯などは，過失の場合は現行法上処罰されていない．過失の内容については，総論において検討されることとなっている（林・総論282頁以下）．各論において問題とす

るべきは，業務上過失・重過失の内容である．

業務の概念　（1）　刑法211条前段には，業務上過失致死傷罪が規定されている．このように，業務の場合であることが加重事由とされている犯罪の例としては，ほかに，業務上失火罪・激発物破裂罪（117条の2前段），業務上過失往来危険罪（129条2項）がある．

（2）　業務上の場合，一般の過失が加重されるにすぎないのか，それとも，それだけでなく，一般の過失以外のものをも処罰する趣旨なのか，が問題となる．業務者とはいえ，一般の刑事過失にならないものを処罰するべきではないから，本条は，純粋に加重類型であると解するべきであろう．最高裁は，「一定の業務に従事する者は，通常人に比し特別な注意義務があることは論を俟たない」としている（最判昭和26・6・7刑集5・7・1236）が，これはこの趣旨に解するのでなければならない．

最高裁は，業務の意義について，次のように判示している．「業務とは，本来，人が社会生活上の地位に基づき反復継続して行う行為であり，かつ，他人の生命・身体等に危害を加えるおそれのあるものであることを要するが，行為者の目的がこれによって収入を得るにあるとその他の欲望を充たすにあるとを問わない」（最判昭和33・4・18刑集12・6・1090）．たとえば，医師の業務の場合，手術中に過失によって人を死に致した場合だけでなく，往診の途中に運転する自動車で人を轢いた場合（付随事務も業務にあたるとするものとして，大判昭和10・11・6刑集14・1114），さらに，彼が日曜日毎にゴルフに行く途中のように，およそ本来の業務と無関係に運転していたような場合も，ここでいう業務にはあたることになる．趣味で休日に，貸し自動車で反復継続してドライブしていた場合に業務性を認めたものとして，大阪高判昭和32・5・20判時120・27，狩猟を娯楽として行っていた場合に業務性を認めたものとして，最判昭和33・4・18刑集12・6・1090がある．

（3）　このように業務の概念が広がってくると，**業務上の場合に加重する根拠**に照らしてこれを適切に限界する必要性が生じてくる．

本条において業務上過失を加重処罰している根拠は，業務者の責任内容が一般のそれよりも重いというだけでなく，業務者の行為の不法内容にも，一般のそれよりも重いものがあるというところにある[17]．

業務者の行為の不法内容が重いのは，**重い結果**を引き起こす**危険**があり，かつ，その**危険が高い**からである．したがって業務といいうるためには，第一に，行為が重い結果を引き起こす危険をもっていた場合でなければならない．最高裁は，「生命・身体等」に対する危険を要するとしているが，器物損壊の危険では足りないであろう．さらに，この点は類型的に解釈されるべきだから，自動車の運転は業務であるが，自転車の運転は業務ではないと解するべきである．

第二に，危険が高度であるためには，その行為が多くの人々と頻繁に関係するものであることが必要であろう．「社会生活上の地位に基づ」くことが要件となるのは，このような根拠によるものといえよう．したがって，主婦が家でてんぷらをあげる行為は業務上とはいえない．判例には，ボランティアの子供会指導は業務でないとするものがある[18]が，これは，それによって収入を得るという観点にとらわれた疑いがある．

第三に，業務者の責任が重いといいうるためには，結果を極めて容易に予見できた（予見しなかったのは，高度の不注意による）場合でなければならない．判例が**反復・継続**の要件を要しているのは，このような根拠によるものと考えられる．すなわち，過去にその行為を反復・継続しておれば，それに習熟しているから，わずかの精神的緊張で，極めて容易に結果を予見しえたといいうる（単に容易に予見しえたというだけでは単純過失にしかならない）．それにもかかわらず予見しなかったのは，高度の不注意があったためだといいうるのである．したがって，初めてその行為をする場合や，以前にしたことはあるが，余りにも

---

17) 内田 61 頁など．学説上は，業務上過失の刑の加重根拠について，「一定の業務に従事する業務者には通常人よりもとくに重い注意義務が課されている」という説明がなされることがある（団藤 432 頁，西田 58 頁）．さらに，「政策的」に加重されているとされることもある（中森 27 頁）．しかし，これでは，業務者の場合に加重される根拠を実質的に説明したことにならないし，どのような場合に「一定の業務」があるといいうるのかも説明しえていないと思われる．さらに，「主観的予見可能性が高度」であることが加重の根拠だとするものがある（町野・前掲書 54 頁）が，高度の危険性は過失の違法性を高めるものであり，そのことも，加重の根拠となっていると考えられる．なお，山口 67 頁は，「行為の危険性と反復継続性は，一方が高度ならば他方を緩やかに解しうるという意味において，相互補完的な要素」とされる．たしかに，違法内部の異なる要素についてはそのような関係を認めてよいが，違法と責任はそれぞれ独立の要素である．

18) 名古屋高判昭和 59・2・28 刑月 16・1=2・82．これに対して，高校教諭のクラブ活動指導は業務とするものとして，山形地判昭和 49・4・24 刑月 6・4・439，東京高判昭和 51・3・25 判タ 335・344．

時間が経っているときは，業務上ではないと解するべきである．判例には，自転車，スクーターに乗って仕事に従事していた酒屋の店員が，正月休みに借りた普通乗用車を運転して事故を起こした場合，たまたまその4，5月前に2キロほど自動車を運転していたとしても，業務上とはいえないとするものがある[19]．

　なお，学説の中には，これから反復・継続する意思があれば，過去にその事実がなくても，業務としてよいとするものがある（西田59頁，山口60頁）．これは，行為の危険性が，その場合，高くなるというものであろう．たしかに，その意味では，将来にわたって反復継続する意思が必要と解するべきである．しかし，それだけでは足りない．反復・継続の要件は，責任に関するものでもなければならないからである．したがって，過去に反復・継続したということも必要と解するべきである（町野・前掲書55頁）．

重過失　業務上過失は，すでに述べたように，重大な注意義務違反の中でも一定程度の類型性を要求している．たとえば，自転車の運転であるかぎり，具体的には不法・責任内容が重大であっても，業務上とするべきではないであろう．しかし，自転車に乗って，赤色信号を見落とし，けんけん乗りをして横断歩道上の歩行者の一団に突っ込み，傷害を負わせたような場合（東京高判昭和57・8・10刑月14・7=8・603）には，実質的には，業務上の場合と区別する理由はない．また，「業務」という文言から生じる限界もある．たとえば，病的酩酊の素質を有し，以前にしばしば飲酒酩酊の上，心神喪失ないし心神耗弱の状態に陥り，その状態において犯罪を犯す習癖を自覚する者が，飲酒酩酊の上，人に傷害を負わせたような場合（福岡高判昭和28・2・9高刑集6・1・108），あるいは，住宅街の路上でゴルフクラブの素振りをして，自転車で通行中の女性を強打して死亡させた場合（大阪地判昭和61・10・3判タ630・228），業務上の概念をいかに広く解しても，その限界を超えている．しかし，実質的にみれば，重大な不法・責任内容をもっているのであり，重く処罰されるべきであろう．重過失致死傷罪はこのような趣旨によるものである．

---

19) 東京高判昭和35・3・22東高刑時報11・3・73．さらに参照，東京高判昭和35・5・12東刑時報11・5・108，名古屋高金沢支判昭和37・7・10下刑集4・7=8・624，広島高判昭和46・9・30判タ269・260など．

学説には,「結果発生の可能性が大きいときは」「それだけ精神の弛緩が大きい」とし,「結果発生の危険性が大きくない場合でも」「精神の弛緩が大きいときは,やはり重過失」とするものがある(平野89頁.なお参照,西田57頁,山口66頁).しかし,結果発生の可能性が大きくても,精神の弛緩が大きいとはかぎらない.また,結果発生の可能性が大きくないのに,重過失とするべきではない(参照,橋爪・法教276・39,佐伯・法教303・37など).

第3章　自由に対する罪

　逮捕・監禁罪，脅迫罪・強要罪，略取・誘拐罪などは，自由に対する罪とされる．しかし，自由の概念は曖昧である．財産罪は自由に対する罪からは除かれるのが通常であるが，財産罪もまた人の財産についての自由を侵害する罪だといえなくもない．ただ，財産罪には多くのものがあり，独自の諸問題があるから，一般の自由に対する罪とは別個に論じるべきだというにすぎない．もっとも，前にあげた逮捕・監禁罪などは，少なくとも究極的には，人の行動の自由を保護するという点で共通している．その点では性的自由に対する罪とされる強制わいせつ罪・強姦罪なども同じである．住居侵入罪の罪質については考えが分かれているが，これも，人の一定の領域について他人を立ち入らせることについての自由を保護するところに基本的な内容があるといえよう．ただ，住居侵入罪は行動の自由を保護しようとするものではない．秘密に対する罪も，行動の自由ではないが，一定の情報についての人の自由を保護するという要素があるので，自由に対する罪の中に含めて理解することが可能である．業務妨害罪も自由に対する罪の中に含める学説もあるが，後にも述べるように，この罪はむしろ財産犯に近いものとして理解した方がよいと思われる．

第1節　行動の自由に対する罪

　逮捕・監禁罪，脅迫罪・強要罪，略取・誘拐罪は，行動の自由を保護するという点で共通している．このうち，逮捕・監禁罪は，行動の自由の中でも最も基本的な，移動の自由を保護しようとするものである．脅迫罪は行動の自由を確保するために，行動へ向けての意思決定の自由を保護しようとするものであり，強要罪は一定の行動類型の自由を保護しようとするものである．略取・誘

拐罪は人を移動させて行動の自由を侵害するところに特徴がある．

1 逮捕・監禁の罪

不法に人を逮捕し，又は監禁した者は，3月以上7年以下の懲役に処する（220条）．前条の罪を犯し，よって人を死傷させた者は，傷害の罪と比較して，重い刑により処断する（221条）

罪質 (1) 逮捕・監禁の罪の保護法益は，**人の場所的移動の自由**と解されている．問題となるのは，現実的自由を保護するものか，それとも，可能的自由を保護するものかである．**現実的自由**を保護すべきだとする見解[1]は，本罪が成立するためには，客観的な移動の困難性を認識していなければならないとし，たとえば，被害者が睡眠・泥酔している場合，あるいは，客観的には移動の自由が制限されていることを騙されて知らなかったような場合には，被害者の移動しようとする現実の意思を侵害してはいないから，本罪の成立を認めるべきではないとするのに対して，**可能的自由**を保護すべきだとする見解[2]は，このような場合であっても，現実的自由を侵害する可能性がある以上，本罪の成立を認めるべきだというのである．移動の自由とは，本来，自分の意思どおりに移動できることを意味するもので，その意思をもたない者については，その侵害はないはずである．しかし問題は，そのような現実的な自由の侵害がなければならないのか，その危険の発生で足りるとするべきか，である．移動の自由は人間の行動の自由の基礎をなすきわめて重要なものだとすれば，その危険の発生で足りるとする可能的自由説にも十分な理由がある．したがってここでは一応可能的自由を保護するとする見解を支持しておきたい．

(2) しかし，次の意味で，**被害者の意思は重要な意味をもっている**．

---

[1] 木村60頁，平野・法セ201・67，山中・現代的展開52頁，吉田・基本講座80頁，日高・論争II 58頁，川端・概要59頁，西田69頁など．最近，仮定的意思を保護すべきだとする見解が主張されている（平野・判時1569・5）．この見解は，現実的自由を保護するべきだという見解から出発しつつも，可能的自由との間の折衷を試みたものとして，注目される．しかし，その理論的な根拠，実際の適用の基準（現実の何について何を仮定して判断するのか）が，十分に明確ではないように思われる．

[2] 大谷82頁，内田117頁，曽根51頁，中森51頁，佐伯・神戸法学年報1・79，山口82頁など．なお参照，島田・争点［3版］142頁以下，佐伯・西原古稀(1) 385頁以下．

第一に，被害者がおよそ移動の意思をもちえない場合，たとえば，生後間もない**嬰児**[3]，植物状態の人間の患者などについては本罪は成立しえない．この場合についても，他人が扶助して移動できることを理由に本罪の成立を認める見解もありうるが，本罪は移動「する」自由を保護するものであって，移動「させる」自由を保護するものではないことに注意しなければならない．もっとも，単に生理的に移動できないにすぎず，移動の意思をもちえ，他人や器械の力を借りることによって移動できる場合には本罪の成立を認めることができる．

　第二に，可能的自由の制限に**同意**している場合には，本罪は成立しえない．たとえば，被害者が会社の個室で執務しているときに，行為者が翌日までその部屋に監禁しようと思い，自分は外出して5時には帰ってくるが，外の人が入ってくるといけないので，鍵をかけておくから，それまでは外に出ないようにといって，鍵をかけたが，5時になって思い返して鍵をあけたような場合である[4]．

　第三に，客観的な自由の制限が不十分で，被害者の意思に働きかけることによって移動の自由を制限している場合がありうる．たとえば，部屋に入れて鍵をかけなかったが，出たら殺すぞと脅したような場合である．周りに何も物理的障害がないにもかかわらず動いたら殺すぞと脅したような純粋の「無形的方法」だけでは本罪は成立しえないが，部屋（あるいは人垣でもよい）に入れられ，かつ，**心理的障害**が生じている前述のような場合には，本罪が成立しうるのである[5]．

---

[3]　判例は，生後1年7ヵ月の幼児について，監禁罪の成立を認めた（京都地判昭和45・10・12刑月2・10・1104）．このくらいになれば，這ったりして，自分の意思で移動できるから，監禁罪の成立を認めてよい．

[4]　平野・判時1569・3．監禁された部屋のテレビでかねてより見たいと思っていた映画が始まったために，ともかく見ることにするような場合（山口・法教203・78），閉じこめられる前に始まっており，閉じこめられることを何とも思わなかった場合には同意があるとしてもよいかもしれないが，意思に反して閉じこめられ，映画が始まった場合に，同意があるとはいえないであろう．

[5]　最判昭和28・6・17刑集7・6・1289は，被告人らは，労働争議の過程で，組合員大衆の面前で，被害者に対し要求事項の承認を求め，その目的貫徹までは帰さないで頑張るから大衆諸君も頑張れといい，罵声怒号する大衆の前で交渉を続け，被害者が脱出しようとすると大衆も取り囲み，被告人らもその脱出を阻止して，被害者をしてその場に留まるのやむなきに至らしめたという事案について，監禁罪の成立を認めた．
　　　恐怖心ではなく，単なる羞恥心を利用する場合，たとえば，女性が入浴しているときに衣服を

(3) 現実的自由か可能的自由かは，**偽計による監禁**が認められるかという局面でも議論されている．判例は，次のような場合について監禁罪の成立を認めている．被告人は，被害者を，A地点からC地点まで車で送ると欺いて，途中のB地点から進路を変えて（その地点で被害者は騙されているのに気づいて停車を求めた），D地点まで運んだという事案について，監禁には偽計によって被害者の錯誤を利用する場合をも含むとして，A地点からD地点までの監禁罪の成立を認めたのである（最決昭和33・3・19刑集12・4・636）．現実的自由を保護するべきだという立場からは，被害者は，B地点までは客観的に移動の自由が制限されていることを認識していないのであるから，そのことを認識し停車を求めたB地点からについてのみ監禁罪の成立を認めるべきだという批判がなされる．これに対して，可能的自由を保護するべきだという立場からは，被害者はB地点までも，これに気づき停車を求める可能性があった以上，判例の見解が支持されることになる[6]．

この偽計による監禁罪の成否の問題については，**法益関係的錯誤説**によって解決されるべきだとする見解が有力である（佐伯・神戸法学年報1・82，山口87頁）．たしかに，可能的自由説の立場からは，客観的な移動の困難性について認識を欠く場合には，監禁罪の成立を認めるべきである．同意とは法益について認識しつつなされたのでなければならないからである．他方，前述したように，それを認識しつつ同意してそこにとどまっている場合には，原則として監禁罪の成立は否定される．しかし，法益について認識しつつ同意していたとしても，監禁罪の成立がつねに否定されてはならない．たとえば，ある母親に対して，この部屋から出たら子供を殺すぞと脅して閉じこめれば脅迫による監禁

持ち去って，出ることをできなくさせた場合が問題とされている．これは，女性の性格・経験，さらに，そのときの周囲の状況によることで，一概にはいえないが，場合によって監禁罪を構成することもありうるであろう．

6) もっともその後最高裁は，家まで送ってやると欺いて被害者をオートバイの荷台に乗せて疾走し，被害者の自宅を過ぎたところで，騙されたと気づいて降ろしてくれといったにもかかわらず，そのまま約1キロ走ったという事案について，その1キロ分だけについて監禁を認めた原判決を是認した（最決昭和38・4・18刑集17・3・248）．しかし，その後も下級審の判例には，強姦する目的を秘して偽計をもって被害者を自動車に乗せて走らせたという事案について，「自己が監禁されていることを意識する必要はない」として，監禁罪の成立を認めたものがある（広島高判昭和51・9・21刑月8・9＝10・380）．

罪が成立する．そうだとすれば，子供は実は安全に保護されているにもかかわらず，この部屋から出ると子供の命が危ないと母親を騙して，部屋から出られないようにした場合にも，監禁罪の成立を認めるべきであろう．これらの場合，法益を認識しつつ同意しているが，その同意は自由になされているのではないからである（**自由意思喪失的錯誤説**．参照，林・松尾古稀上巻249頁以下）．

逮捕・監禁の意義 　**逮捕**とは，多少の時間継続して自由を束縛することである（大判昭和7・2・29刑集11・141．本件では，被害者の手足をわら縄で縛って約5分間引きずり回したという事案に逮捕罪の成立を認めた）．単に一瞬身体を拘束しても，暴行にしかならない．**監禁**とは，人が一定の場所から脱出することを不可能または著しく困難にすることである．もっとも，逮捕と監禁は，同一条文内に規定されているから，区別する実益に乏しい．

脱出しえない状況に追い込まれていれば，囲まれた場所であることは必要ではないとされており，たとえば，原動機付自転車の荷台に乗せて1000メートル疾走した場合には，監禁罪が成立するとされている（最決昭和38・4・18刑集17・3・248）．しかし，すでに述べたように何らかの物理的障害は必要であり，まったくの無形的方法で移動の心理的障害を設定したにすぎない場合は本罪を構成しないと解するべきであろう．

脱出が不可能ではないが，著しく困難な場合にも，監禁罪を構成する．最判昭和24・12・20刑集3・12・2036は，行為者は海上沖合の漁船内に被害者の女性を閉じ込めたのだが，上陸しようとすれば岸まで泳ぐより外に方法はなく，時刻は深夜のことであって，しかも当時強姦による恐怖の念が継続していた場合について，脱出が著しく困難であるとして，監禁罪の成立を認めた．

虚偽の犯罪を警察署員に告知して留置場に留置させるというように，情を知らない第三者を利用して人を監禁させる行為も，監禁罪にあたる（大判昭和14・11・4刑集18・497）．この場合，適法な行為を利用する間接正犯となるのである（参照，林・現代的課題102頁以下）．

2　脅迫罪

生命，身体，自由，名誉又は財産に対し害を加える旨を告知して人を脅迫した者は，2年以下の懲役又は30万円以下の罰金に処する．親族の生命，身体，自由，名誉

又は財産に対し害を加える旨を告知して人を脅迫した者も，前項と同様とする (222条).

罪質 　刑法典第32章には，脅迫の罪として，脅迫罪（222条）と強要罪（223条）が規定されている．強要罪は，意思ないし行動の自由を保護法益とする侵害犯であることについては，ほぼ争いがない．これに対して脅迫罪については，**意思決定の自由に対する危険犯と解する立場**[7]と，**法的安全の意識ないし私生活の平穏と解する立場**[8]が対立している．

前説ももちろん，生命などに対する害を加える旨を告知し，人に不安感・恐怖感を生ぜしめることを要求する．しかし，そのこと自体ではなく，それを通して，行動についての意思決定に影響を与えようとすることを処罰しようとするものだと解するのである．これに対して後説は前説に対して，法は本罪の成立に，強要罪の場合とは異なり，特定の意思決定に対する危険を要求していないと批判する．しかし，不安感・恐怖感を生ぜしめるだけでよいとするならば，過去の事実，たとえば，すでに放火したと告げた場合，あるいは，将来の事実であっても，行為者自身が左右し得ないような害悪を告げた場合であっても，本罪の成立が認められることになるはずである．むしろそのように，確実に生じるような害悪を告げる方が，不安感・恐怖感は大きいとすらいえる．ところが多くの判例・学説によれば，単なる警告，あるいは，吉凶禍福を告知するだけでは本罪は成立しないとし，このような場合を脅迫罪から除こうとしている．すなわち本罪における害悪は，将来に生じ，行為者が左右できるものでなければならないとしているのである[9]．ということは，行為者が害悪を加えないこ

---

[7] 団藤460頁，内田109頁，曽根50頁，西田62頁など．

[8] 木村50頁，平野173頁，中森45頁，山中110頁など．なお，山口72頁は，地震が起きると告知されれば，不安で仕事に手が着かなくなることがあるが，その場合でも，仕事をするという意思決定・意思活動の自由が害される危険が生じているというが，ここでいう自由とは，行為者の意思に影響されないことを意味する．いいかえると，自由の侵害とは，行為者の意思によって被害者の意思が置き換えられることを意味する．そのことに伴う不安それ自体は本罪の不法内容には含まれない．「意思決定の自由」そのものの内容を限定するべきであって，安全感そのものを独自の法益と認めるべきではない．

[9] 害悪を事後に通知したのでは脅迫罪は成立しないとし，「俵の間に松明を挿入するなどして放火したごとく仮装し，程なく相手方にこれを認識させて脅迫した」と説示したのは，将来放火するであろうことの未然の通告にあたるか否か判示が不明であり理由不備の違法があるとしたもの

第1節　行動の自由に対する罪　77

ともありうることを告知することによって，その要求に従う意思決定へと影響する危険こそが，本罪の不法内容だということであろう．

ただ，強要罪が意思決定・行動の自由に対する侵害犯，しかも，「人に義務のないことを行わせ，又は権利の行使を妨害した」という特定の行為類型を要件としているのに対して，脅迫罪は結果としての行為にそのような限定なく成立しえ，かつ，それについての抽象的危険でも足りるものである．たとえば，警察活動をやめよと告知した場合，警察活動を止めることは，職務の懈怠であって，義務のないことを行わせたとか権利の行使を妨害したとはいいがたいとしても，本罪の成立を認めうる．また，警察隊長に「辞職せよ」と告知した場合，相手はまったく畏怖の念を起こさず，単なる抽象的危険しか生じなかったときでも，本罪の成立を認めうる[10]．この意味で**脅迫罪は強要罪の一般法**だといえよう．

なお，強要罪の未遂は，特定の行為について，その具体的な危険の発生が生じたときのみ成立しうる．従って脅迫罪は強要罪の未遂形態というわけではない．

　として，大判大正7・3・11刑録24・172．「……の警察官は人民政府ができた暁には人民裁判によって断頭台に裁かれる．人民政府ができるのは近い将来である」と告げた場合について，害悪は被告人自身又は被告人の左右し得る他人を通じて可能ならしめるものとして通告されたものではないから，脅迫罪にあたらないとしたものとして，広島高松江支判昭和25・7・3高刑集3・2・247．ただし，現実に左右できる必要はないとしたものとして，大判昭和10・11・22刑集14・1240．

　さらに，死刑を含む有罪判決を言い渡した裁判官に対し「人殺し，売国奴，貴様に厳烈な審判が下されるであろう」など記載した葉書を投函，配達させた行為は，文面が婉曲であり何人の手によって害悪が加えられるかまったく不明確であり，脅迫罪が成立しないとしたものとして，名古屋高判昭和45・10・28刑月2・10・1030．

　これに対して，最判昭和29・6・8刑集8・6・846は，「……たしかに・・は売国奴の番犬だ！我々愛国者人民は近き将来に必ず勝利するのだ，かかる売国奴とその手先どもの行為は来るべきあの有名な人民裁判によって明らかにサバカレ処断されるであろう……」と書いたビラ数枚を頒布した事案について脅迫罪の成立を認めている．この判例の場合には，「我々愛国者」が，被害者が「処断」されることに影響を与え得ることを示しているといいうるか，疑問がある．

10)　「君の警察活動を止めよ，止めないと必ず不幸が起こる」等申し向けることは害悪の告知にあたるとするものとして，大阪高判昭和29・6・11特28・144．害悪の告知が明白にして現在の危険を内包しなくとも脅迫罪は成立しうるから，県警察本部長警察隊長に対し「国民の敵となり身を滅ぼすより，辞職せよ」など記載したビラをもって告知させたときは，脅迫罪が成立するものとして，最判昭和34・7・24刑集13・8・1176．本条列記の法益に対して危害の至るべきことの通告によって成立し，必ずしも被通告者が畏怖の念を起こしたことを必要としないとするものとして，大判明治43・11・15刑録16・1937．

その他の諸問題　(1)　生命・身体・自由・名誉・財産に害を加えることができることを告知しなければならない．これは**限定的列挙**である．もっとも，貞操も自由に含まれると解するときは，事実上その範囲はかなり広い．

(2)　法人には意思がないから，本罪の客体にはならないというのが判例である（大阪高判昭和 61・12・16 高刑集 39・4・592）．法人が恐喝罪や名誉毀損・侮辱罪の客体となりうるとしても，法益が別であり，同一に解する必要はないであろう．

これに対して学説上は，法人も機関を通じて意思決定が可能である以上は，本罪の客体と認めるべきだという見解もある（西田 63 頁，今井・争点〔3 版〕128 頁）．このような見解に実質的な理由があることは否めないものの，法は，1 項において「生命，身体，自由」を客体とし，2 項において「親族」を客体としている以上は，解釈論としては無理だと思われる．このように，この問題は解釈論の限界に関わるものであって，安全感を独立の法益と認める（山口 74 頁）こととは直接の関係はない．

(3)　脅迫の概念は，暴行の概念と同様に，刑法典の各所に規定されているが，若干内容を異にする．強盗罪などの脅迫は，相手方の反抗を抑圧する程度に達することを要する．強姦罪などの脅迫は，反抗を著しく困難にする程度のものであればよい．強要罪の脅迫も，相手方に一定の作為・不作為を強要する程度の強さをもったものであることを要する．本罪は，先に述べたように意思決定一般に対する抽象的危険を処罰するものだから，強要罪の場合よりも若干弱いもので足りるであろう．

(4)　村八分（共同絶交）の通知が脅迫罪を構成するかが問題とされている．判例は，自由または名誉に対する害悪を告知する脅迫罪を構成するとした（大判明治 44・9・5 刑録 17・1520）．これに対しては，交際するかどうかは人の自由であり，また，過去になされた決定の告知は害を「加うべき」ことの告知とはいえないという批判がある（平野・法セ 201・66）．しかし，後にもみるように，害を加える行為が適法なものであっても，それを告知することは違法でありうる．また，交際することを条件に暗に一定の要求をしているような場合ならば，本罪の成立を認めうるであろう．

(5) 脅迫にあたるかどうかは，行為がなされた**周囲の事情**を考慮して決定されなければならない．その文言だけを切り離してみれば一般には脅迫にならないようなものであっても，周囲の事情を考慮するときは，脅迫にあたるということもありうる．最判昭和35・3・18刑集14・4・416は，ある地区の政界が二分して激しい対立にあったとき，一方の派に属する被告人が他方の派に属する被害者に対して，当時出火の事実がなかったのに「出火御見舞い申し上げます．火の元に御用心」と書いた郵便葉書を発送したという事案について，脅迫罪の成立を認めた．

(6) **害を加えること自体が適法である場合**に，それを告知することが脅迫罪を構成するかが問題とされている．判例はこれを肯定し，告訴する意思がないにもかかわらず，相手方を畏怖させる目的をもって告訴する旨を告げるときには脅迫罪を構成するとしている（大判大正3・12・1刑録20・2303，大判昭和4・8・6新報197・16）．これに対しては，「害それ自体は犯罪でないのに，その害を加えることを告知するのは犯罪だというのは奇妙」という批判がなされている[11]．害は犯罪でなくてもよいが違法でなければならないという見解も主張されている（曽根53頁，中森47頁）．しかし，あることを行うことが適法だからといって，それを告知して相手を不安・恐怖に陥れることがただちに適法となるわけではない．適法なことは黙ってやるべきである．まして，適法な行為をしないことをほのめかして一定の要求をし，意思決定の自由を侵害する危険を生ぜしめることが適法だとはいえない．ここにおいては，実は，適法な行為をすると告げつつも，適法な行為をしないことを条件に，相手の意思決定の自由を侵害することが暗示されているのである．反対説も，恐喝罪・強要罪など「脅迫が手段となっている場合は別」だとしている．しかし，目的としている相手の行為がこれらの犯罪成立要件を充足しない場合に，同じく意思決定の自由を危険にしていながら，適法とするのは不当であろう．もっとも，たとえば権利行使として恐喝罪を構成せず脅迫罪の成否が問題となっているような場合には，違法阻却を認める余地がある[12]．

---

11) 平野前掲65頁，山口75頁など．なお，告訴するぞと告げて不安感を生ぜしめただけで，およそ意思決定の自由の危険を生ぜしめていない場合に本罪が成立しないのは，当然のことである．
12) 「権利の濫用」にあたる場合には脅迫にあたるとする見解がある（西田64頁，山中114頁）

3 強要罪

生命，身体，自由，名誉若しくは財産に対し害を加える旨を告知して脅迫し，又は暴行を用いて，人に義務のないことを行わせ，又は権利の行使を妨害した者は，3年以下の懲役に処する（223条1項）．親族の生命，身体，自由，名誉若しくは財産に対し害を加える旨を告知して脅迫し，人に義務のないことを行わせ，又は権利の行使を妨害した者も，前項と同様とする（同条2項）．前2項の罪の未遂は，罰する（同条3項）．

（1） 本罪は，**脅迫罪の特別規定**である．現実に被害者の意思に反した行動が行われなければならず，かつ，その行動内容には限定が付されている．

（2） ここにいう「権利」「義務」とは，**法律的なものに限るとする見解**[13]と，そのような限定なしに**社会生活上行うことが相当である行為**を含むとする見解[14]がある．後説は，たとえば，脅迫して謝罪させた場合，法律的な義務に限ると，謝罪することが社会的には相当であっても本罪が成立することとなって不当だというのである．しかし，何が社会的に相当かは不明確であるし，逆に，「権利」についても法律的な限定を付さないとするときは，本罪の成立範囲が不当に拡張するおそれがある[15]．

（3） 法人は，脅迫罪の場合と同じように，本罪の客体とはならない．1項において「生命・身体・自由」が客体とされ，2項において「親族」が客体と

が，基準としてあまりに不明確である．理論的にいっても，刑法上の違法判断は，危険ないし結果の「衡量」によってなされなければならない．たとえば権利行使に脅迫がなされた場合，実現される利益（権利実現）と，意思決定の自由とを衡量するべきなのである（参照，林・総論35頁，187頁）．「権利の濫用」という基準は民法に由来するものと思われるが，民法の基準としても疑問がある．権利があれば行使できるのであり，「濫用」ならば権利はないというべきだからである．

13) 大谷90頁，曽根55頁，山口79頁など．
14) 平野174頁，内田106頁，中森49頁など．
15) 造船会社の下請業者間において，労務者の引抜きをなくすため，甲業者を退職した者は，6ヵ月間，甲の同意ないかぎり他の業者の従業員として造船所内の作業に従事し得ない旨の取り決めがなされ，造船所もこれを承認していた場合，かつて被告人の配下にあってA業者で就労していた被害者がB業者の下で就労しようとしているのを知り，これに暴行・脅迫を加えて就労を断念させても，就労の権利を妨害したとはいえないとするものがある（岡山地判昭和46・5・17刑月3・5・712）．

(4) 強要罪の保護法益は，意思決定に基づく行動の自由にあるから，本条1項にいう「暴行」は，相手方の自由な意思決定を拘束してその行動の自由を制約するに足りる程度のものであることを要する．判例には，背広の襟をつかんで引っ張り，怒鳴りながら身体を前後に数回揺さぶることではいまだその程度に達したとはいえないとするものがある（大阪地判昭和36・10・17下刑集3・9＝10・945）．

(5) 判例は次のような場合に，義務のないことを行わせたとして，強要罪の成立を認めている．13歳の少女を叱責する手段として，水入りバケツ，醬油樽などを数十分ないし数時間胸辺または頭上に支持させた場合（大判大正8・6・30刑録25・820），名誉毀損罪あるいは侮辱罪を犯していないのに謝罪文を要求しこれを交付させた場合（大判大正15・3・24刑集5・117），官庁の雇員に恨みをいだいた者が，これを失業させようとして，その所属長官に脅迫状を送り，部下である雇員を解雇させた場合（大判昭和7・3・17刑集11・437）．

否定された例として，「暴行を用い人に義務なき事を行なわしめ」るとは，なお被強要者自身の意思に基づく行為が存することを要し，暴力のままにその人を機械的に行動させることはこれに当たらない．よって，女性の両腕を背後からつかんで引っ張り，10メートル余を移動させることは，不法監禁罪に当たることは格別，強要罪には当たらないとするものがある（東京高判昭和34・12・8高刑集12・10・1017）．

権利の行使を妨害した場合としては，新聞記者が料理店営業者に対し，自己の意思にさからえば同人または料理店にとって不利益な記事を新聞紙に掲載する旨を告げて脅迫し，料理店営業者をして告訴することを思いとどまらせた場合（大判昭和7・7・20刑集11・1104）などがある．

4 略取及び誘拐の罪

総説 略取・誘拐罪は，人をその意思に反して現在の生活環境から離脱させ，自己または第三者の支配下に移して行動の自由ないし人身の安全を侵害・危殆化することを内容とする．**略取**とは暴行または脅迫を手段とする場合，**誘拐**とは欺罔または誘惑を手段とする場合である．略取と誘拐を合わせて拐取

という.

　監禁罪は，被害者の現在の生活環境内でも成立しうる代わり，その自由拘束の程度は強いものでなければならない．拐取罪は，被害者を現在の場所から移す必要がある代わり，移した後はそれほど自由拘束の程度は強くなくてもよい．したがって，拐取罪成立後にも監禁罪は成立しうる．最決昭和58・9・27刑集37・7・1078はこれを併合罪とした．

　拐取罪は**継続犯**[16]か**状態犯**[17]かが問題とされている．物を盗む場合とは異なり，被害者の安全に対する危険は刻々に生じており，その結果は重大であるから，継続犯と解するべきである．状態犯か継続犯は，このように，不法な結果の構成要件該当性の問題（具体的には，公訴時効の進行が開始すると解するべきか）であって，実行行為が継続しているかどうかは無関係である．したがって，拐取行為が終了していることは，その後の違法状態を犯罪内容と解し，継続犯と解する妨げにはならない（林・総論115頁）．もっとも，実行行為が終了した後には，犯罪結果が継続していても，その犯罪の共犯とすることはできない．なお，拐取罪成立後にも監禁罪が，あるいは，身の代金要求罪が，別個併合罪として成立しうることは，継続犯と解することを妨げるものではない．どちらの場合も新たな不法が生じているからには，拐取罪を継続犯と解しても，なお併合罪と解し得るのである．

　　未成年者を略取し，又は誘拐した者は，3月以上7年以下の懲役に処する（224条）．

未成年者拐取罪　　未成年者とは，民法によれば，20歳未満の者をいう（民法3条）．ここでの未成年者もこれと同じと解するのが通説である．このように未成年者の意義について民法に従うのであれば，婚姻をしたときは成年に達したものとみなす（民法753条）という民法にも従うべきであろう．すでに婚姻して民法上成年となっている女性を誘惑した者に本罪の成立を

---

16) 大判昭和4・12・24刑集8・688，大判大正3・12・12刑集3・871．大阪高判昭和53・7・28高刑集31・2・118など．学説として，大谷93頁，中森55頁，曽根62頁など．
17) 井上＝江藤56頁，西田72頁，山口89頁など．

第1節　行動の自由に対する罪　83

認めるのは妥当とは思われない．

　本罪の保護法益は，**未成年者の自由**なのか，（親など）**監護権者の監護権**なのかが問題とされている．学説上は，本罪の法益はもっぱら監護権者の監護権だとする立場が有力である（井上＝江藤 54 頁，吉田・基本講座 83 頁）．単に未成年者の自由と解するときは，嬰児などおよそ告訴をなしえない被害者について，本罪が親告罪とされているという問題ある帰結が生じることになるから，この立場にも一応の理由がある．しかし，監護権者に独立の告訴権を認めなくても，ほとんどの場合法定代理人として告訴をすることができるであろうから（刑訴法 231 条），この点はさほどの問題ではない．のみならずこの立場からは，監護権者はおよそ本罪の主体になりえなくなり[18]，また，監護権者の同意があれば本罪の成立はおよそありえなくなってしまう．反対に，成人間近の未成年者の同意を得ているような場合であっても，監護権者の意思に反すれば本罪が成立することとなってしまう．このような結論は妥当ではないであろう．そもそも，監護権は未成年者の利益のためにこそあるのであって，独立の法益たり得ず，監護権の侵害は未成年者の侵害の副次的な結果にすぎないと考えられる．したがって，未成年者と監護権者が共に被害者だとする見解[19]にも疑問がある．もっとも，単に未成年者の自由と解する立場（内田 128 頁，山中・現代的展開 57 頁など）には，生後まもない嬰児を略取したような場合，嬰児はおよそ移動の意思をもちえないから，自由という法益侵害はありえないという問題がある．そこで，最近は，本罪においては未成年者の自由のみならず安全も保護されているという説明がなされることがある[20]．ただ，拐取した以上いかに安全に保護していたとしても本罪の成立を認めるべきであるし，先に述べたように自由の侵害がなくても本罪は成立しうるのであるから，結局本罪は，未成年者の拐取による，その安全に対する抽象的危険犯を処罰するものと解するべきであろう．

18）　別居中で離婚係争中の妻が養育している 2 歳の子を夫が有形力を用いて連れ去る行為は未成年者略取罪の構成要件に該当し，行為者が親権者の 1 人であることは，違法阻却の判断において考慮されるべき事情にとどまるとする最近の判例として，最決平成 17・12・6 刑集 59・10・1901 がある．妻が子に暴力をふるっているのを見かねた夫が連れ去ったような場合は別である．後に本文にのべるように，要は，どちらがより安全かという問題である．

19）　団藤 467 頁，中山 113 頁．大判明治 43・9・30 刑録 16・1569，福岡高判昭和 31・4・14 裁特 3・8・409．

20）　平野 176 頁，山口 89 頁，西田 72 頁など．

営利，わいせつ又は結婚の目的で，人を略取し，又は誘拐した者は，1年以上10年以下の懲役に処する（225条）．

営利目的等拐取罪 本罪の客体には成人のみならず未成年者をも含む．本罪所定の目的をもって未成年者を拐取したときは，前条の罪と本条の罪との法条競合となるが，重い本条の罪で処断される（大判明治44・12・8刑録17・2168は，「単一の本条の罪が成立する」というが，措辞において適当でない．参照，林・総論456頁以下）．

本条は一定の目的をもって拐取されることを要する**目的犯**である．成人を単に拐取しただけでは法益侵害として不十分であって，本条所定の目的をもって拐取されたときにはじめて重大な違法性が備わるという考慮によるものである．したがって，本罪の目的の内容は，それが実現された場合には被害者にさらに重大な法益侵害が生じるようなものでなければならない．本条所定の目的は単に下劣な心情の故に要件とされているのではない．

営利の目的とは，拐取行為によってみずから財産上の利益を得，または第三者に得させる目的をいう．最高裁判例によれば，営利誘拐罪にいう営利の目的は，誘拐行為により財産上の利益を得ることを動機とする場合をいうものであり，その利益は被誘拐者自身の負担によって得られるものに限らず，誘拐行為に対して第三者から報酬として受ける財産上の利益をも含む（最決昭和37・11・21刑集16・11・1570）．事案は，ストリッパーとして働かせるために引き渡した謝礼を第三者から受け取ったというものであって，被害者は意思に反して働かされる危険があったことが本罪の成立を認めうる実質的な根拠である．

わいせつの目的とは，姦淫その他の性的行為をする目的をいう．被拐取者をわいせつ行為の主体または客体とする目的の両方を含む．

結婚の目的とは，行為者または第三者と結婚させる目的のことである．判例によれば，本条の結婚目的にいう「結婚」は，法律婚のみならず事実婚を含むが，それは通常の夫婦生活の実質を備えており，単に届出を欠く場合を指すから，肉体関係の継続という一時的享楽は本条の「わいせつ」に含まれる（岡山地判昭和43・5・6下刑集10・5・561）．

近親者その他略取され又は誘拐された者の安否を憂慮する者の憂慮に乗じてその財物を交付させる目的で，人を略取し又は誘拐した者は，無期又は3年以上の懲役に処する（225条の2第1項）．人を略取し又は誘拐した者が近親者その他略取され又は誘拐された者の安否を憂慮する者の憂慮に乗じて，その財物を交付させ，又はこれを要求する行為をしたときも，前項と同様とする（225条の2第2項）．

身の代金目的拐取罪等　昭和30年代に身の代金目的で人を拐取する事件が頻発した．裁判所はこれを営利目的拐取罪と恐喝罪の併合罪として処理したが，身の代金目的は，それだけでは被拐取者の法益を侵害する目的ではないので，営利目的拐取罪の成立を認めることには疑問がある．のみならず，身の代金目的被拐取者の生命の危険が生じることが多く，模倣されやすいこともあるから，重罰をもって取り締まる必要があるということで，本罪が立法されたのである．他方同時に，この重大な犯罪を未然に防止するために，実行に着手する前に自首した者に対する刑の必要的減免（228条の3但書），公訴提起前に被拐取者を安全な場所に解放した者に対する刑の必要的減軽を認める規定を設けた（228条の2）．

本罪においてとくに問題とされているのは，「近親者その他略取され又は誘拐された者の安否を憂慮する者」の意義である．最高裁は，銀行の頭取を拐取して銀行の幹部に身の代金を要求したという事案について「被拐取者の安否を親身になって憂慮するのが社会通念上当然とみられる特別な関係にある者」をいうとして本罪の成立を認めている（最決昭和62・3・24刑集41・2・173）．しかし，現実に憂慮しなくても憂慮すべきである場合には含まれるかのような措辞は適当でないであろう．また，「近親者その他」とされているのであるから，近親者と同程度に親身になって憂慮する者であることが必要であろう（大阪地判昭和51・10・25刑月8・9＝10・435）．

所在国外に移送する目的で，人を略取し，又は誘拐した者は，2年以上の有期懲役に処する（226条）．

所在国外移送目的拐取罪　最決平成 15・3・18 刑集 57・3・371 は，日本人の妻と別居中の外国人が，妻のもとで看護養育されていた子（2 歳 4 ヵ月）を，母国に連れ去る目的で，入院中の病院から有形力を用いて連れ出し，保護されている環境から引き離して自分の事実的支配下に置いた行為については，国外移送略取罪が成立するとした．

　人を買い受けた者は，3 月以上 5 年以下の懲役に処する．未成年者を買い受けた者は，3 月以上 7 年以下の懲役に処する．営利，わいせつ，結婚，又は生命若しくは身体に対する加害の目的で，人を買い受けた者は，1 年以上 10 年以下の懲役に処する．人を売り渡した者も前項と同様とする．所在国外に移送する目的で，人を売買した者は，2 年以上の有期懲役に処する（226 条の 2）．
　略取され，誘拐され，又は売買された者を所在国外に移送した者は，2 年以上の有期懲役に処する（226 条の 3）．
　224 条，225 条又は前条の罪を犯した者を幇助する目的で，略取され，誘拐され，又は売買された者を引き渡し，収受し，輸送し，蔵匿し，又は隠避させた者は，3 月以上 5 年以下の懲役に処する（227 条 1 項）．225 条の 2 第 1 項の罪を犯した者を幇助する目的で，略取され又は誘拐された者を引き渡し，収受し，輸送し，蔵匿し，又は，隠避させた者は，1 年以上 10 年以下の懲役に処する（227 条 2 項）．営利，わいせつ又は生命若しくは身体に対する加害の目的で，略取され，誘拐され，又は売買された者を引き渡し，収受し，輸送し，蔵匿した者は，6 月以上 7 年以下の懲役に処する（227 条 3 項）．225 条の 2 第 1 項の罪を犯した者を幇助する目的で，略取され又は誘拐された者を収受した者は，2 年以上の有期懲役に処する．略取され又は誘拐された者を収受した者が近親者その他略取され又は誘拐された者の安否を憂慮する者の憂慮に乗じて，その財物を交付させ，又はこれを要求する行為をしたときも，同様とする（227 条 4 項）．
　224 条，225 条，225 条の 2 第 1 項，226 条から 226 条の 3 まで並びに前条第 1 項から第 3 項まで及び第 4 項前段の罪の未遂は，罰する（228 条）．225 条の 2 第 1 項の罪を犯す目的で，その予備をした者は，2 年以下の懲役に処する（228 条の 3）．ただし，実行に着手する前に自首した者は，その刑を減軽し，又は免除する．
　224 条の罪，225 条の罪及びこれらの罪を幇助する目的で犯した 227 条第 1 項の罪並びに同条第 3 項の罪並びにこれらの罪の未遂罪は，営利の目的による場合を除き，告訴がなければ公訴を提起することができない．ただし，略取され，誘拐され，又は売買された者が犯人と婚姻をしたときは，婚姻の無効又は取消しの裁判が

確定した後でなければ，告訴の効力がない（229条）．

<small>親告罪</small>　本章の罪においては，告訴なしに起訴されるときはかえって被害者の名誉などの利益を害するおそれがあるところから，一定の場合については親告罪とされている．拐取された者が犯人と婚姻したときは，すでになされていた告訴の効力は消滅する（名古屋高金沢支判昭和32・3・12高刑集10・2・157）．

第2節　性的自由に対する罪——強制わいせつ罪と強姦罪

1　総　説

<small>性に関する罪</small>　刑法典第22章には「わいせつ，姦淫及び重婚の罪」として，性に関する種々の罪が規定されている．しかしそこには少なくとも2つの異なる性質のものがある．1つは公然わいせつ罪・わいせつ物頒布罪などの**公衆の性的感情に対する罪**であり，もう1つは強制わいせつ罪・強姦罪などの**個人の性的自由・性的自己決定権に対する罪**である．刑法典は性に関する罪をすべてまとめて規定したのであろう．

これは，公然わいせつ罪なども（倫理や道義ではなく）人々の「感情」が保護されるべきなのであり，強制わいせつ罪などにおいても，被害者の感情・「意思」が重要な意味をもつことからしても，まったく理由のないことではない．ただ，強姦罪などが暴行・脅迫によって犯されるものであることに示されているように，これらの2つの罪がかなり性格を異にすることも否定できない．わいせつの概念も異なっており，たとえば，強制的にキスをする行為は強制わいせつ罪を構成し得るが，夫婦が公衆の面前でキスをしても，公然わいせつ罪を構成し得ないのである．本書の叙述としては，一般の慣例に従い，性的自由に対する罪をまず検討し，公然わいせつ罪などについては後に社会的法益に対する罪の所で検討することとする．

<small>保護法益</small>　強制わいせつ罪などの保護法益は，**性的羞恥心**とされることがある[21]．しかし，性的羞恥心が害されても，犯罪の成立を認めるべきでない場合がある．たとえば，感受性の異常に強い女性が産婦人科の診察治

療を受けたような場合である．初夜を迎えた女性にもそのようなことがないとはいえない．反対に，性的羞恥心を覚えなくても，犯罪の成立を認めるべき場合がある．たとえば，ストリッパーが，意思に反して強制的に衣服を剝がれたような場合である．さらに，強い暴行をふるわれて，恐怖・動転し，性的羞恥心を覚えるどころではない，ということもありうる．準強制わいせつ罪においては，心神喪失状態下にあって，およそ性的羞恥心を覚えなくても処罰されることが当然の前提となっている．したがって，強制わいせつ罪の保護法益は，**性的自由・性的自己決定権**と解さなければならない[22]．もっとも，性の自由化が進みつつある現代においては，多少の脅迫・欺罔による性的行為をすべて犯罪とすることはできないことに注意する必要がある．

強制わいせつ罪と強姦罪は一般法・特別法の関係にある．強姦罪は姦淫，すなわち，女性の性器に男性の性器を挿入することを含んでいる．したがって被害者は女性に限られ，直接正犯は男性に限られる．もっとも，女性であっても，間接正犯ないし共同正犯としては強姦罪の主体となりうる．また，男性の肛門に異物（男性の性器を含む）を挿入すれば，強制わいせつ罪が成立しうる．刑法176条も，客体を「男女」としている．これらの罪は原則として暴行・脅迫をもってなされなければならない．準強制わいせつ罪・準強姦罪は暴行・脅迫によらない場合である．

2 強制わいせつ罪

> 13歳以上の男女に対し，暴行又は脅迫を用いてわいせつな行為をした者は，6月以上10年以下の懲役に処する．13歳未満の男女に対し，わいせつな行為をした者も，同様とする（176条）．

客体 13歳未満の者は性についての完全な判断能力をもっていないところから，同意があっても，あるいは，暴行・脅迫を用いなくても，処罰することとしている．したがって，相手が13歳以上だと思って同意を得て姦淫したときは，実際は13歳未満であったとしても，故意を欠き，本罪は成立

---

21) たとえば，大谷109頁，西田82頁など．
22) 参照，町野・現在280頁，山口102頁など．

しない．相手が実際には13歳以上なのに13歳未満だと思ったときは，不能犯か未遂犯かの問題となる．実際に13歳以上であり，行為者もたとえば14歳だと思っていたが，それでも犯罪が成立すると思って行為した場合は幻覚犯である．この場合には当然犯罪は成立しない．

判例によれば，13歳未満の者に対し，その反抗を著しく困難にさせる程度の脅迫を用いてわいせつ行為をしたときは，本条前段と後段の区別なく，本条に該当する（最決昭和44・7・25刑集23・8・1068）．しかし，本条前段の罪と後段の罪とは異なる罪である．このような場合，理論的には，前段の罪と後段の罪の成立を認め，包括一罪とするべきであろう．

暴行・脅迫 暴行とは，正当の理由なしに，他人の意思に反して，その身体髪膚に力を加えることをいい，その力の大小強弱を問わないという判例がある（大判大正13・10・22刑集3・749．他人の家に侵入し，臥床中の婦女の意思に反してその肩を抱き，左手で陰部に触れたことは，暴行によりわいせつ行為をしたといえるとした）．もっとも，強姦罪については，**反抗を著しく困難ならしめる程度**のもので足りるという判例がある（最判昭和24・5・10刑集3・6・711）．反面において，この程度のものを要すると解するべきであろう．本罪においてもこの程度のものであることを要すると解するべきであろう[23]．判例によれば，婦女の意思に反して指を陰部に挿入することは，それ自体暴行をもってわいせつの行為をしたものである（大判大正7・8・20刑録24・1203）．わいせつ行為自体が暴行でありうるというのである．そして，相手方女性が接吻を承諾することを予期し得る事情がないのに，相手方の感情を無視し，暴行をもって強いて接吻を求めることは強制わいせつ行為にあたるとする判例がある（東京高判昭和32・1・22高刑集10・1・10）．本件の場合，はげしく抵抗するにかかわらず運転台に押し倒し接吻しようとしたものであることに注意する必要がある．本判決は「一般の道徳風俗感情の許容しない」ことを強調しているが，本罪は公然わいせつ罪などとは異なり，個人の性的自己決定権に対する罪であるから，このような事情が意味をもつものとは思われない．

すでに述べたように，「わいせつな行為」とは，被害者の性的な自由・自己

---

23) 団藤490頁，中森64頁，川端84頁，山口104頁など．

決定権を侵害するような行為である．本人あるいは一般人の性的羞恥心などは問題とすべきでない．

また，わいせつ行為には，姦淫の目的をもってするわいせつ行為を含まない（大判大正3・7・21刑録20・1541）．

主観的要件 判例には，強制わいせつ罪が成立するためには，その行為が犯人の性欲を刺激，興奮させ又は満足させるという**性的意図**の下に行われることを要し，婦女を脅迫して裸にし，その立っているところを撮影する行為であっても，これが専らその婦女に報復し又はこれを侮辱し，虐待する目的に出たものであるときは，強制わいせつ罪は成立しないとするものがある（最判昭和45・1・29刑集24・1・1）．これは，強制わいせつ罪はいわゆる**傾向犯**であって，一定の性的意図をもってなされなければならないというのである．しかし，強制わいせつ罪の保護法益は性的自由・性的自己決定権であって，本件の場合それが侵害され，行為者はそのことを認識している．それ以上に何らかの性的意図をもっていなければならないとする理由はないであろう．なお，医師の診察・治療が本罪を構成しないのは，わいせつ目的がないからだとされることがあるが，そうではなく，患者の同意があるからである．

その後の下級審判例には次のようなものがある．女性下着販売員として働かせる目的のために，女性の全裸写真を強制的に撮影しようとした場合，同女を男性の性的興味の対象として扱い性的羞恥心を与えるわいせつ行為であることの認識，すなわち自らを性的に刺激，興奮させる性的意味を有した行為であることの認識が認められる以上，強制わいせつ罪が成立するというのである（東京地判昭和62・9・16判時1294・143）．これが，故意以上の性的意図が犯罪の成立に不要だとする趣旨だとすれば正当である．もっとも，「自らを性的に刺激，興奮させる性的意味を有した行為であることの認識」が故意だとするのは妥当ではない．本罪の行為は，「自らを性的に刺激，興奮させる性的意味を有した行為」であるわけではないからである．本罪の行為は，相手の性的自由・性的自己決定権を侵害する行為である．故意の成立にはその認識が必要であり，また，その認識があれば足りる．

3　強姦罪

暴行又は脅迫を用いて 13 歳以上の女子を姦淫した者は，強姦の罪とし，3 年以上の有期懲役に処する．13 歳未満の女子を姦淫した者も，同様とする（177 条）．

保護法益　強姦罪の保護法益は，女性の貞節性ではなく，**女性の性的自由・性的自己決定権**（誰と，何時，性交渉をするか決定する自由）である．同意の上で，女性と婚姻外の性交渉をもつことは犯罪ではない．昭和 22 年の改正前には，妻が姦通したときは 2 年以下の懲役に処すとされていた（相手もまた同じとされていた）．これは，法の下の平等に反するから，夫の密通行為も同じように処罰するか，妻の姦通を処罰しないこととするか，問題となったが，後者がとられた．姦通を処罰することは，私人のプライヴァシーに対する国家の不当な侵入である．この解決は妥当なものであったといえよう．

暴行・脅迫　本条の暴行又は脅迫は，**相手方の抗拒を著しく困難ならしめる程度**のもので足りる（最判昭和 24・5・10 刑集 3・6・711）．のみならず，この程度のものである必要があると解するべきである．強盗罪の場合とは異なり，反抗を抑圧する程度までは必要ない．姦淫の意味について，強姦罪の既遂は，交接作用を標準とし，生殖作用を遂げたことを要しないというのが判例である（大判大正 2・11・19 刑録 19・1255）．強姦罪は，誰の子供を産むかの自由ではなく，誰と性交渉をもつかの自由を保護するものであるから，正当であろう．すでに述べたように，強制わいせつ罪と強姦罪とは一般法・特別法の関係にある．したがって，暴行又は脅迫をもって婦女の心神を喪失させ又は抗拒不能ならしめて姦淫した場合には，刑法 178 条ではなく，本条に該当する（最判昭和 24・7・9 刑集 3・8・1174）．

「相手方の抗拒を著しく困難ならしめる程度」の限界が問題となることは少なくない．大審院の判例には，警察官が窃盗現行犯人として逮捕した女性に対して，情交に応じれば釈放するが，さもなければ監獄に送ると脅して，情交を遂げたという事案について収賄罪の成立のみを認めたものがある（大判大正 4・7・9 刑録 21・990）．このような場合ある程度自由が残っているというのがその理由であろう．ところが次のような判例もある．万引をした女性に対して，ス

ーパーマーケットの代表取締役が、不相応の金銭を払わなければ警察に突き出すと脅して，肉体関係を迫ったので，苦慮した女性が2週間後自ら電話して情交に応じたという事案について強姦罪の成立を認めたのである（高松高判昭和47・9・29 高刑集25・4・425）．このような場合，被害者に取引の意思があり，自ら情交に応じる電話をしていること，さらに，脅迫と情交の間には2週間という期間があり，一応冷静に考慮した後の本人の判断であることからして，強姦罪の成立を認めたことには疑問がある（参照，町野・判例研究2・206頁）．

夫婦間の強姦　　夫婦の間でも強姦罪は成立しうるであろうか．判例には，妻が夫の度重なる暴行などのために実家に帰って婚姻関係が実質的に破綻していたときに，夫が友人と共に妻をむりやり連れ出し，友人と共にこもごも強いて姦淫したという事案について強姦罪の成立を認めたものがある（広島高松江支判昭和62・6・18 高刑集40・1・71）．このような場合であれば，当然に本罪は成立し得る．また，夫が性病やエイズに罹っていた場合にも，妻は拒否しうるであろう．もっとも，強姦罪はきわめて重い犯罪であるからには，夫婦間の場合とほかの場合とをまったく同じに考える[24]わけにはいかない．とくに，「抗拒を著しく困難ならしめる程度」の「脅迫」の認定には慎重でなければならない．

4　準強制わいせつ罪・準強姦罪

　　人の心神喪失もしくは抗拒不能に乗じ，または心神を喪失させ，若しくは抗拒不能にさせて，わいせつな行為をし，又は姦淫した者は，前2条の例による（178条）．

心神喪失・抗拒不能　　心神喪失の意義について，4，5歳の知能程度しかない重度の知的障害者の婦人を姦淫することは，人の心神喪失に乗じたものだとする判例がある（東京高判昭和51・12・13 東高刑時報27・12・165）．心神喪失という概念は刑法39条に規定され，そこにおいては責任

---

[24]　参照，平川200頁，山中143頁，山口107頁など．17世紀の法律家ヘイルは，裁判所の別居命令，裁判所への離婚の申し立てなどがあるか，少なくとも別居状態でなければ強姦罪とはならないとしたが，そこまでいかなくても，強姦罪の成立を認めるべき場合はありうる．この問題については，中山ほか・法時59・12・107，林（美）・法セ455・95など．

無能力を表すものであるが，ここでの心神喪失はそれと同じではない．刑法39条においては，刑事責任を基礎づける能力が問題となっているのに対して，ここにおいては，性的意思決定をする能力が問題となっているのである．学説には，「自己の性的自由が侵害されていることについての認識を欠く場合」（西田87頁）だとするものがあるが，その認識があっても，たとえば泥酔しているために，反抗が著しく困難となっているような場合はこれに含めてよいであろう．他方，**抗拒不能**の中には，性交を行っていることを認識していない場合も含まれ得る．判例には次のようなものがある．18歳の被害者が良家の子女であって性交の何たるかを理解せず，治療のとき性器に触れられても少しも嫌悪羞恥の状もなく，一途に医師である被告人を信頼しているのを利用して，目をつぶらせたり，その顔に毛布を掛けたりして，何をしているか見えないようにして4回にわたって姦淫したという事案について，「抗拒不能」として準強姦罪を認めたものである（大判大正15・6・25刑集5・285）．さらに，鈴振りなどの施術をして自由な身動きのできない催眠状態にしたときは，抗拒不能にあたるとする判例もある（東京高判昭和51・8・16東高刑時報27・8・108）．いずれにしても，「心神喪失」と「抗拒不能」を区別する実益はない．要は，被害者の心理的・物理的状況からして，反抗が著しく困難といいうるかが問題である．

錯誤に基づく同意 相手の錯誤を利用した場合に，いつ抗拒不能となるかという問題がある．これは，一般的・理論的に，**錯誤に基づく被害者の同意**についてどのように考えるべきかという問題であるが，同時に，178条に固有の被害者の心理状態はどのようなものであるべきかという問題でもあることに注意しなければならない．

性行為そのものを認識していない場合，あるいは，性行為を行う相手について誤認がある場合に，本罪が成立することは問題がない．判例には，被害者が眠気その他の事情から犯人を自己の夫と誤認しているのに乗じて姦淫したとき，性交の当時又は直前に被害者が完全に覚せいしていても，この誤認が続くかぎり，抗拒不能に乗じて婦女を姦淫した場合にあたるとするものがある（広島高判昭和33・12・24高刑集11・10・701）が，正当である．

問題は，性行為を行うこと，あるいは，その相手について誤認がない場合である．学説には，**法益関係的錯誤**のみが重要だとして，このような場合には，

本罪は成立しえないとするものがある[25]．しかし，脅迫による場合には，性行為を行うことの認識があっても，強姦罪・強制わいせつ罪が成立しうるのであるから，欺罔による場合にも，行為者の欺罔により，性行為に応じざるをえないという心理的に追い詰められた状況に至っており，反抗が著しく困難となっているような場合，すなわち自由意思を喪失している場合には，本罪を否定するべきではないであろう[26]．いわゆる法益関係的錯誤の場合も，この自由意思を喪失している場合の1つにすぎない[27]．判例には，婦人科医を装って，被害者が梅毒に感染しており，治療するためには，手術は苦しいので性交が必要であると欺罔したために，動転し，これに応じざるをえないと誤信した被害者の承諾を得て姦淫した場合について本罪を認めたものがある（名古屋地判昭和55・7・28刑月12・7・709）が，正当と思われる．

これに対して，騙されなかったならば性行為に応じなかったであろうが，錯誤の結果として，それほど心理的に追い詰められたわけではなく，抗拒しようと思えばしえたような場合には，本罪の成立を認めるべきではない．判例には，モデルなどの職業紹介を業とするプロダクションの経営者が，モデル志願者としてスカウトした女性に，モデルになるための度胸試しに写真を撮るから裸になるよう要求し，同女に，全裸になって写真撮影されることもモデルになるため必要であり，抗拒すればモデルとして売り出してもらえなくなると誤信させて，やむなく全裸にさせたときは抗拒不能の状態に陥らせたといえるとするものがある（東京高判昭和56・1・27刑月13・1＝2・50）が，この場合錯誤にもかかわらず，拒否しようと思えばしえた，いいかえると，自由意思は残っていたと解されるから，本罪の成立を認めたことには疑問がある．

自由意思の主観性 以上に述べたように，「抗拒不能」かどうかは被害者の自由意思が残っているか，それとも失われているか，という問題であるが，この自由意思の有無の判断は，**客観的**になされるべきか，それとも，**主観的**になされるべきか，という問題がある．判例には，客観的要素を重

---

25) 参照，前田98頁，西田94頁など．
26) 参照，山中・関大法学論集33・3＝4, 357, 林（美）・内藤古稀38頁，林・松尾古稀上巻240頁以下，山口110頁など．
27) 林・研修687・3．

視し，次のように判示したものがある．欺罔による準強姦罪が成立するのは，欺罔の内容，手段，方法が婦女をして高度に困惑，驚愕，狼狽の念を起こさせ，自由な意思の下に行動する精神的余裕を喪失させ，行為者の姦淫行為を拒否することが不能もしくは著しく困難であると「客観的に」認められる場合に限定され，欺罔により強く意思決定に制約を受けたと認められず，姦淫を拒否することが不能もしくは著しく困難であると認めるに足る「外形的情況」が欠けているときには本罪は成立しないというのである（岡山地判昭和43・5・6下刑集10・5・561）．その事案は，顔見知りの15歳の少女に抱きついて，これで妊娠したから子供ができないようにしてやるといって，姦淫したというものである．ここでは欺罔行為自体の客観的な稚拙さが重視されている．たしかに，本件の場合本罪の成立を否定した結論は正当であろうが，それは，本件の場合，主観的にも被害者の自由意思が奪われたとはいえないからである（もっとも，欺罔であることが容易に看破できるような場合には，客観的にみて行為の危険性が小さかったともいいうるであろう）．錯誤の結果抗拒不能になったかどうかは，あくまで主観的な問題である．これを**主観的自由意思喪失的錯誤説**という[28]．客観的に巧妙な欺罔行為によって錯誤に陥っていても，それによって追い詰められ自由意思がなくなったとはいえないような場合であれば，本罪の成立を認めるべきではない．判例には，被告人が，霊感治療のためと称して婦女を姦淫しても，正常な判断能力を有する成人女性が相手方と性行為をもつことを認識しながらこれに応じ，暴行・脅迫と同程度に相手方の自由意思を無視したと認めざるをえないような特段の事情が認められないときは本罪の成立は認められないとするものがある（東京地判昭和58・3・1刑月15・3・255）．事案は，被害者ら（20歳，21歳）が性器に異常があり，自分のマッサージによってのみ治すことができると欺罔したというものである．被害者らは「試しにそのような治療を受けてみてもよいと自らの意思で決め」たことが重視されている．

---

28) 参照，林・松尾古稀上巻249頁以下，井田・現刑2・6・86，島田・正犯・共犯論の基礎理論91頁以下，上嶌・法教72・76，塩谷・百選[5版]7頁など．これに対して自由意思の有無を客観的に解すべきだとするものとして，小林・千葉大学法学論集15・3・158，森永・関大法学論集52・3・99など．

5 集団強姦罪

2人以上の者が現場において共同して177条又は前条2項の罪を犯したときは，4年以上の有期懲役に処する（178条の2）．

6 未遂・親告罪・強制わいせつ等致死傷罪

未遂　強制わいせつ罪，強姦罪，準強制わいせつ罪・準強姦罪の未遂は処罰される（179条）．強姦罪の未遂がいつ成立するかについて，強姦の目的をもって女性をダンプカーの運転席に引きずり込もうとした段階で，未遂が成立するとしたものがある（最決昭和45・7・28刑集24・7・585）．

親告罪　強制わいせつ罪，強姦罪，準強制わいせつ罪・準強姦罪，及びこれらの未遂罪は，親告罪とされている（180条）．告訴なしに起訴を許すときは，被害者の感情がさらに害されるおそれがあることを考慮したものである．2人以上現場において共同して犯した場合には，親告罪とはされない．それは，このような場合，一般に被害は大きく，あるいは，その危険性が大きくなるからであろう．

> 第176条若しくは第178条第1項の罪又はこれらの罪の未遂罪を犯し，よって人を死傷させた者は，無期又は3年以上の懲役に処する（第181条第1項）．第177条若しくは第178条第2項の罪又はこれらの罪の未遂罪を犯し，よって女子を死傷させた者は，無期又は5年以上の懲役に処する（同2項）．第178条の2の罪又はその未遂罪を犯し，よって女子を死傷させた者は，無期又は6年以上の懲役に処する（同3項）．

強制わいせつ
等致死傷罪　（1）　強制わいせつ罪等の結果として，被害者を死傷に致した場合に，加重するのがこれらの規定の趣旨である．

判例は，強姦目的で婦女に暴行を加え，その婦女を死亡させた直後姦淫したときは，姦淫行為が婦女の死亡後であるとしても，これを包括して強姦既遂致死罪が成立するとしている（最判昭和36・8・17刑集15・7・1244）．しかし，死体を姦淫することが可能かは疑問である（平野181頁）．

なお，判例にはキスマークをつけることを生理機能の障害にあたるとするものがある（東京高判昭和 46・2・2 高刑集 24・1・75）．この事案は，乳房に吸引性皮下出血を与え，消退に 10 日間もかかったものであったことに注意する必要がある．

(2) 殺意をもって，暴行により婦女を姦淫し死亡させた場合，強姦致死罪と殺人罪の観念的競合が成立するというのが判例である（大判大正 4・12・11 刑録 21・2088）．強姦致死罪の中に死について故意ある場合をも含むものと解して本罪の成立を認めるだけでは，単に殺人を犯したにすぎない場合よりも軽くなってしまい，刑の均衡を害するからであろう．しかし，1 人しか殺していないにもかかわらず，死の点について 2 つの犯罪の成立を認めるのは妥当ではない．したがって，このような場合，強姦罪と殺人罪の観念的競合とするべきだと思われる．ところがこのように解すると，傷害の故意で傷害の結果を生ぜしめたにすぎないような場合に，別の問題が生じる．というのは，この場合に，殺意をもって殺してしまった前の場合と同じように解すれば，強姦罪と傷害罪の観念的競合とするのが一貫しているであろうが，そのようにすると，傷害の故意がなかった場合には強姦致傷罪が成立することと刑の均衡を害してしまうからである．この不均衡を避けるためには，傷害の故意で傷害の結果を生ぜしめた場合には，本条のみが成立すると解するほかはない．殺した場合と傷害した場合とでそのように区別するのは一見矛盾するようであるが，どちらの場合も，強姦致死傷罪と殺人罪・傷害罪は成立するが，罪数論の見地から，殺人の場合は致死の点は殺人罪に吸収させ，傷害の場合は傷害の点は強姦致傷罪に吸収させるのだとすれば，特に不都合はないであろう（なお参照，林・基礎理論 223 頁）．

第 3 節　住居侵入罪

正当な理由がないのに，人の住居若しくは人の看守する邸宅，建造物若しくは艦船に侵入し，又は要求を受けたにもかかわらずこれらの場所から退出しなかった者は，3 年以下の懲役又は 10 万円以下の罰金に処する（130 条）．

保護法益　(1)　住居侵入罪の保護法益については，一定の領域に他人を立ち入らせることについての自由，すなわち，住居権・領域権と解する立場[29]と，住居の平穏と解する立場[30]の対立がある．もっとも，両説の処罰範囲は実際上かなりの部分重なり合う．住居の平穏を害するような立ち入りは，ほとんどの場合，住居権者の意思に反するであろうし，また住居権者の意思に反したかどうかが，住居の平穏を害したかどうかの重要な判断資料となるからである．さらに，住居の平穏を害しても，住居権者の意思に基づいて立ち入った場合，被害者の同意があるために，犯罪は成立しないということになる．両説の違いが出てくるのは，結局，住居の平穏を害しないが住居権者の意思に反する場合である．この場合，いかに平穏な立ち入りであっても，住居権者の，誰のどのような立ち入り・滞留を許すかを決める自由を刑法上保護するべきだとすれば，住居権説をとるべきこととなるのである．住居権説は，**個人のプライヴァシー・自己決定権**を重視するものといえよう．平穏説を徹底すると，図々しい押し入りが住居権者の退去要求にもかかわらず居座った場合のみならず，空き巣や，夜間忍び込んだ場合まで住居侵入罪とならないということになりかねない．

なお，平穏説に対しては，「平穏」の概念が不明確だという批判がなされることが多いが，住居権説に立っても，後にみるように，誰に住居権を認めるべきか，そこに対立が生じたときにどのように解するべきか，など不明確なところは少なくない．したがって，この点は決定的ではないことに注意を要する．

(2)　この問題についての判例には変遷があり，平穏説を採用したかに見えるものもあるが（たとえば最決昭和49・5・31裁判集刑192・571，最判昭和51・3・4刑集30・2・79），伝統的におおむね住居権説に従ってきているといってよい（リーディング・ケースとして，大判大正7・12・6刑録24・1506）．

最近の判例として次のものがある．事案は，被告人らは午後9時半頃労働運動の一環としてビラ貼りのため郵便局内に立ち入ったというものである．第一

---

29)　平野182頁，内田170頁，町野・判例研究2・211頁，川端・現代的展開109頁，井上・基本講座6巻160頁，伊東・現代社会128頁以下，山口116頁など．なお，この問題についての最近の文献として，和田・法教287・56．

30)　団藤499頁，大塚109頁，前田105頁，井田66頁，木村・現刑6・1・93など．

審は建造物の平穏を害していないという理由で無罪とした．第二審は管理者の意思に反する立ち入りは原則として建造物侵入罪を構成するが，管理者の意思は何らかの形で外部の者に対し表示されるか，周囲の事情から理解されうるものでなければならないとし，このような明示または表示された管理者の意思に反したとはいえないとして，やはり無罪とした．ところが最高裁は，「刑法130条前段にいう「侵入シ」とは，他人の看守する建造物等に**管理者の意思に反して立ち入ること**をいうと解すべきであるから，管理権者が予め立入り拒否の意思を積極的に明示していない場合であっても，該建造物の性質，使用目的，管理状況，管理権者の態度，立入りの目的などからみて，現に行われた立入り行為を管理権者が容認していないと合理的に判断されるときは，他に犯罪の成立を阻却すべき事情が認められない以上，同条の罪の成立を免れないというべきである」と判示して原判決を破棄したのである（最判昭和58・4・8刑集37・3・215．本判決について，山口・警研56・2・71）．

この判例については，建造物の平穏が害されていないのみならず，行為が行われたのは夜中であり，郵便局の**業務・機能**は全く害されていないから，建造物侵入罪の成立は否定されるべきではないかが問題となる（参照，前田・昭和58年度重要判例解説160頁）．

このような問題提起は，ドイツにおける住居侵入罪（123条）の保護法益についての新しい主張に示唆を受けているものである．ドイツにおいても住居権説が通説・判例となっている．しかし，我が国の130条のように，ドイツ刑法123条には様々な保護領域が規定されており，それらはそれぞれ異なる固有の機能をもっているから，この機能が害されたときにのみ住居侵入罪の成立を認めるべきだという説が有力に主張されているのである（関・住居侵入罪の研究315頁以下．参照，曽根84頁）．

しかし，まず，個人の住居についていえば，まさにその中で何もしないでいるという自由も含めた支配そのものを，その中でどのような機能が果たされるかとは無関係に，保護するべきである．郵便局など公的建造物の場合も，夜間忍び込んだような場合，なんらの機能が害されないとしても，やはり建造物侵入罪の成立を認めるべきである．

もっとも，住居権・領域権はあらゆる状況において無制限に認められるわけ

ではなく，立ち入りの主体・態様に応じて一定限度の制限を受ける．たとえば，郵便局長が個人的に気にくわない者であっても，正当に郵便局を利用しようとする者の立ち入りを拒むことは許されない．駅の場合でも，無銭旅行をする若者が寝ているのに対して，夜中であるし・汚らしいというだけの理由で，退去要求をなしうるか疑問がある．本件の場合も，労働運動の一環としてなされたことが，管理権者の意思を制限することになるのではないか，疑問の余地がある．

なお，このようなことは，実は公的建造物に限ったことではないことに注意する必要がある．後にも述べるように，まったく私的な住居の場合にも，とくに同居する者との関係で，住居権は一定限度の制限を受けることがありうる．

(3) もっとも，まったく概念の問題であるが，住居権説という表現は，本罪の客体は住居に限られず艦船などまで含まれること，また，建物について所有権・賃借権などをもっていなくても本罪の被害者たりうる（居住者または看守者が法律上正当の権限をもって居住しまたは看守するか否かは，本条の罪の成立を左右しないとする判例として，最決昭和 28・5・14 刑集 7・5・1041）ことからすれば，適切ではない．そこで，最近では，意思侵害説や，許諾権説という表現がとられることがある．しかし，本罪は単なる意思を保護しようとするものではなく，また，平穏や機能を保護するべきだとする説も当然それらについての被害者の同意を問題とするのであるから，やはり不適当である．たとえば，財産犯においては，被害者の意思に基づく処分は法益侵害性をもたないが，だからといって，意思侵害などが不法内容だとは解さない．あくまで，財産を保護法益として，ただ，被害者の意思に基づく処分は法益「侵害性」を欠くと解されている．ここでも同じでなければならない．

したがって，表現としては，住居権説は一定の空間・領域に対する支配権を，そこでの機能などと無関係に，それ自体として保護しようとするものだから，**領域説**とでもいうべきであろう[31]．なお，この説も領域に対する支配権自体を実質的利益と考えるものなのだから，平穏説・機能説のみを実質的利益説と呼ぶ（山口 115 頁）のも適切ではない．

---

[31] 保護法益の内容として，大谷 129 頁以下は，「平穏な管理支配」，中森 93 頁は，「干渉を受けない自由な支配・利用」を指摘する．

(4) 判例は本罪を継続犯と解している[32]．これに対しては，侵入後滞留という事実が継続しても，「侵入」という構成要件該当事実は継続しないことを理由に，本罪を状態犯と解する見解もある（山口116頁）．しかし，継続犯か状態犯かは，不法な結果が犯罪の内容と解し得るか（したがって，公訴時効の進行を開始すると解すべきか）にあり，これを肯定し得る以上は，実行行為が終了していても，なお継続犯と解し得る．侵入後の滞留も，被害者にとって重大な法益侵害であって，犯罪内容と解するべきであるから，判例の立場が正当だと思われる．

住居権・領域権の主体　住居権説・領域説に立つときには，住居権・領域権は誰に帰属するのかが重要な問題となる．

(1) 古くから問題とされているのは，**夫婦間の場合**である．たとえば，妻の同意を得て，ある男がこれと姦通するために住居に立ち入った場合，住居侵入罪が成立するであろうか．かつての判例は，住居権は夫にあり，その意思に反するという理由で住居侵入罪の成立を認めた（前掲大審院大正7年判決．さらに参照，名古屋高判昭和24・10・6判特1・172）．しかし現在では，住居権は妻にもあるという理由でその成立を否定する見解が有力である．平穏説の中にも，かつては姦通のため立ち入ることは平穏を害するという見解もあったが，現在では平穏を害しないという見解が有力である（判例として，尼崎簡判昭和43・2・29下刑集10・2・211など）．

現憲法の下では，妻が夫と平等の住居権をもつことは疑いがない．そのことは，経済的にどちらがその住居を建築し維持しているか，所有権・賃借権が形式的にどちらの名義であるか，などの事情によって動かされるべきではない．問題は，このように平等な住居権に対立が生じた場合，どのように解決するべきかである．

学説上は，複数の住居権者がいる場合，だれか1人の同意があれば，本罪は成立しないという見解が有力である[33]．しかし，妻の浮気の相手が住居に立ち入ろうとしているときに，夫はそれを堪え忍ばなければならない，あるいは，

---

32) 最決昭和31・8・22刑集10・8・1237．学説として，中森79頁，曽根82頁，山中166頁など．
33) 平野・警研57・7・10，山口122頁など．

立ち入った後の浮気を黙認しなければならないというのは不当と思われる．単に夫の好かない妻の友人が立ち入ろうとする場合とは異なり（その場合は夫の住居権を制限してよい），この場合，夫の住居権には法の保護が与えられるべきである[34]．もっとも，夫が在宅しないときに，妻が浮気の相手を引き入れたような場合には，夫は現在していないわけであるし，妻に住居権の行使を委ねているのであるから，違法性が小さく，本罪の成立を認めるまでもないという考えも成立しうるであろう[35]．

(2) **親と子供の場合**はどうであろうか．最高裁は，子供（年齢は不詳であるが，かなりの年齢に達していたようである）が家出した5日後3人の仲間と共にその家に強盗のため入ったという事案について，全員について住居侵入罪の成立を認めた（最判昭和23・11・25刑集2・12・1649）．子供が成人し，その住居の家賃を支払っている場合などの例外を除き，原則として子供に住居権はなく，ただ親は養育義務（民法820条）によって住居権が制限されていると解するべきである．したがって，家出した子供が家に戻ってきても，それだけで住居侵入罪の成立を認めるべきではない．また，勘当を申し渡されたのに出て行かなかったとしても，直ちに不退去罪の成立を認めるべきではない．さらに，親の好かない友人・恋人を連れてきたときにも，安易に住居侵入罪の成立を認めるべきでもない[36]．しかし，最高裁の事案のような場合には（第三者だけでなく子供についても）住居侵入罪の成立を認めてよいと思われる．本判決の場合，子供に住居権を認め，子供の同意さえあれば本罪が成立しないと考えれば，子供のみならずその仲間についても，本罪の成立は否定されることになるであろうが，その結論は妥当でない[37]．

---

34) 内田174頁，大塚119頁，井上・前掲論文162頁など．判例には，複数の住居権者がいる場合，ある者の同意を得ていても，別の者の意思に反するときには，本罪が成立するというものがある（東京高判昭和57・5・26東高刑時報33・5＝6・30）．

35) 参照，中森79頁，曽根81頁，関・下村古稀（上）480頁など．別居中の夫が妻の居住する自宅に侵入した場合に本罪の成立を認めた判例（東京高判昭和58・1・20判時1088・147）の場合，婚姻が破綻していたという事実が重要である．

36) 子は親の住居権を代理して行使することもできる．この点については参照，林・警研58・10・92．

37) この場合，子供は居住を離脱しているから本罪が成立するという見解がありうる（参照，西田90頁）．しかし，仮に子供に住居権を認めるのであれば，5日くらいの家出によってそれを失うというのは，不当であろう．居住を離脱しただけで本罪が成立するとなれば，単身赴任をして

(3) 寮生と面会する目的であっても，寮の舎監補佐の制止にもかかわらず寮に立ち入った場合に住居侵入罪の成立を認めた判例がある（札幌高判昭和28・11・26高刑集6・1737）．たしかに，原則として寮の管理権は舎監などにあり，寮生にはないというべきであろう．しかしこの場合も，舎監は無制限な管理権をもつわけではないことに注意する必要がある．

(4) アパートやホテルの場合には，その部屋について，賃借人・客に管理権があるというべきである．この場合も，所有者・支配人との関係で制限を受けるかが問題となるが，たとえばアパートの賃借人が余りに騒々しい客を連込んだので所有者が退去要求をした場合，その部屋について正当な賃借権をもっている以上，住居侵入罪の成立を認めるべきではないであろう．判例は，居住者が法律上正当な権限をもって居住するかどうかは，本条の成否を左右しないとする（最決昭和28・5・14刑集7・5・1041）．しかし，所有者が正当にアパートの賃貸借を解除したのかどうかによって，住居侵入罪の成否が決まることはありうるであろう．

(5) 管理権の帰属は**公的建造物の場合**にも問題となる．前掲最高裁昭和58年判決では，宿直をしていた全逓大槌分会長の同意を得て立ち入ったのであるが，管理者は郵便局長であるとされた．宿直員は，管理権者である郵便局長の代理人であって，管理権者に代わって立ち入りに同意を与え，退去要求をなすこともできるが，それは管理権者の意思に反してはならないのである．

侵入の意義 (1) 住居権説・領域説に立つときは，「侵入」とは**住居権者・領域権者の意思に反して立ち入る**ことを意味することになる．これらの者の現実的・推定的同意に基づいて立ち入った場合には住居侵入罪は成立しない．

(2) 現在とくに問題とされているのは，立ち入りの際の主観的目的について同意が及ぶ必要があるかである．最高裁は，強盗目的を秘して店に入った場合にも住居侵入罪の成立を認めた（最判昭和23・5・20刑集2・5・489）．すなわち，同意は行為者の主観にまで及んでいなければならないとするのである．平

いる夫，下宿生活をしている子が帰ってきたというときにも，本罪が成立することにもなりかねない．住居権は単に事実上共同生活をしているというだけで生じるわけではないし，他方，共同生活をしていなくてももっているということはありうる．

穏説にも，客観的には平穏に立ち入っているにもかかわらず，この場合について住居侵入罪の成立を認める見解が多い（大塚117頁など）。しかし，このような見解によるときには，立ち入った後強盗目的を放棄した場合にまで，住居侵入罪の成立を認めることになってしまう（最高裁の事案も，一度強盗目的を放棄して出た後再度立ち入ったというものである）。この結論は妥当ではないと思われる。もちろん，武器を示して入ったような場合には，住居侵入罪の成立を認めるべきである。そうだとすれば，客観的行為について同意があることを要し，かつ，それをもって足りると解するべきことになる[38]。

もっとも，強盗目的を秘して立ち入った後，強盗に着手し被害者を殺した場合にまで，住居侵入罪の成立を否定するのが妥当かが問題となりうる。ドイツの通説・判例は，違法に入っても故意がなかった場合や，適法に入った場合でも，その後行為者の客観的行為が被害者の意思に反することになった段階から，不作為による侵入を認める（参照，林・警研58・10・97）。しかし，条文上，後段において不作為を規定しつつその場合には退去要求を要件としているのであるから，不作為の場合には退去要求があったときにのみ不作為犯として処罰すべきであろう。不退去罪は退去要求があってはじめて成立するが，この退去要求は黙示のものであってもよいとして，前述のような場合，不退去罪の成立を認めるべきであろう。

　（3）　もっとも，次のような場合，錯誤に基づく同意は無効であり，本罪の成立を認めるべきである。まず，法益関係的錯誤があった場合である。変装して，ある住居の主婦に対して，夫と誤信させ，立ち入った場合は，（夫と誤信させ，性交渉させた場合に準強姦罪の成立を認めるべきであるように）本罪の成立を認めるべきであろう（佐伯・神戸法学年報1・96。なお，和田・法教287・60）。

　次に，法益関係的錯誤がなくても，同意が自由になされたのではない場合である。たとえば，警察官が偽造した捜索差押令状を示して立ち入ったような場合である（参照，林・松尾古稀上巻245頁）。あるいは，ある母親に対して，家に入れないと子供を破産させるぞと脅して，「同意」の上侵入し，金員を喝取した場合，自由意思はないから，同意は無効である。そうだとすれば，子供が破

---

38) 町野・前掲論文216頁，鈴木・判例セレクト1995・35など。

産しそうだと騙して,「同意」の上侵入し,金員を詐取した場合も,誰が入るかについて錯誤はないから法益関係的錯誤はないが,自由意思はないから,住居侵入罪の成立を認めるべきである.

同意が無効となるのは,このように,被害者の自由意思が喪失した場合である.いわゆる法益関係的錯誤は,この自由意思喪失の1つの場合にすぎない.

本罪の客体 法は本罪の客体として,人の住居,人の看守する邸宅・建造物・艦船をあげている.これ以外の場所に侵入しても住居侵入罪は成立しない.

邸宅とは,人の住居の用に供せられる家屋に附属し,主として住居者の利用に供せられるように区画された場所をいう(大判昭和7・4・21刑集11・407).内部に社宅二十数戸があり,門,垣,塀をめぐらして一般民家と区画され,責任者が看守し,毎晩定時に門を閉める仕組みになっている区域内は,人の看守する邸宅である(最判昭和32・4・4刑集11・4・1327).

人の看守する**建造物**とは,人が事実上管理・支配する建造物をいう(最判昭和59・12・18刑集38・12・3026).毎年梨の収穫期等に使用し,その余の期間は施錠している番小屋は,人の看守する建造物にあたる(最判昭和31・4・10刑集10・4・520).

本条の建造物は,家屋だけでなく,その**囲繞地**をも含む(最大判昭和25・9・27刑集4・9・1783).建造物に含まれる囲繞地であるためには,その土地が,建物に接してその周辺に存在し,かつ,管理者が外部との境界に門,塀等の囲障を設置したことによって,建物の付属地として,建物利用のために供されるものであることが明示されておれば足りる(最判昭和51・3・4刑集30・2・79).構造上駅舎の一部で鉄道利用客のための通路として使用されており,また,駅の財産管理権を有する駅長が現に駅構内への出入りを制限しまたは禁止する権限を行使している駅出入口階段付近は,鉄道営業法35条にいう「鉄道地」にあたるとともに,本条にいう「人の看守する建造物」にあたるという判例がある(最判昭和59・12・18刑集38・12・3026).

第4節　秘密を侵す罪

正当な理由がないのに，封をしてある信書を開けた者は，1年以下の懲役又は20万円以下の罰金に処する（133条）．医師，薬剤師，医薬品販売業者，助産婦，弁護士，弁護人，公証人又はこれらの職にあった者が，正当な理由がないのに，その業務上取り扱ったことについて知り得た人の秘密を漏らしたときは，6月以下の懲役又は10万円以下の罰金に処する（134条1項）．宗教，祈禱若しくは祭祀の職にある者又はこれらの職にあった者が，正当な理由がないのに，その業務上取り扱ったことについて知り得た人の秘密を漏らしたときも，前項と同様とする（同条2項）．以上の罪は，親告罪である（135条）．

総説　(1)　刑法典第13章には，秘密を侵す罪として，信書開封罪と秘密漏示罪とが規定されている．この罪の性格をどのように把握するべきかは困難な問題である．本書では一応この罪を**自由に対する罪**の1つとして理解している（同様のものとして，内田191頁，園田・刑雑30・1・401など）．本章の罪の保護法益としての秘密の基礎には，被害者の，ある事実について他人に知られたくないという意思がある．知られてもよいか，知られたくないかは，本人が自由に決めうることであって，知られたくないと思ったことを知られたときには，その自由を侵害したということができるからである．ただ，秘密を侵す罪においては，他の一般の自由に対する罪の場合とは異なり，（行動・領域などの）客観的な自由ではなく，（少なくとも私人の秘密の場合）**精神的な領域における自由**が問題となっていることに注意しなければならない．

学説には本罪を**人格に対する罪**として理解するものもある（平野189頁，山口126頁など）．しかし，この表現は，収入や財産についての秘密の場合適当でない．また，秘密はある「客観的な事実」についての被害者の意思を保護しようとするものと理解する場合には，やはり疑問がある．そこで，感情に対する罪として理解することも考えられるが，後にも述べるように，国家や企業の秘密をも本罪に含めるとするときは，これも疑問となろう．

最近では本罪を，**プライヴァシーの権利**の1つとして理解する学説が増えてきている（平川250頁など）．たしかに，とくに個人の秘密の場合には，プライ

ヴァシーの権利と重なり合う部分が大きい．しかし，プライヴァシーという観念はあいまいで多義的である（参照，町野・刑罰法体系3・310頁以下，佐伯・現代的展開88頁以下）．たとえば，近親の人々にとっては周知の事実であって，秘密というまでのことではないが，それが多くの人に知られるようにすれば，プライヴァシーの侵害となる場合がある．また，個人が自由に「行動する権利」がプライヴァシーの中には含まれる．たとえば，ある大学の男子学生に，別の大学の女子学生と交際することを禁止したり，あるいは，髪型について規制すれば，プライヴァシーの侵害となりうるが，それは秘密の侵害ではない．反対に，企業や国家にも秘密はあるが，それは（一私人についての秘密ではないかぎり）プライヴァシーと呼ぶべきではない[39]．

しかも，後にも述べるように**特別法**にも秘密を保護する処罰規定が数多くあり，秘密はいまや一国の法体系の中でそれ自体独自の法益を形成するに至っていることを考え合わせるならば，秘密に対する罪は刑法典の中の他の罪とは体系上一応区別して，独自の罪として理解することも可能である．

（2）　秘密は一般に私的秘密・企業秘密・国家地方公共団体の秘密に分けられる．本罪における秘密は私的秘密に限られるとする見解も有力であるが，後にも述べるようにそのように限定する理由はないであろう．

企業秘密については，その漏示を独立に処罰すべきだという立法論も行われることもある（参照，改正刑法草案318条）が，基本的には企業の自衛措置によるべきであろう．なお，企業秘密は，財産犯によっても，一定限度の保護が与えられている．

一般国家公務員，一般地方公務員が，職務上知ることのできた秘密を漏らしたときは，国家公務員法109条12号，地方公務員法60条2号によって処罰される．その他，一定の職務に就くことから生じる秘密保持義務に違反した場合を処罰する特別法はかなり多い．たとえば，特許法200条，所得税法243条，

---

[39]　プライヴァシー権とは，1890年にウォーレンとブランダイスによって提唱された概念であって，元来は「1人にしておいてもらう権利」を意味した．しかし現在では，個人の私的情報をみだりに収集，公表されない権利，あるいは，個人的な事柄に関する自己決定の自由，たとえば，堕胎の自由をも含むと理解されている．最近では，プライヴァシーの権利を情報コントロール権としてとらえる見解，あるいは，社会的評価から自由な領域を保護しようとするものと理解する見解が主張されている（参照，佐伯・前掲論文）．

弁理士法22条，公認会計士法27条，52条などである．

信書開封罪 （1）**信書**とは，特定の人から特定の人に宛てた，意思の伝達を媒介すべき文書をいうとされ，その内容には限定がないというのが，通説である（中森81頁，山口127頁など）．これは，封をしてある信書は，発信人の，開けてはならないという意思が具現されているのであるから，これを開けること自体，違法だという理解によるものと思われる．しかし，封は，単に中身が紛失しないように，あるいは，習慣や儀礼からされることがむしろ多いであろう．本罪は秘密を侵す罪として規定されているのであるから，本罪の客体としての「封をしてある信書」は，発信人の**秘密**が記載され，その秘密を受信人以外の者には知られないようにする趣旨で封がされている場合に限るべきだと思われる[40]．

（2）　封を開けただけで本罪は成立するとされ，現実に読むことは法文上必要とされていない．そこから，本罪は抽象的危険犯とされることが多い（曽根90頁，山名171頁など）．しかし，封は，発信者の秘密を侵害するなという意思の現れであり，封を開けること自体そのような意思を侵害したものとして，侵害犯と考えるべきだと思われる（中森81頁，山口128頁など）．

本罪は親告罪である．告訴権の主体については争いがある．大判昭和11・3・24刑集15・307は，発信人がこれを有し，到達した以後においては受信人もまたこれを有するとしている（これを支持するものとして，山口170頁など）．これに対して，信書の受信の前後を問わず，発信者及び受信者と解する見解も有力である（山中171頁など）．さらに，発信前は発信者，受信後は受信者と解する見解もある（曽根85頁など）．しかし，本罪の保護法益としての秘密は，秘密とした者の利益であって，本罪の被害者は発信人のみと解するべきであろう．発信者の意思に反して受信者が告訴することを認めることは，信書の秘密を保護する趣旨に反すると思われる．前掲判例の事案も発信者が告訴した場合であって，受信人についての判示は，傍論にすぎない．

秘密漏示罪　本罪の**主体**は一定の職業に就いている者，又は，就いていた者に限定されている．これらの職にある者は，職務の性質上，人

40）　意思を伝達する文書であることを要するとする見解として，山中170頁など．

の秘密を知る機会が多く,被害者の側からは,これらの職業のサーヴィスを受けるためには,秘密の開示が不可欠だということが,このような限定の根拠となっている[41].なお,改正刑法草案は,本罪の主体を「医療業務,法律業務,会計業務その他依頼者との信頼関係に基づいて人の秘密を知ることとなる業務に従事する者もしくはその補助者又はこれらの地位にあった者」まで,広げた.現行法では看護師などは含まれず,これが立法論として妥当かは問題となりうるが,この草案によれば含まれることになる.しかし,草案の規定の仕方は限界が不明確で,処罰範囲が広がりすぎるおそれもある.

秘密とは何か.それはまず,被害者に関連する何らかの客観的な事実(本罪の限定された主体を考慮すると,純粋に主観的な秘密は,保護するべきではない)であって,まだ誰にも知られていないか,一定範囲の人にしか知られていないようなものでなければならない.多くの人に知られた周知の事実は秘密の基本的条件を欠くのである.次にそれは,被害者が,その事実について誰にも知られたくないと思っているか,誰かに知られているときにはそれ以上その事実が広まらないことを期待しているのでなければならない.学説上は,秘密の意義についてまったく客観的に,すなわち,一般人を基準として,他人に知られることが本人の不利益となるものだとするものがある(団藤510頁,中森83頁など)が,本人自身が知られてもよいと思っている場合に,本罪の成立を認めるべきではないであろう(園田・刑雑30・1・399,405は秘密を「情報遮断行為」とされる).もっとも,本人が知られたくないと思っているだけでただちに本罪の秘密と認めるのも,広すぎる.なぜなら,知られたくないと思っていたとしても,それほど強くそのように思っていたわけではないという場合はありうるからである.本罪の秘密たりうるためには,他人に知られたならば本人が大きな精神的苦痛を感じるであろうようなものでなければならない(参照,佐伯・基本講座6巻

---

[41] 福山・荘子古稀284頁,佐伯・基本講座6巻139頁.これに対して,医師の場合について,本罪は「医師に対する公衆(個々の患者をも含む)の信頼を確保することによって,傷病の治療・健康の回復という医療目的の実現を目指している」とする見解がある(佐久間・荘子古稀311頁.なお,藤木256頁).しかし本罪は,医師に対する公衆の信頼の侵害,あるいは,医師の秘密保持義務違反そのものを処罰しようとするものではなく,個人の秘密の侵害を処罰しようとするものと解するべきであろう(園田・刑雑30・1・404).ただし,他の医療機関への連絡,あるいは,患者の氏名を伏せた上で行われる研究報告などは,それぞれ,治療目的,研究目的によって,正当化されるであろう.

144頁).なお,このことは,客観的に秘密とする利益が必要(大谷150頁)だということではない.秘密は,あくまで主観的・感情的な利益である.

　もっともこれは,私人の個人的な秘密の場合である.これに対して,本罪の秘密の中に,**企業秘密・国家秘密**までも含まれるかが問題となり,学説上は含まれないという見解が有力であるが,そのように解する理由はないであろう(中森83頁,佐伯・前掲論文145頁).ただ,そのように解した場合,形式的には,企業・国家の権限ある者の秘密にする意思が必要であるが,実質的には,秘密にすることによって保護される利益が必要となる(山口130頁など).その内容は個人の場合とは異なっているが,他人に知られないことによって生じる利益であるという点で共通性をもっているのである.

　実行行為は秘密を漏らすことである.これは,秘密を知らない者に告知することである.学説上は,相手が秘密を知ったことを要せず,抽象的危険犯と解するものがある(山口133頁など)が,相手が知ることを要する実害犯と解するべきであろう(中森146頁).

　なお,秘密を漏らすことの違法性が阻却される場合はかなりありうる.たとえば,伝染病予防法3条などの場合,法廷で証言するような場合である(もっとも,参照,刑訴法149条).

第 4 章 名誉に対する罪

1 名誉毀損罪・侮辱罪

公然と事実を摘示し，人の名誉を毀損した者は，その事実の有無にかかわらず，3年以下の懲役若しくは禁錮又は50万円以下の罰金に処する（230条1項）．死者の名誉を毀損した者は，虚偽の事実を摘示することによってした場合でなければ，罰しない（同2項）．事実を摘示しなくても，公然と人を侮辱した者は，拘留又は科料に処する（231条）．親告罪である（232条）．

罪質 (1) 人の名誉は次の三つに大別される．第一は，本質的名誉ともいうべきもので，**人格の内部的価値**そのものである．第二は，外部的名誉ともいうべきもので，**社会のその人に対する評価**である．第三は，主観的名誉ともいうべきもので，その人の自分自身に対する評価，すなわち**名誉感情**である．このうち第一のものは，他人の評価を超越しており，他人の誹謗・侮辱によって毀損されるものではないから，刑法の保護の外に置かれる．小野博士によれば，第二のものは名誉毀損罪によって保護され，第三のものは侮辱罪によって保護される．すなわち，名誉毀損罪と侮辱罪とは，保護法益の内容を異にするというのである（小野・刑法に於ける名誉の保護179頁以下．この見解を支持するものとして，団藤512頁，福田・注釈刑法 (5) 336頁，川端97頁）．

この見解は，現行法が，死者について，名誉毀損の場合だけ処罰し，侮辱の場合には処罰していないことを，合理的に説明することができる．死者についても外部的名誉は存在しているとも考え得るが，内部的名誉は存在しないからである．

しかし，この説には次のような問題がある．まず，現行法が侮辱罪の成立に

公然性を要求しているのは，現行法が侮辱罪においても外部的名誉を保護法益としていることの表れと考えられる．小野博士はこの点について，侮辱は公然と行われた場合に主観的に傷つけられること大であり，刑法はこの場合だけを当罰的と考えているとされ（同・法時37・9），本質的・立法論的には公然でない場合も処罰すべきだとされる（前掲書318頁）．しかし，純粋に主観的な名誉感情は，人によって，異常に強くもつ人もいれば，ほとんどもたない人もいる．そのような感情を刑法で保護することには，やはり疑問がある．

さらに判例は，公然でありさえすれば，被害者の面前の行為でなくても侮辱罪が成立するとしており（大判大正4・6・8新聞1024・31），これは一般に支持されている．小野博士は，公然たる侮辱の言葉はやがて本人に伝わる抽象的危険があるとされる（前掲書320頁）が，本罪を抽象的危険犯と解することには後述するように疑問がある．

そればかりではない．この説は，侮辱罪の条文の「事実を摘示しなくても」という文言を，「事実を摘示した場合はもちろん，事実を摘示しない場合であっても」と読む（前掲書314頁）．このような読み方が不自然ではないかという疑問はしばらく措くとしても，このように解するときは，事実を摘示して外部的名誉を毀損するときには，ほとんどの場合，同時に主観的名誉も毀損するであろうから，名誉毀損罪と侮辱罪との観念的競合を認めざるをえないこととなるであろう．それが妥当かは疑問である（小野博士もこれを否定される．前掲書297頁）．また，公然事実を摘示して主観的名誉も毀損した場合には，侮辱罪には230条の2に相当する規定がないから，たとえ事実の証明ができても，侮辱罪として処罰されてしまうであろう．そのような解釈は，一定の場合には真実の摘示は処罰しないで，言論の自由を保障しようとした230条の2の趣旨に反する．

さらに，この説によるときは，被害者が幼児や重度の精神障害者である場合，これらの者は名誉感情をもたないから，侮辱罪は成立しないということになる（前掲書307頁）．しかし，この結論が妥当であるかは疑問である．法人についても同様のことがいえる（もっとも参照，前掲書310頁）．

（2）これに対して，判例は，名誉とは**人の社会生活上の地位または価値**だとし，侮辱罪もまたこのようないわゆる**外部的名誉**を保護するものだとする[1]．そして，名誉毀損罪は他人の社会的地位を害するに足りる具体的事実を公然告

知することによって成立するものであるのに対して，侮辱罪は事実を摘示しないで他人の社会的地位を軽蔑する抽象的判断を公然発表することによって成立する，とする．すなわち判例は，名誉毀損罪と侮辱罪を，事実の摘示の有無，ないし，その具体性・特定性によって区別するのである．このような見解によれば，事実を摘示した場合は全て230条の問題となり，そこに230条の2が必ずかぶさってくる．したがって，小野博士らの見解にあった先に述べたような問題は生じないこととなる．この判例の見解によるときは，死者に対して侮辱がなされた場合も，理論的には侮辱罪の成立がありうることとなるが，現行法上一般に「人」には死人は含まれないこと，さらに，230条2項の反対解釈をするべきことから，現行法上は除くとされることとなろう．

そして，このような判例の見解によるときは，被害者が幼児・重度の精神障害者であるときにも，両方の罪が成立しうる．**法人に対しても同様である**（法人に対して侮辱罪の成立を認めた判例として，最決昭和58・11・1刑集37・9・1341）[2]．

もっとも，判例は，名誉毀損罪または侮辱罪の被害者は特定したものであることを要し，単に東京市民とか九州人というような漠然とした表示によっては本罪は成立しないとしている（大判大正15・3・24刑集5・117）．

以上のような判例・多数説の見解は，基本的に，支持されるべきである[3]．

(3) 判例のいう事実上の社会的評価を基準とするときは，社会的評価のす

---

1) 大判大正5・5・25刑録22・816，大判大正15・7・5刑集5・303．学説として，大谷155頁，曽根99頁，中森84頁，山口147頁，山中178頁など．さらに参照，平川・現刑60・5，丸山・内田古稀315頁以下など．
2) この事案は，交通事故の示談交渉に関連して，N保険会社とその顧問弁護士Iに圧力をかけることを企て，同社の支店のあるビルの玄関柱に，「……N会社は悪徳弁護士と結託して被害者を弾圧している，両者は責任をとれ！」と記載したビラを糊で貼付したというものである．これに対しては，「社会的評価それ自体ではなく，これを尊重してもらいたいという人の感情こそが名誉毀損罪と侮辱罪に共通した法益である」とする批判がなされている（山本・百選［4版］43頁）．しかし，そのような感情をもたない幼児・精神障害者に対して本罪の成立を認めないのが妥当か疑問があるだけでなく，法人はその構成員とは独立した社会的評価をもち，その保護には業務妨害罪・信用毀損罪だけでは十分ではないと思われるから，判例の結論を支持しておきたい．
3) 判例のような見解に対してはさまざまの批判がなされている．平川教授は，侮辱罪の法益を普遍的名誉（人間の尊厳な状態）と解される（平川235頁）．しかし，人間の尊厳は侮辱によって汚されるものではないであろう．いずれにしても，それは刑法上の法益としてあまりに不明確と思われる．
　さらに，佐伯教授は，「人格とは人が主体的に作り上げてゆくものであって，人格に対する評価の基礎となる事実は，その人の責任において変更することのできる事実でなければならない」，

でに低い，犯罪者・背徳者などについて，犯罪の成立を認めることができなくなるのではないかが問題とされている．しかし，改めて事実を摘示することによって，その社会的評価をさらに低くすることはありうることであって，そこに違法性を認めることは可能であろう[4]．

他方，法が「事実の有無にかかわらず」としている以上，虚名ないし不当に高い評価を普通人のレベルまで引きおろした場合も，名誉毀損罪の成立を認めざるをえないであろう．学説には，この場合について，「正当なという規範的要素」を入れて考えなければならないとするものがある（いわゆる規範説）[5]が，疑問である．

（4）　判例は本罪を**危険犯**と解している（大判昭和13・2・28刑集17・141）．その理由は，社会的評価が現実に害されたことを認定することは，困難であり，妥当でないというところにあると考えられる．しかし法は，名誉を「毀損」したことを要求しているのであるから，このような解釈には疑問がある（平川・名誉毀損罪と表現の自由20頁，佐伯・現代的展開80頁）．

（5）　**死者の名誉毀損の処罰根拠**については議論がある．学説には死者自身の名誉を保護するのだとする見解がある（香川390頁，内田209頁，山口146頁など）．しかし，死者は法益の主体たりえないであろう．そこで，社会一般の死者に対する感情を被害法益とする見解が主張されている（中野・刑事法講座（4）

「名誉とはあくまでこのような内部的名誉に対する社会的評価なのであって，人の社会的評価即名誉であるわけではない」とされる（同・現代的展開77頁，さらに，同・法協101・11・1以下）．しかし，たとえば，人の知能は人格の一部といいうるか，また，その人の責任において変更することのできる事実であるか，疑問があるが，それについての社会的評価を下げるのは名誉毀損とすべきであろう．

4）　参照，佐伯・現代的展開80頁．大判大正5・12・13刑録22・1822は，背徳または破廉恥の行為ある人であっても，名誉権をもつとして，「Sは故なく耕地整理費用の支出を為さざる不都合あり．県庁に迄聞こえたる非常なる悪人にして同一部落民として共に交際し得べからざる人物」だと公言した場合について，名誉毀損罪の成立を認めた．

5）　参照，中森・大コンメ［第2版］12巻8頁．佐伯教授は，「名誉権を正当な社会的評価を受ける権利として一元的にとらえることができる」，「このような権利は，評価を受けるべき事柄については虚偽の事実によって，（プライバシーなど［著者注］）評価を受けるべきでない事柄についてはその真否を問わず侵害され得る」とされる（同・現代的展開80頁）．しかし，現行法の解釈としては，名誉はあくまで事実として存在する社会的評価とし，ただ，真実を知る社会の利益との衡量の結果として，真実を表現する行為の違法性が減少する（プライバシーについて知る社会の利益は一般的には小さい）と理解するべきであろう．

820頁，平野・法セ203・79）が，これは，本罪が親告罪とされている趣旨に反するであろう．さらに，死者に対する遺族の敬愛の情を保護するのだとする見解が主張されている（中森・大コンメ36頁）．この見解は，刑訴法233条が，死者の親族又は子孫に，告訴権を認めていることと調和する．ただ，死者に対する敬愛の情は遺族だけがもっているとは限らないし，また，遺族がない場合に本罪の成立を一切否定するべきではないと思われる．死者についても社会的評価は存続しているのであり，おそらく，（遺族も含め）それについて特別の利益をもつ者が被害者だと解するべきであろう．

「公然」の意義　法は，事実の摘示は公然となされたものでなければならないとしている．摘示された結果として，その事実が公然となればよいというのではないことに注意する必要がある．

「公然」の意義について，判例は，「**不特定または多数人が認識しうる状態**」と解し，しかも，不特定または多数人に**伝播する可能性**がある場合には公然といえるとしてきた．そして，たとえば，田畔で巡査他数名が居合わせた際の発言（大判大正12・6・4刑集2・486），葬儀の際休憩所で僧侶数名が休息していた席上での発言（大判大正12・12・15刑集2・988）などに公然性を認めてきたのである[6]．

公然性を否定したものとしては，被害者，検事，検察事務官のみが在室した検事取調室での発言（最決昭和34・2・19刑集13・2・186），被害者，被告人の母，妻のみが居合わせた被告人方玄関での発言（最決昭和34・12・25刑集13・13・

---

[6] 最判昭和34・5・7刑集13・5・641が重要である．被告人は，夜中に自宅寝室において窓ガラスに火が反射したのに不審を抱き，外を見たところ，物が燃えていたのを発見し，消火に赴いた．そのとき，その付近で男の姿を見，近所のAであると思い込んだ．そこで被告人は，1月半後，自宅において，Aの弟Bおよび村会議員で火事見舞いに来たCに対し，問われるままに，確証もないのに，「Aの放火を見た」，「火が燃えていたのでAを捕らえることはできなかった」などと述べた．さらに，それから数日後，A方において，Aの妻D，長女Eおよび近所のF，G，Hらに対して，やはり問われるままに，同様の事実を述べた．この噂は村中に相当ひろまった．最高裁は次のように判示した．「原判決は第一審判決の認定を維持し，被告人は不定多数の人の視聴に達せしめ得る状態において事実を摘示したものであり，その摘示が質問に対する答としてなされたものであるかどうかというようなことは，犯罪の成否に影響がないとしているのである．そして，このような事実認定の下においては，被告人は刑法230条1項にいう公然事実を摘示したものということができる」．この判例は，直接に話した7人は特定少数であるが，伝播可能性，あるいは，間接的視聴可能性があるから公然性があると解したものとみることもできる．しかし，7人という数は少数とはいえないと解することも可能であろう（参照，小野・警研32・4・92）．

3360），8名の役員が出席している消防組役員会の席上での発言（大判昭和12・11・19刑集16・1513［多数人でも，その数又は集合の性質上，よく秘密が保たれ，絶対に伝播のおそれがないときは，公然とはいえない］とした）などがある．

伝播性理論を一貫すると，特定の1人の新聞記者に摘示したような場合にまで公然だということになる．しかしこの解釈は法の文言に反する疑いがある（平野193頁，平川226頁，曽根91頁，山口135頁など）．学説上は，本罪を抽象的危険犯と解する立場から，このように相手が特定少数であっても伝播可能性があれば公然性を認めてよいとする見解が主張されている（中森88頁，清水・百選［4版］36頁）．すでに述べたように，本罪を抽象的危険犯と解することには疑問があるが，かりにそのように解しても，まさにどのような抽象的危険を処罰しうるのかが問題なのであり，伝播可能性とは法益侵害の危険性にほかならないのであるから，法がそのような結果の発生のほかに事実の摘示自体が公然となされなければならないとしている以上は，その危険性を法の文言との関係でいかに限定するべきかが問題とされなければならないと思われる．

他方，相手が特定し伝播可能性がなくとも，多数であってそれ自体1個の社会とみうるような場合には，公然と認めてよいであろう．もっとも，相手が不特定であっても少数の場合であって，しかも伝播可能性がない（あるいはきわめて小さい）場合には，公然とするべきではない．

2 公共の利害に関する場合の特例

> 前条第1項の行為が公共の利害に関する事実に係り，かつ，その目的が専ら公益を図ることにあったと認める場合には，事実の真否を判断し，真実であることの証明があったときは，これを罰しない（230条の2第1項）．前項の規定の適用については，公訴が提起されるに至っていない人の犯罪行為に関する事実は，公共の利害に関する事実とみなす（同第2項）．前条第1項の行為が公務員又は公選による公務員の候補者に関する事実に係る場合には，事実の真否を判断し，真実であることの証明があったときは，これを罰しない（同第3項）．

刑法230条の2の立法理由　　（1）　本条は，昭和22年の刑法一部改正によって新設されたものである．名誉毀損罪は原則として「事実の有無にかか

わらず」成立するとされている．しかしそれでは，**言論・表現の自由**が大きく制限される．そこで，一定の場合には事実の証明を許したのである．戦前にも，出版法，新聞法などに類似の規定が置かれていた．しかし，それらの規定では「私行に渉るものを除くの外裁判所に於て専ら公益の為にするものと認めるとき」とされ，しかも，判例上この私行は非常に広く解されていた．現行法では「公共の利害に関する事実」（**事実の公共性**）であって「その目的が専ら公益を図ることにあった」（**目的の公益性**）ときに事実の真否を判断することとされ，公訴提起前の犯罪事実については，事実の公共性があるとみなされ，公務員やその候補者の事実については，事実の公共性・目的の公益性がなくとも，事実の真否を判断することとされ，いずれの場合も真実であることの証明があったときは罰しないこととされている．

　事実の真実性の証明手続は，その前提として，事実の公共性・目的の公益性があるとされた場合にのみ，開始することができる．そうでない場合に事実の真否を判断することは，被害者に新たな苦痛を与えることとなりうるから，たとえ量刑のための情状を調べる目的であっても，許されない（町野・前掲論文317頁，山口140頁など）．

　本条は，事実の真否が確定されなかったときは被告人は不利益な判断を受けるという意味において，被告人は事実の証明に関して**挙証責任**を負うということができる（参照，東京高判昭和28・2・21高刑集6・4・367）．ただし，被告人は通常一私人であり，証拠を集める能力に限界があること，また，問題の刑事手続は被害者を処罰する手続ではないことから，証明の程度は合理的な疑いを入れない程度までは必要ではなく，証拠の優越程度でよい．これに対して東京地判昭和49・11・5判時785・116は，真実性の証明は厳格な証明によって合理的疑いを入れない程度になされなければならないとする（学説として，山中190頁など）が，疑問である．

　なお，本条の法的性格については，後に真実性についての錯誤が生じた場合の取り扱いと関連して検討する．

　(2)　人の噂であるとの表現を用いて名誉を毀損した場合の事実の証明の対象は何かが問題とされている．最決昭和43・1・18刑集22・1・7は次のように判示した．「本件のように，「人の噂であるから真偽は別として」という表現

を用いて，公務員の名誉を毀損する事実を摘示した場合，刑法230条ノ2所定の事実の証明の対象となるのは，風評そのものが存在することではなく，その風評の内容たる事実の真否であるとした原判断は相当である」．この事件の場合には，一応人の噂であることを断っているが，全体としては，その事実が存在するかのような印象を与えている．したがって，事実の証明にあたっては，その事実の存在そのものを証明しなければならないであろう．しかし，事実の存在そのものではなく，あくまでその噂が存在することを摘示するにとどまっている場合もありうるであろう．その場合には，噂が存在することを証明すればよい（町野・前掲論文330頁）．さらに，そのような伝聞形式をとらず端的に犯罪行為の「疑い」があることを摘示するにとどまっている場合にも，証明の対象となるのは犯罪行為が存在したことではなく，その疑いがあることである．なお，報道機関が，捜査当局の発表に基づいてそのとおりの報道をするような場合には，本条を適用するまでもなく，刑法35条によって正当化される（中森94頁，佐伯・現代的展開86頁など）．本条は訴訟の段階で真実性に疑問があるような場合を念頭に置いたものであって，このような当然に合法な場合まで本条を適用するのは，妥当でない．

公共の利害に関する事実 公共の利害に関する事実とは，それを知ることが，社会にとって重大な利益となるような事実を意味する．被害者の名誉侵害の程度が高いからといって，公共の利益に関する事実でなくなるわけではない．東京高判昭和28・2・21高刑集6・4・367は，名誉侵害の程度が高いことを1つの理由として事実の公共性を否定するようであるが，疑問である．

現在大きな問題となっているのは，**私人の私行**（私生活上の行状）であっても，これにあたる場合があるかである．これを肯定したのが有名な**月刊ペン事件**である[7]．最高裁は次のように判示した．「私人の私生活上の行状であっても，

---

7) 最判昭和56・4・16刑集35・3・84．その事案は次のようなものであった．月刊ペン社の編集局長である被告人は，同社発行の月刊ペン誌上において創価学会を批判するにあたり，同会の象徴的存在とみられるI会長の私的行動をもとりあげ，同会長の女性関係が「きわめて華やかで，しかも，病的であり色情的でさえある」という情報がある旨の記事を掲載し，さらに次号で，同会長が，赤坂に芸者の妾をもっている他，同会婦人幹部T子M子を「お手付き情婦として」国会に送りこんでいる等の記事を掲載し，Iのほか，その相手とされた婦人幹部2名及び創価学会

そのたずさわる社会的活動の性質及びこれを通じて社会に及ぼす影響力の程度などのいかんによっては，その社会的活動に対する批判ないし評価の一資料として，刑法230条ノ2第1項にいう「公共ノ利害ニ関スル事実」にあたる場合があると解するべきである」．「〔被害者は──筆者注〕その教義を身をもって実践すべき信仰上のほぼ絶対的な指導者であって，公私を問わずその言動が信徒の精神生活等に重大な影響を与える立場にあったばかりでなく，右宗教上の地位を背景とした直接・間接の政治的活動等を通じ，社会一般に対しても少なからぬ影響力を及ぼしていたこと，同会長の醜聞の相手方とされる女性2名も，同会婦人部の幹部で元国会議員という有力な会員であったことなどの事実が明らかである」．

　もっとも，本件の被害者らが占めていた社会的地位は，かなり特殊なものであったことにも注意する必要がある．被害者は，本来は宗教団体であるものの政治的・社会的にも大きな影響力をもつ創価学会の会長であったから，彼の私生活上の行状については，社会の人々が知る利益は重大だったといえよう．これに対して，その相手とされているT子M子は，創価学会婦人部の幹部で元国会議員であったにすぎない．それにもかかわらず，公共性が認められていることは問題となりえよう（参照，町野・刑判評43・292）．

目的の公益性　法は，目的の公益性を要求しているが，その根拠と内容については問題がある．公共の利害に関する事実について，先に述べたように，社会の人々がその事実について知る利益が大きい場合だと解すれば，その事実を摘示することは当然に公益を図ることになる．それを認識していながら，目的の公益性を否定するべき場合がありうるか，疑問がある．しかも法は「専ら」公益を図る目的があったことを要求している．しかし，多少とも自分の利益を図る意思が入った場合には本条の適用を一切認めないというのは妥当ではないであろう．判例の中には，行為者が甲を窃盗犯人と信じてその窃盗

の名誉を毀損した，というものである．本判決は，新憲法下において広く承認されつつある表現の自由・知る権利の観点からは，評価できる．特に，一般的には公表をはばかるような異性関係の醜聞に属する事実に公共性を認めたのは，本最高裁判決が初めてである．私人の性的関係について公共性を否定したものとしては，人妻の性的スキャンダルの摘示についてのもの（岡山地判昭和34・5・25下刑集1・5・1302），芸能人の性関係には原則として公共性がないとしたもの（東京地判昭和55・7・7判例集未登載）がある．

の事実を公表した場合において，その公表が主として甲から被害弁償を受ける手段としてなされたときは，捜査進捗を図る等の目的は認められないとするものがある（広島高判昭和 30・2・5 裁特 2・4・60）．しかし少なくとも，専ら捜査進捗の目的である必要はないであろう．

前掲月刊ペン事件において最高裁は，摘示の際の表現方法や事実調査の程度などは公益の目的の有無の認定等に関して考慮されるべきであるとしているが，表現方法は名誉侵害の程度・危険性の問題であり，事実調査の程度は後に述べる真実性の証明ないし行為の違法性の問題なのではないか，疑問がある[8]．

起訴前の犯罪行為・公務員に関する事実

(1) 230 条の 2 第 2 項においては，起訴前の犯罪行為については事実の公共性が擬制されている．これは，このような事実については，広く国民に知らせることによって，捜査への協力を促すと共に，捜査をその監視下に置かせようという趣旨によるものである．

(2) 230 条の 2 第 3 項によれば，公務員又は公選による公務員の候補者に関する事実のときは，それだけで事実の真否を判断することができるとされている．この場合には，事実の公益性と目的の公共性が擬制されているのである．その根拠は，公務員を選定・罷免することは国民固有の権利であって，すべて公務員は全体の奉仕者であるから（憲法 15 条），その行動は国民の監視下に置かれるべきだという思想にある．しかし，公務と全く関係のない私的な事実がありうるか，ありうるとすれば，そのような事実を指摘して名誉を毀損した場合でも，この規定の適用を受けるかが問題とされている．この問題についての有名な判例として，最判昭和 28・12・15 刑集 7・12・2436 がある．本判決は，「ことさらに「肉体的の片手落は精神的の片手落に通ずるとか，ヌエ的町議がある」等と凡そ公務と何等の関係のないことを執筆掲載することは身体的不具者である被害者を公然と誹謗するものである」と判示した．

この事案において，摘示された事実がどのようなものであるかは問題である．

---

[8] 月刊ペン事件差戻審東京地判昭和 58・6・10 判時 1084・37 は，侮辱的・嘲笑的であり，全体として調査不十分であるが，論説自体が教義批判を主としており，男女関係のその具体的例証としようとした意図がうかがわれ，その分量もそれほど多くないときは，「専ら」公益目的があったものとしてよいと判示した．

最高裁は，単に政治的無節操であることが摘示された事実だとしているようであるが，もしそうだとすれば，それ自体としては，まさに，社会の人々の知る必要の大きいものだといえよう．他方また，それだけでは名誉毀損罪の要求する事実の摘示としてはあまりに抽象的である．本件において摘示された事実は，おそらく，被害者たる公務員は身体障害のために節操・公正を欠く性格となっているということであろう．そうだとすれば，そのような事実もまた「凡そ公務と何等の関係のない」ことだとはいえないであろう．ただ，そのような事実は現在の科学をもってしてはおよそ証明不能なことで，社会の人々の知る利益に重要な意味をもたないから，そのような事実について本条の適用を認めるべきではないと思われる（参照，植松・刑判評15・359頁，町野・刑罰法体系3・328頁，佐伯・現代的展開77頁）．

3 名誉毀損罪における事実の真実性に関する錯誤

判例の見解　　刑法230条の2第1項の性格をどのように解するべきかは，違法と責任との関係，あるいは，構成要件・違法阻却事由・処罰阻却事由の関係，そして錯誤論ともからんで，問題が多い．最高裁昭和44年6月25日大法廷判決（刑集23・7・975）は次のように判示した．「刑法230条ノ2の規定は，人格権としての個人の名誉の保護と，憲法21条による正当な言論の保障との調和をはかったものというべきであり，これら両者間の調和と均衡を考慮するならば，たとい刑法230条ノ2第1項にいう事実が真実であることの証明がない場合でも，行為者がその事実を真実であると誤信し，その誤信したことについて，確実な資料，根拠に照らし相当の理由があるときは，犯罪の故意がなく，名誉毀損の罪は成立しないものと解するのが相当である」．この判決は，以前の判例が，このような誤信があったとしても，およそ事実が真実であることの証明がない以上名誉毀損罪の罪責を免れることはないとしていた（最判昭和34・5・7刑集13・5・641）のを変更したものである．法は，真実であることの証明があったときは罰しないとしているのであるから，証明がないときにも罰しないとするのは，解釈論上疑問がないわけではない．しかし，新憲法下における表現の自由・知る権利の重要性を考慮すれば，判例の変更を支持しうるであろう．それにしても，「相当の理由があるとき」に故意がないと

いうことはどのような意味か，その前提として，判例はこの条文の性格をどのように解しているのかは，必ずしも明らかではないのである．

団藤博士の見解 団藤博士によれば，事実の真実性を処罰阻却事由と解するのは，犯罪の成立を肯定している点で，「真実をいう権利」を認めたと解されるこの規定の性格を見誤ったものであるし，違法阻却事由と解するのも，「裁判官の主観的恣意がはいってくる余地」があり，「具体的事情によってふたたび違法性……を帯びるばあいを生じる」から妥当ではない．といって，真実であることそのものを構成要件該当性阻却事由と解すると，真実だと信じれば，それが全く根拠がなくても，故意が阻却されてしまうので，被害者の名誉の保護に欠けるうらみがある．そこで博士は，**証明が可能な程度に真実**であることを**構成要件該当性阻却事由**と解されるのである．したがって，故意が阻却されるためには，「健全な常識によって真実と判断するに足りるだけの客観的資料を同時に認識していなければならない」．他方，「軽率に事実の真実性を誤信しても，健全な常識によって判断して，行為者の認識した客観的資料から事実の真実性を肯定できないばあい」，たとえば「単なる風説から事実の真実性を信じたり，信頼に値する人だということをたしかめないで，信用のおけない人から聞いたことを真実と信じたりしたばあいには故意がないとはいえない」．すなわち，「その資料の価値判断を過失によって誤ったばあいには」，自己の行為を許されたものと信じるについて相当な理由がなかったので，故意を阻却しない（いわゆる制限故意説．団藤・刑法と刑事訴訟法の交錯 77 頁以下．同旨の主張として，曽根・表現の自由と刑事規制 219 頁以下．なお参照，山口・曹時 41・10・1）．

この説に対しては以下のような疑問がある．まず，証明可能な程度に真実だと思ったときでも，（違法性の錯誤以前に）事実の錯誤に陥っている場合はありうるであろうが，その場合故意がないとしてすべて処罰しないのは妥当ではなく，軽率にそのように誤信した場合には処罰されるべきであろう．他方，行為時には証明が可能な程度に真実でなく，あるいは，軽率に証明可能な程度に真実だと思った場合であっても，訴訟において真実であることの証明にたまたま成功すれば，処罰することはできない．

それだけでなく，そもそも法が「真実であることの証明があったときは罰し

ない」としている以上，実体的要件としては事実の真実性が犯罪性ないし可罰性を阻却すると解するのが，すなおである．このように解した場合，軽率に事実の真実性を誤信した場合に処罰するべきだとは，事実の真実性については故意がなく，過失であっても処罰するべきだということであり，反対に，事実の真実性を過失なく信じた場合は処罰すべきでないということである．したがって，このような結論を支えるような理論構成が探求されなければならない．

真実性を違法阻却事由と解する見解　そこで学説上は，事実の真実性を違法阻却事由と解した上で，厳格責任説（違法阻却事由についての錯誤の場合相当の理由があり・錯誤が避けられなかったときには責任を阻却するとする）に立ち，「相当の理由」がある錯誤の場合だけ責任を阻却するとする説が主張されているのである（福田・注釈刑法 (5) 377頁）．

たしかに，違法阻却事由と解しても，（団藤博士がいわれるように）その判断に裁判官の主観的恣意が入ってくる可能性が大きくなるとはいいえず（構成要件該当性阻却事由と解してもそのような可能性がないとはいえない），また条文の文言上違法阻却事由があるとされれば，具体的事情によって再び違法性が認められてはならないであろう．しかし，この説が前提とする厳格責任説には疑問がある．錯誤論としては，違法阻却事由についての錯誤の場合故意を阻却するとする制限責任説が妥当だと思われる．

そこで，事実の真実性を構成要件該当性阻却事由（佐伯・現代的展開84頁）ないし違法阻却事由（西田108頁）と解した上で，230条の2は，真実性については過失の場合も処罰することを認めたものだとする見解が主張されている．しかし，真実性が犯罪の（消極的）成立要件であれば，そのことについて被告人に立証責任を負わせることは，「疑わしくは被告人の利益に」の原則に反するといわざるをえない．

真実性を処罰阻却事由と解する見解　以上のように，事実の真実性が可罰性を失わせる客観的要件であって，しかも，その点について被告人に立証責任を負わせていることを説明するとすれば，事実の真実性を処罰阻却事由と解するほかはないと思われる．処罰阻却事由説は，真実を摘示する場合にも犯罪の成立を認め，その錯誤があっても一切免責しないとすることが難点とされたのであった．しかし，犯罪の成立を認めても，真実である場

合には結局処罰されないのであれば，表現の自由はその限りで保障されているといいうる．さらに，処罰阻却事由であっても，それについて過失を要求するべきだと解しうる．というのも，名誉を毀損する行為にはそれ自体として重大な違法性が認められ，犯罪の成立を認めうるが，事実が真実である場合，その行為は同時に表現の自由を実現するものとして，違法性は（完全には阻却されないが）減少するということによって処罰阻却事由とされるのである以上，責任主義の見地からは，真実だと思うことについて過失を要し，そのように思うことについて相当の理由があった場合には，免責されるのでなければならないと解されるからである（平野 198 頁，町野・刑罰法体系 3・334 頁，内田 219 頁，林・法セ 410・96，山口 146 頁など）．

許された危険の法理を適用する見解 しかしさらに進んで，単に責任要素としての過失以前に，一定の場合には，真実性の証明がなされてなくても，なお，行為時の客観的状況に鑑みて，行為そのものを合法とすべき場合がありうるのではないかが問題とされている[9]．このような見解の先駆をなしたのは，藤木博士の主張である．博士によれば，「確実な資料・根拠に基づいて真実であると信じた場合は，表現の自由の正当な行使であるから，230 条の 2 の違法性阻却事由には該当しないとしても，刑法 35 条によって，違法性が阻却される」（藤木 246 頁．なお，同・法協 86・10・19）．もし，この主張が主観的な確信や過失の有無によって行為の合法性を決めるというのであれば，不当であろう．違法かどうかは行為者本人の意思の内容によって左右されるべきではない．しかし，客観的に見て，真実性を推測させる相当程度合理的な根拠が存在し，かつ，それを公表することに重大な社会的有用性が認められるときには，**許された危険**の 1 つの場合として（参照，中野・刑事法と裁判の諸問題 69 頁），これを合法とすることを認めてよいと思われる．このように解することの最大の難点は，虚偽の事実を虚偽と知って公表した場合でも，合法となる場合が生じ得ることである．しかし，このような場合は現実にはきわめて稀なことである．むしろ，虚偽のときには完全に違法だとすれば，もしかしたら

---

[9] これを認める見解として，団藤 527 頁，福田 193 頁，中森 96 頁，大谷 171 頁，平川 234 頁，野村・未遂犯の研究 230 頁，曽根 100 頁，斎藤信治 77 頁など．なお，可罰的違法性阻却事由と解するものとして，山中 195 頁など．

ら虚偽かもしれないと思えば（慎重で思慮深い人は皆そう思うであろう），未必の故意を否定し得ず，それにもかかわらず公表した場合はすべて処罰せざるをえないこととなり，自由な表現を著しく萎縮させてしまうであろう[10]．

なお，最高裁判例にも，「被告人らの摘示した事実は，真実であるとは認められず，また，これを真実と誤信するに足りる確実な資料，根拠があるとも認められないから，……名誉毀損罪にあたる違法な行為というほかなく……」としたものがある（最決昭和51・3・23刑集30・2・229）．この判例は，反面において，真実であるとは認められない場合であっても，行為時に，真実と誤信するに足りる確実な資料，根拠があるときには，合法となることを認めたものと思われる[11]．

---

10) 摘示された事実の虚偽性は，いわば犯罪の結果無価値である．それについての過失は，本人の主観的予見可能性と解するかぎり責任要素である．この問題の場合，実体として過失犯の処罰が問題となっていることは否定しえないが，過失犯には客観的予見可能性＝危険性という違法要素があり，それを内容とする結果回避義務違反＝行為無価値が重要な要素となっている（ちなみにこれは故意犯の場合も基本的には同じである）．ここでの問題の背景には，犯罪論的にはこのような基礎理論が存在していることに注意しなければならない．参照，林・総論35頁，288頁以下．さらに，橋爪・法教276・39，佐伯・法教303・37，山口「過失犯に関する覚書」犯罪の多角的検討45頁以下，井田・研修686・16，島田・刑事法ジャーナル3・31など．
11) 最高裁は，「確実な」資料，根拠としているが，これは，後に訴訟になったときに，真実性を証明するに足りる程度のものという意味であってはならないであろう．それでは，真実性の証明がない以上免責されないというのとほとんど同じである．行為時に立って，真実性を強く推測させるような資料，根拠というほどの意味に解さなければならないと思われる．いずれにしても，それは客観的なものであって，このことが問題を違法性のレベルで処理しようとする考慮の動機となっているのである．

第5章　信用及び業務に対する罪

虚偽の風説を流布し，又は偽計を用いて，人の信用を毀損し，又はその業務を妨害した者は，3年以下の懲役又は50万円以下の罰金に処する（233条）．威力を用いて人の業務を妨害した者も，前条の例による（234条）．

罪質　(1)　信用及び業務に対する罪の性格については議論がある．学説上は，信用は経済的なものに限られ，かつ，被害者に対する他人の信頼を害する点で名誉毀損罪と似たような性格をもつが，業務は財産的・経済的な利益におよそ関係のないものも含むとして，両罪は異なる性格をもつとする見解が有力である．そして，業務妨害罪は自由に対する罪であるが，信用毀損罪は人格に対する罪だというのである[1]．しかし，現行法はこの2つの罪を同一の章に規定し，また，同一の条文に規定している場合すらあるのだから，このようにまったく性格を異にするものとして理解することには疑問がある．

信用毀損罪における信用は，判例上，**財産的法益の一種**（大判大正5・6・26刑録22・1153）であり，「人の信用を毀損するとは，人の社会における財産上の信用を害すること」（大判明治44・2・9刑録17・52），「人が支払能力又は支払意思を有することに対する他人の信頼を害すること」（大判大正5・6・1刑録22・854）だとされ[2]，学説の多くはこれを支持している．このような理解は正当なものであって，信用は，財産そのものではないが，**財産を生み出す基盤・源泉**として，刑法上の保護が与えられているのである．そうだとすれば，業務妨害

---

1)　平野185頁以下，平川206頁，曽根71頁以下，中森69頁以下，京藤・現代的展開123頁，井田74頁，橋田・法教288・63など．なお，「経済活動に関わる侵害行為を捕捉するもの」と解するものとして，山口151頁．

2)　販売される商品の品質に対する社会的信用を含むとする判例として，最判平成15・3・11刑集57・3・293．

罪の性格もこれと同じようなものとして理解するべきであろう（参照，藤木249頁）．これに対して学説上は，業務妨害罪は財産的・経済的利益にまったく関係のない「社会的活動の自由」（大谷135頁）を保護すべきだという見解が有力である．しかし，このような見解によれば，学生のサークル活動，主婦の趣味としてのスポーツまで業務とすることにもなりかねない．また，まったくのボランティア活動，あるいは宗教的な社会奉仕活動を本罪によって保護するならば，その究極にある説教・礼拝・葬式を妨害した場合にすら説教等妨害罪によって軽く処罰されている（188条）こととと，均衡を失するであろう．刑法は第一次的に俗的な利益を保護しようとするものであって，霊的領域には冷淡であってよいのである．もっとも，本罪の業務たりうるためには，業務自体が営利を目的としている必要はない．たとえば，政党の結党大会や議会の審議などは，それ自体直接には営利を目的とするものではないが，それを行う個人にとっては生計を得る基盤・源泉であるから，本罪の業務としてよい．

　他方，このような人の行動の自由を直接には侵害していないときであっても，本罪の成立を認めてもよい場合がありうる．たとえば，マジックホンを使用して電話料金の支払を免れたような場合である．最近立法された電子計算機損壊業務妨害罪（234条の2）などは，このような理解を前提とするものといえよう．

　(2)　本罪は**侵害犯か危険犯**かが問題とされている．判例はこれを危険犯と解している（信用毀損罪について大判大正2・1・27刑録19・85，業務妨害罪について，最判昭和28・1・30刑集7・1・128）．しかしこのように解することは，法が信用を「毀損」し，業務を「妨害」したことを要求していることに反するものであろう[3]．大審院昭和11年判決の場合，雇人を解雇させようとして理髪業者に対し，技術が拙劣だから解雇すべき旨の信書を顧客名義で送っただけで本罪が成立するとされているが，少なくとも雇主がそれを読み，雇主または雇人の業務に何らかの支障が生じたことが必要であろう．最高裁昭和28年判決の場合，被害者たる工場長が団交に応ずる決意をしたため現実にその自由意思を制圧されたわけではなかったにもかかわらず本罪が成立するとされているが，団交を求めて威力を行使した結果として団交に応じたのであって，その間他の業務に

---

　3)　平野188頁，内田182頁，中森70頁，曽根101頁，山口165頁など．

支障をきたしたといいうるであろう.

業務の内容 業務とは,広く職業その他継続して従事することを要すべき事務又は事業を総称する(大判大正10・10・24刑録27・643.株式会社の創立を業務と認めた).

(1) 判例は,本罪の業務たりうるためには**継続性**をもっていなければならず,性質上一回的・一時的なものは,除かれるとし,たとえば,大韓民国青年団の結成式は本条の保護を受けないとしている(東京高判昭和30・8・30高刑集8・6・860)[4]. これは,業務という文言,さらに実質的には,将来継続する可能性のある場合には,それを妨害する行為の違法性は大きくなるといえるから,支持しうるであろう.しかし,業務上過失の場合とは異なり,責任要素として要求される所がまったくないから,過去に継続性をもっていたということは本罪の成立に必要ではなく,また,過去に継続性をもっていても将来継続性が認められないかぎり本罪の成立を認めるべきではない.

(2) 業務は**適法**なものでなければならない.この点も,業務上過失の場合とは異なる.たとえば,犯罪を犯して自動車で逃走する場合も,業務上過失の上では業務となるが,本罪における業務としては保護されない.また,たとえば,覚せい剤の販売を妨害しても本罪は成立しない.判例では,労使間に労基法36条に基づく時間外協定が締結されていない場合,労働者は時間外に労務を提供する義務を負わず,これをさせようとする使用者側の行為は違法なものであるから,それを妨害しても本罪は成立しないとされている(名古屋地判昭和39・2・20下刑集6・1=2・80).しかし,財産犯の場合と同じように[5],業務の適法性は相対的なものであるから,或る局面においては違法な業務が,別の局面で,行為者に対する関係では適法なものとして保護されるということはありうる.たとえば,所有者の承諾なく転貸された浴場で,かつ,知事の許可を得ていない者によって行われた湯屋営業(東京高判昭和27・7・3高刑集5・7・1134),あるいは,風俗営業などの規制及び業務の適正化等に関する法律等の

---

4) 1回しか行われない会社の創立事業(大判大正10・10・24刑録27・643),政党の結党大会(東京高判昭和37・10・23高刑集15・8・621)についても業務性が肯定されているが,これは,そのことによって本来の他の業務に支障が生じるからである.なお,伊東・現代社会155頁,山口155頁参照.

5) 本書157頁参照.なお,島田・判評504・51.

行政取締法規に違反しているパチンコ景品買入営業（横浜地判昭和 61・2・18 刑月 18・1=2・127）は，なお本罪による保護を受け得る．

なお，この問題について，業務の反社会性の程度によって本罪の成立を認めるべき場合を区別しようとする見解が有力である（前掲横浜地裁昭和 61 年判決，西田 112 頁）．しかし，反社会性という概念は不明確であるし，軽度とはいえ反社会的なものを刑法によって保護するという論理を認めることには疑問がある（橋田・法教 288・64）．

(3) 業務には**公務**が含まれるか，含まれるとすればどの範囲までか，が大きな問題となっている．公務は公務執行妨害罪（95 条）によって保護されている（3 年以下の懲役又は禁錮又は 50 万円以下の罰金）．ところが，公務執行妨害罪の行為は暴行・脅迫に限定されているのに対して，本罪の行為は偽計や威力という一般的にいえばより広いもので足りる．したがって，たとえば，暴行に至らない威力が行使されたにすぎない場合には，本罪の業務にあたらないかぎり犯罪の成立は認められないことになる．

判例は，少なくとも，警察官が**強制力**を行使して行う公務の執行は，本罪の業務にあたらないとしている（最大判昭和 26・7・18 刑集 5・8・1491）．その事案はスクラムを組んで警察官の職務執行に対抗したものであって，暴行とはいいにくいものであった．この判例に対しては，このような公務も本罪の業務に含まれるという見解がある[6]．しかし，このように警察官が強制力を行使して公務を執行する場合，これに対する，暴行に至らない程度の威力の行使は，比較的容易にこれを排除できるのであるから，本罪の業務として保護するべきではないであろう．警察官の強制力の行使のようないわば典型的な公務執行を威力に対してまで保護することは，95 条において行為を暴行に限定した趣旨を没却するおそれがある．

他方，公務ではあるが，その実質は**民間で行われている業務**とほとんど違わないという場合がある．たとえば，旧国鉄の業務の場合である．このような場

[6) 大谷 137 頁，高山・ジュリ 1203・143 など．なお，偽計の場合にはすべての公務を含むとするものとして，山口 159 頁．参照，横浜地判平成 14・9・5 判タ 1140・280．たとえば，虚偽の 110 番通報によって警察官を出動させたとしても，本来の業務遂行の一環なのではないかと思われ，本罪の成立を認めることには疑問がある．

合には，本罪による保護が与えられるべきであろう（最大判昭和41・11・30刑集20・9・1076）．旧国鉄の業務は現在では民営化され，公務執行妨害罪による保護は受けなくなっている．現在でも，国立大学の業務（京都地判昭和44・8・30刑月1・8・841），郵政業務（名古屋高判昭和45・9・30刑月2・9・951）などは公務とされているが，これらの業務はその実質は民間で行われている業務とほとんど違わない．したがって，やはり本罪による保護が与えられるべきであろう．学説上は，公務は一切業務に含まれないとする見解もある[7]が，妥当とは思われない．

　最も問題となるのは，この中間にある場合であって，国家・地方公共団体に固有の，いわば典型的な公務を本罪の業務に含めてよいか，である．判例はこれを肯定し，たとえば，国会の議事（東京高判昭和50・3・25刑月7・3・162），県議会の委員会の条例案採択などの事務（最決昭和62・3・12刑集41・2・140）について本罪の成立を認めている．これらの場合には業務自体にはいわゆる**民間類似性**はほとんどない．しかし，本罪の業務はそれ自体営利を目的としたものである必要はなく，それを行う個人にとって生計を得る基盤となっていることで足りるのであり，そして，警察官等の強制力を行使して行う公務執行の場合とは異なり，職務が強制力によって直接には保護されていないから，本罪の保護を与えるべきだとする判例の見解にも一応の理由があるであろう（大塚159頁，佐久間95頁以下など）．

　なお，権力的・非現業的な公務は本罪の業務には含まれないという見解がある（団藤535頁）．しかし，「権力的」という概念はあいまいである．警察官の強制力を行使して行う公務がこれにあたることは明らかであるが，国会の議事がこれにあたるかは明らかでない．また，現業的という概念もはっきりしない[8]が，非現業的な，たとえば，高級官僚の行うデスクワークも，本罪の業務に含めてよいと思われる．

　さらに問題となるのは，一定の公務が本罪の業務となるとした場合，その公務はもはや公務執行妨害罪による保護は受けなくなるとするべきか，である．学説上は，1つの公務に**二重の保護**を与えるのは不当だとする見解が有力であ

---

7) 伊達・刑事法講座4巻679頁，吉川116頁．
8) 大量的に提供される機械的労務と解される．伊東・現代社会106頁参照．

る[9]．しかし本罪の業務は個人の生計を得る基盤であることを理由として保護され，他方，公務は国民生活に重大な影響をもつことを理由として重く処罰されているとすれば，両罪による保護を同時に与えることは必ずしも不当とはいえない（内田185頁など）．ただ両罪が競合する場合，実質上は同一の業務の妨害しかないのであるから，観念的競合とするべきではなく，包括一罪とするべきであろう．両罪の不法内容が完全に重なり合うわけではないから，**法条競合**とする（山口159頁）のは妥当でないと思われる．

行為態様 信用は，「虚偽の風説を流布し，又は偽計を用い」た場合にのみ処罰され，業務は，その他「威力を用いた」場合にのみ処罰される．

（1）**虚偽の風説を流布**するとは，真実でないことを内容とするうわさを不特定または多数の人に伝えることである．必ずしも悪事醜行を含まなくてもよい（大判明治44・2・9刑録17・52）．また，その風説は被告人によって創作されたものである必要はない．また，行為者が確実な資料・根拠を有しないで述べた事実をいい，その資料，根拠の確実性は，社会通念に照らし客観的に判定すべきであるというのが判例である（東京地判昭和49・4・25刑月6・4・475）．しかし，行為者が確実な資料・根拠を有しなかったとしても，真実であった場合にまで本罪の成立を認めるべきではない．さらに，虚偽であったとしても，行為時に虚偽とは思わなかったのであれば，故意の成立を認めることはできない．

（2）**偽計**は，「虚偽の風説を用いた」ことと並べて規定されているし，「偽」というのは，人の判断を誤らせることであるから，偽計たりうるためには，人の意思に働きかけて，その判断を誤らせるか，（詐欺罪の「欺罔」の場合とは異なり，人の意思に直接に働きかけることは必要でないから）少なくとも，人の判断作用を代替する器械・装置に不正な操作を加えることが必要であろう．

したがってまず，「軍港新聞」の購読者を奪ってその業務を妨害しようとし，自己の経営する新聞を「佐世保軍港新聞」と改題し，題字・題字欄の体裁などを右新聞に酷似させ一見同新聞と誤りやすいようにして発行したときは，偽計にあたるとしてよい（大判大正4・2・9刑録21・81）．なお，このように，偽計

---

9) 団藤535頁，中森72頁，平川208頁，曽根73頁，新倉・基本講座6巻134頁，町野・現在375頁，橋田・法教288・67など．

たりうるためには，被害者以外の第三者の意思に働きかけるのであってもよい．

次に，器械・装置を不正操作した場合であっても，電話の受信側に「マジックホン」という不正装置を取り付けて，発信側に対する課金装置の作動を不可能にした場合（最決昭和59・4・27刑集38・6・2584），あるいは，業務用電力量計に工作をして実際の使用電力量より少ない量を指示させた場合（福岡地判昭和61・3・3判タ595・95）も偽計に含めてよいであろう．

しかし，列車の乗客が面白半分に制動機ハンドルを回して制動機を緊縛したにすぎない場合には，偽計にはあたらない（大阪高判昭和29・11・12高刑集7・11・1670）．判例には，有線放送会社の者が，同業者の進出を阻止するために，同業者が送信に使用していた電線をひそかに切断した場合にも偽計にあたるとしたものがある（大阪高判昭和49・2・14刑月6・2・118）が，疑問である（参照，平野188頁，曽根74頁など）．

(3) 234条は「**威力を用いて業務を妨害**」したことを要求している．このことは，次の2つのことを立法者は本罪の成立要件として要求していることを意味する．第一に，単に業務妨害の結果が生じただけでは足りず，威力が用いられなければならないということである．第二に，威力を用いた結果として業務が妨害されたのでなければならず，業務が妨害された結果として相手が威力を感じたというだけでは足りないということである．判例・学説（参照，西田・百選II〔4版〕47頁）にはこのような立法者の意思に反した解釈をする傾向があるが，妥当ではない（参照，平野188頁）．

判例も単に業務妨害の結果さえ発生すれば本罪の成立を認めているわけではない．むしろ理論的には威力を限定しようとする志向性がある．判例は威力とは**被害者の自由意思**を制圧するに足りる**勢力**をいうとしているのである（最判昭和28・1・30刑集7・1・128）．このことは，客体が単に物であるだけでは足りず，自由意思をもった人間に働きかけることを要求していると解さざるをえないであろう．現に判例には，争議行為の手段として経営者の車の車検証やキーを奪取・抑留しても，そのこと自体ではなく，その後の多数の者による返還拒絶行為を威力と認め（最決昭和45・12・17判時618・97），あるいは，争議行為に際して通電停止した行為について「暴力，脅迫，器物損壊もしくは少なくともこれらに準ずるような，何らかの意味における暴力的ニュアンス」が必要だと

して，本罪の成立を否定している（前橋地判昭和55・12・1判夕445・176）．また，前にあげた列車の制動機を緊縛した場合に偽計となることを否定した判例は，おそらくこれを威力妨害とはしないであろう．そうであるからこそ「偽計」にあたるとして起訴がなされたのである．さらに判例には，本条にいう「威力」とは一般に人の意思を圧迫するに足りる有形・無形の勢力をいい，その程度に達しないのに被害者が暴行罪の前科がある被告人に怒鳴られたことから困惑し暴行を受けるのではないかと思い過して作業中止したときには，これにあたらないとするものがある（広島高判昭和28・5・27高刑集6・9・1105）．

もっとも判例には，争議行為の一環として，実力を以て貨車の開閉弁を開放し，積載中の石炭を落下させて会社の送炭業務を不能にしたという事案について本罪の成立を認めたものがある（最判昭和32・2・21刑集11・2・877）．本判決は威力は「直接現に業務に従事している他人に対してなされることを要しないとしている」が，「一定の行為の必然的結果として，人の意思を制圧するような勢力を用いれば足り」るともしている．これは，石炭を落下した状態を見た従業員がそのことによって畏怖し，業務に支障をきたしたことを要するという意味でなければならないと思われる．

判例はさらに，弁護士から鞄を奪い取った場合（最決昭和59・3・23刑集38・5・2030），机の引き出しに猫の死がいなどを入れた場合（最決平成4・11・27刑集46・8・623）に威力と認めている．しかし，前の判例の場合，単に密かに鞄を盗んだ場合にまで「威力」とはしないであろう．後の判例の場合，単なる不快感・気味悪さを与えただけで「威力」とすることには疑問がある．

> 人の業務に使用する電子計算機若しくはその用に供する電磁的記録を損壊し，若しくは人の業務に使用する電子計算機に虚偽の情報もしくは不正の指令を与え，又はその他の方法により，電子計算機に使用目的に沿うべき動作をさせず，又は使用目的に反する動作をさせて，人の業務を妨害した者は，5年以下の懲役または100万円以下の罰金に処する（234条の2）．

電子計算機損壊等業務妨害罪　人の判断作用を代替するものとして，コンピュータは現代社会の業務に大きな役割を果たしている．すでに述べたように，

業務妨害罪における偽計などは必ずしも人の意思に働きかけなければならないものではなく，人の判断作用を代替する機械に働きかける場合も含むと解することが可能である．したがって，コンピュータを介して業務妨害した場合は，既存の業務妨害罪によっても処罰しえたのであるが，コンピュータを介する場合には，その影響は類型的に大規模・長期的になる傾向があるので，加重して処罰することとしたのが本条である（参照，中森・法教 81・92，堀内・現代的展開 142 頁など）．

　本罪が成立するためには，電磁的記録・電子計算機[10]に向けられた加害行為によって，現実に電子計算機の動作が阻害されるという過程を経て，その結果として業務妨害される必要がある．したがってたとえば，コンピュータ・ルームの占拠やオペレータの拘束のような場合は本条には含まれない（芝原・ジュリ 885・14）．

　本罪が適用される具体例としては，現に業務に使用されて稼働中の電子計算機を損壊してその動作を停止させ，業務の遂行を困難とする場合，夜間休止中の電子計算機を損壊してその動作を不能ならしめて，翌朝からの業務の遂行を困難とする場合，現に業務に使用しまたはこれから業務に使用しようとしている電磁的記録を破壊または消去して，これによる電子計算機の動作を困難として，業務遂行を妨げる場合，業務において予定されていないデータまたは指令を与えて，電子計算機の動作を停止させ，または電子計算機に業務遂行の上で有害な制御をさせて不良製品を生産させる場合，業務に使用される電子計算機

---

10) 刑法 7 条の 2 によれば，電磁的記録とは，電子的方式，磁気的方式その他他人の知覚によっては認識することができない方式で作られる記録であって，電子計算機による情報処理の用に供せられるものをいう．前者によって，電磁的記録は，可視性・可読性を有する文書とは異なるものであること（したがって，バーコードやパンチカードのように，人の目でその存在・状態を認識することができる方式による記録は含まれない）が，後者によって，単なるミュージックテープやビデオテープのように，電子計算機による情報処理の用に供されるとはいえないものが除かれている．この電磁的記録に含まれるものとして，キャッシュカードの磁気ストライプ部分，テレフォンカードなどや乗車切符などの電磁記録面，銀行のオンライン預金元帳などがある．
　なお，電磁的記録とは，一定の記録媒体の上に情報あるいはデータが記録・保存されている状態を表わす概念であって，情報あるいはデータそれ自体や，記録（記憶）媒体そのものを意味するものではない．また，記録といいうる程度の永続性を有することが必要であって，回線上や空中を流れている通信中のデータや，いわゆる中央処理装置（CPU）において処理中のデータを含まない．
　電子計算機とは，コンピュータのことである．

の電源を切断してその動作を停止させ，業務の遂行を困難とする場合，電子計算機の温度を異常に上昇させて電子計算機を誤動作させ，業務遂行を妨げる場合などである．

　なお，本罪は昭和62年のコンピュータ犯罪処罰立法の一環をなすものであるが，その立法においては，コンピュータの無権限使用と，コンピュータからの不法な情報取得を処罰する規定の新設は見送られた．単に他人のパスワードを使用して電子計算機によって処理・保存されている情報を覗きみる行為，これを不正に入手・漏示する行為は，それだけでは，本罪にあたらないことに注意するべきである．

第6章 財産に対する罪

第1節　財産罪総論

1　序　論

財産罪の断片性　　刑法典36章235条以下には財産罪の諸規定が置かれている．これらの諸規定は，個人の私有財産を保護することを目的としている．人類が共同生活を始めて以来，個人の財産は重要な生存の基盤となっている．したがって，財産に対する侵害行為は，古くから処罰の対象とされているのである．

しかし，経済生活を営む上で，我々の財産は日常絶えず他人の違法な侵害を受け，あるいはその危険にさらされている．それらの違法な行為の全てを処罰の対象とすることは，刑罰権にとって過重な負担となるだけでなく，経済社会の健全な発展を妨げるおそれもある．したがって，刑法典は，違法な財産侵害・危殆化のうち，とくに違法性の大きいもののみを処罰の対象としているのである．たとえば，**利益の窃取**[1]や，**債務不履行**は，犯罪とされていない．このことは，基本的には，多くの文明諸国の刑法典に共通のことといってよい．

このような財産罪の断片性は，解釈論にあたっても留意する必要がある．ただ何らかの意味で財産を侵害・危殆化したからといって，ただちに財産罪の成

---

[1]　もっとも，強盗・詐欺・恐喝などにおいて利益が保護されている（各罪の2項参照）のに，窃取の場合だけなぜ利益が保護されていないのかは，問題となるところであり，立法論上も問題となりうる．改正刑法草案339条には自動設備の不正利用を処罰する規定が提案されている．この規定は，現行法では利益窃盗が処罰されていないことから，一定の利益窃盗類型を処罰することとしたものである．

なお，無形的財産権の保護として，特許法196条・197条の罪，実用新案法56条・57条の罪などがある．これらの罪は，現行刑法典の財産犯罪を補充するものと考えられる．参照，佐久間・刑法における無形的財産の保護．

立を認めてよいということにはならない．財産秩序の維持は第一次的に民事法が行う．刑法はそれでも不十分なときに，これを補強するために，処罰を行うのである．この意味で財産罪は補充的なものだともいえる．

個人の私有財産に対する罪としての財産罪　財産罪は，個人の私有財産に対する罪である．このことは，およそ次の2つの意味をもつ．第一に，社会主義国とは異なり，国有財産がとくに厚く保護されるわけではない．もちろん，たとえば，官庁の書類を盗む行為は窃盗罪を構成するが，それは，国家の財産も私的財産と同様に保護されるからにほかならない．しかし，脱税などは，（詐欺罪など）財産に対する罪を構成しないとされている．これは，財産罪が基本的に私有財産に対する罪であることに，その理由があると考えられる．

第二に，独占禁止法違反などのように，個人の財産を侵害・危殆化する面もあるものの，個人に着目するかぎり被害は小さく，ただ，その被害が国民の大多数に拡散しているために，経済全体としては，極めて大きな被害を受ける場合とも，異なっている．このような独占禁止法違反は，したがって，財産罪ではなく，**経済犯罪**と呼ばれることが多い（参照，林・現代の経済犯罪，神山・経済犯罪の研究）．これらの経済犯罪は，さらに，通常の経済活動の過程において実現されるという特徴をももっている．財産罪は，個人の財産を，（詐欺罪や背任罪の一定の場合を除いて）通常の経済活動の枠外で，侵害・危殆化するものである．

財産罪の体系　財産罪には，種々のものがある．そこで，その全体の分類をどのように行うべきかが問題とされている．大きく分けて，保護法益ないし客体に着目するものと，行為ないし主観に着目するものがある．両者を組み合わせるものもある．

行為ないし主観に着目して体系化することは，犯罪学上は，興味あることであり，有益でもあろう．解釈論上も，たとえば不法領得の意思の解釈などにおいて，意味のあることである．ドイツのザウアーは，財産犯を，利欲ないし困窮犯と毀棄犯とに大別した．しかし現在のドイツでは，基本的に保護法益ないし客体の性質によって大別することが多い（参照，林・財産犯の保護法益13頁以下，中森103頁以下）．解釈論上はこちらの方が妥当だと思われる．犯罪の内容

は基本的に法益の侵害・危殆化にある以上,法益ないし客体の性質がより重要と考えられるからである.もっとも,体系化にあたっては,行為態様ないし主観内容をも考慮せざるをえないことに注意する必要がある.たとえば,詐欺罪と恐喝罪は,欺罔と脅迫という行為態様によって区別され,横領罪と背任罪も,不法領得の意思を要するかが区別の1つの基準となる.

ただ,体系をどのように構築するかという問題自体は,それほど重要ではない.そのことによって,解釈論が動くわけではなく,反対に,個々の解釈論から帰納して体系は構築されるべきであるからである.本書においては,財産犯の保護法益・客体について先ず総論的な検討を加え,次に,刑法典の順序に従って叙述することとする.序論においては,刑法典の順序に従って,全体を概観しておくにとどめる.

個別財産に対する罪と全体財産に対する罪　しばしば個別財産に対する罪と全体財産に対する罪という概念を用いて,財産犯の体系が説明されることがある(たとえば団藤546頁).これは,ドイツの影響を受けたものである.

ドイツにおいては,窃盗罪などは所有権に対する罪とされ,詐欺罪などは全体財産に対する罪とされている.そして,詐欺罪などにおいては,所有権以外の財産も保護法益・客体とされていると同時に,相当対価が提供された場合,損害はないとされているのに対して,窃盗罪などにおいては,所有権のみが保護法益とされ,かつ,相当対価が提供されても,犯罪を構成するとされている.

このように,いわゆる個別財産に対する罪と全体財産に対する罪との区別には,2つの異なる意味がある.しかし,両者に,論理的な関係はない.詐欺罪の場合,客体に制限がない(すなわち,所有権の成立していない物,物でない利益でも客体たりうる)としても,相当対価が提供された場合にも犯罪を構成するかは,別個解釈の問題となりうる.また,窃盗罪の条文は「他人の財物」とされている以上,客体は所有権の成立している財物に限定される(ただし,自己の物についても窃盗罪を認める242条に注意)が,相当対価が提供された場合にも犯罪を構成するかは,別個解釈の問題となりうるのである.実質的に解釈論上問題となるのは,相当対価が提供された場合にどのように考えるべきかである.この問題については後述する.

第1節　財産罪総論　139

財産罪の概観　刑法典にはまず235条に窃盗罪が規定されている．窃盗罪こそは，財産罪の最も典型的・基本的な類型だという認識に基づくものであろう．これは，被害者の意思に反して，財物を奪う場合である．客体が財物に限定されていることに注意しなければならない．235条の2には不動産侵奪罪が規定されている．これは，窃盗罪の「財物」に不動産が含まれるか疑問があったために，昭和35年に新設されたものである．もっとも，不動産は，詐欺罪においては，「財物」だというのが判例である（大判大正11・12・15刑集1・763）．252条の横領罪の「物」に不動産が含まれることについては，判例・学説が一致している．しかし，盗品関与罪の客体とはなりうるかについては争いがある．

強盗罪は，暴行または脅迫によって財産（物以外の不法の利益も含まれることに注意）を奪う場合である．242条によって，窃盗罪・強盗罪においては，自己の財物であっても，一定の場合には犯罪となる．この規定は，詐欺罪・恐喝罪にも準用されている（251条）．なお，245条によって，電気も財物とみなされている．

詐欺罪・恐喝罪は，被害者の**瑕疵ある意思**に基づいて財産を交付させる場合である．客体には所有権とか物とかの限定がない．あらゆる経済的価値ある利益が客体となりうるのである．その意味で，前述したように，これを全体財産に対する罪と呼ぶことができる．背任罪もこの章に規定されている．背任罪においては，詐欺罪・恐喝罪とは異なり，財産の移転が要件とされていない．預かっている財産にも成立しえ（この意味ではむしろ横領罪と似ている），また，毀棄的行為についても成立しうるのである．しかし，背任罪もまた全体財産に対する罪であり，また，通常の経済行為の外観を伴って犯罪が実現されることが多い点で，詐欺罪・恐喝罪と共通しているのである．

横領罪は占有の移転がないこと，しかも，「他人の物」に限られていることに，特徴がある．後の点では，235条の窃盗罪と親近性をもつ．そこで，ドイツでは，共に所有権に対する罪とされている．しかし，ドイツの窃盗罪は純粋に所有権に対する罪とされている（自己の所有物については，全く別のPfandkehrという罪で処罰される）のに対して，我が国では242条によって，窃盗罪は自己の財物についても成立しうる．したがって我が国では，横領罪と窃盗罪の共通

性は余り強調されない（共に不法領得の意思を要するというのが通説・判例であるが，その内容が同一かには争いがある）．横領罪は自己の財物については成立しえない．もっとも，このような場合であっても，背任罪の成否が問題となることに注意する必要がある（たとえば二重抵当の場合）．なお，委託されているか否かによって，252 条と 254 条（遺失物横領罪）が区別される．

盗品関与罪は以上の財産罪とはかなり性格を異にする．財産に対する被害者の追求権を基本的な保護法益とする罪である．

以上の財産罪は一般に，利益を得ようとして被害者の財産を侵害するのである．その意味で「領得罪」と呼ばれることがある（すでに述べたように背任罪には条文上毀棄的な性格も認められている）．毀棄罪においては，被害者の財産を侵害することのみが目的となっている．公用文書・私用文書・建造物・器物など，客体に応じて，犯罪が区別されている．

2　財産罪の保護法益

財産罪の保護法益については，各罪についていくつかの問題があるが，それらには共通のものもあり，また，統一的な観点から決定されなければならないものもある．これらの問題は，財産罪の保護法益としての財産を基本的にどのようなものとして理解するかによって，決定されるのである．

財産罪の保護法益を基本的にどのようなものとして理解するかについて，法律的財産説と経済的財産説，さらに，法律的・経済的財産説の対立がある（この問題についての詳細は，林・財産犯の保護法益）．このような考え方は，本来，ドイツの影響によるものであるが，我が国の判例の中にもある程度取り入れられている．判例は，経済的財産説，さらにいえば，法律的・経済的財産説ではなく，純粋経済的財産説的な考え方をしているといってよい．

まず，判例が，純粋な法律的財産説ではなく，経済的財産説をとっていることから，説明していこう．

(1)　経済的財産説——財産的損害の要否

経済的財産説　　最決昭和 58・5・24 刑集 37・4・437 は，「刑法 247 条にいう「本人ニ財産上ノ損害ヲ加エタルトキ」とは，経済的見地にお

いて本人の財産状態を評価し，被告人の行為によって，本人の財産の価値が減少したとき又は増加すべかりし価値が増加しなかったときをいう」と判示した．最高裁は，信用保証協会の支所長であった被告人が，相手が多額の負債を抱えその資産状態が不良で返済能力がないことを知りながら，限度額を超え・担保もとらずに，本人（信用保証協会）に保証債務を負担させたという場合について，背任罪における財産上の損害を認めたのである．ここで「経済的見地において本人の財産状態を評価」するという立場は，いわゆる経済的財産説を採用したものと考えられる．経済的財産説とは，ドイツの通説・判例であり，我が国でも学説によってしばしば主張されるものである．これは，法律的財産説に対立する概念である．法律的財産説は，財産犯の保護法益としての財産を，個々の権利と解するのに対して，経済的財産説は，全体としての経済的利益と解するのである[2]．このような基本的な考え方の違いは，多くの具体的な解釈論の違いをもたらすことになる．ここではその主要なものとして，3つのものをあげておこう．

経済的価値
（財産的価値）
判例は「財物とは財産権殊に所有権の目的となり得べき物を言い，それが金銭的乃至経済的価値を有するや否やを問うところではない」としている（最判昭和 25・8・29 刑集 4・9・1585）．これは一見法律的財産説を採用しているかに見える．しかし，そうではないであろう．

たしかに，金銭的価値ないし交換価値を有しなくとも，財産罪で保護しなければならない場合は数多くある．たとえば個人の所有する親の形見，ラブレターなどである．さらに，企業秘密や，（たとえば入試問題のように）通常の経済的取引の対象となりにくいもの，あるいは経済的取引に供されることが予定され

---

[2] ドイツにおいて**法律的財産説**が主張されたのは，次のような事情による．第一に，違法論における権利侵害説の影響を受けたことである．第二に，他の法領域（とくに民法）に対する刑法の従属性が強調されたことである．第三に，処罰の明確性が重視されたことである．しかし，これらの基本思想は，いずれも誇張されてはならない．権利の侵害がなくとも法益の侵害があるときには違法とするべきである．反対に，権利の侵害があっても，刑法上重要な法益の侵害はないということもありうる．また，刑法は独自の目的と機能をもっているのであって，民事法に従属しているわけではない．さらに，処罰の明確性を得ようとして，実質的な妥当性が失われてはならない．法律的財産説はドイツにおいても，現在ほとんど支持されていないが，それは，このような理由によるのである（その詳細については，林・財産犯 23 頁以下）．

ておらず，通常の意味での金銭的価値・交換価値を欠く場合もある．しかしそのような場合でも，闇取引においてはそのような価値を有するのであるし，本人に秘匿の意思があるために，主観的価値が大きいときは，そこに経済的価値を認めることもできるであろう[3]．

しかし，所有権の目的となり得べき物が全て「財物」となりうるとするべきではない．判例も，たとえば，チリ紙13枚（東京高判昭和45・4・6東高刑時報21・4・152），メモ紙1枚（大阪高判昭和43・3・4下刑集10・3・225），不的中馬券（札幌簡判昭和51・12・6刑月8・11＝12・525），洋装店のパンフレット在中の封筒（東京高判昭和54・3・29東高刑時報30・3・55）などの場合，財産罪の成立を否定している．これらの場合も，所有権の目的となりうるべき物といいえよう．しかし，それだけで，財産罪の成立を認めてはならないと思われる．その意味で，財産罪の保護法益は，単に「権利」としてはならないのである．

なお，この場合，財物ではあるが，**可罰的違法性**がないとされることもある．しかし，構成要件要素としての財物は，本来一定の価値をもつものを予定しているのであって，端的に構成要件要素としての「財物」にあたらないとするべきであろう[4]．

財産的（経済的）
損害の要否

(1) とくに詐欺罪において，被告人が**相当対価**を提供したときに，損害が認められるかが問題とされている．我が国の多数説は，詐欺罪をいわゆる個別財産に対する罪と解し，このような場合でも，損害が認められるとしている[5]．判例上も，たとえば，最決昭和34・9・28刑集13・11・2993は，ドル・バイブレイター（時価1500円程度）を，中風や小児マヒに特効がないにもかかわらず，あるかのように欺き，2200円で売ったという事案について，このような見解に立って，詐欺罪の成立を認めた（もっとも，大判昭和3・12・21刑録7・772は，医師であると詐称して価格相当の売薬を提供した場合について，詐欺罪の成立を否定している）．

ドイツでも，このような個別財産に対する罪と解する見解は，法律的財産説

---

3) なお，企業秘密など情報については，別の観点からも，財産罪の成否が問題となる．本書179頁以下参照．
4) 参考文献として，山中・判夕540・47，林・現代の経済犯罪62頁以下，田中・基本判例120頁，山口・基本講座5巻22頁など．
5) 藤木308頁以下，大塚255頁以下，大谷269頁など．

第1節 財産罪総論 143

によって主張された．法律的財産説によれば，個々の権利が保護法益なのであるから，前にあげたドル・バイブレイターの場合でいうと，被害者の交付した個々の金銭に対する権利が，それ自体として，財産犯の保護法益だということになる．それが侵害された以上，ドル・バイブレイターという対価がどのような価値をもっているかをおよそ問題とせず，刑法上の損害を認めてよいというのである．しかしこのような形式的な見解は，ドイツでは支持されなかった．

たしかに，純粋に客観的に，すなわち，**金銭上の損得**という観点のみによって，刑法上の損害を考えるべきではない．財産の価値は，市場価値ないし交換価値だけではなく，**使用価値**ないし**愛情価値**をも含んでいるのだから，被害者がとくに大切にしている物については，そのことをも，損害の判定の要素として考慮しなければならない．

しかし，ドル・バイブレイター事件の場合，被害者は金銭を交付している．個々の金銭に対して愛情をもつ人はいない．金銭は，物を買うためにもっているのである（もちろん，ある金銭が特別の歴史的・記念的価値をもつような場合は別である）．したがって，提供された物が，それ自体としては，被害者の経済的目的を満足させるものであったときは，たとえ，真実を告げれば交付しなかったであろう場合であっても，刑法上の損害を否定するべきである（参照，伊藤・警研63・8・42）．ドル・バイブレイター事件の場合損害を認めるべきなのは，金銭という個別財産をそれ自体として，形式的に，保護するべきだからではなく，提供されたドル・バイブレイターが，被害者にとって，提供した金銭に見合うだけの財産的（経済的）価値をもってはいなかったからである．このように，財産的損害の有無は，被害者が提供した財産だけでなく，被害者に提供された財産，そして，被害者の主観も考慮した上で，判断するという立場を「全体財産に対する罪」説，あるいは，経済的財産説というのである．この意味では，いわゆる個別財産に対する罪と解するよりは，このような見解が妥当だと思われる[6]．

最近では，実質的個別財産説という見解が示されることがある[7]．しかし，

---

6) 宮本370頁，中山264頁など．さらに参照，松宮・立命館法学286・239，山中337頁など．
7) 前田241頁以下，堀内153頁など．

個別財産に対する罪と解する立場は，本来，騙されて自分の財産を提供したというだけで損害を認める立場だったのであり，それを否定し，提供された利益をも考慮に入れて，その意味で「実質的に」判断すべきだというのであれば，それはまさに全体財産説と同じことである[8]．

被害者が商品を提供し，金銭を得た場合も，商品はまさに金銭と引き換えに売るために店に置いているのである以上，騙されて売ったというだけで，「物の利用・処分という財産権の事実的機能が阻害」された（福田・注釈刑法Ⅴ 233頁）とするべきではない．現在では，たとえば，未成年者が成年者と偽って酒を購入した場合には詐欺罪は成立しないということは，ほとんどの学説が認めている．その理由としては，実質的には，酒という「個別財産」に対して，代金という「相当対価」が提供されたということのほかは考えられない．この場合，獲得しようとしたものを得た，目的を達成したという説明がなされることもあるが，それは全体財産説と結局は同じことである[9]．

(2) ドイツでは「財産の損害」が条文上の要件となっているからそのように解されたのであって，これに対して我が国ではただ「財物を交付させた」となっているのだから，ドイツとは条文の前提を異にするという人が多い．しかしドイツでも，法律的財産説によって個別財産に対する罪と解する立場が主張されたことが示しているように，全体財産に対する罪と解する立場が条文から自明のこととされているわけではない．全体財産に対する罪と解する立場も，条文の文言のみを根拠としているわけではないのである．その実質的な根拠はまさに，前に見たように，刑法上の財産を「経済的」に見るべきだというところにある[10]．

さらに我が国の場合，**背任罪**においては「財産上の損害」が要件となっているのに対して，詐欺罪においてはそれが条文に掲げられていないという違いがあるので，背任罪は全体財産に対する罪と解しえても，詐欺罪はそのように解

---

8) 参照，林・現刑 44・48，橋爪・法教 294・93．
9) 以上に述べたように詐欺罪を全体財産に対する罪と解する立場は，クレジットカードを不正使用した場合の詐欺罪の成否の問題において，近時学説上多くの支持を受けるに至っている．参照，本書 252 頁．さらに参照，最判平成 13・7・19 刑集 55・5・371（本件について，樋口・ジュリ 1249・156），最決平成 16・7・7 刑集 58・5・309．
10) 参照，林・財産犯 71 頁以下，相内・警研 5・2・66，佐伯・神戸法学年報 1・102 など．

しえないという人もいる．しかし，刑法上の財産を背任罪と詐欺罪とで区別することは，実質的には理由のないことである（林・争点［新版］293頁）．「財産上の損害」という文言だけからは，それを個別財産説に従って解釈することも可能なはずである．通説・判例がそれをしないのは，全体財産説に実質的な妥当性があるからである．詐欺罪において「財物を交付させた」とされているのは，窃盗罪の場合と同じように，行為の客体を限定したもの，すなわち，「利益」を除いたもの（詐欺罪の場合，2項で物以外の利益も客体とされる）と解するべきであろう[11]．

(3) 最近では，法益関係的錯誤がある場合に詐欺罪の成立を認めるべきだという主張がなされている[12]．たしかに，詐欺罪は騙されて，一見同意の上，交付する場合に成立するものであり，錯誤に基づく同意についての一般法理に服する．たとえば，自分の交付する財産について認識を欠くときは，法益関係的錯誤を理由に損害を認め得る．しかし，この見解には次のような疑問がある．

まず，相手から提供された財産について錯誤があった場合，たとえばドル・バイブレイター事件の場合も法益関係的錯誤を認めるのだとすれば，結局は提供された財産も考慮して法益侵害を考える，すなわち，全体財産説と同じである．このかぎりでは説明の仕方の違いにすぎない．ところがこの見解は，錯誤そのものが被害であって，詐欺罪においては財産的損害を要しないとするのである．しかし，財産の保護を目的とする財産犯において，財産の侵害，すなわち，財産的損害を要しないとすることは，法益侵害のない犯罪を認めるものであって，妥当でない．いわゆる個別財産説も，財産的損害を要しないとするものではなかった．それだけでなくこの見解は，法益関係的錯誤は詐欺罪に固有のものと主張している．しかし，法益関係的錯誤がある場合に同意を無効とする法理は，詐欺罪だけでなく，他の財産罪，たとえば横領罪や背任罪にも妥当する．委託者や本人を騙して同意を得た場合であっても，自己が占有する財産については詐欺罪は成立しないが，横領罪や背任罪は成立し得る．その場合も，

---

11) 林・財産犯104頁以下．なお，1項の場合，および2項の中でも「権利」の場合には個別財産に対する罪だが，それ以外の利益の場合には全体財産に対する罪だと解する立場もある（団藤620頁）が，その根拠は明らかではない．実質的に考えても，たとえば，乗車券という財物と，輸送・役務という利益とで，財産的損害の要否の問題において区別する理由はないであろう．
12) 山口263頁以下，橋爪・法教294・94，佐伯・最前線104頁以下．

法益関係的錯誤がある場合,同意は無効といってよい.この説に対する疑問はそればかりではない.錯誤に基づく一般法理によれば,法益関係的錯誤がなくても,自由意思を喪失した場合にはやはり同意は無効である.たとえば,ある母親が,子供が破産しそうだと騙されて金員を交付させられた場合,金員の交付を認識している以上は,法益関係的錯誤はない.それにもかかわらず金員の交付に財産的損害を認め得るのは,それが自由になされたものではないからである.一般的・理論的にいえば,一見なされた同意が無効となるのは,自由になされていない場合である.いわゆる法益関係的錯誤は,その1つの場合にすぎない(林・曹時57・3・10以下,同・研修687・3).

(4) **横領罪**の場合も,「他人の物」という客体に限定されるが,その保護法益は,全体としての経済的利益と解するべきである.しばしば,両替のために領得した場合,補填の意思のある場合,あるいは一時使用の意思の場合には,横領罪の成立が否定されるべきだといわれるが,その実質的な根拠はまさにここにある.すなわち,このような意思の場合処罰するべきでないのは,このような意思は,(経済的利益を侵害するという)法益侵害に向けられていないからである.また,不動産の二重売買の場合において,契約直後であって,代金も支払われず・引き渡されもせず・登記も未了のような段階では,横領罪の成立が否定されるべきだと学説によって主張され,判例も実質的にこのことを認めていると解される[13]が,その根拠もここにあるのである.

以上に述べたことは,**窃盗罪**の場合にも同じように妥当する.たとえば,タバコ売店に売主が居なかったので,代金を置いてタバコをもってきた場合に,窃盗罪の成立を認めるというのは不当である.このような場合を起訴する検察官はいないであろう.欺罔による場合に詐欺罪を否定しながら窃盗罪は認めるというのは均衡を失する.

先にあげた背任罪の判例は,この経済的損害の要否の問題まで意識したものではないかもしれない.しかし,財産を「経済的」に見ることは,このような帰結をもたらすものであること,少なくとも,ドイツにおける経済的財産説の最も重要な意味の1つはここにあることに注意する必要がある[14].

---

13) 参照,本書287頁以下.
14) 最近判例はこのことを認めた.最決平成8・2・6刑集50・2・129は,銀行の支店長が,経営

財産侵害の「危険」

法律的財産説に従えば，権利の侵害がないかぎり刑法上の損害はない．したがってたとえば，銀行の貸付係が，相手が返済の意思・能力がないにもかかわらず，無担保で貸付けたような場合でも，銀行は一般の貸付の場合と同じように債権を得る以上，損害はないということになる．かつて我が国の判例は，このような場合について，損害はあるとしていたものの，その理由として財産の「危険」でも損害となりうるとしていた（たとえば，最判昭和37・2・13刑集16・2・68）が，これも，法律的財産説的な考慮に従って，被害者の財産として，銀行の権利に着目していたからであろう．**法律的な権利**の観点からは，銀行の債権は侵害されてはおらず，ただ相手に返済の意思・能力がなく，担保もないために，その債権の実現の可能性が乏しくなっている，すなわち，危険に陥っているにすぎないということになる．しかし，経済的に見れば，実現の可能性のない債権は，無価値であり，実現の可能性があってもそれが困難な場合には，やはり価値が低いといわざるをえない．それにもかかわらず貸付金を交付した銀行は，経済的には実害としての損害を被ったということになる．前述した最高裁昭和58年5月24日決定は，不良保証の場合について，この趣旨を明言したものである．

もっとも，どのような段階に至れば，未遂としての危険を超えて，経済的には損害が発生したとなしうるかは，困難な問題である[15]．少なくとも，貸付するという契約だけでは原則として不十分であって，現実に金銭が交付されたのでなければならないと解するべきであろう．さらに，相手（詐欺罪の場合は被告

が悪化している会社の代表取締役が振出した手形の保証をしたという事案について，その反対給付として金銭がその銀行の会社名義口座に入金され，銀行に対する以前の債務の弁済にあてられたが，その当日支店長はなおもその会社に融資したことを理由としてその金銭は銀行に「確定的に帰属していない」として損害を認めた．この判例は，反対給付があれば損害を否定するべきだという前提に立っているといえる．この判例については，佐伯・金法1460・78，林・ジュリ1119・149，川崎・同志社法学50・1・474．

15) 参照，伊藤・松尾古稀（上）481頁．学説上は，**不良貸付**などの場合，貸付の時点で回収の見込みがなくても，現実に相当期間内に返済された場合には，既遂とするべきでないという主張がなされている（岡本・荘子古稀427頁）．しかし，貸付の時点で回収の見込みがないにもかかわらず貸付け，期限が来て現実に回収不能となった場合，期限まではおよそ既遂とはなりえないというのは不当であろう．たしかにそのような場合であっても，たとえば宝くじにあたって返済される場合はある．しかしそのことを理由に損害を否定するのは，金銭を盗んだ後に宝くじにあたったので，盗んだ金額を返済した場合に窃盗罪の成立を否定するのと同じであって妥当でない．

人）に，返済の意思・能力が欠けているというだけでも不十分である．人的・物的保証が十分であって，債権の実現にほとんど困難が伴わないような場合には，刑法上の損害を否定しなければならない．判例も，背任罪の損害を認めるにあたっては，現実に人的・物的保証がほとんどなく，いわゆる償還不能であることを認定していることが多い[16]．

(2) 法律的・経済的財産説——不法原因給付と詐欺・横領，本権説と占有説，「他人の」の意義

すでに述べたように，刑法上の財産は，法律的財産説によってではなく，経済的財産説によって理解するのでなければならない．しかし，そこに，なんらの法律的な観点を入れなくてもよいであろうか．いいかえると，法秩序（とくに民事法）によって保護されていない・不法な利益をも，経済的価値があるというだけで，刑法上の財産と認めるべきであろうか．これを肯定するのが，純粋経済的財産説である[17]．これを否定するのが，法律的・経済的財産説である．私人の財産関係を規律するのは，第一次的に民事法の任務である．刑法は，その規律では不十分な場合に，これをより強い制裁で補強しようとするものである．したがって，民事法によって保護されない不法な利益は，いかに経済的価値があっても，刑法上の財産と認めるべきではない．この意味で，法律的・経済的財産説が妥当である[18]．

前述した最決昭和58・5・24刑集37・4・437には，団藤裁判官・谷口裁判

---

[16] その他，権利の見地からは危険が発生するにすぎないが，経済的には損害が発生したと見るべき場合として，次のものがある．第一に，被害者が欺罔によって盗品等を善意取得した場合，権利を得るが，元の所有者からの追求を受ける可能性がある．したがって，盗品等をそうでないかのように偽って売却したときには，詐欺罪の成立を認めるべきである．第二に，借用証書を奪われた場合，債権の存在は影響を受けないが，債権を実現できなくなる可能性がある．したがって，債務者が債権者から借用証書を窃取したような場合，窃盗罪の成立を認めるべきである．第三に，欺罔によって債務を負った場合，取り消しうるとしても，債務を支払う可能性が生じる．したがって，このような場合，詐欺罪の成立を認めうる．もっとも，いずれの場合にも，経済的に見て，危険を超え損害が発生したといいうるのは，どの段階かが問題となりうる．

[17] 我が国では前田154頁．

[18] 基本的にこのような見解に立つと解されるものとして，団藤547頁，平野221頁，中森113頁，平川339頁，曽根155頁，山口212頁，佐伯・百選〔5版〕114頁，道垣内・佐伯・刑法と民法の対話など．

官の補足意見が付されている．両裁判官は，経済的財産説をとるとしても，そこに法律的な歯止めをかけるべきであって，法律的・経済的財産説をとるのでなければならないとしたのである．

　純粋経済的財産説と法律的・経済的財産説とは，いくつかの解釈問題において，異なった結論をとることになる．たとえば，不法原因給付と詐欺・横領，本権説と占有説の問題などにおいてである．次には，これらの問題について検討することとする．

1　不法原因給付と横領罪・詐欺罪

問題の所在　　民法708条には，「不法な原因のために給付をした者は，その給付したものの返還を請求することができない」と規定されている．被害者のなした財産の交付がこの不法原因給付にあたるために，民法上は保護されない場合に，刑法上は財産として認め，横領罪や詐欺罪の成立を認めることができるかが問題となるのである[19]．

不法原因給付と横領罪　　（1）　最高裁は，被告人は他人から贈賄の目的で委託された金銭を自己のために費消したという事案について委託物横領罪の成立を認め，次のように判示した．「不法原因の為の給付をした者はその給付したものの返還を請求することができないことは民法708条の規定するところであるが刑法第252条第1項の横領罪の目的物は単に犯人の占有する他人の物であることを要件としているのであって必ずしも物の給付者において民法上その返還を請求し得べきものであることを要件としていないのである」（最判昭和23・6・5刑集2・7・641．これを支持する学説として，内田363頁な

---

19)　最高裁は，被告人は統制物資であった綿糸を，古雑誌をつめた鞄に現金が入っていると欺いて買い受けたという事案について詐欺罪の成立を認め，次のように判示した．「被害者が本件綿糸を処分したことが統制法規に違反する所謂闇行為であるとしてもそれによって被告人の詐欺罪の成立に消長を来たすいわれはない，けだし欺罔手段によって相手方の財物に対する支配権を侵害した以上，たとい相手方の財物交付が不法の原因に基いたものであって民法上其返還又は損害賠償を請求することができない場合であっても詐欺罪の成立をさまたげるものではないからである」（最判昭和25・7・4刑集4・7・1168）．同様に最高裁は，売春すると欺いて前借金を交付させたという事案についても詐欺罪の成立を認め，次のように判示した原審の判断を是認した．「前借契約の民事的効力いかんの問題にかかわりなく，詐欺罪を構成する」（最決昭和33・9・1刑集12・13・2833）．

ど).この判示は,問題の場合,不法原因給付ではあるが,**所有権**は委託した他人にあるから,横領罪の成立を否定する理由はない,としているようである.このように,もし問題の場合に所有権が委託者にあるのであれば,横領罪の保護法益は所有権であって返還請求権ではない以上,横領罪の成立を認めてもよいであろう.また,このような場合に横領罪の成立を認めても,必ずしも,民法上保護されない不法な利益を刑法で保護するということにもならないのである.

しかし,不法原因給付として返還請求ができないのであれば,所有権はないのとほとんど同じである.不法原因給付だとするのであれば,財産関係の法的安定のためには,むしろ給付を受けた者に所有権は移るとした方がよい.最高裁は,昭和45年の民事判決において,妾関係維持のために建物を贈与した場合,給付者は不当利得に基づく返還請求が許されないばかりでなく,所有権が自己にあることを理由として給付した物の返還請求をすることも許されないとし,そして,給付者が不当利得に基づく返還請求も所有権に基づく返還請求も708条によって許されない場合,その**反射的効果**として目的物の所有権は受贈者に帰属すると判示するに至ったのである(最判昭和45・10・21民集24・11・1560).所有権の帰属についてのこの最高裁判決は,正当だと思われる.横領罪の成否にかかわるここでの問題においても,もし不法原因給付だとするならば,所有権は給付者にはないとするべきだと思われる.

そして,もし,ここでの問題の場合このように不法原因給付であって,所有権も委託者にないのであるならば,横領罪の成立を認めるべきではない.学説の中には,不法原因給付にあたるかどうか,あるいは委託者に所有権があるかどうかなどの民事法上の判断とは**独立・独自**に,横領罪の成立を認めるべきだとするものがある[20].これは,純粋経済的財産説に従ったものである.しかし,このような考えは,妥当とは思われない.というのも,前述したように,私人間の財産関係は第一次的には民事法によって規律されるべきなのであって,財産罪は,より強い制裁で民事法の規律を補強しようとするものなのである.民事法上委託者に返還請求権も所有権もない場合,法秩序としては,刑罰という

---

20) 前田260頁.

より強い制裁で彼の利益を保護してやる理由はない．**法秩序の統一性**の見地からも，そのような場合に財産罪の成立を認めることには疑問がある（法秩序の統一性については，林・刑法の基礎理論37頁以下）．多くの学説はおおむねこのように考えて，横領罪の成立を認める判例の立場に反対している[21]のであるが，その民事法と刑事法の関係についての基本的な考え方そのもの（すなわち法律的・経済的財産説）は正当だと思われる．

しかし問題の場合，そもそも民法708条にいう不法原因給付なのであろうか[22]．不法原因給付の解釈は，民法学者の間でも，困難な問題とされている．すなわち，「不法」の点では問題がない場合であっても[23]，「給付」にあたるかという問題がある．刑事で問題としている場合は，目的物は「委託」されているにすぎないのであって，収賄者に渡され終極的に移転されるより前の段階である．この段階では，不法原因「給付」ではない，あるいは少なくとも，給付

---

21) 団藤637頁，平野224頁，中森159頁，曽根176頁，山口297頁など．
22) この点の民事判例の立場ははっきりしない．刑事の昭和23年最高裁判決は，問題の場合，「他人の物」としており，少なくとも当時の「他人の物」とは民法上他人の所有権に属することを意味したから，昭和45年10月21日最高裁大法廷判決を前提としてこれを進めれば，問題の場合不法原因給付でないということになりうる．また，最判昭和40・12・17民集19・9・2178は，不法な債権のためになされた抵当権設定登記の抹消請求を認めている．これを進めれば，不法な債権のために質権を設定した場合，さらには不法目的のために賃貸・寄託した場合も，返還請求できることになりうる．さらに，最判昭和41・7・28民集20・6・1265は，債権者からの差押えを免れるためにした不動産の仮装譲渡は不法原因給付にあたらないとし，最判昭和37・5・25民集16・5・1195は，不法原因給付の受領者が返還を約する合意を有効として返還請求を認めている．もっとも，東京地判昭和56・12・10判時1028・67は，子供を大学医学部へ裏口入学させる目的で仲介者に金員を預託した場合，民法708条によりその返還請求は許されないとしている．この判例の場合，仲介者は独立した裁量をもっており，刑法で問題としているような使者的・従属的な立場の者に委託した場合とは異なるとも解し得る．いずれにしてもこの下級審判例は，前掲最高裁判例の流れに反している疑いがある．なお参照，道垣内・佐伯・刑法と民法の対話43頁以下，林・上智法学45・2・41以下，横山・法時74・10・81など．
23) 「不法」は「反道徳的な醜悪なもの」でなければならず，単なる統制法規違反はこれに含まれないとする点では，判例（大判明治41・5・9民録14・546など）・学説にかなりの一致が見られる．このように解するときには，たとえば統制物資を買い付ける目的，あるいは，導入預金（参照，預金等に係る不当契約の取締に関する法律2条1項）の用に供する目的で金銭が委託された場合，不法原因給付ではなく，当然に横領罪の成立が認められることになる（東京高判昭和45・11・10刑月2・11・1145）．もっとも，贈賄目的の場合はこの点ではおそらく「不法」にあたるといわざるをえないであろう．また，民法708条但書には「但不法ノ原因カ受益者ニ付テノミ存シタルトキハ此限ニ在ラス」と規定されており，このような場合に横領罪の成立を認めることにも，問題がない（なお参照，最判昭和29・8・31民集8・8・1557，最判昭和44・9・26民集23・9・1727．さらに，中村・Law School 33・11，田山・早稲田法研92・113以下）．

したのは「委託」であって，所有権ではないと解する余地がある（昭和45年民事判例の場合は，「贈与」し所有権を移転した場合である）．その理由は，およそ次のようなところにある．不法原因給付の制度は，裁判所に訴えを求めて来る者はきれいな手で来いという，いわゆるクリーン・ハンズの原則に基づくものである．問題の場合，委託者の手はすでに汚れており，しかも物は完全にその手を離れてしまっていて，受託者の利益を実現するために国家が助力する必要もなくなっている．ところが他方，刑事で問題としているような「委託」の段階で不法原因給付を認めると，受託者が委託者との間にある信頼関係を一方的に踏みにじり，財産関係についても，一方的に利益を得ることを容認する結果となる（終極的に利益が移転されたときには，多くの場合，利益は相互に交換されているために，今更元に戻すのはかえって妥当を欠くという考慮も働く）．それだけでなく，委託の段階では，委託者の返還請求を認めた方が，（贈賄など）不法な目的の実現を未然に防ぐことができることにもなる．理論的にも，委託者は受託者に所有権を給付したわけではないのだから，終極的に移転されるまでは，所有権に基づき返還請求をなしうると解するべきである．このように解するならば，問題の場合，委託物横領罪の成立を否定する理由はないということになる[24)25)]．

(2) 盗犯者から盗品を委託されたがこれを費消したような場合にも，横領罪の成立が問題となる．この問題の場合，多くは盗品関与罪の成立が認められるが，そのときには，その犯罪性は評価され尽くしたものとして，別個横領罪で処断するべきではないであろう．大判大正11・7・12刑集1・393は，この趣旨を判示したものと解される．しかし，故意がないなどの理由によって盗品関与罪の成立が認められないときには，横領罪の成立が問題となる．大判昭和13・9・1刑集17・648は，委託物横領罪の成立を認めた（金銭の場合について，大判昭和10・6・26新聞3861・16）．

この場合も，不法原因給付ではなく，盗犯者の返還請求が認められるとする民法学説もある（谷口・注釈民法（18）645頁）が，盗犯者には所有権はない．所

---

24) このような見解をとるものとして，林・財産犯169頁以下，平澤・基本講座5巻248頁，平川339頁，大谷298頁，山中383頁，西田210頁など．さらに参照，和田・法教271・34．
25) この場合委託関係は不法のもので保護されないとして，占有離脱物横領罪の成立を認める見解もある（江家324頁，野村・百選［4版］107頁など）が，委託者に所有権を認めながら，その委託者からの委託を保護しない理由はないから，委託物横領罪の成立を認めるべきである．

有権は本犯の被害者にある．しかし，この場合の被告人と本犯の被害者との間に委託関係を認めることはできないであろう．もっとも，盗犯者に返還請求が認められるとすると，ここに適法な委託関係を認めることができるかもしれない．しかし，このような，所有権者と切断された委託関係の場合に，委託物横領罪の成立を認めることができるかは，疑問である．判例は，誤って配達された郵便物を領得した場合に，占有離脱物横領罪の成立を認めたことがある（大判大正6・10・15刑録23・1113．なお参照，大判明治43・12・2刑録16・2129）．本件の場合この場合と同じように考えて，占有離脱物横領罪の成立を認めるべきものと思われる．

（3）　さらに問題となるのは，盗犯者から盗品の換金を委託され，換金して得た金銭を領得した場合である．最高裁はこのような場合について，委託物横領罪の成立を認めた（最判昭和36・10・10刑集15・9・1580）．この場合にも，盗犯者にはその金銭の返還請求が認められるとする余地がある．本犯の被害者にはより強い理由で不当利得返還請求権が認められるべきであろう．そして，金銭の場合には，所有権の侵害がなくても委託物横領罪の成立が一般に認められている．しかし，所有権の侵害がなくても横領罪の成立を認めるこのような例外的な場合が，むやみに拡張されるべきではないであろう．このような例外は，所有権者自身が使途を特定して金銭を委託したなどの特殊の事情がある場合に限られるべきだと思われる．さらに，この場合に認められる本犯の被害者の不当利得返還請求権を根拠として，占有離脱物横領罪の成立を認めることも妥当とは思われない．本犯の被害者は，その金銭を一度も所有も占有もしたことがないからである．この場合盗品関与罪の成立が認められなければ，無罪とするほかはないと思われる（無罪判例として，福岡高判昭和26・10・6判特19・28，福岡高判昭和29・3・30判特26・75）．

不法原因給付と詐欺罪（強盗罪）　（1）　すでに見たように，最高裁は，統制物資である綿糸を欺罔によって買い受けたという事案について，詐欺罪の成立を認めた．しかしこの場合も，単なる統制法規違反であって「不法」原因給付ではないと思われる．もっとも，不法な前借金の場合（売春すると偽って前借りするような場合）[26]には，不法原因給付だとするのが現在の通説・判例（最判昭和30・10・7民集9・11・1616）である．そうだとすれば，民事

法上保護されない不法な利益は財産罪によって保護するべきではない以上，この場合は無罪とするほかないのであろうか．

　この問題の前提として，詐欺罪の構造をどのように理解するべきかが問題となる．もし詐欺罪が，被害者が交付した財産の返還請求権を保護しようとするものなのであれば，この場合たしかにそのような権利はない[27]．また，滝川博士は「財産の処分は法の禁止する目的を実現する意図の下に行われたものであって，法の保護の外にある」とされる（滝川 157 頁）．これは，被害者が財産を処分するときにもっている目的に着目するものである．問題の場合の被害者の目的が不法のものであることにも疑いがない．あるいは，詐欺罪は，被害者が**当該取引によって得ようとする利益**，この場合でいうと売春させようとすることを保護するものだという考え方もありうる．そのような「利益」が民事法上保護されない不法なものであることはいうまでもない．

　しかし詐欺罪は，被害者が当該取引のためにまさに交付しようとする財産（この場合でいうと，前貸しをしようとする者の金銭）を，交付されないように保護しようとするものである．いいかえると，欺罔によって交付される財産の喪失が，詐欺罪における損害なのである．このような財産は，問題の場合にも，民事法上保護された適法な利益だといいうる．前貸しをしようとする者は，交付するまでは，当該契約は無効だとして，民事法上適法に交付を拒否しうるからである．このように解するときには，問題の場合に法律的・経済的財産説の見

---

26)　名古屋高判昭和 30・12・13 裁特 2・24・1276 は次のように判示する．「詐欺罪の如く他人の財産権の侵害を本質とする犯罪が処罰されるのは単に被害者の財産権の保護のみにあるのではなく，斯る違法な手段による行為は**社会秩序を乱す危険**があるからである．そして社会秩序を乱す点においては売淫契約の際行われた欺罔手段でも通常の取引における場合と何等異るところがない」．ほぼ同じ表現は，闇綿糸を騙取した場合に詐欺罪の成立を認めた前掲最高裁昭和 25 年判決にも見られる．しかし，この場合被害者以外の社会の人々はどのような被害も受けてはいないのであり，そして詐欺罪は財産に対する罪なのであるから，詐欺罪が成立するかどうかは，もっぱら被害者の不法な労働力・無効な債権が刑法上財産と認められるかによって，決められなければならない．

27)　西田 186 頁は，この場合返還請求権がないとすれば盗品関与罪の成立を認め得ないこととなり問題があり，民法 708 条但書によって返還請求権が認められることを理由に詐欺罪の成立を認める．しかし，返還請求権のない場合に盗品関与罪の成立を認め得ないのは当然のことであり（本書 309 頁参照），また，詐欺罪における欺罔行為をした場合のすべてが民法 708 条但書にあたるわけではないであろう．民法 708 条但書の適用を受けず返還請求しえないとしても，本文に述べる理由・構成によって詐欺罪の成立を認め得るものと思われる．参照，山口 268 頁．

地からも詐欺罪の成立が認められる（平野220頁，中森142頁，曽根148頁など）．

(2) この場合に似ているが異なる場合として，男が金を払うと女を騙して売春させたり，売春後に欺罔などによって代金の支払いを免れたような場合がある．この場合については，下級審の判例は分かれている[28]．

学説にも，この場合を前の不法原因給付と詐欺の場合と区別し，詐欺罪の成立を否定するものが少なくない[29]．いわゆる純粋経済的財産説と法律的・経済的財産説の実際上の違いの1つはまさにここにあるのであって，ここで財産罪の成立を否定する見解は実は法律的・経済的財産説に立っているといってよいのである．

この場合，まず，およそ労働力が2項詐欺の利益にあたるか，また，およそ債権が騙取されたといえるためには，どのような要件が満たされなければならないかという問題もある．しかしこれらの問題（それについては後述する）のほかに，売春という不法な労働力，あるいは売春代金支払債権という無効な債権を財産罪で保護するべきか，ということが問題となるのである[30]．

最近最高裁は，次のような事案について，2項強盗殺人未遂罪の成立を認めた．被告人らは被害者のもつ覚せい剤を奪い，そして殺そうとして，覚せい剤の買手が別室に居るかのように装って，被害者をホテルの一室におびきよせた．覚せい剤を渡すのが先か，代金を支払うのが先か，もめたが，被害者は逡巡の

---

28) 詐欺罪の成立を認めたものとして，名古屋高判昭和30・12・13裁特2・24・1276．否定したものとして，札幌高判昭和27・11・20高刑集5・11・2018，福岡高判昭和29・3・9裁特26・70．BGHSt. 4, 373は，売春婦に対する報酬としてにせ金を手渡し，その債権の取り立てを免れたという事案について，性交渉は法にとっては金銭的に評価できる価値をもたず，売春婦の被告人に対する債権も公序良俗に反し無効だとして，詐欺罪の成立を否定した．
29) 先に法律的・経済的財産説の論者としてあげたもの（本書148頁注18参照）のほか，江家311頁，青柳453頁，宮内・講座139頁，村井・判例研究6・312頁，町野・現在128頁，林・財産犯174頁，176頁，山口245頁など．詐欺罪肯定説として，団藤618頁，内田307頁，大谷276頁，前田238頁など．
30) 最高裁の判例に次のようなものがある．被害者は，麻薬購入資金として，金銭を被告人に委託した．ところが被告人は，被害者を殺害して，この金銭債務を免れようとしたという事案である．最高裁は，2項強盗殺人罪の成立を認めた（最判昭和35・8・30刑集14・10・1418）．この場合は，被害者はその金銭を委託しているにすぎないから，すでに述べた不法原因給付と横領の問題の第一の場合と同じ財産関係である．したがって，実は不法原因給付ではなく，被害者は被告人に対してその金銭の返還を民事法上適法に請求することができるのである．そうだとすれば，その請求権を刑法上の財産と認め，2項強盗罪の成立を認めることに問題はない（同旨，谷口・民商法雑誌44・3・548以下）．

後，被告人に覚せい剤を手渡した．被告人は別室に戻った後，覚せい剤をもったまま逃走した．相被告人が被害者の部屋に向かい，殺そうとしたが果たさなかった，というのである．最高裁は覚せい剤の返還ないしその代金支払を免れるという財産上不法の利益を得るためになされたものとした（最決昭和 61・11・18 刑集 40・7・523．本決定については，林・警研 59・6・47）．

　この場合，被害者は「おまえに預ける」と言って覚せい剤を手渡したのだが，覚せい剤は取引の当事者（とされている者）に完全に渡ってしまったのである（また，そうする意思でもあったと解される）．したがって，覚せい剤取引という犯罪の実現を未然に防ごうとする考慮も働きえず，おそらく不法原因給付とするべきだと思われる．しかも，客体は覚せい剤なのだから，被害者にその返還請求権を認めることはできないであろう．また，被害者にはその代金支払請求権もないといわざるをえない．

　一般に債権が財産と認められるのは，債務者に支払う意思と能力があるか，それがないときには，民事裁判所でその債権を認めてもらい，強制執行によってその債権を実現できるからである．本件の場合のように，無効の「債権」を「債務者」自身が免れようとする場合，彼に支払う意思がないことは明らかで，「債権者」には事実上の利益すらもない．そして，「債務者」の意思に反して自己の利益を法的に実現することもできないのであれば，被害者には一体どのような財産上の利益があったといいうるであろうか．この場合に 2 項強盗の罪を認めたのは，不当であったというほかはない（売春代金の支払いを暴行・脅迫によって免れても，財産上不法の利益を得たものとはいえないとするものとして，広島地判昭和 43・12・24 判時 548・105）．

　(3)　前述の場合は無効の債権を侵害した場合であるが，これとは別に，無効の債務を負担させた場合も問題となる．一般にこの 2 つの問題は別のものであることが認められている（中森 113 頁，町野・現在 149 頁など）．最決昭和 43・10・24 刑集 22・10・946 はこの場合に詐欺罪の成立を認めた．この場合，被害者の債務は，法秩序によって保護された適法な財産に対して生ぜしめられている．したがって，法律的・経済的財産説の立場からも，当然詐欺罪の成立が認められる．もっともこの場合，さらに，債務の負担だけで，1 項の未遂を超えて，2 項の既遂として処罰することができるか，という別の問題がある[31]．

2　財産関係の相対性（禁制品・盗品等の財産性）

　被害者の財産が法秩序によって保護された適法なものかどうかは，行為者との関係を考慮して相対的に決められなければならない．ある財産の所有・所持が，Aに対する関係では不法だが，Bに対する関係では適法だということもありうる．その場合，Aの侵害は財産罪を構成しないが，Bの侵害は構成するのである．

　なお，このように解することは，法秩序の統一性の観念に反するものではない．民事法上適法で保護されている利益だけが刑法上の財産となりうるという法律的・経済的財産説は，法秩序の統一性という理念に立脚するものといいうる．ここでの問題においては，民事法上も，適法か否かを相対的に決められるべきであることが前提となっている．たとえば，YがXから本を借りたが，Yは期限が来ても返さない場合，Yの所持はXに対する関係で民事法上不法なものである．だからといって，まったく無関係の第三者Mに対する関係でその所持が不法なものとなるわけではない．Mに対する関係ではその所持は適法で，民法によっても保護される．同じことが刑法の場合にもいえるのである（参照，松宮・刑事立法と犯罪体系133頁）．

　このような例として，次の2つの場合をあげよう．

　禁制品（法禁物）　銃砲刀剣，麻薬・覚せい剤のように，法令による一定の例外を除き，私人による所有ないし占有が禁止されている物を禁制品という．純粋経済的財産説に従えば，問題なく刑法上の財産と認めうる．法律的・経済的財産説に従えば，刑法上の財産ではなく，これを第三者が侵害しても財産罪の成立は認められないのではないかが問題となる（参照，町野・現在106頁）．判例は，元軍用アルコールなどの隠匿物資・密造酒などについて，財産罪の成立を認めている（最判昭和24・2・15刑集3・2・175，最判昭和26・8・9裁判集刑51・363）．学説にもこの場合に財産犯の成立を認めるものが多い．まさにこのことを根拠として，純粋経済的財産説をとるべきだとする説もある（前田154頁）．判例も，このことを1つの重要な契機として，本権説・占有説

---

31)　これについては本書176頁を参照．

の問題において，占有説を採用するに至ったのである．しかし，禁制品の占有は，国家に対する関係で，その所有・所持を対抗できないという意味でのみ，不法なのである．私人に対する関係では，適法であって，法秩序によって保護されているといえる（中森112頁，曽根・争点［3版］163頁，山口184頁など）．禁制品の占有者も，私人に対して引渡の義務を負うものではないからである．したがって，この場合，法律的・経済的財産説の立場からも，刑法上の財産と解しうる．

盗品等の第三者による侵害 被害者Aから盗んだ物を占有する本犯XからYがさらに盗んだ場合，Yに窃盗罪の成立が認められるかという問題がある．
この場合も，Xの占有は不法なものであって法秩序によって保護されていないから，法律的・経済的財産説に従えば財産犯の成立を認めることができないのではないかが問題となるのである．ドイツではフランク，我が国では滝川博士（各論120頁，斎藤信治103頁）がこのような立場から，この場合，財産罪の成立を否定する．

この場合，元の被害者Aの**所有権**が**再び侵害される**という理由によって財産犯の成立を認める見解もある（平野205頁，西田139頁など）．たしかに，盗まれてもAの所有権は失われない．しかし，このように解しても，窃盗罪の成立を認めるためには，さらに他人の占有を侵害したのでなければならず，その占有が不法なものであっても，財産罪の成立を認めてよいかという問題は依然として残るのである．

この場合の本犯Xの占有は不法であるが，それは，ただAに対する関係（及び国家に対する関係）でだけである．このことは，賃借人の期限が切れて不法な占有となった場合を考慮すれば，明らかである．この場合，賃貸人に対する関係でその占有が不法だとしても，第三者に対する関係では適法であって，法秩序によって保護されていると解するべきである．賃借人は，期限が来ても，無関係の第三者に引渡の義務を負うものではない．同じことは，Xの場合についてもいいうるのである（団藤567頁，中森112頁，山口189頁など）．

学説には，これらの場合に財産罪の成立を認めることを根拠として，次に問題とする本権説・占有説の問題においても，占有説をとらなければならないとするものがある（木村・財産犯論の研究489頁，香城・最判解平成元年度228頁など）．

しかし，この両者はまったく別の問題であることに注意しなければならない（林・財産犯225頁，曽根・重要問題123頁，島田・法教289・99など）．

3 本権説と占有説，権利行使と恐喝

法律的・経済的財産説と純粋経済的財産説との違いは，本権説・占有説の対立，権利行使と恐喝の問題にも影響を及ぼす．占有説は，**事実上の占有**そのものが財産犯の保護法益だとして，行為者・被害者間の民事法上の権利関係を問わず，事実上の占有を侵害したときには財産犯の成立を認める．本権説は，占有の背後にある**本権**が財産犯の保護法益だとして，たとえ占有を侵害しても，本権を侵害していないときには財産犯の成立を否定する．占有説の基礎には純粋経済的財産説が，本権説の基礎には法律的財産説ないし法律的・経済的財産説があるのである．

権利行使と詐欺・恐喝といわれる問題も，恐喝罪の場合には脅迫罪の成否が別個問題となり，また，とくに金銭の奪取が問題となる点に特殊性があるだけで，問題の性格は基本的には同じである．単なる財物が客体となる場合について，窃盗罪と恐喝罪とで区別する理由はないし，また，単なる財物が客体となる場合と金銭が客体となる場合とで区別する理由もない．要するに，民事法上の権利関係を問わずに占有の侵害があっただけで財産犯の成立を認めてよいかが，問題の要点である．

ただ，権利行使と恐喝の問題においては，金銭債権，とくに，損害賠償請求権の行使が問題となることもあるので，そこに一般の本権説・占有説の問題の核心が表面化することが多い．そこで本書では，まず本権説・占有説の問題を検討した後に，権利行使と恐喝罪の問題を検討することとしたい．

(i) 本権説と占有説

判例の展開　かつての我が国の通説（小野235頁，滝川167頁）・判例（大判大正7・9・25刑録24・1219）は，本権説に立っていた．ところが，戦後，まず判例が，次いで学説の多くが，占有説をとるに至った[32]．

---

32) 占有説として，牧野594頁以下，木村・財産犯論の研究465頁以下［本書については，林・法時59・9・116］，川端・財産犯論の点景39頁以下，伊東・現代社会195頁など．

判例を変更したとされているのは，最判昭和34・8・28刑集13・10・2906である．事案は，担保に入れても無効で，民事訴訟によれば返還を請求できるはずの国鉄公傷年金証書を，被告人は自力で騙取したというものであった．最高裁は，所有権その他の本権ではなく，事実上の占有が保護法益だとして，詐欺罪の成立を認めたのである[33]．次に，最判昭和35・4・26刑集14・6・748も，次のような事案について，ほぼ同じような理由で窃盗罪の成立を認めた．債権者である被告人は，債務者である被害者が譲渡担保に入れた自動車を，債権の期限が来たと思って（それがはっきりしていなかったのだが），会社更生手続にかかっているにもかかわらず，無断で持ち去ったというのである．

その後の最高裁判例として，最決平成元・7・7刑集43・7・607が重要である．被告人は，自動車金融業を営む者であったが，時価の2分の1ないし10分の1程度の融資金額を提示の上，買戻約款付自動車売買契約を結んだ．ところが，買戻権を喪失する以前に自動車を引き揚げたり，期限後ただちに無断で自動車を引き揚げた．最高裁は窃盗罪の成立を認め，次のように判示した．「被告人が自動車を引き揚げた時点においては，自動車は借主の事実上の支配内にあったことが明らかであるから，かりに被告人にその所有権があったとしても，被告人の引揚行為は，刑法242条にいう他人の占有に属する物を窃取したものとして窃盗罪を構成するというべきであり，かつ，その行為は，社会通念上借主に受忍を求める限度を超えた違法なものというほかはない」．これは，最高裁として，占有説を堅持することを明示したものである．しかし，違法阻却がありうることが示されていること，その基準として「社会通念上借主に受忍を求める限度を超えた」かどうかが示されていることが注目される．もっと

---

[33] 昭和35年判決の場合は，次の注（34）において述べるように，本権説からも窃盗罪の成立を認めることができるが，昭和34年判決の場合には，本権説からは詐欺罪の成立を認めることはできないように思われる（林・財産犯227頁以下）．学説上は，「事実上の債権担保の利益」があり（芝原・現代的展開168頁），債務者は私法上違法と知りつつ担保に供したこと（西田139頁）を理由として保護するべきだというものがある（さらに参照，斉藤・判例と学説8・132頁）．これは，このような場合，法の立場からして，証書の返還を拒む権利を債権者に認めようという主張としては理解できる（参照，栗田・曹時11・11・142）が，法の立場としては返還しなければならないという前提に立ち（しかも，使用貸借において借主が期限を過ぎても返還しないので貸主が取り返した場合には借主の利益を保護しないことを認め）ながら，なお「刑法上」は返還しない利益を保護すべきだというのは理解しがたいことである．

も，どのような場合に違法阻却を認めるのか，具体的には明らかではない[34]．

学説の展開　これらの判例において，最高裁は，**純粋な占有説**をとったが，この立場に立つときは，ある物を盗まれた人が，盗んだ人からその物を取り戻すような場合まで，窃盗罪の成立を認めることになりうる．しかし，多くの学説は，そのような場合まで財産罪の成立を認めるのは行き過ぎだと批判した．そこで，「一応理由のある占有」（小野・警研 33・1・111），「平穏な占有」（平野 206 頁）を保護法益とするべきだとする学説が主張された．すなわち，前述した最高裁の事案の場合のように，民事法上（一応）不法であるにすぎない場合は，財産犯で保護するべきだが，盗人の占有のように刑法上不法な占有は保護するべきではないとしたのである．

しかし，**民事法上不法な占有**と，**刑法上不法な占有**を，区別する理由があるとは思われない．盗んだ行為は大きな不法内容をもつとしても，その後の「返さない」という点では，民事法上不法の場合と同じはずである（いわゆる状態犯）．また学説は，しばしば民事法上の権利関係は，とくに現代になって複雑となり，それを明らかにすることが困難だということを指摘する（大塚 181 頁など）．しかし，盗んだ物かどうかも，実際には，明らかにすることは困難なことである．盗んだ物でない疑いはつねにある．その点で，民事法上不法の場合と違いはない．さらに，権利関係が現代になって複雑となったとしても，そこからただちに純粋な占有説をとるべきだということにはならない．英米やドイツにおいては，現代でも，かなり広く本権説がとられているのである（その状況については，林・財産犯 177 頁以下，木村・前掲書 97 頁以下）．むしろ，我が国において，戦後判例が急速に占有説に傾いたのは，戦後の混乱期にあって，秩

---

[34]　本件の場合，密かに合鍵を作って引き揚げたなどの事情を重視する学説がある（木村・基本講座 5 巻 218 頁）．しかし，財産罪の成否は，ただ財産関係によって決定されるのでなければならない．本件の場合でいうと，期限前に引き揚げたこと，期限が来ていたとしても，時価の 2 分の 1 ないし 10 分の 1 しか融資していないにもかかわらず，精算金を支払わずに引き揚げたことが，ポイントである．このような場合，被害者は自動車について，民事法上も適法な利益をもっていたといいうる．その反面として，被告人には権利はなかったといいうる（前掲昭和 35 年の譲渡担保事件の場合もまったく同様である）．このように，ここにおいては，ある適法な利益の侵害と，別の適法な利益の保護との「衡量」がされているわけではない．したがって，このような関係を違法阻却事由の問題として理解するのは妥当でない．本判例については，林・判時 1387・3，安里・山梨学院大学法学論集 19・185．

序の安定が過度に強調されたという特殊事情を背景としていたように思われる（参照，木村・前掲書405頁以下）．

　もっとも，権利関係が複雑となっているとされるときの実質的な問題は，おそらく，刑事裁判所として，本権の存在について合理的な疑いをいれない程度まで証明されたものとはいいにくい場合が生じうるということにある．この点には，十分の理由がある[35]．そこで，従来の本権説に若干の修正をする必要がある．この点については，後に述べる．

　違法阻却論　占有説ないし平穏な占有説の立場からは，**違法阻却事由としての自力救済**を広く認めていけばよいとする主張もなされている（牧野599頁，平野・総論237頁など）．しかし，違法阻却事由としての自力救済の認められる範囲は，これまでの判例・学説によれば，極めて限定されている．たとえば，官憲による救済を待つゆとりがない場合であることが必要とされることが多い（福田・注釈刑法(2) I・124頁など参照）．民事訴訟を提起すれば権利を実現できるときには，違法阻却事由としての自力救済は否定されてきたのである．そのことは，次の限度では正当である．すなわち，被告人が自分の権利を実現するときに脅迫や暴行をふるったときに，脅迫罪や暴行罪の適用を問題とするときには，簡単に自力救済として違法阻却を認めるべきではないということである．財産に対する権利があっても，被害者の人格・身体に対する権利が生じるわけではないからである．しかしだからといって，財産に対する権利をもつ者が，被害者から見れば民事法上不法な利益を奪ったからといって，財産犯の成立を認めるべきではない．いいかえると，（財産上の）権利があるときに，つねに財産犯の違法性が阻却されるとするのであれば，占有説と本権説との間に実質的な相違はないであろうが，権利があっても，他の事情，たとえば，脅迫・暴行の程度が強かったなどの事情によって，財産犯の成立を認めるとすれば，不当だということである．実際，近年の占有説は，財産に対する権利があっても，たとえば被害者の家に「住居侵入」してその権利を実現したり，あ

---

35) この問題は占有説をとれば解決できるというわけではない．占有説をとっても，財産関係以外の事情や手段の不法性のみを根拠として財産犯の成立を認めるべきではなく，相手の財産に対する権利があることを違法阻却の局面で考慮せざるをえないのであり，そして，違法阻却事由についても合理的な疑いを入れない程度まで証明しなければならないのであるから，同じ問題が生じるのである．

るいは，自動車を取り戻すときに「秘かに作っていた合鍵を使った」というような，当事者の財産関係以外の事情，とくに，財産に対する権利を実現するときの「**手段の不法性**」を根拠として，財産犯の成立を認めるのである（香城・曹時 42・9・307，木村・基本講座 5 巻 216 頁など）．違法阻却事由説の問題はまさにここにある（中森・百選［4版］51 頁，芝原・現代的展開 167 頁，島田・法教 289・98 など）[36]．

権利の明白性 すでに見た，一応合理的な理由ある占有，平穏な占有を保護する見解の流れを継ぐ見解として，「一見不法な占有とみられない占有」（大塚 177 頁），「民事法上認めうる利益が存在する合理的な可能性がある占有」（山口 191 頁．なお，島田・法教 289・102 以下）を保護すべきだとする見解，「一見明白に保護に値しない占有」については，窃盗罪の構成要件該当性が否定されるべきだという見解（西田 139 頁．なお，芝原・現代的展開 173 頁）が有力になっている．

これらの見解は，盗んだ者の占有と民事法上違法な占有を区別することも引き継いでいるが，これに対する疑問はすでに述べた．さらに，以下のような疑問がある．それは，どの時点での誰を基準として，明白性（可能性）を判断するのか，という問題である．おそらくこれらの見解は，行為時を基準とするものと思われる（参照，井田・最前線 71 頁）．しかし，裁判時の裁判官に，被害者の占有の不法が明らかになっているときに，その占有を保護すべきだとして犯罪の成立を認めるのは，やはり妥当でないと思われる．これに対してこれらの見解は，そのような場合でも，行為当時は権利関係が明らかでない以上は，（被告人に）民事訴訟を強制すべきだと主張する．しかし，民事訴訟は当事者の適正な財産関係を実現するためにあるのであって，それ自体のためにあるのではない．これらの見解は，財産犯によって，財産ではなく，民事訴訟制度を保

---

36) 純粋な占有説は，その根拠として，禁制品や盗品を第三者が盗んだ場合にも窃盗罪が成立することをあげることが多い．しかし，このような主張に理由がないことはすでに述べたとおりである（本書 158 頁）．なお，民法上も，占有が，それ自体として一定限度保護されている（民法 197 条）．しかし，これらの規定については，民法学説上も存在意義に疑問が呈されている．少なくとも，本権者に対する関係で不法な占有者を保護しようとする趣旨のものと解するべきではないであろう（参照，川島・所有権法の理論 158 頁，三ケ月・法協 79・2 など）．そうだとすれば，ここでの問題の場合，不法な占有を刑法上保護しないとしても，民事法上の規律と刑法上の規律の間に矛盾はないわけである．参照，島田・法教 289・99 以下．

護しようとするものではないか，という疑いがある．

以上のことから，本書としては，民事法上適法な占有を保護すべきだと解しておきたい（林・財産犯 177 頁以下，曽根・重要問題 122 頁，平川 336 頁，松宮 182 頁，安田・法教 261・37 など）．

ただ，これらの見解が権利関係の明白性を問題とした観点自体には正しいものがある．というのは，裁判時の裁判官にすら，占有の適法・不法が明らかでない場合がありうるからである．この場合でも，事実関係の場合と，適用すべき民事法の場合がある．およそ法律家として，民事法であれ，法律についての不明は許されない[37]．しかし，事実関係が証明されない場合は多いにありうる．民事法上の適法性を基礎付ける事実が，合理的な疑いを入れない程度まで証明されなくても（その意味で不明確であっても），民事訴訟でなら証明されたであろう程度まで明らかにされたならば，民事的には保護すべき状態が存在しているのだから，刑法上も犯罪の成立を認めてよいと思われる．この意味では，本書の立場を修正された本権説ということができる．

(ii) 権利行使と恐喝罪

_{権利の「範囲」と方法の「程度」}　(1) 相手に対して権利をもつ者が脅迫の方法で金銭を交付せしめた場合，恐喝罪が成立するか．この問題についての判例は，明治時代から幾多の変遷を経ている[38]が，戦後になってのリーディング・ケースとされているのが，最判昭和 30・10・14 刑集 9・11・2173 である．事案は，簡単にいうと，3 万円の債権をもつ者が 6 万円脅し取ったというものであった．最高裁は当然恐喝罪の成立を認めたが，一般論として次のように判示したのである．「他人に対して権利を有する者が，その権利を実行することは，その権利の範囲内であり且つその方法が社会通念

---

37) 島田・法教 289・104 は，「占有者に本権（あるいは本権者に対抗しうる権利）があるという主張も一つの法解釈として成り立ちうる」という程度の状況があれば，保護してよいとする．しかし，ある法解釈が，成り立ちうるものの妥当でないと判断した場合には，裁判官はその法解釈に従ってはならない．たとえば，権利行使と詐欺・恐喝についての最判平成 13・7・19 刑集 55・5・371 (参照，樋口・ジュリ 1249・160)，大阪地判平成 17・5・25 判タ 1202・285 などは，当裁判所としての法解釈をした上で，犯罪の成否を問題としている．

38) その詳細については，木村・前掲書 425 頁以下．さらに，安里・山梨学院大学法学論集 1・81 など．

上一般に忍容すべきものと認められる程度を超えない限り，何等違法の問題を生じないけれども，右の範囲程度を逸脱するときは違法となり，恐喝罪の成立することがあるものと解するを相当とする」．しかも，最高裁はそれに続けて次のように判示したのである．「被告人甲のAに対する債権額のいかんにかかわらず，右金6万円の全額について恐喝罪の成立をみとめたのは正当であ」る．

この後の方の判示を見ると，最高裁は，3万円の債権をもつ者が3万円しか脅し取らなかった場合でも，恐喝罪の成立を認めるという見解に立ったものとも解しうる．その後の下級審判例の多くはそのように理解し，債権額のいかんにかかわらず，およそ金銭を脅し取った場合には恐喝罪の成立を認めているのである．

たしかに，この最高裁判例は，権利の範囲内であり「且つ」その方法が社会通念上一般に忍容すべきものと認められる程度を超えない限り何等違法の問題を生じないとしているから，そのような場合は無罪であるが，方法の「程度」を超えた場合には権利の範囲内であっても恐喝罪が成立する，すなわち，無罪か恐喝罪か2つしかありえないとしているとも解しうる．

しかし，そのような理解しかありえないとまでいいうるかは，疑問である．前の方の一般論は，「範囲程度を逸脱するのは違法」と判示しているが，これは，権利の範囲を逸脱し「且つ」方法（すなわち脅迫）の程度を逸脱しているときは（そしてこの事案はまさにそのような場合であった），恐喝罪が成立するが，方法の程度は逸脱しているものの権利の範囲は逸脱していない場合には，**脅迫罪**が成立するという意味で違法ではあるが，恐喝罪は成立しないとしたものとも読みうるからである．

さらに，この最高裁判例が「債権額のいかんにかかわらず」6万円全額について恐喝罪の成立を認めたのは，価値的には3万円分しか認めないのだが，金銭には個性がないために，具体的にどの3万円の分に成立するのか特定できず，あるいは特定する必要がないとしたものとも解しうる．

（2）　いずれにせよ，この問題の場合，被告人に権利があったということは，被害者にはその金銭を引き渡す義務があったということであり，その義務を履行しないでいる者（だからこそ被告人は業をにやして，脅し取ったのである）は被告人に対する関係でその金銭を民事法上不法に所持しているのであるから，これ

を財産犯によって保護する必要はない．もっとも，権利があるというのはあくまで金銭に対してだけで，被害者の精神の自由に権利をもっているわけではない．したがって，権利を実現するために脅した場合，脅迫罪の成立を否定する理由はない．もちろん，金銭に対して権利がある場合，その実現のために多少の威嚇的言動は許されるのは当然であり，その場合には，自力救済として脅迫罪の違法性が阻却されることになる．しかし，無罪か恐喝罪しかありえないとするのは，妥当ではない．最近では脅迫罪の成立を認める判例はほとんどないが，これは検察官が脅迫罪では起訴してこないことにも一因があるであろう．裁判所としては，恐喝罪で起訴してきたときに，大は小をかねるとしても，脅迫罪の成立を認めることはしにくいのであろう．

(3) この最高裁判例の後にも，無罪判例が幾つか出されている（大阪高判昭和34・12・18下刑集1・12・2564，東京高判昭和36・11・27東高刑時報12・11・236，東京地判昭和42・9・5判タ213・203，東京地判平成14・3・15判時1793・156，大阪地判平成17・5・25判タ1202・285など）．これらは，もちろん脅迫の程度がそれほどでなかったということをも考慮したものではあるが，その方法をそれだけ切り離して見れば，やはり脅迫罪を成立させる程度のものではあったと思われる事案が少なくない．そうだとすると，これらの判例は，権利があるときには，ふつうなら脅迫罪を成立させるに足りる程度の脅しをかけていても，恐喝罪の成立を認めないという立場に立ったものともいいうる．すなわち，脅迫罪の成立を認めるに足りる方法で金銭をとれば，権利があろうとなかろうと恐喝罪の成立を認めるという立場には，これらの判例は立っていないと解しうる．もっとも，権利がありさえすれば，どのような程度の脅迫をしても，およそ恐喝罪の成立を認めえないとしているのでもないようである．いずれにしても，これらの無罪判例において，被告人に権利が存在するという事情が重要とされていることは確かである．

損害賠償請求権の行使　(1) 権利が存在する場合，相手は行為者に対する関係でその金銭について民事法上保護された適法な利益をもたないから，これを財産罪によって保護するべきではない．しかし，もし権利が存在する場合，恐喝罪の構成要件該当性もしくは違法性が阻却される[39]とすると，恐喝罪の成立を認めるためには，権利の不存在が合理的な疑いを入れ

ない程度まで証明されていなければならず、また、被告人は単に権利があると信じさえすれば、なんら理由なくそう信じた場合であっても故意を阻却することになってしまう．このように解することの問題性を示したのが、**ユーザー・ユニオン事件**である．

(2) 被告人らは、消費者団体の役員であり、弁護士でもあったが、自動車会社を相手として、その生産した自動車の欠陥から事故が発生したとして、脅迫によって損害賠償請求をしたのである．この種の民事くずれの事件の場合、後に民事訴訟が提起される可能性がある．そのような場合に、刑事裁判官として、権利が存在しないことが合理的な疑いを入れない程度まで証明されていると断じることは、困難である．また、その必要があるかも疑わしい．殺人罪の成立を認めるときには、被害者が死んだということは、まさに合理的な疑いを入れない程度まで証明されなければならない．それは自然的・客観的事実であって、刑事裁判官は法秩序の最終的な判断者としての責任を尽くさなければならない．しかし、民事法上の権利は、法秩序内での存在であって、民事訴訟で無いとされれば、法秩序内では存在しないものとして扱われるものであり、またそれでよいわけである．したがって、権利が存在しないことが、**民事訴訟で要求される程度**まで証明されたならば、刑事においても存在しない（逆にいうと被害者に民事法上適法な利益がある）ものとして、恐喝罪の成立を認めてよいと思われる．

(3) 権利があっても恐喝罪が成立するという立場は、**財産の事実上の状態そのものを保護するべきだとするもの**であるが、それはまた、このような問題を意識したものであった．すなわち、権利の有無にかかわらず恐喝罪の成立を

---

39) 町野教授は、「被害者は債務を負担していることによってその分だけ「不法な財産状態」になっているわけではない」から、損害の発生を否定することはできないが、「行為者の権利性が高い」から恐喝罪の違法性は阻却されるとされる（百選〔4版〕103頁．なお、木村・基本講座5巻217頁）．権利があることを理由に恐喝罪の成立を否定するのであれば、構成要件該当性がないというか違法性がないというかは実際上重要ではないが、「行為者の権利性が高い」とされる根拠は、行為者が権利をもっていることにあり、その場合被害者側からみれば当然に債務を負担していることになる．ここにおいては異なる利益の衡量が問題となっているのではない．そしてそのように債務を履行する義務を負いながら履行しないでいる者は、まさにその分だけ不法な財産状態になっているといえる．したがって、法律的・経済的財産説に従って損害の発生そのものを否定するべきである．参照、西田・争点〔新版〕285頁、曽根・重要問題202頁、京藤・争点〔3版〕188頁など．

認めるという立場に立てば，権利の有無の判断に刑事裁判官はおよそ煩わされずにすむのである．しかし，そこからただちに，あらゆる場合に権利の有無を問題としないで恐喝罪の成立を認めるとすることには，やはり飛躍がある．第一に，権利の存在が明確である場合もあるのであり，その場合には恐喝罪で処罰する必要はない．このことは，ユーザー・ユニオン事件の第一審も第二審も認めた．第二に，権利の不存在が合理的な疑いを入れない程度まで証明されているとはいいにくい場合がありうるが，その場合でも，権利が存在するときには被害者には保護するべき財産が存在しないのである以上，検察官は少なくとも民事訴訟においてならば認められる程度までは，権利の不存在を証明するべきであろう．ユーザー・ユニオン事件の第一審判決は，（無罪とされるためには）被告人が行為当時に権利の存在をそのような程度までの証明をなしえたのでなければならないとしている（東京地判昭和52・8・12刑月9・7＝8・448）が，問題は実体的に権利があるかどうかであり，また，検察官側が圧倒的な証拠収集能力をもっているのであるから，裁判時に，検察官側が，そのような程度までの証明をしなければならないと解するべきだと思われる．

(4) 故意の問題については，控訴審判決は次のように述べている．「権利が存在し，かつ，その存在が明確である場合だけでなく，他人に対して権利を有すると確信し，かつ，そう信じるについて相当な理由（資料）を有する場合にも」恐喝罪では処罰されない（東京高判昭和57・6・28刑月14・5＝6・324）．権利の存在が構成要件該当性阻却事由ないし違法阻却事由であるならば，権利が存在すると信じただけで故意が阻却されるはずである．この判決は，それを処罰阻却事由と解したものといいうる．

権利の存在を処罰阻却事由とまで解するべきかは，なお，疑問がある（すなわち，真実権利が存在すると疑わなかった場合には処罰しないとすることにも十分の合理性がある）が，少なくとも，構成要件要素の中でも，証明に要する程度において，若干特殊な性格を有するものであることは否定し得ない．

この問題は，先に検討した本権説・占有説と，基本的には同じ問題であり，同じ解決がなされなければならないのである．

4　財産罪における「他人の」の意義

法律的・経済的財産説と純粋経済的財産説の対立は，財産の「他人」性をめぐっても生じている．

最高裁昭和61年決定
財産罪には，「他人」性が要件となっている場合が多い．235条（窃盗罪），252条（横領罪），260条（建造物損壊罪），261条（器物損壊罪）などである．財産罪以外でも，たとえば116条1項（失火罪）がある．従来，この他人性は，**構成要件要素**であって，しかもそれは，民事実体法上他人の所有権下に属することを意味するものと解されてきた．

ところが最近最高裁は，このような解釈に修正を加える判断を示した．すなわち「刑法260条の「他人ノ」建造物というためには，他人の所有権が将来民事訴訟等において否定される可能性がないということまでは要しないものと解するのが相当であり，前記のような本件の事実関係にかんがみると，たとえ第一審判決が指摘するように詐欺が成立する可能性を否定し去ることができないとしても，本件建物は刑法260条の「他人ノ」建造物に当たるというべきである」[40]．

一，二審の判断は，結論を異にしてはいるが，どちらも「他人」の要件について伝統的な見解に従っている．最高裁の判断は，原審の有罪の結論を維持してはいるが，伝統的な見解に修正を加えている．というのも，「他人の」とい

---

40)　最決昭和61・7・18刑集40・5・438．事案は次のようなものであった．Xは，Yに対する売買代金債務の担保として，X所有の建物に根抵当権を設定した．ところが，所定の期日に債務を支払わなかったので，Yは本件建物の任意競売の申立をし，その結果Yがこれを競落した．そして，Yへの所有権移転登記がなされた．そこで，執行官が建物の引渡命令の執行のため本件建物に赴いたところ，Xはこれを損壊したのである．Xの主張によれば，本件建物に対する根抵当権の設定の意思表示は，Yが，根抵当権の設定は形式だけにすぎず，その実行はありえないかのような言辞を用いたため，その旨誤信してなされたものであって，それは詐欺に基づく意思表示であった．そして，Xは本件損壊以前にその取消をしたから，本件建物の所有権は損壊当時も依然としてXにあったというのである．第一審は，Yにおいて詐欺があった可能性を否定できず，Yに所有権があったということが合理的な疑いを入れない程度までは証明されてはいないとして無罪とした．これに対して控訴審は，このことがその程度まで証明されているとして有罪とした．最高裁は本文のように判示し，原審の判断を維持したのである．

本決定については，香川・昭和61年度重判解165頁，阿部・百選〔4版〕136頁，林・現代の経済犯罪83頁以下など．

う要件が構成要件要素であり，民事実体法上他人の所有権下に属することとするならば，建造物損壊罪の成立を認めるためには，本件の建物の所有権がY（被害者）にあったことが合理的な疑いを入れない程度まで証明されていたのでなければならない．ところが最高裁は，「他人の所有権が将来民事訴訟法等において否定される可能性がないということまでは要しない」とし，さらに，「詐欺が成立する可能性」があっても，建造物損壊罪の成立が認められるとしたのである．しかし，詐欺が成立すれば，Yには所有権がなかったということになる．したがって最高裁は，Yに所有権がない可能性があっても，「他人」性は充足されるとしたものと解されるのである．

たとえば殺人既遂罪において，行為時に人が生きていたことが将来民事訴訟等において否定される可能性がないということまでは要しないとし，さらに，死んでいた可能性があるときに，その成立を認めることは許されないであろう．殺人既遂罪において行為時に人が生きていたことは，構成要件要素であるから，それに該当する事実が合理的な疑いを入れない程度まで証明されなければならず，そうである以上，そのようなことは許されないのである．最高裁が上のように判示したことは，民事実体法上の所有権が他人に属することを構成要件要素とする見解を修正したものと解さざるをえない．

<small>刑法独自の所有概念？</small>　それでは，「他人ノ」の意味はどのように解するべきなのであろうか．本決定において，長島裁判官は，民事法と刑事法の目的の相違から，他人性は刑法独自の観点から解釈されなければならないとし，「現実の所有関係」，いいかえると所有権があるかのような外観を呈している事実上の状態そのものを「他人の」の意味と解されるのである．このような見解は，財産犯の保護法益に関する他の問題，特に本権説・占有説，権利行使と詐欺・恐喝などの問題における占有説的な理解と共通するものがある．いずれも，民事法上の権利そのものではなく，事実上の状態を保護しようとするものであり，そしてそのことによって，民事法上の権利関係に刑事裁判が巻き込まれるのを避けようとするものといいうる．

しかし，このような見解は，妥当でないと思われる．というのも，財産罪の任務は民事法秩序をより強い制裁で補強しようとするところにある．したがって，民事法上保護された適法な利益の侵害がないときには，財産罪の成立を認

めるべきではないからである．すなわち，法律的・経済的財産説の基本思想に立つべきであると思われるからである．民事法上自己の所有に属する物を損壊しても，究極においては，他人の利益の侵害はなく，法秩序の破壊もない．したがって，被告人が自己の所有に属するとの主張をしたときには，刑事裁判所は果たして所有権がどちらにあったのか，審理を尽くさなければならない．所有権のない者が所有権があるかのような事実上の状態を不法につくりあげた場合に，民事では保護されないのに，刑事では保護されることを認めるべきではない（参照，平川 335, 407 頁，芝原・基本判例 119 頁，島田・現刑 62・15 など）．

完全従属説の問題性　しかし，最高裁が民事法上の所有権を構成要件要素とする従来の見解に修正を加えたことにも，理由がある．というのも，本件の場合のように，所有権の所在が必ずしも明確とはいいえず，とくに民事訴訟も同時に係属しているような場合には，刑事裁判所として，Y（被害者）に所有権があったことが，合理的な疑いを入れない程度まで証明されているとは断じ難い場合が少なからず生じうる．そのような場合，全て無罪とするのは妥当とは思われないからである．そのように権利関係が争われている場合，Y に所有権が認められる可能性もあるのであるから，それにもかかわらず問題の物件を損壊する行為には重大な違法性が認められるのである．もっとも，すでに述べたように，究極の保護法益が所有権である以上，X が自己の物だとの主張をしたときは，検察官はやはり Y に所有権があったことを立証しなければならない．しかし所有権は，民事訴訟で，あるとされれば存在が認められ，法秩序内で保護されるものである．したがって，民事訴訟でならば認められるであろう程度の証明がなされたときには，そこに民事法上保護されるべき所有権が存在すると考えられる以上，刑事でもこれを保護してよいし，保護するべきだと思われる．すなわち，その存在について合理的な疑いを入れない程度まで証明される必要はないと思われる．最高裁が，Y に所有権があったことが，将来民事訴訟で否定され，詐欺が成立する可能性があるとしても，他人の物としてよいとしたことは，その限度で肯定できる[41]．

---

41) なお，このように刑事裁判の過程で民事法上の権利関係が問題となる場合について，ドイツの刑事訴訟法 262 条は次のように規定している．「(1) 行為の可罰性が民事上の法律判断に依存するときには，刑事裁判所は，この法律関係についても，刑事事件の手続と証拠に適用される規

3 財産罪の客体

(1) 財物の意義

(1) 強盗・詐欺・恐喝罪などにおいては，2項において財物でない「利益」も客体とされているから，財物の意義を問題とすることは実際上の意味が少ない．財物か財物でない利益かは，1項か2項かの問題にすぎない．しかし，窃盗・横領罪においては，「財物」「物」だけが客体とされているので，その意義が重要な問題となる．

財物の意義については，**有体性説**と**管理可能性説**との争いがある．有体性説は，「財物」を空間の一部を占めて有形的存在を有するもの，すなわち，有体物に限定する（液体・気体が含まれることは当然である）のに対して，管理可能性説は，さらに，管理可能なものも含むとするのである．民法には規定があって，物の意義は「有体物」だと定義されている（民法85条）．しかし，民法学説上はこれを「法律上の排他的支配の可能性」（我妻・民法総則202頁）だとして，管理可能性説に従うものも多い（参照，新版注釈民法〔2〕590頁）．刑法上も，245条において電気は財物とみなすとされている．しかし，電気以外の管理可能な非有体物についても財物となしうるか，さらに，横領罪の場合，245条が準用されていないだけでなく，財物ではなく単に「物」とされているので，ここに電気なども含まれるかが問題となるのである（たとえば預かった乾電池から電気を抜き取ったような場合．もっとも，乾電池という有体物についての「不法使用」を領得とするときには横領罪の成立を認めうる）．

(2) かつての通説は管理可能性説をとっていた．その中にも，債権など事

定に従って判断する．(2) しかし刑事裁判所は，審理を延期し，かつ，訴訟関係人が民事訴訟を提起するよう期間を定め，または，民事裁判所の判決を待つ権限を持つ．そこで，我が国においても，伝統的な見解に立ちつつ，運用上同様の方法をとることも考えられる（参照，川口・警研59・1・39）．たしかに，民事判決がすでに出されている場合，これを参考となしうるし，またそうするべきであろう．しかしそれは，刑事裁判所を拘束する効力をもつものではない．民事訴訟における弁論主義・処分権主義・和解などに基づく結果を，そのまま刑事で認めることはできないであろう（参照，安廣・ジュリ873・51）．また，刑事で民事上の権利関係が問題となっている場合に全て民事訴訟が提起されているわけではない．それだけでなく，一般的にいえば，刑事裁判における方が，当事者はより激しく攻撃・防禦をするであろうから，刑事の方が真実を明らかにする力が強いと思われる．したがってむしろ，一般論としていえば，刑事で明らかにするのを，民事の方が待つのが妥当とすらいうる．

務的に管理可能なものまで含むとする説がある（牧野 545 頁以下）．しかし多くの学説はそこまで広げるべきではないとして，**物理的に管理可能**なものでなければならないとする（小野 228 頁）．さらに，物理的に管理可能なものでも，（電気などは含むが）人間や動物のエネルギーは除くとする説もあるのである（団藤 548 頁）．

　判例は管理可能性説に立っているとされている．管理可能性説の立場を表明したとされている判例は，大判明治 36・5・21 刑録 9・874 であって，電気の盗取を窃盗罪としたものである．もっとも，以後，管理可能性説の立場に立って，有体性説に立つときには処罰できない場合について，財物だとして財産犯の成立を認めたものはないようである．

　(3)　ドイツでも同じような問題が生じたが，無罪とされ，その後立法がなされた（248 条 c 1）．我が国の有体性説は，このような問題については，ドイツのように立法によって解決するのが，罪刑法定主義の支配する刑法の在り方として，妥当だとする（平野・百選総論［2 版］8 頁）．さらに，245 条が電気を財物と「みなす」としているのは，電気が財物ではないという前提に立ったものだとするのである．

　管理可能性説を徹底すると（ラジオの電波のように管理不可能なものは含まれないが），次のような場合まで，処罰されうることになる．他人の冷蔵庫に自分の物を入れ冷やしてもらい取り出した場合，電車にただ乗りした場合（役務・サーヴィスの窃取），自分のコピー用紙を使って他人の情報を記載した文書をコピーした場合等である．

　もっとも，「管理可能」という意義も明確なものではないので，これらの場合，管理可能性説から本当に処罰されるのか，必ずしも明らかではない．このように，管理可能性説の問題の 1 つは，処罰の範囲が明確でないところにある．さらに，役務や情報については，別の観点から，そもそも財産犯，少なくとも移転罪の客体となりうるのかも，問題となりうる．すなわち，2 項犯罪も成立しえないのではないかが問題となりうるのである．これらの問題については後述する．

　(4)　いずれにしても，これらの利益も 2 項の利益には含まれるとした場合には，「財物」でないとしても，処罰されてしまうことになる．実質的な問題

は，したがって，窃盗罪や横領罪のように，客体を「財物」「物」に限定している場合に，以上のような利益を含めるべきか，である．

財物の意義をどのように解するべきかは，利益窃盗が処罰されていない根拠に遡って考えなければならない．立法者は，詐欺・恐喝・強盗などの場合には，利益の侵害を処罰することとしているのであるから，これらの利益の重要性を十分に認めていたと考えられる．2項犯罪の利益はほとんど管理可能であるから，管理可能なものを財物と解することは，わざわざ利益窃盗を処罰しないこととした立法者意思に反するというべきであろう．現在では，学説上は，有体性説が通説となっている[42]．

(5) なお，財物の意義については，不動産がこれに含まれるかが問題となっている．これについては，不動産侵奪罪の所で論じる[43]．

(2) 所有権・財産権の対象

およそ財産上の権利の客体となりえないようなものは，財産犯によっては保護されない．たとえば，人体や死体である．人工受精卵も同様である．これらはまた，「物」ともなしえないとされることがある．人体の一部の場合も，剥離または摘出したのでないかぎりは，財産犯では保護されない．他人の腎臓を不法に摘出して移植しても，財産犯は成立せず，傷害罪が成立しうるだけである．もっとも，摘出した臓器を不法に窃取した場合，所有権が成立していれば，財産犯で保護される．他人に移植されれば，もはや財産犯の客体とはなりえない．心臓のペースメーカーも同様に解するべきであろう．人体から切り取った髪，死体から摘出した角膜などについては，所有権が成立していれば，やはり財産罪の客体となりうる．死体の場合でも，献体されているとき，あるいは，医学上の標本となっているときであって，何人かの所有に属しているような場合は，同様に解される[44]．

もっとも，葬祭対象物としての死体，遺骨，遺髪，棺内蔵置物については，

---

42) 有体性説として，中山195頁，大谷185頁，内田232頁，中森106頁，町野・現在98頁，曽根110頁，山口171頁，山中227頁など．
43) 本書199頁参照．
44) なお，死体損壊罪について，本書408頁参照．

刑法190条が規定されていることとの関係で，争われている．旧刑法の下で，遺骨の領得について窃盗罪の成立を認めたものとして，大判明治26・9・28刑抄録1・29がある．しかし，これらの物については，前記の例外を除き，無主物であると解されるから，財産罪では保護されないと解される．

　鳥獣保護区域の鳥獣，河川敷内の砂利なども，所有権の対象となっていないから，これらを不法に捕獲・採取しても，関係行政法規違反となることは別論として，財産罪を構成しない．河川の砂利については，有名な判例がある（最判昭和32・10・15刑集11・10・2597）．判例はこれを，「刑法の窃盗罪の規定によって保護されるべき管理占有が地方行政庁によってなされているものと認めることはできない」とした[45]．

(3)　2項財産罪

総説　(1)　強盗罪・詐欺罪・恐喝罪においては，1項の「財物」と並び，2項において「利益」が犯罪の客体とされている．立法者は，**債権**など**無形の利益**が，近代において重要な価値をもつに至っていることに鑑み，これを刑罰による保護の中に取り込んだのである．ところが，窃盗罪においては，「利益」は犯罪の客体とされていない．このことに，2項財産罪の問題性が，はしなくも表れている．一方では，利益窃盗がなぜ他の場合と異なり処罰されるべきでないのかが問題となると共に，他方では，窃取の場合に保護されるべきでないものが，他の詐欺罪などの場合になぜ保護されるべきなのかが問題となる．ちなみに，ドイツにおいても，窃盗罪・横領罪においては客体が財物の場合にかぎられているが，詐欺罪・恐喝罪・背任罪などにおいては，無形の利益も保護されている．

　財物の場合，犯罪行為によってそれが文字どおり移転されるのに対して，無形の利益の場合，被害者がその利益を侵害され，行為者がそれに対応する利益を得るのではあるが，（少なくとも多くの場合）侵害された利益と取得された利益とは完全に同一性をもっているわけではなく，しばしば必要だとされる「移転」は，比喩にすぎないという特徴をもっている．のみならず，利益がそもそ

---

45)　参考文献として，町野・現在108頁以下，山口・基本講座5巻22頁以下など．

も侵害・「移転」されたかも明白でない場合が少なくない．このことから，解釈論上も，1項財産罪には見られない様々な問題が生じてくる．

(2) 判例は，債務の履行延期（大判明治45・4・22刑録18・496），債務の免除（大判明治43・6・7刑録16・1064），抵当権の抹消（大判明治42・11・15刑録15・1622），更改（大判大正12・12・25刑集2・1017），所有権移転の意思表示（大判明治44・12・4刑録17・2095），労務の提供（朝鮮高等法院判大正11・9・21評論11・刑法300）などについて，2項犯罪の成立を認めている．そして，財物と財産上の利益を併せて領得したときには，刑法246条に該当する単一な詐欺罪で論ずべきであるとする（大判大正4・4・26刑録21・422）．そのような場合，おそらく，犯罪の不法内容は2つあることを否定し得ないが，責任内容は1個だということを根拠として，包括一罪とするべきであろう．

(3) 無形の利益の典型は，債権である．ところが，それがいつ侵害・「移転」されたといいうるのかが，すでに困難な問題である．この問題は，2項犯罪の中でも最も重要なものではあるが，とくに，強盗罪と詐欺罪において問題とされているので，そこにおいて検討することとしたい[46]．

債務の負担 (1) 前の場合とは反対に，欺罔などによって被害者が債務を負担した場合には，別の問題が生じる．財物についての債務負担の場合，1項の未遂にしかならない．それにもかかわらず，2項の既遂を認めうるかが問題となるのである．判例は一般に2項の既遂を認めている（最決昭和43・10・24刑集22・10・946〔詐欺賭博により賭金の支払債務を負わせた事例〕など）が，学説には反対するものが少なくない[47]．債務を負担しただけでは，いまだ利益は実質的に侵害されていないとするのである．たしかに，1項の未遂的形態を安易に2項の既遂として処罰することは警戒しなければならない．しかし，債務の負担がいっさい2項の既遂となりえないとまでいいうるかは疑問である．

(2) 債務が証書などに記載され，それが騙取されたときには，1項詐欺の

---

46) 参照，本書211, 240頁．
47) 中森150頁，曽根144頁，西田178頁など．判例上も，大判明治42・5・14刑録15・607は，不動産について，売り渡しの承諾によって既遂に達するとしたものの，大判大正11・12・15刑集1・763は，移転登記によって既遂に達するとしている．

成立を認めてよいであろう．しかしこのような債権証書の場合も，その物自体にはほとんど価値がないのであり，債権の実効性を高め，それによって最終的に財物を交付せしめうることに，財産的価値の実質がある．いいかえると，この場合も，債務履行の可能性が高められることに，被害の実質があるといってよい．そうだとすれば，証書などを取らない場合であっても，被害者が欺罔などによって負担した債務の履行の可能性が高いときには，その時点で債務者に2項の不利益の発生を認めるべきである．背任罪における損害について，権利の見地からは危険にすぎない場合であっても，経済的見地からは損害を認め得るとされている[48]．ここでの問題も理論的には同じである．とくに欺罔の場合，その債務は取消すまでは，民事法上も，有効である（民法 96 条）．また，意思主義（民法 176 条）の下では，物の売買の際には所有権も原則として移転する．そして，その欺罔に気付かず，気付いても取引に不慣れのために取消しを躊躇したり，あるいは証拠不十分などのために欺罔を立証できないという場合も考えられる．したがって，たとえば，被告人がもってきた債権証書に被害者をして署名・捺印させたような場合であれば，（財物の騙取はないとしても）2項財産罪の成立を否定する理由に乏しい．もっとも，東京高判昭和 37・8・7 東高刑時報 13・8・207 は，暴行・脅迫を加えて被害者にその所有山林の伐採を承諾させても，財産上不法の利益を得たとはいえないとした．この場合，被害者には債務は全く生じない．このような場合には，おそらく2項財産罪の成立を否定するべきであろう．

　前の債権の侵害の問題においても，被害者である債権者には相続人がいるか，債権証書があるか，債務者の所在等を知っていたか，どの位長期間その行使を妨げられたかなどの諸事情を考慮して2項財産罪の成否が決められる[49]．ここの問題においても，一律に形式的に決めるわけにはいかない．2項財産罪が立法されている以上，債務の負担がおよそ既遂を成立させないとすることには理由がない．ただ，実際上，2項財産罪の既遂は，前述したような例外的な場合にとどめられるべきであろう．

---

48) 本書 147 頁参照．
49) 本書 212, 241 頁参照．

役務・労働力　(1)　2項にいう不法な利益に関する問題の1つに，役務・労働力（サービス）を欺罔によって「処分」させた場合がある．判例の中には，電車による「**輸送**」という**有償的役務**の提供について，2項詐欺の成立を認めたものがある（大阪高判昭和44・8・7刑月1・8・795）．さらに，名目上の社員となり交付を受けた健康保険被保険者証を使用して「**療養**」給付を受けた行為が詐欺罪にあたるとされたものもある（福岡高判昭和61・2・13刑月18・1＝2・45）．

(2)　多くの場合，労働力を財産と認めなくても，2項犯罪の成立を認めることができる．たとえば，欺罔によって，一定の労働をする義務を負担させたときには，前に述べた債務の負担がどのような要件の下で2項犯罪となるかという問題と同じとなる．さらに，労働が終わった後に，代金の支払いを欺罔によって免れたときには，債権の侵害の問題と同じこととなる．ところが，いずれの構成によっても，2項犯罪の成立を認めえない場合が生じうる．たとえば，契約の段階では欺罔の意思がない場合，または，自分が契約したわけでもないのに契約の相手だと偽って労働をさせたような場合，あるいは，キセル乗車[50]のように乗る段階ではまだ詐欺罪を認めがたい場合であって，しかも，「輸送」という役務・労働の後では欺罔行為をしないで逃走したような場合には，役務・労働を財産と認めなければ，2項犯罪の成立を認めえないのである．

(3)　この問題について，被害者はその労働力を他に使って利益を得ることができたから損害を被ったといいうるとする見解もありうる．しかし，被害者はそのとき，彼の労働力を他に全く使うことができなかったかもしれない．その場合であっても，損害を認めるべきであろう．したがって，むしろ，被害者は，対価を得ることができるような労働力を提供したということによって，損害を被っているとするべきであろう．このように解するときは，ボランティア活動だと偽って労働させた場合には，2項犯罪の成立を認めるべきではないこととなる[51]．

---

50)　本書243頁参照．
51)　平野219頁，中森110頁，曽根112頁，山口244頁，佐伯・争点［3版］157頁など．なお，町野・現在133頁は，役務の提供の場合，利益の移転が認められないことを理由に財産犯は成立しないと主張する（同旨，内田273頁，306頁）．しかし，債権の侵害の場合も利益は移転するわけではない．

(4) なお，役務・サービスというためには，被害者が経済的価値あるものとして提供することが必要であるから，行為者が一方的に強制によって被害者を行動させた場合には財産罪の成立を認めるべきではない．したがって，脅迫・暴行による場合には，強要罪になることは別論として，恐喝罪・強盗罪・強姦罪などは成立しない（判例として，高松高判昭和46・11・30高刑集24・4・769）．したがって，役務については実際上2項詐欺罪しか成立しえないであろう．

(5) 刑法246条の2の電子計算機使用詐欺罪の後段においては，(テレフォンカードなど) プリペイドカードを偽造して電話を利用するような行為を処罰する規定である．この規定は，サービスを2項の客体と認める前提に立ったものと解される．

(4) 情報・秘密の保護

情報の非移転性 　最近，企業秘密について，財産罪の成立を認める判例が相次いでいる．判例は，たとえば，企業秘密を化体した紙としての資料を窃取・横領した場合，それをコピーするために一時社外に持ち出しコピー後それを返還しておいた場合，資料を会社のコピー用紙を使用してコピー後そのコピー紙を窃取した場合などに財産罪の成立を認めている[52]．もっとも，2項財産罪の成立を認めたものはまだない．また，情報それ自体が財物にあたるかという問題があり，管理可能性説からはこれを認めざるをえないように思われるが，これを認めた判例はなく，学説も一般にこれを否定している．

ところが最近，企業秘密など情報について財産罪の成立を認めることの問題性が指摘されるようになった．その中でも最も重要なものは，情報の非移転性，逆にいうと，**財産罪の移転性**に関連するものである．たとえば，早稲田大学入試問題漏洩事件（東京高判昭和56・8・25判時1032・139）の場合，試験問題用紙を数枚盗まれても，他の試験問題用紙が残されていれば，無形の利益としての試験問題そのものは盗まれたとはいえない．それにもかかわらず財産罪の成立

---

52) 判例の状況については，林・現代の経済犯罪57頁以下，山中・百選〔3版〕64頁，林（美）・百選〔3版〕112頁など．

を認めてよいかが，問題とされているのである[53]．

財物に対する罪における移転性 (1) 移転罪（あるいは奪取罪）における移転とは何を意味するのであろうか．この点について，まず，財物に対する罪の場合から，検討してみよう．いわゆる移転罪・奪取罪とされる窃盗罪・詐欺罪・恐喝罪などにおいては，条文の文言上「窃取」「交付させた」が要件とされている．「取る」「交付させる」ということは，被害者の領域にある物を行為者の領域に移すこと，移転させることを内容としていると一応いいうる．問題は，客体そのものが移転すれば足りるのか，それに加え，侵害される価値・利益が移転する必要があるのか，である．情報の場合，情報を化体した資料が盗まれても，情報そのものは，被害者の手元に残っている場合が少なくない．それにもかかわらず，移転罪の成立を認めることができるか，が問題となるのである（この問題についてはとくに，山口・前掲論文29頁以下，松原・法教298・54）．

(2) 結論から述べれば，このような場合であっても，移転罪としての財物に対する罪の成立を認めることができるように思われる．その理由は以下の点にある．

第一に，情報の非移転性を強調すれば，情報を化体した原本が一枚しかないときにこれを奪取した場合でも，たとえば試験問題を作成した者がそれを記憶していたり，自宅にそのメモがあるために，いつでも同じ問題を作成しうるような場合には，その原本について奪取罪の成立を否定することになるように思われるが，このような結論は，妥当でないであろう．

第二に，数枚ある中から一枚盗んだような場合でも，それが取引の対象とされ，**市場価格**が形成されているときには，その物に交換価値を認めることができると考えられるから，その物を財産罪で保護することができ，また，保護するべきであろう．

第三に，その情報の独占状態ないし秘匿意思に，使用価値ないし愛情価値を認めることもできるように思われる．確かに，情報それ自体は物ではなく，移

[53) 参考文献として，吉岡・法学論叢117・3・1，林（陽）・刑雑30・1・9，山口・刑雑30・1・27，加藤・名古屋大学法政論集116・207，斉藤・刑雑32・1・58，佐久間・刑法における無形的財産の保護，荒川・基本講座5巻37頁以下など．

転もしない．しかし，奪取罪の成立要件としては，その物に化体された財産的価値は移転される必要はなく，物が移転されていれば足りるのであって，ただ物の移転によって，その物に化体された財産的価値が侵害されれば足りると解しうる．債権を「強取」する場合も，債権その他の利益が移転しないにもかかわらず2項強盗を認めるのと同じく，債権証書を強取する場合にも，1項強盗を認めるのでなければならない．そうである以上，情報が化体された紙についても同じでなければならないと思われる．

(3) もっとも，判例においては，次のような限界事例についても，窃盗罪の成立が認められた．第一は，部外者が会社の秘密資料を会社のコピー機とコピー用紙を使ってコピーし，それを盗んだ場合（東京地判昭和40・6・26下刑集7・6・1319），第二は，部外者が会社の資料を一時持ち出し会社外でコピー後直ちに返還した場合（東京地判昭55・2・14刑月12・1＝2・47など数例）である．

前の場合，自分のコピー用紙を使えば**利益窃盗**として処罰されないのに，会社のコピー用紙（それ自体の経済的価値は僅少である）を使用したために窃盗罪の成立を認めるのは，均衡を欠くのではないかが問題となる．しかし，会社のコピー用紙を使用してコピーした場合には，そのようにしてできあがったコピー紙はもはや単なるコピー用紙ではなく，情報も単なる情報ではなくなるのである．したがって，この場合を窃盗罪として処罰することは可能であろう．後の場合には，資料は直ちに返還する意思であり，**一時使用**の意思として不可罰ではないかという問題がある．しかし，すでに述べたように，奪取罪においては，他人の物を移転し，その物に化体された財産的価値を侵害する，あるいはその意思があれば足りると解するときは，この場合も，**不法領得の意思**を認めることができるであろう．

2項財産罪と情報
(1) 次に，情報それ自体を2項財産罪の客体に含めてよいかも問題となる．これを認めた判例はまだないようである．しかしたとえば，被害者を騙して，情報を提出させ，それを自分のカメラで情報を撮影したような場合，2項詐欺罪の成立が認められるかが問題となるのである．

1項財産罪の場合とは異なり，2項財産罪の場合，条文の文言上は「財産上不法の利益を得た」とされているにすぎず，「取る」ということは要件とされ

ていない．確かに，財産犯である以上は，被害者に財産的損害を与えなければならない．しかし，移転性（ないし損害と利得の同一性）は，条文の要求するところではないのである．

　実際上も，2項財産罪の典型である債権が客体の場合，たとえば，債務者が暴行・脅迫によって債権を免れようとした場合，債権は移転しない．債権者は，債権の実現が困難になり，あるいは引き延ばされたにすぎず，債務者は，債務の履行を一時的に免れ，あるいは期限の利益を得たのにすぎない．それらの利益も，債権者の領域にあったものが，債務者の領域に移転したのではない．

　ここには，文字どおりの意味では，財産的利益の移転はなく，いわゆる損害と利得の同一性もないのである．損害と利得には対応関係があるにすぎない．

　また，情報は，それによって財産的価値をこれから得ようとする「可能性」をもっているにすぎないともいわれる（山口・前掲論文30頁）．しかし，同じことは債権についてもいいうるように思われる．また，情報自体が現実に取引の対象とされることもあることからすれば，単なる「可能性」とはいえない．

　(2)　もっとも，債権の場合と情報の場合とで若干異なる点もある．債権侵害の場合，行為者の利得は被害者の損害の「裏返し」であり，両者の経済的価値は同じである．ところが情報の場合，このような完全な対応関係がないことも少なくない．たとえば，1億円の価値をもつ情報が騙取されたとしても，情報そのものは残っており，それにまだ6千万円位の価値はあることが多い．他方，騙取した方は，その情報を得たことによって，1億円の利益を得たとはいえない場合が多い．多くの場合，（被害者に残っている分だけ減って）やはり6千万円位の価値しか得ていないであろう．そうすると，被害者は4千万円しか損害を被っておらず，行為者は6千万円得たことになり，完全な対応関係はないということになる．もし，このような完全な対応関係が必要だとすれば，それが認められない場合には，2項財産罪の成立を否定するべきことになるであろう[54]．しかし，そのような完全な対応関係が必要と解するべきかは疑問である[55]．

---

54)　参照，山口244頁，同・研修647・3以下，松原・法教298・59以下．
55)　参照，林（美）・平野古稀487頁，佐伯・法教240・34，高橋和之＝松井茂記・インターネットと法［3版］（佐久間）203頁，岩山・研修688・99，林NBL837・30以下など．

第1節　財産罪総論　　183

背任罪の場合　背任罪の条文においては，「本人に損害を加える目的を以て」「本人に財産上の損害を加えたとき」とされている．ここでは，移転性は要求されていないだけでなく，むしろ否定されている．ドイツでも，詐欺罪などでは「利得の意思」(Bereicherungsabsicht) という文言があることを根拠として，客体の移転を要件とするのが一般的であるが，そのような文言がない背任罪では，本人に損害を与えればよいとする見解が一般的である．我が国でも，条文上そのように解するほかないであろう．そして，現実の産業スパイ事件では，部内者の漏洩，および外部の者がそれに関与する場合が多いのである．なお，背任罪の行為については，窃盗・詐欺・横領となっても，背任となりうるというのがドイツの通説・判例である．我が国でも背信説に従うかぎり，そのように解するべきことになろう．このように解するときは，仮に窃盗・詐欺・横領において情報の非移転性を根拠として財産罪の成立を否定しても，部外者は背任罪の共犯として処罰しうる場合が多いと思われる．もっとも，背任罪の主体は「他人のためにその事務を処理する者」に限定されていること，退職した後には背任罪の主体となりえないことから，処罰の間隙が生じることもありうる．

立法論　すでに見たように，全くの部外者が単独で無形の利益としての情報そのものを盗んだ場合には，利益窃盗として，不可罰となる．そして，情報を化体した物を盗めば窃盗となるのに，それを自分のカメラで撮影すれば処罰されないのは，実質的には確かに均衡を欠く．そこで，この場合を処罰する立法を行うべきかが問題となるのである．この問題を考慮するに際しては，他の利益窃盗の場合に処罰されないこととの均衡，報道の自由・知る権利との関係，特許制度との関係などについて慎重な検討を要するであろう．そして，もしこのような場合を処罰するために立法するのが望ましいとすれば，特別法として（財物の場合も含めた）体系的な立法をするべきであろう．

　ところが，この問題についての立法者の態度ははっきりしない．一方では，刑法246条の2における電子計算機使用詐欺罪において（非移転性の）サービスについて「不法の利益」に含めながら，不正競争防止法21条では，営業秘密を特別に処罰する規定を設けている．

第2節　窃盗罪

1　窃盗罪

他人の財物を窃取した者は，窃盗の罪とし，10年以下の懲役又は50万円以下の罰金に処する（刑法235条）．自己の財物であっても，他人の占有に属し又は公務所の命によって他人が看守したものであるときには，同様である（242条）．未遂も処罰される（243条）．

窃盗罪は財産犯の典型である．したがって，その多くの問題は財産犯全体に共通する基本的なものである．それらについてはすでに財産罪総論において検討した[56]．

ここでは，窃盗罪に特有の問題として「窃取」の意義，そして，（これは詐欺罪など他の領得罪でも要件とされるが）不法領得の意思の問題をとくにとりあげることとしたい．

(1)　窃取

占有の意義　　窃取とは，他人の占有している財物をその人の意思に基づかないでその占有を侵害し自己又は第三者の占有に移すことである[57]．したがって，他人の占有とは何かが問題となる．占有は所持ともいわれ，**事実上支配する**ことだとされている．

まず，それは，民法上の占有とは異なり，より現実的な概念である．民法上は代理人により占有権を取得することが可能だが（民法181条），刑法上はそのようなことは認められない．逆に，他人のために物を所持することは，民法上

---

56)　本権説・占有説の問題については，159頁以下．「他人の」の意義については，169頁以下参照．242条における他人の「占有」の意義についても，同所を参照されたい．財産的・経済的価値の問題については，141頁以下．「財物」の意義については，172頁以下参照．

57)　直接第三者に取得させる場合，不可罰とする理由はないとする見解が有力である（中森118頁など）．しかしたとえば，店の番をしている者が，店の商品をまったく無関係の第三者に無償で与えたような場合，毀棄隠匿の意思の場合と同じように不法領得の意思を欠くといえよう．それは，池の鯉を流出させた場合に毀棄罪にしかならない（大判明治44・2・27刑録17・197）のと同じである．いわゆる第三者領得の問題については，穴澤・上智法学50・2・103以下．

は占有するものではないが（民法180条），刑法上は占有と認められる．たとえば，甲が乙に物を預ければ，原則として，占有者は乙となり，占有の侵害があったかどうかは乙の占有について問題とされる．もっともこの場合，甲が乙から自分の物を奪っても，本権の侵害がないという理由で財産犯の成立が否定されうる．しかし，乙に賃借権などの本権があれば，甲に窃盗罪が成立しうる（刑法242条）．いわゆる占有説からは，乙の占有を侵害した以上甲にはつねに窃盗罪の成立が認められることとなるのである．

さらに，刑法上の占有でも，窃盗罪の成立要件としての占有と委託物横領罪の成立要件としての占有とは異なる．窃盗罪においては**事実上の支配**がなければならないが，横領罪においては，**法律上の支配**，たとえば，登記している場合，預金している場合などにも占有が認められる．しかし，窃盗罪における占有の場合も，現実に握持している必要はない（大判大正13・3・11刑集3・203，最判昭和32・11・8刑集11・12・3061など）．

窃盗罪の成立要件としての「占有」は，第一に，占有離脱物横領罪との関係で，第二に，委託物横領罪との関係で問題となる．第一の問題は，およそ誰かが占有しているか，誰も占有していないのではないかという問題である．第二の問題は，被害者と行為者のどちらが占有しているのか，という問題である（占有概念については，鈴木・学習院大学法学会雑誌34・2・133，深町・法教290・70以下など）．

占有の有無（占有離脱物横領との限界）　(1) 一般論としては，最判昭和32・11・8刑集11・12・3061（バス待ち合わせ行列中に移動の際一時置忘れたカメラを取得した事案について窃盗罪の成立を認めたもの）において示された次の基準が最も重要である．「刑法上の占有は人が物を**実力的に支配する関係**であって，その支配の態様は物の形状その他の具体的事情によって一様ではないが，必ずしも物の現実の所持又は監視を必要とするものではなく，物が占有者の支配力の及ぶ場所に存在するを以て足りると解すべきである．しかして，その物がなお占有者の支配内にあるというを得るか否かは通常人ならば何人も首肯するであろうところの社会通念によって決するの外はない」．

このような見地から占有離脱物ではなく，他人が占有している物と認めた判

例として，次のものがある．震災の際路上に置き去った物の場合（大判大正13・6・10刑集3・473），列車の網棚の上に一時的に所持品を置き忘れた場合（東京高判昭和35・7・26東高刑時報11・7・202），夜間公道に自転車を放置した場合（福岡高判昭和30・4・25高刑集8・3・418），帰って来る習性のある猟犬（最判昭和32・7・16刑集11・7・1829），春日神社の鹿（大判大正5・5・1刑録22・672），自宅内で紛失した物（大判大正15・10・8刑集5・440），ポシェットを置き忘れた場合（最決平成16・8・25刑集58・6・515）などである．

なお，旅館内の便所に財布を置き忘れた場合，旅館主が占有しているとされる（大判大正8・4・4刑録25・382）．同様にして，通話不能のため通話者が持ちかえることのできるようになっている公衆電話機の中の硬貨は，所属の電話局長が占有しているとされる（東京高判昭和33・3・10裁特5・3・89）．ロストボールについては，ゴルフ場経営者に占有があるとされる（最決昭和62・4・10刑集41・3・221．本判例について林・法セ412・120）．これらの場合，元の占有者がその物を遺失したために，別の者（その物について新たな支配を設定した者）に移転するとされているのである．

それに対して次の判例においては，窃盗罪の成立が否定され，**占有離脱物横領罪**の成立が認められている．列車内の遺留物を領得した場合である（大判大正15・11・2刑集5・491）．この判例においては前にあげた東京高裁昭和35年判決の場合（列車の網棚の上に一時的に置き忘れた場合）とは異なり，元の持ち主にはもはや占有を認めがたいとされているのである．さらにこの判例の場合，列車の所有者ないし管理者の占有の有無も問題となりうるが，旅館の場合などとは異なり，列車には多くの人が出入りしていることから，そのような者の支配は弱いということが考慮され，占有が否定されているのである．

同様に，大規模なスーパーマーケット内で財布を一時置き忘れた場合について占有を否定した判例が最近出されている（東京高判平成3・4・1判時1400・128）．酩酊して放置した自転車についても占有が否定されている（東京高判昭和36・8・8高刑集14・5・316）．近時には，秋田県八郎潟の鯉の養殖業者の網生けすから逃げ出し被告人の網に入りこんだ鯉を捕獲したという場合についても，占有離脱物横領罪の成立が認められている（最決昭和56・2・20刑集35・1・15）．

　(2)　占有の有無については，**客観的に事実上の支配をしている状態**と，主

観的に被害者がその物を支配する意思をもっていることとの，両方の関係が問題となる[58]．通常の占有の場合，そのどちらも備わっているが，一方が強ければ，他方は弱くてもよいという関係にあるものと考えられる．家の中の物についてはそれを見失っても占有を失わないという判例はこの観点から支持しうる．この場合，客観的な支配が強いことから，主観的な支配は弱くてもよいのである．これをすすめれば，家の中にある所有物については，およそその存在を忘れてしまっていても潜在的・包括的な支配意思があるから，占有を認めてよいであろう．

　反対に，支配意思が強力であれば，客観的な支配が弱くても占有を認めてよい．海中に落とした物であって占有を認めた最決昭和32・1・24刑集11・1・270はこの観点から支持しえよう（海底に沈没した船であっても，所有者が地元漁業組合に管理を依頼していたような場合は所有者に占有があるとされたものとして，東京高判昭和28・4・30東高刑時報3・5・192）．同様に，判例には，人道専用の橋の上に無施錠のまま14時間放置されている自転車であっても，占有しているとするものがある（福岡高判昭和58・2・28判時1083・156）．この事案の場合，所有者は後で取りに来るつもりで置いたのであり，また，本人の支配意思を表す客観的状況があるから，支持しうる．

　これに対して大震火災の際に，人がその所有物を公道に置き一時その場所を去っても，所有者がその存在を認識し，しかも，それを放棄する意思がないときは，その物はなお所有者の支配に属するとした前掲大審院大正13年判決の場合は，客観的な支配はまったく認めがたい．このような場合にまで占有を認めることには疑問がある（判旨に反対するものとして，田中・現代的展開192頁）．また，前掲東京高裁昭和33年判決は，公衆電話機内に置き忘れた硬貨について，電話局長又は電話分局長が占有するとするが，彼らの支配は客観的にも主観的にもきわめて弱いから，占有を認めたことには疑問がある（山口179頁）．列車内の遺留物の場合と同じく，占有離脱物とするべきであったと思われる．

---

58)　占有概念は，このように，問題の主体の意思と，主体と財物との間の客観的関係という実体的な事実を内容とするのでなければならない．「社会通念」（昭和32年12月8日最高裁判例）や「社会の見方」（山口179頁）を基準とすることには疑問がある．

**占有の帰属
(委託物横領
罪との限界)**

(1) 窃盗罪の成立要件としての占有の意義については，さらに，委託物横領罪との限界が問題となる．

まず，当事者間に**支配・従属の関係**がある場合，従属的立場にある者が領得したときには，窃盗罪が成立するとされている．たとえば，売り場の店員が売り場の物を領得した場合（大判大正 7・2・6 刑録 24・32），倉庫係員が在庫品を領得した場合（大判昭和 12・3・10 刑集 16・290），車掌が貨車に積載輸送中の荷物を領得した場合（最判昭和 23・7・27 刑集 2・6・1004）である．同様の観点から，旅館に宿泊して旅館の丹前等を着たまま外出した場合にも，丹前の占有は旅館に属するとされている（最決昭和 31・1・19 刑集 10・1・67．斎藤裁判官はこれに反対される）．

次に，対等の立場にある共同占有者の 1 人が領得した場合にも，窃盗罪の成立が認められている（大判大正 8・4・5 刑録 25・489．銀行の支配人心得である被告人が，同銀行の頭取・常務取締役と共同保管中の有価証券を領得したという事案）．

(2) さらに，**封をされた包装物**あるいは縄掛けされた荷物を委託された者が，その内容物を抜き取った場合が問題とされている．判例はこれを窃盗罪とする（大判明治 44・12・15 刑録 17・2190 ［郵便集配人が封印付行嚢の中の郵便物を領得した場合］，最判昭和 32・4・25 刑集 11・4・1427 ［縄掛け梱包した荷物を預かったが，中の衣類を領得目的で取り出した場合］）．封をされたり縄掛けされたりしている以上，中身については，委託者に占有があるとするのである[59]．ところが，封を破らずに，委託物全体を領得した場合は，横領罪とする判例がある（大判大正 7・11・19 刑録 24・1365）．さらに，判例は，自己に誤配された為替券在中の封のされた郵便物を領得した場合について，占有離脱物横領としている（大判大正 6・10・15 刑録 23・1113）．この判例は，集配人が郵便物の占有を失ったときは，差出人も占有を失うとしている．

本書の立場は次のとおりである．郵便物のような場合，いかに封をしていても，発送すると同時に郵政省（民間の場合，運送業者）の占有に移ると解するべ

---

59) 学説として，団藤 570 頁，大塚 190 頁，山口 180 頁など．最近の判例として，他人（同僚）から集金かばんを預かったが，上蓋の止め金がかけられているのを開け，在中の現金を抜き取って持ち逃げしたという事案について，窃盗罪の成立を認めたものがある（東京高判昭和 59・10・30 刑月 16・9＝10・679）．この事案の場合，支配従属の関係にあったわけではなく，施錠もされていなかったが，一時的に預けただけでは所有者は占有を失ってはいないというのであろう．

きである．集配人は，郵政省（運送会社）に対する関係で支配従属の関係にあるから占有を有しないと考えれば，封（包装）を破ったか否かを問わず，窃盗罪を構成すると解することになるであろうが，郵便局内（会社内）にいるときはともかく，配達のために外に出ているときには集配人に占有を認めるべきであろう．縄掛けした荷物を預かったような場合にも，そのまま他人に売ってしまったような場合について横領とするのであれば，自分で縄を外して内部の物を領得したような場合にも横領罪の成立を認めるべきだと思われる[60]．

死者の占有　(1) 死者にも占有が認められるかが問題とされている．判例は，野外で人を死に致した後，懐中金を領得した事案について，窃盗罪の成立を認めた（大判昭和16・11・11刑集20・598）．この事案では，被告人は，殺害後領得の意思が生じたのである．それにもかかわらず，被告人の行為は死の前後不可分に一体をなしているという理由で，窃盗罪の成立を認めた（ほぼ同旨，最判昭和41・4・8刑集20・4・207）．もっともこの判例は，これを第三者が領得した場合であれば，窃盗罪は成立しないとしている．同様に，同棲の相手を殺害後，これを遺棄し，4日後に部屋に戻り室内遺留物を領得したという事案についても，窃盗罪の成立が認められている（東京高判昭和39・6・8高刑集17・5・446）．この事案の場合，自ら殺しただけでなく，被害者の占有を「あらわす状態のままにおかれてい」たことが強調されている．

　もっとも判例の中には，被告人自身が殺害した場合であっても，窃盗罪の成立を否定したものがある（東京地判昭和37・12・3判時323・33）．この事案では，殺害後9時間を経て室内遺留物を領得したというものであった．**死亡後相当時間を経過**し，または，死亡と全く**別の機会**に財物を奪取したような場合は，死者の占有を犯したとはいえないとするのである．さらに，殺害して5日後及び10日後に被害者の居宅から財物を持ち去る行為は占有離脱物横領罪を構成するとするものがある（新潟地判昭和60・7・2刑月17・7=8・663）．

　(2) 学説上も，具体的事情によるとしつつも被害者が生前にもっていた占有を侵害するものだとしたり（団藤572頁），その財物が一般人の立場からなお人の事実的支配内にあると考えられる占有状態があるとしたり（野村・基本講

---

60) 牧野628頁，田中・現代的展開197頁，中森118頁など．

座5巻79頁），まだ生々しい死体から奪うのは窃盗としてよいとする（前田199頁）見解が主張されている．しかし，これらの見解においては，死者にも占有を認める基準が結局あいまいである．のみならずこれらの見解も第三者が領得する場合には窃盗罪の成立を認めないが，その場合と行為者が領得する場合とを区別する理由があるとは思われない．すでに死んでいる者については占有を認めるべきではないと思われる[61]．

もっとも，相手が**気絶**したにすぎない場合には，その後に領得意思をもって領得した場合には，いまだ占有があるとして，窃盗罪の成立を認めることは可能である．

さらに，屋内であれば，相続人に占有が承継される場合もありうる[62]．

(3) なお，最初から財物奪取の意思で，被害者を殺害後，領得した場合について，判例は強盗殺人罪の成立を認めている（大判大正2・10・21刑録19・982）．この場合は，財物を奪取しなくても，強盗殺人罪の既遂となるとすれば，当然に強盗殺人罪の成立が認められる．しかし，強盗殺人罪の既遂には，財物をとったことが必要だと解する立場からは，判例には疑問が生じることになる．ドイツでは，この場合にも，「死亡によって占有は消滅する」「殺された者から財物を奪取することはできない」として，強盗罪の成立を否定している（RG 59, 273）．

(2) 不法領得の意思

窃盗罪の主観的要件　判例によれば，窃盗罪の成立には，「権利者を排除し他人の物を自己の所有物と同様にその経済的用法に従いこれを利用し又は処分する意思」（大判大正4・5・21刑録21・663），すなわち不法領得の意思が必要である．窃盗罪の客観的要件が充足され，それについての認識としての**故意**が成立していても，不法領得の意思を欠くときには，窃盗罪の成立は否定されるのである[63]．具体的にいうと，**一時使用の意思の場合**，毀

---

61) 死者の占有を否定するものとして，中森116頁，曽根121頁，堀内110頁，山口181頁，山中247頁など．
62) 佐伯・研修645・7．相続による占有をおよそ否定する（西田128頁）のは妥当でない．
63) 学説として，平野207頁，中森121頁，山口195頁，斎藤豊治・斉藤古稀429頁以下など．

棄・隠匿の意思の場合には，窃盗罪の成立は否定される．これに対して学説の中には，不法領得の意思は窃盗罪の成立要件とするべきでないとするもの[64]，一時使用の意思のときにのみ窃盗罪の成立を否定するべきだとするもの[65]，毀棄・隠匿の意思のときにのみ窃盗罪の成立を否定するべきだとするもの[66]などがあり，大きな問題となっている．

　一時使用の意思　(1)　一時使用の意思かどうかが争われた事案において，窃盗罪の成立を否定した判例は極めて少ない．窃盗罪の成立が認められた判例として次のものがある．対岸に乗り捨てるために船を奪った場合（最判昭和 26・7・13 刑集 5・8・1437），景品交換のために磁石を用いて遊技場のパチンコ機械から玉を取った場合（最決昭和 31・8・22 刑集 10・8・1260），投票に使用するため投票用紙を持ち出した場合（最判昭和 33・4・17 刑集 12・1079），盗品の運搬に使用するため他人の自動車を無断使用して返還しておいた場合（最決昭和 43・9・17 裁判集刑 168・691）などである．このように，判例は伝統的に不可罰の一時使用の意思を認めることに極めて厳格である．このような傾向を象徴する近年の判例として，次のものがある．事案は，とくに犯罪の用に供する目的もなく，5 時間半後には返還する意思で，深夜零時ごろ自動車を持ち出した末，約 4 時間後に無免許運転により検挙されたというものである．最高裁は，「他人所有の普通乗用自動車（時価 250 万円相当）を，数時間にわたって完全に自己の支配下に置く意図のもとに，所有者に無断で乗り出し，その後 4 時間余りの間，同市内を乗り廻していたというのであるから，たとえ，使用後にこれを元の場所に戻しておくつもりであったとしても，被告人には右自動車に対する不正領得の意思があった」と判示した（最決昭和 55・10・30 刑集 34・5・357）．

　(2)　これらの判例を見ると，判例は一時使用の意思の場合にも窃盗罪の成立を認める立場に立っているのではないかという疑問が生じてくる．しかしそのように断定することもできない．少数ながら，判例の中には，一時使用の意

---

64) 内田 253 頁，林（美）・警研 53・2・32，曽根 124 頁以下．
65) 団藤 563 頁，福田 230 頁以下など．
66) 前田 161 頁，中山・概説 129 頁など．不法領得の意思については，優れた文献が多いが，ここでは次のものをあげるにとどめる．斉藤（信）・法学新報 79・8・35，安里・山梨学院法学論集 6・21，木村・主観的犯罪要素の研究 195 頁．

思の場合に窃盗罪の成立を否定したものもある．たとえば広島地判昭和50・6・24刑月7・6・692は，被告人が刑務所で服役することを企図し，当初から窃盗犯人として自首するつもりで，駐車中の自動車内から他人所有のステレオ・パック等を持ち出し，直ちに100メートル以内の近接した派出所に出頭しこれを証拠品として任意提出したという事案について，不法領得の意思を欠くとした．また，京都地判昭和51・12・17判時847・112は，強姦するために深夜，使用後返還する意思で他人所有の自転車を無断で約2，3時間持ち出し，その間約2キロ位走行しても，不法領得の意思を欠くとした．さらに，前掲最高裁31年決定は，その事案の場合は「いわゆる使用窃盗と見るべきではなく」として，「使用窃盗」であれば窃盗罪の成立を否定するという前提を暗黙の内に認めている．最高裁55年決定も，他人の自動車を5時間半も乗り回そうとするのはもはや一時使用の意思とはいえないとしたのであって，より短時間の場合，あるいは客体が高価な自動車でない場合（たとえば，前掲京都地判は自転車の場合である）に，一律に窃盗罪の成立を認める趣旨とは必ずしも解されないのである．

　(3)　領得意思不要説は，「占有奪取」など**客観的な要素**だけで犯罪の限界を画するべきだとするのである．しかし，結論からいえば，これは妥当でないと思われる．

　確かに，一時使用も「権利者を排除」し，「所有者のようにふるまう」ものであり，「経済的用法に従って利用・処分する」ことだともいいうる．しかし，一時使用によって受ける被害は実質的には軽微である．窃盗罪で保護しようとしている利益が，そのようなものに尽きているとは考えられない．そこで，不要説も**占有奪取**の要件をある程度実質的に考えて，犯罪の完成時点を後ろにずらそうとする．しかし，そうすると，**既遂成立時期**との関係が問題となってくる．窃盗罪の既遂の成立はかなり早い段階で認めうるものである．懐中に入れたときに既遂を認めたものとして，大判大正12・4・9刑集2・330，浴場内で他人の遺留した指輪を隙間に隠匿したときに既遂を認めたものとして，大判大正12・7・3刑集2・624，屋外に持ち出さなくても既遂を認めたものとして，東京高判昭和27・12・11高刑集5・12・2283がある[67]．そこで，犯罪完成時点と既遂成立時点とを別異に解するべきだとする見解も主張されている．確か

に，既遂成立時点と**犯罪終了時点**とは（公訴時効の問題で）一致する必要はない．しかし，既遂成立時点と犯罪成立時点とを別異に解するのは妥当とは思われない．既遂とはまさに犯罪が成立したことを意味するからである．また，既遂成立時点そのものを後にずらすという見解も成立しうるが，それも妥当ではないであろう．

そうだとすれば，やはり**実質的に重大な法益侵害に向けられた意思**を犯罪成立要件と解するほかないであろう．これが不法領得の意思なのである．もっとも，実際上，不法領得の意思の認定にあたっては，占有奪取後の被告人の行為が，重要な判断資料となることが多いとはいえる．

なお，この問題を被害者の承諾・可罰的違法性の問題として処理しようとする説もある[68]．しかし，被害者が許さないであろうときでも，被告人の占有奪取のときの目的が軽微な法益侵害にしか向けられていないときには，窃盗罪の成立を認めるべきではない．また，なぜ可罰的違法性がないとされるかを実質的に明らかにしようとすれば，すでに述べたような意味で不法領得の意思がないからだとするほかないであろう．

（4）近年，**産業スパイ**の1つとして次のような場合が問題となっている．被告人は会社の企業秘密が記載された書類を一時会社外に持ち出し，コピー後返還しておいたという事案について，窃盗罪の成立を認めた判例がある（東京地判昭和55・2・14刑月12・1＝2・47，東京地判昭和59・6・15刑月16・5＝6・459，東京地判昭和59・6・28刑月16・5＝6・476）．この場合，物の占有奪取はあったが，書類そのものは比較的短時間で返還されているので，不法領得の意思を否定するべきでないかが問題となるのである．不法領得の意思を，物そのものの利用を長期間妨げる意思と解すれば，この場合不法領得の意思を認めることはできない．同じような問題は次のような場合にも生じる．他人の預金通帳を盗み出したが，他人にそれを見せびらかすためにそれをコピー後直ちに返還しておいたような場合である．この場合は，不法領得の意思はないというべきであろう．通帳の持ち主の被害は実質的に軽微だからである．しかし，預金を引き出した

---

67) なお，本書197頁以下．
68) 平野207頁．西田145頁は，「一般に権利者が許容しないであろう程度・態度の利用をする意思」とするべきだとされる．

後に返還しておいた場合はどうであろうか．この場合，預金通帳に化体されている（それで預金を引き出しうるという無形の）価値が侵害されているから，不法領得の意思を認めてもよいと思われる．企業秘密の場合，返還されれば，コピーされても情報そのものは残っている．しかし情報の価値は，まさに秘匿されていることにあるから，それが競争会社に知らされることによって，財産的価値が実質的に侵害されることは否定できない．不法領得の意思を，**その物に化体された価値を実質的に侵害する意思**だと解すれば，このような場合にも窃盗罪の成立を認めることになる[69]．

<small>毀棄・隠匿の意思</small>　（1）　判例は伝統的に，毀棄・隠匿の意思の場合に窃盗罪の成立を否定している．たとえば，教員が校長を困らせる目的で教育勅語を隠匿した場合（前掲大正4年大審院判決），恩顧を受けた弁護士の苦衷を除くために競売記録を隠匿した場合（大判昭和9・12・22刑集13・1789），動力のこぎりを海中に捨てる目的で持ち出した場合（仙台高判昭和46・6・21高刑集24・2・418），犯行を隠蔽するために死体から腕時計を奪った場合（東京地判昭和62・10・6判時1259・137）など，いずれも窃盗罪の成立が否定されている（もっとも，横領罪の場合には，隠匿意思を不法領得の意思と認めている．大判大正2・12・16刑録19・1440．これは一貫しないであろう）．毀棄・隠匿の意思の場合，「権利者を排除」し，「所有者のようにふるまう」ものだとはいえても，「物の経済的用法に従って利用・処分する」ものだとはいえないから，判例の見解は一貫している．しかし，そもそもなぜ「経済的用法に従った利用・処分の意思」でなければならないのかは，問題である[70]．

（2）　**不要説の根拠**は次のようなところにある．毀棄・隠匿の意思の場合も，同じように物を奪取しているし，毀棄・隠匿は利用と比べて法益侵害の程度は変わらず，むしろ大きいことすらあるから，窃盗罪の成立を否定し，軽い毀棄罪の成立しか認めないのは均衡を欠く．両罪の区別は，占有侵害の有無による

---

69)　この問題については，山口198頁，松原・法教298・58以下も参照．
70)　なお，本権説と占有説の対立と，不法領得の意思の必要・不要の対立との論理的関係が問題とされ，本権説からは必要説が，占有説からは不要説が導かれるとされることがあるが，この2つの問題にそのような論理的な関係はない．本権説をとって不要説をとることも，占有説をとって必要説をとることも，可能である．

べきである．毀棄罪の場合，占有の侵害を要せず，しかも効用を減損するだけで成立しうるものであるから，軽いのである．領得意思必要説は，違法性に関係しない動機の違いによって犯罪の軽重を動かすものであって，妥当でない，というものである[71]．

確かに，毀棄・隠匿目的の窃取は，利欲目的の窃取と，違法性の点では違いがない．しかし，一般的にいえば，利欲目的の窃取が計画的・営業的・性格相応であるのに対して，毀棄・隠匿目的の窃取は衝動的・単発的・性格不相応であるから，**責任が軽い**といえるであろう[72]．

(3)　不法領得の意思の根拠について，器物損壊罪との区別の必要性が指摘されることがある．しかし，財産犯の基本類型である窃盗罪の内容は，上述のような固有の目的に基づくものである．詐欺罪にも不法領得の意思は窃盗罪と同じように要件となる（最決平成16・11・30刑集58・8・1005．本決定については，林・判時1908・20以下）．したがって，「利益」を客体とする2項詐欺においても不法領得の意思は必要である．「利益」そのものの毀棄・隠匿は処罰されていないが，だからといって利益について毀棄的な意思の場合（欺罔によって債務を負担させたが，債権を行使する意思をまったく有していなかったような場合），2項詐欺の成立を認めることはできない．この場合，不法領得の意思は有罪と無罪を分かつ意義を有するのである．財物について隠匿の意思の場合でも，「損壊」に「隠匿」は含まれないという解釈は，罪刑法定主義の見地から，成立しうる．だからといって，隠匿の意思の場合窃盗罪の成立を認めてよいかは，別個問題

---

71)　必要説に立つと，毀棄の意思で窃取した後，毀棄しなかった場合，無罪となって不当だという批判がなされているが，この場合も隠匿の結果は生じており，そして隠匿は毀棄に含まれるとすれば，やはり毀棄罪の成立を認めることができる．反対に，不要説に対しては，（隠匿の意思で信書を窃取すれば窃盗罪ということになり）信書隠匿罪の成立の余地がほとんどなくなるという批判が可能であろう．

72)　とくに，責任を単に過去の違法行為に対する非難可能性と考えれば，毀棄・隠匿目的の場合には責任が軽いとはいいにくい．しかし，責任の基礎を将来の違法行為の抑止の可能性と考えれば，毀棄・隠匿目的の場合には，利欲目的の場合に比べて，一般的にいって誘惑が小さく，反対動機が形成されやすいから，より軽い刑罰で抑止されうるといいうるであろう．前掲東京地裁昭和62年判決は，毀棄罪に比べて窃盗罪が重い理由を「犯人の意図が物の効用に向けられる行為は誘惑が多く，より強い抑止的制裁を必要とする点に求めるのが最も適当」と判示する．なお，中森121頁は，「一般予防の必要の大きさを表している」ことを理由として違法要素だとされる．しかし，行為者の意思を根拠とする一般予防の必要性の大きさは，責任の加重を基礎づけるものである．林・基礎理論1頁以下．さらに参照，山口・法教209・72．

となりうるのである。

第三者領得 (1) 第三者に領得させる意思の場合，窃盗罪の成立を認め得るかが問題とされている（参照，穴澤・上智法学50・2・103）。たとえば，親しい第三者に贈る目的で，他人の物を自己の占有に移した場合に窃盗罪が成立することは明らかである。その場合，問題の財物から利益を享受する意思があるといえるからである。また，他人の所有物を，処分権もないのに勝手に売却し，情を知らない買主に搬出させたような場合にも，このような意思があるとして，窃盗罪（間接正犯）の成立を認めてよい（最決昭和31・7・3刑集10・7・955）。

しかし，甲がまったく関係のない乙に対して，丙の物を甲の物と騙し，乙をして取得させたような場合，あるいは，スーパーマーケットの店員甲が，まったく関係のない客乙の万引きを黙認したような場合となると，窃盗罪（前の場合乙を利用する間接正犯，後の場合不作為による片面的幇助）の成立を認めることには疑問がある。なぜなら，これらの場合，甲はその物自体からは何らの利益を享受しようとしておらず，実質的には毀棄の意思と同じだからである[73]。

もちろん，これらの場合，器物損壊罪の間接正犯や背任罪は成立し得る。判例は，他人の鯉を池から流出させた場合を器物損壊罪としている（大判明治44・2・27刑録17・197）。そうだとすれば，まったく関係のない第三者に利得させる意思で，いいかえると，もっぱら被害者に損害を与える意思で占有を喪失させた場合も同じと解するべきであろう（山口192頁）。

(2) 不法領得の意思は，窃盗罪のみならず，すべての領得罪について同じように要件となる。詐欺罪においては，2項において「他人をこれを得させた者」をも処罰する旨規定されている。しかし，甲が丙を騙して甲とまったく関係のない乙に丙の物を交付させたような場合には，不法領得の意思を欠き，詐欺罪は成立しない（参照，大判大正5・9・28刑録22・1467，大阪高判平成12・8・24判時1736・130，神戸地判平成18・3・8（未登載）など）。このような場合，不法領得の意思を欠く以上は，丙（被害者）を利用する窃盗罪の間接正犯も成立しえない。

---

[73] 第三者に対するものであっても，占有の取得自体は否定できないと思われる。

不法領得の意思は横領罪においても要件とされる．第三者のためにする意思のときは横領ではなく，背任となるとするものとして，大判昭和8・3・16刑集12・275がある．これも，横領における「領得」を限定的に解したものである[74]．背任は，領得の意思をもたず，第三者利益・本人加害目的でも成立し得ることは，条文の規定するところである．背任罪はまさに，この点で（ほかにもあるが）横領罪を補充するものなのである．

(3) 未遂と既遂

着手時期　　窃盗の未遂は処罰される（243条）．予備は処罰されない．したがって，何時実行の着手が認められるかが重要な問題となる．窃盗の着手時期について，判例は物に対する事実上の支配を侵すについて密接な行為をしたときと解している．たとえば，すりが手を被害者のポケットの外側に触れたとき（最決昭和29・5・6刑集8・5・634），犯人が他人の家屋に侵入して目的物を**物色**したとき（最判昭和23・4・17刑集2・4・399，最判昭和40・3・9刑集19・2・69）に未遂犯の成立が認められている．倉庫内の肥料を盗むため扉を開けようとしてボールドのナットを抜き取ろうとしたとき（高松高判昭和28・2・25高刑集6・4・417），土蔵に侵入しようとしたとき（名古屋高判昭和25・11・14高刑集3・4・748）にも未遂が認められているが，いまだ財物奪取の前には大きな障害があるから，未遂とすることには疑問がある．窃盗の目的で他人の住居に侵入しただけでは未遂とはならない．

既遂時期　　(1)　**既遂**となるためには，被害者の占有を侵害し，客体を自己（又は第三者）の占有下に移すことが必要である[75]（最判昭和29・6・29裁判集刑96・587）．たとえば，商店内で万引しようとして懐中に入れた場合（大判大正12・4・9刑集2・330）には，懐中に入れれば他人はそれを容易に発見できないから，商店内であっても既遂犯の成立を認めた結論は支持しえよう．

---

74) もっとも，横領罪における不法領得の意思については，若干の特殊の問題が生じる．参照，293頁．
75) 既遂時期についてはいくつかの学説がある．財物に手を触れた時点で既遂とする**接触説**は早すぎ，財物を隠匿したことが必要だとする**隠匿説**は遅すぎる．**取得説**か**移転説**が実際上妥当であるが，問題はその実質的内容である．被害者による追及の困難化という観点を重視することも考えられる．参照，深町・法教290・66以下．

他家で物色した品物のうちから，数点を選び出し，そのまま持っていけるようにして，入り口に置いた場合（福岡高宮崎支判昭和30・3・11裁特2・6・151），倉庫内の多数の物件の中から選別し，倉庫外に搬出のため出入り口まで移動した場合（福岡高判昭和28・10・31判特26・45）などにも，既遂犯の成立が認められている．もっとも，家や倉庫から外に出しても，それらが柵などで囲まれた大きな敷地の中に建てられており，出入り口には管理人がいるような場合には，所有者の財物に対する支配は及んでいるから，いまだ既遂犯の成立を認めるべきではないであろう．判例には，他人居宅2階の窓から盗品を屋根庇の上に持ち出したところを誰何されたので，目的物を置いたまま逃走した場合に未遂としたものがある（名古屋高判昭和24・11・12判特3・93）（参照，鈴木・百選〔4版〕65頁）．

また判例は，機関士が，後に戻って拾う計画の下に，積み荷を車外に突き落とした場合に既遂としている（最判昭和24・12・22刑集3・12・2070）が，これも，落とした場所には通行人などが多くなく，かつ，被告人がその場所の地理に通じていたというような事情が必要であろう．ところが判例は，浴場内で他人の遺留した指輪を他人が容易に発見できない隙間に隠匿した場合にも既遂を認めている（大判大正12・7・3刑集2・624）．この判例に対しては，被害者が支配を失い，被告人がそれを得たとなしうるか疑問がある．駅ホームの小屋の中から，駅長保管の鉄道荷物を持ち出し，ホームからわずかしか離れていないホーム下の場所に置いた場合には未遂とされている（大阪高判昭和24・12・16判特5・95）．

なお，産業スパイの場合の，この問題の状況について，参照，林・現代の経済犯罪65頁以下．

(2) 犯罪の**既遂**と犯罪の**完成・終了**とは区別されなければならない．既遂に達していても，いまだ犯罪は完成・終了していない場合はありうる．たとえば，不動産侵奪罪において，他人の土地に建物を不法に建築を始めたような場合である．この段階では，既遂とはなっているが，時効の進行は開始しない場合がありうる．窃盗罪の場合であっても，窃取して既遂となっても，逃走中であって，犯罪は完成・終了していないために，時効が進行しない場合はありうる（参照，林・判評356・243，林（美）・神奈川法学24・3＝4・1）．なお，窃盗罪は

いわゆる**状態犯**の典型とされる．窃盗罪の成立を認めれば，窃取後の違法状態はそれで評価しつくしているから，後にその物を損壊しても，器物損壊罪は併合罪としては成立しない．しかし窃盗罪との間にいわゆる包括一罪としては成立しているのであり，それに対する共犯は成立しうる（参照，林・基礎理論226頁）．

2 不動産侵奪罪

　他人の不動産を侵奪した者は，10年以下の懲役に処する（235条の2）．

<small>総説</small>　（1）　不動産は，伝統的に，窃盗罪の客体とはならないとされてきた．その理由としては，「窃取」という文言は物の場所的移転を前提とする（「窃取」といえるためには「取り去る」ことがなければならないとするものとして，団藤574頁）し，実質的にみても，動産が窃取された場合は，回復がきわめて困難となるのに対して，不動産は占有を侵害されても移転するものではなく**回復が比較的容易**であるから，民事的救済を本筋とするべきである，ということがあげられてきた．また，住居侵入罪によって，不動産は宅地などまでかなり広く保護されていることも考えられる．さらに，ローマ法以来の伝統と，英独仏の比較法的な背景もあった（参照，田宮・注釈刑法(6) 73頁）．

　これに対して，自由法学を標榜する牧野博士（博士は，事務的管理可能性を有すれば財物と認めていた）が，ここでも，不動産までも財物と認められた（牧野611頁）．そしてこの説は次第に有力となり，小野博士もこれに賛同されるに至った（小野234頁）．それでも，牧野博士は，たとえば登記簿の所有名義の変更というようなかなり観念的なものまで含めていたのに対し，小野博士は土地の境界線を移動する場合のような事実上の不法占拠のみに限っていた．

　このように不動産までも財物に含まれるという考えが有力となるに至ったのは，戦後の社会的混乱の中で，不動産を不法に占拠するという事態が頻発したことによるものであった．ところが，実務の方は謙抑的で，不動産窃盗として起訴されたことはほとんどなかった．そこで，昭和35年に至って，不動産侵奪罪が新設されるに至ったのである[76]．

　（2）　この反射的効果として，不動産は窃盗罪の対象とはならないことにな

る．このこととの均衡からして，不動産は1項強盗罪の客体ともならないと解するべきである（中森123頁，山口202頁など多数説）[77]．暴行・脅迫をもって「侵奪」したときは，暴行罪・脅迫罪と本罪が成立するのみである．しかし，被害者が瑕疵あるとはいえ自分の意思により交付したときに「侵奪」とすることはできない．したがって，詐欺罪・恐喝罪・横領罪の場合には，財物の中に不動産が含まれると解さざるをえない[78]．そうだとすれば，財物の中には不動産も一応含まれ，ただ，それについて「窃取」「強取」は文言上，また，本罪の反射的効果として，ありえないと理解するべきだということになる．もっとも，強盗罪の場合には，2項の利益に含まれるというのが通説である（団藤589頁，河上・大コンメ9巻307頁．反対，町野・現在102頁）．

不動産 不動産とは，土地およびその定着物をいう（民法86条1項）．不動産の一部についても，利用関係が独立であれば，本罪が成立しうる（東京高判昭和46・9・9高刑集24・3・537［建物の一室］）．不動産の一部を分離して取得した場合には，動産の窃盗が認められる（最判昭和25・4・13刑集4・4・544）．建物そのものを移動した場合も同じである．不動産とは，動かないでいる状態を中核とするからである．

侵奪 (1) 侵奪とは，不法領得の意思をもって，不動産に対する他人の意思に反しその事実上の占有を排除し，これに自己の占有を設定することをいう．たとえば，他人の農地を無断で耕し苗床をつくり，種をまいたような場合（新潟地相川支判昭和39・1・10下刑集6・1＝2・25），自己の家屋の2階部分を増築するときに，隣接する電気鉄道会社の軌道用地上に突出して建築させた場合（大阪地判昭和43・11・15判タ235・280），他人の土地を掘り，その土砂を搬出した上，その跡地に廃棄物を投棄した場合（大阪高判昭和58・8・26刑月15・7＝8・376）などに，本罪の成立が認められている．

(2) 不動産を賃借した者が，期間満了後に居座るような場合には，「侵奪」

---

76) そのとき，同時に，境界損壊罪［262条の2］も新設された．なお，本罪についての最近の文献として，小林・法教291・87以下．
77) これに対して西田139頁は，相手の反抗を抑圧して登記名義を移転させ，その処分可能性を取得した場合には1項強盗罪の成立を認めてよいとされる．
78) 詐欺罪の成立を認めたものとして，大判明治36・6・1刑録9・930．横領罪については，本書279頁以下．

行為は認められないから，本罪は成立しない．使用貸借終了後に増築がなされても，それが小規模のものであるときは，既存の占有状態を変更したにすぎず，他人の占有を新たに奪取する行為がないから本罪を構成しない（大阪高判昭和41・8・9高刑集19・5・535）．

他方，他人所有の空き地を資材置場として無断で一時使用していた者が，本件土地の借り受けまたは買収の交渉を有利に進める意図で，その周囲に半永久的で容易に除去しえない工作物であるコンクリートブロック塀を築造する行為は，従前の一時使用から侵奪へと質的変化を遂げたものであって，本罪が成立するという判例がある（最決昭和42・11・2刑集21・9・1179）．この判例に対しては，本件被告人は本条施行前に問題の不動産を不法にとはいえすでに占有していたので，施行後新たな侵奪は認めがたいとして，せいぜい横領罪の成立を認めうるにとどまるという見解が示されている（町野・百選［2版］150頁以下，斉藤・百選［3版］66頁以下）．問題は施行前にどの程度の不法支配が存在したかであり，施行前に不法に建築した小屋が台風のため破壊され，警察署を通じての工事中止の申し入れがあった時点で，以前の不法支配が一旦終了ないし減弱したとすれば，新たな侵奪を認めることができるであろう（中森125頁，西田147頁など）．

最近の重要判例として，最決平成11・12・9刑集53・9・1117（本決定について，鈴木・ジュリ1196・136），最判平成12・12・15刑集54・9・923，最決平成12・12・15刑集54・9・1049（本判決について，山口・法教286・80以下）がある．

なお，事実的支配の移転であることを要するから，単なる登記名義の変更などは含まれない．

(3)　本罪は窃盗罪と同じように，領得罪であるから，「**不法領得の意思**」をもって行為することを要する．一時使用の意思をもって行為したにすぎないときは，本罪は成立しない．たとえば，隣接する他人の土地に承諾を得ずに排水口を設置しても，将来その土地を買い受ける予定でそれまで一時利用させてもらう意思であり，かつ，原状回復が容易であって，土地所有者の受ける損害も皆無に等しい場合は，侵奪にあたらないという判例がある（大阪高判昭和40・12・17高刑集18・7・877）．

3 親族間の犯罪に関する特例

配偶者，直系血族又は同居の親族との間で窃盗罪，不動産侵奪罪又はこれらの罪の未遂罪を犯した者は，その刑を免除する（244条1項）．前項に規定する親族以外の親族との間で犯した同項に規定する罪は，告訴がなければ公訴を提起することができない（2項）．前2項の規定は，親族でない共犯については，適用しない（3項）．

刑の免除などの根拠
（1） このように，一定の親族関係がある場合に刑が免除されたり・親告罪とされることの根拠が問題となる．この点について，この規定は「法は家庭に入らずと」いう思想に基づく政策的な考慮を根拠とするものだとする見解がある[79]．これを一身的刑罰阻却事由説と呼ぶことがあるが，2項において親告罪とされていることは，刑罰を阻却することではないから，そのかぎりでは適切でない．この説は，本条の根拠を，違法・責任という犯罪の実質とは無関係の政策に求めるものであるから，**政策説**とするのが適切であろう．いずれにしても，一般論としては，むしろ法は家庭に入るのが原則である．たとえば，殺人や傷害・暴行などが行われれば，当然にそれらの罪で罰せられる．この見解は，それにもかかわらず財産犯の場合だけこのような政策がとられている理由について実質的に説明していない．学説には，免除は有罪判決の一種であるから，政策説をとらざるをえないとするものがある（前田186頁）が，刑罰は犯罪の実質である違法と責任を根拠とするものなのだから，それを免除する根拠は違法か責任かのいずれかが減少するということにあると解するべきである．これを政策説に対して**法律説**という．

（2） 法律説の中にも，家庭内においては物の所有・占有の排他性・支配性が弱まる（あるいは被害者の一般的同意がある）ために，その侵害の違法性は小さくなるということに，本条の根拠を求める見解がある[80]．しかしこの見解は，

---

79) 団藤581頁，山口207頁，松宮205頁など．判例として，最判昭和25・12・12刑集12・2543があげられることが多い．しかしこの判例には，「法は家庭に入らず」，「政策」という文言は見られない．この判例は，犯罪の成立を認めているが，違法ないし責任の「減少」を理由とする法律説もその点では同じである．

80) 佐伯147頁，平野207頁，中森125頁，町野・ジュリ1092・131など．

本条3項において，親族でない共犯については前2項を適用しないとされていることの説明に窮する．

3項を含む本条全体の根拠について統一的・包括的に説明するとすれば，親族に対する財産侵害は期待可能性が低いという責任減少にあるとするほかはないであろう[81]．

この法律説に対しては，2項において親告罪とされていることを説明しえないとされることがある．たしかに，親告罪とするときには，「法は家庭に入らず」という政策も考慮されているといえる．しかしその前提として，問題の犯罪は重いものではないという評価が前提となっていると考えられる．さらに，法律説に対しては，2項のような遠い親族の場合に違法・責任が小さくなるというのは，実態に合わないという批判もなされている．しかしそれはすでに立法論であろう．立法論としては，1項の親族ですら，せいぜい親告罪とする（実体的に判断して違法・責任の阻却を問題として，場合によって犯罪の成立を否定する）べきだという見解もありうる．解釈論としては，法律説，とくに責任減少説によるほかはないと思われる．

所有者と占有者 (1) 判例は，窃盗犯人と財物の占有者のみならず，所有者との間にも親族関係が存在しなければ，本条1項は適用されないとしている[82]．所有者又は占有者との間に親族関係がない場合には，もはや完全には「家庭内」のことではなくなるから，政策説からは本条の適用をすべきでないということになりうる．本条はもともと現代の家族の財産関係に適合するものか疑問があるものであり，違法減少・責任減少という犯罪の実質からしても，所有者又は占有者が親族でない場合には，本条を適用するに十分でないと解するのが妥当と思われる．

(2) 所有者も占有者も親族関係にあると誤信した場合に本条を適用するべきか．政策説によれば，犯罪の実質と無関係の事情についての錯誤にすぎず，

---

81) 滝川・著作集2巻321頁，青木・産大法学30・1・17，松原・基本講座5巻322頁，曽根129頁，山中273頁など．なお，親族相盗については優れた文献が多い．石堂・法学50・4・117以下，日高・専修法学75・8以下，斉藤豊治・西原古稀 (3) 203頁以下，林（美）・内田古稀31頁以下など．

82) 最決平成6・7・19刑集48・5・190．本決定については，青木・産大法学30・1・1，川口・奈良法学9・3＝4・181，井田・法教73・135，木村・都立法学論集36・1・277など．

本条を適用できないということになる．その趣旨の判例もある（大阪高判昭和28・11・18 高刑集 3・3・487）が，実質的にみて妥当か疑問がある．違法ないし責任という犯罪の実質の故に刑が免除されていると解する立場からは，そのような実質がないのにあると誤信した場合には，故意もしくは責任がなく，本条を適用するべきだということになる（その趣旨の判例として，福岡高判昭和 25・10・17 高刑集 3・3・487，広島高岡山支判昭和 28・2・17 特報 31・67）．

2 項の親族と誤信した場合も，親告罪とする前提として前述のように違法もしくは責任減少があると解するときは，同様に親告罪とするべきことになる．

なお，責任阻却・減少説から，誤信が不可避であった場合のみ本条の適用を認める見解がある（滝川＝竹内 172 頁，佐伯・刑法における期待可能性の思想 453 頁）．しかしこれは，責任を阻却・減少させる事情についても注意深くあることを要求するものであって，妥当でない（林・総論 146, 348 頁．同旨，松原・基本講座 5 巻 24 頁，曽根・重要問題 250 頁）．

1 項と 2 項との均衡 この規定を文字どおり理解するときは，刑の免除は有罪の 1 つの場合であるから（刑訴 333 条〜335 条），近親者の間で犯された場合が刑の免除という有罪の判決を受けることとなり，近親者以外の親族の間で犯された場合は告訴がないかぎり訴追が許されず，誤って訴追があっても公訴棄却となるのは均衡を失するとして，1 項の場合にも親告罪とするべきだという見解がある（団藤 582 頁，山口 205 頁など）が，解釈論としては無理である．立法論としても，刑が必要的に免除される犯罪について親告罪とするような形式は妥当とは思われない．現行法の 1 項と 2 項の均衡論についても，2 項の場合は一旦告訴されれば刑罰を科されることにもなりうるのだから，全体としてみればさほどの不均衡はない．また，1 項の場合について，必ず刑が免除されるのだから，この場合に公訴を提起しても実質的意味がないこととなるとし，刑事訴訟法 339 条 1 項 2 号に準じた公訴棄却の決定をするべきだという見解もある（大谷 225 頁，中森 126 頁）．しかし，現行法は，刑が免除されるときにも犯罪が成立しうるのであり，その場合有罪か無罪かを明らかにする国家的利益がありうるという立場に立っているといえよう（参照，林（美）内田古稀 353 頁）．とくに，共犯がいる場合や盗品関与罪の成否が問題となる場合には，少なくとも構成要件該当性・違法性までは，認定される必要があ

る.

　もっとも，立法論は別論である．現代の家族の独立した財産関係を考慮すれば，せいぜい1項の範囲の家族について親告罪とするのが，望ましいと思われる（参照，日高・専法75・1）．

第3節　強盗罪

1　強盗罪

　　暴行又は脅迫を用いて他人の財物を強取した者は，強盗の罪とし，5年以上の有期懲役に処する（236条1項）．前項の方法により，財産上不法の利益を得，又は他人にこれを得させた者も，同項と同様とする（2項）．

暴行・脅迫の程度
　（1）　強盗罪における暴行・脅迫は，単純な暴行罪・脅迫罪の場合よりは強く，相手方の反抗を抑圧する程度のものでなければならない．

　（2）　問題となるのは，**恐喝罪との関係**である．判例によれば，恐喝罪となるか強盗罪となるかは，その暴行・脅迫が社会通念上一般に被害者の反抗を抑圧するに足る程度のものであるかという**客観的基準**によって決定され，被害者の主観を基準とするものではない．したがって，暴行・脅迫が反抗を抑圧するに足る程度になされた場合，被害者が完全に反抗を抑圧されれば当然強盗罪が成立するが，被害者がたまたま豪胆の者であって同人の反抗を抑圧する程度に至らなかったとしても，恐喝罪ではなく強盗既遂罪が成立する（最判昭和24・2・8刑集3・2・75）．

　恐喝罪と強盗罪とが客観的な行為によって区別されるものであることは否定しえないが，**被害者の主観内容**においても異なるものがあるというべきであろう．そこで，ある程度意思の自由が残っているときには，強盗未遂とすべきだとする見解が主張されている（団藤588頁）．しかし強盗未遂とするだけでは，財産が侵害されたことを評価していない．したがって，強盗未遂の他に（恐喝行為がなされていないが，大は小を兼ねるから）恐喝罪の成立を認めるべきであろう．大阪地判平成4・9・22判タ828・281は，強盗目的で反抗を抑圧するに足

りる程度の脅迫を加えたにもかかわらず，被害者は，反抗抑圧に至らない程度に畏怖したにとどまり，その結果，被害者が財産の持ち去りを黙認していた場合は，強盗未遂と恐喝既遂の観念的競合だとする．しかし，犯罪の不法内容は実質的に一個であるから，包括一罪とするべきである．

暴行・脅迫が行われても，行為の程度も被害者の意思の抑圧の程度も強盗ほどではないときには，恐喝罪が成立する．

(3) 一般には反抗を抑圧するに足りない程度の暴行・脅迫を用いたところ，被害者が特別に臆病であって，反抗が抑圧された場合が問題とされている．この場合手段は「客観的に恐喝」だとして，恐喝罪とする見解がある（曽根・重要問題 158 頁, 前田 193 頁, 西田 153 頁など）．たしかに，被害者のそのような特別な気質が客観的におよそ予見不可能であれば，強盗罪における高度の危険性を認め得ず[83]，恐喝罪としなければならない．しかし，客観的に予見可能であるときは，それはまさに強盗行為である．行為者もそのことを認識していたときには，故意もあり，強盗罪を否定する理由はない（団藤 587 頁, 中森 128 頁, 山口 153 頁, 山中 276 頁など）．

強取　(1) 条文によれば，暴行・脅迫を「用いて」強取した者となっているから，暴行・脅迫と財物奪取とが手段目的の関係に立っていなければならないと解される．ここで，手段目的の関係をどのような場合に認め得るかが問題となる．

物を奪取した後，殺害しようとした場合，殺害行為が占有奪取の手段とはなっていない以上，強盗未遂とはならないとするものとして，最決昭和 61・11・18 刑集 40・7・523 がある．ただし，物の返還請求権ないし代金支払請求権について，これを侵害するための殺害行為として，2 項強盗殺人未遂罪が成立し，先行する物の奪取（窃盗または詐欺）と**包括一罪**となるとされている．この場合，重い強盗殺人未遂罪で処断されることになる．

しかし，単純に，暴行・脅迫が物の奪取に先行しなければならないというわけではない．暴行・脅迫を用いて財物を奪取する犯意の下に，まず被害者が所持していた鞄を奪取し，次いで暴行を加えてその**奪取**を「**確保**」したときは，

---

83) 客観的予見可能性＝危険性の概念について，林・総論 141 頁, 301 頁.

事後強盗ではなく強盗である（最判昭和24・2・15刑集3・2・164）．最初にそのような犯意がなくても，暴行・脅迫が物の「占有の確保」のために行われたとみうるかぎり，強盗となる．いわゆる**居直り強盗**の場合がその例である．ここで確保とは，既遂成立とは異なると解される．既遂は相当早い段階で成立し得る．たとえば，家宅に侵入し，盗品を持ってきた袋に入れれば，窃盗既遂としてよいであろう．そこに家人が帰ってきたので，これに対して暴行すれば，この段階では確保してはいないから，強盗罪が成立し得る．この段階ではまだ事後強盗罪は成立しえない．家から出て「確保」した段階で，追い掛けてきた家人に暴行したときにはじめて（強盗罪はもはや成立しえず）事後強盗罪が成立するのである．前掲最高裁昭和24年と61年の判例も，このような前提に立っていると解される[84]．

これに対して学説上は，窃盗既遂以後の暴行・脅迫は事後強盗として処理すべきだという見解が主張されている[85]．しかし，既遂となるのは相当早い段階でありうる．その段階を過ぎればただちに1項強盗が成立しえなくなるとするのはあまりに形式的である．

したがって，確保する前に奪い返されたとしても，強盗罪の既遂犯は成立しうる（反対，中森129頁）．

(2) 暴行・脅迫は，財物奪取そのものとは別個に，財物奪取のために，被害者の意思に働きかけ，反抗を抑圧しようとするものでなければならない（町野・現在157頁）．したがって，いわゆる**ひったくり**は，強盗ではない．最決昭和45・12・22刑集24・13・1882は，窃取の意思でひったくろうとした事案について，被害者の抵抗を排除するため暴行を継続した事実についてのみ強盗致傷の成立を認めている．

(3) (a) 客観的に暴行・脅迫の後に財物奪取が行われても，それだけで強盗罪の成立を認めることには問題がある．とくに，暴行・脅迫により相手方の反抗を抑圧した後にはじめて財物の奪取意思を生じ，これを実現した場合，被害者の反抗抑圧状態を「用いた」というだけで強盗を認めてよいかが問題となるのである．判例には，これを肯定するものがある（大判昭和19・11・24刑集

---

84) 曽根135頁，林・刑事法ジャーナル2・48など．
85) 西田154頁，山口218頁など．

23・252)．また，強姦の犯意で暴行・脅迫に及び，抗拒不能にしたが，被害者が男性であることに気付いたために，強盗の犯意に変わり，それまでの暴行・脅迫の結果を利用して金品奪取の目的を遂げた場合には，右の暴行・脅迫をそのまま強盗の手段である暴行・脅迫と解してよく，たとえ強盗の犯意に基づく新たな暴行・脅迫を加えていないときでも，強盗罪が成立するとするものがある（東京高判昭和57・8・6判時1083・150）．同様にして，強姦の目的でなされた暴行・脅迫による反抗抑圧の状態に陥った婦女は，犯人が現場を去らないかぎり，その畏怖状態が継続しているから，犯人が退去することを願って金品を提供する場合でも，これを受け取る行為は相手方が畏怖状態に陥っているのに乗じて金品を奪取するにほかならず，したがって，その金品奪取の時において，先になされた暴行・脅迫と法律上同一視され，強盗罪が成立するとするものもある（東京高判昭和37・8・30高刑集15・6・488）．

しかし，判例にも次のようなものがある．それは，たとえ先行する暴行・脅迫によって反抗が抑圧されていても，その後に財物奪取の意思を生じた場合には，強盗罪の成立を認めるためには，さらに財物奪取のための暴行・脅迫がなされなければならないというのである（東京高判昭和48・3・26高刑集26・1・85）．同様にして，他の目的で加えた暴行により被害者が畏怖のあまり身動きしないでいるのを失神しているものと思って，領得の意思を生じ，被害者の腕から時計を奪取する行為は，財物奪取のために暴行・脅迫したものではないから，窃盗罪が成立するにすぎないとするものがある（高松高判昭和34・2・11高刑集12・1・18）．

　(b)　問題の要点は，**強盗罪の故意**としてどのようなものを要求するべきかにある．強盗罪の故意の成立には，暴行・脅迫を手段として財物奪取をするという意思が必要と解するべきである．暴行・脅迫の時点では財物奪取の意思はないのであるから，この時点で強盗罪の故意の成立を認めることはできない．財物奪取の意思が生じたときには，被害者はすでに反抗を抑圧された状態である．たとえば，他人が殺した被害者から物を奪取したときは，せいぜい窃盗であって，強盗とはならない．自分が殺した場合でも，死後に領得の意思を生じたときには強盗罪とはならない（最判昭和41・4・8刑集20・4・207）．そうだとすれば，暴行・脅迫の結果相手が畏怖した状態にあるのを単に「利用」する場

合も同じでなければならない86).

　もっとも，先行する暴行・脅迫によって意思が抑圧されているために，領得の意思を生じてからの暴行・脅迫は，それ自体としては軽微なものであっても，被害者の主観が客観的に予見可能であるならば，強盗罪の新たな暴行・脅迫となりうる場合はありうる．判例にも，相手方の反抗を抑圧した後に財物奪取の意思を生じた場合，新たに強盗の手段としての暴行・脅迫を必要とするが，その程度は，自己の先行行為によって作出した反抗抑圧状態を継続させるに足りるもので十分であって，それ自体として客観的に反抗を抑圧するに足りるものである必要はないとするものがある（大阪高判平成元・3・3判タ712・248）．

　(4) (a) 最初から財物奪取の意思があれば，殺した後に奪取した場合，あるいは，その反抗抑圧中に財物を奪取すれば，奪取行為を被害者が気付かない場合であっても，強盗罪が成立する（最判昭和23・12・24刑集2・14・1883）．もっとも，強取しようと脅迫したところ，被害者が畏怖して逃走した際落とした物を奪取した場合には，強盗罪は成立しない（名古屋高判昭和30・5・4裁特2・11・501）．

　(b) 暴行・脅迫は物の取得のために行われなければならないが，その相手方は，**財産上の被害者**でなくてもよい．判例は，家人に暴行した事案について強盗罪を認めている（大判大正元・9・6刑録18・1211）．十分な意思能力を有しない10歳の留守番の少年に対して暴行を加えることでもよいとするものもある（最判昭和22・11・26刑集1・28）．

　学説上は，単に財物強取に障害となる者であれば足りるという見解もあるが87)，これでは広すぎる．家宅に侵入して窃盗する際，通りがかりの無関係の者に暴行しても，強盗罪とはならない．他方，銀行員に暴行を加え，銀行の金を奪うような場合は，当然に強盗罪となる．そこで学説上は，財物の保持に協力すべき立場にある者でなければならないとする見解が有力である88)．しかし，職務・義務の存在は過大な要求である．被害者との間に「事実上の緊密な関

---

86) 近時の多数説はこのように解している．大塚215頁，中森129頁，山口214頁，松宮211頁など．
87) 大谷226頁，前田193頁など．
88) 中森129頁，山口216頁など．

係」があればよいと解される（参照，東京高判平成15・3・20判時1855・171）．

殺害後の財物奪取　財物奪取の意思で殺害すれば，その時点で強盗殺人罪の既遂となる．では，その後に，被害者から財物を取得した点をどのように評価するべきか．これを強盗殺人罪の内容と解さなくても，量刑上は当然に考慮される．また，第三者が財物奪取に関与しても，殺害が終了している以上は，強盗殺人罪の共犯とはなりえない．以上の意味では議論に実益はない．しかし，財物取得を強盗殺人罪の内容と解するならば，公訴時効は，財物取得によって中断し，新たに進行を開始する．この意味では重要な意義を有する．判例には，財物奪取の意思をもって被害者を松山市で殺害後，飛行機で東京へ引き返し，被害者宅から財物奪取した場合に，全体として1個の強盗殺人罪が成立するとしたもの（東京高判昭和57・1・21刑月14・1＝2・1），単身居住していた被害者方において，被害者を殺害した上死体を運び出して遺棄し，殺害後3日ないし8日後の間に預金通帳等を発見して持ち出した場合には，強盗致死罪の取取にあたるとしたもの（東京高判昭和60・4・24判タ577・91）がある．他方，強盗殺人を犯した翌々日に死体を埋める際，その所持するかばん内から現金を発見奪取した行為は，窃盗罪を構成するとするものもある（仙台高判昭和31・6・13裁特3・24・1149）．

この問題について，専ら主観を基準とする見解（参照，西田155頁）は妥当でない．強盗罪ないし強盗殺人罪がとくに重く処罰されているのは，財物奪取時の暴行行為の重大な危険性を理由とするのだから，財物奪取に向けられた殺害と財物奪取が時間的に余りに隔たっているときには，強盗殺人罪を認めるべきではない（山口236頁）．他方，専ら客観を基準とする見解（参照，町野・現在163頁）にも疑問がある．前掲仙台高判のような場合強盗殺人罪の内容とするべきではないであろう．強盗罪ないし強盗殺人罪がとくに重く処罰されているのは，財物奪取時の（暴行・殺人などの）重大な危険性の直接の実現の故にである．したがって，行為者の主観も考慮したうえで，殺害行為と財物奪取の間にこのような関係があるときに，財物奪取を強盗殺人罪の不法内容の一部と解するべきであろう．これは，基本的には，事後強盗罪の「窃盗の機会」の問題と共通するものである[89]．ただ，事後強盗罪の場合とは異なり（窃盗の時点で暴行などの目的がなくてもよい），ここでの問題の場合，最初に財物奪取目的がある

かぎりで，事実上，ある程度時間的間隔があっても，強盗殺人罪などが認められ得る．

強盗利得罪　(1) (a) 「財物」の意義（とくに不動産の場合)，さらに，2項犯罪一般については，すでに財産犯の客体として，検討した[90]．

(b) 2項強盗に特有の問題として，**処分行為を要するか**という問題がある．過去の判例はこれを要するとし（大判明治43・6・17刑録16・1210)，これを支持する学説もあった．その根拠は，無形の利益は処分行為によってのみ移転するのであること（牧野・刑法研究4巻388頁)，また，ドイツ刑法の強盗的恐喝罪と同様に，2項強盗を，恐喝と（暴行・脅迫の程度が違うだけで）同質的・連続的なものとして理解しようとすること（大場・各論上613頁，845頁）にあった．しかし，処分行為がなくても無形の利益が（移転されることはなくても）侵害されることはありうる．また，他の条文との均衡の観点からは，むしろ1項強盗においては処分行為を要しないとされていることと同じように解されるべきであろう．このようにして，最高裁は，処分行為を要しないとするに至ったのである（最判昭和32・9・13刑集11・9・2263)．この結論は近時の通説によっても支持されている（中森131頁，山口220頁，山中285頁など)．

しかし，処分行為を要しないとしても，債権者に暴行・脅迫をふるったり・殺害した場合の全てに，2項強盗罪が成立するわけではないことは，判例・学説ほぼ一致している．それだけでは，債権が移転しないだけでなく，被害者に実質的な損害が生じたともいいえないことがありうるからである．次にはこの点に検討を加える．

(2) (a) 2項の利益の典型は**債権**である．そこで，どのような場合に，債権の実質的な侵害を認めうるかが実際上は最も重要である．

第一に，その**債権の履行期が到来していた**ことを要するであろう．判例の中には，「履行期の切迫」で足りるかのように判示するものがあるが（後掲大阪高裁昭和59年判決）妥当ではないと思われる．履行期がまだ到来していない場合，債権はまだ現実性をもっていないというべきである．さらに，相続の後順位者が先順位者を殺害したような場合も，(**期待権**が侵害されたにすぎず）2項強盗殺

---

89)　参照，林・刑事法ジャーナル2・43．
90)　参照，本書172頁．

人罪は成立しない（参照，民法891条）．また，扶養義務者が扶養権利者を殺害して扶養義務を免れた場合も，具体的に確定された扶養義務を免れるという場合でないかぎり，やはり具体的・現実的な利益を侵害するものではないから，2項犯罪は成立しないと解するべきであろう．

　第二に，履行期が到来したとして，債権者が督促をしていたことを要するであろうか．最判昭和35・8・30刑集14・10・1418は，麻薬購入資金として預けられた金銭を領得するために，預けた被害者を殺害したという事案について，とくに督促の事実がなかったにもかかわらず，2項強盗の成立を認めた．学説の中には，加害者・被害者の「対立・拮抗」が必要だとするもの（内田・判タ562・69），また，「当面係争事になっていること」が必要だとするもの（谷口・刑集40・7・533）があるが，そのような事情が必要とされる根拠は明らかではないのである．

　第三に，履行期が到来した債権であっても，それが**実質的に侵害されなけ**ればならない．それは，次のような場合に認められるように思われる．

　先ず，債権者を殺害し，かつ，相続人がいない場合，あるいは当事者以外に債権関係を知る者がなく証書も残されていないような場合には，2項強盗の成立を認めてよい．前掲最高裁昭和32年判決はこのような場合であった．

　次に，債権者を殺害しないまでも，タクシーの運賃を脅迫で免れた場合のように，債権者が債務者の所在等を知らないために，その場で債権を行使しないと事実上それを喪失したと同じことになる場合には，2項財産罪の成立を認めてよい（大判昭和6・5・8刑集10・205）．旅館の宿泊代金などについても同じような場合が生じうる．

　(b)　ところが，このような場合の他は，暴行・脅迫によって一時的に債務の履行を免れても，債権そのものの存在・効力にはほとんど影響を及ぼさない．大阪高判昭和59・11・28高刑集37・3・438は，債務者が債務の支払を免れるために債権者を殺害した場合においては，相続人の不存在または証憑書類の不備等のため，債権者側による債権の行使を不可能もしくは著しく困難ならしめたときの外，履行期の到来または切迫等のため，債権者側による速やかな債権の行使を相当期間不可能ならしめたときにも，「財産上不法の利益」を得たものといえると判示した．「相当期間不可能ならしめる」とはどの程度のことを

いうのか明らかではないが，**長期間不可能になったとき**には，前の2つの場合に準じて，2項財産罪の成立を認めてもよいであろう．しかし，相続人が債権を行使するのに通常伴う期間の場合には2項財産罪の成立を認めるべきではないと思われる（この判例の事案はそのような場合ではなかったか疑問がある．また，この判例は，被告人が無資力で，債務の返済能力がないことを指摘しているが，このような事情は2項財産罪の成立を認める根拠とはなり得ないであろう）．いいかえると，**期限の利益**は，それだけでは，2項財産罪にいう「利益」にはあたらないと解するべきである[91]．

(3) 相続を開始させて**相続財産を承継する利益**は2項強盗にいう不法の利益にあたるか，という問題について，次の判例がある．被告人は，Y女と共謀の上，同女の両親であるABを殺害して，その全財産につき両名の唯一の相続人であるY女に相続を開始させて財産上不法の利益を得ようと企て，AB方において，両名を殺害しようとしたが，激しく抵抗されたために，目的を遂げなかった．一審はこの事実に対して2項強盗殺人未遂罪の成立を認めたが，二審はこれを破棄したのである．本件の場合に2項強盗の成立を否定する結論は妥当なものと思われるが，その根拠がどこにあるかは問題である．本判決は，「財産上の利益は……反抗を抑圧されていない状態において被害者が任意に処分できるもの」でなければならないというが，本件の場合，被害者は財産を任意に処分できなかったとはいえないであろう．本判決の真意は，おそらく，「被相続人としての地位」は処分できないというにあると思われる．しかしそうだとしても，なぜ，処分できるものでなければならないのかは，明らかではない．むしろそのような地位・身分は，それ自体としては，財産的・経済的利益とはいえないというところに，2項強盗で保護するべきでない根拠があると思われる．しかし，被害者がもっていたもろもろの財産は失われ，相続によって被告人らの所有に帰した（あるいはその可能性が生じた．民法891条1項参照）ことは，実体として否定しえない．そこで本判決は，「相続の開始による財産の承継は……任意の処分の観念を容れる余地がない」とした．しかし，強盗罪の成立には，処分行為は要しないとすれば，そのような要件が必要なものか，

---

[91] 同様の問題は，2項詐欺についても問題となる．参照，241頁．

疑問がある．本件の場合に強盗罪が成立しない根拠は，「強取」というるためには，財産の移転は，**暴行・脅迫**などによって**直接・不法になされることが必要**であって，相続などの適法な事由の外観を介して間接的になされた場合は含まれないというところにあると思われる（なお参照，中森・判評 319・64，町野・現在 175 頁．中森 132 頁は「利益取得の現実性・具体性の問題」だとされるが，その趣旨は明らかではない）．

(4) (a) 債権が，前の時点での財物の侵害に基づく，その**返還の請求権**である場合，これを暴行・脅迫によって免れたときに 2 項強盗罪の成立が認められるか．判例の中には，いったん騙取した財物について，その代金支払いを免れるため欺罔行為をしても重ねて 2 項詐欺が成立しないとすれば，その支払いを免れるために暴行・脅迫を加えても 2 項強盗は成立しないとするものがある（神戸地判昭和 34・9・25 下刑集 1・9・2069）．しかし，財物について詐欺罪が成立する場合にも，その返還請求権についても 2 項詐欺罪は成立しうる．ただ，実質的に侵害された財産は 1 個だから，包括して 1 個の詐欺罪が成立するというにすぎない．後の行為が暴行・脅迫による場合には，強盗罪は詐欺罪よりも重いのであるから，その成立を認め，1 項詐欺と包括一罪とし，強盗罪によって処断するべきである[92]．なお，この場合に包括一罪とされる根拠は，財産は実質的に 1 個しか侵害されていないことにある．したがって，このような関係にあるかぎり，たとえ，当初に 2 項強盗の意思がなく（最高裁決定の事案ではそれがあった），また，まったく別個の機会に後の 2 項強盗罪が犯された場合であっても，併合罪とするべきではない．

(b) なお学説には，事後強盗罪が規定されているということは，現行法は財物について財産犯が成立した後は，その返還請求権に対する侵害があっても別個財産犯は成立しないという前提に立っているものだという見解がある[93]．しかし，逮捕を免れるために警察官に暴行した場合，あるいは，罪責を隠滅するために被害者以外の目撃者を殺害したような場合（これらの場合にも事後強盗

---

[92] 最決昭和 61・11・18 刑集 40・7・523．もっとも，本決定は覚せい剤の返還ないし代金支払請求権という不法な利益を保護しようとする点で不当である．町野・現在 144 頁，本書 156 頁参照．

[93] 町野・現在 141 頁など．

罪は成立し得る）には，ただちに2項強盗罪が成立するとはいえないであろう．事後強盗罪と2項強盗罪とは異なった意義をもっていると解され，事後強盗罪によって2項強盗罪を排除する解釈論は妥当でない[94]．上述の見解も，「前の所有権侵害が現実に処罰されないときには，後の返還請求権の侵害に財産犯を認めることができる」とする．しかし，前の所有権侵害の処罰によって，後の返還請求権についての財産犯の成否を動かすことはできない．

(c) なお，暴行・脅迫によって相手に財物を交付させる約束をさせた場合，それだけではただちに2項強盗既遂とはならず，既遂を認めるためには「債務」を履行する高度の蓋然性が生じた場合でなければならない[95]．

2 強盗予備罪

強盗の罪を犯す目的で，その予備をした者は，2年以下の懲役に処する（237条）．

(1) たとえば，強盗目的で出刃包丁を買い求め，これを携帯して徘徊する場合（最判昭和24・12・24刑集3・12・2088）などに成立する．自己の着用しているバンドで首を絞めて強盗する目的でタクシーに乗って機会をうかがえば本罪にあたるとする判例がある（東京高判昭和32・5・31裁特4・11＝12・289）．しかしこの場合の行為は客観的にはまったく適法だとすれば，行為者の主観だけで違法とすることには疑問がある．

(2) 「強盗を犯す目的」には，事後強盗を目的とする場合を含むというのが判例である[96]．これに対しては，それでは実際上窃盗予備を処罰しないこととしている立法趣旨に反するという批判がある[97]．しかし，事前に暴行・脅迫の意思をまったくもっていなかったことはありえ，この場合には処罰しないこととした趣旨と解し得るから，判例の立場を支持しておきたい．

---

94) 林・刑事法ジャーナル2・48．
95) 参照，東京高判昭和37・8・7東高刑時報13・8・207，町野・現在148頁，本書177頁．
96) 最決昭和54・11・19刑集33・7・710．これを支持するものとして，大谷250頁，山口227頁など．
97) 中森133頁，西田163頁，松宮214頁など．

3 準強盗罪——事後強盗罪，昏睡強盗罪

窃盗が，財物を得てこれを取り返されることを防ぎ，逮捕を免れ，又は罪跡を隠滅するために，暴行又は脅迫をしたときは，強盗として論ずる（238条）．人を昏睡させてその財物を窃取した者は，強盗として論ずる（239条）

機会継続性 (1) すでに述べたように窃盗が既遂に達しても，財物を確保するまでは強盗罪が成立しうるが，それ以後にも，人身を保護する必要が大きいというのが，本条の立法趣旨である．したがって，窃盗終了からあまりに時間がたっており，まったく別の機会に行われた暴行・脅迫については本条の罪は成立しない．

判例は，逮捕後30分後に窃盗現場から十数丁離れた場所において暴行した場合（名古屋高判昭和26・4・27判特27・84），窃盗現場から約200メートル離れた地点で窃盗と無関係に警邏中の警察官から職務質問されそうになった際暴行した場合（東京高判昭和27・6・26裁特34・86），窃盗から約70分を経過し場所的にも約200メートル離れた場所で暴行した場合（京都地判昭和51・10・15刑月8・9=10・431）などに本罪の成立を否定している．最近の判例として，最判平成16・12・10刑集58・9・1047がある．

他方，窃盗の機会であることを認め本罪の成立を認めたものとして，最決平成14・2・14刑集56・2・86が重要である．

この機会継続性要件の理論的内容については以下のように解するべきである．事後強盗罪は，窃盗直後に生じる，暴行脅迫が行われる重大な危険を抑止しようとするものである．したがって，本罪における機会継続性とは，窃盗「直後の重大な危険の実現」という関係を内容とすると解するべきである（林・刑事法ジャーナル2・46）．

したがって，それは違法要素であって，基本的に客観的に解されなければならない（朝山・曹時55・11・178）．

(2) 「窃盗が」というのは，窃盗既遂犯人の意味である．判例によれば，窃盗未遂犯人が逮捕を免れるため脅迫をなしたときは，本罪の未遂罪が成立する（最判昭和24・7・9刑集3・8・1188）．

暴行・脅迫は，強盗罪の場合と同じように，相手方の反抗を抑圧すべき程度のものであることを要する．この観点から事後強盗罪の成立を否定した判例として，大判昭和19・2・8刑集23・1，東京高判昭和61・4・17高刑集39・1・30，浦和地判平成2・12・20判時1377・145など．

目的要件 本罪の成立には，財物を得てこれを取り返すことを防ぎ，逮捕を免れ，又は罪跡を隠滅するという3つのいずれかの主観的要件を充足する必要がある．これは，純粋に責任要素である．したがって，本条は，窃盗犯人が所定の目的をもって暴行・脅迫を行った以上は適用があり，被害者が財物取返し又は逮捕の行為をしたか否かは問わない（最判昭和22・11・29刑集1・40）．

さらに，財物返還請求権の侵害は，本罪の不法内容ではない．財物返還請求権は2項強盗罪の保護の対象となるのみである．本罪の財産犯的性格は，窃盗の未遂・既遂から生じるのであって，返還請求権の侵害の有無は本罪にとっては無関係である．

窃盗後の関与 (1) 窃盗後，暴行にだけ関与した者について，事後強盗罪の共犯の成立を認めることができるか，それとも，暴行罪の共犯の成立しか認め得ないか．判例には，本罪を**不真正身分犯**とみて，暴行罪の共犯とするものがある[98]．しかし，「この場合の暴行は，財産犯の手段としての別個の違法性を有する」（西田163頁）から，身分犯とするならば（そのこと自体にも疑問がありうるが）真正身分犯とすべきであろう[99]．しかし，「窃盗」が不法身分・真正身分だとしても，事後的に窃盗に関与した場合には，ただちに連帯することにはならない．なぜなら，不法身分の場合に連帯する根拠は，不法を共に惹起したという**共犯の因果性**が認められることにあると考えられるが，この場合それが認められるかがまさに問題だからである．また，「承継的共犯の問題だとするならば，強盗の手段としての暴行に関与したものとして，事後強盗の罪責を負わせるべき」だとされることがある（西田前掲）が，窃盗に関

---

98) 東京地判昭和60・3・19判時1172・155．学説として，小田・刑雑38・1・103，吉田・現刑2・4・46，曽根133頁，松宮217頁など．
99) 判例として，大阪高判昭和62・7・17判時1253・141．学説として，井田・現刑4・9・111など．さらに参照，佐伯・研修632・3．

与していないとすれば,「強盗」の手段としての暴行に関与したとはいえないこととなるはずである.さらに,「強度の暴行・脅迫の行われることが強盗罪の重い不法を根拠づける」ことを理由に承継的共同正犯として本罪の成立を認めるべきだとするものがある(中森134頁).しかし事後強盗罪の不法を根拠づけるのは強度の暴行・脅迫だけであるわけではなく,「窃盗」も同じように不法を根拠づけるものである.この場合,問題の要点は,「窃盗」に関与したといいうるか,である.事後強盗罪の不法内容には単に暴行・脅迫,あるいは物に対する返還請求権の侵害だけではなく窃盗も含まれており,そして,財物を確保し窃盗罪が終了した後[100]には窃盗に関与することはありえないとすれば,このような場合,暴行罪の共犯の成立を認めうるにとどまることになろう.

(2) この問題を契機として,本罪が身分犯か結合犯かが問題とされている[101].たとえば,甲が窃盗を犯す前に,乙と事後強盗を共謀していたような場合,乙について65条1項を適用しても,法令適用の誤りとまでいう必要はない.その意味では構成身分・違法身分ということは可能である.他方,事後強盗罪は窃盗罪と暴行・脅迫罪を結合したものということも可能である[102].身分犯と結合犯とは異なる範疇のものだから,身分犯でもあり,結合犯でもあるということはありうる.いずれにしても,共犯の罪責を負わせるためには,共犯の処罰根拠である因果性がなければならない.身分犯と解するにせよ結合犯と解するにせよ,因果性のない不法について共犯の成立を認めることはできない.結局,この問題において身分犯か結合犯かを論じることに意味があるとは思われない(林・刑事法ジャーナル2・53).

(3) 窃盗行為時には完全責任能力を有していたものの,暴行時には限定責任能力に陥った場合,判例は,事後強盗罪が身分犯で,実行行為は暴行だとして,犯行全体について限定責任能力だとした(札幌地判平成2・4・23判タ737・242).しかし,身分犯でないとしても,暴行・脅迫は窃盗とは別個の構成要件

---

100) それ以前には強盗罪が成立するから,その場合に暴行のみに関与した場合には,強盗の共犯とすることは可能である.参照,東京高判昭和57・7・13判時1082・141.
101) 参照,岡本・香川古稀408頁,高橋・現刑2・5・114,島田・現刑4・12・1,山口・研修660・3など.
102) もっとも,事後強盗罪における暴行脅迫は反抗を抑圧するに足りるものでなければならず,さらに,機会継続性や目的要件もあり,単純に結合したものではないことに注意する必要がある.

であり実行行為なのであるから，その時点で完全責任能力を有していない以上，犯行全体に完全責任能力を認め得ないことは当然である．

昏睡強盗　239条の昏睡強盗における「昏睡させる」とは，睡眠薬や麻酔薬，アルコール等によって，意識を喪失せしめることをいう．被害者がすでに昏睡状態にあることを利用したにすぎない場合は，本罪は成立しない．

4　強盗致死傷罪

強盗が，人を負傷させたときは無期又は6年以上の懲役に処し，死亡させたときは死刑又は無期懲役に処する（240条）．

強盗行為による致死傷　(1)　本条にいう「強盗」は，刑法236条の強盗犯人のほか，238条および239条により強盗をもって論ずべき犯人をも含む（大判昭和6・7・8刑集10・319）．

(2)　強盗と致死傷の結果の関係について，判例は，致死傷の原因行為が強盗の**機会**に行われたことを要し，かつ，それで足りるという見解をとっている．したがって，強取の手段として行われることを要しない（大判昭和6・10・29刑集10・511）．そこで，たとえば金品奪取の際被害者の傍に寝ていた子供を殺害したときは，これについても強盗致死罪が成立する（最判昭和25・12・14刑集4・12・2548）．さらに，強盗犯人が逃走しようとした際に，追跡してきた被害者を殺害したときは，強盗の機会に殺害したものであるから，本条の罪が成立する（最判昭和24・5・28刑集3・6・873）．

それに対して，次のような場合は「機会」と認められていない．前の日に岡山で強盗して得た財物を船で運搬し神戸で陸揚げしようとした際に巡査に発見され，逮捕を免れるために暴行を加えて傷害を負わせた場合である（最判昭和32・7・18刑集11・7・1861）．さらに，いったん強盗殺人行為を終了した後新たな決意に基づき別の機会に他人を殺害したときは，たとえ両者が時間的に接近し，後の殺人が先行する強盗の犯跡隠蔽のために行われたとしても，強盗殺人罪とはならないとされている（最判昭和23・3・9刑集2・3・140）．

(3)　このような判例の見解に対しては，「機会」というのでは，余りに広すぎるという批判が強い．たとえば，強盗後逃げるときに，寝ている子供を踏

み付けて殺してしまったような場合にまで，強盗殺人罪とするべきではないであろう．

そこで，学説による検討が行われている．

第一に，強盗の手段としての暴行（脅迫）から発生したものに限定するとする見解がある（手段説．滝川131頁，香川531頁など）．この説は明快である．しかし，事後強盗行為から死傷の結果が生じた場合であっても，本条の適用を認めてよいから，この説には疑問がある．

第二に，強盗行為と密接な関連性を有する行為に限定する見解がある（密接関連性説．大谷248頁，曽根143頁，山中303頁など）．この説は実際上の妥当性を目指している．しかし，その限界は不明確であり，そもそも強盗行為でない行為から生じた死傷結果について本条の適用を認めてよいか，疑問がある．

第三に，強盗行為一般の危険性を超えたより危険性の高い行為が，強盗行為に直接または間接に役立つ者に対して加えられ，その暴行の危険が死傷結果に直接実現したことを要求する見解がある（危険実現説．井田・基本講座5巻131頁以下）．この説は理論的には妥当なものがある．しかし，この問題においては，より強盗致死傷罪の構成要件に即した解釈がなされるべきだと思われる．

第四に，強盗手段である暴行・脅迫に限らず，事後強盗に「類似」した状況における暴行・脅迫から死傷結果が発生した場合も含まれるとする見解がある（拡張された手段説．西田165頁，山口233頁など）．この説は，事後強盗に「類似」した状況まで拡張しようとする点で実際上妥当なものである．しかし，事後強盗でない，それに「類似」した場合にまで拡張してよいか疑問があるだけでなく，その限界も不明確だと思われる．

（4）　本書は，本条の死傷の結果は，強盗行為自体から発生したものに限られると解する（強盗行為説．参照，平野210頁）．それを拡張する見解はいずれも限界が不明確で，解釈論として妥当でない．もっとも，本条の「強盗」には，事後強盗と2項強盗が含まれる．さらに，事後強盗の「窃盗」には「強盗」も含まれる．したがって，強盗未遂犯が逃走しようとしたところ，逮捕免脱のため家人を死亡させれば（昭和24年判例の事案），事後強盗殺人（既遂）を認めるべきものである．また，財物奪取のために，声をあげうる幼児をも窒息死させれば（昭和25年判例の事案），「手段」といってよいと思われる．さらに，窃盗

あるいは強盗した後であっても，財物返還請求権があるかぎり，それに対する2項強盗殺人罪はかなり後まで成立し得る．しかしその相手は限られる．昭和23年，昭和32年判例の場合には，事後強盗のみならず2項強盗も成立しない場合である（参照，林・刑事法ジャーナル2・50）．およそ強盗行為といえない行為から死傷の結果が生じた場合に，重い本条を適用するのは，妥当でないと思われる．

<small>殺意があった場合</small>　強盗致死罪には，**殺意があった場合が含まれるか**．判例によれば，本条後段の罪は強盗犯人が故意で人を死に致した場合と傷害により人を死に致した場合とを含み，強盗殺人には本条後段のみを適用すべきであってさらに殺人罪を適用すべきではないとされている（大連判大正11・12・22刑集1・815）．

これに対しては，殺意があった場合について結果的加重犯の形式で規定されている罪しか認めないのは妥当でないとして，強盗致死罪と殺人罪の成立を認めるべきだという見解がある（小野244頁，滝川・著作集2巻334頁）．しかしこれでは，死の結果を二重に評価することになり，不当である．そこで，強盗罪と殺人罪の観念的競合とすべきだという見解も主張されている（滝川＝竹内183頁）．しかし，この見解によるときは，殺意があったときの方がなかったときよりも軽く処断されることとなり，均衡を失する．したがって，判例の見解をとるほかはないであろう．

<small>本罪の未遂</small>　強盗致死罪の未遂とは，殺人の方の未遂か，奪取の方の未遂かが問題とされている．判例によれば，被害者が死亡しなかったときをいい，奪取の未遂は関係をもたない（大判昭和4・5・16刑集8・251）．これに対して，強盗致死罪には殺意がある場合は含まれないとする立場から，その未遂は奪取の未遂を意味するという反対の見解が示されている（小野前掲，滝川前掲335頁）．さらに，殺人・奪取どちらについても未遂は成立しうるという見解もある（平野211頁，曽根144頁など）．

本罪がとくに重く処罰されているのは，強盗が行われようとするときには，被害者らの生命・身体が重大な危険にさらされることが多く，これを厚く保護する必要があるからである．死傷の結果が生じさせた以上は，未遂減刑をおよそ認めるべきではない．判例の見解が正当である．学説の多くもこれを支持し

ている。

　強盗傷害の故意で行為したが，傷害結果が発生しなかったときは，端的に強盗罪とするべきである．強盗傷害の未遂とする（大塚233頁，内田295頁など）と，未遂減刑が可能となり，不当である（中森138頁，山口237頁，山中305頁など）．

脅迫による致死傷　(1)　致死傷の結果は通常は暴行行為から生じるが，脅迫行為から生じる場合もありうる．たとえば，財物奪取のために脅迫したところ，逃げた被害者が転倒し，死傷に到ったような場合である．このような場合にも，本罪の成立を認め得るかが問題とされている．暴行行為から逃げようとして死傷に到ったような場合には，本罪の成立を認め得る（その趣旨の判例として，広島高判昭和29・5・4高刑判特31・57）とすれば，脅迫により同様の結果に到った場合も別に解する理由はないと思われる[103]．

　(2)　判例の中には，**脅迫による傷害**も本罪に含まれるとするものがある．ミニバイク運転中の被害者を強盗目的で停車させ，登山ナイフを突き付け，さらに被害者の左手とバイクのハンドルを手錠で連結した上で「倒れろ」と命じ，畏怖した被害者をしてミニバイクもろとも路上に転倒させ傷害を負わせたという事案である（大阪高判昭和60・2・6高刑集38・1・50）．このような場合は，むしろ，被害者の行為を利用する暴行としたほうがよいであろう．さらに判例には，強盗犯人が金員要求のため被害者に日本刀を突き付ける行為は暴行であり，被害者が救いを求めて日本刀にしがみつき，犯人が刀を引いたために傷害を負った場合に本罪の成立を認めたものもある（最決昭和28・2・19刑集7・2・280）が，この場合刀を突き付けただけであって，振り回したわけではない（参照，大決昭和3・1・28刑集7・33）から，暴行といいうるか疑問がある（平野210頁）．むしろ，脅迫による強盗致傷とするべきであったと思われる．もっともこの事案の場合，傷害結果は**被害者自身の意思に基づく**ものではないか，疑いがある．別の判例として，強盗犯人から凶器の手斧を奪い取る際に被害者が塀に手をこすって負傷したときは，犯人の脅迫行為と傷害結果の間に因果関係がなく，強

---

103) 佐伯・重判解昭和60年度161頁，橋爪・争点［3版］173頁など．反対説として，井田・基本講座5巻136頁［原因行為を危険の高い暴行に限定する立場から，その危険性を基礎づける事情の認識を要求する］，斎藤・現代的展開205頁［傷害の故意を要求する］など．

盗致傷罪は成立しないとするものがある（神戸地姫路支判昭和35・12・12下刑集2・11＝12・1527）．この場合因果関係は否定しえないが，結果はやはり被害者自身の意思に基づいているから，その結論は支持しえよう．このような場合，基本的には**被害者の同意**と同一の原理によって結果への帰責が否定されるのである．

（3）なお，**軽微な傷害**で，傷害罪を成立せしめるようなものがすべて本罪の傷害となりうるか，という問題がある．本罪の法定刑はきわめて重いから，ある程度重い傷害のみが本罪にあたりうると解することは可能であろう．もっともこの問題は，平成16年の改正により，強盗致傷の法定刑が引き下げられることによって，事実上緩和された（なお参照，松宮222頁など）．

5 強盗強姦及び同致死罪

強盗が女子を強姦したときは，無期又は7年以上の懲役に処する．よって女子を死亡させたときは，死刑又は無期懲役に処する（241条）．

（1）**強姦**は**強盗の機会**に犯される必要がある．強盗の現場から15キロメートル離れた場所で，2時間20分後に強姦が行われたときは，強盗と強姦の併合罪だとしたものがある（佐賀地判昭和54・5・8刑月11・5・435）．

（2）判例は，強盗（未遂）が，被害者を強姦して**故意**に殺害したときは，強盗殺人と強盗強姦の観念的競合となるとしている（大判昭和10・5・13刑集14・514．学説として，大谷253頁，曽根145頁など）．しかし，1個の強盗しか犯していないにもかかわらず，2個の強盗罪の成立を認めるのは妥当でない．強盗強姦殺人罪として，241条後段のみによって処断すべきだと思われる（江家304頁，内田299頁，山口239頁，山中307頁など）．

第4節　詐欺罪

人を欺いて財物を交付させた者は，10年以下の懲役に処する（246条1項）．前項の方法により，財産上不法の利益を得，又は他人にこれを得させた者も，同項と同様とする（2項）．

1 総　説

(1)　詐欺罪は，**移転罪・領得罪**である点で，窃盗罪・強盗罪と共通する．しかし，窃盗罪などが，相手の意思に反して財産を侵害するのに対して，詐欺罪は欺罔によって瑕疵があるとはいえ，一応被害者の意思に基づいて財産を交付させ，直接には彼自身の行為によって被害を生じさせるのであり，また，客体も財物に限定されず広く無形の利益をも含むのである．この後の2つの点で，詐欺罪は**恐喝罪と類似**する．両罪は，財産侵害に使われる手段，それに応じた相手の主観において区別される．

(2)　詐欺罪の保護法益としては，**個人の財産**のみか，それ以外の**取引の安全**ないし**取引における信義誠実**をも含むかが問題とされている．判例には，詐欺罪が処罰されるのは，被害者の財産権の保護のみにあるのではなく，このような違法な手段による行為は社会秩序を乱す危険があるからであると述べるものがある（最判昭和25・7・4刑集4・7・1168，名古屋高判昭和30・12・13裁特2・24・1276．なお参照，長島・警研22・1・60）．最高裁判決の事案は，欺罔によって統制物資を買い受けたというものであり，名古屋高裁判決の事案は，欺罔によって売春代金支払いを免れたというものである．いずれも，詐欺罪を構成するとしている．これらの問題については，すでに不法原因給付と詐欺の問題として，検討ずみである．そこにおいて述べたように，前の事案では被害者の正当な利益が侵害されている以上詐欺罪が成立するのは当然である．後の事案では被害者の利益は不当なものである以上詐欺罪の成立を認めるべきではない[104]．いずれの場合も，被害者個人の正当な財産の侵害があったかのみを問題とするべきである．

最近では，いわゆる財産的損害の要否の問題との関連で，財産処分の「自由」そのものを保護法益とする見解が主張されているが，財産のほかに，その処分の自由を保護法益と解するべきではない．

なお，国家的法益についての詐欺罪の成否については，本書247頁以下．

(3)　欺罔的手段を用いて取引した場合を処罰する**特別規定**はかなり多い．

---

[104]　参照，本書154頁．

たとえば，軽犯罪法1条34号，薬事法66条1項・85条，食品衛生法12条・31条，医療法69条6項・73条，証券取引法58条2号・200条7号，訪問販売等規制法23条2号，有価証券に係る投資顧問業の規制等に関する法律22条1号・54条4号などである．一般に，刑法典中の犯罪は特別刑法上のそれに比して，犯罪性の重いものであると考えられている．

　このことは，詐欺的商法が行われた全ての場合に詐欺罪の成立が認められるべきではなく，詐欺罪は，より反社会性の強いものに対してのみ認められるべきだということを意味する．現実に，詐欺的商法の全てに詐欺罪の成立が認められているわけではない．取締当局は，詐欺的商法が行われた場合であっても，詐欺罪で立件することには，極めて慎重なのである．そしてこのこと自体は，正当なことである．詐欺的商法の全てを詐欺罪で取り締まるときは，取締当局の負担を増加させるだけでなく，経済社会の取引の円滑を損ない，また，詐欺罪で取り締まると被告人は事実上経済社会から完全に排除されてしまうために被害は確定的となるから，被害者の保護にも欠ける結果となる．詐欺的商法に対処するために多くの特別刑罰法規が立法されているのは，まさに，詐欺的商法が行われたからといってただちに詐欺罪を認めるべきではないという考慮によるものといえる．

　なお，詐欺罪については，かなり研究が進んでいる．たとえば参照，中村・帝京法学17巻2号，長井・消費者取引と刑事制裁，神山・経済犯罪の研究1巻221頁以下，木村・都立大学法学会雑誌34巻2号，林・刑法の現代的課題164頁以下など．

2　欺　罔

詐欺罪の4要件　　詐欺罪の要件としては，**欺罔，錯誤，交付行為，損害**の4つのものがある．被害者が錯誤に陥らなければ，（未遂罪はともかく）詐欺罪の成立を認めることはできない．たとえば，欺罔行為を見破ったが，憐愍の情から財産を交付したような場合は，錯誤要件を欠くために，せいぜい詐欺未遂罪しか成立しない．しかし，錯誤に陥り取引をしたときは，とくに詐欺罪をいわゆる個別財産に対する罪と解し，損害の内容を形式的に解釈する立場からは（本書はいわゆる全体財産に対する罪と解するべきだという立場に立っ

ている)，「欺罔」の内容に適切な限定を加えないと，ほとんどの場合に詐欺罪が認められてしまう．したがって，前述の詐欺罪についての刑事政策を達成するためには，(本書のように損害について実質的に解釈するだけでなく) 欺罔の概念についても，適切な限定を加える必要がある (この問題についての最近の文献として，伊藤・松尾古稀 (上) 479 頁以下，足立友子「詐欺罪における欺罔行為について」名古屋法政論集 208・97 以下)．

欺罔の対象　(1)　欺罔概念の内容については，欺罔の対象と欺罔の程度が問題となる．ここではまず，**欺罔の対象**から検討することとする．

欺罔概念についてのリーディングケースとされている大判明治 36・3・26 刑録 9・454 によれば，「欺罔トハ偽言其他総テノ方法ヲ以テ人ヲ錯誤ニ陥ラシメルノ謂ニシテ其方法ニ限定アルコトナシ」とされている．ここにおいては，虚偽の表示をなすことがすべて，ただちに欺罔にあたるかのようである．しかし判例も，無制限に欺罔を認めてきたわけではない．たとえば，担保物を供するにあたって，担保物の実価を超えて価値があるように告げた場合でも，その担保物が債務の弁済を十分に担保しうる価値があるときには，我が国の判例は伝統的に詐欺罪の成立を否定してきた (たとえば，大判大正 4・10・25 新聞 1049・34. 同旨の判例は数多い)．売買の対象となっている家屋について係争中であるにもかかわらずその事実を秘して取引した場合に詐欺罪の成立を否定したものもある (大判昭和 8・5・4 刑集 12・538)．また，売買の対象となっている物の名称を偽った場合について，詐欺罪の成立を否定したものもある (大判大正 8・3・27 刑録 25・396)．さらに，欺罔手段を用いても，特別法上の犯罪の成立しか認めなかったものもある．たとえば，日本製の服地を「英国製」と偽った場合について不正競争防止法 5 条 1 号で処罰したものがある (最決昭和 50・9・19 判例集未登載)．

(2)　これまで欺罔の概念については，主として学説によって次のような限定が加えられてきた．

先ず，**事実**についての欺罔だけが詐欺罪の欺罔であって，価値判断については欺罔とはなりえないというものがある (植松・刑事法講座 4 巻 866 頁など)．これは，ドイツの条文が「事実」についての欺罔のみを詐欺罪としていることに

示唆を受けたものであろう．我が国ではさらに，具体的な事実について欺罔がなければならず，抽象的に誇張するだけでは欺罔とならないとするものもある（福田・注釈刑法（6）179頁．判例として，大判昭和6・11・26刑集10・627など）．たしかにこのような限定も必要ではあろうが，実際上，事実についての表示を含まない純粋の価値判断は極めて稀である．

次に，欺罔は**現在の事実**についてなされなければならず，**将来の事実**については欺罔とならないというものがある．たしかに，将来の事実は，誰も起こるかどうかわからないのであるから，それについての欺罔はありえないといいうるにしても，将来の事実が起こる「可能性」について欺罔があれば，それはすでに現在の事実についての欺罔であるといわざるをえない（参照小野・刑判評7・103，中森・小暮ほか207頁，木村・刑雑34・2・284など）．

(3) さらに，判例の中には，ある事実について真実を告知するときは取引に応じなかったであろうかを問題として，そのときでも取引したであろうというるときには詐欺罪の成立を否定する前提に立つかのように述べるものがある（大判昭和8・2・17刑集12・139など．同様の学説として，たとえば，木村・刑雑34・2・287，西田172など）が，そのように解してもほとんどの場合に詐欺罪が認められてしまうであろうし，実際にもこのような基準によって詐欺罪の成立を否定したものは，ほとんどない．そのような基準によって欺罔を認めるときには，**欺罔の範囲は広がりすぎる**．前述の，売買の対象物件が係争中であることを秘して取引したという判例の場合，係争中であることを被害者が知れば取引しなかったであろうが，判例は詐欺罪の成立を否定した．真実を知れば取引しなかったであろうというだけで詐欺罪の成立を認めるべきではない．取引上全く重要でない事実についても，そのようなことはありうるからである．

(4) おそらく最も意味のある限定は，**取引上重要な事実についての欺罔**でなければならないというものである（福田・注釈刑法（6）182頁，中森145頁，山中318頁など）．しかし，一体何が「取引上重要」なのであろうか．

刑法の目的は法益の保護にある以上，欺罔の概念は，法益の観点からなされなければならない．すなわち，法益侵害に適した，その危険のある行為でなければならないと解される（佐伯・最前線103頁など）．詐欺罪の保護法益は財産であり，その被害の実質は，被害者の取引目的に反して財貨が移転させられる

ことにある．そして，取引の内容を決定するのは，(客観的に示された)当事者の取引目的である．このように解するときは，「取引上重要な事実」とは，**被害者の取引目的の対象となっている事実**だということになる（参照，長井・刑雑 34・2・314，同・判例セレクト 92 年 38 頁，大谷・最判解平成 4 年度 15 頁，伊藤・警研 63・8・43 など）．

担保物の価値について偽っても，債務を十分に担保しうるのであれば，被害者の取引目的の対象としての事実について欺罔はない．売買の対象となっている物件について係争中であることを秘しても，それが真実被告人の所有なのであれば，やはり欺罔はないのである．

欺罔の程度 (1) 欺罔の内容については，次に，**欺罔の程度**を問題としなければならない．判例・学説の中には，「社会的相当性の逸脱」「信義誠実違反」を基準とするものがある（大阪地判平成元・3・29 判時 1321・3，東京高判昭和 27・2・9 裁特 29・27．学説として，団藤 612 頁，福田・注釈刑法 (6) 181 頁，長島・刑法における実存と法解釈 143 頁など）．しかし，虚偽の表示をすることは，ある意味ではすべて社会的相当性を逸脱し，信義誠実に違反することだともいいうる．しばしば社会的相当性ある行為とは，「歴史的に形成された社会倫理秩序の枠内にある行為」だとされるが，このような基準をとると，過去にまったくなかった新しい手口による虚偽表示の場合（詐欺的商法の場合，ほとんど常にそのような手口が選ばれるとすらいいうる）欺罔ではないということにもなりかねない．

法益侵害が不法内容の実質だと解するときは，欺罔行為の程度は法益侵害の危険，すなわち，**錯誤に陥り・財産を処分する危険の程度**によって決定されるのでなければならない．判例・学説の中には，一般人を錯誤に陥れるに足る程度のものであることを要するとするものが多い（東京高判昭和 28・11・12 裁特 39・177．学説として，長島・前掲 146 頁，曽根 149 頁など）が，これも基本的にこのような立場に立つものと解される．すなわち，ここで錯誤に陥る危険の高い行為とは，取引にあたって被害者が一般人に要求される配慮を尽くしても，なお錯誤に陥るであろうような行為を意味するものと解するべきであろう．このように解するときは，被害者が一般人に要求される配慮を尽くせば看破しうるような虚偽表示は欺罔とならないということになる．

このように，欺罔の程度は，前の欺罔の対象の場合と同じように，**被害者との関連において限定されなければならない**．被害者との関係において，行為者はどこまで黙示的に虚偽の事実を表示していると解するべきか，あるいはどこまで告知する義務があると解するべきかが決定されなければならないのである．ドイツでは，しばしば「危険の分配」ということがいわれるが，これもこのようなことを意味する．最近のドイツでは，詐欺罪は「正当な信頼」のみを保護するべきであって，被害者に重過失があるときには詐欺罪とならないという主張もなされている．

(2) 具体例をあげよう．被害者がある物を一般の市場価格よりも高く買わされたとする．被害者はその物を安く買うことを取引目的の1つとしていたが，行為者はその目的を知りつつ，他の一般の店ではもっと安く買えるということを秘したために，被害者はこれ以上安くは買えないと思い，一般の市場価格よりも高い価格で買ってしまったのである．この場合，しかし，欺罔を認めるべきではないであろう．一般の市場価格については，一般人であれば当然知っているか，知っているべきであったといいうるからである．すなわち，被害者が一般人に要求される配慮を尽くしていれば錯誤に陥らなかったであろうといいうるからである．

(3) もっとも，このことは，**知識・経験の乏しい者**を詐欺罪で保護しないということではない．被害者の知識・経験が乏しいとすれば，これらの者の知識・経験を基準として，錯誤に陥る危険のある行為をしていたかを判断しなければならない．すなわち，これらの者にも，一般人と同様の取引にあたっての「配慮」は要求されるが，そのような配慮を尽くしても，なお，彼らの知識・経験からして錯誤に陥るであろう場合には，欺罔を認めなければならないのである（佐伯・最前線101頁など）．**準詐欺罪**（248条）では未成年者・心神耗弱者の場合が特別に処罰されているが，これらの者についても，詐欺罪は成立しうる（大判大正4・6・15刑録21・818）．同様にして，薬剤師が一般人に対する場合のように，知識・経験に大きな差がある場合には，被害者の危険分担は軽減され，行為者の告知義務は加重される．行為者がとくに明示しないときは被害者の契約目的どおりの事実であることが黙示的に表示されていると評価されるということになる．

(4) 逆に，被害者が知識・経験に富んでいるときには，行為者の告知義務が軽減される．行為者がとくに明示しないときにも虚偽の事実を黙示的に表示していると評価されない．最近の判例に次のようなものがある．ある土地に法的規制があった．ところが被告人は，その事実について（断片的にしか認識していなかったもののようであるが）告知しなかった．この事案について東京高判平成元・3・14 東高刑時報 40・1＝4・11 は，被告人としては，このような法的規制について調べた上で告知する義務はないとしたのである．その際に，被告人は不動産の取引を専門としているわけではないのに対し，被害者はプロの不動産屋であるかのようにふるまっていたこと，また，規制の有無・内容は容易に知りえたことなどの事情が重視されている．この判例の考え方は支持されるべきである．

(5) また，次のような判例もある．先物取引に無知な主婦・老人に，頻繁な売買を行わせて委託手数料を増大させる等の方法により，委託証拠金の返還や利益金の支払を免れる「客殺し商法」によって顧客に損失を与え，また自ら「向かい玉」を建てることにより顧客の損失に見合う利益を自己に帰属させる意図であるのに，顧客の利益のために受託業務を行うよう装い，該取引の仕組みに無知な被害者をして，外務員の指示どおりに売買すれば必ずもうかると信じ込ませて，被害者から委託証拠金名義で現金等の交付を受ける行為は詐欺罪にあたる（最決平成 4・2・18 刑集 46・2・1）．この場合，返還意思がなければ，被害者の取引目的は達成されない危険が大きいから，欺罔行為を認めてよいであろう（参照，大谷・最判解平成 4 年度 16 頁，伊藤・警研 64・5・49，中空・判タ 835・30 など）．

不作為による欺罔 (1) 欺罔行為の場合，**作為と不作為とをどのようにして区別す**るかも，以前から問題とされてきた．積極的に嘘を言い錯誤に陥れた場合は作為犯とすることに問題はないが，真実を秘したにすぎない場合，虚偽の事実を黙示的に表示した作為犯なのか，真実を告げない不作為犯なのかが問題となる．この場合不真正不作為犯が問題となっているので，作為犯とならない例外的な場合にのみ不作為犯は認められるべきだといいうる（参照，中森 144 頁）．それにしても，積極的に嘘を言わない場合に，どこまで黙示的に表示しているといいうるのかは，問題である．

(2) 最高裁は，代金支払の能力がないにもかかわらずこれを秘して商品を注文した場合について，支払の能力がないことを告知しない不作為犯ではなく，支払の能力がないにもかかわらずそれがあるかのように表示する作為犯だとした（最決昭和43・6・6刑集22・6・434）．この判例の結論は支持されるべきである．最高裁はその根拠として，「商品買受の注文をする場合においては，特に反対の事情がある場合のほかは，その注文に代金を支払う旨の意思表示を包含しているものと解するのが通例である」とする．しかし，この基準は必ずしも明確なものではない．過去の判例には事業不振であることを告げないで取引した場合について，このことを告知する義務はないとしたものがある（福岡高判昭和27・3・20判特19・72）．この福岡高裁判決の場合も，事業不振ではないことを表示していると解しうるかは問題である．

(3) どこまで**黙示的に表示**している（したがって作為犯となる）かは，具体的な取引の内容ごとに異なる．取引の内容は，（客観的に見られた）当事者の取引目的によって決まる．このように解するときは，被害者の取引目的の対象となっているにもかかわらず，それについて被害者が知ることが困難な事実については，行為者がとくに何も示さないときは，被害者の目的どおりの事実であることが黙示的に表示されていると解するべきであろう．その結果錯誤が引き起こされた場合はすべて作為犯となる．不作為犯となるのは，（継続的取引関係などにおいて）行為の前に被害者がすでに錯誤に陥っていたり，行為以外の事実から錯誤が引き起こされた場合に，それを（作為義務に反して）除かなかった場合にかぎられる．

(4) ドイツでは，何が黙示的に表示されているかは，行為の「表示価値」によって決まるという見解が多数説である．しかし，何が黙示的に表示されているかは，その行為についてはどのような事実が表示されていると解釈されるべきかという評価によって決められるものである．それは，すでに述べたように，被害者の取引目的の対象となっている事実が明示されない場合，そのことによって生じる危険を行為者と被害者のどちらが分担するべきかという規範的判断によって決められる．

(5) 学説の中には，無銭飲食の場合について，告知義務がないことが作為犯である根拠であるかのように説くものがある（大谷241頁，前田260頁，曽根・

重要問題183頁)．しかし，作為義務が否定され不作為犯とならないことが，ただちに作為犯となる根拠となるわけではない．最高裁もそのようなことを根拠としているわけではない．作為犯かどうかは，不作為犯かどうかの決定の前に，固有の根拠によって決定されなければならない．

(6)　それだけでなく，作為義務があったとしても，作為犯となる場合はありうる．大審院の判例に次のようなものがある．被告人は準禁治産者であることを秘して取引したのだが，そのことを告知する義務があるとしたのである（大判大正7・7・17刑録24・939)．この結論は正当だと思われる．しかしそうだとしても，この場合不作為犯とするべきではない．この場合も，被告人が積極的に被害者に働きかけた結果として被害者を錯誤に陥れたのである以上，作為犯と解するべきである．すなわち，準禁治産者であることの告知義務があるとしても，同時に，行為者が準禁治産者であることによって被害者は取引目的を達成することができず，またその事実を知ることは一般人に要求される配慮を尽くしても極めて困難であるから，その事実についてとくに明示しないときは，その事実がないことを黙示的に表示していると評価され，この行為によって被害者を錯誤に陥れたのであるから，作為犯と解するべきなのである．しばしば，作為犯は不作為義務違反であり，不作為犯は作為義務違反であるとされるが，これはこの意味で妥当ではない．

なお，告知義務について判示した最近の判例として，最決平成15・3・12刑集57・3・322が重要である[105]．

欺罔と他の要件の関係　欺罔行為は人に向けられたものでなければならず，機械に対しては欺罔行為は成立しえないとされることがある（山口247頁，山中315頁など)．しかし，この場合，欺罔行為ではなく，錯誤の要件の充足を否定するべきであろう．電子計算機使用詐欺罪（246条の2)において「虚偽の情報を与える」行為が規定されているが，これは欺罔行為の一場合と解される．

同様にして，欺罔行為は交付行為に向けられたものでなければならないとされることがある（山中314頁，大谷259頁など)．そして，買物を装って洋服を試

---

[105] 不作為による欺罔については，いわゆるつり銭詐欺が重要であるが，これに関しては，参照，本書281頁．

着中に逃走した場合，偽電話により家人を外出させた間に家に侵入して財物を領得した場合，欺罔行為を否定するのである．しかしこれらの場合に詐欺罪の成立が否定されるのは，交付行為を欠くからである．

これらの見解によるときは，詐欺罪において錯誤と交付行為が欺罔行為の他に要求される実際上の意味はほとんどなくなってしまうであろう[106]．これらの場合詐欺罪の未遂犯も成立しないのは，錯誤や交付行為に向けられた意思，すなわち，故意を欠くからである．

3 錯　誤

(1) 欺罔行為によって，相手を錯誤に陥らせなければならない．錯誤とは，思い違い，すなわち，事実と認識の不一致である．

(2) この錯誤要件によって詐欺罪の成立が否定されるものの中で最も重要なのは，機械を相手とする場合である．**機械は錯誤に陥ることはない**．したがって，たとえば，磁石でパチンコの玉を誘導したときは，詐欺罪を構成しない（浦和地判昭和28・8・21判時8・19）．もっとも，この判例によれば，この行為は窃盗罪を構成し，かつ，景品と取り替えれば，そのときは相手は人であるから，詐欺罪を構成する．このような場合，窃盗罪と詐欺罪とは，被害法益が実質的には1個であるから，併合罪ではなく，包括一罪とするべきである．

(3) 他人のキャッシュ・カードを盗んだり・拾得する行為はそれぞれ窃盗罪・遺失物横領罪を構成するが，そのカードで現金を引き出すのは，詐欺罪ではなく，窃盗罪を構成する（東京高判昭和55・3・3刑月12・3・67など）．これも，相手は人ではなく機械だからである．

これに対して，他人の郵便通帳を盗み，銀行で（カウンターの銀行員を騙して）預金を引き出せば，窃盗罪と詐欺罪の併合罪とされている（最判昭和25・2・24刑集4・2・255．学説として，大谷251頁など）．なおこの場合，被害者は誰かが問題となる．銀行が故意または重過失の場合には預金者から求償されるおそれがあるが，現実にはこれは極めてまれである．したがって，預金者が被害者と解するべきであろう．そうだとすれば，併合罪ではなく，包括一罪とするべきで

---

[106] 橋爪・法教293・73は，「詐欺罪の成否の検討においては，「欺罔行為」の存在が決定的な役割を果たしている」とするが，このような見解にも同様の問題がある．

ある．

(4) 窃盗罪の客体は財物にかぎられているから，客体が利益の場合には，機械を相手として他人の利益を侵害しても，なんらの財産犯を構成しないこととなってしまう．そこで，改正刑法草案339条は，自動設備の不正利用，無賃乗車を処罰することとしている．

さらに，銀行の自動支払機を利用して不正の利益を得た場合にも，（窃盗罪を構成する場合は別として）詐欺罪で処罰できないこととなる．この事態に対処するために，昭和62年に，不実電磁的記録作出利得罪が立法された（刑法246条の2）．

(5) **談合行為**について，判例は，注文者は価格の点について何等の錯誤もないという理由で，詐欺罪の成立を否定している（大判大正8・2・27刑録25・252）．そこで，昭和16年に談合罪（刑法96条の3第2項）が規定されたのである．注文者は，正当な競争によって決定された価格でないにもかかわらず，そうであるかのように偽られ，その点に錯誤があるともいえるように思われるが，いずれにしても，現在では談合罪の規定がある以上，談合行為はこの規定によって処罰されることになる．

最高裁は，八百長レースについては，詐欺罪の成立を認めた（最判昭和29・10・22刑集8・10・1616）．

(6) 以上に述べたように，詐欺罪における錯誤要件は，機械を相手とする場合を除くなどの意義を有している．しかし，詐欺罪においては，被害者（ないし被欺罔者）にさらに別の主観的要件がある．第一に，後に述べる交付意思がなければならない．第二に，法益関係的錯誤が必要なこともある．この要件は，被害者の同意がある場合財産罪は成立しないという法理に基づくものである．第三に，法益関係的錯誤がない場合，被害者は財産処分について自由意思を喪失していたのでなければならない．詐欺罪の成立には，被欺罔者ないし被害者の意思がきわめて重要な意義を有するのである．以下の検討にあたってはこの点に留意する必要がある．

4 交付行為

要件の根拠　（1）　詐欺罪の規定には，その成立要件として交付行為が明示されている．しかし，この要件が要求される根拠，及びその内容は大きな問題となっている（文献については，林・現代的展開 215 頁，山中・阿部古稀 317 頁などを参照）．

現在有力な見解によれば，交付行為要件は，詐欺を**窃盗**から**区別する**ために必要となるというのである（平野・犯罪論の諸問題（下）330 頁，山口・平野古稀 449 頁など）．

しかし，いわゆる利益窃盗は処罰されないから，客体が利益のときには，交付行為がないとして詐欺罪が成立しない場合には，無罪となる．このときに，交付行為を認めて詐欺罪として処罰するべきかは，詐欺罪に固有の目的に照らして論定されるべきであって，同様の場合に客体が財物であったとしたら窃盗罪が成立するかどうかによって論定されるべきではない．反対に，客体が利益のときで，ある場合に詐欺罪の成立を認めるべきだとして交付行為を認めた結果として，客体が財物のときで同様の場合に窃盗罪が成立しなくなるというのも不当である．財産罪の最も基本的な要件である窃盗罪が詐欺罪によって排除ないし確定されるということを認めることはできない．およそ1つの要件は1つの目的にのみ奉仕しうる．窃盗罪と詐欺罪を区別することと，詐欺罪の適正な範囲を画することとは両立するとは限らないから，交付行為は基本的に，後の目的にのみ奉仕すると考えるべきである．その結果，窃盗罪と詐欺罪が共に成立する場合には，罪数論によって解決すればよい（参照，林・前掲213頁以下，佐伯・最前線125頁）．おそらくは，窃盗と詐欺の包括一罪（もしくは法条競合として，基本類型としての窃盗罪）とするべきであろう．どちらかで起訴されたときは，その罪の成否のみを問題とすればよく，またそうするべきである．窃盗と詐欺の罪数論による解決が困難であることを理由に窃盗罪と詐欺罪の競合を回避しようとする（山口・法教211・94）のは本末転倒である．

（2）　すでに述べたように，交付行為要件は，詐欺罪に固有の本質・目的によって根拠づけられなければならない．詐欺罪は，**公正な取引を確保する**ことによって，財産を保護しようとするものである．したがって，詐欺罪の成立に

は，錯誤によって損害が生じるだけでは足りないのであって，その間に，**財産移転についての被害者の意思決定**が介在しなければならない．被害者は，欺罔による錯誤の結果，実は自由ではないのであるが，自己の意識としては，自由に財産交付について決定しているという意識をもたなければならず，財産はそれに基づいて移転されなければならないのである．このような意思はあくまで主観的なものであり，他方損害はあくまで客観的なものである．交付行為要件は，（錯誤と損害とではなく）この主観的なものと客観的なものとを結びつけるものとして，必要となってくる．ここに，交付行為要件の根拠があると考えられる．

　(3)　たとえば，スーパーマーケットの売り子は，交付権限があるとしてよいであろうから，被告人が，ある物を隠してレジを通り抜けようとした場合，その物もしくはその物についての代金債権について詐欺罪の成立を認めてもよいであろう．そのように解さないと，物が客体でない，（高速道路料金のように）純粋の代金支払請求権の場合に無罪となり，不当だからである．では，窃盗罪はどうであろうか．被害者であるスーパーマーケットの持主は，その物自体について承諾しているわけではない以上，意思に反してその物は奪われたとすることは可能であろう．いずれにしても，すでに述べたように，これは窃盗罪の成立範囲をどのように解するべきかの問題であって，詐欺罪の解釈によって動かされるべきではないのである．

<small>交付の意思</small>　　(1)　交付行為には占有の**弛緩**では足りず，占有の**移転**がなければならないとされている．たとえば，顧客を装って上着を「見せてくれ」といい，着用を試みているうち「一寸便所にいってくる」といって，これを着たまま逃走した場合には，詐欺ではなく窃盗が成立するという判例がある（広島高判昭和30・9・6高刑集8・8・1021）．たしかに，交付行為を認めるためには，ある程度客観的な財産の「移転」がなければならない．しかし，それはかなり形式的なもので足りる．前にあげた判例の場合でも，欺罔によって売買契約を結んだ場合ならば，上着を手渡しただけで交付行為を認めるに十分であって，たとえそれが店内で行われ，その意味では上着はいまだ被害者の支配内にあるといいうるとしても，詐欺罪の既遂を認めてよい．

　(2)　占有の弛緩と占有の移転を区別するのは，むしろ，**交付行為者の意識**

の内容であることが多い．すなわち，前の判例の場合でいうと，上着を試し着させる意思で渡したのか，売る意思で渡したのかが，占有の弛緩と占有の移転とを区別するのである．

最高裁の判例に，被告人の欺罔に基づき錯誤に陥った被害者が，奥から金員を持ち出して，玄関の上がり口の所に置き，被告人だけを玄関に残し便所に赴いたので，被告人がその隙に金員をもって逃走した場合には，詐欺既遂罪が成立するとするものがある（最判昭和26・12・14刑集5・13・2518）が，この場合，純粋に客観的には交付行為を認めることができるであろうが，交付意思を認めがたいから，詐欺罪の成立を認めたことには疑問がある．学説には反対するものが多い（中森145頁，山口254頁，山中326頁など）．

もっとも，この意思は，所有権を移転させることを内容とするものである必要はない．たとえば，被告人は被害者の自転車を騙取しようとして，返さないつもりなのに，貸してくれと偽り，所有者は貸すつもりで渡したような場合であっても，交付行為を認めることができる．このように，交付のときの意思の内容としては，財産を自己の支配下から相手の支配下に移す意思が必要であり，かつ，それで十分と考えられる（参照，東京八王子支判平成3・8・28判タ768・249)[107]．

(3) 欺罔により占有者に一旦財物を放棄させ，その後取得する場合（たとえば，当せんした宝くじを外れたものと騙して捨てさせ，その後拾得する場合）が問題とされている．この場合，詐欺罪の成立を認める見解が多い（西田174頁，山口252頁など）．しかし，このようにおよそ取引関係の外に放棄させるような場合に交付の意思・行為を認めることには疑問がある．被害者の行為を利用する窃盗罪の間接正犯の成立を認めるべきであろう（団藤616頁，山中327頁）．被害者の占有が失われたのは，被告人に騙されたことによるのだから，占有離脱物横領罪とする（滝川159頁）のは妥当でない．

交付意思の内容　(1) すでに述べたように，財産移転についておよそ**意識をもっていない**場合には詐欺罪の成立を認めるべきではない

---

107) ドイツでは交付行為から損害は「直接」に生じなければならないという見解が有力である．わが国では，山口251頁など．直接性の要件については，さらに，林（美）・平野古稀465頁，林・前掲218頁，佐伯・最前線122頁，林・曹時57・3・5など．

(中山 272 頁，平川 371 頁，山口 255 頁，山中 327 頁など).

　ドイツの判例は，交付行為は無意識になされたのでもよいとして，次のような場合にも詐欺罪の成立を認めている．被告人は火災に遭ったので保険金を請求し，これを受領したが，その後燃え残った物を発見した．ところがこれを保険会社に申告しないで，保険会社の返還請求権を免れた場合（この場合，不作為による欺罔が問題となっており，被告人には作為義務が認められるかも問題となるが，その点は別論とする），さらに，訪問販売人が，訪問した証拠のサインだと偽って，契約書にサインさせた場合である．

　しかしこれらの場合，被害者は，およそ財産移転について意思決定をしているという意識をもっていないので，詐欺罪の成立は否定されるべきだと思われる．我が国でも交付行為は無意識なもので足りるという見解がある（平野 215 頁，大塚 262 頁，中森 146 頁など）が，実際上一定の意思を要求していることが多い[108]．

　(2)　次に，被害者は，財産移転について**自由**に**意思決定をしたという意識**をもっていなければならない．したがって，次のような場合にも詐欺罪の成立は否定されるべきである．行為者は警察官を装い，差押をするかのように欺いて，被害者からある物を奪ったような場合である．我が国の判例には，被告人は警察官を装い，窃盗犯人に対し盗品の提出を求め，これに応じなければただちに警察署に連行するかもしれないような態度を示して同人を畏怖させ，同人をして盗品を交付させたという場合について，詐欺ではなく恐喝だとしたものがある（最判昭和 24・2・8 刑集 3・2・83）が，正当だと思われる．

　(3)　他方，このように，財産移転について自由な意思決定をしているという意識さえもっていれば，自己の交付する財産の内容，その量・質について，全面的に意識が及んでいないとしても，詐欺罪の成立を認めることができる．たとえば，アジ 10 匹が入っている箱だと思って売ったところ，実は 20 匹入っていたという場合，その点について欺罔・錯誤があった以上，詐欺罪の成立を認めるべきであろう．この場合，被害者の錯誤に基づく行為を利用する窃盗罪

---

[108]　たとえば，「無意識なもので足りる」（西田 175 頁）としながら，現に「被害者の意思」「相手方に事実上財産上の利益の処分を委ねるという外形的事実の認識」を要求している（同 176 頁）．

の間接正犯が成立するかも問題となるが，それは窃盗罪の解釈の問題であって，すでに述べたように，その成否は詐欺罪の成否を動かさない．

(4) この点についての判例は明確でない．ある判例によれば，被害者はある土地を所有していたが，行為者はそれを被害者と自分の共有にしようと企て，売って代金を得るための契約書だと偽って，共有にする契約書に署名捺印させたという場合について，詐欺罪の成立を認めるためには，被害者は証書の内容を了知したが，欺罔・錯誤によって署名捺印してこれを交付したのでなければならないとして，詐欺罪の成立を否定した（大判明治44・9・14刑録17・1531）．

しかしこの場合，被害者は，自己の財産の移転について自由に意思決定をしているという意識をもっていたのである．詐欺罪の成立を認めるには，このような意識があれば足りると解される（参照，鈴木・松尾古稀（上）541頁．もっとも，取引内容の性格をまったく異にするとして，交付意思を否定することは可能であろう）．

この判例に対して，次のような判例もある．被告人は，電気消費量を示す針を逆回転させて，電気料金の支払いを免れたというのである．この場合，被害者は自己の交付する利益について完全に意識していたわけではないが，裁判所は詐欺罪の成立を認めた（大判昭和9・3・29刑集13・335）．自己が交付する財産について完全に認識している必要はないから，この判例は支持しうるであろう．

(5) この問題は，別の側面からも問題となる．すなわち，詐欺罪の成立を認めるためには，損害の内容については（原則として）無意識でなければならず，したがって，自己の交付する財産と，相手方から交付される利益の内容について完全な意識をもっていた場合には，詐欺罪の成立を認めることはできないように思われる．その場合，財産の交換について被害者の同意があるのであって，財産犯処罰の根拠となる財産の侵害を認めがたいからである（参照，高山・百選〔5版〕104頁）．

その典型は，寄付金を集める際に，隣の家の人が寄付してくれた額について欺罔・錯誤があったが，それが使われる目的については欺罔・錯誤がなかったような場合である（参照，菊池・一橋論叢98・5・127，佐伯・神戸法学年報1・102，伊藤・警研63・4・27など）．

自分の交付する利益について完全な意識をもっていなければならないと解す

るときは，詐欺罪の成立は，交付される利益について意識がなかった場合にかぎられるということになってしまう．それは理由のないことと思われる．自己の交付する利益について完全な意識が及んでいないときでも，詐欺罪の成立を認めることはできるのである．相手の交付する利益について完全な意識をもっていた場合には，詐欺罪の成立を認めるためには，むしろ，自己の交付する利益について意識を欠いていたのでなければならない．

（6）　いわゆる法益関係的錯誤説は以上のかぎりで正当なものがある．しかし，寄付金詐欺の場合でも，アフリカの難民に寄付すると偽って金員を詐取したような場合，あるいは，ある母親にその子が破産しそうだと偽って金員を交付させたような場合には，自己の交付する金員について完全な認識をもっている以上は，法益関係的錯誤はない．この場合，それにもかかわらず，欺罔により相手の自由意思を喪失させたものとして，財産的損害を認め得る．いわゆる法益関係的錯誤も，欺罔により相手の自由意思を喪失させ，被害者の同意を無効とする場合の1つにほかならない[109]．

債権が客体の場合　（1）　債権を客体とする詐欺罪について，最高裁昭和30年7月7日判決は次のように述べた．「詐欺罪で得た財産上不法の利益が，債務の支払を免れたことであるとするには，相手方たる債権者を欺罔して債務免除の意思表示をなさしめることを要する……」（刑集9・9・1856）．この判示は，およそ次の2つの前提に基づいている．第一に，交付行為要件について，自己の交付する利益について**完全な意識**をもっていなければならないということである（これを支持するものとして，曽根・重要問題187頁など）．第二に，債権を客体とする損害は，債権そのものを移転させ・消滅させたときにのみ認められるということである．いわゆる**法律的財産説的**[110]**な考慮**がそこに認められるのである．

しかし，この2つの前提はいずれも理由のないものと思われる．すでに述べたように，交付行為は一定の意思をもってなされることを要するが，その意思は，自己の交付する利益について完全な意識をもっていることまで要するものではない．のみならず，債権を客体とする損害には，債権そのものを移転・消

109）　本書29頁参照．
110）　本書141頁参照．

減させることまでは必要でないのであって，債権の存在そのものは動かさないで，ただその実現を困難とさせ，その意味で債権に「危険」を生ぜしめれば足りるのである．

　(2)　他方，債権についての損害に関しては，最高裁昭和30年4月8日判決もいうように，「すでに履行遅滞の状態にある債務者が，欺罔手段によって，一時債権者の督促を免れたといって，ただそれだけのことでは，刑法246条2項にいう財産上の利益を得たものということはできない」（刑集9・4・827）．この判例の事案は次のようなものであった．被告人はりんごの仲買いを業とするものであったが，被害者に対してりんごを売り渡す契約をし，代金を受領しながら，履行期限が過ぎても，その履行をしなかったため，被害者から再三の督促を受けるや，ある日履行の意思がないのに被害者を駅に案内し，りんごを貨車に積ませ，発送の手続を完了したかのように装ったために，被害者は安心して帰宅したというのである．この事案について，最高裁は前掲判示に続いてさらに次のように述べて，詐欺罪の成立を認めた原判決を破棄したのである．「その際，債権者がもし欺罔されなかったとすれば，その督促，要求により，債務の全部または一部の履行，あるいは，これに代りまたはこれを担保すべき何らかの具体的措置が，ぜひとも行われざるをえなかったであろうといえるような，特段の情況が存在したのに，債権者が，債務者によって欺罔されたため，右のような何らか具体的措置を伴う督促，要求を行うことをしなかったような場合にはじめて，債務者は一時的にせよ右のような結果を免れたものとして，財産上の利益を得たものということができるのである」．

　この判示は，ほぼ正当なものとして支持しうるであろう．この事案の場合，債権者にとって被告人の所在は知れているから，次に問題とするような無銭飲食やキセル乗車の場合とは異なり，通常，債権を実現しようと思えば何らかの方法で可能である．したがって，もし，被告人がりんごをいずれすぐ送れるような状態にあり，もしくはそうでないとしても，被害者が被告人に対して代金や損害の請求を容易になしうるような状態にあるような場合には，債権の危険を認めるべきではないであろう．

　もっとも，たとえば，タクシーに乗った後に，両替してくると偽って代金を免れ逃走したような場合には，債権者は**事実上債権の実現は困難となる**から，

その危険を認めてよいであろう．

　(3)　債権を客体とする交付行為と損害を認めるためには，交付行為者が財産移転について自由に意思決定をしたという意識をもち，それに基づいて，債権の実現が危険となり，債務者たる行為者に債権が実現されない可能性が生じたことが必要であり，かつ，それで十分である．

無銭飲食　(1)　債権についての交付行為・損害は，とくに無銭飲食，キセル乗車の場合について問題となっているので，次にはこれらの場合について検討を加えていこう．

　前掲最高裁昭和 30 年 7 月 7 日判決は，飲食・宿泊をした後に，自動車で帰宅する友人を見送ると申し欺いて被害者方の店先に立ち出でたまま逃走したという事案について，「債務免除の意思表示をなさしめることを要する」としてこの点については詐欺罪の成立を否定した．ただ，この事案の場合には，最初から所持金なく代金を支払う意思もないにもかかわらず，あるかのように装って飲食・宿泊をしたので，この点についてすでに詐欺罪の成立が認められるとしているのである．

　このように，最初から支払の意思・能力がないにもかかわらず，あるかのように装って飲食・宿泊をしたときは，それだけで詐欺罪の成立を認めることができる．飲食については 1 項詐欺，宿泊というサービスについては 2 項詐欺，それらを包括して一罪とするべきであろう．

　問題は，最初にそのような欺罔行為がなく，飲食後に，代金債権を欺罔によって免れようとした場合である．この事案の場合には，自動車で帰宅する友人を見送ると申し欺いて被害者方の店先に立ち出でたまま逃走したにすぎないというのであるから，被害者は，財産移転について意思決定をしているという意識をもっていたわけではない．したがって，この点については，やはり詐欺罪の成立は否定されるべきであろう．

　(2)　これに対して，東京高裁昭和 33 年 7 月 7 日判決は，被告人は旅館に宿泊した後，「今晩必ず帰ってくるから」と申し欺き，宿泊料の支払をしないままに立ち去ったという事案について，次のように判示した．「刑法 246 条 2 項にいう財産上不法の利益の取得が債務の支払を免れたことであるとするには，相手方たる債権者を欺罔して債務免除の意思表示をなさしめた場合たることを

要することは所論のとおりであるが，その意思表示は必ずしも明示的たるを要しない」．そして，この事案の場合「同旅館主において被告人の支払を少なくとも一時猶予する旨の意思を暗黙に表示させた」として，詐欺罪の成立を認めたのである（裁特 5・8・313）．

この判決は，最高裁昭和 30 年 7 月 7 日判決の，交付行為には交付される利益について完全な意識をもっていなければならないという前提を引き継いでいる．しかし，そこまでの意識は要しないことはすでに述べたとおりである．さらに，この判決は，一時猶予するという利益を相手に与えたというところに損害を認めているが，そのような利益について可罰的違法性を認めるべきではないであろう（参照，最判昭和 30・4・8 刑集 9・4・827）．損害を認めるためには，債権そのものを移転・消滅させる必要はないが，被告人が立ち去った結果として，債権の実現が危険に陥り，債務者に債権が実現されない可能性が生じたことが必要である．そのためには，被害者にとって被告人の所在がわからなくなるとか，わかっていても，実際上債権の実現が困難となったという事情が必要である[111]．

もっとも，**交付意思**としては，本件の場合のように，一時猶予するという意思決定があっただけで十分であろう．

キセル乗車　（1）　A 駅から D 駅まで行くときに，AB 間の切符と CD 間の切符を購入し，BC 間の運賃を免れる，いわゆるキセル乗車が詐欺罪を構成するかが問題とされている．これが，鉄道営業法 29 条 1 号に違反し，2 万円以下の罰金または科料に処せられることは問題がない[112]．

（2）　まず，A 駅において欺罔行為を認めうるであろうか．AB 間の切符を示す行為は正当行為とも考えられるが，BC 間をただ乗りする意思を秘している点に欺罔行為を認めることは可能であろう．もっとも，それを申告する義務はないのではないかという疑問がある．仮に欺罔行為を認めても，錯誤に陥った A 駅の駅員は，通過を認めただけであって，いまだ財産的利益を交付している（このように解しうるとするものとして，日高・論争 II 197 頁，大谷 277 頁など）

---

111)　本書 241 頁参照．
112)　この問題は，自動改札機の導入により，実際上，ほとんど生じなくなっている．なお本書 255 頁参照．

244 第6章　財産に対する罪

とはいいえないから，A駅で詐欺罪の既遂を認めることはできないであろう．さらに，AB間の**輸送**を受けた点は，切符をもっているので，詐欺罪をいわゆる全体財産に対する罪と解する立場からは，不法の利益を得たということはできない．BC間の輸送はどうであろうか．この場合，**錯誤に陥ったA駅の駅員と，輸送をしている運転手は別人**である．別人であっても，たとえば，会社の上役を騙して，部下に財産的利益を交付させたような場合には，詐欺罪の成立を認めうるかもしれないが，A駅の駅員と運転手の間にはこのような支配従属の関係もない．判例には，「その利得は処分行為から直接に生ずるものでなくてはならないことはいうまでもないが，被欺罔者以外の者が右の交付行為をする場合であっても，被欺罔者が日本国有鉄道のような組織体の一職員であって，被欺罔者のとった処置により当然にその組織体の他の職員から有償的役務の提供を受け，これによって欺罔行為をした者が財産上の利益を得，または第三者をして得させる場合にも成立するものと解すべきであ」るとするものもある（大阪高判昭和44・8・7刑月1・8・795）が，ここまで拡張してもよいものか，疑問がある（被欺罔者と処分行為者とは同一でなければならないとするものとして，町野・現在131頁）．

　(3)　しかし，D駅においてBC間をただ乗りしたことを告げずにCD間の切符を見せて通り抜けようとする行為は，**申告する義務**を認めうるから，欺罔行為としてよいであろう．それによってD駅の職員は錯誤に陥り，彼は，これでこの者について債務から解放するという意思をもった以上，財産移転についての意思決定をしたといいうるから，錯誤に基づく交付意思を認めることもできる．最後に，通り抜けることによって，債権の実現は実際上不可能となる．このようにして，D駅を通過するときに，詐欺罪の成立を認めることはできるであろう（平野216頁，内田318頁，山口258頁など．参照，福井地判昭和56・8・31刑月13・8＝9・547，神山・百選［3版］89頁．曽根157は，「債権の存在を認識していない」ことを理由に交付行為を否定するが，疑問である）．

三角詐欺　(1)　錯誤に陥った者と交付行為をする者とは同一人格でなければならないとされている（山中330頁など）．もっとも，前述のように，少なくとも両者に支配従属の関係がある場合には，別人格であってもよいのではないかという問題がある（福田255頁など）．しかし，交付行為者と損

害を受ける者とは同一人格でなくてもよいということが，判例・学説によって認められている．これを三角詐欺という．もっとも，その場合，交付行為者には**交付の権限**ないし**地位**がなければならないとされている（最判昭和45・3・26刑集24・3・55など）．

(2) その内容について，ドイツの多数説は，他人の財産の占有を移転しうる事実上の地位で足りると解している．あるいは，他人の**陣営**にある場合にそれは認められるとするものもある[113]．しかし，ドイツの判例に次のようなものがある．被告人は被害者に自動車の借用を申し込んだところ断られたので，その家主のもとを訪れて，部屋の中から自動車のキーを取り出させ自動車に乗って去ったという事案について詐欺罪の成立が否定されたのである．この場合，家主は，被害者の財産の占有を移転しうる事実上の地位にはあり，また，被害者の陣営に属していたともいえないことはないであろう．しかし，この場合には詐欺罪の成立を認めるべきではないであろう．

(3) 次に，窃盗罪との関係で，窃盗罪との競合を回避する観点から交付権限の内容を論定する見解がある．すなわち，第三者を欺罔して他人の財産を奪った場合，**窃盗罪の間接正犯**も成立しうるが，窃盗罪の間接正犯とならないような場合に交付の権限があるというのである．交付の権限を法的な権限に限定する，いわゆる**権限説**の基礎には，このような発想があるように思われる[114]．

しかし，すでに述べたように，交付行為要件は窃盗と詐欺の競合を回避するためのものではない．三角詐欺の場合にも，同じことがいえる[115]．

---

113) 中森148頁が，「当該財物・利益の処理について被害者の側に立つと見られる事情があればよい」というのもほぼ同旨であろう．なお参照，丸山・警研59・7・59．交付行為の主体が問題となった最近の判例として，最決平成15・12・9刑集57・11・1088がある（本決定については，林・曹時57・3・1以下）．
114) 山口・法教211・98は，被害者が損害を甘受せざるをえないときに交付権限を認めるが，それは交付権限の帰結であって，その内容ではない．
115) ドイツの判例に次のようなものがある．被告人は，被害者から，かつてその自動車に乗ることを何度か許されていたが，ある日，被害者の承諾がないにもかかわらず，あるかのように駐車場の監視員を騙して，そこに保管してあるキーを出させて自動車に乗って去ったという事案について，原審は窃盗の成立を認めたのだが，連邦裁判所は，詐欺の成立を認めうるとした．この事案の場合，過去に何度か，被告人は被害者から車を借りる承諾を得，それに基づいて監視員はキーを渡したことがあるのだから，監視員には交付の権限があるとしてよいであろう．スーパーマーケットの売り子の場合と同様に，交付の権限は，その具体的な利益・場合について被害者の意思に基づいていなくても，認めることができる．その意味でそれは一般的・包括的なもので足り

交付行為者と被害者とが別人格であってもよい根拠は，交付行為要件は被害者の交付意思の現れとして，交付意思と損害を結びつけるものとして，要求されているものである以上，被害者の交付意思に基づいて第三者が交付行為した場合には，被害者が自分で交付行為した場合と区別する理由はないというところにある．そうである以上，交付権限とは，**被害者の交付意思に基づいている**ことを意味することになる．

(4) 交付の権限を否定した最高裁判例として，次の2つのものがある．第一の事件は，XとYは共謀し，YをLであると弁護士Mを欺き，MはLの代理人になったと思って裁判所に出頭し，L所有の宅地につき，裁判官にXとLとの間の和解調書を作成させ，その正本を登記官吏に提出して，Lの宅地について，LからXへの移転登記をさせたというものである．最高裁は，裁判官と登記官吏の交付権限を否定し，詐欺罪の成立を否定した（最決昭和42・12・21刑集21・10・1453）．第二の事件は，Xの家屋に抵当権を有していたAは，その権利の実行として不動産明け渡しの強制執行をし，家屋の所有権はAに移ったが，Xは，以前に作成されすでに効力を失っているLとの間の和解調書正本につき，簡易裁判所に執行文付与の申請をし，同裁判所書記官補を欺いて執行文の付与を受け，執行吏にこれを提出して強制執行をさせ，Lの占有に移させたというものである．この事件でも最高裁は，裁判所書記官補・執行吏の交付権限を否定した（最判昭和45・3・26刑集24・3・55）．

(5) これらの場合，裁判官・登記官吏，あるいは書記官補・執行吏は，何ら被害者の意思に基づいて行為しているわけではない．被害者にとっては，まさに寝耳に水のことが行われたのである．ここに，交付権限を否定するべき根拠がある．通常の訴訟詐欺においては，被害者は訴訟に登場し，彼の，財産交付について判断を任せるという意思に基づいて，裁判官は判決を下すのである．少なくとも，そのことが制度的に保障されており，そのことが判決と強制執行を正当化する根拠となる．いわゆる**訴訟詐欺**とは，民事訴訟において，Xが虚

る．前にあげた「事実上」の権限で足りるとした見解は，この意味では正当なものをもっていたのである．これに対して窃盗罪の場合には，具体的な財物・場合について，「意思に反して」いたかどうかが問題とされるべきであろう．このように考えるならば，この事案の場合も，窃盗罪の成立を認めることは可能というべきであろう．

偽の陳述をしたために，裁判官が錯誤に陥り，他方当事者の財産をXに引き渡すことを命じる判決を出してしまったような場合で，詐欺罪の成立を認めるのが通説・判例である．この場合には，裁判官が被欺罔者であり，交付行為者であるが，被害者は相手の当事者であり，ここで問題としている三角詐欺である．そして，上述の理由によって，裁判官に交付の権限が認められることとなるわけである（参照，松原・百選［5 版］103 頁）．

5 損害

総説 詐欺罪の成立には損害の発生が要件となる．これは，詐欺罪の保護法益としての財産の侵害を意味するが，その内容は財産犯の保護法益についての一般的な内容と基本的に同じである．財産犯はすべて財産を保護しようとするものであり，詐欺罪に特別の財産があるわけではないことに注意しなければならない．本書ではその内容についてすでに財産犯総論において検討した[116]．

なお，近年，詐欺罪においては財産的損害を要しないとする見解が主張されることがある．しかし，財産の保護を目的とする財産犯において，財産の侵害，すなわち，財産的損害を要しないとすることは，法益侵害のない犯罪を認めるものであって，妥当でない．詐欺罪をいわゆる個別財産に対する罪と解することは可能であるが，およそ財産的損害を要しないとすることは不可能である．

国家的法益の場合 (1) ここでは，国家的法益に対しても詐欺罪が成立しうるかという問題について検討しておこう．判例は次のような場合に**詐欺罪の成立を否定**している．脱税した場合（大判明治 44・5・25 刑録 17・959 など），建物所有証明書・印鑑証明書などを不正取得した場合（大判大正 3・6・11 刑録 20・1171 など），旅券を不正取得した場合（大判昭和 9・12・10 刑集 13・1699 など），医師の証明書を偽造して劇薬を取得した場合（東京地判昭和 37・11・29 判タ 140・117），虚偽の申告をして運転免許証の再交付を受けた場合（高

---

[116] いわゆる個別財産か全体財産かの問題については本書 142 頁，不法原因給付と詐欺の問題については本書 153 頁，本権説・占有説，権利行使と詐欺の問題については本書 159 頁を参照せよ．さらに，債権を客体とする詐欺罪の諸問題については，交付行為の中ですでに検討した．それ以外の 2 項詐欺の問題については本書 175 頁を参照せよ．

松地丸亀支判昭和38・9・16下刑集5・867),罰金支払を免脱した場合(水戸地判昭和42・6・6下刑集9・6・836[国家的法益に対するものであるほか,徴収係員が徴収原票により調査することなどが要請されているから,欺罔行為にならないことも理由とされている]),河川の土石採取料を免脱した場合(広島高岡山支判昭和43・12・10高刑集21・5・640)など.

しかし,次の場合には**詐欺罪の成立**が認められている.配給物資を不正受給した場合(大判昭和17・2・2刑集21・77など),封鎖預金を不正引出した場合(最判昭和25・3・23刑集4・3・382など),生活保護費を不正受給した場合(東京高判昭和31・12・27高刑集9・12・1362など).近年でも,国所有の未墾地が農地法61条により開拓地として売り渡される旨公示されるや,被告人は売渡基準適格者であることを奇貨として,自ら右土地を開墾利用する意思がないにもかかわらず,買受申込みをして,右土地を取得したという事案について,詐欺罪の成立が認められている(最決昭和51・4・1刑集30・3・425.これを支持するものとして,中森・百選[2版]91頁,伊藤・警研63・7・42など.反対説として,団藤609頁,伊東・現代社会241頁など).

最近問題となっているのは,欺罔により国民健康保険被保険者証の交付を受けた場合である.判例には詐欺罪の成立を認めるもの(大阪高判昭和59・5・23高刑集37・2・328)と,否定するもの(名古屋地判昭和54・4・27刑月11・4・358)とが対立している.

(2) この問題について,法益に着目して,本来の国家的法益に対する場合には,詐欺罪は成立しないという見解が主張され(団藤607頁),それに対して,国家的法益の場合を特別視する理由はなく,財物性・財産上の利益が否定されるかぎりにおいて本罪の成立を否定するべきだという見解も主張されている(平野219頁,中森143頁).しかし,判例が詐欺罪の成立を否定したいずれの客体についても,これを窃取すれば窃盗罪の成立を認めるべきである以上,財産犯の保護法益たる価値を否定することはできない.たとえば旅券は,それによって海外旅行をするなどの経済的利益を得ることができるのであるから,単なる「紙片」であるわけではない.したがって,詐欺罪をいわゆる個別財産に対する罪と解しても,ここでの問題においてただちに詐欺罪の成立を認めてよいことにはならない.反対に,詐欺罪を全体財産に対する罪と解しても,対価が

提供されたというだけで，ただちに損害を否定することはできない．たとえば，印鑑証明書や旅券を不正取得した場合，それらは重要な経済的価値をもっているから，手数料を払ったとしても，それをただちに相当対価とみることには疑問がある．それにもかかわらず詐欺罪の成立を否定するべきでないかがまさに問題となるのである．

　(3)　さらに，刑法157条2項などの存在（旅券の詐取の場合にこのことを強調するものとして，最判昭和25・3・23刑集4・3・382，西田184頁など）も，詐欺罪の成立を否定する理由とはただちにはならない（参照，内田・判タ577・27，伊藤・警研63・7・40など）．なぜなら，文書偽造罪の保護法益と詐欺罪の保護法益とは異なる以上，観念的競合とすることは理論的に可能であり，それにもかかわらず詐欺罪の成立を認めるべきでないとすれば，その実質的な理由を説明しなければならないからである．また，この見解によれば，特別法が存在しないときにはただちに詐欺罪として処罰してよいことにもなりうるが，それは不当であろう（佐伯・最前線99頁）．

　脱税の場合について，定型的処理の必要性や，行為者にとっての誘惑性を強調する見解（前田291頁〔4版〕）もあるが，巨額脱税などの場合，それにもかかわらず詐欺罪の成立が否定される理由は，それらの事情だけでは説明が困難と思われる．しかもここでの問題で詐欺罪の成立を否定するべき場合は脱税の場合にかぎられないので，それらの場合に共通する論理が追求されなければならないのである．

　(4)　本書においては，すでに述べたように，詐欺罪は**取引の公正**を確保するための規定であり，交付行為要件において，一定の取引関係が要求されているものと解したい[117]．国家が私人と同じように取引関係の一方の当事者となっている場合には詐欺罪の成立は否定されるべきではない（前掲最高裁昭和51年決定はこの見地から支持し得る）が，取引関係とは認められない場合，たとえば，脱税（税金は国家が権力によって一方的に徴収するものであって，そこに取引関係は認められない）や，欺罔により旅券の交付を受けた場合，欺罔により印鑑証明書の交付を受けた場合，虚偽の申告により運転免許証の再交付を受けた場合

---

117)　本書235頁参照．

は，交付行為要件を欠くために，詐欺罪の成立は否定されるべきであると考える．

健康保険証を不正取得した場合も，単に国が財産的損害を受け，行為者は財産的利益を得たというだけで詐欺罪の成立を認めることはできない．それは，基本的に脱税の場合と同じように，国家の福祉政策を攪乱するものにすぎず，詐欺罪は成立しないものと解したい（近時の判例として，最決平成 12・3・27 刑集 54・3・402．本決定について参照，林・曹時 57・3・670 以下）[118]．

6 クレジットカードの不正使用

三当事者間のカード　　（1）　最近クレジットカードの普及に伴い，その不正使用が刑事問題になっている．その中には，他人のカードを窃取・拾得・偽造した場合，さらに，そうして得た他人名義のカードを不正使用した場合などがある（この場合には当然詐欺罪が成立する）が，現在解釈論上とくに問題とされているのは，自己名義の有効なカードを，代金支払の意思・能力がないにもかかわらず，あるかのように装って取引した場合の詐欺罪の成否である．判例は，商品について，(物であれば1項の) 詐欺罪の成立を認めている（福岡高判昭和 56・9・21 刑月 13・8＝9・527，東京高判昭和 59・11・19 東高刑次 5・10＝12・86 など．学説として，井田 118 頁，末道・百選［5版］101 頁など）．

（2）　一般に，代金支払の意思・能力がないにもかかわらず商品を提供させることは詐欺罪を構成する．その典型が無銭飲食である[119]．したがって，この場合に，二当事者間のクレジットカード[120]を不正使用した場合でも，詐欺

---

118)　平川 366 頁は，「処分の本質が公権力の行使にあり，それが財産的処分行為を随伴しているにすぎない場合には，詐欺罪は成立しない」とされる．この問題についてはさらに，伊藤・東洋法学 38・2・249，同・中山古稀 283 頁（脱税の場合「被害の回復は比較的容易である」とされる）．
119)　本書 242 頁．
120)　クレジットカードの中には，(たとえば大手百貨店で発行しているもののように) 二当事者間の契約に基づくものもあるが，ここで問題としているのは，**三当事者間の契約に基づくもの**である．顧客が，クレジットカード会社と契約を結びその会員になると，所定の手数料の支払と引き換えにカードが交付される．このカードを所持する会員が，カード会社と契約を結んだ加盟店において，カードを提示するときには，加盟店は現金支払を強要できず，所定の手続を経た上で，商品を提供しなければならない．その代わり加盟店は，売上票をカード会社に送付すると，カード会社は代金相当額から所定の手数料を差し引いた金額を加盟店に支払わなければならない（そ

罪を構成するであろう．ところが，ここで問題としている三当事者間のクレジットカードの場合には，加盟店は，会員に代金支払の意思・能力がない場合であっても，カード会社から代金相当額の**立替払**をほぼ確実に受ける（そこにこの制度の特徴の1つがある）ので，困難な問題が生じるのである（参照，安里・山梨学院大学法学論集23・1）．

欺罔・錯誤 (1) 欺罔行為とは虚偽の事実を表示すること，錯誤とは虚偽の事実を認識することである．しかしこの問題の場合，被告人は，自己名義の有効なカードを提示している．そして，加盟店は，そのカードの有効期限，署名の同一性，紛失・盗難カードリストに載っていないことだけを確認すれば，カード会社から代金相当額の立替払をほぼ確実に受ける．したがって，被告人は加盟店がカード会社から確実に立替払を受けることを表示しているのであり，そこに欺罔はなく，また，加盟店は被告人の支払の意思・能力に関心をもたないから，そこに錯誤がないのではないかが，問題となるのである（詐欺罪の成立を否定するものとして，神山・経済犯罪の研究1巻308頁，山中・関西大学法学論集37・1・96，吉田・百選Ⅱ[3版]91頁など）．

(2) 確かに，直接に明示的に示しているのは，真正で有効なカードである．そして，取引上重要でない事実についての欺罔[121]は，詐欺罪を構成しないであろう．しかし，加盟店はこのカード制度を利用しようとするとき，このカード制度による取引が円滑に完成することをも取引目的としているといいうるであろう．そうだとすれば，支払の意思・能力がないという事実は，やはり取引上重要な事実だといいうるであろう．このように，加盟店は，その事実の確認義務はないとしても，その事実に無関心であるわけではない．支払の意思・能力があるのは「当然だ」，「全て順調だ」と思っているのである．したがって，錯誤をも認めることができるであろう[122]．

の法律的性格は立替払ないし債権譲渡とされている）．最後に，カード会社が，会員の口座から，代金相当額を取り立てることによって，取引が完成するのである．なお，以上の金銭の移転は，通常預金口座の間の振替によってなされる．

121) その内容については，本書228頁．

122) もっとも，さらに，錯誤と交付行為の因果関係（ないし結果回避可能性）が問題となる．稀有なことではあろうが，加盟店において，被告人が支払の意思・能力がないことを知ったとしても，カード会社からほぼ確実に立替払を受けるのである以上，やはり取引したのではないかという疑問があるのである．学説の中には，この問題の場合，加盟店を通じてカード会社が欺罔され

交付行為・損害 (1) 判例は，加盟店の商品提供に交付行為，損害を認めている．しかし，加盟店はカード会社からほぼ確実に立替払を受けるのである以上，損害を認めるのは疑問である．我が国の判例・多数説は，伝統的に詐欺罪をいわゆる個別財産に対する罪と解し，相当対価が提供されても詐欺罪の成立を認めてきた．しかし，加盟店が商品を所有・所持するのは，代金と引き換えに売るためである．したがって，商品を引き渡すことと引き換えに確実に代金を受け取れるのであるならば，**加盟店には実質的・経済的には損害はない**といわなければならない[123]．

(2) 多くの学説は，**カード会社に損害の発生**を認める[124]．もっとも，カード会社は，すでに述べたように，錯誤に基づいた交付行為をしていない．錯誤に陥り，かつ，錯誤に基づいて交付行為をしたといいうるのは，加盟店である．そうすると，交付行為をした者（加盟店）と，損害を受けた者（カード会社）とは異なる主体だということになるが，このような場合であっても詐欺罪を構成しうることもすでに述べたとおりである[125]．ただ，その場合，交付行為者には，「被害者のためにその財産を交付しうる**地位または権能**」が必要であるが，

（立替払を）交付するのだとするものがある（藤木370頁）が，この場合はまさに，カード会社はたとえ会員に支払の意思・能力がないことを知ったとしても，加盟店に立替払をしなければならないから，錯誤と交付行為の間の因果関係を否定せざるをえないのである．同様のことが，別の意味で，加盟店についてもいいえないかが問題となる．しかし，加盟店が支払の意思・能力がないことを知ったり，あるいは重過失であったときには，カード会社から立替払を拒絶される可能性がある．また，現在の我が国では，クレジットカード制度はそれほど定着したわけではなく，加盟店とカード会社には信頼関係もあるから，そのようなときには取引をしなかったであろうといってよいであろう．

我が国でもクレジットカード制度が定着したときには，加盟店は被告人の支払の意思・能力にまったく関心をもたず，したがって，欺罔・錯誤と交付行為の因果関係が否定されるべき事態が生じうるであろう．

123) もっとも，加盟店は完全に確実に立替払を受けるわけではない．立替払の前にカード会社が倒産したり，カード会社に加盟店に対する債務不履行があったり，加盟店の売上票が所定期間内にカード会社に送付されなかったためにカード会社が免責されたり，さらに前述のように加盟店に故意・重過失があったために立替払を拒絶される場合などが全くないとはいえない．しかし，これらの事態は，いずれも現実にはほとんど生じないことであって，このことを根拠として，加盟店に詐欺罪の成立要件としての損害を認めるのはやはり妥当ではない．

124) ここに，わが国の多数説がもはや詐欺罪を個別財産に対する罪と解してはいないことが端的に示されている．ということは，全体財産に対する罪と解しているということである．本書144頁参照．

125) 本書244頁参照．

加盟店は，カード会社との契約に基づいて，商品の提供と同時にカード会社に対して立替払請求権を得る，すなわち，カード会社に（加盟店に対する）立替払債務を負わせることができるのであるから，ここに交付の地位・権能を認めることができるであろう．

(3) ここでの問題の場合，加盟店の商品提供と同時に，そのことによって，カード会社は（被告人に支払の意思・能力がないために）実現の困難な（被告人に対する）債権を得る代わりに，ほぼ確実に支払わなければならない債務を（加盟店に対して）負い（したがって立替払前に既遂犯の成立を認めるべきである），他方，被告人は支払の意思・能力のないような債務を負う代わりに，商品を得たのであるから，詐欺罪の成立を認めることができる．

(4) 問題となるのは，1項詐欺か2項詐欺かである．加盟店が提供し・被告人が得た商品が財物の場合，条文の文言からは，1項詐欺を認めることは可能であろう（林(美)・前掲474頁）．しかし，この場合加盟店の交付した財産は商品ではない．カード会社に立替払債務を負わせることが交付行為であり（だからこそ前述のようにその権限を問題としなければならないのである），したがって，2項詐欺の成立を認めるべきであろう（2項詐欺を認める説として，山口・百選II [2版] 97頁，同・法教213・81，京藤・基本講座5巻209頁など．立替払いの時点で既遂を認める見解として，曽根159頁）．2項詐欺とすることに対しては，商品について盗品関与罪の成立を認め得なくなるという問題が指摘されている（対話200頁）が，領得されたのが物であっても，被害法益は無形の利益であることから2項詐欺を認めるのであり，商品について盗品関与罪の成立を認め得るものと解される．

素材の同一性？ (1) 詐欺罪は移転罪だとし，損害と利得に同一性（これを素材の同一性という）が必要だとする見解がある[126]．しかし，いわゆる債権の侵害の場合には，債権などの利益が移転するわけではなく，債権者は事実上債権の実現が困難となり，行為者である債務者は事実上債務を免

---

126) ドイツでは，この要件によって，XにそそのかされたYがAを（たとえば偽物だと）欺罔して，Aの物を自身で壊させ，YがXから報酬を得た場合，あるいは，セールスマンが顧客を欺罔して物を売り，その手数料を雇主から得た場合などには，詐欺罪の成立が否定されている（詳細については参照，林(美)・平野古稀476頁以下）．しかし，前の場合はAにそもそも交付行為があるか，疑問である．後の場合は詐欺罪の成立を認めるべきであろう．

れたと同じような状態になるというにすぎない．それにもかかわらず，詐欺罪の成立が一般に肯定されている．そうだとすれば，同一の交付行為から，損害と利得が直接に発生し，利得が損害の反対側面をなし，そこに対応関係が認められれば足りると解される[127]．

(2) 素材の同一性を要求する見解の中には，ここでのクレジットカードの問題において，カード会社から加盟店に代金相当額の支払を受ける地位を与えたとして，第三者（加盟店）に対する交付としての詐欺罪を認めるべきだとするものがある（山口262頁）．あるいは，カード会社が債務を引き受けることにより，被告人は代金債務を免れたという利益を得たとするものもある（西田181頁）．しかし，この問題の場合，カード会社にあった利益が，加盟店や被告人に移転したという実体は存在しない．詐欺罪を認める上で重要な実体は，カード会社の負担で被告人は利益（商品）を得たということである．しかしそれらが，加盟店による同一の交付行為から生じた表裏の関係にある以上は，詐欺罪の成立を肯定することができると思われる．

名義人の承諾 最決平成16・2・9刑集58・2・89によれば，クレジットカードの名義人本人になりすまし，商品を購入した場合，名義人から使用を許されていたとしても，詐欺罪は成立する．しかし，名義人に支払の意思・能力があり，そのことを前提に被告人にカードの利用を許したのであれば，加盟店にもカード会社にも財産的損害を認めることはできない．被告人のしたことは違法ではあるが，現実に家族間・友人間で多く行われている行為を，刑法犯として詐欺罪で処罰するのは行き過ぎである．軽い特別法で対処すべきものと思われる（参照，林・曹時57・3・15）．

7 準詐欺罪

> 未成年者の知慮浅薄又は人の心神耗弱に乗じて，その財物を交付させ，又は財産上不法の利益を得，若しくは他人にこれを得させた者は，10年以下の懲役に処する（248条）．未遂は罰する（250条）．

---

[127] 林（美）・前掲487頁はカード会社の損害の負担によって利益を得ていればよいとされる．

本条は，詐欺又は恐喝に該当しない誘惑その他の方法で財物を交付させることにより成立するもので，詐欺または恐喝の方法を用いた場合には，詐欺罪又は恐喝罪が成立する（大判大正 4・6・15 刑録 21・818）．本条の心神耗弱とは，全然意思能力を喪失するに至っていなくとも，精神の健全を欠き事物の判断に十分な普通人の知能を備えていない状態をいう（大判明治 45・7・16 刑録 18・1087）．心神喪失とみるべき重度の精神障害の場合には，もはや交付をなしえないという前提に立っているものと解されるから，窃盗罪の成立を認めるべきであろう．判例には，被害者の心神耗弱に乗じて交付させた場合に限らず，これに乗じて財物を奪取した場合にも本罪が成立するとするものがある（福岡高判昭和 25・2・17 判特 4・74）が，疑問である．

8 不実電磁的記録作出利得罪（246 条の 2）

前条（詐欺罪）に規定するもののほか，人の事務処理に使用する電子計算機に虚偽の情報若しくは不正な指令を与えて財産権の得喪若しくは変更に係る不実の電磁的記録を作り，又は財産権の得喪若しくは変更に係る虚偽の電磁的記録を人の事務処理の用に供して，財産上不法の利益を得，又は他人にこれを得させた者は，10 年以下の懲役に処する（246 条の 2）．

立法の背景　（1）　最近のコンピュータの発達・普及にはめざましいものがあり，多くの業務（刑法上重要なのは金融関係の業務）が，コンピュータによって行われるようになっている．それと共に，財産犯の態様も異なったものとなっている．

コンピュータが導入された後も，次のような行為は，（判例によれば）既存の財産罪によって処罰することができる．たとえば，銀行員を現実に騙してコンピュータを操作させ不正の利益を得た場合（詐欺罪），他人の CD カード（キャッシュカード）を不正に利用して ATM 機を使って現金を引き出した場合（窃盗罪），支払の意思・能力がないにもかかわらず，自己名義のクレジットカードを加盟店において不正に利用した場合（詐欺罪），銀行のオペレーターが不正な入力をして現金を手にした場合（窃盗罪ないし横領罪），他人の金銭の保管者がこれを他人名義で銀行に預金している場合に，領得の意思をもって自己または

第三者の口座に振替送金し，現金化した場合（横領罪）である．さらに，行為者に背任罪の主体としての地位が認められる場合には，背任罪には客体に「財物」という制限がないから，この罪の成立を認めることができる場合がありうる[128]．

(2)　ところが，次のような場合は，既存の財産罪によっては，処罰することができない．たとえば，銀行のオンライン・システムにおいて，窓口端末機などから虚偽の入金データを入力したり，他人の預金口座から不正に振替操作などを行うなどして，事務センターのコンピュータに接続された元帳ファイルに記録されている自己の預金口座の残高を増加させた場合である．この場合も，現実に現金を引き出した場合には（自分の口座から引き出している場合に占有侵害があるといいうるか疑問があるものの）窃盗罪の成立を認めることが可能かもしれない．いずれにしても，現金をまったく手にしない段階で，善意の第三者に振り替えたり，自動的に引き落された場合には，窃盗罪の成立を認めえない．また，現実に人間が錯誤に陥っていないので，詐欺罪の成立を認めることもできない[129]．あるいは，虚偽の度数が記録されたテレフォンカードなどのプリペイドカードを電話機などに使用してサービスの提供を受けた場合，自動改札に用いられる切符や定期券の磁気面の日付・金額・発駅コードに改変を加え，キセル乗車をした場合なども，窃盗罪・詐欺罪の成立を認めることができない．

(3)　以上のような処罰の間隙は，詐欺罪においては人間の錯誤が，窃盗罪においては客体に財物性が要件となっていることから生じるのである．本条は，これらの場合を処罰することに意味がある．したがって本条は，**2項詐欺罪の補充類型**と解することもできるし，また，**利益窃盗の一定の場合を類型化した**ものと解することもできる[130]．しかし，本罪の法定刑からして，財産の「占

---

128)　たとえば，総合コンピュータ事件．本書 272 頁参照．
129)　他人のキャッシュカードを自動振込機で不正に使用して他人の預金口座から自己の預金口座に振込を行う場合も同様である．そのカードが盗んだものであるときは，本罪が成立するが，預かったものであるときは，横領罪もしくは背任罪にしかならない．参照，林・NBL 837・34．
130)　もっとも，電話機の不正使用は，偽貨を用いて行った場合は，これまでも，処罰されてこなかった（参照改正刑法草案 339 条）．本条は，したがって，これまで当然に可罰性の外に置かれてきたものを処罰する意味をももつことになる．これが妥当なものであったか，疑問がある．後に本文において述べるが，本罪には純粋の利益窃盗は含まれず，「2項詐欺的」なものに限定するべきだと思われる．

有侵害」がなければならず，横領・背任にあたる行為，あるいはそれに類似する行為であって，「占有侵害」がない場合を，本罪によって処罰することはできないと解するべきであろう（これに対して，本罪によって利益横領をも処罰するべきだとする見解として，鈴木・学院院37・1・207, 209).

(4) この観点からは，信用金庫の支店長が部下に命じてオンライン操作をさせた場合に，本罪の成立を認めた判例（東京高判平成5・6・29高刑集46・2・189）には疑問がある．信用金庫の支店長が部下に命じて行う財産処分は，これまでは横領か背任にしかならなかった．詐欺ないし窃盗にはしなかった．それは，支店で処分可能な財産については「占有侵害」がないためであった．コンピュータが導入されたことによって，この基本的な財産関係に変動があったわけではない．この事件の場合背任罪の限度で処罰すべきだったと思われる（本罪の「虚偽の情報を与えた」という要件を充足することには問題はない．参照，林・NBL 837・33 以下)[131]．

(5) 同様にして，甲が乙からキャッシュカードを預かり，丙への振込を委託されたが，甲は自分の口座に振込んだような場合も，本罪の成立を認めるべきではない．横領もしくは背任とするべきである．あるいは，会社の役員が金員を領得したような場合（参照，最決平成13・11・5刑集55・6・546）も，現金の場合に横領とするならば，部下に命じて自己の口座に振込ませたような場合にも，横領か背任とするべきである．

行為類型 (1) 本条前段の行為は，「人の事務処理に使用する電子計算機に虚偽の情報もしくは不正の指令を与えて財産権の得喪，変更に係る不実の電磁的記録を作」ることである．

(2) 虚偽の情報を与えるとは，「当該システムにおいて予定されている事務処理の目的に照らし，その内容が真実に反していること」である（米澤・解説121頁以下)．たとえば，拾得・窃取した他人のCDカードを不正に利用して自己の口座に自動振込みをしたり，銀行員が端末機より架空の入金データを入

---

[131] なお，本罪についての参考文献として，林・現代の経済犯罪191頁以下，米澤・刑法等一部改正法の解説，中山・神山・コンピュータ犯罪等に関する刑法一部改正，西田・刑雑28・4，堀内・現代的展開131頁以下，鈴木・学院院37・1・205以下，林・NBL 837・30 以下など．

力して元帳ファイルの預貯金データを書き換えることである[132]．

　本罪の成立を認めた前掲東京高裁平成5・6・29判決を契機として，「虚偽の情報」の意義について議論が生じた．ここで，「民事法上無効」であることを重視する見解（西田 190 頁）については，この事案の場合そのようにいいうるのか疑問があるだけでなく，通常の詐欺罪においてそのようなことはおよそ基準となっていないことと均衡を失する．権限者の「意思に反する」ことを重視する見解（鈴木・学習院37・1・228，山口 271 頁）については，単なる不良貸付け，あるいは，窃取・拾得したプリペイドカードを不正使用した場合にまで，虚偽性を認めることになる疑いがある．一般の詐欺罪との均衡を考慮すれば「取引上重要な事実」について虚偽性があった場合と解するべきであろう．前掲判例の場合，このようにして，虚偽の情報を与えたとしてよい．ただし，すでに述べたように，占有侵害を認めがたく，本罪の成立を認めるには疑問がある．

　(3)　不正の指令を与えるとは，たとえば，プログラムを改変して不実の振替入金をさせることである．

　財産権の得喪，変更に係る電磁的記録とは，たとえば，オンラインシステムにおける銀行の元帳ファイルの預金残高の記録，プリペイドカード（たとえばテレフォンカード）における残度数の記録などである．

　不動産登記ファイルのように，権利関係の公証機能を有するにすぎないもの，あるいは，CD カードやクレジット・カードのように，所持人に一定の資格があることを証明するにすぎないものは，財産権の得喪・変更と直接結びつくわけではないから，ここには含まれない．したがってこれを偽造変造しただけでは本罪を構成しない．もっとも偽造変造したこれらのカードを不正に利用することは，虚偽の情報・不正の指令を与えることとなりうる．

サービスの取得　(1)　本条後段の「財産権の得喪若しくは変更に係る虚偽の電磁的記録を人の事務処理の用に供する」の典型例としては，偽造・変造されたテレフォンカードで電話を利用する行為，あるいは，偽変造された定期券，イオカードやスイカカードを自動改札装置に投入し，電車など

---

132)　この場合，権限（支配）のまったくない，行員でなければならない．権限（支配）がある場合，本罪立法前に横領とされていた行為は，本罪とはならない．参照，林・NBL 837・35．

を不正に利用する行為などである．

このように，サービスの取得が正面から立法によって犯罪とされていることに注意する必要がある．これは，それが2項犯罪を構成するという前提に立つものであり，妥当なものである．学説上は，財産犯の「移転性」からサービスの取得について2項犯罪を否定する解釈論があるが，それはこの立法によって否定されたといってよい．

(2) 問題となるのは，拾得・窃取したテレフォンカードを利用して電話をした場合である．この場合，虚偽の情報または不正の指令を電子計算機に与えたものとはいえないとも解し得る．しかし，拾得・窃取した他人のCDカードを不正に利用した場合は，本条前段で処罰することができるのであれば，そのように解することには疑問がある．ただ，テレフォンカードの場合，カードの残度数が減少することは，それ自体不法の利益を得た結果にすぎないのであって，「不実の電磁的記録を作り」，不法の利益を得たとはいえないであろう．問題は後段の「虚偽の電磁的記録」といいうるかであるが，これは偽変造された場合に限られるとすれば，後段によっても処罰できないことになる．

(3) 他人のID，パスワードを用いて有料データベースを利用した場合，本罪の後段にはあたらない．前段にあたるかが問題となるが，立案者は「不実の記録に基づいて財産上の利益を得たとはいいがたい」として，本罪の成立に疑問を示していた（米澤・解説132頁）．しかしこのような場合，「不実の電磁的記録の作出」と同時に，あるいは，引換えに，サービスの提供を受けたからには，本罪の成立を認めてよいと思われる（参照，佐伯・法教40・34，インターネットと法〔3版〕203頁（佐久間），岩山・研修688・99）．

(4) もっとも，東京地判平成7・2・13判時1529・158は，被告人は自宅のパソコンからKDDの回線を通じて，外国の電気通信事業者がいずれも自らが課金すべき通話であると認識できないようにして国際通話を行い，通話料金の支払を免れた場合について，本罪の成立を認めている．しかしこの場合，「不実の電磁的記録を作出した」となしうるのか，疑問がある．また，本判決は，「通話料金相当額の支払を免れた」としているが，発生した料金債権の支払を免れた事実はない．本件の場合，純粋の利益窃盗であって，本罪の成立を認めるのには疑問がある（参照，山口272頁）．

第6章 財産に対する罪

他の犯罪 との関係　テレフォンカードを不正に作出し，これを使用して通話の利益を得た場合には，電磁的記録の不正作出・供用罪（161条の2．ただし判例によれば有価証券偽変造・同行使罪が成立する）と，本罪とが成立する．両罪は牽連犯とするべきである．銀行の元帳ファイルに不実の記録を作出し，これを供用すると同時に財産上不法の利益を得た場合には，観念的競合とするべきものである．

これを引き出して現金化した場合には窃盗罪の成立を認める見解が有力であるが，その場合，被害者たる銀行には実質的に1個の財産侵害しかないから，本罪との包括一罪とするべきであろう．もっとも，自己の口座から引き出した場合に窃盗罪の成立を認めることには，占有侵害の点で，疑問がある．

第5節　恐喝罪

人を恐喝して財物を交付させた者は，10年以下の懲役に処する（249条1項）．前項の方法により，財産上不法の利益を得，又は他人にこれを得させた者も，同項と同様とする（同条2項）．自己所有物に関する242条，電気を財物とみなす245条，親族間の犯罪に関する特例244条が準用されている（251条）．また，未遂罪も罰せられる（250条）．

総説　本罪の保護法益は**財産**である．副次的に精神・身体の自由も保護されているかが問題となるが，詐欺罪において騙されたことそれ自体が被害ではないとすれば，恐喝罪においても脅迫されたことを被害とみるべきではないであろう．少なくとも，財産の侵害・危殆化がないかぎり，脅迫がなされても，財産犯は成立しない．このことから，次のような帰結が導かれる．

権利行使　まず，判例は，他人に対して権利を有する者が，その権利を実行した場合，その範囲程度を逸脱するときには違法となり，恐喝罪が成立しうるとし，3万円の債権の債務者を畏怖させ6万円を交付させた場合，右6万円全額について恐喝罪が成立するとした（最判昭和30・10・14刑集9・11・2173）．しかし，3万円については債権をもっていたのであるから，残りの3万円についてだけ恐喝罪の成立を認めるべきであったように思われる．3万

円の債権を有する者が3万円を畏怖させて交付させたときは，**脅迫罪**はともかく恐喝罪は成立しない．なお，この問題は**権利行使と恐喝**の問題といわれるが，その実質はいわゆる本権説・占有説の問題と同じである．そこで本書においては財産罪総論においてこの問題を扱ったのである[133]．

全体財産に対する罪 関連して，判例は詐欺罪の場合と同じように本罪をいわゆる個別財産に対する罪と理解し，脅迫による畏怖がなければその財産を交付しなかったであろうという関係があれば足り，たとえ相当な対価が支払われた場合であっても，その交付された財産の全部について恐喝罪が成立すると解している（大判昭和14・10・27刑集18・503）．

しかし，詐欺罪においては，判例自体，個別財産に対する罪と解する立場を徹底しておらず，学説でも現在では少数となっている．たとえば，未成年者がそのことを秘して酒を購入した場合は詐欺罪の成立を認める学説はほとんどない．それは，未成年者は代金を払っているために，被害者は取引目的を達成するからである[134]．そうだとすれば，未成年者が代金を支払った後に，売主が酒の提供を拒んだために，脅迫して酒を交付させても，恐喝罪の成立を認めるべきではない．最判平成13・7・19刑集55・5・371は，建物の建築を請負い，完成した後に，欺罔して代金を若干早めに交付させた場合に，詐欺罪の成立を認めるに慎重な姿勢を示したが，これが妥当だとすれば，脅迫した場合も同じでなければならない．権利行使と恐喝において恐喝罪を原則否定しながら，単純に個別財産に対する罪として，上のような場合恐喝罪の成立を認めるのは矛盾している．

役務・労働力 判例は，患者が医師を脅迫して不必要な麻酔薬の注射施用を強いるのは，その対象が**非財産的な医療行為**であって，財産的処分行為ではないから，恐喝罪は成立せず，強要罪が成立するとしている（高松高判昭和46・11・30高刑集24・4・769）．しかしこれが，人の労働は財産となりえないという趣旨だとすれば，疑問がある[135]．ただこの事件の場合，被告人は対価を支払っていたので，この観点から損害を否定することは可能であろう．

---

133) 本書164頁参照．
134) 本書144頁参照．
135) 本書178頁参照．

なお，判例には，売淫における情交は経済的利益だとしたものがある（名古屋高判昭和 25・7・17 判特 11・88）．しかし，これを経済的利益だとするのは可能だとしても，不法なものであるから，財産犯で保護するべきではない．同様にして，売淫の対価を恐喝によって免れたときにも，恐喝罪は成立せず，脅迫罪が成立しうるのみである[136]．

損害の不発生　判例は，金員喝取の目的で自らの預金口座に振込入金をさせたときでも，銀行側が該口座に振り込まれた金員の預金払戻しを受けることができない体制を整えていた場合には，被告人は該口座から自由に払戻しを受けることができないから，**恐喝は未遂**にとどまるとした（浦和地判平成 4・4・24 判時 1437・151）．このような場合，財産的損害を欠くのである．さらに，脅迫により畏怖・困惑して金員交付を約束した被害者が，警察署に届けたところ，現場に警察官を張り込ませるから受渡場所に行くように指示され，安心した被害者が被告人に現金を交付したのを待って，張り込んでいた警察官が被告人を逮捕した場合，被害者の交付行為は**畏怖・困惑に基づく交付である**とはいえず，恐喝未遂罪が成立するにとどまるとした（東京地判昭和 59・8・6 判時 1132・176）．この場合，そもそも財産的損害を欠くともいえよう．

債務の負担　判例には，被害者を脅迫し，金員を交付させることを**約束**させれば，それだけで **2 項恐喝罪の既遂**が認められるとするものがある（最判昭和 26・9・28 刑集 5・10・2127）．このことの理論的根拠として考えられるのは，約束すれば，脅迫による契約は取り消すことができる（民法 96 条）とはいえ，法律的に一応債務は発生するのであるし，また，事実上金員を交付させる危険も生じ，それがそれ自体経済的には損害とみなされうるということである．たしかに，支払を約束する契約書を署名押印の上交付させたような場合には，別の判例もいうように，この契約が法的に無効であるとしても，契約書の利用価値にかんがみると，これには重要な財産的価値が認められるから，1 項の財物恐喝罪の既遂が成立するとしてもよいであろう（東京高判昭和 53・3・20 刑月 10・3・210）．しかし，口約束だけの場合には，その約束が実現される可能性がそれほど高度ではないために，いまだ財産的損害が発生したと

---

136)　本書 154 頁参照．

はいえない場合もありうるであろう．この問題については2項犯罪についての財産犯総論ですでに検討した[137]．

債権の侵害　判例は，飲食代金の請求を受けた者が，脅迫により畏怖させ，その請求を断念させたときに恐喝罪の成立を認めている（最決昭和43・12・11刑集22・13・1469）．しかし，詐欺罪についての判例の中には，権利の実現を一時猶予させたというただそれだけでは詐欺罪を構成しないとしたと解し得るものがある（最判昭和30・4・8刑集9・4・827）．債権の危険ではなく侵害があったとするためには，その債権の実現をきわめて困難にしたという事情がなければならないのである[138]．

なお，1項には財物，2項には利益が客体として規定されている．その内容についてはすでに検討した[139]．

恐喝の意義　(1)　本罪の手段としての恐喝とは，相手方もしくは彼と親密な関係を有する第三者に対して害悪が加えられるべきことを告知して，**恐怖心を生じさせる（畏怖させる）行為**であって，**暴行も含む**（最決昭和33・3・6刑集12・3・452）．害悪の告知は必ずしもそれ自体違法である必要はないから，他人の犯罪事実を知る者がこれを捜査官憲に告発しても違法ではないが，これを種にして相手方を畏怖させ口止め料を取れば本罪が成立する（最判昭和29・4・6刑集8・4・407）．

(2)　もっとも判例の中には，暴力団員が，入院中に暴行を振るった医師に対し，医師会に相談したとか刑事事件になるなどと申し向けて，暗に金員の支払いを伴う謝罪を求めたという事例について，恐喝行為にあたらないとするものがある（新潟地判平成3・3・20判タ755・226）．このような場合，次のような諸点が重要である．第一に，権利の行使としての脅迫は，ある程度許容されるということである．権利がある場合，その権利の範囲内であるかぎり恐喝既遂罪は成立しえないが，脅迫罪や，恐喝未遂罪もそのことによって成立しなくなることがありうる．第二に，本件では被害者が警察官を待機させて被告人らと応対している事実を恐喝行為の成否を判断する事情の1つとしている．このこ

---

137)　本書176頁参照．
138)　本書242頁参照．
139)　本書172頁参照．

とによって，既遂犯のみならず，結果発生の危険がないために，未遂犯も成立しなくなることがありうる．第三に，被害者が任意に金員の交付をしない場合には，これを喝取する意思まであったとの証明がないことがありうる．このような場合，故意を欠くのである．

(3) 害悪は必ずしも行為者自身の行為によるものであることを要せず，第三者の行為によるものであってもよいが，そのような告知が恐喝となるには，行為者がその第三者の害悪行為の決意に**影響を与え得る立場**にあることを相手方に知らしむるか，相手方においてこれを推測しうる場合であることが必要であり，単なる警告では足りない（大判昭和 5・7・10 刑集 9・497．もっとも，恐喝罪の成立を認めたものであり，傍論にとどまる）．

(4) 現実に畏怖させなかったときは，未遂である（大判大正 3・4・29 新聞 943・32）．

交付行為　(1) 恐喝罪においても，詐欺罪と同じく交付行為が要件とされる．しかしこの処分行為については，詐欺罪の場合よりも広く解釈される傾向がある．判例は交付行為は**不作為**による**黙示的な**ものであってもよいとしている（最判昭和 24・1・11 刑集 3・1・1，最決昭和 43・12・11 刑集 22・13・1469）．このこと自体は詐欺罪の場合と同じように支持しえよう．もっとも，前述のように，真に財産的損害があったかが問題とされなければならない．ところが判例には，恐喝の被害者が現場で落とした腕時計を被害者が不知の間に拾って領得した行為について恐喝既遂としたものがある（浦和地判昭和 36・7・13 下刑集 3・7=8・693．これに反対するものとして，小倉・大コンメ 10 巻 258 頁）．ここにはもはや何らの交付行為も認められない．これは，「交付」を要求した条文の文言に反するであろう．条文が「交付」を要求しているのは，恐喝によって，瑕疵ありとはいえ被害者の意思決定に基づいて財産は移転されなければならないという考慮によるものといえよう．詐欺罪の場合と同じように，一種の**取引の公正**を侵害することによって財産は侵害されなければならないと考えられる[140]．このような場合窃盗罪の成立を認めるべきである．

(2) 詐欺罪の場合と同じように，畏怖した者と交付した者とは同一でなけ

---

140)　本書 235 頁参照．

ればならない（もっとも，詐欺罪の場合と同じように，畏怖した者と交付した者との間に支配・従属の関係があればよいとも解し得る）が，これと被害者は異なってもよい．しかしその場合，判例によれば，被恐喝者が恐喝の目的物を処分する権限または地位を有しているか，両者の間に法益主体が単一と認められる関係があるか，被恐喝者に対する恐喝が，第三者を介して財産上の被害者を恐喝したのと同視できる事情があるかのいずれかに該当することが必要である（東京高判昭和 53・3・14 東高刑時報 29・3・42）．

他罪との関係　(1)　恐喝と欺罔が併用された場合，恐喝罪と詐欺罪の観念的競合とするのが判例であり，通説もこれを支持する（大判昭和 5・5・17 刑集 9・303，内田 338 頁，大谷 285 頁など）．しかし，この場合，1 個の財産しか侵害されていないとすれば，2 個の財産犯の成立を認めるのは不当である．このような場合，詐欺罪と恐喝罪の包括一罪とするべきであろう（参照，江家 320 頁．中森 154 頁，山口 282 頁は恐喝罪とするべきだというが，恐喝罪が詐欺罪を排除する理由は示されていない）．なお判例には，被告人の用いた手段に警察官と称したという虚偽の部分があっても，その部分も相手方の畏怖の念を生ぜしめる一材料で，その畏怖の結果として財物が交付された場合には，詐欺罪ではなく，恐喝罪が成立するとするものがある（最判昭和 24・2・8 刑集 3・2・83）．

(2)　恐喝罪か強盗罪かは，暴行・脅迫が社会通念上一般に被害者の反抗を抑圧するものであるかという**客観的基準**によって決せられるというのが判例である（最判昭和 24・2・8 刑集 3・2・75）．この 2 つの罪の間に行為自体の客観的な性質の違いがあることは否定しえないが，恐喝罪における主観内容と強盗罪における主観内容が同一だとするのは不当であろう．恐喝罪においては強盗罪の場合よりも**意思抑圧の程度**は小さく，自由の程度が大きい．したがって，客観的に強盗罪となりうる暴行・脅迫が加えられても，主観的に恐喝罪の意思内容であったのであれば，強盗既遂罪は成立せず，強盗未遂と恐喝既遂が成立する（包括一罪）と解するべきである[141]．

(3)　**賄賂要求に応じて行った贈賄行為**について，要求行為が恐喝罪を構成するときでも，職務執行の意思があるかぎり，贈賄罪の成立は否定されないと

---

141)　本書 205 頁参照．

いうのが判例であり，通説もこれを支持している（大判昭和2・12・8刑集6・512，大判昭和10・12・21刑集14・1434，最判昭和25・4・6刑集4・4・481，内田339頁，中森155頁など）．これに対しては，公務員の職務執行の意思の有無という主観によって収賄罪などの成否が左右されるのは合理的とはいえず，恐喝罪の成立を認める以上，贈賄を禁止することは難きを強いるものだという批判がなされている（西田201頁．なお，小倉・大コンメ10巻297頁）．しかし，賄賂罪の保護法益が適正な職務執行にあるとすれば，職務執行の意思が賄賂罪の要件とされるのは理由あることであり，また，恐喝を受けてもある程度の意思の自由は残っているから，贈賄罪の成立をおよそ認めえないとするべきではないであろう[142]．

第6節　背任罪

　他人のためにその事務を処理する者が，自己若しくは第三者の利益を図り又は本人に損害を加える目的で，その任務に背く行為をし，本人に財産上の損害を加えたときは，5年以下の懲役又は50万円以下の罰金に処する（247条）．未遂も処罰される（250条）．親族間の特例が準用される（251条）．会社の取締役などについては，会社法に，特別規定がある（会社法960条など）．いわゆる特別背任罪である．

権限濫用説と信任違背説　　（1）　背任罪の本質について，権限濫用説（滝川173頁）と信任違背説（背信説）[143]の対立がある．権限濫用説は，背任罪の本質を，本人から与えられた権限の濫用に見るのである．この説の根拠としては，次の2つのものがある．1つは，**背任と横領の限界**を明確にすることである．横領は（不法領得の意思をもってする）権限の逸脱とされている．背任を権限の濫用とすれば，行為の点で，両罪は明確に区別され，法条競合となることはないということになる．もう1つは，**背任の処罰範囲**は不明確になりやすいので，「権限の濫用」という基準で明確にしようとすることであ

---

142)　山口282頁．本書441頁参照．さらに，林・鈴木古稀．
143)　江家・背任罪の研究（刑事法論文集）130頁，団藤648頁，中森170頁，塩見・法教295・51など．

る．後にも述べるように，信任違背説をとるときは，処罰範囲は不明確になりがちである．このような根拠は，いずれも，それ自体としては正当なものである．

(2) しかし，権限濫用説に従うときは，処罰範囲が余りに狭すぎるという批判が生じた．権限濫用説に従うときは，行為者は本人の財産について有効な権限を与えられ，それを濫用したのでなければならない．**濫用**とは，外部的に可能な範囲内で（これを超えれば権限の逸脱となる），内部的に許容される範囲を超えることである．したがって，その行為は**法律行為**に限られる．（抵当物件などの）毀滅・（債権の）不取立などの事実行為は背任となりえない．また，行為者は**有効な権限**をもっていたのでなければならないから，（本人に意思能力がなかったなどのために）権限の授与が無効の場合，あるいは，契約上，権限がいまだ発生していなかったり，すでに消滅していたような場合には，背任となりえないこととなる．

(3) もっとも，背任罪で保護されなくても，横領罪・毀棄罪などで保護される場合には，実際上不都合は生じない．ところが，客体が（抵当権など）「自己」の物，（債権・秘密など）「物以外の利益」の場合には，これらの罪では原則として処罰できないために，権限濫用説をとるときには，結局財産罪ではいっさい保護されないという事態が少なからず生じうる．しかし，抵当権や債権・秘密などは現代において重要な経済的価値をもっているから，これを一切財産罪の保護の外に置くのは妥当ではない．しかも，権限の濫用は，一応対外的にはなしうることをする場合であるのに対して，権限の逸脱は，対外的にもおよそなしえないことをする場合である．したがって，権限の逸脱は権限の濫用よりも，一般的にいえば，反社会性は大きい．自己の物や，物以外の利益が客体の場合に，権限の濫用の場合は処罰されるが，逸脱の場合には処罰されないというのは，均衡を失する．

(4) このようにして，権限濫用説はとりえず，背任罪の本質としては，信任違背説をとるべきである．信任違背説は，財産の処理を委託された者が，その任務に違背して本人の財産を侵害することをもって背任罪の本質とするのである．その結果，本人との間に有効な権限授与がなくても，また，事実行為であっても，背任となりうることとなる．我が国の判例も，基本的に信任違背説

をとっているといってよい．虚偽の事実を帳簿に記載して債権の取立を妨げた場合（大判大正3・6・20刑録20・1313），とるべき税金をとらなかった場合（最決昭和47・3・2刑集26・2・67）などの事実行為にも，背任を認めているからである．さらに，債権の二重売買について，背任を認めたものもある（大判昭和7・10・31刑集11・1541）．物の二重売買が横領とされるのは，そのような行為は権限の逸脱だということである．したがって，債権の二重売買に背任を認めた判例は，権限の逸脱であっても，背任となりうることを認めたものと解するほかはない．もっとも，債権の二重売買については，背任罪の主体の面で問題が生じることに注意を要する[144]．

(5)　しかし，信任違背説をとるときは，権限濫用説にあった2つの長所が失われる．まず，横領と背任の競合が生じてしまい，この2つの罪の関係をどのように理解するべきかという困難な問題が生じる．この点については後述する[145]が，実際上は，それほど重要なことではない．より重要なのは，背任罪の処罰の範囲が不明確となり，かつ，その成立範囲が無制限に広がってしまうおそれが生じることである（背信説に対する批判として，とくに，上嶌・法協108・11・50頁，平川・現代的展開238頁）．信任違背説を採用する場合には，とくにこの点に留意しなければならない．

(6)　信任違背説は，本人との間の信任関係に違背して，本人の財産を侵害することを背任罪の本質とする．しかし，まず，その保護法益は，**財産**であって，しかも，それのみと解するべきであろう．したがって，背任と共に詐欺を犯したような場合，観念的競合とする見解（大谷337頁，曽根192頁など）は正当ではない．逆に，財産のほかに「委託関係」を独立の法益と認めながら，法条競合とする（山口325頁）のは，一貫しないと思われる．さらに，軽い背任によって重い詐欺が排除される（参照，西田233頁）ということは，罪数論上ありえない．判例は，詐欺罪に背任罪が吸収されるとする（最判昭和28・5・8刑集7・5・965）が，正当である（参照，林・NBL 837・33）．

次に，本人との信任関係は横領罪の場合にもある程度認められるが，背任の場合の信任関係は，より高度のものでなければならない[146]．

---

144)　本書269頁参照．
145)　本書271頁参照．

この高度の信任関係の内容をどのようなものとして理解するべきかは，背任罪の主体をどのような基準によって限定するべきかという問題としてあらわれる．次にはこの問題を検討することにしよう[147)148)]．

<small>背任罪の補充性と独立性</small>　（1）　背任罪が一定の限度で**横領罪を補充する性格**をもっていることは否定できない．第一に，横領罪の客体は「他人の物」に限定されているのに対して，背任罪は，(「他人の物」に対する場合も含むが) 自己の物，あるいは無形の利益についても成立しうる．第二に，横領罪の行為は（不法領得の意思をもってする）権限の逸脱の場合に限られるが，背任行為は，（権限の逸脱も含むが）それに至らない，権限の濫用にすぎない行為についても成立しうるのである．

（2）　問題は，背任罪の主体は横領罪の主体と全く同じか，それとも，背任罪の「他人のためにその事務を処理する者」は，横領罪の場合よりも狭いものであるか，である．具体的な例として，物の二重売買は横領となるが，(債権・情報など) **無形の利益の二重売買が背任となるか**，という問題がある．この問題は次のようにいいかえることもできる．（委託物）横領罪の場合，被害者が自己の物を委託すると同時に，被害者と行為者との間には当然に一定の**信頼関係**が生じる．背任罪の場合も，この場合と同じ信頼関係があれば足りるかが問題

---

146) 曽根・重要問題224頁．平川・前掲240頁は，「組織的・有機的な関係における内部的信任関係」がなければならないとする．なお，ドイツにおける問題状況については，林・警研59・9・58．

147) いわゆる「新しい権限濫用説」を主張するものがある（内田345頁など）．これは，事実上の事務処理権限の濫用で足りるというのである．それでも，横領が権限の逸脱であるのに対して，逸脱とならないような濫用をただちに背任の本質と考える点では古い権限濫用説と同じである．しかし，権限逸脱をすべて背任から除くことはできない．この説に対する批判として，林・財産犯253頁，上嶌・法協108・11・44, 51など．

148) 上嶌・法協108・11・56によれば，事務処理者とは「本人に代わって法律行為による財産処分についての意思内容を内部的に決定することが許されているということ」を意味するのであり，本人からみれば，自らの財産の処分について意思内容決定を他人に委託した場合に，背任罪による財産保護を受けうるとされる．これは，背任罪の主体は一定程度本人に対して裁量権をもっていなければならないというかぎりで支持しうる．しかし，法律行為以外の事務，たとえば，物の保管，運送の委託を受けたにすぎない者（あるいは，東洋レーヨン事件の場合のように，研究職にある者）を一切背任の主体から除いてしまうこと，さらに，二重抵当や，債権者が譲渡担保として債権者名義に所有権移転登記をし，信託的に譲渡した土地に，債権者が自己の債務のため抵当権を設定するなどした場合（大阪高判昭和55・7・29刑月12・7・525）に，およそ背任罪による保護を受けないとするのは，疑問である．

となるのである．

　(3)　両者が全く同じだとする見解[149]の根拠は，背任罪は横領罪よりも軽い罪で，これを補充するものであるから，背任罪の成立要件としての主体・信頼関係が横領罪の場合よりも狭いものであってはならない，というにある．いいかえると，狭いものだという解釈に立つと，「他人の物」について横領罪が成立する場合と基本的に同じ主体・信頼関係の場合に，自己の物・無形の利益については財産罪の成立を認めえないこととなるが，それは，現代におけるそれらの経済的利益の重要性に鑑みるとき，妥当でないというのがその根拠となっているのである．

　(4)　しかし，このような見解は正当とは思われない．第一に，現行法が利益窃盗を処罰せず，盗品関与罪の客体も「物」に限っていることは，現行法は「物」を財産的価値の中でもとくに重視していることの表れと解しうる．第二に，現代においても，物に対する様々な権利の中でも所有権が最も価値が高いものであることは否定できない．そうだとすれば，客体が「他人の物」でなくても，しかも権限の逸脱でなくても，成立する背任罪においては，少なくとも主体・信頼関係の面では，横領罪の場合よりも狭いものだと解するべきである．そうでなければ，背任罪の成立範囲は広がりすぎる．現行法が特に「他人のためにその事務を処理する者」という文言を置いたのは，まさにこの**背任罪の主体・信頼関係の独立性**を表現しようとしたものである．背信説を，「信頼」違背説と呼ばずに，「信任」違背説と呼んだのは，このような意味である．

債務不履行が除かれる根拠

　(1)　問題は，この背任罪に固有の主体・信任関係はどのような内容のものか，である．この問題のテスト・ケースと考えられるのが，債務不履行の場合である．債務不履行が背任罪とならないことは誰もが認める．債務者たる地位だけでは，「他人のためにその事務を処理する者」にあたらないからである．それでは，なぜ，この要件にあたらないのか．1つの考えとして，「他人のため」ではないという理解がありうる．債務者は，少なくとも主として，自分のために借金したのであって，債権

---

149) 香城・刑法の基本判例157頁．西田222頁は，背任罪は「2項横領罪としての機能を果たす」とする．なお，横領と背任との区別を，客体の相違ないし行為の相違にのみ求める見解は，このような理解を前提としている．

者のためにではない．しかし，多くの場合債権者には利息が入るから，多少とも債権者のためでもあることは否定できないし，とくに履行期が到来してからは，「他人のため」でないということは難しい．

(2) そこで，現在有力に主張されている見解によれば，債務者は「自己の」事務を処理する者であって，「他人の」事務を処理する者ではないというのが，その理由だとされる[150]．すなわち，この見解は，「その」を「他人の」と読み，背任罪が成立するためには，本来他人がなしうる行為を，被告人が代わって行う場合であることが必要であるとするのである（ほぼ同旨の判例として，大判大正3・10・12新聞974・30）．このような見解に立つときには，二重売買・二重抵当の場合にも，背任を認めえないことになるであろう（これらの場合に背任罪の成立を否定するものとして，上嶌・法協108・11・52，平川・現代的展開245頁）．売った者，抵当権を設定した者は，それだけでは，どのような意味でも「他人の」事務を処理する者とはいえないと思われるからである[151]．

(3) しかし，「その」を「他人の」と読むのは1つの読み方にすぎない．実質的に考えても，背任罪を「他人の事務」を他人に代わって行為者が行っている場合に限定する理由はない．この説を支える実質的理由は，背任罪の主体となりうるためには，他人から一定の権限を与えられていなければならないということだと思われる．そうだとすれば，それはまさに権限濫用説である．しかし，すでに述べたように，背任罪の本質は，権限濫用にあるのではなく，信任違背にある．そのことは，他人との間に一定の事実上の（しかし高度の）信任関係があることを要し，かつ，それで足りるということを意味する．他人が本来なしえない行為だからこそ，高度の信任関係が生じるということもありう

---

150) 平野229頁，山口318頁など．なお，平野・判時1680・3以下．債務不履行が背任とならない実質的な根拠は，その行為の**経済社会における通常性**にあると考えられる（宮本391頁）．経済社会における反社会的行為の限界事例に適用される背任罪においては，行為の非通常性，これを被害者側から見るときには，特別の高度の信任関係の破壊が要件とされるのである．
151) 中森170頁は，この場合について「自己の不動産であっても，その管理は抵当権者の権利保全行為の側面をもつ」という．しかし，物を所有権者の占有下に置き，彼自身の管理下に置きつつ担保の機能を営ませようというのがまさに抵当権制度の趣旨である．所有権者は，いかなる意味でも本来抵当権者に属するような事務を彼に代わって行ってはいない．所有権者の管理は，抵当権者の「ため」ではあっても，本来抵当権者に属する事務を彼に代わって行うというものではない．

る．しかも，立法者が「他人のためにその事務を処理する者」の中の「その」という一字で，債務不履行を除くという背任罪の基本原理を表明し，横領罪と異なる背任罪の固有の主体を表現しようとしたと解するのは，不自然である．したがって，「その事務」の「その」は，「その任務」の場合と同じように，**自己の事務**と解するべきであろう[152]．

　（4）　本書は，この特別の高度の信任関係は，行為者が**継続性・裁量性**をもつ**財産上の義務**を履行するときに認められるべきものと解する．そのような場合が，類型的に，本人との間の信任関係は高度のものとなるといいうるからである．他人のためにその「事務を処理する者」とはこのような意味に解されるべきである[153]．履行期の到来した債務者の義務には，それだけでは，何ら継続性・裁量性を認めえない．このようにして，何らの「事務を処理」していないから，債務者という地位だけでは，背任罪の主体・信頼関係を認めえないのである．このように解するときは，横領罪の場合と異なる背任罪に固有の主体の内容も明らかとなる．横領罪は，他人の物の占有を委託されれば，全く**個別的・機械的な義務**の場合にも，成立しうるのである[154][155]．

---

152)　参照，林・警研59・9・70．このような文言の解釈が不可能だとすれば，二重売買・二重抵当の場合，不可罰とするほかない．

153)　事務は財産上のものでなければならないから，医師の治療行為，弁護士の身分争訟における行為については，それにより財産の損害が発生しても，背任罪を構成しない（平川・現代的展開246頁）．企業秘密の管理者については財産的事務とはいえないとする見解もある（林陽一・刑法雑誌30・1）が，秘密にも財産的価値を認めうるから，秘密管理義務に継続性・裁量性を認めうるときには，背任罪の主体としてよいであろう．企業秘密について背任が認められたものとして，総合コンピュータ事件がある（東京地判昭和60・3・6判時1147・162）．事案は，被告人はもともとプログラムが記録された会社のフロッピーシートを用いて，顧客のコンピュータに入力する事務を担当していたものであるが，顧客でない者のコンピュータに入力したというのである．

154)　この点について判例は，「自己単独の意思を以て其事務を左右するの権限即ち論旨に所謂決済権を有する事務に関し背任行為あることを必要とするものにあらず」（大判大正4・2・20刑録21・130），「単り固有の権限を以て其の処理を為す者を指すのみならず其の者の補助機関として直接其の処理に関する事務を担当する者をも包含する」（大判大正11・10・9刑集1・534）としている．これらの判旨そのものは支持しうるものの，個別的・機械的義務の場合，背任を認めるべきではない（平川・現代的展開246頁）．

155)　なお，「内部的」信任関係の場合にのみ背任の主体とするべきだとする見解がある（団藤651頁，山口・法教215・69）．しかし，その理論的な根拠は明らかでない（外部的信任関係の方が重大ともいいうる）のみならず，その内容も不明確である（二重抵当の場合も，後の抵当権者との関係では前の抵当権者との関係は内部的ともいいうる）．さらに，横領罪の委託関係も内部的なものであるから，この基準によっては横領罪の場合と異なる背任罪の特殊の関係を明らかにしえない．

(5) なお，「内部的」信任関係の場合にのみ背任の主体とするべきだとする見解がある（団藤651頁，山口・法教215・69，山中413頁など）．しかし，その理論的な根拠は明らかでない（外部的信任関係の方が重大ともいいうる）のみならず，その内容も不明確である（二重抵当の場合も，後の抵当権者との関係では前の抵当権者との関係は内部的ともいいうる）．さらに，横領罪の委託関係も内部的なものであるから，この基準によっては横領罪の場合と異なる背任罪の特殊の関係を明らかにしえないという問題がある．

二重抵当・二重売買の場合 (1) 背任罪の成否の限界に関わるものとして特に問題とされている第一の場合は，二重抵当である．抵当権を設定した者は「他人のためにその事務を処理する者」にあたるかが問題となる．判例はこれを認めた（最判昭和31・12・7刑集10・12・1592）．抵当権設定者は，抵当権者のために目的物を管理する継続的な義務を負い，かつ，その管理にあたっては一定の限度での裁量をもつ（設定者は抵当権を侵害しない限度で目的物をどのようにも利用できる）から，「事務処理」の要件を充足すると解するべきであろう．もっとも，「他人のため」という要件は，抵当権設定者の場合さらに高度の特別の義務を要求していると解される．最高裁判決の事案では，被告人はすでに抵当権者に抵当権設定に必要な書類を交付していた．あるいはドイツの判例で，譲渡担保設定者に背任を認めた事案においては，債務を履行しえず・債権者は担保を実行する高度の可能性があったことが，背任罪を認める理由とされている（BGHSt 5, 61. 本判例については，林・警研59・9・58）．このような場合，担保物管理についての信任関係は一段と高度の特別のものとなっていたといいうる．抵当権を設定したというだけでただちに背任罪の主体となりうるとするのは不当であって，このような**特別の事情が必要**と解するべきであろう．

(2) 次に，売ったというだけで，「他人のためにその事務を処理する者」と認めるべきかが問題となる（これを認めたと解されるものとして，大判昭和7・10・31刑集11・1541．これを否定したと解されるものとして，大判大正8・7・15新聞1605・21）．この場合，少なくとも，代金の一部が支払われていなければならない．その前に第三者に売ったとしても，さほどの信任関係破壊は認められないだけではなく，最初の買主は実質的な財産上の被害を受けていないからである．代金の一部が支払われれば，ある程度高度の特別の信頼関係が生じるという

る．しかし，それだけではやはり，売主の義務はただ目的物を交付しなければならないというだけのことであり，その義務にはなんらの継続性・裁量性を認めえない．その関係は基本的に債務者たる地位と同じである．「他人のためにその事務を処理する者」といいうるためには，たとえば，買主が売主に目的物を第三者に高額で売ってくれるように依頼した場合とか，建物の売主が同時に建主でもあり・長期の分割払い契約がなされ・建築にあたってある程度の裁量性がある場合などの事情が加わる必要があると解するべきであろう．判例は，県知事の許可を条件に農地を売った後，許可前に第三者に抵当権を設定した場合に背任を認めた（最決昭和 38・7・9 刑集 17・6・608）が，許可までの目的物管理について，十分な継続性・裁量性を認めうるか，疑問がある．この判例は，許可後には他人の物で横領となるが，許可前には自己の物で横領とならないということからただちに背任を認めた疑いがある．

なお，質権設定者に背任罪の成立を認めた最近の判例として，最決平成 15・3・18 刑集 57・3・356 がある．

任務違背行為 (1) 任務違背行為とは，実質的には，本人の財産に損害を与える・許されない程度に危険な行為を意味する（上嶌・神戸法学雑誌 45・4・751 は，行為時に，総合的にみて本人に不利益が生じる可能性がなければ，任務違背にはあたらないとされる）．したがって，許される程度に危険な行為，すなわち，**冒険的取引**は任務違背行為ではない．しかしそれは，法律行為でなくてもよい（反対，上嶌・法協 108・11・52）．また，権限の「濫用」にかぎらず，権限の逸脱とみられる行為であってもよい．

(2) 判例上，背任行為とされた事例としては，次のものがある．金融機関の職員が，資力・信用の乏しい者に無担保で貸し付ける行為（大判大正 15・9・23 刑集 5・427），会社の取締役が，架空の利益を計上していわゆる蛸配当をする行為（大判昭和 7・9・12 刑集 11・1317），委託の趣旨に反して本人に債務を負担させる行為（大判大正 2・4・17 刑録 19・511），運送業者が，貨物引換証と引換えでなく貨物を荷受人に引き渡す行為（大判昭和 7・11・24 刑集 11・1703），担保物を無断で債務者に返還し，債権者に担保の利益を失わせる行為（大判大正 13・11・11 刑集 3・788）などである．

(3) 判例の中には，「事務処理の範囲を逸脱した所為」の場合には背任と

はならないとしたものがある（神戸地判昭和 56・3・27 判時 1012・35 [いわゆる東洋レーヨン事件]，林・昭和 56 年度重判解 172 頁）．事案は，ナイロン系製造設備の開発改善のための調査研究報告書作成という事務を担当する者が，自己の担当事務について参考となしうる秘密資料で，別の社員の管理下にあるものを，騙したり無断で持ち出した後，自宅で写真撮影の上競争会社に売り渡したという事案について，背任を否定したのである．判例は，本件の行為が詐欺ないし窃盗となるような権限の逸脱とみるべき行為であるから背任行為とはならないとしているようである．しかし，それはまさに権限濫用説である．信任違背説に立つときは，権限の逸脱であっても，背任を認めるのでなければならない．参照，林・経済犯罪 77 頁以下，香城・基本判例 158 頁．

　（4）　任務違背行為ではないとされた例として，次のようなものがある．本人に対してある任務を負担した場合でも，その**任務と何ら関係のない行為**により本人に財産上の損害を加えても背任罪は成立しないから，立木の伐採，伐採後の立木の管理，立木の搬出の業務を依頼された者が，自己の利益を図るため，ほしいままに立木を売却する行為は，他の犯罪が成立することはあっても背任罪は成立しない（東京高判昭和 30・5・30 裁特 2・11・538）．これも，横領となるから背任とはならない，という権限濫用説的な発想に基づくものであって，疑問がある．ただ，本件の被告人の事務には，高度の裁量性があったとはいいがたいから，背任罪の主体と認めるべきではないであろう．

財産上の損害　　（1）　背任罪においては「財産上の損害」が法文上要件とされている．財産犯の目的は財産の保護にある以上は，財産の侵害，すなわち，財産上の損害を要するということは当然のことであって，それは，窃盗罪ほか財産罪すべてについていいうることである．ただ，背任罪は最も近代的な財産犯であって，経済取引の過程で犯され，いわゆる相当対価が提供されることが多いので，法は，財産上の損害を要することを特に注意したのである．窃盗罪等については，個別財産に対する罪と解する立場が有力であるが，背任罪については全体財産に対する罪と解する立場が通説・判例となっている．文言上は，個別財産に対する罪と解することも可能ではあるが，実質的・理論的には，全体財産に対する罪と解するのが妥当であることがその理由である．そうだとすれば，他の財産犯においても同様に解釈されなければならない．

(2) このように，財産上の損害は，あらゆる財産犯の基礎的な要件であるところから，本書においては，財産犯総論において検討を加えたのである[156]．

図利加害目的 (1) 背任罪の客観的要件として以上のものの充足が必要であるが，法はその主観的要件として，「自己若しくは第三者の利益を図り又は本人に損害を加える目的」を要求している．この要件の根拠と内容が大きな問題となっている．とくに，背任罪は故意犯であるから，その成立には**故意**が必要であるが，法の規定する主観的要件がこれとどのような関係にあるのかが問題のポイントである．

(2) 故意犯処罰の原則からして，故意が必要であることは当然のことであって，法がわざわざ主観的要件を規定しているからには，故意とは別の何らかの主観的要素＝動機を要求していると解するのが，自然だと一応いえる．いわゆる積極的動機説（芝原・経済刑法研究（上）183頁，佐伯・ジュリ1232・196，今井・百選［5版］136頁など）は，このような理解から，故意があっても，単に「漫然」と「怠慢」によって行為したにすぎない場合は，（本人に対する）債務不履行の一場合として，背任罪から除くべきであり，法はこのことを規定していると解する．

(3) しかしこの説の問題は，刑法の一般的な責任論に反する疑いがあることである．一般的責任論に従えば，犯罪の主観的要素としては，故意のほかに積極的動機を要求するべきではない．それは刑法を過度に主観化するものである．とくに，財産犯の中でも経済犯的色彩が濃い背任罪は，なるべく客観的に構成されるべきである．その方が，経済的活動の自由を保証することになるからである．したがって，理論的には，背任罪の主観的要素としては，故意のみだと解するべきである．

「漫然」と「怠慢」によって行為したにすぎない場合は，本来客観的な「任務違背」がないとするべきである．犯罪成立要件としての「任務違背」はある程度高度の義務違反を内容とするのでなければならない．客観的に背任罪の主体要件を充足する者（単なる債務不履行が除かれるのはこの要件によってであることは前述した）が，高度の義務とする「任務」に違背し，本人に財産上の損害（かつ，後

---

156) 本書144頁参照．

に述べるトータルな不利益性）を与え，そしてそのことを認識していたならば，理論的には犯罪の成立を否定する理由はなく，実質的にも処罰されるべきである．

(4) それにもかかわらず，法が図利加害目的を要件としたのは，窃盗罪や横領罪が不法領得の意思を要件としているのに対して，それを拡張しようとする意思を表したものであって，犯罪を限定しようとしたものではないと解するべきであろう．しかしそれは本来は，窃盗罪や横領罪において「不法領得の意思」を要件として，背任罪においてはおよそ主観的要件を規定しない方が妥当だったと思われる．立法論上は以上のように改正されるべきである．

(5) 判例は，もっぱら本人の利益を図る動機であった場合には，背任罪は成立しないとしている（大判大正3・10・16刑録20・1867など）．そこから，法の規定する図利加害目的要件は，もっぱら本人のために行った場合を背任罪から除く趣旨のものと解する見解が有力である（いわゆる消極的動機説．木口・小林＝佐藤古稀（上）460頁など）．本罪の主観的要件として，故意のみで足りるということは，本人の不利益性の認識があれば足りるということであって，本人の利益を図る動機とはその認識がない場合だとすれば，判例も本書のような見解に立っていると解することも可能である．

(6) 「本人の利益のため」ということの理論的な内容については，次のように解するべきである．

まず，客観的に，財産上の損害（それは全体財産に対する侵害である）があっても，財産以外の利益，たとえば，名誉や社会的評価が高まれば（それらが相当対価と解される場合もある），そもそも違法でないことがありうる．一般論として，「損害」があっても，他の大きな利益があるために，被害者の同意がある場合，違法でない．本人が法人などの場合，法人の目的などに照らして，トータルとして不利益でない場合，違法でないと解するべきである．

次に，以上のようなトータルな利益衡量によっても違法ではあるが，行為者はその評価を誤り，本人にとってトータルとして不利益でないと判断した場合がありうる．その場合，故意はなく，背任罪は成立しないのである．

「本人の利益のため」に行為したときは背任罪は成立しないという判例法理は，理論的には以上のようなものと解される（参照，上嶌・神戸法学雑誌45・4・751，山口322頁など）．

なお，横領罪においても，「本人の利益のため」に行為したときは成立しないというのが判例・通説となっているが，その理論的内容も以上と同じものである（参照，林・平成8年度重判解152頁，同・ジュリ1266・201以下）．

(7) なお，自己の身分上の利益を図る目的であっても，前述したトータルとしての本人の不利益性を認識している以上は，本罪の成立を認めるべきである（大判大正3・10・16刑録20・1867）．

また，判例によれば，図利・加害の点については必ずしも意欲ないし積極的認容までは要しない（最決昭和63・11・21刑集42・9・1251），主として自己もしくは他人の利益を図る目的がある以上，これに付随して本人の利益を図る目的があっても本罪が成立する（東京高判昭和42・12・15下刑集12・1506）．

さらに，最決平成10・11・25判時1662・157は，本人の利益を図るという動機があったにしても，それは「決定的な動機」ではなく，「主として」第三者の利益を図る目的をもっていたときは背任となるとする．しかし理論的には，第三者の利益を図る目的が強いために，本人の利益になるかもしれないが，不利益になるかもしれないと思っていた，すなわち未必的故意をもっていたときは背任となるとすべきであろう．

第7節　横領罪

罪質 (1) 刑法典38章には，横領罪（252条），業務上横領罪（253条），遺失物横領罪（254条）が規定されている．これらの罪は，他人の所有権を侵害の客体とし，かつ，他人の占有を侵害しないという点で共通している．本書の立場からは，これらの罪はすべて財産犯として，財産的損害を要するという意味でも共通している．**遺失物横領罪**は，財産犯の最も基本的な類型であって，単に他人の所有権下にある物を侵害する罪である．**横領罪**は，他人から委託されることによって自己が占有する他人の物を侵害する罪である．**業務上横領罪**は，委託物横領罪が業務者によって犯された場合に，加重される罪である．なお，委託物横領罪は，他人の信頼を害する面ももっている（それがない遺失物横領罪の加重類型とみることができる）ところから，背任罪との共通性がしばしば指摘される（中森156頁，曽根169頁，山中368頁など）．

(2) たしかに，横領罪と背任罪は実際上も重なりあう場合が多い[157]．しかし，横領罪は他人所有の物に客体が限定され，しかも，行為は領得行為に限定されている（その意味では遺失物横領罪にむしろ近い）．他方，背任罪の成立には横領罪の場合以上に高度の信頼関係が必要である（その主体は「他人のためその事務を処理する者」に限定されている）．横領罪と背任罪は，刑事政策的にはともかく，犯罪理論上は性格を異にしている．それだけでなく，背任罪と詐欺罪とは，重なりあう場合も少なくない[158]だけでなく，客体は共に「他人の物」という限定がない点で，性格を共通にしている．したがって，背任罪と詐欺罪とを同じ章に規定している現行法の立場もあながち不当とはいえない．

(3) また，横領罪と窃盗罪との共通性を指摘する見解もある（内田359頁など）．たしかに，両罪は領得行為に共通する面もあるが，我が国の窃盗罪はドイツとは異なり所有権侵害の場合にかぎられないし，占有の侵害の有無は財産犯の性格を基本的に変更するものといえよう．

1 横領罪

> 自己の占有する他人の物を横領した者は，5年以下の懲役に処する（252条1項）．自己の物であっても，公務所から保管を命ぜられた場合において，これを横領した者も，前項と同様とする（2項）．

占有　(1) 横領罪は，自己の占有する他人の物について成立する．他人が占有している場合には，窃盗罪が成立する[159]．

(2) しかし，横領罪における占有には，窃盗罪における占有とは異なり，事実的支配だけでなく，**法律的支配**が含まれる（大判大正4・4・9刑録21・457）．たとえば，物を事実上支配している場合の他，預金により保管している場合（大判大正元・10・8刑録18・1231など）[160]，貨物引換証・倉庫証券などのいわゆる**物権的有価証券**を所持している場合にも，（貨物や倉庫に収められている物自体

---

[157] 本書298頁．
[158] 本書268頁．
[159] 窃盗罪と委託物横領罪との区別については，本書188頁以下．
[160] なお，金銭の占有については，本書283頁以下．預金の占有については，的場・基本判例132頁など．

について）占有が認められる（大判大正7・10・19刑録24・1274）。不動産については，**登記名義が自己にある場合**，これを占有しているとされる（最判昭和30・12・26刑集9・14・3053）。未登記の不動産については，事実上の管理・支配をしているときに占有は認められる（最決昭和32・12・19刑集11・13・3316）。

(3) このように横領罪の場合，窃盗罪の場合よりも占有の内容が広く，かつ，観念的に解されていることの根拠が問題となる。学説には，横領罪においては，占有の重要性はその排他力にあるのではなく，濫用のおそれがある支配力にあるというところにその根拠があるとするものがある（宮本383頁，団藤635頁）。しかし，濫用のおそれがあるというだけで，処罰の範囲を広げてもよいことにはならないであろう（占有を否定した後掲大正5・6・24判決の場合にも，濫用のおそれがある支配力を有しているともいえる）。むしろ，窃盗罪の場合とは異なり，横領罪の場合には，預金債権というような単なる債権，さらに，不動産なども，委託された場合には，横領罪による保護の対象に取り込んだ結果として（そのこと自体には合理性が認められる），占有概念も広く構成せざるをえないこととなるというべきであろう。

(4) なお，ここでの占有を単に「処分の可能性があるということ」だとする見解がある[161]。しかし，単に処分の可能性があるというだけでは，他人の不動産につきほしいままに相続登記，保存登記をして自己の所有名義としただけでも，占有しているということにもなりかねない（大判大正5・6・24刑録22・1017はこのような場合に占有を否定した）。処分の可能性なくして処分はありえないともいえる。他人から委託されたために，「**有効に**」**処分する可能性**がある場合であることを要し，かつ，それをもって足りるというべきであろう。

委託関係　(1) 占有は，他人の委託に基づいたものでなければならない。委託関係の典型は，たとえば，賃貸，委任，寄託，後見，事務管理などの場合である。もっとも，委託契約を解除していた場合でも，委託物を返還せずにこれを費消すれば本罪が成立する（大判明治42・11・15刑録15・1596）。債権の譲渡人が債務者に対しいまだその譲渡通知をしないうちに，債務の弁済として同人より受領した金銭は債権の譲受人の所有となるから，これ

---

[161] 山口288頁，西田204頁など。なお，中森162頁。

を譲受人に渡さないで勝手に費消すれば本罪が成立する（最決昭和33・5・1刑集12・7・1286）．

（2）　委託関係がなく他人の物を占有するに至り，それにもかかわらずそれを領得した場合は，本罪は成立せず占有離脱物横領罪が成立する．**つり銭**として，1万円札を五千円札と誤信して交付した場合には，委託の意思がなく，意思の合致がないから，委託関係はないとするのが判例である（大判明治31・3・3刑録4・3・15）．なお，この場合つり銭詐欺と呼ばれることがあるが，その場でただちにつり銭が多いことを告知する義務は認めがたいから，詐欺罪の成立を認めるべきではない．しかし，後に改めてただされたときに，作為によって欺罔して不当利得返還請求権を免れたようなときは，詐欺罪の成立を認めうるであろう．なお，**誤って配達された郵便物**についても同様であって，占有離脱物横領罪が成立する（大判大正6・10・15刑録23・1113）．

（3）　窃盗・詐欺などの奪取罪によって占有を取得した後の利用・処分は，委託関係が認められないから，そもそも委託物横領罪を構成しない．したがって，これを不可（共）罰的事後行為とする（大谷299頁）のは不適当である（占有離脱物横領罪は成立し得る）．不可罰的事後行為とは，その行為が一応構成要件該当性があることを前提として，罪数論上，包括一罪の一種として処断される場合であるからである．たとえば，窃盗後に損壊したような場合である（林・基礎理論226頁）．

もっとも，委託された不動産について抵当権を設定した後，他人に売却したような場合には，最初の抵当権設定について委託物横領罪が成立しても，委託関係が消滅しない以上は，後の売却行為にさらに委託物横領罪が成立し，両罪は包括一罪となる．したがって，先行行為が証明できない場合，あるいは，それについて公訴時効が成立した場合には，後行行為のみをとらえて犯罪の成立を認めることができる（参照，最大判平成15・4・23刑集57・4・467．本判決については，林・現刑65・82など）．

（4）　**誤振込**，すなわちAがBの口座に振込もうとしたが，誤ってCの口座に振込まれた場合に，Cがこれを引き出したときも，誤ってつり銭を多く渡してしまった場合や誤配達の場合と同じように，占有離脱物横領罪の成立を認めるべきであろう（東京地判昭和47・10・19判例集未登載）．この場合，金銭の占

有は銀行にあるとする見解も有力である．この見解からは，これをカードで引き出せば窃盗罪ということになる（東京高判平成 6・9・12 判時 1545・113 など）．引き出された金銭は，事実上は銀行が占有していたことはたしかであるが，自分の口座に入っている金銭はいつでも引き出しうるかぎりで銀行の支配力は口座名義人に対する関係で弱いし，最判平成 8・4・26 民集 50・5・1267 は，誤振込の場合でも普通預金契約は成立し，受取人が銀行に対して普通預金債権を取得するとしたのであるから，この場合に窃盗罪の成立を認めるのは妥当ではないと思う．

最近最高裁は，誤振込み事例について詐欺罪の成立を認めた（最決平成 15・3・12 刑集 57・3・322）が，疑問がある（参照，松宮・立命館法学 249・1290，林・重判解平成 15 年度 165 頁，穴澤・上智法学 48・2 など）．

他人の物 （1） 「他人」，「物」の意義については，すでに検討した[162]．物には，不動産も含まれる[163]．

（2） 横領罪が成立するためには，その物が他人の物でなければならない．ここで「他人」とは，**他人の所有権に属すること**を意味するものと解されている（林・現代の経済犯罪 86 頁）．横領罪が成立するためには，原則として所有権の侵害がなければならないのである．しかも，ここで原則としての所有権というのは，あくまで**民事法上の所有権**である．学説には刑法独自の所有概念を主張するものがある（前田 181，306 頁〔4 版〕）が，その内容は明らかでないだけでなく，民事法上自己の所有にある物について，横領罪の成立は認めるべきでないという原則は基本的に維持されるべきである．

（3） ただ，そうだとしても，所有権を横領罪の保護法益と解することには，若干の問題があることも確かである．所有権の侵害があっても，全体としての経済的利益が実質的に侵害されていないときには，横領罪の成立を認めるべきではないからである（吉本・大コンメ 10 巻 356 頁）．したがって，横領罪の保護法益は，所有権によって限定された全体としての経済的利益と解するべきであろう．とくに金銭については，補塡の意思がある場合には一般に本罪の成立を否定する見解が多い．事実上，横領罪はいわゆる全体財産に対する罪と解され

---

[162] 「他人」について，本書 169 頁以下，「物」について，本書 172 頁以下参照．
[163] 本書 200 頁以下参照．

る傾向がある．

　反対に，ごく例外的には，所有権の侵害がなくても，横領罪の成立を認めるべき場合もある．後の問題の方が重大であるから，これから検討していこう（参照，島田・現刑 62・15）．

委託された金銭　(1)　金銭の所有権の所在をどのように解するべきかは問題である．封をして他人に預けたときのように，その金銭が特定されている場合には，金銭の所有権は，依然として委託者にある．占有も委託者にあるという見解が有力であるが，すでに述べたように[164]，封をしていても，預けた以上，占有は預かった者にあるというべきである．しかし，このような例外を除き，金銭の所有権は，占有している者にあると解されている（最判昭和 29・11・5 刑集 8・11・1675）．

　(2)　ところが判例は，使途を限定して委託した金銭について，横領罪の成立を認めている（最判昭和 26・5・25 刑集 5・6・1186）．この場合も，民法上は，所有権は受託者に移ると解される．そうすると，民法上所有権が受託者にあっても，この場合には，横領罪が成立するということになり，その根拠が問題となる．この場合に民法上所有権が受託者に移るのは，金銭には個性がないから，第三者異議の訴え（参照，最判昭和 39・1・24 裁判集民 71・331）・即時取得などの場合に，第三者を一般の物の場合よりも厚く保護する必要があり，また，委託者にとっても，あえて所有権に基づく物権的返還請求権を認めずに不当利得返還請求権を認めるだけで足りるからであろう．このように，金銭の特殊性に基づいて民法自体が所有権の所在を若干修正しているのであって，民法が，封をした場合や一般の物の場合と区別して，受託者に対する委託者の利益の保護を小さくしようとしているわけではない．ここから，封をして預けた場合や一般の物を預けた場合との均衡上，金銭の場合には，例外的に，所有権の侵害がなくても横領罪の成立を認めるべきこととなるのである．この場合，もっぱら背任罪の問題として考えるときは，背任罪の刑は横領罪よりも軽いから，刑の均衡を失することとなるほか，背任罪の主体は横領罪の場合よりも狭いものであるから[165]，不当な処罰の間隙が生じることとなる．

---

164)　本書 188 頁以下参照．
165)　本書 269 頁以下参照．

(3)　もっとも，単なる**債権侵害**として，横領罪ではなく背任罪の成立を認めるべき場合との限界をどのように設定するべきかは，困難な問題である．

　まず，次のような場合には，横領罪が成立することにとくに問題はない．債権取立を委任された者が債務者から受領した金銭（大判昭和 8・9・11 刑集 12・1599），集金人の取り立てた売掛代金（大判大正 11・1・17 刑集 1・1），委託販売により受領した代金（大判大正 2・6・12 刑録 19・711）を領得したような場合である．なお，この場合，領得することを秘して受領した行為は詐欺罪を構成するかも問題となるが，以上のような場合，原則として，弁済は債権者に対する関係で有効で，債務から解放されるから，そのかぎりで，詐欺罪を全体財産に対する罪と解する立場からは，詐欺罪を構成しないと解される．

　(4)　**金銭が預金された場合**がとくに問題とされている．この場合でも，委託者名義で預金されている場合には比較的問題が少ない．たとえば，企業や官公庁において小切手の振出権限を与えられた者が，任務に背いて振出した小切手により自ら預金を引出した場合（名古屋高判昭和 28・2・26 判特 33・11）や，預金の自由な払戻権限を与えられ，預金通帳・印鑑などを所持している者がほしいままに預金を引出した場合には横領罪の成立が認められよう．さらに，自己の遊興費支払のため，小切手を振出し第三者に交付した事案について，小切手の決済がされた時点で当座預金の横領罪が成立するとされている（広島高判昭和 56・6・15 判時 1009・140）．このような場合，委託者自身が銀行に預金債権をもち，行為者はその処分について委託されているといえるから，他人の金銭を委託されているとしてよいであろう．

　(5)　しかし，自己名義で預金した場合には，占有性，他人性，財物性という横領罪の成立要件のいずれについても，問題が生じる．判例は次のような場合について横領罪の成立を認めている．村長が保管のため自己名義で銀行に預け入れた村有公金をほしいままに払い戻した事案において，当該金銭の引出自体が横領罪を構成するとされている（大判大正元・10・8 刑録 18・1231，大判大正 8・9・13 刑録 25・977．現に被告の支配内にある公金を銀行に預けたからといって，被告は公金の保管者でなくなるものではないということを理由とする）．さらに，東京高判昭和 59・11・6 速報 2777 は，60 万円の報酬約束の下に金額 260 万円の手形取立を委任された者が，取引銀行による手形取立により取立済代り金が自己

名義の預金口座に振込入金された後，210万円を払い戻して同銀行に対する自己会社の債務の弁済に充てた事案において，手形金額から報酬額を差し引いた200万円についての横領罪を認め，次のように判示した．「手形債権の取立を委託された者が取り立てた金銭は，直ちに委託者たる手形債権者の所有に帰属するものと解されるし，決済された手形金が，受託者の管理にかかる銀行の預金口座に振込入金された場合には，受託者において，右預金中手形金相当の金額を，委託者のため預り保管しているものと認めるのが相当」とした上，「ほしいままに預り保管中の他人の預金の払い戻しを受け，着服した」とした．

（6）消費貸借のときは，他人性を欠くとするのが一般的な理解である．そうだとすれば，「他人」の物といえるかは，要するに**委託者の問題の金銭に対する支配意思**に関わる問題であり，被告人名義の口座であって，被告人個人の預金も多く含まれているにもかかわらず，そこに入金することを許容していたような場合であれば，委託者は，「銀行に対する受託者の債権」に対する債権をもっているにすぎないから，他人性を認めることには疑問がある（参照，東京高判昭和44・7・31高刑集22・4・518）．

（7）なお，取立の場合には，委託者名義か，受託者名義かで，法律関係は異なる．受託者名義で取り立てることを許された場合（とくに，受託者に債権を譲渡したような場合）には，もはや，委託者は取り立てた金銭に対して所有権をもつといいうるか疑問があり，横領罪の成立を認めることにも疑問がある（背任罪の成否は別論である）．とくに，受託者の預金口座に他に多くの預金がある場合には，（補填の意思があれば）**財産的損害**や**不法領得の意思**にも問題が生じてくる．

（8）この問題について，「不特定物としての金額所有権」を認めるべきだとする見解がある（西田208頁）．しかし問題は，その実質的な内容である．このようにいうだけでは横領罪の限界は依然として不明確である（参照，林・財産犯91頁）．なお，甲が乙に一定金銭を委託したが，乙が別に十分な金銭をもっているので甲から委託された金銭を使った場合，あるいは，単に両替したにすぎない場合に横領とするべきでないのは，他人性を欠くからではなく，（補填の意思・能力があることを理由として）財産的損害ないし不法領得の意思を欠くからであろう．

相当対価が提供される場合

(1) 以上の問題は，所有権の侵害がなくても，一定の場合には，横領罪の成立を認めるべきかが問題となる場合であるが，これに対して，所有権の侵害があっても，一定の場合，とくに，経済的損害がない場合には，横領罪の成立を認めるべきではないかが問題となる．すでに述べたように，あらゆる財産犯の保護法益として，全体としての財産的利益が考えられるべきだとすれば[166]，所有権の侵害があっても，ただちに横領罪の成立を認めるべきではないということになるのである．その主要な例として，ここでは3つのものをあげておく．

(2) 委託された物について権限逸脱的な行為をしても，行為者自身，もしくは，第三者によってただちに相当対価が提供された場合（補塡の意思・能力がある場合）には，委託者に**財産的損害**がなく，横領罪の成立を認めることはできない．さらに，相当対価が提供されなくても，行為者が補塡の意思をもって行為したときであって，行為者に補塡の能力がある場合には，委託者に財産的損害が発生する可能性はきわめて低い（したがって，経済的損害がないこととなる）から，同じようにして横領罪の成立を認めることはできない．なお，補塡の意思があっても，その能力がなければ横領罪の成立を否定するべきでないとすれば，これは単に不法領得の意思の問題ではなく，財産的損害の問題である．

(3) とくに**金銭の場合**には，特定物としての金銭自体についての委託者の関心は小さいから，以上の理由で横領罪の成立を否定するべき場合が多くなってくる．判例にも次のように述べるものがある．金銭は代替物であるから，一時使用も許さない特別の事情がないかぎり，受託者が金銭の占有中一時これを自己のために費消しても，遅滞なくこれを**補塡する意思**があり，かついつでもこれを補塡しうる十分の**資力**があるときには，横領罪を構成しない（東京高判昭和31・8・9裁特3・7・826．しかしこの事案においては，遅滞なく補塡することが困難であったことを理由として，横領罪の成立が認められた）．

この判例は，金銭の代替性を根拠として，補塡の意思・能力があるときには，横領罪の成立を否定するべきだとした．そうだとすれば，米や切手など代替物についても同じように考えるべきであろう．もっとも判例には，農家から預か

---

166) 本書143頁以下参照．

り政府に売り渡すべき米を，補塡の意思をもって，農家にとって必要な肥料である魚粕と交換したという事案について，補塡の意思があっても横領となりうるとした（最判昭和 24・3・8 刑集 3・3・276）．本件の場合，補塡の時期・確実性などに問題があったとすれば，判旨の結論は支持しうるであろうが，補塡の意思が横領罪の成立に意味をもちえないという趣旨だとすれば，疑問である（参照，町野・百選 [2 版] 117 頁）．

(4) さらに，代替性がない場合であっても，補塡されることにより，委託者に財産的損害が生じなかった場合には，横領罪の成立を認めるべきではない．たとえば，古本を預かっていたが，多少傷んだので，それを売り払い，本人のために，新品を買ったような場合である．後に検討するが，判例も，本人のためにする意思のときには，領得の意思を欠くとしている[167]．「本人のために」行為するために横領罪の成立が否定されるのは，理論的には，背任罪の場合と同じであって，本人にトータルな不利益性が欠如する場合のほか，それがあっても，その認識（故意）を欠く場合にほかならない．

二重売買 (1) 我が国では，物権の移転について，**意思主義**がとられている（民法 176 条）から，不動産の売買契約は原則として意思表示だけで成立し，意思表示と同時に所有権は買主に移転すると解されている．したがって，極端な場合，売買契約の意思表示をして間もないときに，代金の支払も登記の移転も事実上の占有の移転もなされていない段階で，第三者に売ったような場合でも，横領罪の保護法益を形式的に所有権と解するかぎり，横領罪を構成するということになる．しかし，この結論は妥当でないであろう．むしろ，たとえば，第一の買主が相当程度の手付けないし代金を支払っている場合のように，その所有権に実質的・経済的な利益を伴った段階になったときにはじめて，横領罪で保護するべきであろう（中森 160 頁，山中 388 頁など）．判例は伝統的に二重売買の場合に横領罪の成立を認めているが，その事案のほとんどは，第一の買主の所有権にこのような実質的・経済的利益が伴っているといいうる場合である（参照，林・財産犯 110 頁）．

なお，このような理解は，民法に反することではない．民法上も，所有権移

---

[167] 本書 293 頁以下参照．

転時期については，代金支払と所有権移転とは同時履行の関係にあるとして，代金支払の時期とする説が有力に主張されている（川島武宜・所有権法の理論248頁など）．

　(2)　さらに，第二の買主について，**横領罪の共犯**が成立するかという問題がある．第二の買主が第一売買の事実を知りながら買ったとしても，横領罪の共犯とはならないとする最高裁判例がある（最判昭和31・6・26刑集10・6・874）．「代物弁済という民法上の原因によって本件不動産所有権を適法に取得したのであって，被告人Ｍの横領行為とは法律上別個独立の関係である」とする．民法177条によれば，この場合，悪意であっても，第二の買主は所有権を取得する（大判明治38・10・20民録11・1374）．民法上適法な行為を刑法上違法とすることはできない．したがって，二重売買した者は違法であるが，第二の買主はこれに関与していても適法だということになる．そのかぎりで**違法の相対性**が認められているわけである．これに対して，**背信的悪意者**は，民事法上保護されないとされている（最判昭和43・8・2民集22・8・1571など）．刑法上も，第二の買主が「執拗且つ積極的に働きかけ」た場合は，「もはや経済取引上許される範囲，手段を逸脱した刑法上違法な所為」だとして，横領罪の共同正犯としたものがある（福岡高判昭和47・11・22判月4・1・1803）．民法上の背信的悪意者のすべてが刑法上違法となるわけではないとしても，民事違法な場合であれば，その中でもとくに不法・責任の重い者を横領罪の共犯とすることは可能であろう．

譲渡担保と所有権留保　　(1)　広義の譲渡担保は，担保の目的物を相手方（債権者）に譲渡するとともに，他日（弁済期）一定の金員（元本と利息）を相手方に支払えば，目的物が譲渡人に復帰する約定形式をとることにより，担保供与の目的を達成するものである．これはさらに2種に分かれ，一は債務を存続させつつ担保の目的をもって目的物を譲渡するものであり（狭義の譲渡担保），二は取引そのものは売買であり，売主が受領した代金が経済的には新たな借金に該当し，又は受領すべき代金が債務と相殺すべき反対債権となるものである（売渡担保）（文献として，阿部・法学（東北大学）52・3，恒光・中山古稀第2巻321頁，同・岡山大学法学会雑誌48・1・1など）．

　所有権留保とは，売買契約において，代金完済まで目的物の所有権が売主に

留保され，買主に対する所有権の移転は代金完済を停止条件とされる場合である（参照，割賦販売法）．

(2)　これらの場合，名目上・形式上は債権者に所有権があるとしても，機能的・実質的には，その所有権は債権を担保するためのものにすぎない．したがって，たとえば，譲渡担保の場合，当事者の契約上は債務の期限が来ればただちに債権者に所有権が移るということになっていたとしても，期限が来たならその後の債務者の処分が常に横領罪となると解するべきではない．期限が来たとしても，債務をほとんど弁済し終わっており，残りの債務の充当にあてるために物件を売ったような場合であれば，横領罪の成立を認める必要はないであろう（平川 381 頁）．

同じことは所有権留保の場合にもいえる．月賦で物を買った者が，ほとんど代金を支払った段階で，残金を支払うために目的物を他に売ってしまったような場合，横領罪の成立を認めるべきではない．これらの場合，賃借物を，賃料を支払うために売ってしまう（この場合には当然横領罪が成立する）のとは，異なるのである．

(3)　もっとも，所有権留保であっても，次のような場合には，横領罪の成立を認めるべきである．1 台 305 万円のトラックを 3 台買い，月賦 24 回分のうち 3 回分，金額にして 1 台につき約 64 万円支払ったが，その段階で，その自動車を他の債権の担保に供してしまったというのである．最高裁は横領罪の成立を認めた（最決昭和 55・7・15 判時 972・129．大審院時代の同旨の判例として，大判昭和 9・7・19 刑集 13・1043）．このような場合には，被害者たる売主には，完全な所有権がまだ残っているというべきであり，横領罪の成立を認めてもよいであろう（林・財産犯 265 頁）．

譲渡担保の場合も，たとえば，期限が来て，債権者が清算金を支払ったにもかかわらず，債務者が目的物を他に処分したような場合まで，横領罪の適用を否定するべきではない．期限が来て，外部的にのみならず内部的にも所有権が債権者に移転したことを理由として，債務者の処分について横領罪の成立を認めたものとして，大判昭和 8・11・9 刑集 12・1946．

(4)　譲渡担保も所有権留保も，一方から他方への所有権の移転の過程を利用して，担保の機能を営ませようとするものである．したがって，これらの場

合であっても，一定の場合には，債権者は保護に値する所有権をもっているといえる．その場合に債務者がほしいままに処分したときは，たとえば，リースの目的物に勝手に担保を設定した場合や，二重売買で横領罪の成立を認めるべき場合と，同じ状況となるのである（参照，中森 160 頁，島田・現刑 62・23 など）．

(5) 反対に，期限前に債権者が担保物を売却したときに，横領罪が成立するかも問題となる．これを認めたものとして，大判昭和 11・3・30 刑集 15・396 がある．これに対して，大阪高判昭和 55・7・29 刑月 12・7・525 は背任とする（山中 377 頁）が，「債務者に留保された所有権を損う」（527 頁）以上，横領としてよい場合もありうるであろう（なお参照，山口・法教 214・69）．

(6) 学説上は，譲渡担保・所有権留保の場合には，背任罪を適用するべきであり，横領罪を適用するべきでないとする見解がある（米倉・北大法学論集 17 巻 1 号．なお，神山・基本判例 162 頁）[168]．その理由として，背任罪には，財産的損害が要件とされており・罰金刑があることが指摘されている．しかし，横領罪の適用を否定するとすれば，その要件の何が欠けるのかを明らかにしなければならない．これらの場合，財産的損害がないという理由で横領罪の適用を否定するとすれば，その前提として，横領罪の構成要件要素として，財産的損害が入っているということを認めるほかはない．他方，横領罪が財産的損害がないという理由で否定されるのであれば，当然背任罪の適用も否定されるべきである．背任罪を適用するとすれば，被害者に所有権はないが，実質的な経済的損害を受けている場合に限られるであろう．しかし背任罪を適用するためには，「他人のためその事務を処理する者」でなければならない．二重抵当の場合と同様，譲渡担保・所有権留保を設定しているというだけで，背任罪の主体としての地位を認めることはできない[169]．

(7) 横領罪と民法上の所有権の関係については，不法原因給付と横領の問題がある．これについてはすでに述べた[170]．

---

168) 本書 146 頁以下参照．
169) ドイツのバウマンは，譲渡担保・所有権留保の場合には，横領罪を適用するべきでなく，刑罰権の介入は，専ら背任罪をもってなすべきことを主張した（その主張の詳細については，林・財産犯 87 頁）．というのは，ドイツにおいては，横領罪の保護法益は所有権とされ，財産的損害を要しないとされているので，横領罪の適用が不必要に広がるおそれがあるというのである．
170) 本書 149 頁以下参照．

第7節 横領罪

横領行為（権限の逸脱）
(1) 横領行為の内容について，**越権行為説**と領得行為説の対立がある．越権行為説は，権限を超えた行為をしただけで，横領になるとする（内田364頁，川端222頁など）．**領得行為説**は，不法領得の意思をもって権限を超えた行為をした場合だけが横領行為になりうるとする（通説・判例）．不法領得の意思の要否について，窃盗罪の場合と区別する理由はないし，窃盗罪の場合には問題とされない本人の意思のために行為するときに横領罪の成立を認めるべきではないから，領得行為説が正当である．

(2) いずれの見解においても，横領行為が成立するためには，まず，客観的に権限逸脱行為であることが必要なので，その内容から検討していこう（参照，松宮・産大法学4・3・317，内田・早稲田法学会誌52・80など）．

かつて判例は，横領行為を定義して，不法領得の意思を実現する一切の行為をいうとしたことがある（大判大正6・7・14刑録23・886，最判昭和27・10・17裁判集刑68・361．学説として，平野226頁，西田216頁など）．これは，横領行為の核を形成するのは不法領得の意思であり，それが外部に表現されていれば，客観的な行為自体には何らの限定なしに成立しうるとも解しうるものである．しかし，横領行為が成立するためには，客観的にも，一定の基準に反した行為がなされなければならないのである．横領行為は領得行為でなければならないといわれることがあるが，それは，権限逸脱行為では足りず不法領得の意思をも要するというにすぎない（参照，林・研修669・3以下）．

(3) 権限逸脱行為とは，背任行為が一般的な権限の範囲内で，具体的に，その権限を濫用することでもありうるのに対して，**一般的な権限を超えて行為することである**（植松460頁，藤木354頁，内田346頁など）．一般的な権限を超えて行為するとは，委託された財産について本人から課せられた義務の中でも基本的な重要性をもつようなものに違反することをいう．それは実質的には，本人に財産的損害を与える高度の危険性をもった行為にほかならない．横領と背任の関係において，横領行為は，本人でなく自己の名義・計算で行為した場合，あるいは，本人でなく自己に経済的効果を帰属させるような行為をした場合だとされることがある（筑間・基本講座5巻279頁）．しかし，本人名義で行為しても横領となることはありうるし，自己の計算ということの意味も明らかではない．さらに，そのように解する根拠も明らかではない．しかも，本人に経

済的効果を帰属させるような行為であっても，権限逸脱となることはありうる（たとえば，参照，東京高判平成 8・2・26 東高刑時報 47・1＝12・29. 本判決については，林・平成 8 年度重判解 152 頁）．

　（4）　権限逸脱行為の例としては，売却・費消・着服などのほか，第三者に貸与してその処分に任せること（大判大正 12・2・7 刑集 2・45），自己の所有権を主張して民事訴訟を提起すること（最判昭和 25・9・22 刑集 4・1757），抵当権を設定すること（最決昭和 38・7・9 刑集 17・6・608）などがあるとされている．しかし，これらの行為も，それ自体としてではなく，財産について課せられた義務との関係で権限逸脱行為となるのである．売却したり貸与したりする権限を，もともともっているのであれば，そのような行為をしても，ただちに横領となるわけではない．また，抵当権を設定しても，それでただちに横領となるわけではない．転質をした次の判例がその例である．最決昭和 45・3・27 刑集 24・3・76 によれば，民法 348 条により，質権者は，質権設定者の同意がなくても，その権利の範囲内において，質物を転質となしうるが，新たに設定された質権が原質権の範囲を逸脱するとき，すなわち，債権額，存続期間など転質の内容，範囲，態様が質権設定者に不利な結果を生ずる場合には，横領罪を構成するというのである．

　（5）　もっとも，民法上違法なときにただちに横領罪の権限逸脱行為とすることはできない．権限の逸脱に至らない，権限の濫用は，民法上は不法であり，さらに，背任行為とはなりえても，横領行為とすることはできない．

　同様にして，その行為について他の犯罪が成立するとしても，ただちに権限逸脱行為とすることはできない．たとえば，本人としての会社のために**贈賄した場合贈賄罪になるからといって横領とする**（大判明治 45・7・4 刑録 18・1009）のは妥当ではない．会社にとってはその行為によって大きな利益がもたらされる可能性があるのであれば，その行為は横領行為としての権限逸脱行為とするべきではない．同様にして，商法に違反して自己株式を取得しようとして工作を依頼しても，それだけでただちに権限逸脱行為となるわけではない（林・前掲解説．参照，最決平成 13・11・5 刑集 55・6・546. 本決定について，林・ジュリ 1266・201）．

　蛸配当を横領ではなく背任とした判例として，大判昭和 7・9・12 刑集 11・

1317 がある．

　　　　　　　　　(1)　横領行為とするには，客観的に権限を逸脱するだけで
　不法領得の意思　　　なく，**不法領得の意思**が必要である．しかし横領罪において
は，すでに占有している客体に対して行為は行われるところから，この不法領得の意思の内容について，窃盗罪の場合よりも，さらに多くの問題が生じている．

　(2)　判例はその内容を，「他人の物の占有者が委託の任務に背いて，その物につき権限がないのに所有者でなければできないような処分をする意思」と解している（最判昭和 24・3・8 刑集 3・3・276）．判例は，窃盗罪では一時使用の意思，毀棄・隠匿の意思の場合に不法領得の意思がないとしているが，横領罪では，一時使用の意思であることを理由として無罪としたものは，ほとんどない．預かっている物について一時使用することはかなりありうることであって，それにもかかわらず無罪としたものがほとんどないのは，そのような多くの場合発覚しないか，してもそもそも起訴されないのであろう[171]．

　ところが，毀棄・隠匿の意思の場合には，横領罪の成立が認められている（大判大正 2・12・16 刑録 19・1440 など）．しかし，この場合について，窃盗罪の場合と区別する理由はないであろう．

　(3)　もっとも，判例は，財物を利用処分する意思があっても，それが**本人の利益のために行われたときには**不法領得の意思がないとしている．大判大正 3・6・27 刑録 20・1350 ［村長が村のために公金を流用した場合］，大判大正 15・4・20 刑集 5・136 ［寺の住職が地震で倒壊した庫裏の建設基金を調達するため，檀家総代の同意をえずに，寺所有の仏像を買戻特約付で売却した場合］，大判昭和 10・10・24 刑集 14・1061 ［村長が，国・県に対する関係で税の滞納者がないものとして処理するため，銀行から借り入れた村有金を国庫に納付した場合］，最判昭和 33・9・19 刑集 12・13・3127 ［納金スト，すなわち，会社

---

171)　判例によれば，内容自体に経済的価値があり，かつ，所有者以外の者が許可なくコピーすることの許されない機密資料を，コピーの目的で許可なく持ち出す行為には，その間，所有者を排除しその資料を自己の所有物と同様にその経済的用法に従って利用する意図が認められ，使用後返還する意思があったとしても，不法領得の意思が認められる（東京地判昭和 60・2・13 刑月 17・1=2・22．本判決については，林（美）・百選 [3 版] 112 頁）．情報と財産犯一般について，本書 179 頁以下参照．産業スパイと不法領得の意思については，本書 193 頁以下参照．

の集金業務担当者が労働争議の手段として，集金した会社金員を会社に納入せず，組合側の名義で銀行に預金して保管した場合〕など．窃盗罪の場合，本人のために窃取するということはほとんど考えられないが，横領罪の場合，預かっている物について，本人の利益のために権限を超えた行為をせざるをえないということはしばしば生じうるのである．そのような場合に犯罪の成立を認めるべきではないであろう．

ここで，「本人の利益のため」という基準の理論的な内容について問題となる．それは，すでに背任罪において検討した基準と基本的に同じものである．すなわち，行為者の行為の結果，トータルとして被害者に不利益が生じない場合，あるいは，そのように信じた場合である．前の場合，被害者の現実的・推定的同意があり，後の場合，犯罪の故意を欠くことになり，横領罪の成立は否定されるのである（参照，林・平成 8 年度重判解 152 頁，同・ジュリ 1266・201）．

納金ストのような場合には，そもそも本人には実質的な財産的損害は発生しないようにする意思であったのであり，大正 15 年判決，昭和 10 年判決のような場合には，相当対価が入る見込みがあり，また，その意思があることが，横領罪の成立が否定される実質的な理由となっていると考えられる[172]．

(4) さらに，横領罪については，**補塡の意思**が問題とされている．すでに見たように[173]，判例は，補塡の意思があったとしても，横領罪の成立を妨げないとしている（最判昭和 24・3・8 刑集 3・3・276）．たしかに，補塡しても，補塡された物の内容・補塡された時期などからして，委託者に実質的な財産的損害が生じたと見るべき場合はありえ，その場合，補塡の意思があるというだけで，不法領得の意思を欠くとすることはできない．しかし，補塡によって，委託者に実質的な財産的損害が生じないであろうような場合には，補塡の意思（そしてその能力があることが必要である）が横領罪を否定する理由となる場合がありうるであろう．

(5) **第三者のためにする意思**の場合も問題とされている（参照，穴澤・上智法学 50・2・103）．たとえば，第三者のために窃取した場合，通常窃盗罪が成立することに問題はない．この場合，通常，一度自己のために領得する意思が認

---

[172] なお参照，本書 276 頁以下．
[173] 本書 286 頁．

められるからである．しかし，詐欺罪の場合について，判例は，特殊の関係を有しない第三者に領得させたときには詐欺罪は成立しないとしている（大判大正 5・9・28 刑録 22・1467）．判例は，詐欺罪の条文にいう他人に利益を得させたというためには，その他人は情を知らない，行為者の機械たるにすぎないか，行為者の代理人として受け取る者であるか，あるいは行為者がその他人に利得させる目的であった場合にかぎられるとする．これは，毀棄・隠匿の意思の場合と同様に，自己のために経済的に利用する意思がおよそないときには，**責任が軽い**という考慮に基づくものであろう[174]．横領の場合について，判例の中には，第三者のためにする意思であっても，横領罪の成立を妨げないとするものがある（大判大正 12・12・1 刑集 2・895．もっとも，その第三者は行為者が代表者である会社であった場合で，自己のためにする意思を認めえたのではないかという疑いがある）．しかし，背任との関係では，第三者のためにする意思のときは横領ではなく，背任となるとしたものがある（大判昭和 8・3・16 刑集 12・275 など）．横領と背任とは，横領の構成要件によって区別されると解するときは[175]，この判例は，第三者のためにする意思のときは横領行為とならないということを認めたものだということになる（背任は，第三者の利益を図り，本人に損害を加える目的で行為したときでも，成立しうることが条文で認められている．背任は軽い責任類型をもはじめから含んでいるのである）．もっぱら第三者のためにする意思のときは，実質的には毀棄・隠匿の意思の場合と同じであるから，不法領得の意思を欠くと解するべきであろう．もっとも，委託された物を第三者のために売ったが，代金を自己のために領得したような場合には，もはやもっぱら第三者のためにする意思とはいえないことは当然である．

(6)　横領罪が成立するためには，（学説上はいわゆる個別財産に対する罪と解するものが多いが）全体としての**財産**に**損害が発生する**ことが必要と解するべきである．このことからの解釈論上の帰結については，すでに述べた[176]．

---

174)　参照，本書 195 頁．
175)　参照，本書 299 頁．
176)　参照，本書 286 頁．

2 業務上横領罪

業務上自己の占有する他人の物を横領した者は，10年以下の懲役に処する（253条）．親族間の犯罪に関する特例（244条）が適用される（255条）．

加重の根拠 　業務者の場合加重される根拠が問題とされ，責任が重いからだとする見解が有力である（平野・刑法総論 II 373頁，山口307頁，曽根180頁など）．これに対しては，業務者たる身分を認める根拠を単に主観的事情に求めるのは適当ではなく，その社会的地位（委託者からの強い信頼から生じる財産についての大きな義務），継続性（そこから生じる領得の危険性の大きいこと．参照，大判昭和9・10・29新聞3793・17）などの客観的事情に求めるべきではないかという疑問がある（違法要素とする見解として，大塚308頁，中森167頁など）．判例もまた，違法性の大きいことを加重の根拠と解している（大判大正3・6・17刑録20・1245［業務者の場合，法益侵害の範囲が多岐にわたり，社会の信用を害することが大きいとする］）．本書は，単純委託物横領罪に対して業務上横領罪が重く処罰されているのは，業務者の場合違法性が大きくなるからだと解する．

共犯の処理 　(1)　以上のような理解は，共犯の罪責判断に影響を及ぼす．とくに問題とされているのは，占有者でも業務者でもない者が本罪に関与した場合である．判例は，このような場合，65条1項により業務上横領の共同正犯が成立し，非身分者には65条2項により単純横領罪の刑を科するとしている（最判昭和32・11・19刑集11・12・3073．これを支持する見解として，団藤643頁，中森168頁など）．しかしこのように，成立する犯罪と科される刑罰との分離を認めることには疑問がある．さらに，65条1項は**違法身分の連帯性**を，2項は**責任身分の個別性**を規定したものであり，そして，占有者たる身分は違法身分であり，業務者は責任身分であるとして，業務者と非身分者は，まず，65条1項により単純横領罪の共同正犯となり，業務者については，65条2項により，重い本罪が成立するという見解が主張されている（平野・刑法総論 II 373頁，西田220頁，山口309頁など）．しかし，この見解については，共同正犯として成立する犯罪と最終的に成立する犯罪との分離を認める点に疑問がある（参照，最決昭和54・4・13刑集33・3・179）．同様の疑問は，65条

1項は**真正身分犯**，2項は**不真正身分犯**に関する規定だとし，1項により単純横領罪の共犯が成立し，2項により業務者には重い本罪が成立するという見解（大谷319頁）に対しても生じる．

(2) 65条2項は，責任身分の場合，異なる犯罪同士にも共犯が成立しうることを認めたものであり，業務者たる身分は責任身分と解する立場からは，60条と65条2項を適用して，**業務上横領罪と単純横領罪との共同正犯の成立を**認めるべきだと思われる．もっとも，業務者たる身分を違法身分と解する立場からも，業務者の場合義務や危険性が大きくなることを理由として加重されている場合には65条2項を適用することが可能だとすれば，同様の結論をとることになろう．これに対して，違法身分については65条2項は適用しえないとすれば，業務上横領罪の共同正犯の成立を認めるべきだということになる．本書はさしあたり，最後の見解を採用する（特別背任罪についても同じ問題が生じる．参照，林・判時1854・4）．

3 遺失物等横領罪

> 遺失物，漂流物その他占有を離れた他人の物を横領した者は，1年以下の懲役又は10万円以下の罰金若しくは科料に処する（254条）．

(1) 他人からの委託がないにもかかわらず自己が占有するに至った他人の物を領得することを内容とする罪である．法定刑が軽いのは，単に責任が軽いことによるのではなく，それ以前に，他人の占有も信頼も害していないので**不法が軽い**ことによる．「誘惑的要素」（西田221頁）はこの不法減少の裏返しにすぎず，独自の意義をもつものではない．

(2) 他人の占有を害した場合が窃盗罪である[177]．他人の占有を害しないが他人からの委託による信頼を害した場合が委託物横領罪である．すでに述べたように，誤ってつり銭を多く渡してしまった場合，誤って郵便物を配達してしまった場合は，委託関係はなく，これを領得したときには，本罪が成立する[178]．

---

177) 窃盗罪と本罪の区別については，参照，本書185頁．
178) 参照，本書281頁．

(3) 誰の所有にも属さない，いわゆる**無主物は本罪の客体ではない**．所有権が放棄された物もそうである（大阪高判昭和30・6・27裁特2・15・748）．判例は，千五，六百年以上も前に，死者を埋葬する者が遺骸と共に塚内に納蔵した宝石などを，他人の物だとした（大判昭和8・3・9刑集12・232）が，疑問である（平野228頁）．市町村経営の火葬場に残された金歯くずは，市町村の所有物となるとした判例として，大判昭和14・3・7刑集18・93．八郎潟に逃げだした鯉について本罪の成立を認めた判例として，最決昭和56・2・20刑集35・1・15．

(4) 横領した占有離脱物を損壊しても器物損壊罪を構成しないという見解がある（西田221頁，山口311頁など）．しかし，本罪が軽く処罰されるのは，占有離脱物が領得されても，通常の利用処分にとどまるかぎり，法益侵害は小さいという考慮によるものである．領得した他人の物を損壊することは，もはや通常の利用・処分ではない．器物損壊罪の構成要件該当性に欠けるところがない以上，包括一罪として，重い器物損壊罪で処断するべきだと思われる．なおこの場合併合罪とする（虫明・包括一罪の研究257頁）のは，被害法益が実質的に1個であるから，不当である．

4 横領罪と背任罪・詐欺罪

交差関係としての横領と背任

(1) 横領と背任は，共に，被害者との間の信頼関係を裏切って，その財産を侵害するものであって，その限度で類似性がある．そこで，その区別が問題とされている（参照，内田・早稲田法学会誌52・80，木村・争点［3版］204頁など）．

(2) まず，両者の構成要件が同時に充足されることがあることは，否定できない．これに対しては，背任行為の本質をいわゆる権限濫用説に従って理解し，**権限の濫用が背任であり，横領は権限の逸脱の場合**であるから，両行為は全く重なり合わないとする説もある（滝川・民商法雑誌1・6・12，滝川173頁，内田356頁）．しかし，我が国の通説・判例は，背任行為の本質をいわゆる信任違背説に従って理解している．すなわち，権限の逸脱の場合でも，背任行為となりうると解しているのである．このように解するときは，行為の点では，両罪が重なり合う場合があることを否定できないこととなる．

(3) さらに，**物に対する場合が横領**で，**利益に対する場合が背任**だとする説もある（江家321頁，西原235頁，岡野154頁）．これは，客体の性質に着目して，横領を背任の特別類型だとするものといいうる．逆に，背任を横領の補充類型だとするものともいいうる．しかしこの説に対しては，客体が物の場合であっても，背任となる場合を説明しえないという批判が可能である．たとえば，銀行の貸付係が，銀行の金を自己のために領得すれば横領である．ところが彼が，貸付限度額を超えて貸付けたとしよう．これは背任である．そして，前の場合だけでなく，後の場合も，客体は銀行の金銭という物だと解するべきであろう．そうだとすれば，客体が物かどうかで両罪は区別されないということになる．この場合両罪は行為の性質によって区別されるのである．

(4) さらに，背任を横領の補充類型，ないし横領を背任の特別類型と解することには，主体の点からも疑問がある．というのも，すでに述べたように[179]，背任の主体である「他人のためにその事務を処理する者」は横領の主体とは別の内容をもつのであって，より狭いものであるからである．いいかえると，背任の前提とする信頼関係が特殊の高度のものでなければならないからである．このように解するときは，その限度で横領が背任を補充する面もあることとなる．すなわち，他人から個別的・機械的な事務を委託されたにすぎないときは，背任とはなりえず，横領にしかなりえないのである．

(5) もっとも，背任がある限度で横領を補充するものであることも，否定できない．横領は「他人の」「物」についてしか成立しえないが，背任は，それらの客体についても成立しうるが，自己の物や無形の利益についても成立しうる．さらに，横領行為は権限の逸脱の場合でなければならないが，背任は（信任違背説に立つときは，そのような行為についても成立しうるが）そこまで至らない，権限の濫用についても成立しうる．

(6) 以上のように解するときは，横領と背任は，2つの交差する円のような関係に立っているといえるであろう（平野・諸問題（下）351頁）．

限界としての横領

(1) そこで問題となるのは，2つの構成要件が同時に充足される場合，罪数論上どのように解されるべきか，である．

---

[179] 参照，本書269頁．

(2)　まず，被害者が異なる2つ以上の人格である場合，観念的競合となる．たとえば，銀行支配人が，自己の利益を図る目的をもって，銀行に対する債務の担保として受け取り保管中の他人の物件を，ほしいままに売却してその代金を銀行に納付しない場合には，銀行に対する関係においては背任が，担保差入者たる他人に対する関係においては業務上横領が成立し，両者は観念的競合となる（大判明治43・12・5刑録16・2135）．しかしこのような場合は実際上は極めて稀であって，多くの場合，被害者は本人のみであり，財産も実質的には1個しか侵害されていないのである．そのような場合，両罪は法条競合となる．

　(3)　そうすると，そのような場合，一罪として処断するということになる．それでは，横領と背任のどちらによって，どのような根拠に基づいて，処断するべきであろうか．結論から述べれば，横領によって，それが背任よりも重い類型だという根拠に基づいて，処断するべきである．

　我が国の背任罪は5年以下の懲役刑の他に罰金刑が選択できる．これに対して横領罪は5年以下の懲役刑だけである．しかも，業務上の場合は10年以下の懲役刑となる．このように横領は背任よりも重く法定刑が定められているのは，おそらく，現行法は，「他人の物」を「領得」する場合をより重大だと考えたためであろう．すなわち，物を単なる利益よりも，所有権を他の権利よりも，そして権限の逸脱を単なる濫用よりも，重大視したものと考えられるのである．したがって，**横領は背任よりも重い犯罪類型**だと解さざるをえないであろう（業務上横領罪は特別背任罪（会社法960条）よりも重いと解される．参照，最判昭和23・4・8刑集2・4・307，刑法10条2項）．

　(4)　そして，交差関係にある2つの犯罪が法条競合として成立したときには，**重い方の罪で処断する**というのが，罪数論上の原則である（林・基礎理論224頁）．その根拠は，軽い方で処断しただけでは，犯罪の不法・責任内容を十分に評価したことにはならない反面，重い方で処断すれば，軽い方の不法・責任内容をも評価したことになるというところにある．このようにして，両罪が競合するときには，横領によって，そしてそれのみによって処断するべきである．

　(5)　そうだとすれば，横領と背任を画する基準は，横領の構成要件のほかには，存在しないこととなる．以前の我が国では，横領の構成要件のほかに，

横領と背任の限界を画する基準が存在するという前提に立って，それを明らかにしようとしたことがある．しかし，そのような前提は，根拠のないものといわざるをえない．現在では，本書のように理解するのが通説的地位を占めるに至っている（参照，神山・基本判例160頁，平川391頁，佐久間・浅田ほか220頁，曽根・重要問題221頁，山口・法教215・72，林・財産犯247頁など）．

主体・客体・行為　(1)　以上のように解するときは，横領と背任とは，幾つかの**複数の基準**によって**区別**されることとなる．我が国では，行為の性質によって横領と背任は区別されることが多いが，両罪は，主体の性質・客体の性質によっても区別されるのである．

(2)　まず，**主体**の点では，「他人のためにその事務を処理する者」であっても，横領の他の要件を満たしているのであれば，横領となり，背任とはならない．背任とはならなくても，横領の主体となりうる場合があることは前述したとおりである．

(3)　**客体**の点では，「他人の物」であるときは，横領の他の要件を満たしているのであれば，横領となる（参照，最判昭和26・1・23裁判集刑39・573）．権限の逸脱に至らない行為，もしくは，不法領得の意思を欠く行為は，横領にはならないが，濫用といいうるかぎり，背任となる．いずれにしても，横領となりうる行為がなされても，客体が「他人の物」でないかぎり，横領とはならない．「自己の」物，あるいは他人の「利益」についても，背任の他の要件が満たされているかぎり，背任となる[180]．

(4)　最も問題となるのは，両者の行為の区別である．他の要件が全て満たされている場合に，その行為の性質について，どちらと解するべきかが問題となることが，実際上は多い．しかし，この問題は，横領行為の本質をどのように解するべきか，という問題に帰着する．背任行為をどのように理解しても，横領とも背任ともなりうるときには横領で処断するのであれば，その理解によって横領と背任の限界は動かされないのである．

(5)　横領行為については，越権行為説と領得行為説との対立があるとされている．越権行為説からは，横領行為と背任行為とは，客観的に，権限の逸脱

---

[180]　電話加入権の二重譲渡について背任としたものとして，大判昭和7・10・31刑集11・1541．ただし，この場合背任の主体と認めうるか，問題があることについて，本書273頁参照．

か濫用かで区別される．領得行為説からは，権限の逸脱があっても不法領得意思を欠く場合には横領とはならないが背任とはなりうるから，**領得意思の有無**によっても区別される．たとえば第三者のためにする意思のときは横領とはならないと考えれば，権限逸脱行為がなされているときには，その意思の有無で両罪は区別されることになる．組合長が保管金を第三者の利益をはかってこれに貸与したときは背任となるとしたものとして，大判昭和8・3・16刑集12・275がある（なお参照，林・研修669・3以下）．

(6) しかし主観的要件は，横領背任共に満たされているために，客観的に，権限逸脱なのか，濫用なのかが問題となることが実際上は多い．そしてこの場合の区別が困難であるのは，横領行為としての権限逸脱行為の内容が不明確であることによるのである[181]．

(7) 判例はかつて**本人名義のときは背任，自己名義のときは横領**としたことがある（最決昭和40・5・27刑集19・4・396）．しかし，本人名義であっても権限を逸脱していることはありうる．判例の中には，本人名義であっても自己の計算で行為したときは横領，本人の計算で行為したときは背任とするものもあるのである（大判昭和9・7・19刑集13・983，最判昭和33・10・10刑集12・14・3246）．学説には本人に経済的効果を帰属させようとするときは背任でそうでないときは横領とするものもある（筑間・基本講座5巻279頁）．しかし，自己の計算で行為する・自己に経済的効果を帰属させるということの意味とそのように解することの根拠は明らかではない．本人の計算・本人に経済的効果を帰属させる行為をしたとしてもつねに横領を否定するべきか疑問もある（林・平成8年度重判解152頁．上嶌・法協108・11・54は，行為の相手方の主観等によって効果は異なってくるが，それによって背任罪の成否が影響されるのは不当だと批判する）．さらに，領得行為が横領，本人の事務として行為した場合が背任とする見解もある（平野232頁）が，領得行為の前提としての権限逸脱行為の内容がまさに問題なのであり，本人の事務として行為するということの意味も明らかではない．さらに，背任は領得行為でもありうる[182]．

---

181) これについては，本書291頁参照．
182) 近時，財物についての領得行為が横領罪であり，その他の背信行為が背任罪だとする見解が主張されている（中森175頁など）．しかしこれは，その根拠が示されていないだけでなく，不

(8) 本書の見解は以下のとおりである．**権限逸脱行為**とは，背任行為が具体的な権限に反することであるのに対して一般的な権限を逸脱する行為であり，それは，本人から課せられた財産についての義務の中でも基本的な重要性をもつものに反することであり，実質的には，本人の財産に重大な危険を生ぜしめるものをいう．本人の名義・計算，本人に経済的効果が帰属するときには権限逸脱行為とは原則としてならないのも，このためである．しかし，そのこと自体に意味があるわけではない．このように解するときは，背任行為は横領行為ほどに重大ではないが，なお，許されない程度に危険な行為だということになる（上嶌・神戸法学雑誌45・4・751は，「行為時に，総合的にみて本人に不利益が生じる可能性」がある場合に背任罪の任務違背があるとされる）[183]．

詐欺罪との関係 判例には，自己の占有する他人の財物を横領するにあたり欺罔手段を用いた場合は，その結果財産上の利益を得ても，横領罪の当然の結果で，別に詐欺罪を構成しないとするものがある（大判明治43・2・7刑録16・175など）．1項詐欺が成立するには占有侵害がなければならないから，自己の占有する物について1項詐欺が成立しないのは当然である．問題は，横領した物の返還請求を欺罔によって免れた場合，2項詐欺が成立するかである．学説上は，共罰的（不可罰的）事後行為とするものが多い（大谷321頁，西田217頁，山口307頁など）．しかし，横領した後であっても，その返還請求権を免れる行為に詐欺罪の構成要件該当性が認められる以上は，横領罪

正確である．財物についての領得行為であっても，自己所有の場合には背任罪にしかならないからである．両罪はこのように，**所有権侵害の有無**によっても区別される．県知事の許可を条件として農地を売り渡した場合，売主が自己の債務の担保のため第三者に抵当権を設定したときは，その許可後は（所有権移転後になるから）横領罪を構成し，許可前ならば背任罪を構成するとした判例として，最判昭和38・7・9刑集17・6・608．さらに，金銭について領得行為がありながら，所有権の侵害がないことを理由として横領ではなく背任とされた判例として，東京高判昭和44・7・31高刑集22・4・518．また，この説は背任を単に横領を補充するものとして理解している．しかし，横領とならない背信行為があっても，主体の点でそもそも背任が成立しえない場合がありうることに注意しなければならない．

183) 背任の保護法益は財産であって，所有権を保護法益とする横領とは異なるとされることが多い（たとえば，平野・諸問題（下）360頁）．たしかに，横領の客体は他人の所有権下に属する物に限られるべきであろうが，保護法益は財産であって，したがって，相当対価を提供した場合，補塡の意思・能力がある場合，両替の意思の場合などには，横領の成立を認めるべきではない場合がありうるであろう（参照，本書286頁以下）．このように解するときは，この点では，横領背任に区別はないこととなる．

との包括一罪とするべきだと思われる（参照，最決昭和61・11・18刑集40・7・523，最大平成15・4・23刑集57・4・467）．ただ，返還請求権について2項詐欺を認めるには，その行使が事実上不可能になった場合でなければならない[184]．先行する犯罪が委託物横領罪の場合，通常は当事者間にそのような関係は認められないであろう．2項詐欺の構成要件該当性を認めながら，軽い横領によって重い詐欺を排除する罪数論は，横領と背任の場合の通説・判例の見解に反すると思われる（参照，林・現刑65・82以下，同・NBL837・33）．

第8節　盗品等に関する罪

> 盗品その他財産に対する罪に当たる行為によって領得された物を無償で譲り受けた者は，3年以下の懲役に処する（256条1項）．前項に規定する物を運搬し，保管し，若しくは有償で譲り受け，又はその有償の処分のあっせんをした者は，10年以下の懲役及び50万円以下の罰金に処する（2項）．

罪質　（1）　盗品関与罪は，財産罪の被害者の盗品等に対する**追求権**（返還請求権）を保護するものだというのが，判例の見解であり（大判大正11・7・12刑集1・393），多くの学説が伝統的に採用してきたものでもある（現在でもたとえば，名和・現代講座4巻385頁，山口330頁，曽根194頁，山中427頁など）．この見解は基本的には正当なものである．最近の学説には，追求権の有無をおよそ問題としないで本罪の成立を認めるべきだという主張もみられる（たとえば，前田343頁［4版］）．しかし，本罪の成立を認めるためには，追求権の侵害ないし危殆化がなければならない[185]．もっとも，この追求権の内容については，さらに検討されなければならない．それについては後述する．

（2）　しかし，本罪の保護法益を単に追求権と解することは，現行法の規定からすると，不十分である．

---

184)　参照，本書241頁以下．
185)　判例によれば，すでに窃盗の決意をした者の依頼に応じて同人が将来窃取すべき物の売却を周旋しても，窃盗幇助罪が成立することは格別，あっせん罪は成立しない（最決昭和35・12・13刑集14・13・1929）．これも，本罪の成立には本犯後の追求権が存在している必要があるという前提によるものである．

なぜなら第一に，そのような見解からは，財産犯を犯した者（これを本犯という）に対してさらに財産犯を犯したような場合にも本罪の成立を認めるべきことになるはずであるが，現行法は本犯と**合意の上**行為することを要求している（平野・刑法の基礎 198, 216 頁．もっとも合意の内容については問題がある）．したがって，本罪を間接領得罪とする見解がある（中森 177 頁）が，これは正当ではない．第二に，そのような見解からは，現行法が**1項を軽く，2項を重く**処罰していることを説明し得ない．第三に，本犯の被害者からみれば，本罪の行為はその前の財産犯よりはむしろ軽いはずである（本罪の行為によって本犯が発覚することすらある）にもかかわらず，現行法は，2項の場合について罰金を併科することにより，**普通の財産罪よりも重く処罰**している．

(3) したがって，本罪の不法内容としては，単に財産罪の被害者の追求権を侵害ないし危殆化するだけでなく，本犯の財産処分を助けることにより，本犯を次の財産犯へと駆り立てる危険性を生ぜしめることが加わっていると解するべきであろう（中森 176 頁，山口 330 頁，松宮 285 頁など）．判例にも，本罪が処罰されるのは，これにより被害者の返還請求権の行使を困難ならしめるだけでなく，一般に強窃盗のような犯罪を助成し誘発せしめる危険があるからだとするものがある（最判昭和 26・1・30 刑集 5・1・117）．1項の場合軽く処罰されるのは，そのような危険が小さいからである（さらに参照，鈴木・争点［3 版］206 頁，豊田・愛大法経論集 159・1 以下）[186]．

被害者への返還　判例は，本犯の被害者の追求権を本罪の基礎的な保護法益としながらも，被害者への返還を内容とする行為にも，「正常な回復」ではないとして，本罪の成立を認めることがある．たとえば，窃盗の被害者に盗品の取戻しを依頼された者が，盗品を買い戻し被害者宅へ運搬した場合でも，窃盗犯人の利益のために行為したのであり，正常な回復を全く困難ならしめているから，運搬罪の成立を認めうるとしている（最決昭和 27・7・10 刑集 6・7・876）．最近の判例にも，同様の判例がある（最決平成 14・7・1 刑集

---

186) 平野・刑法の基礎 212 頁は，本罪の歴史的・社会的背景を踏まえて，1項は犯罪による利益に与る行為，2項は盗品等利用の幇助行為だとされる．しかしこれが，追求権の保護をまったく考慮しないものだとすれば正当とは思われない．また，刑法の解釈は，条文の歴史的・社会的背景を踏まえなければならないことは確かであるが，最終的には，理論的な合理性と整合性がより重要である．

56・6・265.「正常な回復を困難にするばかりではなく，窃盗などの犯罪を助長・誘発するおそれがあることを指摘する）.

しかし，盗品返還行為をもって，盗品に対する追求権（返還請求権）を害する行為だとすることはできないであろう．ここで「正常な回復」でないとされる根拠は，被害者が不当な財産的利益を脅迫などによって交付せしめられることにあるが，それは，恐喝罪などによって処罰されるべきものである．本犯犯人の依頼を受け，被害者と交渉して，警察に通報しない旨の約束を取り付け，被害者宅に盗品を運搬したような場合でも，「正常な回復」とはいいがたいが本罪の成立を認めるべきではないであろう（参照，林（美）・刑法の基本判例 166 頁，相内・百選［3 版］125 頁，高山・平成 14 年度重判解 155 頁，林・判タ 1181・110 など）.

本罪の内容ではないもの 以上の意味で，本罪は**複合的性格**をもっていることは否定し得ないが，学説上はさらに，本罪の性格として，別のものが指摘されることがある．

第一に，本罪は**事後従犯**だとされることがある（平野 233 頁）．しかし，これが，犯罪が終了した後に，それに加担したということのみをもって本罪の可罰性を説明しようとするものだとすれば，それは，自己の行為から生じた結果についてのみ人は責任を負うという原理に基づく**因果共犯論に反する**ものであって，正当ではない（参照，名和前掲 383 頁）．

第二に，本罪は**利欲犯ないし利益関与罪**だとされることもある（平野・刑法の基礎 214 頁，西田 238 頁）．しかし，たとえ犯罪によって得た不法な利益だとしても，その分け前にあずかることそれ自体は，（責任を加重する理由とはなりえても）不法なものとはいえない．

第三に，本罪の性格として，犯人庇護，すなわち，本犯を刑事訴追から免れさせることを強調する見解もある（前田 341 頁［4 版］）．しかし，犯人蔵匿罪（103 条）や証拠隠滅罪（104 条）などが，犯罪者に対する国家の刑事訴追作用を保護しようとするものであるのに対して，本罪は純粋に**私人の財産を保護**しようとするものである．

第四に，本罪を「財産領得罪を禁止する**刑法規範の実効性**」という（より観念化・抽象化された）法益に対する罪として把握しようとする見解も主張されている（井田・現代的展開 257 頁）．しかし，刑法規範は，法益の存在を前提とし

て，それを保護しようとするものである（林・基礎理論32頁）から，法益の中に規範の実効性を含めるのは疑問である（参照，山口331頁）．

本罪の主体 （1） 本罪の主体となりうるのは，**本犯以外の者**に限られる．本犯以外の他人（本罪の主体）が介在することによって追求権の侵害はより重大となり，また，その他人が本犯の犯罪性を助長・促進することとなるからである．これを共罰的事後行為とする見解もある（大谷343頁）が，責任がなかったり公訴時効が到来したなどの理由によって本犯では処罰されない場合であっても，本罪の成立を認めるべきではない．したがってこれは**不可罰的事後行為**（そもそも構成要件に該当しない）とするべきである（参照，林・現刑65・84）．

したがってまた，窃盗犯人と共同して盗品を運搬した者については本罪が成立するが（最判昭和30・7・12刑集9・9・1866），窃盗犯人については，本罪の共同正犯はもちろん狭義の共犯ともなりえないと解するべきである（井田・前掲267頁）．

（2） 本犯に教唆・幇助など狭義の共犯として関与したにすぎない者については，本罪の主体となりうるというのが，判例（最判昭和24・7・30刑集3・8・1418）・通説である．学説には，本犯の共同正犯について本罪の成立を否定する以上，狭義の共犯の場合も，本罪で処罰することはできないとするものがある（西田246頁）．しかし，本犯が本罪の主体となりえない理由が先に述べたようなところにあるとすれば，本犯に関与したにすぎない場合については，共同正犯の場合であっても，本罪の成立を認めるのがむしろ一貫している．本罪の不法・責任内容を完全に実現していながら，ただ本犯に関与したというだけで，本罪の成立を否定する理由はない．たとえば，本犯の計画指導をした黒幕が，それによって得た財物の処分をもあっせんしたような場合，本犯の共謀共同正犯と本罪の成立を共に認めるのが，むしろ妥当と思われる．

（3） 本犯の共犯と本罪とは，併合罪とするのが判例（最判昭和28・3・6裁判集刑75・435．学説として，井田・前掲264頁，山口343頁など）である．これに対しては，牽連犯とするべきだとする見解もある（中森181頁，曽根196頁など）が，「通例」目的手段，原因結果の関係に立っているとはいえないと思われる．

本罪の客体　(1)　本罪の**客体**は，財産犯によって領得された物に限定される．墳墓を発掘して領得した死体の一部（大判大正 4・6・24 刑録 21・886），漁業法違反の行為によって得られた海草（大判大正 11・11・3 刑集 1・622）は，本罪の客体とはならない．学説上は，本罪を本犯によって違法に生ぜしめられた財産状態を維持存続させることを内容とするものと解し，狩猟法違反・漁業法違反によって取得された物も本罪の客体とする見解も主張されている（木村 166 頁，伊東・現代社会 285 頁以下）．これを**違法状態維持説**というが，平易化後の現行法のとる立場でないことは明らかである（改正前は贓物とされていた）．賄賂，偽造文書なども本罪の客体とはならない．

(2)　他方，財産犯の構成要件に該当する違法な行為によって取得された物であれば，責任がなく，財産罪が成立しなくても，本罪の客体となりうる．大判明治 44・12・18 刑録 17・2208 は，14 歳未満の者が窃取した財物を本罪の客体としている．本犯者が親族相盗例により刑を免除される場合（大判大正 5・7・13 刑録 22・1267），公訴時効が完成した場合（大判明治 42・4・12 刑録 15・435），免責特権により我が国の裁判権が及ばない場合（福岡高判昭和 27・1・23 判特 19・60）でも，本罪は成立しうる．

　本犯が外国人により外国で行われ，我が国の財産犯規定が適用されないにもかかわらず（刑法 1，3 条），その盗品が我が国に持ち込まれた場合には本罪の客体と認める見解が多い（団藤 663 頁，中谷・基本講座 5 巻 310 頁，井田・前掲 261 頁など）．しかし，刑法の適用がない行為について，本犯が成立していると解するのは妥当でないと思われる（山口 334 頁，山中 431 頁など）．

(3)　客体は「物」，すなわち**有体物**にかぎられる．債権など無形の利益は本罪の客体とはなりえない．不動産も客体となりうるというのが通説である．横領などによって領得された不動産の登記を移転することによって，追求を困難とすることはありうるが，動産において物の物理的「移動」を要件とするべきこととの均衡，さらに，およそ「運搬」しえないことなどを考慮すれば，疑問がある（植松 465 頁，ポケット注釈 596 頁（伊達））．

(4)　法は，「領得」された物としているが，背任罪によって「取得」されたにすぎない物も，本罪に含めてよいであろう．損壊目的で占有移転し損壊したパソコンの部品については，当初の占有移転の際不法領得の意思を認め得，

窃盗罪の成立を認めることができるように思われる．

追求権の侵害　(1)　本条にいう盗品等は，被害者が法律上追求することのできるものでなければならない（大判大正 12・4・14 刑集 2・336）．したがって，善意取得された場合（民法 192 条）には，本罪の客体たる資格を失う（大判大正 6・5・23 刑録 23・517）．しかし民法 193 条によれば，盗品・遺失物のときは 2 年間回復を請求することができるから，その間は当然本罪が成立しうる（最決昭和 34・2・9 刑集 13・1・76）．民法 246 条により加工者が所有権を取得する場合には，本罪は成立しえないが，窃取した貴金属を変形して金塊としたにすぎない場合は加工にはあたらない（大判大正 4・6・2 刑録 21・721）．盗品である自転車の一部（車輪，サドル）を取り外し，他の自転車に取り付けた場合でも，その行為が，民法上の付合や加工にあたらない以上，それらについて本罪が成立しうる（最判昭和 24・10・20 刑集 3・10・1660）．このように判例は，基本的に，本罪の保護法益を本犯の被害者の追求権と理解し，かつ，その有無を民法によって定めているといえよう．この見解は正当なものである．

(2)　もっとも，被害者の追求権がなくとも本罪の成立を認めるべきではないかが問題となる場合がある．

第一は，本犯が詐欺罪・恐喝罪を犯したような場合，その契約は一応有効であり，被害者はこれを取り消すことができるにすぎない（民法 96 条）．しかし，取り消して返還を請求できるかぎりにおいて被害者には追求権があると考えることができよう．追求権は潜在的なものでよいのである．

第二は，被害者の財産の交付が**不法原因給付**となるような場合である．この中でもいわゆる不法原因給付と横領の場合はそもそも不法原因給付とみるべきではない[187]から，被害者には当然に追求権があるといえる．問題は不法原因給付と詐欺の場合である．この中でも民法 708 条但書にあたるような場合は，被害者の追求権を認めうる．これにあたらないような場合，被害者は返還を請求することはもはやできないから，本罪の客体と認めることはできない（山口 335 頁，松宮 287 頁など）．この場合でも，本犯が返還してしまえばそれは有効となることを理由として本罪の追求権を肯定する見解もある（大谷 342 頁）．しか

---

187)　本書 152 頁．

し，本罪においてはまさに返還しない段階において追求権があるかが問題となっているのであるから，このような見解には疑問がある．さらに，本犯について財産犯が成立する以上，本罪の客体となりうるとする見解も主張されている（中森178頁）．しかしこれは，論者の主張する，善意取得した後は被害者は所有権を失うことを理由として本罪の成立を認めないこと，あるいは，民法193条によって本罪の客体たりうるかを決定することと，一貫しないと思われる．

　第三は，客体が**禁制品**の場合である．この場合被害者には追求権がないとすれば，本罪の成立を認めるべきではないこととなるであろう．しかし，被害者には一応追求権があり，ただ，被害者はその所持・所有を国家に対して対抗できないにすぎないとすれば，本罪の成立を認めることは可能であろう．

　第四に，**盗品などを売った代金**，あるいは，**盗んだ金銭で買った物**については，被害者の追求権はもはや認めえず，本罪の成立を認めえないことは明らかである．また，情報を化体した物を財産罪によって取得した後，それを自分のコピー紙でコピーしたような場合，あるいは，自分のフィルムなどで撮影した場合，そのコピー紙やフィルムなどについても，本罪の成立を認めることはできない．

　(3)　問題となるのは，盗んだ金銭を**両替**した金銭まで，本罪の客体となりうるか，である．判例はこれを認めている（大判大正5・11・6刑録22・1664）．金銭の場合，そもそもその物の個性は問題とならず，そこに体現されている価値だけが意味があるのだから，これは支持することができよう．このように考えることが民法の判断と矛盾するものでないことは，金銭の横領の場合と同じである[188]．

　(4)　ところが判例は，詐取した小切手によって支払を受けた現金を，詐欺罪によって領得した物件にほかならないとしている（大判大正11・2・28刑集1・82）．しかしここまで拡張することには疑問がある．もっとも，詐取した小切手であることを秘して支払を受けること自体が詐欺罪を構成するとすれば，判例の結論を支持しえよう（平野・刑法の基礎220頁，内田384頁，山口337頁など）．

---

[188]　本書283頁．

第8節　盗品等に関する罪　311

行為　(1)　本罪の行為は，無償で譲り受けること（1項），運搬し・保管し・有償で譲り受け・有償の処分のあっせんをすることである（2項）．

(2)　**無償で譲り受ける**とは，無償でその所有権を取得する行為である．したがって，単に一時使用の目的で盗品である空気銃を借用したにすぎないときは本罪にあたらない（福岡高判昭和26・8・25高刑集4・8・995）．これに対して，無利息の消費貸借は本罪にあたる（福岡高判昭和26・8・25高刑集4・8・995）．

(3)　**運搬**とは，委託を受けて本犯のために盗品等の所在を移転することである．その距離がさほど遠くないときでも，本罪にあたりうるとする判例がある（最判昭和33・10・24刑集12・14・3368）．

(4)　**保管**とは，委託を受けて本犯のために盗品を占有することである．盗品等に対する占有が被告人の支配下に移転されたことが必要であり，単に預かる旨の約束をしたにとどまるときは，本罪は成立しない（京都地判昭和45・3・12刑月2・3・258）．貸金の担保として，これを受け取り蔵匿する行為は保管となる（大判大正2・12・19刑録19・1472）．判例によれば，盗品であることを知らずに盗品の保管を開始した後，盗品であることを知るに至ったのに，なおも本犯のためにその保管を継続するときは本罪にあたる（最決昭和50・6・12刑集29・6・365）．しかしこの場合，知った後，本犯との間に保管することの**合意**がないかぎり，本犯を次の犯罪へと駆り立てる力は弱いから，本罪の成立を認めることには疑問がある（参照，平野235頁，中森181頁，山口340頁など）．このかぎりで本罪は継続犯ではなく，状態犯だと解するべきであろう（参照，林（美）・神奈川法学24・3＝4・1）．

(5)　**有償譲り受け**とは，金銭その他の物件の対価として盗品の所有権を取得する契約をすることである．債務の弁済として盗品である金員を取得することも含まれる（大判大正12・4・14刑集2・336）．本罪の成立には，売買を約するだけでは足りず，盗品を受領することが必要である（大判大正12・1・25刑集2・19）．

(6)　**あっせん**について，判例は，盗品の売買の仲介周旋さえすれば，売買が成立しなくても本罪が成立しうるとしている（最判昭和23・11・9刑集2・12・1504）．しかしこれは，保管については被告人の支配下に移転されたことを要するとし，有償譲り受けについては売買を約するだけでは足りず盗品を受領す

ることが必要だとしていることと一貫しないであろう（参照，山口341頁）．本罪については未遂犯規定がないことが，このように早い段階で本罪の成立を認める契機となっている．立法論上は問題となろう．また，あっせんは無償であってもよいというのが判例である（最判昭和25・8・9刑集4・8・1556）．

本罪の故意 本罪の成立には故意が必要であるが，それは，**未必の故意**，すなわち，客体は盗品かもしれないと思ったことで足りる（最判昭和23・3・16刑集2・3・227）．また，財産罪によって取得された物であることの認識があれば足り，それがどのような犯行によって得られたという具体的事実まで知る必要はない（最判昭和30・9・16裁判集刑108・485）．

> 配偶者との間又は直系血族，同居の親族若しくはこれらの者の配偶者との間で前条の罪を犯した者は，その刑を免除する（257条1項）．前項の規定は，親族でない共犯については，適用しない（2項）．

親族間の犯罪に関する特例 （1）本規定は，これらの親族関係にある者が本罪を犯すことは，期待可能性が低い，すなわち，**責任が減少**するという考慮に基づくものである．

（2）本条の規定する親族関係は本罪の犯人と誰との間にあることを要するかが問題とされ，判例・通説によれば，本犯との間に親族関係があることを要し，それをもって足りる（最決昭和38・11・8刑集17・11・2357）．これに対しては，本犯の被害者との間にあることを要するとする説（小野284頁），あるいは，少なくともその場合にも本罪の適用を認めてよいとする説（曽根201頁）がある．これは，このような場合にこそ，本罪の保護法益としての被害者の追求権に対する**違法性が減少**するという考慮によるものであろう．しかしこのような解釈によるときは，本条2項に規定されている共犯処罰の独立性の説明が困難と思われる．

（3）なお前掲判例は，本罪の犯人相互間に配偶者たる関係があっても，その刑を免除するべきでないとする．しかし，本罪の犯人との関係でも本罪が成立しえ（これは，低い程度の追求権の侵害・危殆化，将来の財産犯の危険で足りることを意味する），そして，この両者に親族関係があるときにもやはり責任減少が認

められる以上，本条の適用を拒むべきではないと思われる（中森183頁，山口344頁，松宮292頁など）．

第9節　毀棄及び隠匿の罪

総説　(1)　刑法典は財産犯の最後の章に毀棄隠匿の罪を置き，その法定刑を窃盗罪など領得罪よりも軽くしている．相手の財産を毀棄することは，窃盗等をすることよりも，不法・責任が重大な場合もありうる．窃盗しても，その物が元の形状を保っており，発覚し被害者に返還されれば，実際上の被害は小さいこともありうるのに対して，その物を物理的に完全に破壊して財産的価値をゼロにしてしまうこともありうるのである．それにもかかわらず現行法が**毀棄隠匿を軽く処罰している理由**は，第一に，相手の占有の侵害を要せず，また，物全体ではなく一部の損壊でもありえ，さらに，判例のように，物理的におよそ変形しないでただその物の効用を失わせるような場合まで毀棄に含まれると考えた場合には，その不法は小さいものでありうること，第二に，毀棄隠匿の意思は領得の意思よりも**責任が小さい**ものであること[189]，によるものであろう．

(2)　本章の罪の行為態様として，法は「毀棄」「損壊」「傷害」，そして，「隠匿」をあげている．このうち，前の3つは，客体の違いに応じて表現を変えたものにすぎず，内容において同一のものと理解されている．毀棄等の中には隠匿も含まれるというのが，通説・判例であるが，以下に検討するようにこの点については問題がある．

(3)　毀棄等の意義について，判例は，その物の**効用を失わせる**ことだと解している（最判昭和32・4・4刑集11・4・1327）．そこから，食器に放尿した場合（大判明治42・4・16刑録15・452），鯉を池から流出させた場合（大判明治44・2・27刑録17・197），建造物に多数のビラを貼った場合（最決昭和41・6・10刑集20・5・374），組合の看板を取り外し，組合事務所に集荷された荷物から荷札を取り外した場合（最判昭和32・4・4刑集11・4・1327〔看板・荷札の本来の効用を喪

[189)　本書195頁参照．

失するに至らせたものだとする]），さらに，隠匿した場合（大判昭和 9・12・22 刑集 13・1789）などについて，本章の罪の成立を認めているのである．もっとも判例は，その物の効用を失わせなくても，物理的毀損を加えた場合には，やはり，本章の罪の成立を認める傾向を示している（山本・刑法の基本判例 169 頁）．

　（4）　しかしこのような効用喪失説に対しては，日常用語法から離れることが大きすぎ，**文言上不可能**であり，物質的に破壊・毀損することのみが本章の罪に該当しうるとする**物質的毀損説**が主張されている（曽根・論争 II 215 頁，田中・基本講座 334 頁，松宮 297 頁など）．

　（5）　判例が効用を失わせただけで本章の罪に該当しうるとする理由は，効用を失わせることは物質的毀損と「反価値性の面で同等」（日高・論争 II 219 頁）であり，物質的毀損に限ったのでは「処罰範囲が狭すぎる」（西田 248 頁）というものである．とくに，窃盗罪等において不法領得の意思を要求し，毀棄隠匿の意思で窃取した場合には窃盗罪等は成立しないという立場をとった場合には，物質的毀損説からは重大な処罰の間隙が生じるのである．しかし，このような理由だけでは，類推解釈・罪刑法定主義違反だとする批判をかわすことはできないであろう．判例が毀棄等にあたるとしたほとんどの場合，処罰に値するものであることは否定できない．しかし問題は，それらの場合を「毀棄」等にあたるとなしうるか，処罰するためには新たな立法をするべきではないか，ということである．なお，刑法 96 条は「損壊」と「無効に」することを区別していることが，参照されるべきである．

　（6）　もっとも，次のような場合には，物質的毀損説の立場からも処罰することが可能であろう．公正証書の原本に貼付された印紙を剝離する場合（大判明治 44・8・15 刑録 17・1488），被疑者が弁解録取書を丸めしわくちゃにした上，床に投げ捨てた場合（最決昭和 32・1・29 刑集 11・1・325），盗難及び火災予防のため埋設貯蔵されているガソリン入りのドラム缶を発掘した場合（最判昭和 25・4・21 刑集 4・4・655），家屋を建設するため地ならしをした敷地を掘り起こして畑地とした場合（大判昭和 4・10・14 刑集 8・477），高校の校庭として使用されている土地に，「アパート建築現場」と書いた立て札を掲げ，幅 6 間長さ 20 間の範囲で 2 ヵ所に杭を打ち込み板付をして，保健体育の授業その他に支障を生ぜしめた場合（最決昭和 35・12・27 刑集 14・14・2229）などである．

公務所の用に供する文書又は電磁的記録を毀棄した者は，3月以上7年以下の懲役に処する（258条）．

公用文書等毀棄罪

（1）　**公務所の用に供する文書**とは，公務所において使用の目的で保管する文書を意味し，その作成者が公務員か私人かを問わず，また，作成目的が公務所のためか私人のためかを問わず，現に公務所において使用に供する物をすべて含むから，公証人が作成し，公証人役場に保管中の公正証書原本は，私人のために作成されたものであっても本条の文書にあたる（大判明治44・8・15刑録17・1488）．偽造文書も本罪の客体となりうる（大判大正9・12・17刑録26・921）．収税官吏が差し押さえた帳簿書類は，これを容器に収納し封印を施して被告人にその保管を命じた場合，本条の文書に当たるというのが判例である（最決昭和28・7・24刑集7・7・1638）．

（2）　未完成文書であっても，本罪の客体となりうるというのが判例である．たとえば，被疑者の供述を記載し，これを読み聞かせた弁解録取書は，いまだ被疑者及び司法警察職員の署名押印がなくても，本条の文書にあたる（最決昭和32・1・29刑集11・1・325）．また，被疑者の氏名・職業・生年月日その他の必要事項を記入し，さらに，その供述の一部を記載した弁解録取書についても，本条の客体とする判例がある（最判昭和52・7・14刑集31・4・713）．

（3）　判例によれば，警察官による取調べ方法が違法であったとしても，作成中の供述録取書が既に文書としての意味内容を備えるに至っている以上，将来これを公務所において適法に使用することがあり，そのため公務所が保管すべきものであるから，本条の文書にあたる（最判昭和52・7・14刑集31・4・713）．

（4）　電磁的記録の意義については，すでに検討した[190]．

（5）　判例は，村役場書記が村長に提出した退職届の日付を改ざんした場合（大判大正10・9・24刑録27・589），県立高校の入試答案を改ざんした場合（神戸地判平成3・9・19判タ797・269）に，**毀棄**にあたるとしている．毀棄とは効用を失わせることだとすれば，当然の結論であるが，このような場合を毀棄といえ

---

[190]　本書134頁参照．

るものか，疑問がある．

> 権利又は義務に関する他人の文書又は電磁的記録を毀棄した者は，5年以下の懲役に処する（259条）．

私用文書等毀棄罪　「権利又は義務に関する文書」とは，権利，義務の存否，得喪変更を証明する文書のことである．私文書偽造罪（159条）の場合とは異なり，事実証明の文書を含まない．有価証券である小切手も本条の文書にあたる（最決昭和44・5・1刑集23・6・907）．

> 他人の建造物又は艦船を損壊した者は，5年以下の懲役に処する．よって人を死傷させた者は，傷害の罪と比較して，重い刑により処断する（260条）．

建造物損壊罪　（1）「他人の」の意義については，すでに検討した[191]．

（2）　**建造物**とは，家屋その他これに類似する建造物を指称し，屋根があり，壁又は柱により土地に定着し，少なくともその内部に人の出入りすることのできるものであることを必要とする．したがって，くぐり戸のついた門は建造物にあたらない（大判大正3・6・20刑録20・1300）．敷居，鴨居のように建造物の一部を組成し，建造物を損壊しなければ取り外すことのできない物を毀損する行為は本条にあたる（大判大正6・3・3新聞1240・31）．家屋の外囲に建て付けてある雨戸や板戸のように損壊することなく自由に取り外しうる物を損壊しても本罪にあたらない（大判大正8・5・13刑録25・632）．判例にはさらに，損壊行為の客体が建造物の一部であるか否かは，その客体の構造，形態，機能，経済的価値及び毀損しないで取り外すことの難易度，取り外しに要する技術等から総合的に決定されるべきであるとし，市議会議事堂の傍聴人入口のガラスドアは建造物の一部を構成するとしたものがある（仙台地判昭和45・3・30刑月2・3・308）．

（3）　判例はここにおいても，損壊とはその建物の効用を失わせることだと

191）　本書169頁参照．

している（最決昭和 41・6・10 刑集 20・5・374）．そして，多数枚のビラを貼付した場合について本罪の成立を認めている（前掲決定のほか，最決昭和 43・1・18 刑集 22・1・32）．このような行為を「損壊」となしうるか，疑問がある．いずれにしても，枚数が少ない場合，あるいは，多くても労働運動の一環として行われている場合には，可罰的違法性が否定されるべきであろう．また，効用喪失説に立つとしても，一般の建造物について，美観・威容そのものを保護するべきではなく，それによって本来の使用を不可能にした場合に処罰は限られるべきであろう（中森 187 頁，山中 451 頁）．

前3条に規定するもののほか，他人の物を損壊し，又は傷害した者は，3年以下の懲役又は 30 万円以下の罰金若しくは科料に処する（261 条）．

器物損壊等の罪　(1)　本条の罪は一般に器物損壊罪と呼ばれるが，前3条に規定する以外の物であれば，すべて本罪の客体となりうる．たとえば，土地とか動物である．他人の土地を掘り起こし，他人の動物を殺せば，本罪が成立しうる．

(2)　判例はここでも効用を失わせることが本条の行為だとし，前にあげたような場合のほか，たとえば，養護施設の塀のかなりの部分に赤色スプレーで落書をした場合について，その文言内容と共に美観を害し，原状回復が相当に困難であったことを理由として本罪の成立を認めている（福岡高判昭和 56・3・26 刑月 13・3・164）．

自己の物の損壊等　自己の物であっても，差押えを受け，物権を負担し，又は賃貸した物を損壊し，又は傷害したときは，前3条の例による（262 条）．

境界標を損壊し，移動し，若しくは除去し，又はその他の方法により，土地の境界を認識することができないようにした者は，5年以下の懲役又は 50 万円以下の罰金に処する（262 条の 2）．

境界損壊罪　(1)　本罪の保護法益は境界標という財産ではなく，それによって示される**土地の境界**そのものである（内田 403 頁，丸山・百

選［3版］138頁，山口354頁など）．したがって，本罪が成立するには，境界を認識することができなくなるという結果の発生を要し，境界標を損壊したが，いまだ境界が不明にならない場合は本条にあたらない（最判昭和43・6・28刑集22・6・569）．その事案は，境界標として設置した丸太を切り倒したが，地中の部分は残っていたというものである．境界標を抜き取った跡の穴が残っているために，境界を認識することができるような場合にも，本罪の成立を認めることはできない．

　他人の信書を隠匿した者は，6月以下の懲役若しくは禁錮又は10万円以下の罰金若しくは科料に処する（263条）．

信書隠匿罪　（1）　他人の信書とは，他人の所有に属する，ある人の意思を別の人に伝達するために発せられた文書のことである．

　（2）　信書は，一般に重要な価値をもっているから，それにもかかわらず本罪を軽く処罰することとしたのは，法は，毀棄に隠匿は含まれないという前提に立ち，毀棄にならないような隠匿をも信書にかぎって処罰することとしたものと解される（曽根210頁は，その保護法益は，信書を伝達手段とする無形的な情報価値にあるとするが，そのようなものも財産と考えてよいであろう）．信書でない物の隠匿は，価値があっても，形状を保っているかぎり，法益侵害はさほど大きくないのに対して，信書は，物理的毀損がなくとも，被害者の手元から失われるならば，それだけで重大な法益侵害となるという考慮がその背後にはある．

　（3）　これに対しては，毀棄に隠匿が含まれ，かつ，信書が重要な価値をもっていることを認める立場から，信書の利用を不可能にする程度の隠匿は損壊であるが，被害者の信書の発見に妨害を与える程度の隠匿は本罪にあたるとする見解が主張されている（団藤680頁）．

　（4）　しかし，法がその程度の行為をあえて処罰することとしたものと解するのは妥当とは思われない．そこで，毀棄に隠匿が含まれるという前提に立ちつつも，信書の隠匿のみを261条よりも軽く処罰するものだという見解も主張されている（平野236頁，中森189頁，山口354頁など）．しかしこれは，信書が他の物よりも一般的にいって価値が低いという前提に立たなければ成り立たな

いものである．法がそのような前提に立っているとは思われない（松宮303頁）．

259条，261条及び前条の罪は，告訴がなければ公訴を提起することができない（264条）．

親告罪　被害者のプライヴァシーを考慮したものである．

第 2 編　社会的法益に対する罪

社会的法益に対する罪の内容　(1)　個人が多数集まるとそこに社会ができる．社会とはこのように**個人の集合体**にほかならず，集合体を超えた観念的な「社会的秩序」(団藤171頁)そのものが存在しているわけではない(平野239頁)．

(2)　ただ，個人的法益に対する罪においては，特定の個人の重要な法益の侵害，あるいは，そのかなり高度の危険が必要とされる．さもないと，国家刑罰権によって人々の行動の自由が著しく制約されてしまうからである．しかし，個人個人をとればさほど重要ではない法益の侵害・危険，あるいは，重要な利益に対するかなり低度の危険であっても，その個人が多数となっているために，全体としての人々に対する不法内容は重大なものとなることがある．その場合には，別個犯罪を規定して処罰せざるをえないこととなる．これが社会的法益に対する罪にほかならない．

(3)　そうはいっても，人々のおよそどのような利益でも刑法で保護しようとしてはならない．たとえば，社会的法益に対する罪においては，社会の「平穏」を保護すべきだとする学説がある(団藤173頁，大塚359頁，大谷364頁など)．しかし，その内容は不明確である．それはどうかすると，内容のない「社会的秩序」，そうでなくとも，とるに足りない安心感や，個人的な倫理感のようなものと解されるおそれがある．そこから，人々に単なる不安感・嫌悪感を与えただけで犯罪の成立を認めるということになりかねない．それは妥当ではないであろう(参照，山中463頁，松宮312頁など)．

叙述の順序　第1章においては，多数の人々の生命・身体・自由・財産などの基本的な法益に対する危険犯である公衆の安全に対する罪として，騒乱罪，放火・失火罪，往来妨害罪などを検討する．第2章においては，人々の文書に対する信用を保護する罪として，各種偽造罪を検討する．第3章においては，公衆の感情に対する罪として，わいせつ物頒布罪，死者に関する罪などを検討する．

第1章　公衆の安全に対する罪

第1節　騒乱の罪

多衆で集合して暴行又は脅迫をした者は，騒乱の罪とし，次の区別に従って処断する．首謀者は，1年以上10年以下の懲役又は禁錮に処する．他人を指揮し，又は他人に率先して勢いを助けた者は，6月以上7年以下の懲役又は禁錮に処する．付和随行した者は，10万円以下の罰金に処する（106条）．

　　　　　（1）　本罪は，多くの人間が集合して暴行脅迫をしたときに生じる，
<small>総説</small>　公衆の生命・身体・財産・自由などに対する重大で切迫した危険を防止しようとするものである．戦前は，小作争議や暴力団同士の抗争などに対して本罪が適用されたが，戦後は，政治運動・労働運動・学生運動などに対して適用された．しかし，これらの運動は政治活動や学問・表現の自由，さらに労働基本権などと密接に関連していたことなどもあって，無罪判決もいくつか出されたことが注目される．最終的に有罪となったものも，被告人が多数であり，事件が大規模であったために，捜査・訴追・裁判が長期化し，国家支配のイメージダウンになった面もあった．そして，戦後の政治的・社会的混乱が一応収束し，秩序が安定したことから，現在では本罪は発動されることがなくなっている．その背景には，凶器準備集合罪（208条の3）が，いわば「小型騒乱罪」として機能した所もある．そこから，立法論としては本罪を削除し，暴力行為等処罰ニ関スル法律第1条などによって集団的暴力行為は取り締まればよいとする見解も示されている（萩原・上智法学40・1・122）．しかし，大規模の集団的暴力が発生した場合に，より重く処罰して一般予防を効果的に達成するために，本罪の成立を認めるべき場合が生じ得ないとはいえないであろう．

(2) 本罪の**保護法益**は，地方の静謐又は公共の平和だというのが判例の見解である（最判昭和28・5・21刑集7・5・1053．学説として，大谷365頁など）．しかし，多衆で集合して大声をあげて騒々しくしても，また，人々に恐怖感・不安感を生ぜしめても，それだけでは本罪は成立しない．さらに，取締当局の公務の執行を妨害しただけでも，本罪は成立しないのである．本罪の保護法益は，社会秩序，具体的にいうと，**公衆の生命・身体・財産・自由**だと解するべきであろう．上記の判例はさらに，社会の治安を動揺せしむる危険，又は，社会の治安に不安・動揺を生ぜしめたことも必要ではないとしている（抽象的危険犯と解する説として，中森194頁など）．しかし，前に述べたような意味での法益にまったく危険が生じていない場合に本罪の成立を認めるべきではないであろう（参照，伊藤・北大法学論集39・1・2，小野寺・福岡大学法学論集32・2，山口361頁など）．

共同意思 (1) 判例によれば，本罪の成立には共同意思が必要であるが，それがいかなる理由によるものであり，その内容はどのようなものであるかは，問題のあるところである．学説には，本罪の成立には共同意思は必要ではないとするものがある（江藤・基本講座6巻178頁）．たしかに，共同意思というものは，どうかすると，個人の意思を超えた集団意識と解される傾向がある（団藤180頁は共同意思を「群集心理」とされ，大塚・注解刑法539頁は，「集団的な共感意識」とされる）が，その内容は不明確であり（参照，中森195頁），その有無の証明は不可能であろう．さらにそのような意思が必要とされる理由も十分に明らかではない．おそらくその理由は，そのような意思があるとき，集団のもつ暴行・脅迫の危険性は高まるというにあるのであろうが，本罪の不法内容が実現されたかどうかは客観的に判断されるべきであろう．しかも，このような共同意思があるとされると，その集団に属していたというだけで（とくに付和随行者として）処罰されてしまう危険がある．ただ，多数の人間に以下に述べるような（一定限度での）意思の連絡があり，あるいは，意思内容の事実上の同一性があるときに，これを共同意思として，犯罪成立要件として認めることは可能であり，必要なことでもある．

(2) したがって問題は共同意思の内容である．それは第一に，本罪の**不法内容**を基礎づけるものとして要求されるから，暴行脅迫を行う多数の人間に行

為の動機を提供するという意味での**心理的因果性**でなければならない（林・百選144頁，町野・現在207頁，萩原・上智法学40・1・120頁，前田・現代的展開278頁）．第二に，それは本罪の**責任内容**を基礎づけるものとしても要求されるから，その内容は，第一に述べた意味での不法内容を認識していること，すなわち**故意**でなければならない．このような2つの意思がその集団に認められるときに，その集団には共同意思があるということになる．そして，ある個人を処罰するときには，彼自身において，この2つの要件が共に充足されていなければならない．ある者を処罰するためには，彼自身がその犯罪の不法・責任内容を実現していたのでなければならないという意味での**個人責任の原則**はここにも妥当するのである．このことは，とくに，付和随行者として処罰する場合に留意しなければならない．集団としての暴行脅迫が行われているときに，ただそこで見物していた，あるいは，集団とは無関係に暴行・脅迫をふるったというだけで，本罪の成立を認めてはならない．

　(3)　このように，本罪の内容は基本的に共犯と同じものである（いわば共犯が正犯として処罰されている）が，若干違うところもある．それは，本罪が通常の共犯の場合よりも**多数の人間の関与**によって実現されるということから生じるものである．第一に，前に述べた心理的因果性も，関与する人間が多い分，一人一人との間の因果性は若干弱いものとなることである（町野・現在207頁）．因果性はあるかないかであって，強いか弱いかなどということはありえないようでもあるが，因果性の基本は条件関係＝結果回避可能性であって，その可能性に大小があることは当然のことなのである．第二に，本罪の成立を認めるには，本罪の不法内容を直接に実現する多数の人間に心理的因果性を及ぼさなければならないが，現実に実現したすべての人間に及ぼす必要はないということである．このような場合であっても，心理的因果性を及ぼしたかぎりにおいて犯罪の成立は認められる．しばしばいわれる，本罪の成立には意思の連絡ないし相互認識は必要でないということは，このような意味においてのみ維持されうる．本罪の基本的内容が共犯と本質を異にするというわけではない．

共同意思についての判例　　(1)　判例によれば，共同意思は，多衆の合同力をたのんで自ら暴行・脅迫をなす意思ないしは多衆をしてこれをなさしめる意思と，かかる暴行・脅迫に同意を表し，その合同力に加わる

意思とに分かたれ，集合した多衆がこのいずれかの意思を有する者によって構成されているとき，その多衆の共同意思があることになる（最決昭和53・9・4刑集32・6・1077）．学説には，具体的には前の意思は首謀者や指揮者に，後の意思は付和随行者に認められるとするものがある（前田364頁［4版］）が，付和随行者には多衆の合同力をたのんで自ら暴行・脅迫をなす意思のものもあるであろう．

　(2)　判例によればさらに，この共同意思ありとするには，多衆集合の結果惹起せられることのありうべき多衆の合同力による暴行・脅迫の事態の発生を予見しながら，あえて，騒乱行為に加担する意思があれば足り，個々の暴行・脅迫の確定的認識を要するものではない（最判昭和35・12・8刑集14・13・1818）．また，騒乱行為に加担する意思において確定的であることを要するが，多衆の合同力による暴行・脅迫の事態の発生については，確定的な認識まで要するものではなく，その予見で足りる．故意について**未必的故意**を除く理由はないからそのかぎりで判旨は正当であろう．ただ，心理的因果性を認めるためには，自分の行為が現実に暴行・脅迫を行う多数の人間に明確に認識されていたのでなければならないであろう．そうでなければ，彼らに行為の動機を提供したとはいいえないだろうからである．

　(3)　判例によれば，同一地域において，構成を異にする複数の集団により時間・場所を異にして暴行・脅迫が行われた場合でも，先行の集団による暴行・脅迫に触発刺激され，右暴行・脅迫の事実を認識認容しつつ，これを承継する形態において，その集団による暴行・脅迫に時間的・場所的に近接して，後の集団による暴行・脅迫が順次継続的に行われたときは，各集団による暴行・脅迫は全体として同一の共同意思によるものというべきである（最決昭和59・12・21刑集38・12・3071）．ただし，この場合，前の集団に属する者の責任は，後の集団に心理的因果性を及ぼしたかぎりにおいて認められる．また，後の集団に属する者の責任は，前の集団が為し終わったことについては認められない（なお，中森195頁）．

その他の問題　(1)　判例によれば，本条にいう**多衆**とは，一地方における公共の平和，静謐を害するに足る暴行，脅迫をなすに適当な多人数であることを要する（最判昭和35・12・8刑集14・13・1818）．これに対しては，

「これに属する個々の人の意思では支配できない程度の集団」とする見解がある（平野241頁，中森194頁）が，「集団員たちが固い統率のもとに組織・訓練されていればいるほど「多衆」といえなくなってしまう」との批判（岡本・小暮ほか265頁）がなされうる．「一見しただけでは人数が把握できないほどの大集団を意味する」との見解も示されている（岡本・小暮ほか266頁）がその理論的な根拠は明らかではない．理論的にいえば，「多衆」とは，本罪の不法内容を実現する危険性をもった人数とするほかはないであろう．異なる構成員による集団が，時間的場所的に近接して暴行・脅迫を行った場合に，これらを包括して1個の騒乱罪と評価するためには，各所において暴行・脅迫に及んだ集団員が，騒乱罪の主体たる「多衆」として前後同一性を維持していたことが必要だというのが判例である（東京高判昭和47・11・21高刑集25・5・479）．

(2)　本条にいう**暴行**は広義のものであって，物に対する有形力の行使を含むから，建物の不法占拠や不法侵入も本罪の暴行にあたる（最判昭和35・12・8刑集14・13・1818）．さらに判例によれば，本条にいう暴行・脅迫は，一地方における公共の平和，静謐を害するに足りるものでなければならないが，「一地方」にあたるかどうかは，単に地域の広狭や居住者の多寡のみでなく，問題の地域の社会生活上の重要性や一般市民の動き，勤務する者の活動状況，さらには，周辺地域の人心にまで不安を与えるに足りる程度のものであったかなどの観点から決定すべきであるとして，新宿駅をも一地方にあたるとした（最決昭和59・12・21刑集38・12・3071）．その結論は妥当であろうが，本罪の保護法益を公共の平和とするのは漠然としているし，静謐と解するのも，法が物理的な暴行・脅迫を要求し，単に騒々しくしただけでは本罪の成立は認められないことを無視するものであろう．さらに，本罪の保護法益は安心感ではないのだから，人心に不安を与えるかどうかなどを重視すべきものとも思われない．

(3)　**首謀者**の前身である首魁の意義について，主動者となり多衆をしてその合同力により暴行・脅迫をなすに至らしめる者をいい，必ずしも暴行・脅迫を共にし，もしくは現場にあって総括指揮することを要しないとする判例がある（最判昭和28・5・21刑集7・5・1053．多衆の構成員たることを要するとするものとして，岡本・小暮ほか272頁）．**他人を指揮した者**とは，多衆集合して暴行・脅迫をなすに際し，多衆の一部または全部に対し指揮をつかさどる者をいい，その

指揮行為は，暴行・脅迫の決行中現場でなされると，事前に他の場所でなされるとを問わない（大判昭和5・4・24刑集9・265）．**率先助勢**とは，多衆の合同力をたのんで自ら暴行・脅迫をなし，もしくは多衆に抜きんでて騒乱を容易ならしめる行為をいう（最決昭和53・9・4刑集32・6・1077）．**付和随行**の意義について，共同の力を利用し暴行・脅迫をなす意思をもって多衆中に加わった者は，自ら暴行・脅迫をしなくてもよいとするものがある（大判昭和2・6・8新聞2734・11）．たしかに，自ら暴行・脅迫をする必要はないが，前にも述べたように，単に「共同の力を利用し暴行・脅迫をなす意思をもって多衆中に加わ」ればよいというものではなく，自己の行為（同意を表するだけでもよい）が，現実に暴行・脅迫をなした多衆に認識され，その動機とされたこと，そして，そのことを認識していたことが本罪の成立には必要である．

　(4)　本罪の成立には多数の人間の集合してなされた行為が必要である．その意味で必要的共犯である（集合犯）．このような場合，各号に該当する行為のほかは，これに対する共犯として処罰することはできないとする見解が有力である（団藤181頁など）．しかし，たとえば首謀者に本罪を教唆したような場合，教唆犯の不法・責任内容を実現しているかぎり，教唆犯が成立しないとする理由はない（岡本・小暮ほか276頁，中森196頁，山口365頁など）．単に謀議に参与した者は，首謀者でないかぎり，本条2号，3号所定の行為をしない以上，本罪にあたらないとする古い判例がある（大判明治44・9・25刑録17・1550）．たしかに，単に謀議に参与したというだけで本罪の成立を認めるべきではないであろうが，謀議における発言や役割が重大であれば，首謀者の共謀共同正犯ないし教唆犯とすることは可能であろう．

　(5)　本罪に該当する行為をした者が，同時に，他の罪をも犯したときに，罪数論上どのように処理するべきかが問題となる．学説上は，（首謀者がいるとはかぎらないから）指揮者・率先助勢者の刑を基準として，これよりも重い場合にのみ本罪との間に観念的競合を認める見解が有力である（団藤181頁，内田428頁）．しかし，たとえば付和随行者が公務執行妨害罪を犯したときに，観念的競合を否定するべきではないであろう．これを否定する理由としては，群集心理による責任の減軽があげられるが，それが妥当か疑問がある．さらに，騒乱行為として当然予想される犯罪は吸収されるとする説も有力である（大谷

373頁).しかし,何が当然予想される犯罪かは明らかではない.判例は,殺人罪,住居侵入罪,建造物損壊罪,恐喝罪,公務執行妨害罪などと本罪との間に観念的競合を認めている（最判昭和35・12・8刑集14・13・1818).不和随行者が実際に暴行をふるったような場合であっても,共犯における心理的因果性よりもさらに弱い関与であるために軽く処罰されているのだとすれば,暴行罪との観念的競合を認めることは可能であろう.

> 暴行又は脅迫をするため多衆が集合した場合において,権限のある公務員から解散の命令を3回以上受けたにもかかわらず,なお解散しなかったときは,首謀者は3年以下の懲役又は禁錮に処し,その他の者は,10万円以下の罰金に処する（107条).

多衆不解散罪 本罪は,騒乱罪の予備段階の行為を処罰するものである.したがって,騒乱罪が成立したときは,それに吸収される.

解散命令の根拠法令が問題とされているが,一般に警察官職務執行法5条に求められている.

第2節　放火と失火の罪

1　総説

公共の危険の意義　(1) 第8章の放火及び失火の罪は,**公共危険犯**と一般に理解されている.それは,109条2項,110条1項,116条に構成要件要素として,「公共の危険」が示されており,これが,本章の不法内容の核心だと解されるからであろう.公共の危険が条文に示されていない108条などにおいても,所定の構成要件を実現すれば,当然に公共の危険はある,ないし,擬制される,と説かれることが多い（たとえば,団藤187頁,藤木88頁,西田262頁など).そして,この公共の危険とは,**不特定多数の人の生命・身体・財産に対する危険**を意味するものと解されている.しかし,この公共の危険についてはいくつかの問題がある[1].

(2) とくに問題となるのは,108条の罪である.この罪においては「公共

の危険」が法定されていないことから，たとえば，野中の一軒家で周りにまったく家がなく人もいなかったような場合にも，本罪の成立を認め得るかが問題となる．まず，このような場合，ないものをあるとすることはできないから，危険を「擬制」するべきではない．この点について，「住居であれば，いつ何時住居者や来訪者が中に立ち入り，放火に生命身体に危険を被るかもしれない」という指摘がなされている（香城・平成元年度最判解249頁）．しかし，真夜中になれば，野中の一軒家を訪れる人はいない．過去に一度もなかったとすれば，その可能性があるとすることも困難である．もっとも，家の中に人が現在しておれば（内的危険），本罪の成立を認めてもよさそうである．ただ，現在する人の生命に対する法益侵害・危険は殺人罪（予備・未遂を含む）などで対処できる．本罪はこれらの個人的法益に対する罪とは異質でありながら，きわめて高い法定刑（死刑又は無期若しくは5年以上の懲役）である．この罪の成立を認めるには，低いとはいえ，ある程度の公共の危険（外的危険）を要求するべきであろう（内田441頁，松宮・争点［3版］215頁，山口371頁，曽根220頁など．本書旧版の見解をこの限度で改める）．

　（3）　ただ，公共の危険だけでは，法はそれほど重大なものと見ていない．109条1項の非現住・非現在の建造物に放火した場合（この場合も，108条との均衡上公共の危険を要件とするべきである）は，2年以上の有期懲役としているにすぎない．したがって，108条の**現住性**の加重根拠が問題とならざるをえないが，判例・通説は，たとえば，鍵をかけた上で家族で海外旅行に出かけたというような，人身の内的危険がまったくない場合にも，本罪の成立を認める傾向を示している．この傾向を否定しえないとすれば，本罪の不法内容は，生活の「本拠」（平野・法セ221・46），ないし，その**拠点**ないし**基盤**（大判大正3・6・9刑録20・1147は宿直室に現住性を認めている）の重要性と，住居の場合の外的危険（一般に我が国の住居は密集しているだけでなく，来訪者がある可能性がある）の重大性を，合わせ考慮したものと解するべきであろう．

公共の危険と延焼の危険　109条2項などに規定されている**公共の危険**と，108条・109条1項所定の物件に延焼する危険との関係が問題とされる．こ

---

1) 参照，星周一郎・放火罪の理論，鈴木・法教300・112以下など．

れを同一視する見解もある（西田・現代的展開292頁など）．判例の中には，110条1項について，108条と109条の物件に延焼する結果を発生すべき慮ありと思料せしむるに相当する状態と判示したものがある（大判明治44・4・24刑録17・655）．たしかに，そのような場合をも公共の危険と解してよいであろう．しかし，それに限られるわけではない．108条と109条の物件に延焼する危険がまったくなくても，たとえば，建造物以外の物を焼損したときに，周りに大勢の人がいたために，彼らの生命・身体に危険が生じたような場合には，110条の罪の成立を認めてもよいであろう（公共の危険と延焼の危険を区別するものとして，井田・基本講座6巻186頁，曽根・重要問題287頁）．最近の判例はこのことを認めるに至った（最決平成15・4・14刑集57・4・445）．

危険の性質と判断 (1) 判例は，本罪の本質を「静謐なる公共的利益の侵害をもって主となす」としている（大判大正11・12・13刑集1・754）．しかしこれも，火を出して社会を騒がせることを本罪の本質とする趣旨ではないであろう．ただ，「個人の財産的利益の侵害は従たるものにすぎず」，単一の放火行為により数個の建造物を焼損しても，単一の放火罪として処断すべきだというにすぎない．

(2) なお，この危険について，**一般人の感覚**を基準として判断するべきだというのが判例の立場である（大判明治44・4・24刑録17・655．学説として，たとえば，大谷358頁など．「ある程度心理的な要素を加味して考えることは必要」とするものとして，団藤188頁）が，危険の有無の判断は**客観的**になされるべきであろう（岡本・小暮ほか293頁，曽根・重要問題283頁，山口・危険犯の研究166頁，林・総論371頁など）．

公共の危険の認識 (1) 公共の危険について，認識を要するかが問題とされている．判例は認識を要しないとする見解をとっている（大判昭和6・7・2刑集10・303，最判昭和60・3・28刑集39・2・75．なお，判例は認識の可能性すら要しないとしているが，これは，不当であろう．西田・現代的展開294頁）．その理由として，もし認識を要するとすると，公共の危険とは108条ないし109条1項の物件に延焼する可能性を意味するから，その認識がある場合，端的に108条ないし109条の故意が成立することとなり，109条2項の成立の余地はなくなるということが指摘されている（西田・前掲293頁，斎藤信治228頁）．

しかしすでに述べたように，公共の危険と108条ないし109条1項の物件に延焼する危険とは同じではない．たとえば，自己所有の建造物の周りに多くの人がいることを認識していれば，公共の危険の認識はあるが，周りに家がないために，108条ないし109条1項に延焼する危険はなく，あるいはそれがあっても，その認識はない，ということはありうる．

(2) むしろ，公共の危険について認識を要しないとする見解は，116条2項の失火罪との関係で不当な解釈となる．というのは，116条2項においては，109条に規定する物であって自己所有に係るものを過失によって焼損し，公共の危険を生ぜしめた場合，失火罪としてきわめて軽くしか処罰されない．ところが，109条2項においては，自己所有の建造物等を故意をもって焼損し公共の危険を結果として生ぜしめた場合は，かなり重く処罰される．しかし，自己所有の物を焼損するのはそれ自体としては本来適法な行為である．それについて過失であったか故意であったかで，そのように刑の重さを区別することは理由のないことである．このようにして，公共の危険については**認識を要する**と解するべきであろう（110条2項と116条2項との間にも同様の問題がある．認識を要するとするものとして，団藤201頁，平野249頁，中森203頁，堀内・警研61・5・41，曽根・重要問題287頁，山口384頁，山中499頁，島田・現刑51・38など）．

焼損の内容 (1) 焼損の概念内容が問題とされている．なお，焼損の前には「焼燬」とされていた（焼損と焼損の意義を分析したものとして，斉藤・日本大学司法研究所紀要7・1以下．判例理論を分析したものとして，丸山・判時1394・164以下）．

(2) 判例は，いわゆる独立燃焼説を採用しており，焼損とは，犯人が点じた火がその媒介物たる燃料を離れ，燃焼の目的物たる建造物等に移り，**独立してその燃焼を継続する事実**をいうとしている（大判明治43・3・4刑録16・384である．これを支持する学説として，中森200頁，山口など）．そして，目的物が独立燃焼の程度に至れば，その目的物の効用を全然喪失させるに至らなくても焼損の結果が生じており，放火罪の既遂となり（大判大正7・3・15刑録24・219），具体的には，天井板1尺四方を焼損した場合であっても，焼損としている（最判昭和23・11・2刑集2・12・1443）．もっとも，畳，建具等の家屋の従物が建造物たる家屋の一部を構成するためには，該物件を毀損しなければ取り外せない状

態にあることを要するから，取り外し自由な畳等を焼損しただけでは，本条の放火未遂である（最判昭和 25・12・14 刑集 4・12・2548）．

　（3）　この判例の見解に対しては，既遂時期が早すぎ，中止犯の成立を認める余地がほとんどないという批判がなされている．そして，火力によって目的物の重要な部分を失い，その本来の効用を喪失した時点とすべきだとする**効用喪失説**（岡本・小暮ほか 288 頁，曽根 223 頁），目的物の主要な部分が燃え上がらなければならないとする**燃え上がり説**（小野 75 頁，平野 248 頁など），火力によって目的物が毀棄罪にいう損壊の程度に達したのでなければならないとする**毀棄説**（大谷 379 頁など）が主張されているのである．

　（4）　しかし，独立燃焼説による既遂時期が早すぎるとは思われない．それほど大きくない木造建築物にあっては，独立燃焼に至れば，中に現在する人がいたならば，これに対する危険と公共の危険が発生したとして，108 条の既遂を認めてよい．中に人が寝ていたような場合を考えれば，効用喪失説や燃え上がり説による既遂時期はむしろ遅すぎる．さらに，毀棄説によっても，独立燃焼に至れば，目的物の毀棄があるとせざるをえないであろう．

　（5）　むしろ現在では，**難燃性の素材を用いた建築物**が多くなっているために，目的物が独立燃焼に至らずして，その建築物の効用が害されたり，あるいは，燃焼という火力・熱力によらずに，有毒ガスによって，人の生命身体に危険を及ぼす場合が生じてきたことが問題となっている（参照，河上・捜査研究 6・3・42）．とくに最近では，燃焼の「継続可能性」を要求するものがある（山口 379 頁など）が，この見解によるときは，問題はさらに大きくなる．もっとも，不燃性の建築物においても，その不可分な一部と認められる可燃部分が独立して燃焼するに至れば放火罪の既遂としてよい（東京高判昭和 49・10・22 東高刑時報 25・10・90）．しかし，鉄筋鉄骨コンクリート造りの建築物に放火したが，コンクリート内壁表面のモルタルの剝離脱落，ダクトの塗料の焼損にとどまった程度では焼損にあたらず，放火罪の未遂とせざるをえない（東京地判昭和 59・6・22 刑月 16・5＝6・467）．我が国では難燃性の素材が用いられていても，同時に，可燃性の建築部分，あるいは，可燃性の家具や事務用品などが依然として使用されていることが多いであろうから，これらに燃え移り，そこから建築物が独立燃焼に至ったときに焼損とするのも，一応の見解ではある．

しかしたとえば，難燃性の素材が高温となり，多量の有毒ガスを発生する事態とはなったが，建築物全体は独立燃焼に至ったとはいえない場合に，未遂でよいかは疑問である．判例は独立に「燃焼」しなければならないとしているが，法はただ，「焼損」としているだけである．この文言からは，炎をあげ，火力・熱力によって直接に人の生命・身体に危険を及ぼした場合に限られるとする理由はないであろう（参照，吉田・刑法の基本判例177頁，星野・都立法学37・1・161．これに対して「物の燃焼の伝播力」が必要とするものとして，中森・判夕789・29）．

（6）しかし，「焼」損としているからには，目的物が**高温化**したことが最低限必要である．そして，「焼損」の概念はすべての条文を通じて統一的なものであるべきだとすれば，熱力によって，建造物の内的・外的危険が発生した事態をもって，「焼損」とするべきであろう[2]．

建造物の一体性 （1）行為の客体について，108条の**現住・現在**建造物か，109条の**非現住・非現在**建造物かが問題となる場合がある．たとえば，マンションの一室が空いていたときに，これに放火した場合，その部屋には誰も住んでいないし居もしなかったのであるから，非現住・非現在建造物放火罪が成立するのみなのか，それとも，他の部屋には人の現住性・現在性があるから，マンション全体を一体として考え，より重い現住・現在建造物放火罪が成立するか，が問題となるのである．判例の中にはこのような場合について，他の部屋には容易に延焼しないことを理由として，非現住・非現在建造物放火罪としたものがある（仙台地判昭和58・3・28刑月15・3・279）．しかしこの判決は判例としてはむしろ例外的なものであって，多くの判例はこのような場合について，現住・現在建造物放火罪の成立を認めている（東京高判昭和58・6・20刑月15・4＝6・299，東京地判昭和59・6・22刑月16・5＝6・467など．ただし，いずれも，その罪の未遂犯としていることが重要である）．そこにおいては，耐火性の建造物であっても，**延焼のおそれが絶対にないとはいえないこと**，あ

---

[2] 井田・基本講座6巻190頁は，「建築物の構造，その素材などをも考慮に入れたうえで，客体に火力が加えられることにより，（仮に付近に人がいたとすればその生命・身体に）危険の発生した（であろう）時点」をもって焼損の時点とされ，諸澤・現代講座4巻101頁は「周囲にいる不特定多数の人々の生命・身体・財産に危険を生じ得る状態にまで火力が高まった時」に焼損を認める．

るいは，**有毒**ガスの発生から人の生命・身体に危険が生じることが考慮されている．最近でも，マンションのエレベーターのかごの壁面の一部を燃焼した場合について，現住建造物放火既遂罪とされている（最決平成元・7・7裁判集刑 252・203）．

(2) この後の判例に示されたような考慮は，マンションや耐火性の建造物が多くなる前からの一般的な傾向であった．たとえば，宿直室が庁舎と独立した建造物であっても，宿直員は各庁舎の各部分を巡視するのが通例であるから，庁舎は人の住居に使用する建造物だとするもの（大判大正3・6・9刑録20・1147），営業上人が出入りし，かつ，起臥寝食の場所として使用されている建物にあっては，待合の客用離れ座敷で別棟にあり，昼夜間断なく人が出入りするわけではないとしても，現住建造物にあたるとしたもの（最判昭和24・6・28刑集3・7・1129）があり，最近でも，平安神宮の祭具庫などに放火した場合，社務所（夜間も神職らが宿直していた）や守衛詰所と回廊で連なり**一体の構造**をなしているとして，現住建造物にあたるとしたもの（最決平成元・7・14刑集43・7・641．本判例については，林（美）判例セレクト1989）などがある．

(3) この問題との関連で注意しておかなければならないことは，たとえ現住建造物に延焼させる目的があったとしても，非現住建造物に放火したにすぎない場合には，現住建造物放火罪の未遂犯とはなっても既遂犯とはならないということである（非現住建造物放火罪は現住建造物放火未遂罪に吸収される）．たとえば，住宅に延焼させる目的で物置に放火し後者の一部を焼損した場合（大判大正12・11・12刑集2・783），住宅に近接する空家に放火して後者の一部を焼損した場合（大判大正15・9・28刑集5・383），住宅に接近した便所に放火して後者の一部を焼損した場合（大判昭和8・7・27刑集12・1388）である．このように，単に延焼の可能性があるというだけで，物理的に別個の建造物を，1個のものとしてはならない．この見地からは，宿直室と独立した庁舎に放火しただけで，現住建造物放火既遂とした前掲判例には疑問がある（岡本・小暮ほか284頁，中森202頁，井田・基本講座6巻194頁，山口376頁など）．巡視・巡回（平安神宮事件においてもこのことが強調されている）が行われていたとしても，そのことだけで物理的に別個の建造物を1個のものとすることはできない．

(4) さらに重要なのは，たとえ建造物の中に存在し，これと機能的に一体

性をもち，中にいる人がよく利用していたとしても，**取り外すことのできる家具，畳，布団などを焼損しただけでは**，いまだ現住建造物放火罪の既遂犯の成立を認めることはできないということである（東京高判昭和 32・12・19 裁特 4・24・660，最判昭和 25・12・14 刑集 4・12・2548）．前にあげたエレベーター（これはたしかに取り外すことの困難なものであるが）を焼いた最高裁決定はこの点からして問題が生じる（この点を指摘するものとして，村井・百選［3 版］144 頁）．

(5) したがって，現住建造物性を決定する上でもっとも重要な基準は，**物理的な一体性**である（佐伯・法教 132・23）．ただ，これを判断するときに，延焼の可能性をも考慮することは可能であろう．たとえば，平安神宮事件において，渡り廊下が不燃性の建材でできていたならば，建造物の一体性を否定するべきであろう．この事件においては，放火部分と現住部分とは回廊等を経由して 200 メートルもあったことも問題となろう．もっとも，マンションなどの場合，各部屋は物理的に接続しているので，難燃性の素材でできていたとしても，全体が物理的に 1 個の現住建造物だとするべきであろう．ただその場合，焼損として既遂を認めるには慎重でなければならない．

2 各罪の検討

> 放火して，現に人が住居に使用し又は現に人がいる建造物，汽車，電車，艦船又は鉱坑を焼損した者は，死刑又は無期若しくは 5 年以上の懲役に処する（108 条）．

現住建造物等放火罪　(1) 非常に重い刑が規定されている（殺人罪よりも重い）．これは，伝統的に木造建築物が多かった我が国での住宅事情に鑑み，その行為のもたらす公共の危険の重大性を考慮したものである．木造建築物が減少した現在でも，マンションなど，多数の人々が共同して生活を営むことが多くなったし，そうでなくても，個々の住宅が密集している我が国の事情にあっては，この法定刑にはなお合理性がある．

(2) 本条にいう人とは犯人以外の者をいう（最判昭和 32・6・21 刑集 11・6・1700）から，自分 1 人で住む家に放火しても本罪は成立しない（参照，大判昭和 7・5・5 刑集 11・595［現住性を否定した］）．居住者・現在者をすべて殺害した後に放火した場合も，本罪ではなく，109 条などの対象となる（大判大正 6・4・13

刑録23・312).

(3) 最近「現住性」を認めた判例に次のものがある．被告人は，競売手続を妨害する目的で，自己の経営する会社の従業員を交替で泊まり込ませていた家屋について，放火を実行する前に，従業員らを旅行に連れ出していても，同家屋に日常生活上必要な設備品等があり，従業員たちが犯行の約1ヵ月半の間に十数回交替で宿泊し，旅行から帰れば再び交替で宿泊するものと信じていた場合には現住性が認められるというのである（最決平成9・10・21刑集51・9・755）．この事件の場合，従業員らに対する生命・身体に対する危険はなく，その生活の拠点・基盤が奪われたわけでもなく，自分の意のままになる者を退去させた後に放火したのだから，独居者が放火したのと実質的に同じではないか，という疑問がある．

(4) 不作為であっても本罪の放火行為であり得る．これは総論の不作為犯のところで検討される（参照，林・総論159頁）．

> 放火して，現に人が住居に使用せず，かつ，現に人がいない建造物，艦船又は鉱坑を焼損した者は，2年以上の有期懲役に処する．前項の物が自己の所有に係るときは，6月以上7年以下の懲役に処する．ただし，公共の危険を生じなかったときは，罰しない（109条）．

非現住建造物等放火罪

(1) この規定は，直接には人の生命・身体に対する危険ではなく，建造物などの**財産的価値**を保護しようとしている．そのことは，自己の所有の場合，軽く処罰されることにも表れている．しかし，本罪も究極的には**公共の危険**を根拠として処罰が行われるものである．したがって1項の場合も，公共の危険がまったく発生しなかった場合（たとえば，山上の，付近に誰もいず，樹木などに引火するおそれもない山小屋）には，処罰されるべきではないであろう．

(2) 108条及び109条1項の未遂は罰する（112条）．108条又は109条1項の罪を犯す目的で，その準備をした者は，2年以下の懲役に処する．ただし，情状により，その刑を免除することができる（113条）．

放火して，前2条に規定する物以外の物を焼損し，よって公共の危険を生じさせた者は，1年以上10年以下の懲役に処する．前項の物が自己の所有に係るときは，1年以下の懲役又は10万円以下の罰金に処する（110条）．

建造物等以外放火罪　（1）マッチ棒やごく少量の紙片のように，他の物体に対する点火の媒介物として用いられ，それ自体の焼損では公共の危険の発生が予想されないような物は，本条の客体に含まれないというのが判例である（東京地判昭和40・8・31判タ181・194．2頁分の新聞紙の約半分を焼損）．

109条1項及び110条1項に規定する物が自己の所有に係るものであっても，差押えを受け，物権を負担し，賃貸し，又は保険に付したものである場合において，これを焼損したときは，他人の物を焼損した者の例による（115条）．
109条2項又は前条2項の罪を犯し，よって108条又は109条1項に規定する物に延焼させたときは，3月以上10年以下の懲役に処する．前条2項の罪を犯し，よって同条1項に規定する物に延焼させたときは，3年以下の懲役に処する（111条）．

延焼罪　故意をもって109条2項又は110条2項の罪を犯し，過失で108条又は109条1項に規定する物に延焼させたときに本条1項の罪の成立が認められる．

失火により，108条に規定する物又は他人の所有に係る109条に規定する物を焼損した者は，50万円以下の罰金に処する．失火により，109条に規定する物であって自己の所有に係るもの又は110条に規定する物を焼損し，よって公共の危険を生じさせた者も，前項と同様とする（116条）．116条又は前条1項の行為が業務上必要な注意を怠ったことによるとき，又は重大な過失によるときは，3年以下の禁錮又は150万円以下の罰金に処する（117条の2）．

第2節 放火と失火の罪　339

失火罪　(1)　本条の**業務**とは，職務として火気の安全に配慮すべき社会生活上の地位をいう（最決昭和60・10・21刑集39・6・362）．したがって，ウレタンフォームの加工販売業を営む会社の工場部門の責任者として，ウレタンフォームを管理する上で当然に伴う火災防止の職務に従事していた者が，火炎の出るガス切断機を用いた補修作業に立ち会い，これを監視しており，作業に伴い出る火花が下にあるウレタンフォームに接触着火して火災になるかもしれないことを十分に予見できたのに回避措置を執ることなく火を失した場合には業務上失火罪が成立する．また，本条の業務は，当該火災の原因となった火を直接扱うことを業務の内容の全部又は一部としているものだけに限定されず，火災の発見防止を職務内容とする夜警のようなものをも含む（最判昭和33・7・25刑集12・12・2746）．

(2)　**重過失**とは不注意の程度の大きいものである．判例では，盛夏炎天の日，ガソリン給油場内のガソリン缶から1尺5寸ないし2尺の箇所でライターを使用した場合に重過失が認められている（最判昭和23・6・8裁判集刑2・329）．本条の業務性・重過失による加重の根拠は，業務上・重過失致死傷罪におけるそれらと同じものと考えられる．

　　火災の際に，消火用の物を隠匿し，若しくは損壊し，又はその他の方法により，消火を妨害した者は，1年以上10年以下の懲役に処する（114条）．

消火妨害罪　本罪も公共危険犯であり，公共の危険を生じうる程度の火災でなければならない（中森206頁．なお参照，山口389頁）．現実に妨害の結果が生じたことは必要ではない．なお，参照，軽犯罪法1条8号，消防法40条の罪．

　　火薬，ボイラーその他の激発すべき物を破裂させて，108条に規定する物又は他人の所有に係る109条に規定する物を損壊した者は，放火の例による．109条に規定する物であって自己の所有に係るもの又は110条に規定する物を損壊し，よって公共の危険を生じさせた者も，同様とする．前項の行為が過失によるときは，失火の例による（117条）．

「激発すべき物」の例としては，室内に充満したガスなどである（横浜地判昭和 54・1・16 判時 925・134）.

> ガス，電気又は蒸気を漏出させ，流出させ，又は遮断し，よって人の生命，身体又は財産に危険を生じさせた者は，3 年以下の懲役又は 10 万円以下の罰金に処する．ガス，電気又は蒸気を漏出させ，流出させ，又は遮断し，よって人を死傷させた者は，傷害の罪と比較して，重い刑により処断する（118 条）．

ガス漏出等及び同致死傷罪　自室を閉めきり都市ガスを漏出充満させ，爆発のおそれを生ぜしめ，もって他人の生命・身体・財産に危険を生ぜしめたときは，本条の罪が成立する（大阪地判昭和 58・2・8 判タ 504・190）．「人の生命，身体に対する危険」の認識を要するかという問題があり，要するという見解が有力である（団藤 208 頁，中森 208 頁，山口 393 頁）．これに対しては，その認識があれば，殺人罪・傷害罪が成立することになるのではないかという問題が生じる（不要説として，藤木 107 頁，西田 279 頁）が，ここにいう危険とは，殺人罪・傷害罪に要求されるほどの具体的で高度の危険ではないとすれば，このような解釈も可能であろう（判例はここでも生命の危険の発生についての認識は必要でないとしている．東京高判昭和 51・1・23 判時 818・107）．

第 3 節　出水及び水利に関する罪

総説　刑法典第 10 章には，出水及び水利に関する罪が規定されている．出水に関する罪は，放火罪と同じように，**公衆の生命・身体・財産に対する危険**の発生を防止しようとするものであり，放火罪とは，ただ，火によるのではなく，水によるという違いがあるだけで，規定の仕方には多くの共通性をもっている．もっとも現在では，水力の支配管理はかなり進歩しており，出水に関する罪の成立が認められることは実際上はきわめて稀になっている．水利に関する罪は，基本的に**個人の水利権**を保護しようとするものであって，公共危険犯としての出水に関する罪とは性格を異にしている．

第3節　出水及び水利に関する罪

　出水させて，現に人が住居に使用し又は現に人がいる建造物，汽車，電車又は鉱坑を浸害した者は，死刑又は無期若しくは3年以上の懲役に処する（119条）．

現住建造物等浸害罪
　(1)　犯罪の客体は，艦船が除かれている他は，現住建造物放火罪の場合と同じである．**出水**させるとは，管理支配されていた水力を解放し氾濫させることである．**浸害**とは，いわゆる水浸しにすることであって，水力によって本罪の客体を流失・損壊したり効用を滅失・減損することである．
　(2)　本罪は**抽象的公共危険犯**であるから，1個の浸害行為によって数個の現住建造物等を浸害しても包括一罪とするべきであり，また，1個の行為によって処罰規定を異にする数個の目的物を浸害したときにも最も重い処罰規定をもって論ずるべきである（大判明治44・11・16刑録17・1987）．

　出水させて，前条に規定する物以外の物を浸害し，よって公共の危険を生じさせた者は，1年以上10年以下の懲役に処する．浸害した物が自己の所有に係るときは，その物が差押えを受け，物権を負担し，賃貸し，又は保険に付したものである場合に限り，前項の例による（120条）．

非現住建造物等浸害罪
　建造物以外の物，たとえば，田畑・牧場・森林なども本罪の客体となりうる．
　本罪の行為は，出水させて客体を浸害し，それによって公共の危険を発生させることである．
　公共の危険について，判例によれば，その危難が現実特定の少数人に限っていたとしても，その程度が不特定の多数人をして危難を感ぜしむべき性質のものであれば，公共の危険を生ぜしめたといえるという（大判明治44・6・22刑録17・1242）．しかし，いかに多数の人に感じられても，1人の生命・身体・財産に危険が生じたにすぎないような場合，それだけで公共の危険が生じたとはいえないであろう（参照，岡本・小暮ほか315頁）．
　公共の危険の認識は，放火罪の場合と同じように，必要と解するべきである

(大塚391頁,山口395頁など).

　　水害の際に,水防用の物を隠匿し,若しくは損壊し,又はその他の方法により,水防を妨害した者は,1年以上10年以下の懲役に処する(121条).

水防妨害罪　水害とは,人為的・自然的とを問わず,水の物理力によって公共の危険が生じている場合である.
水害の際とは,現に水害が発生している状況である.水害がいまだ発生していない時点をもって「水害の際」とすることはできないであろう.
　水防とは,水害を防ぐ活動である.本罪の行為はその活動を妨害することである.妨害する抽象的危険を生じさせるだけでは足りない.
　なお,単なる協力義務違反は軽犯罪法1条8号によって処罰されるにすぎない.

　　過失により出水させて,119条に規定する物を浸害した者又は120条に規定する物を浸害し,よって公共の危険を生じさせた者は,20万円以下の罰金に処する(122条).

過失建造物等浸害罪　失火罪に関する116条に相当する規定であり,前段は抽象的危険犯,後段は具体的危険犯である.業務上過失,重大な過失による加重処罰は設けられていない.

　　堤防を決壊させ,水門を破壊し,その他水利の妨害となるべき行為又は出水させるべき行為をした者は,2年以下の懲役若しくは禁錮又は20万円以下の罰金に処する(123条).

水利妨害及び出水危険罪　水利とは,水の利用であって,灌漑,水車,発電,水道などのすべてを含む.ただし,交通のための水利,水道による飲料のための水の利用は,それぞれ124条等の罪,142条等の罪によっても保護されている.

学説上は，事実上水の利用が継続してなされている以上，法的権利性が完全に備わっていなくても，本罪によって保護されるという見解もある（前田391頁〔4版〕）．しかし，不法に水の利用をする者を刑罰によって保護するべきではない（参照，大判昭和7・4・11刑集11・337）．

第4節　往来を妨害する罪

総説　(1)　往来妨害罪の**保護法益**は，交通ないし交通機関の安全とされることがある（参照，大谷405頁，前田392頁〔4版〕など）．しかし，むしろ端的に，**交通に関与する公衆の生命・身体・自由**と解するべきであろう．交通が乱され，交通機関の安全が害されても，公衆のこれらの法益に対する危険が発生していない場合には，本章の罪の成立を認めるべきではないであろう（参照，山口397頁など）．

なお，刑法典の規定する客体は制定当時の重要な交通機関のみに限定されている．その後発達した交通機関，たとえば，自動車や航空の交通に関しては，道路交通法115条，道路運送法103-106条，航空の危険を生じさせる行為等の処罰に関する法律などによって，規制されている．

> 陸路，水路，又は橋を損壊し，又は閉塞して往来の妨害を生じさせた者は，2年以下の懲役又は20万円以下の罰金に処する．前項の罪を犯し，よって人を死傷させた者は，傷害の罪と比較して，重い刑により処断する（124条）．

往来妨害罪　(1)　**陸路**とは，公衆の通行に利用されている陸上の通路のこと，**水路**とは，公衆の航行に利用されている河川・運河・港口などのこと，**橋**とは公衆の通行に利用されている水上の施設のことである．

(2)　行為は損壊と閉塞に限定されている．**損壊**とは物理的な破壊，**閉塞**とは障害物を置いて客体を塞ぐことである．部分的に遮断するにすぎない場合でも，本罪にあたりうる（最決昭和59・4・12刑集38・6・2107）．

(3)　法は，往来の「危険」（125条）と区別して，往来の**妨害**を要求しているのであるから，往来の危険だけで本罪の成立を認めることはできない（岡

本・小暮ほか 322 頁，曽根 233 頁など）．もっとも，人の生命・身体・財産の侵害は要しないことはもちろん，現実に往来が不可能になったことも要しない．往来に何らかの障害が生じれば足りる．しかしたとえば，夜中に人が誰も通らない道を一時的に閉塞しても，本罪の成立を認めるべきではない．

(4) 本条 2 項の罪について，法は，「前項の罪を犯し，よって」人を死傷させたことを要求しているから，人の死傷は往来の妨害から生じなければならず，損壊・閉塞の行為自体から死傷の結果が生じた場合には，本条 2 項の罪の成立を認めることはできない（団藤 224 頁，中森 213 頁，山口 399 頁など）．複数の死傷者が出た場合も，本罪の包括一罪とするべきであろう．

> 鉄道若しくはその標識を損壊し，又はその他の方法により，汽車又は電車の往来の危険を生じさせた者は，2 年以上の有期懲役に処する．灯台若しくは浮標を損壊し，又はその他の方法により，艦船の往来の危険を生じさせた者も，前項と同様とする（125 条）．

往来危険罪 (1) 汽車，電車，艦船の往来の危険，すなわち，脱線・転覆・衝突などの可能性を生じさせることによって，人の生命・身体等に対する危険を生じさせることを不法内容とする罪である．したがって，駅信号所の信号操作を放置した場合でも，それにより自動的に停止信号になり電車の転覆等の危険発生のおそれがないときは本罪は成立しない（最判昭和 35・2・18 刑集 14・2・138）．

(2) 前条の場合とは異なり，**方法に限定はない**．したがって，無人電車を暴走させること，あるいは，正規のダイヤを乱す運行をさせることは，本条の方法に含まれる（最判昭和 30・6・22 刑集 9・8・1189，最判昭和 36・12・1 刑集 15・11・1807）．しかし，これは方法の 1 つにすぎないのであるから，別の汽車・電車の往来の危険が，さらに，生じなければならない．無人電車を暴走させただけで，他の汽車・電車の往来の危険が生じなかった場合には本罪の成立を認めることはできない．

(3) 126 条の反対解釈として，往来の危険を生じさせられる汽車・電車には現に人がいることを要しない（岡本・小暮ほか 324 頁，半田・基本講座 6 巻 209

頁など．反対，平野 244 頁，山口 401 頁など）．

　　現に人がいる汽車又は電車を転覆させ，又は破壊した者は，無期又は 3 年以上の懲役に処する．現に人がいる艦船を転覆させ，沈没させ，又は破壊した者も，前項と同様とする．前 2 項の罪を犯し，よって人を死亡させた者は，死刑又は無期懲役に処する（126 条）．

往来危険罪　（1）　本罪の客体は，犯人以外の者がその中にいる**汽車・電車・艦船**である．

　（2）　人が現在すべき時期について見解の対立がある．判例は実行開始当時を標準とし，転覆等の時期に現在することを要しないとしている（大判大正 12・3・15 刑集 2・210. 参照，山口 402 頁）．しかしたとえば，人が乗る前に，現在しない時点で爆弾をしかけたような場合，これを本罪の実行行為とすることができるが，爆発した時点では人がいたような場合，本罪の成立を認めるべきである．反対に，爆弾をしかけた時点では人が現在していても，人がいなくなってから爆発するようにしておき，現にそうなったような場合に本罪の成立を認めるべきではない．したがって，実行の着手から結果発生までの間のいずれかの時点でよいとする見解（大谷 411 頁，山中 521 頁など）にも疑問がある．他方，転覆・破壊の結果発生時に人が現在することを要する（団藤 230 頁，内田 485 頁，平川 132 頁）とする見解では，遅すぎる．転覆・破壊の切迫した危険が発生した時点を基準とするべきであろう[3]．

　（3）　**転覆・沈没**とは横転することであって，脱線・座礁しただけでは足りない．判例によれば，**破壊**とは，客体の実質を害して，その交通機関としての機能の全部又は一部を失わせる程度の損壊をいう（最判昭和 46・4・22 刑集 25・3・530）．そして，船体自体に破損が生じていなくても，船を座礁させて，バルブを開いて海水を船内に取り入れ，自力離礁を不可能ならしめ航行能力を失わせた場合も，破壊にあたるとしている（最決昭和 55・12・9 刑集 34・7・513）．

　（4）　汽車転覆等による**致死罪**について，判例は，転覆・破壊するための行

---

[3]　旧版の見解をこの限度で改める．

為によって直接死亡させた場合を含むと解している（東京高判昭和 45・8・11 高刑集 23・3・524）．しかし法の文言は，死亡の前提として，「前 2 項の罪を犯し」たことを要求しているのであるから，転覆・破壊の結果として死亡したのでなければならないであろう（平野 244 頁，中森 217 頁，山口 403 頁など）．

　(5)　死亡した者は，車船内に現にいた人であることを要するか，外にいた人であってもよいかが問題とされ，判例は後の説をとっている（前掲最判昭和 30・6・22）．文理的にも理論的にも，そのように解することは可能と思われる（山中 524 頁など．もっとも，反対説も有力である．平川 132 頁，中森 217 頁，山口 404 頁など）．

　(6)　行為者に**殺意**があった場合について，判例は，本罪と殺人罪の観念的競合としている（前掲昭和 46・4・22）．これは，1 人しか死んでいない場合に，死の結果を二重に評価するものであって，不当である．そこで，汽車転覆等の罪と殺人罪との観念的競合とする見解もある（大塚 404 頁）が，これでは，殺意があった方が刑が軽くなり，妥当でない．したがって，殺意があった場合も本罪一罪の成立を認めるべきであろう（中森 217 頁，山口 404 頁，山中 525 頁など）．殺人が未遂に終わった場合には，汽車転覆等の罪と殺人未遂罪の観念的競合とするほかないであろう．

　　　　125 条の罪を犯し，よって汽車若しくは電車を転覆させ，若しくは破壊し，又は艦船を転覆させ，沈没させ，若しくは破壊した者も，前条の例による（127 条）．

往来危険による汽車転覆等罪　　人を死亡させた場合に，前条 3 項の適用が認められるかが問題とされ，前掲の最高裁昭和 30 年判決はこれを肯定している．文理上これを否定することはできないと思われる．もっともこの判例は，無人電車を暴走させて，その電車が脱線して付近にいた人を巻き込んで死亡させた場合に，本罪の成立を認めている．しかし，すでに述べたように，そのような場合には 125 条の罪の成立を認めることはできないから，本条を適用することもできない．

未遂罪　124条1項，125条並びに126条1項及び2項の罪の未遂は，罰する（128条）．

過失により，汽車，電車若しくは艦船の往来の危険を生じさせ，又は汽車若しくは電車を転覆させ，若しくは破壊し，若しくは艦船を転覆させ，沈没させ，若しくは破壊した者は，30万円以下の罰金に処する．その業務に従事する者が前項の罪を犯したときは，3年以下の禁錮又は50万円以下の罰金に処する（129条）．

過失往来危険罪　汽車などには，126条の反対解釈として，現に人がいることを要しない．

第5節　公衆の健康に対する罪

1　あへん煙に関する罪

(1)　刑法典第14章には，あへん煙に関する罪が規定されている．あへん煙とは，けしの液汁を凝固させたもの（生あへん）を，煙管による吸引に適するように加工したもの（あへん煙膏）のことである．これにはモルヒネが含まれており，継続的に使用すると健康を害する．そこで刑法は，その吸食を処罰するほか，あへん煙とその吸食器具の輸入・製造・販売目的での所持，吸食のための建物・室の提供などを処罰することとしている．

もっとも現在では，あへん煙の吸食はほとんど行われておらず，本章の罪は空文化している．現在健康を害する薬物として問題となっているのは，**麻薬・覚せい剤・大麻・あへん・シンナー**であり，それぞれ，特別刑法によって規制されている（麻薬取締法，覚せい剤取締法，大麻取締法，あへん法，毒物及び劇薬取締法）．

(2)　これらの**薬物犯罪規制**においては，正常な判断能力を備えた者の自己使用自体も処罰されているので，その**根拠**が問題とされている．学説上は，本人の健康を本人自身から守るために処罰するのだというパターナリズムによって説明するのが有力である（平川137頁，前田403頁〔4版〕など）．しかし，青少年，あるいは，すでに薬物使用のために精神障害に陥っている者については，

このような説明が妥当し得るが，正常な判断能力を備えている者については，彼が自由な意思で自分の健康を害する行為をなす場合に，国家がこれを処罰することによって彼自身の利益を守ってやるという思想は妥当なものとは思われない．処罰の根拠は，薬物の使用が本人の健康を害する結果，社会に対しても有形・無形の害悪を与えることにあると思われる．最判昭和31・6・13刑集10・6・830は，「「覚せい剤」は，これを濫用するときには習慣性を生じ進んで慢性中毒症となり，精神上病的状態に陥り，遂には非行，犯罪を犯し，社会公共に危害を及ぼす……」としているが，これもこの趣旨であろう．

2 飲料水に関する罪

刑法典第15章には飲料水に関する罪が規定されている．本章の罪は，**浄水**（人が飲用しうる程度の清潔な水）と**水道水**（人に水を供給するための人工の設備の途中にある水）が客体となっている場合について，これらの**汚染**や**毒物の混入**を処罰している．これらの規定は，飲料水が人の健康を維持する上で基本的な重要性をもつものであることに鑑み，その清潔を保持して，**公衆の生命・身体に対する危険**を防止しようとするものである．したがって，本章の罪の客体としての浄水は，不特定または多数の者の飲用する場合に限られ，特定少数の人が直接飲用するように容器に入れられているような場合は含まれない．もっとも判例によれば，台所炊事場に備え付けの水瓶内の飲料水は，本条の客体となる（大判昭和8・6・5刑集12・736）．この程度でも，不特定又は多数の人に供されるものといえるというのである．

> 人の飲料に供する浄水を汚染し，よって使用することができないようにした者は，6月以下の懲役又は10万円以下の罰金に処する（142条）．

浄水汚染罪　井戸水に食用紅を投入した場合のように，心理的に飲用できなくした場合も本罪にあたる（最判昭和36・9・8刑集15・8・1309）．

> 水道により公衆に供給する飲料の浄水又はその水源を汚染し，よって使用することができないようにした者は，6月以上7年以下の懲役に処する（143条）．

水道汚染罪	水道は前条の浄水よりもさらに多数の者の飲用に供されるところから，刑が加重されている．
浄水毒物等混入罪	人の飲料に供する浄水に毒物その他人の健康を害すべき物を混入した者は，3年以下の懲役に処する（144条）．
浄水汚染等致死傷罪	前3条の罪を犯し，よって人を死傷させた者は，傷害の罪と比較して，重い刑により処断する（145条）．
水道毒物等混入及び同致死罪	水道により公衆に供給する飲料の浄水又はその水源に毒物その他人の健康を害すべき物を混入した者は，2年以上の有期懲役に処する．よって人を死亡させた者は，死刑又は無期若しくは5年以上の懲役に処する（146条）．

致死罪の刑は重いから，殺意のある場合を含むと解するべきであろう．

水道損壊及び閉塞罪	公衆の飲料に供する浄水の水道を損壊し，又は閉塞した者は，1年以上10年以下の懲役に処する（147条）．

第2章　文書偽造の罪

第1節　偽造罪総論

1　総　説

(1)　刑法典第16章以下に，通貨偽造の罪，文書偽造の罪，有価証券偽造の罪が規定されている．これらは，広義の**文書に対する公共の信用**を保護しようとするものである．第19章には印章偽造の罪が規定されているが，これは広義の文書を作成するときに使用される印章に対する公共の信用を保護しようとするものである．

(2)　**広義の文書**とは，人の意思が表示された物を意味する．すなわち第一に，それは意思の主体が示されたものでなければならない．その主体を**名義人**というが，名義人が示されていない場合，それは文書ではない．第二に，その主体の一定の**意思・思想**が（文字ないしそれに代わる符号によって）示されたものでなければならない．その意思・思想を（狭義の）**文書の内容**と呼ぶことができる（広い意味では文書の内容には名義人が含まれる）．第三に，それは前の2つのものが**物体**に固定化され，永続性をもつに至っているのでなければならない．ただちに消えてなくなる思想の表明は文書とはいえない．たとえば，黒板の上に書かれたものは消されないかぎり相当長い間残るから文書でありうるが，砂の上に書かれたものはその可能性は極めて低く，文書とするべきではない．

(3)　このような要件が満たされると，その客体には人々の強い信用が発生する．文書はまさにこの信用を生み出すために作成される．この信用は社会生活において重要であるから，刑法はこれを保護しようとしたのである[1]．

---

[1]　偽造罪の歴史について，成瀬・法学（東北）60・1・123，フランスにおける偽造罪について，島岡・法学研究（慶応）68・3・61．さらに，最近の包括的研究として，川端・新版文書偽造罪

第1節 偽造罪総論

文書の原本性 (1) 文書の意義に関する重要な問題として，文書であるためには原本であることを要するか，さらに，可視性を要するか，という問題がある．後の問題については，後に検討することとして[2]，ここでは前の問題について検討しよう．

(2) 前の問題については，次の判例が重要である．被告人は，供託金の供託を証明する文書として行使する目的をもって，A地方法務局供託官作成名義の真正な供託金受領証から切り取った供託官の記名印及び公印押捺部分を，虚偽の供託事実を記入した供託書用紙下方に接続させて電子複写機で複写する方法により，あたかも真正な供託金受領証の写しであるかのような外観を呈する写真コピー5通を作成偽造した上，K支庁建設指導課建築係などの係員に，このコピーを，真正に成立した公文書をコピーしたもののように装って提出した．

一・二審は，無罪としたが，最高裁は有印公文書偽造罪の成立を認め，次のように判示した．「公文書偽造罪は，公文書に対する公共的信用を保護法益とし，公文書が証明手段としてもつ社会的機能を保護し，社会生活の安定を図ろうとするものであるから，公文書偽造罪の客体となる文書は，これを原本たる公文書そのものに限る根拠はなく，たとえ原本の写しであっても，原本と同一の意識内容を保有し，証明文書としてこれと同様の社会的機能と信用性を有するものと認められる限り，これに含まれると解するのが相当である」．「公文書の写真コピーの性質とその社会的機能に照らすときは，右コピーは，文書本来の性質上写真コピーが原本と同様の機能と信用性を有しえない場合を除き，公文書偽造罪の客体たりうるものであって，この場合においては，原本と同一の意識内容を保有する原本作成名義人作成名義の公文書と解すべきであり，また，右作成名義人の印章，署名の有無についても，写真コピーの上に印章，署名が複写されている以上，これを写真コピーの保有する意識内容の場合と別異に解する理由はないから，原本作成名義人の印章，署名のある文書として公文書偽造罪の客体たりうるものと認めるのが相当である」（最判昭和51・4・30刑集30・3・453）．

の理論．なお近年，偽造罪を「証拠」偽造と規定する見解が有力である（川端・新版文書偽造罪の理論35頁，成瀬・現刑35・3など）．これに対しては，林・曹時56・9・18．
2) 本書382頁（電磁的記録不正作出罪）．

(3) 本件の場合，コピー前に作成したものは，一見して偽造したとわかるものであって，それ自体を偽造公文書とすることはできない．問題は，そのコピーの作成が公文書偽造といいうるかである．コピーした場合であっても，次のような場合は，問題なく**公文書有形偽造**となる．たとえば，コピーに認証文が付けられ，公文書の原本として作成された場合，あるいは，原本と同様の紙質にコピーし・原本であるかのように見せかける場合である．このような場合，文書はまさに，「公文書」として作成されている．

(4) 本件の場合はこれらとは異なり，相手に対して公文書の「コピー」として受け取られることが前提となっている．この場合被告人の作成した文書は，「公務所又は公務員の作るべき文書」とはいいえない．公文書ではなく，私人によって公文書のコピーとして作成された以上，そのコピーの作成者，すなわち**私人が名義人**であって，私人が作るべき文書である．しかも，偽られているのは名義ではなく，存在しない公文書を存在するかのように偽るという，**文書の内容**に関わることである．それ故この場合，たかだか私文書の無形偽造でしかない．

もっとも，この場合，その私人名義の認識可能性がなく，さらに，（コピーであるという）観念・意思の表示もないから，そもそも文書といいえないのではないか，という疑問もある[3]．

(5) このように，はじめに作成したものはおよそ偽造公文書といいえないと思われる．もっとも，はじめに作成したものが真正のものと見誤らせるに十分で，それ自体公文書偽造罪を構成する場合に，それをコピーして提出することが「行使」にあたるかという問題がある．この問題は肯定してよいであろう．

注意すべきことは，このようにコピーなどによる行使を肯定したからといって，そこから逆に，ただちに原本の偽造を肯定し得るものではない，ということである．次のような判例がある．自己名義の運転免許証に，他人の運転免許証の写しから氏名・生年月日欄を切り取ったものを重ね合わせてメンディングテープで固定したものを，金融会社の無人店舗に設置された自動契約受付機の

---

[3] この問題については，平野・犯罪論の諸問題（下）409頁以下，宮澤・判タ323・22，藤木・警研45・10・3，伊東・警研51・11・57など．学説上は，偽造罪の成立を否定する見解が支配的である．団藤273頁，中森237頁，山口427頁，山中564頁，松宮357頁など．

イメージスキャナーに読み取らせ，これを係員の前に設置されたディスプレイに表示させた事案において，このような行使態様を含め，運転免許証について通常想定された行使の態様を前提として判断し，公文書偽造・同行使罪の成立を認めたのである（大阪地判平成 8・7・8 判タ 960・293）．しかし，最初に作成したものが，一見して偽造したとわかるような場合に，文書偽造罪の成立を認めることには疑問がある．このことは，前掲最高裁判例も前提としていたことではないかと思われる．

(6) さらに最近では，ファクシミリ書面の文書性が問題となっている．この問題も，上述のコピーの問題と基本的には同じである（この問題については，今井・松尾古稀（上）453 頁以下）．

2 有形偽造と無形偽造

<small>規範的意思説と事実的意思説</small>　(1) 広義の文書偽造罪のうち，公文書偽造罪（155 条），私文書偽造罪（159 条），有価証券偽造罪（162 条）などにおける「偽造」は，一般に，**有形偽造**（faux materiel）を処罰するものだとされている．本書の見解では，通貨偽造罪（148 条）における偽造も，有形偽造にほかならない（参照，町野・現在 312 頁）．これに対して，虚偽公文書作成罪（156 条），虚偽診断書等作成罪（160 条）などは，**無形偽造**（faux moral ou intellectuel）を処罰するものだとされている．公文書の場合，有形偽造も無形偽造も処罰されているが，私文書の場合，無形偽造は原則として処罰されず，例外的に，160 条の場合しか処罰されない．それ故，有形偽造と無形偽造の区別が重要な問題となるのである．

(2) 判例は，一般に，有形偽造を，権限なく他人名義の文書を作成することと解している（たとえば，最判昭和 51・5・6 刑集 30・4・591）．これに対してドイツでは，人格の同一性を偽る場合が有形偽造だとされている．この影響を受けて，我が国の学説・判例の中にも，後者のような基準を示すものもある（たとえば，最判昭和 59・2・17 刑集 38・3・341）．しかし，両者は実質的に同じことを内容としている．自己名義の文書を作成した場合，人格の同一性の偽りはなく，また，他人名義であっても権限ある場合，やはり，人格の同一性の偽りはないとされているからである．このような場合であって，ただ，文書の**内容**に

ついて偽りがある場合が，無形偽造だということになる．また，しばしば有形偽造は文書の作成の**真正性**（Echtheit）を偽る場合であるのに対して，無形偽造は文書の内容の**真実性**（Wahrheit）を偽る場合だとされている．我が国の刑法は，有形偽造の処罰を原則として，無形偽造は補充的に処罰することとしている．このように，偽造罪の原則を内容の真実性と切り離して構成する立法主義を，（内容の真実性の偽りを原則とする立法主義を**実質主義**というのに対して）**形式主義**という．

　（3）　しかし，一体，**権限**とは何を意味し，**人格**とは，どの人格を示すのかが問題となる．たとえば，我が国では，交通事件原票に，違反者Bが，Aの承諾を得て，A名義で署名したという事件が問題となった．交通事件原票は，事実証明に関する**私文書**である．無形偽造であれば，処罰されない．この場合，Bは名義人の承諾を得ていた以上は，権限をもっていたといいうるのか，また，この場合，人格の同一性の偽りはあるのかが問題となるのである．判例はこの場合，有形偽造の成立を認めた（最決昭和56・4・8刑集35・3・57，最決昭和56・4・16刑集35・3・107）．しかし，学説の中にはこれに反対するものが少なくない．本書もこれに反対の立場である．この見解の相違は，有形偽造の内容についての見解の相違に基づく．

　（4）　かつてのドイツでは，自分の手で文書を作成した者と，文書の上に，自分の手で作成したことになっている者との同一性を問題とし，それが否定されるときに有形偽造が成立するという学説が主張された．これを**行為説**という．この説は，事実説とか物体説と呼ばれることもある．しかしこの説は，誰が現実に作成「行為」をなし，あるいは，作成「行為」をしたことになっているかを，作成人・名義人を特定するときの基準とするものであるから，行為説と呼ぶのが適当と思われる[4]．

　（5）　いずれにせよ，この説によれば，前の交通事件原票の場合だけでなく，一般の私文書において，Aの承諾を得てBがA名義の文書を作成した場合であっても，有形偽造となってしまう．さらに，秘書やタイピスト，印刷工が他人名義の文書を作成した場合であっても，有形偽造となってしまうおそれがあ

---

[4]　文書の作成「行為」の主体を重視する見解は現在でも有力である．参照，山中・関大法学論集50・5・1以下，松宮・立命舘法学64・361．

る（もっとも，この説も，このような場合有形偽造の構成要件には該当するが違法性がないという理由で結局犯罪の成立を否定する）．したがって，現実に作成行為をした者と，文書の上で現実に作成行為をしたことになっている者とが違うという，ただそれだけで，有形偽造とするべきではない．たとえば，BがAになりすまして，A名義の文書を作成した場合であっても，Aから承諾を得ているのであれば，（少なくとも一般の私文書の場合）有形偽造にはならないと解するべきである．このように解する立場を**意思説**（Geistigkeitstheorie）という．この説は観念説とか精神説と呼ばれることもあるが，この説は，誰の「意思」に基づいて作成し，作成されたことになっているのかを作成人・名義人を特定するときの基準とするものであるから，本書では意思説と呼ぶことにする．この説によれば，Aの承諾を得て，BがA名義の文書を作成した場合，Aの意思に基づいてA名義の文書が作成されたのだから，人格の同一性の偽りはないこととなる．

　(6)　この意思説の中にも，文書の「効力」ないし「効果」が誰に帰属するのかを問題とする**規範的意思説**（学説として，平野255頁，小野寺・福岡大学法学論叢38・2=3=4・426頁，町野・現在312頁以下など）と，文書が事実上誰の意思に基づいて作成されたかを問題とする**事実的意思説**（林・経済犯罪127頁以下，川端・論争Ⅱ299頁，伊東・現代的展開320頁，曽根・重要問題311頁など）の対立がある．前者は，作成権限を「名義人に法律上の効力・効果を帰属せしめる法的な力」と解する．後者は，作成権限を「名義人の表示意思に事実上基づいていること」と解するのである．たとえば，BがAの承諾を得ないで，AはBから借金をしてもいないのに，A名義の借用証書を作成した場合，Bはその文書でAに債権を行使できないから，すなわち，Aに文書どおりの効力・効果が生じない（無効）から，有形偽造となるとする．それに対して後者は，その文書はAの事実上の表示意思に基づいて作成されたわけではないから，有形偽造となるとする．この場合には結論は同じになるが，基本的にどちらの考えに立つかによって，他のいろいろの問題に大きな違いが生じてくる[5]．

---

[5]　有形偽造については，さらに参照，今井・法協112・2・1以下（法的責任を追及しうるかを問題とするが，規範的意思説との違いが明らかでない）．山口431頁は，「帰属」を問題とするが，本文の場合Aに文書は「帰属」しないというだけでは，説明になっていない．参照，林・田宮

（1）　結論から示せば，**事実的意思説**をとるべきだと思われる．その理由は次のような諸点にある．

文書の有効性と有形偽造

　まず，権限の濫用と逸脱の区別に関わる点が重要である[6]．一般に，権限の濫用の場合には有形偽造とはならないが，逸脱の場合にはなるとされている．これは，会社や役所などの組織内において，一定の権限をもっている者がその権限を濫用して文書を作成した場合は無形偽造にすぎないが，その文書に関してはおよそ権限をもっていない者が勝手にその文書を作成したような場合には有形偽造となるということをいいあらわそうとしている．しかし，理論的・実質的にその区別をどのようにするのかは必ずしも明らかではない．

（2）　大判大正11・10・20刑集1・558は，地方の銀行の支配人であった被告人が，自己の利益を図るために銀行の支配人某という名義の小切手を発行した場合について，有形偽造の成立を否定した．その理由として，この場合，意思表示は**私法上有効**であって直接本人である銀行に**効力**が生じるということが示されている（なお，この場合について判例は，名義人は銀行であると解している．後にも述べるように，そのこと自体は正当とするべきであろう）．これは規範的意思説を採用したものと考えられる．学説にはこの無罪判例を支持するものが多く，そのこともあって，以後，学説の中には規範的意思説を採用するものが増えたのである．

（3）　ところが，最決昭和42・11・28刑集21・9・1277は，2人の共同代表取締役の一方の者が，勝手に他方の者の名義を冒用して，その会社の共同代表取締役ABという名義の文書を作成したという事案について，有形偽造を認めた．さらに，最決昭和43・6・25刑集22・6・490は，漁業共同組合の参事の地位にある者が，専務理事の承認を得ないで，融通手形（他人に自己の信用を利用させる目的で振り出し・裏書・引受等がされた手形を意味する経済上の用語）を発行したという事案についても，有形偽造を認めた．しかし，最高裁の2つの事案の場合，法律上の効力を問題とするかぎり，被告人らは，大審院時代の判例の場合と全く同じ地位にあったのである．大審院判例の根拠とする（当時の）商

追悼445頁以下，同・曹時56・9・1以下．
6）　この問題については，堀内・判例と学説8・306頁，井田・百選［4版］178頁，山口・法教218・61など．

法30条(現在の会社法11条と同趣旨)によれば，支配人は営業主に代わってその営業に関する一切の裁判上または裁判外の行為をなす権限を有し，また，支配人の代理権に加えた制限はこれをもって善意の第三者に対抗することをえない．同様の法理は最高裁判例の被告人らにも妥当する．したがって，大審院時代の判例を一貫すれば，同様に無罪とされるべきであったわけである．しかし，最高裁は，いずれの場合も，有形偽造の成立を認めた．これは，最高裁は，大審院時代にとっていた規範的意思説を否定したと見るほかはない．実際最高裁は，文書の「効力」については，まったく言及しなかったのである[7]．

(4) このように，**文書の有効・無効を有形偽造の成否の基準とはしない最高裁の立場は支持されるべきである**．たとえば，ある者が公序良俗に反するような意思表示を内容とする文書を作成した場合，あるいは，無能力者がある文書を作成した場合，その意思表示は**無効**であって，その文書の内容どおりの法律上の効力・効果を名義人に帰属させることはできない．それにもかかわらず，その文書は真正とせざるをえないであろう(「帰属」を問題とする見解は，ここで破綻する)．

文書の「効力」「効果」は，文書の内容の真実性に相当するものである．有形偽造とは，文書に名義人として表示されている人格の表示意思に事実上基づかないで文書を作成することを意味するのでなければならない．その場合にはじめて，名義人は文書作成主体としての責任を負わないこととなり，文書に対する社会の人々の信用は決定的に害されるからである．

(5) 大審院時代の判例においては，被告人は地方の銀行の支配人として独りで銀行名義の小切手を発行する事実上の権限をもっていたのに対して，最高裁の判例においては，被告人は，独りで会社名義，あるいは，組合名義の文書を作成する事実上の権限をもっていなかったことに，前者では有形偽造が否定され，後者では認められた根拠がある．昭和42年の判例においては，2人の共同代表取締役の**表示意思**に基づいているときにのみ，昭和43年の判例にお

---

[7] 平野267頁は，大審院の判例の場合，手形は有効であるのに対して，最高裁判例の場合，無効であって，ただ善意の第三者に対抗できないだけだという違いがあるとされるが，大審院の判例の場合も，当時の商法30条によれば善意の第三者に対抗できないことを「有効」とする根拠としているのである．したがって，**規範的意思説の立場からは**，**大審院判例と最高裁判例とを区別することはできない**と思われる．

いては，組合名義の融通手形は，被告人である参事が起案し，上司の専務理事が**承認**してはじめて，その**法人の表示意思**に基づくことになり，真正となりえたのである．

(6) なお，**法人**の場合，心理的な意味での意思はない．しかし，そのことを理由として，法人は名義人になりえないと解するべきではない．法人内部において，ある種類・形式の文書を作成する権限のある者の意思に基づいて作成された場合，その文書は法人の意思に基づいて作成されたとするべきである．たとえば，Ａ会社代表取締役Ｂという名義の文書の名義人は，Ｂではなく，Ａ会社である．Ｂが権限に基づいて文書を作成した場合，作成人もＡだということになり有形偽造は成立しない．Ｂがまったく権限外の文書を作成した場合，あるいは，Ｂ以外の権限をもたない者がそのような名義の文書を作成した場合に，はじめて有形偽造が成立する．

代理名義の冒用 (1) 関連して，代理名義の冒用といわれる問題について検討する．**Ａ代理人Ｂという名義の文書の名義人は誰と解す**るべきかについては，種々の見解がある．

まず，この場合，名義人はＢであって，Ｂが権限なくそのような名義の文書を作成しても，無形偽造にしかならないとする説がある（牧野164頁）．これは，現実に作成行為をした人格の同一性を問題とするものであって，（それはまさに行為説である）妥当ではない．

(2) 次に，「Ａ代理人Ｂ」が一体として名義人となるとする説がある．そこから，Ａの代理人でないＢがそのような名義の文書を作成した場合，虚無人名義の有形偽造だとするのである[8]．このような見解は，現在かなり有力であるが，この見解によれば，以下のような場合まで，有形偽造となりかねない．まず，資格を冒用したにすぎないと解される場合である．すなわち，Ａ会社の代表取締役でもないＢがそのような名義を冒用した場合でも，それが**肩書き・資格**を冒用したにすぎず，現実の作成人の意思に基づいて文書が作成されたことになっていると解される場合である．次に，Ａが当座の作成人格について欺罔する意思で，勝手にそのような名義の文書を作成したが，最終的には文書作

---

8) 日高・論争 II 304頁，今井・法協 116・7・9．さらに参照，川崎・基本講座6巻238頁，島田・現刑35・49．

成の主体としての責任をとる意思の場合である．さらに，Aから正当な代理権を与えられたBが，単にAという名義を使用した場合にも，作成人は（その人格を定める基準は名義人と同じだから）A代理人Bということになり，有形偽造となりかねないのである．

したがって，このような見解には疑問がある．

(3) A代理人Bという名義の文書の場合，原則として，名義人はAと解するべきである[9]．しかし，その根拠は，その文書の効力・効果が本人に帰属する形式のものであることにある（最決昭和45・9・4刑集24・10・1319はこのように解する）のではなく，**本人の表示意思に基づいて作成された形式のものであることにある**（参照，川端・論争II 300頁）．同様にして，A市市長Bという文書の名義人もA市と解するべきである．したがって，市長Bがまったく権限外の文書をそのような名義で作成するときは，やはり，有形偽造である（同旨，大判大正元・11・25刑録18・1413）．

事実証明文書と有形偽造　(1) 規範的意思説に対しては，次のような疑問もある．すなわち，規範的意思説の立場からは，Bが交通事件原票にAの承諾を得てA名義で署名した場合，Aに効力が生じるか，Aから罰金を取り立てることができるか，などの事情を理由として，有形偽造を認めることになるであろうが，それは不当である．というのも，権利義務に関する文書の場合には，効力を問題となしえても，この文書は（違反事実を現実に犯したことを証明する）「事実証明に関する文書」であって，そのような「効力」はそもそも文書の内容となっていないからである．そのような効力は文書から派生する副次的な効果にすぎない．このことは，市長に作成権限がある印鑑証明書などの場合，明らかである．この場合，市長（あるいは市）に効力が生じるか，などは問題となしえない．この場合規範的意思説の立場からは，（権利義務に関する文書の場合に有効・無効を問題とする立場を一貫すれば）その印鑑証明書が真実のものか，ということを問題として有形偽造を認めることとなるであろう．しかし，文書の内容が真実かどうかで，有形偽造の成否が動かされるべきではない．この場合，その文書は，市長の表示意思に事実上基づいて作成さ

---

9) 学説として，曽根・重要問題312頁，中森241頁，山口455頁など．

れたものかによって，有形偽造の成否は決められるべきである．

　(2)　したがって，交通事件原票の問題の場合も，BはAの事実上の表示意思に基づいてその文書を作成したのであり，Aは文書作成主体としての責任を免れないから，真正と解するべきであろう．最高裁は，文書の性質上，名義人以外の者が作成することは法令上許されないとした．たしかに，他人名義の交通事件原票を作成することは，交通反則事件の処理手続を乱すことであって，許されないことである．しかし，**そのような行政的な処理手続を乱したというだけで，刑法上の有形偽造を認めてよいことにはならない**．最高裁も，違反を犯したAに代わって，（Aが指に傷を負ったなどの理由で）BがA名義の交通事件原票を作成したような場合にまで，有形偽造を認めるわけではないであろう．さらにまた，Aが，自らは違反していないにもかかわらず，違反者Bに依頼され，違反者になりすまして，A名義の交通事件原票を作成する場合にも有形偽造を認めることはできない．これらの根拠は，Aの事実上の意思に基づいていることにある．そうだとすれば，判例の事案の場合にも有形偽造を認めることはできないはずである[10]．

替え玉受験の場合　　同じような問題は，いわゆる**替え玉受験**の場合（たとえば，Aの承諾を得て，Bが試験を受け，A名義の答案を作成した場合）にも生じる．東京地判平成4・5・28判時1425・140は，このような場合について（傍論としてではあるが）有形偽造だとした（参照，最決平成6・11・29刑集48・7・453）．しかし，このような場合は，次のような場合と同じである．Aは大学に提出するべき履歴書（それは，A自身が自筆で書くことを厳しく要求されていたとしよう）をBに書いてもらい，ついでに，本来A自身の思想が盛り込まれるべき文章もBに書いてもらったとする．この場合のBを有形偽造として処罰するべきではないであろう．Aの家でBに書いてもらったのか，Bに試験場でAとして振る舞い，そこで書いてもらったのかは，有形偽造の成否に意味をもちえない．そのような場合に偽られているのは，**自筆性**と，**思想の主体**

---

10)　無罪説として，林・経済犯罪151頁［さらに同書112頁注（13）の文献］，村井・小暮ほか387頁，川端・基本判例183頁，佐伯・百選［4版］177頁，伊東・現代的展開320頁，曽根・重要問題312頁，平川451頁，野村309頁（酒井）など．判例を支持するものとして，今井・法協116・6・106（これに対する批判として，林・田宮追悼450頁．さらに，同・曹時56・9・15）など．

の同一性のみである．文書の作成の主体の同一性は偽られてはいない．それは，政治家 A が，自分の秘書 B に，内容も自分で考えて書いてくれと，ある文書を作成することを頼んだので，B が自分で内容を考えて A 名義の文書を作成した場合と同じである．さらにいえばそれは，A が，B が考えた思想を自分で考えたかのように書いて，A 名義の文書を作成する（あるいは，試験場でカンニングをする）のと同じである[11]．

内容の真実性と有形偽造 (1) 前の場合とは反対に，名義人の意思に基づかないで作成された文書は，内容が真実であっても，不真正として，有形偽造が成立すると解するべきである．たとえば，A が B から百万円借りた．ところが A は借用証書を作成しなかった．そこで B は A に無断で A 名義の借用証書を作成した（判例は，この場合有形偽造が成立するとしたことがある．大判大正 11・10・20 刑集 1・558 [ただし傍論]）．この場合，有形偽造が成立しないとする学説もある．有形偽造は不真正と不真実が伴うときにはじめて成立するとするのである（滝川 244 頁，平野・法教 4・56）．これは規範的意思説を一貫したものといえる．しかし，A の知らない間に作成されたそのような文書が存在すること自体が，おそらく取引の安全という観点から見ても，社会的に有害である．たとえば，A が債務を支払った後に，B が再びその借用証書で A に請求していくおそれがある．また，B が第三者 C にその借用証書を見せて，すでに弁済された債権が存在するかのように偽り「譲渡」を装うこともありうるのである．しかしそのような取引の安全に対する危険とは別個に，文書成立の真正を偽ることは，文書制度に対する信用を害するものとして，それ自体独立に不法となし得るのであって，それが有形偽造を基礎づけるのである．

(2) 同様にして，事実証明に関する文書においても，内容が真実であることは，有形偽造を否定する理由とはならないと解するべきである．たとえば，（公文書偽造の場合であるが）私人が勝手に印鑑証明書を作成した場合，内容が真実だからといって有形偽造の成立を否定するべきではない．

(3) 最判昭和 51・5・6 刑集 30・4・591 は，被告人は A 市の市民課に所属

---

11) 参照，伊東・現代的展開 320 頁，林・曹時 45・6・1，同・田宮追悼 450 頁，同・曹時 56・9・18 など．

する公務員であったのだが，所定の申請用紙の交付もなく手数料の納付もないにもかかわらず，印鑑証明書を作成した．しかしその内容は真実のものであった．一，二審は有形偽造の成立を認めたが，最高裁は否定した．最高裁は，その理由の1つとして，その印鑑証明書が真実であったことをあげている．しかし，**内容が真実であることを理由に有形偽造を否定するべきではない**（参照，西田・刑判評38＝39・96）．この事案においては，もともと被告人に作成権限があったと考えられる．被告人は，下級の職員ではあったが，その市役所の市民課に属し，1人で印鑑証明書を作成する役割を与えられていた．市民課課長の決裁も必要ではあったが，それは，作成・発行した翌日になされる形式的な事後決裁であって，印鑑証明書自体の作成には実質的には関与していなかったと考えられる．所定の申請用紙の交付や手数料の納付は，印鑑証明書が作成される前の段階の手続であって，それに違反したからといって印鑑証明書の作成権限そのものを逸脱したと見るべきではない．したがって，この事案の場合，被告人が虚偽の印鑑証明書を作成したときには，有形偽造ではなく，無形偽造とするべきである．

有形偽造としての通過偽造　（1）　同様のことは，通貨偽造罪についてもいいうる．旧円から新円への切り替えのときに，旧円に証紙を貼って新円を作ることが国民に許された．しかし，その枚数には10枚までの制限があった．ところが，この証紙を正規の手続によらないで入手し，枚数の制限を超えて新円を作成する者があらわれた．最高裁はこれを通貨偽造罪とした（最判昭和22・12・17刑集1・94）．これに対しては，作成された新円は有効なものとして扱わざるをえないから，有形偽造とするべきではない，という批判がなされている（平野256頁，町野・現在334頁）．しかし，**有効だということは有形偽造を否定する根拠とはなりえない**．たとえば，造幣局の中に部外者が忍び込んで勝手に機械を動かして，正当に作成されたものと全く見分けのつかない紙幣を作成したとき，この紙幣は「有効」とせざるをえないかもしれない．しかしそのことを根拠として，この場合に通貨偽造罪を否定するべきではない．たしかに，通貨偽造罪の保護法益は通貨高権ではなく，通貨に対する社会の信用を保護するものではあるが，有効とみなさざるをえないとしても，通貨に対する社会の信用が侵害される場合はありうるのである．

(2) もっとも，この最高裁の事案の場合，被告人を含めて国民は，もともと旧円に証紙を貼りつけて新円を作成する権限が与えられていたのである．被告人はただ，規定の枚数を守らなかったにすぎない．それは，造幣局の職員が，規定の枚数を守らないで作成した場合と同じであって，権限の「濫用」にすぎないと解するべきである（参照，山口 416 頁）．

間接偽造　(1) いわゆる間接有形偽造と間接無形偽造の区別も，事実的意思説に従って判断されるべきである．BがAを利用してA名義の文書を作成させた場合，その文書が真正となるのは，Aにたしかにそのような種類・形式の文書に自己の思想を表示する意思があった場合である．したがって，たとえば，Aが文盲であるのに乗じて，Bが他の種類・形式の文書だと誤信させて署名させた場合は，有形偽造となる．これに対して，Aが文書の種類・形式は認識して，その文書に表示する意思はもちつつ，ただ文書の内容について錯誤があったにすぎない場合は，間接無形偽造が成立するにすぎない．この2つの中間にある場合，たとえば，上司がとかく吟味しないで判を押すことがあるのを利用して署名させたような場合も，上司が何について不認識であったのかによって間接有形偽造の成否が決まる．不認識であったのが，ただ文書の内容についてだけであって，その文書の種類・形式は認識しつつ署名したのであれば，真正である．東京高判昭和 28・8・3 判特 39・71 は，このような場合と思われる事案について有形偽造の成立を認めたが，疑問である．大判昭和 15・4・2 刑集 19・181 は，軍事扶助調書に，係員であるBが，虚偽の記載をし，これを村長Aに提示して署名させたという場合について，（原審が間接有形偽造だとしたのに対して）大審院は，「村長は右記載事項を認識し同調書を作成する意思を以て署名調印した」という理由で間接無形偽造とした．私文書についても，名義人が「作成スルノ意思」をもって署名したときは真正なものだとしたものがある（大判昭和 2・3・26 刑集 6・114）．ここで大審院がいう「作成する意思」とは本書のいう**表示する意思**と同じものである．

(2) この問題は，有形偽造の基礎理論をテストする一局面である．

規範的意思説に従うときは，間接偽造の場合にも，文書が「有効」かどうかによって，有形偽造の成否を決めることとなる（平野・法教 4・53）．規範的意思説から，本人が「責任」を負うときには有形偽造とはならない（町野・現在

355頁）とされることもある．しかし，その責任の内容がまさに問題である．どのような種類・形式の文書かさえ認識せずに作成した場合でも，まさにそのように文書を作成したことについての責任はあるともいいうるであろう．

なお，文書の「帰属」を基準とする見解も，この問題では，名義人の意思の内容によって有形偽造の成否を決定している（山口438, 453頁）．これはまさに，「帰属」のさらなる根拠は（ある限られたものではあるにせよ）意思にあることを示すものである．

虚無人（架空人）名義　虚無人（架空人）名義の文書を作成することが，有形偽造となるかが問題とされている．これは，偽造罪の保護するのは，誰の利益と解するべきかという問題である．名義人が被害者だとすれば，この場合被害者はいないのであるから，有形偽造とするべきではないこととなる．しかし，被害者は，文書を見て信用する社会の人々だと解するべきであろう．このように解するときは，虚無人名義であっても，有形偽造と解するべきこととなる（最判昭和38・12・6刑集17・12・2443）．

通称名の使用・肩書きの冒用　(1) 被告人が本名ではない通称名を用いて文書を作成した場合，あるいは，肩書きを冒用した場合に有形偽造が成立するかという問題がある．この2つの問題は本来別のものであるが，関連していることも確かであり，判例上も関連して問題となった．

(2) 大審院の判例として，大判大正14・12・5刑集4・709がある．被告人は，自己の前科が発覚するのを恐れて，求職の際に過去数年使ってきた偽名を使用して履歴書を作成したのである．大審院はこの場合についても有形偽造の成立を認めていた．

最高裁判例としては次のものがある．事案は，被告人は窃盗罪で服役中逃走し，遁刑中であることが発覚するのを恐れ，かねてから義弟と同一の氏名Iを使用して生活していたが，道路交通法違反（無免許運転）の罪を犯して警察官の取調を受けた際，この氏名を名乗り，義弟の生年月日と本籍を告げ，警察官が前記違反についての交通事件原票を作成するにあたりその旨記載させた上，その下欄の供述書にこの氏名を使用して署名したというものであった．最決昭和56・12・22刑集35・9・953は，「仮りに右氏名がたまたまある限られた範囲において被告人を指称するものとして通用していたとしても」有形偽造とな

るとした．

　さらに重要な判例として，最判昭和59・2・17刑集38・3・336がある．その事案は，被告人（朝鮮人）の本名はAというのだが，我が国に密入国して以来25年間にわたり，公私の広範囲の生活場面において一貫してBという氏名を使用し，おおむね隣人・知人・行政機関にもその氏名で通っていた場合に，北朝鮮に出国しようとする際，再入国許可申請書の氏名欄にBと記載したというものであった．一審・二審は無罪としたが，最高裁は，有形偽造の成立を認めた．なお，このように，我が国の判例は，通称名の場合にはほとんど有形偽造の成立を認めてきた．しかしそこには，かなりの問題がある．

　(3)　有形偽造とは**氏名の同一性**を欺罔することではなく，**人格の同一性**を欺罔することである．そのことは最高裁も認めている．人格の同一性を欺罔するとは，現実の作成人と，文書から特定される作成人すなわち名義人とが別人格であるにもかかわらず一致するかのように装うことである．氏名は，人格を特定するときの1つの手掛かりにすぎないのであって，むしろ，所属する会社ないし職業・住所・生年月日・本籍・写真などと伴って，はじめて人格特定機能をもつ．したがって，本名を使用しても人格の同一性を欺罔することはありえ（同姓同名であることを奇貨として，他人を名義人として特定させようとする場合)，本名を使用していなくても人格の同一性を欺罔していない場合はありうる．

　(4)　最高裁も，一般の文書において，**芸名やペンネーム**を使用したような場合に，全て有形偽造とするわけではないであろう．もっとも最高裁判例の事案は，このような場合とは，およそ次の2点で異なっている．第一に，**通称名が知られている範囲**がそれほど広くはなく，第二に，文書が**公的手続**に用いられるもので，本名を使用する要請が強かったことである．しかし，そのようなことはいずれも，有形偽造の成否にとって決定的なことではない．

　通称名が知られている範囲がそれほど広くないとしても，被害者はおよそ社会一般人ではなく，文書を受け取る人々である以上，それらの人々に知られており・その通称名によって文書の作成者自身が名義人として特定されるのであれば，人格の同一性の欺罔はないとしてよい．極端な場合には，その氏名が通称性を全く欠くときであっても，有形偽造を否定すべき場合がある．たとえば，秘密の会員組織において，自己の本名を知られたくないために，偽名を使用し，

その偽名で文書を作成する場合である．その文書が秘密組織にしか流通せず，そして，その組織が偽名使用を認めていたならば，有形偽造とするまでもない．

あるいは，ホテルの宿泊申込書，家の賃借契約書などに偽名を使用した場合であっても，（たとえば有名人であって）本名を知られたくないだけで，宿泊費・賃借料等については支払う意思があったときには，有形偽造とする必要はない．相手方にとって**文書の作成主体**について齟齬が生じる可能性はないからである．

芸名やペンネームを使い始めたばかりのような場合にも，いまだそれほど広く知られていないとしても，有形偽造とすることはできないであろう．

（5）　さらに，本名を書くことが要請されているのは，公的手続だけではない．私的手続でも，本名を書くことが強く要請されている場合はありうる．たとえば，履歴書である．しかし，履歴書だからといって，芸名やペンネームを使用したというだけで有形偽造を認めるべきではないであろう．

「私文書」の有形偽造の成否の判断において，公的手続の場合を特別扱いする理由はない．最高裁も，昭和59年判決においては，問題の文書が「公の手続内において用いられる」ものであるために本名を使用するべきことを指摘してはいるが，それのみを理由として有形偽造としているわけではない（むしろ後にも述べるような別の理由が決定的とされている）．

（6）　したがって先ず，大審院判例の場合，有形偽造の成立を否定するべきだと思われる．履歴書を受け取った相手方は，名義人として被告人という人格を特定したであろう．被告人はまさにそのことを欲しているのである．この場合，偽られているのは，**本名**と，**本名にまつわる過去の経歴**のみである．それは文書の**内容**にかかわることである[12)13)]．

---

12)　最決平成11・12・20刑集53・9・1495は，指名手配を受け潜伏中の者が，就職しようとして，偽名を用いて履歴書などを作成した場合について，有形偽造とした．この場合には，被告人は逮捕されそうになれば行方をくらます意思があったから，架空人名義の場合と同じに，有形偽造を認めてよい．参照，林・田宮追悼455頁．

13)　文書を作成した者の置かれた**客観的な状況**や**主観的な意思**も，名義人は誰かという問題に影響を及ぼす．たとえば，逮捕勾留されている被疑者が捜査官の面前で偽名を使用しても，彼が拘束されており，今後も人格の存在そのものの同一性について齟齬が生じる可能性がきわめて低いときには有形偽造とするまでもない（なお，参照，東京地判昭和63・5・6家月41・7・126）．有形偽造の不法内容は，名義人として作成人が特定されない可能性を生ぜしめることにある．有形偽造の成否が問題となるときには，以上にあげたような事情を総合的に考慮して，この不法内容が実現されているかが問われなければならない．

もっとも，最高裁昭和56年決定の場合には，交通事件原票の特殊性があったと考えられる．すなわち，交通事件原票は，それによって違反者の前科を記録するという機能も（単に副次的・派生的にではなく）本来的にもっている．本件の場合，本籍地・生年月日なども義弟のものを使用しているために，たとえば後に義弟の前科が調べられるようなときに，前科者名簿，そしてその原本としてのこの交通事件原票の名義人として，義弟の人格が浮かび上がって特定される可能性がある．少なくとも，被告人の前科が調べられた場合に，彼がこの原票の名義人として特定されない可能性がある．それ故，この事案の場合には，有形偽造とされてもやむをえないであろう．しかし，被告人は2年余りその偽名で生活し，その偽名が住所付近や会社内では通用していたのであるから，他の一般文書との関係では，（住所・職業などを偽っていない以上）原則として有形偽造を否定するべきであろう．

　(7)　59年判決の場合には，25年もの間その氏名を使用しており，およそ被告人を知るほとんどの人がその氏名で被告人を特定していたという事案であった．しかも，先に述べたような交通事件原票の特殊性がない．この文書の場合，本来の流通範囲の行政機関としては，使用された氏名で被告人以外の人格を認識・特定することは，まずありえない．たしかに，使用したBという氏名は本来他人のものであったから，その他人が認識・特定される可能性も全くないとはいえない．しかしその程度の可能性は，同姓同名の人が存在する以上常にあることであって，それだけで有形偽造が認められてはならない．

　(8)　最高裁が有形偽造を認める決定的な理由は次のようなものである．すなわち，本件文書の名義人は「適法に本邦に在留することを許されているB」であるとする．それは，架空人であるか，被告人にとっては他人である実在のBであって，いずれにせよ被告人ではないというのである．

　しかし，このような見解には疑問がある．なぜなら，文書の受け取り人である行政機関は，名義人を特定するとき，彼が適法に本邦に在留する者であることを全く考慮しないからである．そのような，いわば人格の**性質**を考慮するのは，文書に記載された氏名などから，現実に名義人の**存在**を特定した後のことである．本件の場合その点に欺罔はなかったといわざるをえない．この人格の存在の同一性について欺罔がなければ，その後の段階で生じる，人格の性質に

ついての欺罔があっても，文書作成主体としての責任の所在はすでに明らかであるから，文書に対する社会の信用の侵害の程度はそれほど大きいものではない．ここにまさに，法が有形偽造と無形偽造を区別し，無形偽造を処罰しないこととした根拠があると解される．たとえば，本件文書の終わりの方に「適法に在留している者で，本名に相違ない」という誓言を書く欄があったとしよう．この場合に，それについて欺罔があったとしても，無形偽造にしかならないであろう．本件の場合の欺罔の実質はこのようなものであったのである．

(9) このことは，これまでも肩書き・資格の冒用は有形偽造にならないという形で認められてきたことである．たとえば，法学博士ではないA教授が，法学博士A教授という名義を使用した場合，最高裁の論理に従うと，この文書の名義人は，適法に法学博士を称することを許されているAであって，そのような資格を有しないAとは別の人格であるということになってしまう．このような解釈は妥当でないと思われる（参照，林・経済犯罪159頁以下，清水・警研61・2・45，伊東・現代的展開323頁，田中・百選［4版］173頁，中森241頁，平川453頁など）．

弁護士資格の冒用　(1) 同姓同名であることを利用して弁護士資格を冒用した場合に，有形偽造となるかが問題となった判例として，最決平成5・10・5刑集47・8・7がある．被告人は，第二東京弁護士会所属の弁護士Yと同姓同名であることを利用して，自己が弁護士であるように偽っていたが，土地に関する調査について，弁護士の肩書を付けた「弁護士報酬金請求について」と題する書面，振込依頼書，請求書，調査結果の経過報告書，領収書を作成して，Fらに対して行使したのである．

(2) 本決定は，本件文書の名義人は東京在住の真実の弁護士Yだという．しかし，本件文書を受け取った直接の相手方であるFら（彼らが直接の被害者である）は，そのような人格についておよそ知らなかったのである．Fらは，その文書をいくら眺めても，東京在住の真実の弁護士を思い浮べようもなく，彼らにとって，**その文書の名義人は，大阪に在住し，（不法にも）弁護士業務を営む被告人のほかはありようがなかった**といってよい．したがって彼らにとって，人格の**存在**の同一性については齟齬は生じておらず，せいぜい，その人格の「**性質**」についてしか齟齬は生じていなかった．すなわち彼らは，名義人であ

る被告人は弁護士でないのにもかかわらず，弁護士であるかのように騙されていたにすぎない．それは，弁護士資格を詐称した場合を処罰する弁護士法74，79条によって対処すべき事態である．同様の規定は数多い（医師法18条，33条）．軽犯罪法15号によれば，法令により定められた称号を詐称した場合，公職選挙法235条によれば，身分・経歴について公にした場合などに，軽く処罰されている．これらの場合に軽く処罰されているのは，法が，人格の存在について同一性の偽りがなく，ただ人格の性質について偽りがあるにすぎないときには，有形偽造とならないという前提に立っているからである．法がそのように考えたのは，人格の存在について偽りがない場合，その文書の作成主体としての責任の所在はすでに明らかであるから，文書を受け取った者の被害は実質的にそれほど重大なものではないと考えたからである．最高裁の解釈はこのような立法者の意思に反する疑いがある．

(3)　本件の場合，たしかに，文書が転々した結果，名義人として東京在住の真実の弁護士が認識特定される可能性はあった．しかし，その可能性はきわめて低いものである．その位の可能性は，東京在住の真実の弁護士が自分の資格・氏名を用いて文書を作成した場合にも，同様にある．すなわち，そのような場合にも，大阪の被告人が名義人として特定される可能性はあるのであり，その可能性は本件で問題となる可能性とほぼ同じものである．したがって，本件のこのような可能性を根拠として有形偽造とするのであれば，東京在住の真実の弁護士が文書を作成するときにも，つねに有形偽造とせざるをえないこととなる．いうまでもなく，資格・氏名を偽っていないことは，それ自体としては，有形偽造を否定する理由とはならない（参照，山口・研修543・6，曽根・百選［4版］174頁，松宮364頁など）．

(4)　最近最高裁は，「国際旅行連盟」という名義の国際運転免許証様のものを作成したという事案について，有形偽造を認めた（最決平成15・10・6刑集57・9・987）．その団体には，国際運転免許証を発給する権限はないというのがその理由である．しかし，その論理に従うと，たとえば，医師の資格をもたないにもかかわらず，長い間町病院を経営し，診断書を作成したような場合にも，有形偽造となる．しかし，この場合，文書作成主体を偽っているといい得るか，疑問がある．もっとも最高裁の事案では，名義人として示された団体の所在は

明らかでなく，(真の意味で)架空人名義であったから，有形偽造を認めることができる（林・曹時56・9・6）．

第2節　偽造罪各論

1　通貨偽造の罪

通貨偽造罪の**保護法益**は，国家の通貨高権ないし通貨発行権ではなく，**通貨に対する社会の信用**である．このことが，解釈論にも影響を及ぼす場合がありうることは，前述した[14]．

通貨偽造罪は，外国人が外国で冒した場合にも適用される（刑法2条）．また，法定刑がかなり重い．これらは，通貨偽造罪が一国の経済的秩序全体を混乱に陥れることがありうることを考慮したものである．

なお，通貨偽造に至らない程度のものであっても，通貨及証券模造取締法によって処罰されることがありうることに注意する必要がある（通貨偽造罪については，泉・基本講座6巻215頁以下，町野・現在329頁以下，佐伯・金融研究2004・8など）．

> 行使の目的で，通用する貨幣，紙幣又は銀行券を偽造し，又は変造した者は，無期又は3年以上の懲役に処する．偽造又は変造の貨幣，紙幣又は銀行券を行使し，又は行使の目的で人に交付し，若しくは輸入した者も，前項と同様とする（148条）．

通貨偽造及び行使等の罪　**(1)**　**通貨偽造**とは，権限なく通貨の外観を有する物を作ることである．**変造**とは，真正な通貨に加工して通貨の外観を呈するものを作ることである．たとえば，百円札の名価の表示を改ざんして五百円札とするのは変造である（東京高判昭和30・12・6東高刑時報6・12・440）．両者の区別は場合によって困難である．最判昭和50・6・13刑集29・6・375は，真正な千円札2枚を用い，これを表裏にはがし，切断し，厚

---

14)　参照，本書362頁．

紙を挿入し，のり付けするなどして，千円札を四つ折りまた八つ折りにしたような外観を有する6片の物を作出したという事案について，変造だとした．真正な通貨を材料として利用しても，全然別個のものを新たに作ったような場合，偽造であって変造ではない（大判明治39・6・28刑録12・768）．

(2) **行使**とは，真正な通貨として流通に置くことを意味する．詐欺罪は行使罪に吸収されるというのが判例である（大判明治43・6・30刑録16・1314）．詐欺罪は財産に対する罪，偽造通貨行使罪は通貨に対する社会の信用に対する罪であって，本来この2つの罪は保護法益を異にする．また，偽造通貨を使用しない詐欺がありえ，偽造通貨を使用しても詐欺罪とならないことがありうる（自動販売機に入れたり，情を知らせて贈与した場合）から，両者が特別ないし補充の関係にないことは明らかである．ただ，偽造通貨を行使する場合にはほとんど相手に財産的損害を与えるから，行使にはその不法内容をも含んでいると解することは可能であろう．

賭博の賭金に使用するなども，行使である（大判明治41・9・4刑録14・755）．「行使の目的」は，自己が行使する目的にかぎらず，他人をして行使させる目的でもよい（最判昭和34・6・30刑集13・6・985）．

自己の資産状態を信用させるために偽造通貨を示すなどは，流通に置いたことにならないから，行使ではない．

交付とは，行使でない占有移転，すなわち，情を知った者に対する占有移転を意味する（参照，大判明治43・3・10刑録16・402）．

(3) これらの罪については未遂罪も処罰される（151条）．大判昭和7・6・15刑集11・837は，偽造通貨をビール代金の支払として相手方に手渡したが怪しまれて返還されたという場合，犯人が対価を得たかは犯罪の構成に無関係だとして，行使罪の未遂ではなく既遂であるとした．

| 外国通貨偽造罪・偽造外国通貨行使罪 | 行使の目的で，日本国内に流通している外国の貨幣，紙幣又は銀行券を偽造し，又は変造した者は，2年以上の有期懲役に処する．偽造又は変造の外国の貨幣，紙幣又は銀行券を行使し，又は行使の目的で人に交付し，若しくは輸入した者も，前項と同様とする（149条）． |

行使の目的で，偽造又は変造の貨幣，紙幣又は銀行券を収得した者は，3年以下の懲役に処する（150条）．

<small>偽造通貨収得罪</small>　収得とは，情を知って自己に取得することである．行使目的で偽造・変造されたものであることを要しない．収得して行使するのは二罪とされる（大判明治43・6・30刑録16・1314）．

<small>収得後知情行使罪</small>　貨幣，紙幣又は銀行券を収得した後に，それが偽造又は変造のものであることを知って，これを行使し，又は行使の目的で人に交付した者は，その額面価格の3倍以下の罰金又は科料に処する．ただし，2000円以下にすることはできない（152条）．

貨幣，紙幣又は銀行券の偽造又は変造の用に供する目的で，器械又は原料を準備した者は，3月以上5年以下の懲役に処する（153条）．

<small>通貨偽造準備罪</small>　通貨偽造罪の予備ないし幇助の一形態を独立の罪としたものである．予備的形態の場合に，行為者が進んで偽造・変造の実行行為をしたときは，準備罪は偽造罪・変造罪に吸収される（大判明治44・7・21刑録17・1475）．

2　文書偽造の罪

<small>総説</small>　(1)　文書偽造罪は，詐欺・横領・背任など財産罪の手段として行われることが多い．しかし，その**保護法益**は異なる．財産罪の保護法益は個人の財産である．それに対して文書偽造罪の保護法益は，**社会の人々の文書に対する信用**である．しかも，その信用を具体的に侵害する必要はない．その危険をもって足りるのである（大判明治43・12・13刑録16・2181）．その危険は，行使をもって最終的な侵害へと至る．

(2)　**文書**とは，文字その他の符号によって意思または観念を表示した物である．判例は，入札用の陶器に書いた場合も，文書であるとした（大判明治

43・9・30 刑録 16・1572). 文書・図画は視覚に訴えるものにかぎられ，意思・観念の表示を録音した物はこれに含まれない．判例は，郵便局の郵便物受領を示す日付印は公文書だとしている（大判明治 43・5・13 刑録 16・860）. しかし，これは，印章・署名偽造罪として処罰されるべきではないかという疑問がある[15].

　文書といいうるためには，作成名義人が認識可能でなければならない．作成名義人が認識不可能であるとき，そのものについて作成の責任をとろうとする者がいないから，社会はそれをさほど信用しない．したがって，文書偽造罪で保護するまでもないのである．大判昭和 3・7・14 刑集 7・490 は，小屋瀬町会議員代表という名義の文書は，その町の町会議員全部か一部かわからないから，文書を偽造したとはいえないとした[16].

　(3)　文書と並んで図画も偽造罪の客体とされているが，上に述べたような文書の要件を満たすものでなければならない．**図画**とは，可視的な象形的方法を用いたものをいう．最判昭和 33・4・10 刑集 12・5・743 は，製造たばこ「光」の外箱は，「合法的な専売品であることを証明する意思を表示した図画」であるとして，その偽造は公文書偽造罪にあたるとした．

　(4)　文書偽造（有形偽造）と虚偽文書作成（無形偽造）の区別については，すでに偽造罪総論において検討した．

　なお，虚偽公文書を作成させることを教唆したが，正犯は公文書偽造の実行をした場合について，公文書偽造教唆罪の成立を認めたものとして，最判昭和 23・10・23 刑集 2・11・1386 がある．しかし，文書偽造罪は有形偽造を処罰するものであり，虚偽公文書作成罪は無形偽造を処罰するものである．共に文書に対する信用を保護法益とするといっても，その内容は異なる．有形偽造においては，文書の成立の真正性に対する信用が保護法益となっているのに対して，無形偽造においては，文書の内容の真実性に対する信用が保護法益となっている．したがって，両罪にまたがる錯誤が生じた場合，符合を認めるべきではない．正犯は教唆内容である無形偽造を行ったわけではなく，有形偽造の過

---

15) 参照，本書 393 頁．
16) この点は，コピーによる偽の場合に問題になることは前述のとおりである．参照，本書 351 頁．

失による教唆は処罰されないから，教唆した者は無罪とするほかはない（参照，林・現代的課題 95 頁，基礎理論 212 頁）．

(5) **変造**とは，権限なしに，真正な他人名義の文書に変更を加えることをいう．したがって，自己名義の文書に変更を加えても，変造にはならない．大判明治 37・2・25 刑録 10・364 は，債務者が借用証書を債権者から一時返してもらってその文字を変更するのは，変造罪ではなく毀棄罪になるとする．

変造についても，有形偽造の場合と同様に，内容の真偽は問題ではない（大判大正 4・9・21 刑録 21・1390）．しかし，本質的部分に変更を加えて別個の新たな文書を作成する場合，たとえば，外国旅券の下付の人名と渡航先の変更（大判大正 3・11・7 刑録 20・2054），自動車運転免許証の写真の取り替えと生年月日の改ざん（最判昭和 35・1・12 刑集 14・1・9．もっとも，学生証の学生名の改ざんを変造としたものもある（大判昭和 11・4・24 刑集 15・518）），あるいは，すでに失効した文書に加工して，新たな文書を作成する（大判昭和 12・10・26 刑集 16・1391）のは，変造ではなく偽造である．

(6) **行使**とは，偽造文書を真正なものとして，または虚偽文書を真実なものとして，使用することであって，かならずしもその文書の本来の用法にしたがって使用することを要しない（大判明治 44・3・24 刑録 17・458 ［偽造の預金通帳を真正なものとして当の預金者に交付した事案］，大判大正 3・11・18 刑録 20・2157 ［偽造した借用証書を確定日付を得るために公証人に提出した事案］，大判大正 3・10・6 刑録 20・1810 ［捜査機関に提出した事案］）．判例は，公立高校長の名義を冒用して，中途退学した生徒の卒業証書を偽造し，これをその生徒の父親に提示する行為は，本罪にあたるとした（最決昭和 42・3・30 刑集 21・2・447）．さらに，被告人が，窃取した他人の自動車運転免許証に自分の写真を貼り替え，自分が交付を受けた免許証のように作出した上，表示されている有効期間を 3 ヵ月経過した後，これを取締りの警察官に提示した場合に，警察官をして被告人の免許証と誤信させるに足りる外観が具備されていたときは，本罪が成立するとした（最決昭和 52・4・25 刑集 31・3・169）．不実の記載をした登記簿を登記所に備えつけさせることは，登記官吏の職務上当然なすべき行為を利用する行使の間接正犯である（大判明治 42・6・17 刑録 15・783）．

(7) しかし，行使にあたるためには，文書を真正に成立したものとして他

人に交付,提示等して,その閲覧に供し,その内容を認識させ又は認識しうる状態におくことを要するから,自動車を運転する際に,偽造した運転免許証を携帯していただけでは,本罪を構成しない(最大判昭和 44・6・18 刑集 23・7・950).さらに,偽造文書の写しを人に示し,またはその内容・形式を口頭もしくは文書で人に告知するだけでは,偽造文書の行使にはならない(大判明治 43・8・9 刑録 16・1452).文書を偽造し,かつ,これを行使するのは,牽連犯である(大判明治 42・2・23 刑録 15・127).

　　　　　行使の目的で,御璽,国璽若しくは御名を使用して詔書その他の文書を偽造し,又は偽造した御璽,国璽若しくは御名を使用して詔書その他の文書を偽造した者は,無期又は 3 年以上の懲役に処する.御璽若しくは国璽を押し又は御名を署した詔書その他の文書を変造した者も,前項と同様とする(154 条).

詔書偽造罪　　本罪は公文書のうちとくに天皇名義の文書を偽造・変造する行為を処罰するものである.詔書とは,天皇の国事に関する意思表示を公示するために用いられる公文書であって,所定の形式をとるものである.国会召集の文書がその例である.御璽とは,天皇の印章をいい,国璽とは,日本国の印章を意味する.御名とは天皇の署名のことである.

　　　　　行使の目的で,公務所若しくは公務員の印章若しくは署名を使用して公務所若しくは公務員の作成すべき文書若しくは図画を偽造し,又は偽造した公務所若しくは公務員の印章若しくは署名を使用して公務所若しくは公務員の作成すべき文書若しくは図画を偽造した者は,1 年以上 10 年以下の懲役に処する.公務所又は公務員が押印し又は署名した文書又は図画を変造した者も,前項と同様とする.前 2 項に規定するもののほか,公務所若しくは公務員の作成すべき文書若しくは図画を偽造し,又は公務所若しくは公務員が作成した文書若しくは図画を変造した者は,3 年以下の懲役又は 20 万円以下の罰金に処する(155 条).

公文書偽造等罪　　公文書偽造は私文書偽造よりも重く処罰されている.これは,**公文書の方が信用力が強いからである.**
　公文書とは,公務所・公務員がその職務上作成するべき文書である.この罪

が成立するためには，現実にその公務所・公務員が存在する必要はなく，また，その公務所・公務員が存在していても，その文書を作成する権限がある必要はない．本条の公文書は，刑法258条の「公務所の用に供する文書」とは異なる（村役場備え付けの印鑑簿は各個独立の私文書だとするものとして，大判昭和9・10・22刑集13・1367）．

公文書の例としては，**郵便貯金通帳**（最判昭和24・4・5刑集3・4・427）がある．なおこの場合，受入・払戻の各欄の記載がそれぞれ1個の公文書だとするのが判例である（大判昭和7・2・25刑集11・207）．

本罪が成立するかぎり，印章署名不正使用罪（156条）は，本罪に吸収される（大判明治42・4・30刑録15・536）．

公文書の**偽造**とは，公文書の作成名義人以外の者が，権限なしに，その名義を用いて公文書を作成することである．公務員であっても，作成権限がないかぎり，本罪の主体となりうる（最判昭和25・2・28刑集4・2・268）．補助公務員について，作成権限の有無が問題となることが多い．作成権限を認めたものとして，最判昭和51・5・6刑集30・4・591[17]．否定したものとして，大判大正11・12・11刑集1・745（三等郵便局の通信事務員と局長名義の文書），大判昭和8・10・5刑集12・1748（町村長の臨時代理を命じられた町村吏員と町村税の督促状），最判昭和25・2・28刑集4・2・268（戦災復興院出張所雇と板硝子割当証明書）．

> 公務員が，その職務に関し，行使の目的で，虚偽の文書若しくは図画を作成し，又は文書若しくは図画を変造したときは，印章又は署名の有無により区別して，前2条の例による（156条）．

虚偽公文書作成罪 （1） 本罪は**身分犯**，すなわち，公務員という身分をもつ者のみが主体となりうる犯罪である．私人が直接正犯となることはありえない．もっとも，判例によれば，私人であっても，共同正犯にはなりうるとされている（大判明治44・4・17刑録17・605）．

それでは，**間接正犯**となりうるか．判例は，公務員の身分を有しない者が，

---

[17] 本書363頁参照．

虚偽の内容を記載した証明願を村役場の係員に提出し，同係員をして村長名義の虚偽の証明書を作成させた行為は，本条の間接正犯とはならないとした（最判昭和 27・12・25 刑集 6・12・1387）．ところが他方，公文書の起案を担当する職員が，内容虚偽の文書を起案し，情を知らない作成権限者に署名捺印させ，内容虚偽の公文書を作成させた場合は，間接正犯を認めている（最判昭和 32・10・4 刑集 11・10・2464）．この判例には矛盾がないか，ないとすれば，どのような理由によってか，が問題となる．

(2) 犯罪の本質は法益侵害にあるとし，法益侵害を引き起こした以上，非身分者であっても常に間接正犯となりうるとする説がある（滝川・刑事法判決批評 2 巻 134 頁）．もっともこの説も，一般に，偽証罪のようないわゆる自手犯の場合には，間接正犯を否定する．たしかに，強姦罪のような場合には，女性であっても，間接正犯となりうるとするべきである．強姦罪が男性によってしか犯されえない身分犯とされるのは，女性の貞操が侵害されるのは，事実上男性による場合だけだからである．女性が男性を利用して別の女性の貞操を侵害した場合，間接正犯を否定する理由はない．また，本罪の場合であっても，（相手が情を知っていたとき）教唆犯ならば成立しうることは否定できない（65 条 1 項．なお参照，佐伯・刑法講義総論［4 訂］359 頁）．

(3) しかし，本罪の場合，157 条によって，本罪の間接正犯類似の一定の場合（しかもその客体は公文書の中でも重要なものである）が，むしろ軽く処罰されている．157 条は，少なくともある一定の場合，本罪の間接正犯は成立しないという前提に立って，その中でも，重い場合を処罰しようとしたものと解さざるをえないのである．本罪の間接正犯を一般的に認めるときは，157 条の立法趣旨を無視することとなる．

(4) 法が私人による虚偽の申立ての場合に本罪の間接正犯を否定した理由は，おそらくは，次のような理由によるものである．まず，間接正犯性を認めるには，相手を道具のように利用したという関係（強力な支配）がなければならないが，相手が公務所・公務員の場合，結果として成功したとしても，一般にそのような関係を認め得ない[18]．のみならず，本罪の保護法益としては，文

---

18) 申立てを通さないものの，一般ならば間接正犯性を基礎付ける強力な支配がある場合に，公

書の真実性に対する公共の信用だけでなく，公務員に対する信頼も含まれており，ここで問題となっているように当の公務員が情を知らない場合には，公務員に対する信頼はさほど侵害されない[19]．以上のような間接正犯性と不法の欠如がその理由と解される．したがって，私人は一切本罪の主体とはならないと解するべきである．

以上に述べたことは，主体が**全く管轄外の公務員であった場合**にも，妥当する．公務員と公文書との間の関連性がない場合，その不法はさほど重大ではない．

(5) これに対して，**起案**などその文書の作成に実際上関与している公務員については，不法の実現も間接正犯性も欠けるところがない．純粋の名義人についてしか正犯が成立しえないとするときは，詔書については，天皇しか無形偽造を犯しえないということとなってしまう．形式的作成権限者以外の者が主体の場合には一律に間接正犯の成立を否定するものもありうる（参照，植松 168 頁，香川 234 頁）が，妥当とは思われない．形式的作成権限者以外の者であっても，補佐的・実質的権限をもつ者については，間接正犯の成立を認めうるのである（町野・現在 350 頁，曽根 258 頁，松宮 369 頁など）．

(6) もっとも，これらの者が，形式的権限をもつ者を通さないで勝手にその印鑑を押して偽造したような場合には，有形偽造となる．

> 公務員に対し虚偽の申立てをして，登記簿，戸籍簿その他の権利若しくは義務に関する公正証書の原本に不実の記載をさせ，又は権利若しくは義務に関する公正証書の原本として用いられる電磁的記録に不実の記録をさせた者は，5 年以下の懲役又は 50 万円以下の罰金に処する．公務員に対し虚偽の申立てをして，免状，鑑札又は旅券に不実の記載をさせた者は，1 年以下の懲役又は 20 万円以下の罰金に処する．前 2 項の罪の未遂は，罰する（157 条）．

務員でないというだけで「単独正犯性」を否定する（山口 443 頁）ことはできない．申請・審理・作成という過程を経ない場合，たとえば，私人が直接市長を欺罔して虚偽内容の文書を作成させた場合には，間接正犯性を否定することはできない．
19) 単に責任減少と解する（西田 330 頁）のは妥当でない．

(1)　私人が公務所で公務員に虚偽の申立てをし，公務員をして公文書に虚偽の記載をさせる行為は，公務員自身が故意をもって虚偽文書作成したのではないために，公務員に対する国民の信頼の侵害の程度は低く，前条の罪の不法内容を充足しない．のみならず，間接正犯性も認めがたい．それにもかかわらず，客体がきわめて重要な公文書である場合には，私人によるこのような行為から公文書の真実性が確保されなければならない．これが本条の立法趣旨である．

公正証書等
不実記載罪

　(2)　アメリカ領事館員は刑法にいういわゆる公務員ではないから，領事館員に虚偽の証明書を旅券下付申請書とともに提出して旅券の下付を受けようとした行為は，本罪の未遂罪にもならない（最判昭和27・12・25刑集6・12・1387）．
　不動産の所有権をもつ者であっても，登記簿上の名義人から所有権の移転を受けた旨の虚偽の申請をしてその旨の記載をさせるのは，本条1項の罪を構成する（最決昭和35・1・11刑集14・1・1）．
　権利，義務に関する公正証書の原本の例として，土地台帳（大判大正11・12・22刑集1・828）・土地登記簿・建物登記簿（大判明治43・11・8刑録16・1895）・住民登録法による住民票（最判昭和36・6・20刑集15・6・984）・商業登記簿（最判昭和41・10・11刑集20・8・817）．これにあたらないものとして，寄留簿（大判大正9・7・19刑録26・541）．
　(3)　電磁的記録が客体となる場合については，後述する[20]．

偽造公文書
行使等罪

　　154条から前条までの文書若しくは図画を行使し，又は前条1項の電磁的記録を公正証書の原本としての用に供した者は，その文書若しくは図画を偽造し，若しくは変造し，虚偽の文書若しくは図画を作成し，又は不実の記載若しくは記録をさせた者と同一の刑に処する．前項の罪の未遂は，罰する（刑法158条）．

　行使の目的で，他人の印章若しくは署名を使用して権利，義務若しくは事実証明に関する文書若しくは図画を偽造し，又は偽造した他人の印章若しくは署名を使用し

---

[20]　参照，本書382頁以下．

て権利，義務若しくは事実証明に関する文書若しくは図画を偽造した者は，3月以上5年以下の懲役に処する．他人が押印し又は署名した権利，義務又は事実証明に関する文書又は図画を変造した者も，前項と同様とする．前2項に規定するもののほか，権利，義務又は事実証明に関する文書又は図画を偽造し，又は変造した者は，1年以下の懲役又は10万円以下の罰金に処する（159条）．

私文書偽造罪　(1)　事実証明に関する文書として，郵便局に対する転居届（大判明治44・10・13刑録17・1713），衆議院議員候補者推薦状（大判大正6・10・23刑録23・1165）など．**書画**は，これに筆者の落款・押印を加えても，それだけでは権利・義務または事実証明に関する文書とはならない（大判大正2・12・19刑録19・1481）．もっとも，落款・押印の偽造は署名印章の偽造として処罰される．さらに，書画の真筆である旨を記載した**箱書**などは，偽造罪の客体となる（大判大正14・10・10刑集4・599）．文書は不完全または未完成のものであってもよい．たとえば，白紙委任状（大判大正元・11・26刑録18・1425），譲受人の表示を欠く債権譲渡証（大判大正12・5・24刑集2・445），借主・金額の表示を欠く保証証書（大判大正8・7・5刑録25・836）など．

(2)　自動車登録事項等証明書交付請求書は刑法159条1項の「事実証明に関する文書」にあたるかが問題となった．被告人は，いわゆる戦旗共産主義者同盟の組織に所属する者であったが，他の者と共謀の上，警察関係者や成田第2期工事関係業者等の使用する自動車につき，偽名を用いて自動車登録事項等証明書の交付を受けた．東京高判平成2・2・20高刑集43・1・11は，「自動車登録事項等証明書交付請求書は何某という請求者がこれらの情報の入手を請求する意思を表示したことを証明するもの」だとして本罪の成立を認めた．しかし，本件の交付請求書は，まさに，請求する意思を表示したものであって，請求する意思を表示したのが誰かを証明しようとしたものではない．誰が本件文書を書いたかは，（誰でも請求することができる以上）社会的に重要な事実とは思われない．この点で，画賛に名義人が某時某所で書写した旨を記載した場合（大判大正2・3・27刑録19・423），ある政党機関誌に「祝発展，何某」と公務員何某名義で広告文を掲載した場合（最決昭和33・9・16刑集12・13・3031）などと異なっている．本判決は，自動車登録事項等証明書に記載される事項は実社

会生活に交渉を有する事項であるから，その交付請求書も実社会生活に交渉を有する事項を証明するに足りる文書だというが，そのような間接的な交渉でも足りると解するときは，文書の範囲は極端に広がってしまうおそれがある．本判決は，何某と書いた以上は，同時に，何某が本件請求書を書いたことを証明しているともいいうると考えたのであろう．しかし，本判決のように考えるときは，およそ何某と書いたときは，（先に見たような限定はあるとしても）ほとんど常に「事実証明に関する文書」となるということになりかねない．本判決は，結局，被告人は名義を偽っているということを指摘しているにすぎない．しかし，それは，偽造の概念に関わる問題である．法は，「偽造」の前に，文書自体に一定の限定を加えようとしている．過去の判例の中には，「事実証明に関する文書」を広く解したものがあり，その傾向からすれば，本判決の結論はやむをえなかったのかもしれないが，このような判例の傾向に対しては，学説の批判が強かった．本件のような場合まで処罰するときは，処罰範囲は一体どこまで広がるか（たとえば，住民票写申請書，不動産登記簿閲覧申請書など）を問題とし，文書自体に限定を加えようとする法の意図を問い直すべきである（参照，渡部・研修 497・39，曽根・法セ 428・117）．

(3) なお，最決平成 6・11・29 刑集 48・7・453 は，大学入学試験の答案を，事実証明に関する文書としたが，ここでも同じような問題がある．

| 虚偽診断書等作成罪 | 医師が公務所に提出すべき診断書，検案書又は死亡証書に虚偽の記載をしたときは，3 年以下の禁錮又は 30 万円以下の罰金に処する（160 条）． |

私文書について虚偽文書作成（無形偽造）が処罰されるのは，本条の場合だけである．

| 虚偽私文書等行使罪 | 前 2 条の文書又は図画を行使した者は，その文書若しくは図画を偽造し，若しくは変造し，又は虚偽の記載をした者と同一の刑に処する．前項の罪の未遂は，罰する（161 条）． |

3 電磁的記録不正作出・不正電磁的記録供用罪

刑法157条に追加して，権利，義務に関する公正証書の原本として用いられる電磁的記録に不実の記載をさせた場合が新設された．

さらに，161条の2に，以下の条文が規定された．

> 人の事務処理を誤らせる目的で，その事務処理の用に供する権利，義務又は事実証明に関する電磁的記録を不正に作った者は，5年以下の懲役又は50万円以下の罰金に処する（第1項）．前項の罪が公務所又は公務員により作られるべき電磁的記録に係るときは，10年以下の懲役又は100万円以下の罰金に処する（第2項）．不正に作られた権利，義務又は事実証明に関する電磁的記録を，1項の目的で人の事務処理の用に供した者は，その電磁的記録を不正に作った者と同一の刑に処する（第3項）．前項の罪の未遂は，罰する（第4項）．

157条の立法趣旨　(1) コンピュータの発達・普及と共に，以前には紙の文書に記載されていた種々の情報が，コンピュータにデータとして記載蓄積されることが多くなってきた．それに伴い，そのようなデータに不正に改変を加えた場合，既存の文書偽造罪で対処しうるかが，大きな問題となった．判例は，これに対して慎重な姿勢を示しつつも，広く既存の文書偽造罪の成立を認めてきた．たとえば，キャッシュカードの磁気ストライプ部分について，私文書偽造罪の成否が問題となったが，大阪地判昭和57・9・9刑月14・10・776 はこれを肯定し，次のように判示した．「電磁的記録物も一定のプロセスにより必ず確実に文書として再生され，電磁的記録物と再生された文書とは一体不可分な関連を有するのであるから，文字その他の符号によって表示され視覚可能といって支障はない」．さらに，自動車登録ファイル（電磁的記録物）に不実の記録をなさしめた場合について，最高裁は，公正証書原本等不実記載罪の成立を認めたのである（最決昭和58・11・24刑集37・9・1538）．

(2) しかし，これらの電磁的記録物が，文書といいうるかは疑問である．文書の意義については，文字もしくはこれに代わるべき符号を用い，永続すべき状態においてある物体の上に記載した意思表示だとする古い判例がある（大

判明治 43・9・30 刑録 16・1572)．この判例だけを見れば，問題を肯定的に解することも可能であるかのようである．しかし，この判例はかなり古いものであり，当時はコンピュータの記録については全く念頭に置かれていなかった．したがって，この判例だけを根拠として，電磁的記録物の文書性を肯定するのは妥当でないというべきであろう．

　(3)　電磁的記録物においては，物体がプラス・マイナスの磁気を帯びているにすぎない．すなわち，**視覚的方法**によってはこれを読むことができないのである．判例の中には，文書性を肯定するにあたり，プリントアウトされれば，可視的・可読的な文書となるのであり，その**再生された文書**と**電磁的記録物**とは一体不可分な関連を有することを指摘するものが多い．しかし，再生された物が文書であることは，再生される前の電磁的記録物が文書であることを意味しえない．不実の記録がなされたのは電磁的記録物に対してなのであるから，それ自身について文書性を肯定しうるのでなければならないのである．

　(4)　前述の最高裁判例において，谷口裁判官は，電磁的記録物は文書ではありえないとしつつ，しかし，公正証書原本の場合だけは，文書でなくてもよいという意見を述べられた．しかし，法が公正「証書」とし，しかも，「文書」偽造の罪の1つとして157条を規定しているからには，そのような解釈には無理がある．同裁判官は，自動車登録ファイルについて，以前の自動車登録原簿（一車両につき一用紙を備える一車両一葉主義がとられていた）から，コンピュータによる電磁的記録物に制度が変更された（昭和44年）ときに，157条が補充修正されたと見るのであるが，それも困難であろう．そうだとすれば，この場合はどうしても現行法では処罰できないこととなる．しかし，自動車台数の増加に伴う業務の膨大化に対処するためにコンピュータが導入されたことによって，以前には処罰された行為と実質的に同じ行為が処罰されなくなるのは，理由のないことである．判例が157条の成立を認めてきた政策的判断それ自体は妥当なものであった．しかしそれを解釈論上なしうるかが問題なのである．本条は，そのような解釈には前述のような問題があるという判断に基づいて昭和62年に新設されたものである．

　(5)　この改正によって，特許原簿，住民票などについても，157条によって処罰されることとなる．

161条の2　(1)　157条の形態による犯罪以外にも，文書の多くが電磁的記録に置き換えられたことに伴い，文書偽造罪だけでは対処できない事態が生じてきた．たとえば，国税庁の納税者基本台帳ファイル，銀行の預金元帳ファイルなどである．キャッシュカードも，これまでの預金通帳（私文書と解される）を代替・補充するものである．この事態に対処するために，161条の2が新たに規定された．

(2)　この罪によって処罰される具体的な場合を例示すれば，ATM機等を使って他人の預金口座から勝手に預金を引き出すために，自己または他人のキャッシュカード，文字などによる表示のないテストカード（参照，東京地判平成元・2・22判時1308・161），あるいは，自己または家族名義の預金通帳などの**磁気ストライプ部分**に，他人の預金口座の口座番号，暗証番号などを**印磁**した場合，勝馬投票券の裏の払戻事務処理用の磁気記録部分を的中組番号などに改ざんした場合（参照，甲府地判平成元・3・31判時1311・160），部外者が，会社の経理システムや人事・給与システムなどにほしいままにデータを入力し，またはプログラムを改変するなどして，売掛金ファイルや人事・給与ファイルに虚偽の記録を作出した場合，銀行の預金データの入力，処理の過程に関与する権限がないのに，データを入力し，またはプログラムを改変するなどして，システムの設置運営主体（銀行）の意図しない記録を作出する場合などである．

(3)　問題は，**不正に作った**という概念の内容である．有形偽造的態様，すなわち，権限なしに作出する場合に限られるのか，無形偽造的態様，すなわち，権限ある者が虚偽の内容を作出する場合をも含むのかが問題となる．事務処理については「他人の」という限定があるが，電磁的記録それ自体には「他人の」という限定がないから，無形偽造的態様をも処罰する趣旨とも解しうる．立案当局者は無形偽造的態様をも処罰するものと解している（米澤・刑法等一部改正法の解説113頁［的場］．学説として，中森255頁，山口470頁など）．立案者は立法者ではないから，その見解は1つの解釈にとどまる．しかしこのように，私人により作られるべき電磁的記録について無形偽造をも処罰することは，私文書については無形偽造を処罰しないこととしている現行法の立場に反するといわざるをえない．ところが他方，不正作出に無形偽造を含めないと，今度は，本条2項の場合に，公文書については無形偽造をも処罰していることと均衡を

失するという問題が生じてくる．そこで，私的な電磁的記録については有形偽造のみ，公的な電磁的記録については無形偽造をも処罰すると解する見解も主張されている（神山・基本講座6巻250頁）が，そのような解釈は，行為態様について1項と2項とで区別していない規定の仕方にそぐわないものである．本条の立法趣旨は本来，文書偽造罪の行為態様ではなく，客体たる文書を補充するところにあったのであり，また，私人により作られるべき記録の中でとくに電磁的記録の場合だけ無形偽造的態様を処罰することに十分な理由があるとは思われず，私的な電磁的記録について無形偽造を処罰することは，公的な電磁的記録について無形偽造を処罰しないことよりも実質的な弊害は大きいと思われるから，不正作出は**有形偽造的態様のものに限られるべき**だと思われる（団藤687頁，堀内・現代的展開156頁，曽根263頁，山中612頁など）．

したがって，行為者が，当該記録が作り出されるべきシステムの設置運営主体であって，本来記録の内容等を自由に決定できる者である場合には，たとえその内容に虚偽の記録を入力しても，処罰されない．たとえば，個人店主が，脱税や水増し請求などの目的で取引状況を記録した磁気ファイルに虚偽の記録を入力する場合である．

供用罪　3項の供用罪は，偽造したキャッシュカードを銀行のATM機等に差し込むこと，顧客元帳ファイルの記録のような備え付け型電磁的記録については，作出行為が完了し，それを当該事務処理に用いる状態に置くことである．

4　有価証券偽造の罪

行使の目的で，公債証書，官庁の証券，会社の株券その他の有価証券を偽造し，又は変造した者は，3月以上10年以下の懲役に処する．行使の目的で，有価証券に偽造の記入をした者も，前項と同様とする（162条）．偽造若しくは変造の有価証券又は虚偽の記入がある有価証券を行使し，又は行使の目的で人に交付し，若しくは輸入した者は，3月以上10年以下の懲役に処する．前項の未遂は，罰する（163条）．

386　第2章　文書偽造の罪

有価証券の意義　(1)　現行法は，私文書の中でも，有価証券に対する公共の信用をとくに厚く保護することとし，その偽造を文書偽造の場合よりも重く処罰している．しかも，交付・輸入など，一般の私文書の場合には処罰されない行為態様をも処罰している．さらに，外国人が外国で犯した場合にも，適用があるとしている（刑法2条6号）．

(2)　**有価証券**とは，財産上の権利を表示する証券であって，その権利の行使・処分のためにその証券の占有を必要とするものをいう（大判大正3・11・19刑録20・2200）．その例として法は，公債証書・官庁の証券・会社の株券をあげている．**公債証書**とは，国又は地方公共団体が負担する債務（国債，地方債）を証明するため国又は地方公共団体が発行した証券をいう．**官庁の証券**とは，官庁の名義で発行される有価証券であって，大蔵省証券・郵便為替証券などである．**会社の株券**とは，株式会社の発行した株主たる地位を表示する証券である．

(3)　**流通性**を要するかが問題となっている．判例は，鉄道乗車券や電車定期乗車券なども有価証券であるとしている（最判昭和32・7・25刑集11・7・2037など）が，勝馬投票券は譲渡が厳禁されているという理由で有価証券ではないとしている（大判昭9・3・31刑集13・362．反対，東京高判昭和34・11・28高刑集12・10・974）．ところが，競輪の車券を有価証券とする判例がある（名古屋高判昭和27・12・22判特30・23）．また，流通性がある以上私法上の有価証券でなくても，刑法上の有価証券にあたるとするものとして，大阪高判昭和27・6・28刑集5・6・1010（白紙委任状つきで転々流通する増資新株式申込証拠金領収証）がある．

財産権とそれを化体する証書の占有の間に強い結合関係があるかぎり，流通性はとくに必要でないと解される（大塚424頁，中森257頁，山口473頁など）．

(4)　その他，判例によって，有価証券とされたものとして，手形（大判明治42・3・16刑録15・261），小切手（大判明治42・10・7刑録15・1196），設立が実質的に無効な会社の株券（大判大正14・9・25刑集4・547），有効期間満了後3年以内の郵便小為替証書（大判昭和7・6・11刑集11・815），外国貿易支払票（最判昭和28・5・29刑集7・5・1171）などがある．

(5)　否定されたものとして，炭鉱の採炭切符（大判明治42・11・11刑録15・

1554），郵便貯金通帳（大判昭和6・3・11評論20・刑法96），無記名定期預金証書（最決昭和31・12・27刑集10・12・1798）などがある．

テレフォンカードと有価証券変造

(1) テレフォンカードについて次のような問題が生じた．Xは興味本位で，NTTのカード式公衆電話機を盗み出し，これを使って，テレフォンカードの磁気情報を改ざんし，使用度数を増やした．ただし，カードの外観にはいっさい手を加えなかった．そのようにして改ざんされたカードを入手した甲は，そのテレフォンカードを，金券業者に，不正改ざんしたものであることを説明した上で，売却した．甲の罪責が問題となった．

(2) ここでは**変造有価証券交付罪**（刑法163条1項）が成立するかが問題となっている．昭和62年の刑法の一部改正により，電磁的記録に関わる一定の不正行為を処罰する規定が新設されたが，テレフォンカードの裏面の磁気情報を改ざんする行為は刑法161条の2第1項に該当し，改ざんされたテレフォンカードを電話機で使用する行為は刑法161条の2第3項，さらに，刑法246条の2に該当する．ところがここでの問題の場合，甲は自ら改ざんしたわけではなく，しかも，改ざんされたテレフォンカードであることを明かして売却しているにすぎない（いわゆる中間転売者）ので，これらの規定によって処罰することはできない．そこで，変造有価証券交付罪の成否が問題となってくるのである．

(3) 先ず問題となるのは，**テレフォンカードの有価証券性**である．先にみたように，刑法上の有価証券とは，証券に財産上の権利が表示され，その権利の行使にその証券の占有を必要とするものとされている．判例の中には，テレフォンカードは「カード式公衆電話機の利用権」がそこに表示されており，その行使にカードの占有が必要だから有価証券といいうるとするものがある（東京地判平成元・8・8判時1319・158など）．しかし，このように解することに対しては，有価証券も文書の一種である以上，財産上の権利の表示が**直接的可読性**を要するのではないかという疑問が生じるのである．このような疑問に答えるために，昭和62年に，先に述べたような立法がなされたわけである．ところが立法者は，変造テレフォンカードの「交付」までは思い至らなかった．そのために，今回のような問題が生じるに至ったのである．そうだとすると，新たなコンピュータ犯罪規定によって処罰することができず，また，新たなコンピ

ュータ犯罪は，現行偽造罪の規定によっては，コンピュータ犯罪に対処するのは無理だという判断の上に立法されたのだとすれば，本件テレフォンカードについて有価証券性を肯定することも疑問だということになるわけである（山口・ジュリ951・52）．

　(4)　これに対して，**処罰する論理**にも2つのものがある．1つは，電磁的記録そのものを有価証券と認めることができるとするものである（古田・研修495・41）．この説は，昭和62年の改正は，一般の「文書」偽造罪に関する限度でなされたものであって，このような改正が有価証券偽造について見送られたのは，有価証券の場合には，電磁的記録をも含むかの問題を，立法者は解釈に委ねたのだとする．有価証券であるためには「権利が化体」されておればよいのであって，**直接的可読性は不要**だというのである．しかしこのような見解に対しては，一見してテレフォンカードでないことが明らかな**ホワイトカード**の裏面に印磁したにすぎないような場合であっても，有価証券偽造が認められてしまう．それは妥当でない．ここでの問題の場合は，もともとは真正のテレフォンカードであったものであり，NTT発行の外観をもっているから，変造有価証券交付罪の成立を認めることは考えうるとしても，一見して偽物とわかるホワイトカードについて，この罪の成立を認めることは行きすぎである．

　(5)　そこで，両説のいわば中間に，有価証券としては，人に対する**直接的可読性を要求する**（ホワイトカードでは認めない）が，**電磁的記録**は権利の内容について券面の記載を**補充**するものとして理解し，そのかぎりで有価証券となるとする説がある（大谷・研修499・21）．しかし，テレフォンカードの本来の権利性は，そのカードによって電話をかけることができることにあるのであって，その権利性について直接的可読性がない以上，有価証券とすることには疑問がある．

　(6)　有価証券についての以上のような見解の対立は，**変造**概念にも影響を及ぼす．Xが磁気面に改ざんを加えた行為は，テレフォンカードの外観に全く変更を加えていないので，第一説からは変造にもあたらないとされることになろう．第二説（第三説でも同様であろう）では，変造にあたりうることとなる．

　(7)　最後に，**行使**の概念が問題となる．交付罪も，「行使の目的」をもってなされなければならない以上，何が行使なのかが問題となる．テレフォンカ

ードは，最終的に電話機という機械に対して使用されることが予定されているものである．ところが，（有価証券も含め）偽造罪の保護法益は，文書に対する公共の**信用**であるとすれば，**人を騙すことだけが行使にあたりうるのではないか**という疑問が生じてくる．すなわち，電話機という機械に対する使用をも「行使」といいうるかが問題となるのである．第二の説によれば，人に対する可読性は不要であって，機械に対しても行使が認められる．しかしこれに対しては，前述したように，単なるホワイトカードの使用をも行使とするのは不当だとの批判が可能である．第三の説によれば，電話機を通してNTTの判断を誤らせたといいうるとされる．しかし，**判断の誤りは人にのみ生じる**ものである以上，人が現実に通話に介在していない場合に，このようにいいうるか疑問がある．**機械は騙されない**のである．

最高裁平成3年判決　最決平成3・4・5刑集45・4・171は，テレフォンカードは「有価証券」にあたり，テレフォンカードの磁気情報部分に記録された通話可能度数を権限なく改ざんする行為は「変造」にあたり，変造されたテレフォンカードをカード式公衆電話機に挿入して使用する行為は「行使」にあたるとした．本決定については，林・判例セレクト1991・37．なお，支払用カード電磁的記録不正作出等罪（163条の2）が新たに設けられたことにより，テレフォンカードなどのプリペイドカードの磁気情報を改変する行為も本罪として捕捉されることになったため，本決定の意義は失われたものと解される（井上・ジュリ1209・12）．

行為類型　(1)　**偽造**も**変造**も，基本的に**有形偽造**を内容・前提とするものでなければならない．

(2)　偽造の例として，取締役辞任後登記前に取締役名義を冒用した場合（大判大正15・2・24刑集5・56［登記が対抗要件にすぎないとする］），会社を代表・代理して手形を振り出す権限のない社員による手形作成の場合（最決昭和40・6・3刑集19・4・431），本人名義を冒用した法定代理人の手形作成（大判昭和7・5・5刑集11・578），漁業共同組合の参事が専務理事の承認を得ないで融通手形を作成した場合（最決昭和43・6・25刑集22・6・490）[21]．

---

21)　参照，本書356頁以下．

(3) しかし，次の判例は，**無形偽造**でしかないものを有形偽造として処罰している疑いがある．取締役が贈賄のために小切手を振り出した場合（大判明治45・7・4刑録18・1009），取締役が自己のために小切手を振り出した場合（大判大正3・12・17刑録20・2426），出札係が旅客に運賃を免れさせるために乗車券を作成した場合（大判昭和4・12・14刑集8・654）などである．

有形偽造が否定された判例として，大判大正11・10・20刑集1・558[22]．

(4) 偽造となるためには，有価証券としての法定の要件を具備していることは必要ではない．たとえば，法定要件を欠く約束手形の場合（大判明治35・6・5刑録8・6・42）である．しかし，記載要件を欠く結果，通常人をして真正の有価証券と信ぜしめるに足りない場合は，偽造とはいえない（大判大正15・5・8刑集5・271〔番号・株主氏名を欠く記名式株券〕）．

(5) 虚無人・架空人名義の場合でも有形偽造となる[23]．

同姓名の者が数名ある場合に，これを特定しないで，その氏名を冒用しても，偽造罪を構成しないとするものとして，大判明治45・6・17刑録18・880．この場合，名義人の認識可能性がないために，文書性を否定することになろう．

(6) **変造**とは，権限なしに，真正な他人名義の有価証券に変更を加えることをいう．たとえば，他人振出名義の金額欄の数字を改ざんした場合である（最判昭和36・9・26刑集15・8・1525）．

偽造と変造の区別は困難である[24]．判例は，キロ数と料金だけが表示された急行券用紙に記入した場合（最判昭和25・9・5刑集4・9・1620），通用期間経過後の定期乗車券の終期に改ざんを加えて有効期間内のもののようにした場合（大判大正12・2・15刑集2・78），宝くじの抽選確定後に宝くじの番号を当選番号に改ざんした場合（福岡高判昭和26・8・9高刑集4・8・975）を，変造ではなく，偽造としている．

(7) **虚偽記入**の意義について，判例は，（振出しなど）基本的証券行為と（裏書・引受け・保証等）付随的証券行為についての無形偽造，そして，付随的証券行為についての有形偽造をいうと解している（最決昭和32・1・17刑集11・

---

22) 本判例については，参照，本書356頁以下．
23) 本書364頁以下．
24) 本書374頁以下．

第 2 節　偽造罪各論　391

1・23．なお参照，大判大正 12・2・15 刑集 2・73〔倉庫営業者が寄託を受けない物につき預証券を発行した場合には，虚偽記入罪にあたる〕）．

　（8）　判例によれば，**行使**とは，有価証券本来の効用に従ってこれを流通に置く場合だけでなく，偽造の手形を真正の手形として使用することを総称する．大判明治 44・3・31 刑録 17・482 は，自己の管理する財産の浪費の跡を隠蔽するために，相当金額を人に貸与したように装って偽造の約束手形を親族に呈示した場合を行使とした．為替手形をみせて割引方を依頼するのも行使である（大判昭和 13・12・6 刑集 17・907）．

　（9）　**交付**とは，行使以外の交付であって，情を知った者に交付することである（大判明治 44・2・2 刑録 17・27）．

　（10）　有価証券偽造罪が成立する場合，印章署名偽造罪はこれに吸収される（大判明治 42・2・5 刑録 15・61）．

5　支払用カード電磁的記録に関する罪

　　人の財産上の事務処理を誤らせる目的で，その事務処理の用に供する電磁的記録であって，クレジットカードその他の代金又は料金の支払用のカードを構成するものを不正に作った者は，10 年以下の懲役又は 100 万円以下の罰金に処する．預貯金の引出用のカードを構成する電磁的記録を不正に作った者も，同様とする（163 条の 2 第 1 項）．不正に作られた前項の電磁的記録を，同項の目的で，人の財産上の事務処理の用に供した者も，同項と同様とする（2 項）．不正に作られた第 1 項の電磁的記録をその構成部分とするカードを，同項の目的で，譲り渡し，貸し渡し，又は輸入した者も，同項と同様とする（3 項）．

総説　（1）　平成 13 年の刑法改正により，支払用カード電磁的記録に関する罪が新設された．現在クレジットカードなどの支払用カードは広く使用されているが，近時，いわゆる**スキミング**（カードの磁気情報を機械的方法によって不法に取得する）行為が頻発し，その情報を用いてカードを偽造し，これを使用して商品を購入するなどの事態も多発していた．クレジットカードの偽造は，刑法 161 条の 2 第 1 項によっても処罰可能であるが，交付罪や輸入罪がなかった．さらに，スキミング行為（カード情報の不正取得）自体，また，所持も処罰するべきだとの理由から本罪の立法に至ったものである．

保護法益としては，支払用カードを構成している電磁的記録の真正性，さらに，支払システムに対する社会的信頼とされている（長瀬・警論54・9・107．なお，西田310頁参照）．しかし，システムというのは広漠としており，また，それに対する社会的信頼の侵害は，犯罪の副次的効果にすぎない．法は「人の財産上の事務処理を誤らせる目的」を要求している．したがって，「財産上の事務処理」をもって本罪の保護法益とするべきものと思われる．

　(2)　**プリペイドカード**（カード式の電子マネーも含まれる）や**デビットカード**のように，機械に対してのみ使用されるカード，さらに，ホワイトカードによる不正作出についても本罪の成立が認められる．また，一見して偽造・変造とわかるようなものであっても，本罪の客体とすることができる．完全に機械を相手とする不正作出の捕捉が予定されていることが重要である．

　ただし，いわゆるローンカード，デパートなどのポイントカードなどは，本罪にいう支払用カードには含まれない．

　(3)　最決平成3・4・5刑集45・4・171は，テレフォンカードの残度数の改ざんが有価証券変造罪にあたるとした．本罪よりも有価証券偽造罪は重い（上限は同じだが，本罪の下限は軽微な事案も捕捉するため軽くされている）が，本罪は有価証券偽造罪の特別法と解されるから，本罪を優先適用すべきであろう（参照，井上・ジュリ1209・12，山口483頁など）．プリペイドカードの電磁的記録を不正作出したのみならず，券面上の記載（図案，発行名義など）を偽造した場合は，本罪と有価証券偽造罪の包括一罪とするべきであろう．

行為　(1)　本罪の行為は「人の財産上の事務処理を誤らせる目的」をもってなされる必要がある．身分を証明する目的，知人に見せる目的の場合はこれに含まれない．

　(2)　カードと一体になった電磁的記録を完成したときに既遂となる．磁気情報部分のみを不正作出したものの，カードに貼付されていない段階では，不正作出の未遂ないし準備にすぎない．

　(3)　**供用**とは，具体的には，プリペイドカードの電話機等に対する使用，キャッシュカードのATMに対する使用などを意味する．

　(4)　**譲り渡し**，**貸し渡し**，**輸入**の各行為が処罰の対象とされている．

前条第1項の目的で,同条第3項のカードを所持した者は,5年以下の懲役又は50万円以下の罰金に処する(163条の3).

所持罪　一般の偽造罪においては,偽造通貨,偽造文書,不正作出電磁的記録の所持を処罰する規定はない.支払用カード電磁的記録不正作出罪についてのみ所持を処罰することとしたのは,使用の反復が可能であり,とくに所持の危険性が高いこと,使用だけでは発見・検挙が困難であることなどの理由による.

第163条の2第1項の犯罪行為の用に供する目的で,同項の電磁的記録の情報を取得した者は,3年以下の懲役又は50万円以下の罰金に処する.情を知って,その情報を提供した者も,同様とする(163条の4第1項).不正に取得された第163条の2第1項の電磁的記録の情報を,前項の目的で保管した者も,同項と同様とする(2項).第1項の目的で,器械又は原料を準備した者も,同項と同様とする(3項).
第163条の2及び前条第1項の罪の未遂は,罰する(163条の5).

不正作出準備罪　本罪は,カード情報の取得(その典型はスキミングである)と,器械(いわゆるスキマーなど)・原料(生カード,印刷用の材料など)の準備行為を処罰するものである.さらに,カード情報の提供・保管をも処罰の対象としている.

6　印章偽造の罪

総説　(1)　印章とは,人の同一性を証明するために使用される文字又はこれに代わる符号を意味する.印章は,とくに文書を作成するときに用いられることが多いが,文書とは独立にその真正に対する社会の信用が保護される必要がある.これが,刑法典第19章に印章偽造の罪が規定されている理由である.なお,本罪の客体には印章と並び署名も規定されている.**署名**とは,人が自己の同一性を示すために氏名その他の呼称を表記したものを意味する.
(2)　広義の文書偽造罪は,多くの場合,印章・署名を偽造することを手段

として行われる．印章・署名の偽造が，広義の文書偽造罪に至った場合，印章・署名偽造罪はこれに吸収される．広義の文書偽造罪が未遂に終わった場合には，印章・署名偽造罪の成立が認められる．

(3) 広義の文書偽造と印章・署名の偽造の区別は場合によって困難である．判例は，書画の落款において，単に署名の偽造だけであるときは印章・署名偽造罪の成立を認め（大判大正2・12・19刑録19・1481），「書」「画」の一字を付け加えることによって，文書偽造罪の成立を認めている（大判大正2・3・27刑録19・423）．そして，たとえば，郵便局の日付印を郵便局の署名のある文書と解している（大判明治43・5・13刑録16・860）．これに対しては，このような場合，主体の意思・思想の表明として十分なものがあるかが疑問となる．

(4) 判例は，印章の中には，印影だけでなく，**印顆（印形）を含む**と解している（大判明治43・11・21刑録16・2093）．さらに，署名について，自書だけでなく，記名（代筆・印刷等）をも含むと解している（大判大正2・9・5刑録19・853）．これに対しては，記名の場合，信用性が弱く，署名と同じように保護することには疑問がありうるが，大量の文書にサインしなければならないときに印刷による場合がありえ，このような場合を本条による保護の客体とすることには理由がある．

(5) 印章と**記号**とは区別しなければならない．記号の偽造の場合，軽く処罰されている．判例は，使用の目的物に区別を求め，文書に押捺して証明の用に供するのが印章で，産物・商品などに押捺するのが記号だとし，選挙用ポスターに押捺すべき選挙管理委員会の検印は印章にあたるとした（最判昭和30・1・11刑集9・1・25）．これに対しては，主体の同一性を示すのが印章，その他の事項を証明するにすぎないもの（検印・訂正印など）が記号と解するべきだという批判がある（団藤303頁，山口491頁など）．通常文書に押捺される印章が，産物・商品などに押捺されたときには印章でなくなるというのは正当とは思われず，産物・商品などに押捺されたときには何故軽く処罰されることになるのか理由が明らかではないから，後の見解を支持しておきたい．

(6) 虚無人・架空人の印章・署名の偽造も処罰されること，一般の偽造罪の場合と同様である（大判昭和8・12・6刑集12・2226［近衛丈麿という署名を偽造した場合］）．

(7) **使用**とは，署名または印章・記号の影蹟を真正なものとして他人に対して使用することである．したがって，その影蹟を他人の閲覧することのできる状態に置かなければならない（大判大正7・2・26刑録24・121）．文書偽造の目的で単に白紙の上に他人の印章を盗捺するのは，印章不正使用罪の未遂にもならず，予備にすぎないという判例がある（大判昭和4・11・1刑集8・557）．

御璽等偽造及び不正使用等罪　行使の目的で，御璽，国璽又は御名を偽造した者は，2年以上の有期懲役に処する．御璽，国璽若しくは御名を不正に使用し，又は偽造した御璽，国璽若しくは御名を使用した者も，前項と同様とする（164条）．

公印偽造及び不正使用等罪　行使の目的で，公務所又は公務員の印章又は署名を偽造した者は，3月以上5年以下の懲役に処する．公務所若しくは公務員の印章若しくは署名を不正に使用し，又は偽造した公務所若しくは公務員の印章若しくは署名を使用した者も，前項と同様とする（165条）．

公記号偽造及び不正使用等罪　行使の目的で，公務所の記号を偽造した者は，3年以下の懲役に処する．公務所の記号を不正に使用し，又は偽造した公務所の記号を使用した者も，前項と同様とする（166条）．

私印偽造・不正使用罪　行使の目的で，他人の印章又は署名を偽造した者は，3年以下の懲役に処する．他人の印章若しくは署名を不正に使用し，又は偽造した印章若しくは署名を使用した者も，前項と同様とする（167条）．

本条の印章には私人の記号も含まれるとするのが判例である（大判大正3・11・4刑録20・2008）が，疑問である．

未遂罪　164条2項，165条2項，166条2項及び前項2項の罪の未遂は，罰する（168条）．

第3章 公衆の感情に対する罪

　刑法175条のわいせつ文書頒布罪，185条の賭博罪などは，**被害者のない犯罪**と呼ばれることがある．被害があるか疑わしく，あっても，それが希薄なものであるために，処罰することの正当性に疑いがあるからである．このような犯罪においては，被害の実体が何であり，それが刑法で保護するに値するものか，慎重に検討しなければならない．

　本書においては，190条の死体損壊罪などと合せて，これらの罪は，公衆の感情に対する罪とした．一般に，性的な感情，死者を敬い尊ぶ感情，あるいは勤労の美風などが法益とされているからである．しかしこのようなものを保護することは，単なる倫理や道徳の違反を処罰してしまう危険もあることに注意しなければならない．

第1節　性的感情に対する罪

1　わいせつ罪の処罰根拠

　（1）　公然わいせつ罪とわいせつ物頒布等の罪の保護法益をどのように解するべきかは困難な問題である．判例は**わいせつ**の概念について，「いたずらに性欲を興奮又は刺激させ，かつ，普通人の正常な性的羞恥心を害し，善良な性的道義観念に反するものをいう」としている（最判昭和26・5・10刑集5・6・1026）．

　（2）　ところが判例にはこの最後のもの（「善良な性的道義観念」）をとくに強調し，「性道徳・性秩序」が法益だとするかのように判示するものがある（最大昭和32・3・13刑集11・3・997）．学説上も，これらの罪は「道徳的秩序に対する罪」であり，「秩序としての健全な風俗ないし健全な精神的社会環境」を保

護するものだとするものがある（団藤309頁，大谷519頁，山口497頁など）．後にも述べるように，「精神的社会環境」というのは重要な指摘だと思われるが，「性道徳・性秩序」が法益だとするのは，一定の道徳・倫理を法が強制する危険性がある．

(3)　これらの罪の処罰根拠はむしろ，「いたずらに性欲を興奮又は刺激させ」「普通人の性的羞恥心を害する」というところにある．「善良な性的道義観念」も，これらの事実があった場合の当然の帰結と考えるときにのみ支持しうる．そこで現在では，これらの罪は**公衆の性的感情に対する罪**と解する立場が有力となっている（平野268頁以下）．この見解によれば，これらの罪は，「見るつもりのない人の目にふれ，あるいは未成年者の目に触れるようにする場合」を処罰するものだというのである（参照，田中・マスコミ判例百選［2版］32頁，内田＝長井・刑罰法体系4巻257頁など）．

(4)　この見解は基本的に正当と思われるが，なお次のような問題がある．

まず，わいせつ物が未成年者の健全な精神の発達に有害だというのが本当かには疑問がありうる．この者たちにも見たいのであれば見せたほうがよいという考えも十分に成立しうる．少なくとも，未成年者を基準にわいせつかどうかを決めるわけにはいかないであろう（林（美）法セ455・91）．ただ，過度の暴露は未成年の健全な精神成長に有害な可能性があることは否定できないと思われる．

次に，この世に「見るつもりのない人」と「見たい人」との2種類の人間がいるわけではない．正確には，いま，ここで，**見るつもりはない，見たくはない**，という状況があるというべきであろう．その意味で**精神的社会環境**という指摘には正当なものがある．

(5)　このように本罪は一定の性的感情に支えられた精神的社会環境を保護するものであるが，その内容は，判例のいうように，「いたずらに性欲を興奮又は刺激させ」「普通人の正常な性的羞恥心を害する」というところにあるといえよう．この2つのものは厳密には異なる．1人で本を読んでいるときには性的羞恥心は感じないが，いたずらに性欲を興奮・刺激させられるということはありうる．反対に，親子が散歩をしているときに，急にわいせつな光景に出くわせば，いたずらに性欲を興奮・刺激させられはしないが，性的羞恥心は害

されるであろう（中森 268 頁は，性欲の興奮・刺激は常に要求し得ないとされる）．このどちらも，性的感情に対する不法な侵害と考えてよいであろう[1)2)]．

（6）このように考えると，処罰範囲はおのずと限定されるべきこととなる．たとえば，**文章**の場合，これによって性的羞恥心を害する場合はほとんどなく，多くは「いたずらに性欲を興奮又は刺激させる」場合であろうが，それにもかかわらず本人が自らの意思でその文章を読んでいる場合，彼について法によって保護すべき被害があるとは考えられない．彼の**性倫理**は堕落させられるかもしれない（一般に，文章の方が映像よりも，受け手の精神により深い影響を与える）が，人は他人に害を加えないかぎり精神的に堕落する自由があるというべきであろう．したがって，本人の意思に反して「いたずらに性欲を興奮又は刺激させる」場合に被害を認めるべきであろうが，文章の場合ならば読むのがいやならすぐにやめることができるので，これを処罰することには疑問がある（林・法セ 455・91）．

（7）現実に，現在では，文章によるわいせつ表現を処罰することはほとんどなくなっている．ストリップ劇場なども取締はそれほど厳しくはない．これらの行為は，「性的秩序・風俗の侵害」という観点からは，最も重大なものである．それにもかかわらず，現実の取締の実態がこのようなものであることは，そのような罪質の理解がもはや時代遅れであることを示している．現在では，コンピュータを通じてのわいせつな映像の配信が取り締まられることが多くなっている（ここでは未成年の保護が重要である）が，外国の配信にも容易にアクセスできるようになった現在，国際化の中で新たな問題を生み出している．それについては後述する[3)]．

---

1) この性的感情については，「わいせつ文書の現実の読者の性的感情の侵害ではなく，潜在的な読者，一般の人々のそれが問題」であり，「露骨な性描写，性器の写真などが頒布・販売されていることを知ると，人々は不快の念を持つ」というのが被害の内容だとする見解がある（町野・現在 262 頁）．しかしそれは，人が人を殺したのを知ると，人々は不快の念をもつとして殺人罪の法益をそのような人々の感情だとするのと同じであって，不当と思われる．
2) 曽根・表現の自由と刑事規制 188 頁は，これらの罪は，デュー・プロセス条項憲法 31 条違反を介して間接的に表現の自由を保障した憲法 21 条に違反し無効だとされる．たしかに，本罪の適用にあたっては，憲法 21 条との関係で慎重でなければならない（いわゆる知る権利の問題ではなく，いわば表現を**娯楽として享受する権利**が問題となってくる）が，本罪について本文に述べたような意味での性的感情を侵害する場合にかぎって処罰するべきだと解釈することは可能であり，そのような侵害行為は表現の自由の限界を超えるものであろう．

2　わいせつの概念

(1)　「わいせつ」は，いわゆる**規範的構成要件要素**とされる．規範的構成要件要素とは，構成要件要素の中でも，その該当性の判断に際して（ほとんどの構成要件要素について多かれ少なかれいえることなのであるが）とくに判断者の価値判断が入る余地の大きいものをいう．あるいは，感覚的に知覚されるのではなく，精神的に理解される要素という意味でも使われる．いずれにしても，そのような要素を構成要件要素とするのは，罪刑法定主義の見地からは本来望ましいことではないが，社会と文化に刑罰権をもって介入しようとする刑法においては，避けがたいことである．

(2)　**故意**の成立には，このような規範的要素としてのわいせつ性の認識が必要である．しかし，それが禁止されていること・許されないものであることの認識は不要である（刑法38条3項）．もっとも，自己の行為が許されると信じ，そのことに相当の理由がある場合には，犯罪は成立しない（参照，東京高判昭和44・9・17高刑集22・4・595［いわゆる黒い雪事件］，林・総論276頁）．

(3)　すでに見たように，判例は，「わいせつ」の内容を次のように解している．「いたずらに性欲を興奮または刺激させ，かつ，普通人の正常な性的羞恥心を害し，善良な性的道義観念に反するものをいう」（最判昭和26・5・10刑集5・6・1026）．

この3つの要件が具備されなければわいせつとはならないとする見解もあるが，最後のものは，本罪の法益を性的道義観念と解する立場と連なりうるし，すでに述べたように，前の2つのいずれかの要件を満たせば，わいせつ罪によって保護されるべき性的感情は侵害されうるので，いずれかの要件を満たせば足りるであろう．

(4)　判例によれば，わいせつ性の判断は，一般社会において行われている良識すなわち社会通念を基準とし，当該作品自体からして純客観的に行うべきもので，作者の主観的意図によって影響されるべきものではないとされる（最

---

3)　近年は，児童ポルノの規制が問題となっている．参照，児童買春，児童ポルノに係る行為等の処罰及び児童の保護等に関する法律．ここでは，「利用・搾取」される児童の保護という側面が重要である．

判昭和32・3・13刑集11・3・997［いわゆるチャタレー事件］).

　これは、いわゆる**相対的わいせつ概念**を否定したものである．相対的わいせつ概念とは、わいせつ性の有無は、文書自体のほかに、作者・出版者の意図、印刷・製本の体裁、広告・宣伝・販売・展示の方法、現実の読者層の状況などを考慮し、読者に与える影響を具体的に論証することによって、相対的に判断されなければならないという考えである．たとえば、ある絵が、美術品として展覧会に出品されればわいせつではないが、絵はがきとして多数の者に販売されればわいせつとなるというのである．チャタレー事件の一審は、『チャタレー夫人の恋人』の訳者を無罪とし、出版者を有罪とした．本書は、これを理解するに適する読者には有意義であるが、読者層の種類や、販売の条件によってはわいせつ文書になりうるとし、出版者は、分冊出版し多数の読者が手軽に買えるようしむけたこと、扇情的な広告をしたことなどから有罪であるが、訳者はそのような意図をもっていなかったとしたのである．しかし、控訴審・最高裁はこのような考えを否定した．

　その後も、文書のわいせつ性の有無はその文書自体について**客観的**に判断すべきものであり、著者・出版者の「意図」や、どのような者が読むかなどの当該文書外に存する事実関係は、文書のわいせつ性の判断の基準外に置かれるべきものであるとされている（最判昭和48・4・12刑集27・3・351）．いわゆる国貞事件である．弁護人は購読層が相当年配者で、思慮分別もすでに定着し、その研究や蔵書自体を楽しむという者に限定されたと主張したが、容れられなかった．

　たしかに、すでにその作品自体がわいせつ性をおよそもっていないという場合がありえ、そのような場合かどうかは、作品自体について判断されるべきである．また、被告人の意図によって、この罪の違法性が動かされるべきではないであろう（町野・現在248頁）．しかし、同じものが、それが示される相手、そして、時と所によって、もつ意味が異なってくるということはありうる．たとえば、性交を大道でするのと寝室でするのとは、違う．わいせつな映像を、一般の家庭に放映するのと、個人的に楽しみたい人にレンタルするのとは違うのである．**性行為非公然性の原則**といわれることがあるが、これは以上のことを意味している．ただし、公然であっても、状況に応じて相対的に違法性が変

化することもありうる.たとえば,同じ性的表現を永田町で行うのと歌舞伎町で行うのとでは異なるであろう(なお,パンダリング理論,すなわち,顧客の性的興味をそそるために公然と広告した出版物を供給する商売を処罰しようとする見解については,林(美)・法セ455・91).

　(5)　わいせつ性の判断に際しては,**作品の全体**を見なければならず,ある部分のみを見るだけであってはならない.判例も,文章の個々の章句の部分のわいせつ性の有無は,その部分だけを取り出して判断するのではなく,文書全体との関連において判断されなければならないとしている(最大判昭和44・10・15刑集23・10・1239.いわゆるサド［悪徳の栄え］事件である).

　(6)　最も問題となるのは,**芸術性・思想性・科学性との関係**をどのように解するべきかである.判例は,芸術的・思想的価値のある文書でも,わいせつ性を有することがありうるとした(前掲昭和44年大法廷判決).両者は別の次元にあるものとしたのである.しかしその後,文書のわいせつ性の判断にあたっては,当該文書の性に関する露骨で詳細な描写叙述の程度とその手法,その描写叙述の文書全体に占める比重,文書に表現された思想などとその描写との関連性,文書の構成や展開,さらには芸術性・思想性などによる性的刺激の緩和の程度,これらの観点からその文書を全体として見たときに,主として,読者の好色的興味に訴えるものと認められるか否かなどの諸点を検討することが必要であると判示するに至った(最判昭和55・11・28刑集34・6・433［四畳半襖の下張事件］).ここにおいては,文書の芸術性・思想性などによって性的刺激が緩和され,わいせつ性が低められることがありうることが示されている.

　この問題については,芸術性などとわいせつ性の**比較衡量**によって決めるという考えもある.アメリカの連邦裁判所は,「埋め合わせになるような社会的価値が全くない」場合にかぎって,わいせつ物として処罰されるとした(383 U.S.413).しかしこれでは緩やかにすぎるとして,その後「重要な文学的・芸術的・政治的または社会的価値を有しないとき」にわいせつ物として処罰されるとした(413 U.S.15).

　(7)　しかし,**わいせつ性と芸術性**などは,**異なる次元**に属するものであろう.たしかに,わいせつ物でなく,芸術作品だという場合はある.しかし,それは,芸術だからわいせつでないというのではない.もともと,わいせつ物で

ないからである．芸術的価値を含んでいても，わいせつ物だということはありうる．その場合に，芸術的価値を含んでいることによって処罰されないとすると，裁判所において，その有無を問題とし，裁判所がそれについて決定を下すことを容認することになる．それは妥当とは思われない．

　学説上は，「芸術的・学問的価値を欠き，もっぱら好色的興味に訴えるものだけがわいせつとされうる」とするものがある（中森 268 頁．なお参照，平野・271 頁，林（美）法セ 455・93）．しかし，芸術的・学問的価値をまったく欠いているか，少しはあるかの判断を，裁判所が公権的になしうると考えるのは不当であろう（町野・現在 240 頁）．端的な春画・春本類，hard-core pornography（明瞭な春本）に限定すべきだとするものもある（新庄＝河原・大コンメ 9 巻 29 頁，山口 499 頁など）が，その概念内容，何がそれにあたるかも明確ではない（曽根・表現の自由と刑事規制 186 頁）．

　(8)　何がわいせつかは，本罪の不法内容に照らして論定されなければならない．すでに述べたように，本罪の不法内容は，「いたずらに性欲を刺激・興奮させ」，あるいは，「通常人の正常な性的羞恥心を害する」ことにある．したがって「わいせつ」とは，このいずれかにおいて，程度のはなはだしいものを意味することになる．

3　公然わいせつ罪

　　公然とわいせつな行為をした者は，6 月以下の懲役若しくは 30 万円以下の罰金又は拘留若しくは科料に処する（174 条）．

　(1)　刑法 174 条および 175 条にいう**公然**とは，不特定または多数の人が認識することのできる状態をいうというのが判例である（最決昭和 32・5・22 刑集 11・5・1526［座敷で，40 名ほどの者に対してわいせつフィルムを映写し観覧させ，さらに，30 名ほどの者に対してわいせつ行為を観覧させたという事案］）．もっとも，特定・少数人の前でわいせつ行為をした場合であっても，それが不特定・多数人を勧誘した結果であれば，公然だとするものがある（最決昭和 33・9・5 刑集 12・13・2844［外部との交通を遮断した自宅の一室で観客 5 名程度に対してわいせつ映画を上映した事案］）．学説上も，現実に不特定または多数人が認識したことを要し

ないとするもの（大谷507頁），密室内で少数の者に見せる場合でも，それを反復すれば公然性の要件を満たす（中森269頁）とかの見解がある．

（2）　しかし，このように，何を見るかについて，本人の了解・同意がある者が集合している場合には，公然とするべきではないであろう（平野269頁，内田＝長井・刑罰法体系4巻279頁，林（美）法セ455・92）．

公然性が否定された判例としては，被告人の知人4人の面前で，A女を全裸体とし陰部を示すなどのわいせつ行為をさせた場合（静岡地沼津支判昭和42・6・24下刑集9・6・851），外部から遮断された自宅の一室で，夜間約1時間にわたって，ひそかに，特定の知人3名と，それらの者と特別の関係にある者2名にわいせつ映画を映写し観覧させた場合（宮崎簡判昭和39・5・13下刑集6・5＝6・652）などがある．

（3）　公然なわいせつ行為の典型は，公衆のいるような場所で，突如全裸となって踊ったというような場合である（なお，軽犯罪法1条20号参照．この場合は，しり，ももなどだけで足りる）．

（4）　ストリップ・ショーも本罪を構成するというのが判例（最決昭和32・5・22刑集11・5・1526）・通説であるが，この場合，「被害者」とされるそれを見る人は，意思に反して性欲を興奮・刺激させられるわけではなく，性的羞恥心を害されることもないのであるから，本罪を構成するというのは，不当である．これは，いわゆる被害者のない犯罪の典型である．このような場合をも処罰するのは，本罪の罪質を歪めるだけでなく，法益保護という刑法の基本理念にも反する．現在では，現実の取締もこのような理解に沿うものとなっている．

4　わいせつ物頒布等の罪

> わいせつな文書，図画その他の物を頒布し，販売し，又は公然と陳列した者は，2年以下の懲役又は250万円以下の罰金若しくは科料に処する．販売の目的でこれらの物を所持した者も，同様とする（175条）．

（1）　**文書**とは発音的符号によって表示されるもの，**図画**とは象形的方法によって表示されるものである．その他のものに，**録音テープ**が含まれるかが問題とされている（肯定する判例として，東京高判昭和46・12・23高刑集24・4・789．

学説として，中森270頁など）．一般論としていえば，**音声**もわいせつ物でありうるであろうが，自らの意思でそれを享受するにすぎない場合に本罪の成立を認めることには疑問がある．その意味で，いわゆるダイヤルQ^2の回線を利用したアダルト番組を流すための「電話と接続されたわいせつな音声の再生機」も刑法175条の客体に含まれ得るとした判例（大阪地判平成3・12・2判時1411・128）は疑問である[4]．

(2)　**行為**は，わいせつ物の頒布・販売・公然陳列または販売の目的をもって所持することである．頒布とは，不特定または多数の人に無償で交付すること，販売とは有償で交付することである（わいせつなテープを有償で転写する行為を販売としたものとして，大阪地堺支判昭和54・6・22刑月11・6・584）．賃貸も販売としてよいであろう（大谷514頁など）．賃貸を「販売」とすることには疑問もある（山口503頁など）ものの，同様の疑問は「頒布」（品物や資料などを，広く配ること）としても解消されない．社会的には有償か無償かが重要であるから，頒布と販売はこの区別によるべきである．

いずれの場合も，現実に目的物が相手に引き渡されたことを要する（最判昭和34・3・5刑集13・3・275）．ただし，現実に相手がそれを閲覧したことまでは要しないと解するべきであろう．

(3)　頒布・販売の相手が共犯となるかという問題があり，法がとくに相手を処罰する規定を設けていないのは，共犯として処罰しない立法者意思の現われと解する見解が有力である（いわゆる対向犯としての必要的共犯．参照，最判昭和43・12・24刑集22・13・1625．学説として，大谷514頁，西田360頁など）．しかし，相手を処罰する規定を設けていないのは，まさに，立法者は共犯として処罰できるからそのような規定は不要と考えたからだと解することも可能である（参照，山口504頁）．共犯として処罰しないとすれば，より実質的に説明しなければならない．本罪の相手は「被害者」だというのがその理由だと解するべきであろう．これに対して，性的な秩序・風俗を法益とする立場（あるいは，被

---

[4]　本件においては，わいせつな音声を記憶させた録音再生機が「わいせつな物」といいうるか（参照，山本・法教146・90），そのような再生機を誰でも，いつでも，どこからでも，電話して聞ける状態にしたというだけで（とくに，現実に聞いたのではない段階で，しかも物としての再生機それ自体は直接には認識可能ではないにもかかわらず），「陳列」したといいうるかが問題となっている（参照，臼木・百選［4版］188頁）．

害者は頒布・販売を知って不快に思う社会の人々だとする立場）からは，共犯は成立することになろう（参照，林・総論434頁）．

(4) 判例上公然陳列の例とされたものとして，映画フィルムの上映（大判大正15・6・19刑集5・267．スクリーンに現われた映像は永続性がなくわいせつ物とはいえないが，映画はわいせつ物でありえ，それが認識可能である以上陳列にあたる），録音テープの再生（東京地判昭和30・10・31判時69・27），電話を通じて不特定多数の者が聞けるような状態にしたこと（前掲大阪地判平成3年判決）がある．いずれも，本人の意思によるのであれば，処罰することには疑問がある．

(5) マザーテープ自体を販売する目的はないが，注文があり次第，これをダビングしてダビングテープを販売する目的で所持する場合も，わいせつ図画販売目的所持罪が成立するというのが判例である（富山地判平成2・4・13判時1343・160）．しかし，マザーテープについては，それを使ってダビングテープを作成する目的しかなく，それ自体は手元に置いておかなければならないのである．わいせつ図書をコピーして製本の上販売する目的で所持する場合には処罰されないが，問題の場合もこれと同じであろう（曽根・法セ429・123，林（美）・法セ455・95など）．

(6) わいせつの図画等を日本国内で所持していても，国外で販売する目的であったにすぎない場合は，所持罪は成立しない（最判昭和52・12・22刑集31・7・1176）．これは，日本の国内において法益侵害が生じる可能性は低いと考えられるからであろう．他方判例は，英文の書籍について，その読者たりうる英語の読める日本人及び在日外国人の普通人，平均人を基準として判断すべきであるとしてわいせつ物と認めている（最判昭和45・4・7刑集24・4・105）が，現在の日本で英語で書かれたわいせつ物を購読する者はきわめて少ないであろうから，疑問である．

(7) 最近では，インターネットを通じてわいせつ情報を伝達する行為が本罪によって処罰されている（東京地判平成8・4・22判時1597・151）．これについては，わいせつ情報が記憶されたハードディスク（あるいはコンピュータ自体）を「わいせつ物」といいうるか，インターネットを通じて再生閲覧可能な状態を設定したというだけで（相手が現実に閲覧していない段階で）「陳列」したといいうるかが問題となっている（参照，園田・法時69・7・26，前田・ジュリ1112・

77, 山口・ジュリ1117・73).

　わいせつな「情報」を蓄積してあるのであれば，その形状自体がわいせつでなくても，ハードディスクをわいせつ物とすることは可能と思われる（参照，塩見・判タ874・58). これに対して，情報としての画像データをわいせつな図画にあたるとする見解も有力である（岡山地判平成9・12・15判時1641・158，横浜地川崎支判平成12・7・6研修628・119，堀内・研修588・5など). しかし，無形のデータそのものを「物」とすることはできないであろう（山口502頁，山中659頁など).

　また，現実にわいせつ情報を認識していなくても，「被害者」がその気になればきわめて容易に認識可能な状態になれば，「陳列」とすることは可能であろう.

　なお，最決平成13・7・16刑集55・5・317は，ほぼ以上のような見解を採用した.

　(8) 関連して，外国のサーバーにわいせつ画像を蔵置し，日本国内からアクセスして，わいせつ画像を再生・閲覧が可能な状態を設定した場合に本罪が成立するかが問題とされている. この場合，アクセスという実行行為と本罪の不法内容としての結果が共に国内で生じており，因果経過だけが国外で生じているにすぎず，国内犯とできるものと思われる（山口506頁など. 反対，松宮406頁など).

　イギリス人がイギリス国内で，イギリスの国内に設置されているサーバーにわいせつ画像情報を送信して蔵置させ，わが国でアクセスした場合は陳列行為がわが国で行われていないから，国内犯ではないとする見解が有力である（大谷515頁など). 前掲平成13年最高裁判例に従えば，わが国における閲覧可能な状態は本罪の不法内容といわざるをえない. ただ，イギリスでは合法であるとすれば，そのことによって，わが国における構成要件該当結果が正当化される，あるいは，（許された危険として）実行行為がないと解するべきである（参照，林・総論476頁).

第2節　死者に関する罪（死体損壊罪等）

1　保護法益

(1)　刑法24章には異なる性格をもつ犯罪類型が規定されている．法は「礼拝所及び墳墓に関する罪」としているが，これでは，この章の中で（立法当時はともかく）現在では最も重要な190条の死体損壊罪が洩れてしまう．全体の実質的な法益について検討を要するのである．

(2)　実際上最も重要な規定は190条の死体損壊等罪であるが，この罪の保護法益は，**死者を敬い尊ぶ人々の感情**である．人は死ねば法による保護をもはや受けなくなるが，同時に，その死者に対する人々の敬虔の感情が新たに生成し，法による保護を受けることとなるのである．注意すべきことは，人が死ぬと通常**葬祭・埋葬をする権限をもつ者**が生じるが，本罪はこの者を保護するものではないということである．天涯孤独の者についても本罪は成立しえ，また，葬祭・埋葬をする権限をもつ者についても本罪は成立しうる（原田・福田大塚古稀（下）525頁）．もっとも，189条の墳墓発掘罪について，判例は，すでに祭祀・礼拝の対象でなくなった古墳は，墳墓にあたらないとしている（大判昭和9・6・13刑集13・747）．他方，棺内蔵置物については，相当古い物についても，190条の領得罪の成立を認めている（参照，大判大正8・3・6新聞1547・19）．189条と190条とで保護法益は違わないとすれば（191条の罪も同じと解される），**祭祀・礼拝の対象となりうる死者に対する敬虔の感情**が保護法益だということになるであろう．いずれにしても，189条・190条の罪は，宗教に関する法益を保護するものではない．およそ宗教に無関心の人も死者に対して一定の敬虔の感情をもつものである（参照，平野266頁，山中688頁，松宮402頁など）．

(3)　これに対して188条の罪は，死者についての感情ではなく，**宗教に関する法益**を保護しようとするものである．宗教は死についての教えを当然に含むが，それに限らない．この罪の保護法益は宗教的感情だとする見解もある（団藤360頁など）が，宗教的感情は，たとえば，ある宗教を誹謗することによっても害され得るが，本罪の行為態様はかなり限定されている．そこにおいては，**宗教的な自由**が保護されているといってよいであろう（内田514頁）．とく

に2項においてそのことは明らかである．なお本条においては189条以下とは異なり，禁錮刑が選択できることとされている．これは，宗教的な確信犯がありうることを考慮してのことであろう．

(4)　192条の罪は以上の罪とは異なり，人の死因を明らかにしようとする**司法的・行政的な国家作用**が保護法益となっている（松宮405頁など）．

(5)　すでに述べたように188条の罪は死者についての法益そのものではなく，宗教的な法益を保護しようとするものであるが，宗教はいうまでもなく死についての教えを重要な内容としているから，これらをまとめて，死者に関する罪と呼ぶことが可能であろう．

2　死体遺棄等罪

死体，遺骨，遺髪又は棺に納めてある物を損壊し，遺棄し，又は領得した者は3年以下の懲役に処する（190条）．

(1)　死胎もすでに人体の形を備えているものは**死体**である．死体の一部や臓器も含む（大判大正14・10・16刑集4・613〔人間の脳漿は肺病の良薬だという迷信を信じる者の依頼を受け，火葬夫が火葬場で焼いている最中の死体から脳髄などをかき出して領得したという事案〕）．**遺骨・遺髪**は，死者の骨・頭髪であって，死者の祭祀・記念のために保存しているか，保存すべきものである．骨あげの後に火葬場に遺留した骨片は遺骨ではない（大判明治43・10・4刑録16・1608）．**棺に納めてある物**とは，葬る際に死体と共に棺内に納めた物のことである．

(2)　**損壊**とは物理的な破壊のことである．器物損壊罪の場合とは異なり，単に放尿したような場合は含まれない．屍姦も損壊ではない（最判昭和23・11・16刑集2・12・1535）．

遺棄とは死体を放棄することである．埋葬といえないかぎり，共同墓地に埋めたとしても遺棄である（大判昭和20・5・1刑集24・1）．遺棄は不作為によるものでもありえ，埋葬義務ある者が死体を放置したときには本罪が成立する（大判大正6・11・24刑録23・1302）．殺人を犯しただけでは埋葬義務は生じないから，これを放置しても本罪は成立しない（大判昭和8・7・8刑集12・1195．軽犯罪法1条18号参照）．**領得**とは不法に占有を取得することである．

(3) 人を殺害した後にこれを不法に損壊した場合，殺人罪と死体損壊罪とは併合罪となるというのが判例である（大判明治44・7・6刑録17・1388）．これに対しては，牽連犯とすべきだという見解が有力である（中森279頁，大谷546頁など）．両罪が「通例」手段目的，原因結果の関係にあるとはいえないから，判例の見解を支持することにする．

(4) 死んでいると思って行為したが，行為時に真実死んでいたか確定できない場合に，本罪の成立を認めることができるかが，実務上も理論上も重要な問題となっている．ここにおいてはとくに，「死体」であることの証明なくして本罪の成立を認め得るかが問題となる．この場合に本罪の成立を認める論理にもおよそ3つのものがある．第一のものは，生命ある者に対する罪の中には死体損壊罪の保護法益も含まれるとして，生命・身体に対する罪か死体損壊罪かのいずれかが成立している以上，軽い罪の限度で死体損壊罪の成立を認めることができるとするものである（旭川地判昭和60・8・23高刑集39・1・22. 本判決は，抽象的事実の錯誤の問題として捉え，遺棄という態様の同一性を理由とする罪質の同一性をも指摘する）．しかし，死体損壊罪の保護法益は死者に対する敬虔の感情であるから，生命ある者に対する罪の保護法益の中にこれが含まれているとすることはできない．第二のものは，事実認定の問題として，生きていたか死んでいたかいずれか以外にはないときに，重い罪にあたる事実が確定できない場合には，軽い罪の事実が存在するものとみることが許されるとするものである（札幌高判昭和61・3・24高刑集39・1・8）．しかし，このようなことが，まったく異なる法益を保護する2つの罪の間において認められてよいものか，疑問がある．第三のものは，行為当時生きていたとしても，その後に死んだ死体に対して，結果として損壊が加えられれば，本罪の成立を認めることができるというものである．このような場合因果関係の錯誤にすぎないというのである（参照，東京高判昭和62・7・30高刑集40・3・738，町野・現在75頁）．このような立場からは，行為時に生きていたことが明らかであっても，あるいは，死体を損壊した行為が死の原因となった行為と同じであっても，本罪の成立を認めることとなり，それが妥当か問題がありうる（この見解によると，殺すつもりで生体を焼いたような場合，つねに死体損壊罪も成立することとなる）が，処罰するとすればこのような理論構成しかないであろう（不作為による死体遺棄の作為義務と結果

を認定するときはとくに慎重でなければならない）．

　(5)　死体について，標本にするなどして所有権が成立し，経済的価値が備わった場合には，これを領得すれば財産罪の成立を認めることができる．ところが，棺に納めてある物がそれ自体大きな経済的価値をもっているようなとき，これを領得した場合に，財産罪が成立するかが問題とされている．判例には，このような場合には財産罪は成立しないとするものがある（大判大正 8・3・6 新聞 1547・19）．なお，墓から盗んできた肝臓，脾臓を買い受けた行為は盗品譲り受け罪にならず，死体領得罪となるとした判例として，大判大正 4・6・24 刑録 21・886．もっとも，判例には，墳墓の改葬作業中に死体から脱落した金歯を領得した行為を，東京都の占有する遺族の所有物を窃取したものとして窃盗罪としたものもある（東京高判昭和 27・6・3 高刑集 5・6・938）．

　このような場合に財産罪の成立を認めると，棺内蔵置物について軽く処罰することとした意味がなくなってしまいかねないので，財産犯の成立を認めるべきではない（平野 267 頁，原田・福田大塚古稀（下）527 頁，町野・現在 116 頁，山口 518 頁など．財産犯の成立を認める見解として，団藤 363 頁，内田 519 頁など．旧版の見解を改める）．

3　その他の罪

　　神祀，仏堂，墓所その他の礼拝所に対し，公然と不敬な行為をした者は，6 月以下の懲役若しくは禁錮又は 10 万円以下の罰金に処する（188 条 1 項）．

　神祀とは，神道により神を祭った施設のこと，仏堂とは，仏教の寺院その他の礼拝所のこと，墓所とは人の遺体・遺骨を埋葬して死者を祭祀し記念する場所のこと，その他の礼拝所とは，その他の宗教的な礼拝の場所であって，たとえば，キリスト教，天理教の教会などである．本罪の行為は公然と不敬の行為をすることである．判例によれば，午前 2 時頃通行人がなかったときに墓碑を押し倒した場合であっても，公然といいうる（最決昭和 43・6・5 刑集 22・6・427）．夜が明ければ公衆の目にふれうるというのがその理由であろう．

　不敬の行為とは，礼拝所を冒瀆しその神聖を汚す行為のことである．判例によれば，他家に対する悪感情の発露として「畜生意地がやけら，小便でもひっ

かけてやれ」といいながら,その家の墓所に放尿するような格好をした場合に本罪の成立が認められている(東京高判昭和27・8・5高刑集5・8・1364).

> 説教,礼拝又は葬式を妨害した者は,1年以下の懲役若しくは禁錮又は10万円以下の罰金に処する(188条).

説教とは,宗教を説くことである.宗教以外の教えを説いているのを妨害しても本罪にはあたらない.礼拝とは,神仏を拝むことである.葬式とは,死者を葬る儀式のことである.犬や猫の葬式はこれに含まれない.妨害とは,説教などが自由に行われるのに障害を与えることである.

> 墳墓を発掘した者は,2年以下の懲役に処する(189条).

墳墓とは,死者の遺骸や遺骨を祭った所である.もはや礼拝の対象となっていない,古墳などはこれに含まれない(大判昭和9・6・13刑集13・747).発掘とは,墳墓の覆土の全部又は一部を除去し,もしくは墓石を破壊,解体して,墳墓を損壊する行為をいい,墳墓内の棺桶,遺骨,死体等を外部に露出させることを要しないというのが判例である(最決昭和39・3・11刑集18・3・99).なお,発掘が適法とされる場合がある(刑訴法129条,222条).

> 189条の罪を犯して,死体,遺骨,遺髪又は棺に納めてある物を損壊し,遺棄し,又は領得した者は,3月以上5年以下の懲役に処する(191条).

本罪は189条の罪と190条の罪との結合犯である.

> 検視を経ないで変死者を葬った者は,10万円以下の罰金又は科料に処する(192条).

変死者とは,犯罪を死因とする死体,死因不明の不自然死による死体,そしてその疑いのある死体のことである.樹上から落ちて医師の治療を受けたがつ

いに死亡した場合，変死者ではない（大判大正9・12・24刑録26・1437）．検視とは，死体に対する検証のことであって，犯罪による死亡の疑いがあるときに行われる司法検視（刑訴法229条），伝染病死の疑いがあるときに行われる行政検視（昭和33年国家公安委員会規則3号）がこれにあたる（参照，松宮・立命館法学215・39．司法検視に限るべきだとする見解として，岩村・大コンメ9巻241頁，山口519頁など）．

第3節　賭博及び富くじに関する罪

1　保護法益

　判例・通説は賭博罪の保護法益を**勤労の美風**ないし**観念**と解している（最判昭和25・11・22刑集4・11・2380．学説として，団藤347頁，大谷484頁，前田465頁，中森271頁など）．しかし，人はどのようにして財産を手に入れるべきか，また手にした財産を何にどのように使うべきか，そしておよそ労働すべきかなどは，市民個人の判断に委ねられるべきことであって，国家が刑罰権をもって労働についての道徳・倫理を強制するべきではないであろう．

　そこで学説上は，**財産**が保護法益だとするものがある（平野251頁）．判例にも，「賭博罪は社会の風俗を紊るのみならず，当事者の産を破る虞ある故に之を処罰する」とするものがある（大判昭和4・2・18新聞2970・9）．この見解によれば，負けて財産を喪失させられることが賭博罪の不法内容だというのである．たしかに，賭博によって財産を持ち崩す例は少なくなく，賭博癖というものは本人の意思では抑えがたいから，国家がいわば本人を本人から守ってやるというのも，理由がないわけではない．しかしやはり，人は自分の財産をどのように処分しようと自由なはずであり，賭博癖をもつ者を精神障害者と同一視するわけにはいかないから，国家がそれに干渉するのは，適当とは思われない．

　いずれにしても，これらの見解は，現在の我が国では地方公共団体が適法に賭博場を開催等しているという事実を説明することができないという問題をもっている（競馬法，自転車競技法，モーターボート競走法，当せん金附証票法（宝くじ）など）．もし，勤労の美風や財産を保護すべきだというならば，地方公共団体は賭博行為を自ら行ってはならないはずである（単に地方公共団体の財政のた

めに正当化されると解すべきではない). 地方公共団体の行う賭博は合法であり私的な賭博は違法だとするならば，そのことを根拠づける保護法益論が示されなければならないであろう．それはおそらく，私的な賭博においては，詐欺賭博が行われたり・収益が暴力団の資金源とされたり・脱税が行われたりする危険性が大きいからであろう．このような，**賭博に関連する公正な社会秩序**が賭博罪の保護法益となっていると考えられる．

2 常習性

(1) 刑法186条は，「常習として」賭博をした場合には加重して処罰することとしているので，その根拠が問題となる．これについて，常習性とは**行為者の属性**（団藤355頁）か**行為の（主観的な）属性**（平野252頁）かが問題とされている．しかし，一定の「行為者」であることのみを理由として重く処罰することは，人格に対する国家の不当な干渉であるし，通常常習賭博とは賭博が反復累行された場合を意味するが，それは結果をも含む客観的な事情を重要な内容としているから，単に「行為の（主観的）な属性」とするのも，疑問である．

犯罪の実質は不法と責任であるから，重く処罰する根拠も，このいずれかが重いことにあるのでなければならない．行為者類型というのも，常習性がある場合，責任が重いということをいおうとしているのであろう．しかし常習性があるとは，常習的に犯罪を犯すということであって，その場合に責任が重いということは，違法性が重いということの裏返しにすぎない．常習性ある場合，違法性は単純賭博と同じだが，責任がより重いというのではない．実際上も，数回犯罪を犯していることの認定なくして常習性を認めることはできないであろう（参照，大判大正12・3・29刑集2・275）．したがって常習性とは，賭博が習癖となって何度も行われることが類型的に多いことに着目して，その何度か行われた賭博を一罪として，かつ，重く処罰することとしたものと解するべきであろう．この意味で常習性とは，**違法要素**というべきである（内田524頁）．

これに対して累犯・再犯の規定（刑法56条）は，まさに責任の重さに着目したものである．したがって，常習犯についても，この規定の適用は可能である（大判大正7・7・15刑集24・975）．また，常習賭博罪は，数回行われた賭博行為を全体的・一回的に処罰の対象とするものであるから，当然，その数個の賭博

行為は，包括一罪となる（最判昭和26・4・10刑集5・5・825）．

(2) 問題は，過去に数回行われた場合だけでなく，将来にわたって賭博行為が反復累行される危険性がある場合も，この罪によって重く処罰することができるか，ということである．判例には，長期間営業を継続する意思で多額の資金を投下して多数の賭博遊技機を設置した遊技場の営業を開始し，警察による摘発を受けて廃業するまでの3日間，多数の客と賭博した場合（のべ約140名が来客し，合計70万円の売上額であった），遊技場の営業者は，賭博を反復累行する習癖があり，その発現として賭博をしたと認められるとするものがある（最決昭和54・10・26刑集33・6・665．これを支持するものとして，大谷・昭和55年度重判解179頁．大谷488頁は，「常習性は肉体的，精神的，心理的依存性ばかりでなく，「賭博が容易に止められない」という意味で経済活動上の依存性も含む」とされる．さらに，前田468頁など）．しかし，この事案の場合，多数の客と賭博したといっても，入場して遊技機で賭博した者が多数あったというにすぎず，被告人の行為は，3日間営業したというにすぎない．しかも，過去に賭博癖があったということも認定されていない．本件の場合，ただ，これから賭博営業を大規模・長期間にわたって行う危険性が大きいというにすぎない．このような場合に「常習として」賭博をした，あるいは，「反復累行する習癖」があるとすることは，言葉の上で無理があるだけでなく，理論的にもまったく異質の内容のものを加重根拠の中にもちこむこととなるであろう（この場合に常習性を認めることに疑問を示すものとして，団藤354頁，日高・判評258・188など）．もっとも，このような場合を重く処罰する必要性があることは否定できないので，賭博場開帳罪の成立を認めることが問題とされてよいであろう．賭博場開帳罪においては，賭博者から，寺銭，手数料等の名義で，賭博場開設の対価として不法な財産的利得をしようとする意思が必要とされること（最判昭和24・6・18刑集3・7・1094）が障害となりうるが，遊技機によって収益をあげることもこれにあたるとすることは可能であろう．

(3) 非常習者に対して常習者が加功した場合，あるいはその逆の場合に，共犯関係をどのように考えるべきか，という問題がある．常習賭博罪は，違法性が大きいことを理由とする加重類型だとすると，違法身分・要素でありながら加減的身分・要素だということになる．加減的身分の場合には形式的に65

条2項によると考えれば，個別的に解することになろうが，違法身分・要素については加減的身分であっても連帯的に作用すると考えれば，65条1項によることとなろう．しかし，問題は，より実質的な共犯の因果性の原理によって解決されなければならない．たとえば，常習者の賭博行為に非常習者が加功した場合，非常習者について単純賭博罪の共犯が成立するというのが判例である（大判大正7・6・17刑録24・844）が，非常習者の加功の結果として常習賭博罪が行われたというような場合であれば，非常習者についても常習者賭博罪の共犯の成立を認めるべきである．もちろん，その証明がなされず，1回の賭博行為についての加功しか認め得ないのであれば，単純賭博罪の共犯の成立しか認めることはできない．非常習者の賭博行為に常習者が加功した場合には常習賭博の共犯の成立を認めるというのが判例である（大判大正3・5・18刑録20・932）．しかし，賭博を実行することについて常習性があっても，非常習者の賭博行為に加功することについて常習性があるとはかぎらない．そのような場合，常習賭博罪と単純賭博の共犯の成立を認め，併合罪とするべきであろう．

3 各犯罪類型

> 賭博をした者は，50万円以下の罰金又は科料に処する．ただし，一時の娯楽に供する物を賭けたにとどまるときは，この限りでない（刑法185条）．

賭博とは，偶然の勝敗に関して財産的利益の得喪を争う行為一般を意味する．偶然の勝敗とは，勝敗が犯人の観念において主観的に不確定な事実に係ることで足り，客観的に不確定であることを要しない（大判大正3・10・7刑録20・1816）．勝敗が単に技量の巧拙のみにより決まらず，偶然の事情の影響を受けることがある場合，たとえば，囲碁や将棋，麻雀についても，賭博罪は成立する（大判大正4・10・16刑録21・1632）．当事者の一方が危険を負担せず，常に利益を取得する組織の場合，賭博罪は成立しない（大判大正6・4・30刑録23・436）．詐欺賭博は賭博ではない（団藤349頁，中森272頁）．欺罔した側の者は詐欺罪になる（大判昭和9・6・11刑集13・730）．**一時の娯楽に供する物**とは，関係者が即時娯楽のために消費するような物をいう（大判昭和4・2・18新聞2970・9）．そ

の場での飲食物を賭けるような場合がその典型である．金銭はその性質上一時の娯楽に供する物ではない（大判大正13・2・9刑集3・95）が，敗者に一時の娯楽に供する物の対価を負担させるため一定金額を支払わせた場合は，賭博罪を構成しない（大判大正2・11・19刑録19・1253）．金額が僅少であっても本罪の成立に影響がないというのが判例である（最判昭和23・10・7刑集2・11・1289）が，疑問である．このような場合，賭博罪の構成要件該当性を欠くのである（中森273頁）．この場合，賭博罪の法益とは別の利益を救助しているわけではないから，違法阻却事由と解する（大谷486頁）のは不当である．

> 賭博場を開帳し，又は博徒を結合して利益を図った者は，3月以上5年以下の懲役に処する（186条2項）．

常習賭博についてはすでに述べた．186条2項の罪は，多数の人間を賭博へと誘引し，広く不法な賭博を行わせる行為を処罰しようとするものである．賭博場開帳罪は，利益を図る目的で，犯人自ら主宰者となり，賭博をする場所を開設することによって成立する（大判昭和7・4・12刑集11・367）．必ずしも賭博者を一定の場所に集合させることを要せず，事務所に電話等を備え付け，電話により賭客の申込みを受ける等して行った野球賭博は本罪を構成するというのが判例である（最決昭和48・2・28刑集27・1・68）．博徒とは，常習として賭博をなす者をいう（大判大正15・11・25新聞2645・9）．結合ありとするには，犯人において日時場所を特定して直接に博徒を集めて賭博をさせたことを要せず，犯人が博徒を集合し一定の区域内において随時随所に集合させて賭博をする便宜を与えた場合であればよい（大判明治43・10・11刑録16・1689）．

> 富くじを発売した者は，2年以下の懲役又は150万円以下の罰金に処する．富くじ発売の取次ぎをした者は，1年以下の懲役又は100万円以下の罰金に処する．前2項に規定するもののほか，富くじを授受した者は，20万円以下の罰金又は科料に処する（187条）．

判例によれば，富くじ罪と賭博罪の区別は，抽選の方法により勝敗を決する

か，財物の所有権を提供と同時に失うか，当事者双方が危険を負担しないか，にある（大判大正3・7・28刑録20・1548）．

第3編　国家的法益に対する罪

国家的法益に対する罪の性格

(1) 国家とは、正統性をもって権力を行使しうる機構をいう。戦前には、国家の正統性は天皇制に由来し、それに伴い、国家は高次の絶対的な価値をもつものと観念されていた。しかし現在では、国家の正統性は人民の意思に由来し、国家は人民の利益を保護し発展させるための手段としての機構と観念されるに至っている（平野273頁など）。しかしその結果として、国家は個人・社会とは独立の存在をもつこととなり、国家の利益をそれらの利益とは一応区別して保護する必要が出てくる場合が生じる。これを犯罪として処罰するものが、国家的法益に対する罪である。

(2) この国家的法益に対する罪の性格については様々な議論がなされているが、刑法上は要するに、立法論・解釈論として現実にどのような態度決定を行うか、ということが重要である。

立法論としては、戦前は、皇室に対する罪として、天皇・皇族に対する危害罪・不敬罪が規定されていたが、戦後これらは削除された。

なお、これに伴い、日本に滞在する外国の君主・大統領に対する暴行・脅迫・侮辱などを重く処罰する規定も削除された。しかし、これらの規定は戦前の国家絶対主義とは必ずしも関係はなく、立法論的にはむしろ問題を残す結果となっている。

(3) 国家的法益に対する罪の性格をめぐる議論の現在の要点はむしろ**解釈論**にある。国家的法益に対する罪においては、しばしば、国家の利益を重視するか、個人の利益を重視するかの対立が生じている。たとえば、強制執行不正免脱罪においては、判例は個人の利益を重視し、個人の債権が認められないときには、この罪の成立を認めるべきではないという立場を採用し、本書もこれを正当と考える[1]が、国家の強制執行作用を重視する立場からこの場合にも犯罪の成立を認めるべきだとするものがある。また、虚偽告訴罪の保護法益についても、虚偽告訴される個人が保護されるべきだとし、その承諾があれば本罪は成立しないとするべきであろう[2]が、国家の刑事司法作用を重視する立場から、このような場合にも本罪の成立を認めるべきだとする立場がある。あるい

---

1) 本書479頁以下。
2) 本書457頁以下。

は，犯人蔵匿罪においては，個人の利益を重視すれば無実の者を匿っても本罪の成立を認めるべきではないであろう[3]が，国家の刑事司法作用を重視してこの場合にも本罪の成立を認めるべきだとする立場があるのである．さらに，職権濫用罪は市民の個人的利益を侵害するところにその本質があると思われる[4]が，依然として，国家の威信が保護法益となっているという見解が強い．

(4) 現在ではもはや，戦前のような超国家絶対主義ともいうべきものは存在しない．現在問題となっているのは，これらの具体的な解釈論において，国家の利益を重視するか，個人の利益を重視するか，である（もちろん，そのような観点からただちに結論が出てくるとはかぎらないが）．これらの具体的な解釈論において常に国家の利益を重視するならば（たとえば，前田476頁以下［2版］参照），それはまさに，現代に姿を変えた「国家主義的・全体主義的刑法観」だと評されてもしかたがない．

国家的法益に対する罪の分類 (1) 刑法典の条文の配列は体系的に必ずしも整理されたものとはいえない．内乱・外患の罪を国家的法益に対する罪の冒頭に置くのはよいとしても，偽証の罪や虚偽告訴の罪を各種偽造罪の後に規定し，汚職の罪を礼拝所及び墳墓に関する罪と殺人罪の間に規定するのは，どう見ても体系的な混乱である．これはおそらく，立法当時，国家と社会の関係の理解が十分でなかったことによるものと思われる．

(2) そこで本書においては，次のように体系化することとした．まず，国家の存立に対する罪として内乱・外患の罪を論じる．この罪こそは国家的法益に対する罪の中でも最も基本的なものである．次に国家の作用に対する罪を論じる．これを2つに分け，公務に対する罪と司法作用に対する罪とする．公務に対する罪の中には，公務執行妨害罪などのほか，賄賂罪も含める．司法作用に対する罪の中には，虚偽告訴罪や逃走罪を含める．この司法作用に対する罪の体系化についても，本書は新しい試みをしている．

第3章として，国交に対する罪を問題とする．

最後に，国家の作用に「関する」罪として，強制執行不正免脱罪と職権濫用罪について論じる．これらの罪は国家的法益に対する罪というよりは，むしろ

---

3) 本書460頁以下．
4) 本書481頁以下．

個人的法益に対する罪の中に編入されるべきものと思われる．ただ，「国家」の作用に関する罪であり，法典の中にも国家的法益に対する罪の中に規定されているので，一応ここで論じるというにすぎない．

第1章 国家の存立に対する罪——内乱・外患の罪

総論　刑法典は各則について定める第2編の冒頭に内乱に関する罪と外患に関する罪を置いている．これらは，**国家の存立を危殆化する罪**であって，現行法がこのように各則の冒頭に置いたのは，これらの罪は他の罪に比して最も重要性の大きいものと考えたからであろう．現在でも「刑罰が国家制度を維持するための機構である以上，内乱罪こそが最も犯罪らしい犯罪といっても過言ではない」といわれることがある（前田502頁）．現行刑法が規定された当時は，いまだ国家の存立の基盤は脆弱なものであったから，このように考えたことにも無理はなかったかもしれない．しかし，戦後となって民主主義国家としての存立が強固に確立している現在においては，内乱罪の性格も変化したものとして理解されなければならない．

第一に，国家はそれ自体としてその存立の保護を受けなければならないとしても，民主主義国家においては国家はそれ自体として存立の価値を有しているのではなく，究極的には個々の市民の利益の実現のために存在するものである．したがって刑法においても，むしろ**個人の生命・身体・財産の方が重要性**をもつものと考えなければならない．

第二に，内乱罪は政治的目的のための**確信犯**として犯されることが多い．一般に禁錮刑が科されることとされているのは，犯人の名誉を考慮してのことであろう．首謀者には死刑も選択的に認められているが，民主主義国家の下では，彼の行為の動機となった政治的思想に寛容であるべきであるから，疑問の余地があろう．

第三に，内乱・外患罪はその性質上**危険犯**でしかありえない．国家の存立を完全に破壊すれば，その行為はもはや犯罪として処罰することはできず，むしろ，新たな国家を建設した革命として称賛され，反対に，これまで国家の存立

のために重要な役割を果たした者が今度は犯罪者として処罰されることにもなりうる．

　以上のような意味において，内乱・外患罪は最も犯罪らしくない犯罪とすらいえるのである．

　なお，内乱・外患の罪は，日本人のみならず，外国人であっても，しかも，国外で犯しても，処罰されることとされている（2条2・3号）．

> 国の統治機構を破壊し，又はその領土において国権を排除して権力を行使し，その他憲法の定める統治の基本秩序を壊乱することを目的として暴動をした者は，内乱の罪とし，次の区別に従って処断する．1，首謀者は，死刑又は無期禁錮に処する．2，謀議に参与し，又は群衆を指揮した者は無期又は3年以上の禁錮に処し，その他諸般の職務に従事した者は1年以上10年以下の禁錮に処する．3，付和随行し，その他単に暴動に参加した者は，3年以下の禁錮に処する（77条1項）．前項の罪の未遂は，罰する．ただし，同項第3号に規定する者については，この限りでない（同条2項）．

内乱罪　（1）　本罪は多人数が集合して行為をすることが予定されている．これを**多衆犯**ないし**集合犯**と呼ぶことがあり，また，**必要的共犯**ということもできる．そこから，次のような解釈論を引き出す見解がある．すなわち，法が多衆の多くの行為の中から一定の行為類型を選択限定したからには，これらのいずれもあたらない行為は共犯としても処罰されないというのである（団藤18頁）．判例も，必要的共犯の中の対向犯の場合についてこのような解釈を認めたことがある（最判昭和43・12・24刑集22・13・1625）．しかし，解釈論としては，共犯として処罰されるからこそあえて独立の行為類型としては規定しなかったのだと解釈することも同様に可能である．もっとも，たとえば，首謀者が付和随行者に参加を呼び掛けた場合，教唆犯が成立しうるとしても（反対，大谷555頁），首謀者たる行為に吸収されると考えるべきであろう．しかし，たとえば，集団のまったく外部から首謀者を教唆したような場合，教唆犯の成立を否定するべきではないであろう（中森285頁，山口526頁，山中701頁など．なお，林・総論434頁）．

　（2）　本罪が成立するためには，ある程度多数の人間が一定の目的に向かっ

て集合して行為しなければならない．どの程度多数でなければならないかについて，騒乱罪の場合と同じく，一地方の平穏を害する程度であればよいとする見解もある（団藤17頁，大塚549頁など）が，本罪の保護法益が国家の存立である以上は，それを危うくする程度のものでなければならないであろう（中森284頁，山口525頁など）．

(3)　本罪は**目的犯**であり，条文に規定された一定の目的がないときは，騒乱罪は成立しても本罪は成立しない．判例によれば，政府の転覆といえるためには，内閣制度を根本的に破壊するものでなければならず，ただその時の首相を殺害するというだけでは，足りない（大判昭和10・10・24刑集14・1267）．また，暴動が行われても，これを契機として新たに発生する暴動によって朝憲紊乱の結果が生ずると予期したにすぎないときは，本罪にあたらず，自己の行為によって直接に朝憲紊乱をしようとする目的が必要である（大判昭和10・10・24刑集14・1267）．これは，前のような場合，目的実現の可能性は低く，後のような場合であってはじめて，本罪で処罰するに値するほどの危険が認められるということであろう．

(4)　殺人・傷害などは，本罪に吸収されるという見解が有力である（団藤17頁，山中701頁など）．しかし，つねにそのように解釈してよいものか，疑問がある．たとえば，単なる付和随行をした者が，そのときの勢いで無辜の市民を殺害したような場合，本罪における群集心理を考慮して軽く処罰すべきだという見解もある（大谷506, 555頁）が，中にはまったく破廉恥な行為で責任が軽いとはいえない場合もありうるであろう（参照，中森285頁）．首謀者ですら，懲役刑を科するのが妥当な場合もありうる．内乱罪を犯す行為によって，それとは別個の不法・責任を実現する場合はありうると考えられる．

(5)　ひるがえって，このことは，本罪の成立を認めるにはとくに慎重でなければならないことを意味する．現に判例は明らかにそのような傾向を示している．本罪は政治犯に対して濫用される危険があるのであって，殺人罪・公務執行妨害罪などの成立を認めれば足りることが多いであろう．

(6)　本罪の未遂は処罰されるが，付和随行者・暴動参加者については，この限りでない（77条2項）．

内乱の予備又は陰謀をした者は，1年以上10年以下の禁錮に処する（78条）．兵器，資金若しくは食糧を供給し，又はその他の行為により，前2条の罪を幇助した者は，7年以下の禁錮に処する（79条）．前2条の罪を犯した者であっても，暴動に至る前に自首したときは，その刑を免除する（80条）．

予備及び陰謀，幇助　　内乱などの幇助を処罰する規定の性格については議論があり，一般の幇助犯について刑だけを特別に規定したものと解する見解（団藤21頁，曽根291頁，山中702頁など）と，共犯とは異なる独立の犯罪類型を規定したものと解する見解（中森286頁，山口527頁など）とがある．この見解の相違は，正犯としての前2条の行為が実行に至らなかった場合であっても，本罪の成立を認めるべきかについて異なった帰結を導く．正犯（予備・陰謀を含む）が実行に至らない場合に本罪の成立を認めるべきでないことは，一般の幇助犯と異ならないから，前説が妥当と思われる．とくに，予備・陰謀にすら至らなかった場合に，本罪の成立を認めるべきではないであろう．後説には，自首による刑の免除の定めがあることを指摘するものがある（中森286頁）が，自首しても暴動に至ることがありうるから，理由とはならないであろう．

外国と通謀して日本国に対し武力を行使させた者は，死刑に処する（81条）．

外患罪　　本罪も確信犯でありうるが，一般に破廉恥犯であるところから，禁錮刑は規定されておらず，かえって，絶対的な死刑が規定されている．本罪については，これを「国民の国家に対する忠実義務違反」（前田506頁）と解する見解がある．しかし，単なる忠実義務違反ではなく，内乱罪と同じく国家の存立の危殆化を処罰しようとするものであり，かつ，責任も重いところから，重罰に処せられることとされているのである（中森287頁）．それにしても，この場合に絶対的死刑とされていることは，内乱罪の場合と同様の問題を含んでいるであろう．

日本国に対して外国から武力の行使があったときに，これに加担して，その軍務に

服し，その他これに軍事上の利益を与えた者は，死刑又は無期若しくは2年以上の懲役に処する（82条）．81条及び82条の罪の未遂は，罰する（87条）．81条又は82条の罪の予備又は陰謀をした者は，1年以上10年以下の懲役に処する（88条）．

第2章 国家の作用に対する罪

第1節 公務に対する罪

1 公務執行妨害罪

公務員が職務を執行するに当たり，これに対して暴行又は脅迫を加えた者は，3年以下の懲役又は禁錮又は50万円以下の罰金に処する（95条1項）．公務員に，ある処分をさせ，若しくはさせないため，又はその職を辞させるために，暴行又は脅迫を加えた者も，前項と同様とする（同2項）．

罪質 (1) 公務執行妨害罪は，公務員に対して暴行又は脅迫を加えた場合に成立するものとされているが，その**保護法益**は公務員の身体・精神ではなく，**公務**そのものである．ここにおいては，犯罪の**客体**と**法益**とが分離している．このように，本規定は，公務員を一般市民よりもとくに厚く保護しようとするものではないのだから，法の下の平等を定めた憲法14条に反するものではない（最判昭和28・10・2刑集7・10・1883）．また，1個の公務を数人の公務員が執行しているときに，その数人の公務員に対して暴行しても，実質的に1個の公務しか侵害されていないのであれば，包括一罪とされるべきである（参照，大判昭和2・7・11評論16・365）．

(2) 判例によれば，暴行・脅迫は，これにより現実に職務執行妨害の結果が発生したことを必要とするものではなく，妨害となるべきものであれば足りる（最判昭和33・9・30刑集12・13・3151）．たしかに，たとえば逮捕の場合，結果としておよそ逮捕できなかったということが必要でないことはいうまでもない．しかし，とくに権力を現実に行使し得る警察官などが相手の場合，多少の抵抗は公務執行に折り込み済みのものであり，また，容易に排除しうるから，

これをすべて公務執行妨害罪とするのは行きすぎである．暴行・脅迫の程度，表現の自由や被逮捕者の個人的利益の重大性などを考慮した上での可罰的違法性，さらには，期待可能性の有無などに留意する必要がある．

公務員の意義 刑法7条参照．判例によれば，公務員とは，官制，職制によってその職務権限が定まっている者に限らず，すべての法令により公務に従事する職員を指称するものであり，その法令には単に行政内部の組織作用を定めた訓令といえども，抽象的な通則を規定しているものは含まれる（最判昭和25・2・28刑集4・2・268）．また，法令により公務に従事する職員とは，法令の根拠に基づき任用され公務に従事する職員を意味し，単純な機械的・肉体的労働に従事する者はこれを含まないが，当該職制等の上で職員と呼ばれている身分をもつかどうかは問わない（最決昭和30・12・3刑集9・13・2596）．そして，**郵便集配員**は，単純な機械的・肉体的労働にとどまらず，民訴法・郵便法等の諸規定に基づく精神的労務に属する事務をも併せ担当しているものであるから，公務員だとされている（最判昭和35・3・1刑集14・3・209）．しかし，郵便の単なる集配が精神的労務といいうるか，疑問がある．むしろ，精神的労務を行うのでなくとも，正面から公務員と認めるべきであろう（平野277頁．なお，参照，町野・現在361頁以下，中森294頁，大谷568頁，山口427頁など）．

公務の範囲 (1) 業務妨害罪（刑法234条）との関係で公務の範囲が問題とされている．判例は，業務妨害罪で保護されていても，公務執行妨害罪でも保護されうるとしている（最大判昭和41・11・30刑集20・9・1076〔国鉄の業務について〕，京都地判昭和44・8・30刑月1・8・841〔国立大学大学院入試実施業務について〕）．これに対しては，同一の業務がそのように二重の保護を受けるのは不当であり，公務執行妨害罪で保護されるべきなのは，権力的・非現業的なものにかぎられるべきだとする見解が主張されている（団藤48頁．なお，中森71頁，平川208頁，曽根79頁，伊東・現代社会102頁以下など）．

しかし，業務妨害罪で保護されているということは，公務執行妨害罪で保護されるべきでない理由とはならない．両罪の刑を比較しても，どちらも上限は3年以下の懲役であるが，公務執行妨害罪においては，業務妨害罪とは異なり，禁錮刑が選択的に認められている．これは，公務執行妨害罪が非破廉恥な，政治犯的性格をもつことが多いことによるものである．以前には，公務執行妨害

罪に対しては罰金刑の選択刑はなかったが，平成18年の改正により，これが認められるに至った．このことにより，両罪の性格の類似性が立法上も承認されたといえる．いずれにしても，ある1つの職務がその2つの性格を共にもっていることはありうる．そのような場合，一方の罪を認めるだけでは別の犯罪性を評価し尽くせないということも生じうる．公務執行妨害罪の成否は，もっぱらその保護法益の侵害・危殆化があるか，という固有の観点から決定されるべきであって，業務妨害罪の成否によって動かされるべきではない（平野275頁，奥村・百選 [3版] 47頁，山口636頁，大谷571頁など）．

(2) 旧国鉄の業務，あるいは，国立大学の職務は，私鉄ないし私立大学の職務と大きな違いはないことが少なくないが，類型的にみれば，なおそこに**公共性**が認められ，したがって，**国民生活に対する影響の重大性**が認められる．また，公務を権力的なものに限定する理由はなく（たとえば，県議会の議長の職務），さらに，非現業的なものに限定する理由もない（たとえば，前述のような問題はあるが，郵便集配員の職務）と思われる．もっとも，1つの職務に2つの罪を認めても，妨害される職務は実質的に1個であることは否定しえないから，観念的競合とするべきではなく，包括一罪として処断するべきであろう．この場合，禁錮刑を科することはできないと解するべきである．

<small>職務執行の時間的範囲</small> (1) 公務執行妨害罪は，「職務を執行するに当たり」，すなわち，現に職務を執行している時に，それを妨害しなければ成立しない．公務を執行する前，あるいは，後の時点では，公務員に暴行・脅迫を加えても公務執行妨害罪は成立しない．さらに，職務の執行は抽象的・包括的にではなく，具体的・個別的に特定されなければならない．

(2) 判例によれば，国鉄の助役が，職員の点呼を終了した後，次の職務である事務引継ぎに赴く場合（最判昭和45・12・22刑集24・13・1812），あるいは，警察官が当直室で休憩中，および，休憩のために当直室に赴こうとしている場合（大阪高判昭和53・12・7高刑集31・3・313）には，「職務を執行するに当たり」とはいえない．

ところが判例は，次のような場合には公務執行妨害罪の成立を認めている．まず，旧国鉄の運転士が駅に到着後，終業点呼を受けるために運転当直助役の下に赴いた場合である（最決昭和54・1・10刑集33・1・1）．これは，終業点呼が

運転状況，動力車の状態の報告など乗務に直結する内容をもっているためだとされており，昭和45年最高裁判例と矛盾するものではないと考えられる．また，派出所内において警察官が湯茶を飲むため，あるいは用便のために一時公廨を離れたとしても，職務の執行中にあたるとされている（大阪高判昭和51・7・14刑月8・6=8・332）．ただしここでも，職務を中断して休憩・休息をとるような場合は別だとされている．

(3) **統轄的な職務**の場合には，形式的に中断・終了を認めることのできない場合もありうる．たとえば，電報局局長や次長のような場合には，その執行が一時中断されているように見えても，職務執行中といえ（最判昭和53・6・29刑集32・4・816），あるいは，議事が紛糾したため県議会委員長が休憩を宣言し退出しようとした際であっても，委員会の秩序を保持する職務を執行していたとされている（最決平成元・3・10刑集43・3・188）．

職務行為の適法性　(1) 職務行為は**適法**なものでなければならない．違法のものであれば，これに対する反撃は**正当防衛**となる（あるいはそもそも構成要件に該当しない）のであって，その反撃行為を違法なものとして犯罪の成立を認めることはできない．これに対しては，職務行為は適法なものでなくても，刑法上保護に値するもの（要保護性）であればよいとする考えがありうる．しかし，適法なものでなければ刑法上保護に値するとはいえない．問題は，適法性の内容である．

(2) およそ法秩序の中で，ある行為が適法か違法かは同一の基準によって決定されるべきであるから，行為の適法性を決定する基準は，理論的には，行為の違法性を決定する基準と同一のものでなければならない．行為の違法性は，基本的に，**許された危険の法理**によって決定されるべきだとすれば（林・総論35頁），行為の適法性も，基本的に，その法理によって決定されるべきである[1]．すなわち，職務行為の適法性は，行為の時点での最高度の認識を基礎として，行為のもつ法益侵害の危険性と有用性とを衡量して決定されるべきである．

---

1) 参照，大越・平野古稀1巻249頁以下，町野・内藤古稀124頁以下．川端・法律論叢58巻4=5号392頁は，ドイツにおいて有力な義務適合的な検討が行われたか否かで違法性を決定する見解を批判し，許された危険の法理によるべきことを強調する．

(3) 注意しなければならないのは，違法性に程度があるように，適法性にも**程度**があることである．公務執行妨害罪で保護すべき職務行為は完全に適法なものである必要はない．しばしば，その行為が公務員の抽象的な権限の範囲内にあり（たとえば，示談斡旋行為は警察官の職務権限ではないとするものとして，大判大正4・10・6刑録21・1441），具体的な権限があり，そして，重要な方式を守っていればよい，とされる（木村301頁，山口538頁，山中71頁など）．軽微な方式違反は職務行為の適法性に影響を及ぼさないというのである．また，職務行為は有効のものであればよく，適法なものである必要はないとされることもある（団藤52頁）．

しかし，何が重要な方式であり，また，どのような場合に違法ではあるが有効となるのかがまさに問題である．行為の適法性は，行為のもつ法益侵害の危険性と有用性とを衡量して決定されるべきだという立場からは，その行為のもつ（多くの場合個人的な）法益侵害の危険性と衡量しても優越する（多くの場合国家的法益を救う）有用性が認められるときに，その行為は適法なものとなるといえよう（参照，荘子・木村還暦（下）783，797頁，藤木・法時24・7・11以下）．いいかえると，行為に多少の法的な瑕疵があっても，その瑕疵がもつ法益侵害の危険性は小さく，その瑕疵があってもなお，行為の有用性が大きい場合に，公務執行妨害罪で保護するに値する適法性が認められるべきだといえよう．

威力業務妨害罪の成立を認めるときにも，同様の問題が生じるが，最近最決平成14・9・30刑集56・7・395は，行為当時の利益衡量によって業務の要保護性を認めている．妥当な判断である．

(4) たとえば，収税官吏が税務調査に際して，法規に違反して検査章を携帯していなかったとしても，相手が呈示を求めなかったような場合には，その法的瑕疵が相手に与える影響はそれほど大きなものではないから，全体としてはこれを適法とするべきである（最判昭和27・3・28刑集6・3・546）．同様にして，地方議会の議長の議事運営が規則に違反していたとしても，その法的瑕疵のもつ法益侵害の危険性が小さく，他方その議事運営に重大な有用性がある場合には，これを公務執行妨害罪で保護するべきである（最大判昭和42・5・24刑集21・4・505）．これに対して，逮捕状の執行に際し，これを被疑者に呈示しなかった場合には，被疑者の法益侵害の危険性は重大であるから，違法とされる

べきである（大阪高判昭和 32・7・22 高刑集 10・6・521）。逮捕状の緊急執行に際し，被疑事実の要旨を告知しなかった場合も同じである（東京高判昭和 34・4・30 高刑集 12・5・486）。

(5) なお，以上のことを認めることは，**法秩序の統一性**に矛盾するものではない（この問題を検討したものとして，小田・法学論叢 120・3・42 以下）。しばしば，職務行為の適法性は刑法独自の適法性だとされる（江藤・現代講座 4 巻 30 頁）。それはすでに述べたように，他の法領域で要求されているすべての要件を完全に満たしている必要はないという意味では正当なものである。それは，いわゆる可罰的違法性の問題において，他の法領域で違法とされてもただちに犯罪成立要件としての違法性を認めることができるわけではないのと同じである。しかし，可罰的違法性の理論を認めることは法秩序の統一性に矛盾するわけではない（参照，林・基礎理論 37 頁以下）。ここの問題においても，他の法領域にとっての瑕疵は，刑法にとっても瑕疵であることは否定しえない。ただ，公務執行妨害罪の適法性はそのような完全に適法なものである必要はないというにすぎない。そして，そのかぎりでの適法性は，また，他の法領域にとっても同様に認められることなのである[2]。

適法性の判断　(1) 職務行為の適法性は，行為当時の事情に基づいて，行為自体について判断されなければならない。たとえば，現に犯罪を犯した疑いがあるので逮捕したが，裁判の結果無罪とされたような場合，その逮捕行為は違法なものであって，これに対して公務執行妨害罪は成立しないという見解が主張されている（村井・公務執行妨害罪の研究 211 頁以下，曽根 298 頁など）。たしかに，逮捕される個人にとってみれば，罪を犯していないのにもかかわらず逮捕されることは重大な法益侵害であって，それによって結果として実現される国家的法益と衡量しても，結果としては違法だとも解しうる。しかし，行為当時に客観的・合理的に犯罪を犯した疑いがあるときには，これを逮捕し，真に犯罪を犯したかを明らかにする国家的法益の実現に向けての有用性が高度に認められるから，その行為は適法とされるべきである（参照，最

---

[2]　たとえば行政法では，瑕疵のある行政処分も，取消訴訟によって取り消されないかぎり，その効果が存続する。そして，重大かつ明白な瑕疵のある場合にのみ，処分は無効だとされている（参照，最判平成 16・7・13 判時 1874・58）。

決昭和41・4・14裁判集刑159・181．学説として，団藤53頁，平野278頁，中森297頁，山口540頁，山中722頁など）．

(2) 行為の適法性は誰を基準として判断するか，という問題がある．判例の中には，当の公務員の抽象的権限内にあれば，あとは公務員本人が適法と信じていれば適法と認めてよいとするものがある（大判昭和7・3・24刑集11・296）．しかしこれでは，警察官が現行犯と信じて逮捕したときには，客観的にそれがまったく不合理なものであっても，適法とされてしまうことになってしまう．この考えは，行為の違法・適法は客観的に決められるべきだという原則にも反する．

もっとも，ここで客観的とはいかなる意味かが問題となる．まず，客観的といっても，純粋に客観的・事後的に考えるべきでないことはすでに述べたとおりである．そこで学説上は，一般人を基準として判断すべきだとする見解が主張されている（木村301頁，川端・概要329頁以下）．しかし，一般人の内容は不明確であるだけでなく（同旨の批判として，中森297頁，曽根298頁），この見解によるときは，警察官が逮捕行為をするときは，一般人はつねにそれを適法と思うであろうから，つねに適法だということにもなりかねない．

したがって，客観的とは，行為当時に，その立場にある公務員として最高度の知識・経験をもった者を基準とすることを意味すると解するべきであろう．それは，許された危険の法理における危険判断と実質的に同じものである（林・総論141頁．さらに参照，中野次雄・刑法総論概要［第3版］88頁，林陽一・松尾古稀（上）397頁など）．

職務の適法性についての錯誤

(1) 適法な職務行為を違法なものと誤信した場合をどのように扱うかが問題とされている．すでに述べたように，職務行為は適法なものであってはじめて保護に値するものとなるのであるから，適法性を基礎づける事情は**構成要件要素**である．したがってそれについての錯誤は**故意を阻却**する．これに対しては，それでは事実上個人の公務員に対する攻撃をあまりに広く認めることになってしまうことになるとして，それは客観的処罰条件と解するべきだという見解も主張されている（香川43頁）．しかし，職務行為の適法性を基礎づける事情は不法要素であり，かつ，公務執行妨害罪の不法内容において基本的な重要性をもつものである．したが

って，これを単に客観的処罰条件と解するべきではない（構成要件要素と客観的処罰条件の区別については，林・総論118頁）．

(2) もっとも，適法性を基礎づける事情そのものを認識しておれば，故意として欠けるところはない．それにもかかわらずそれが違法だと思い，そのために自己の行為が許されていると思ったにすぎない場合は，**違法性についての錯誤**であって，故意は阻却されず，ただ，そのことに相当な理由があった場合に，責任が阻却されるにすぎない（参照，中・関大法学論集12巻2=3号，林・総論273頁以下）．たとえば，緊急逮捕（刑訴法210条）の要件を充足させる事実を完全に認識したが，逮捕状なしに逮捕することは違法だから妨害してもよいと誤信したような場合である[3]．

暴行・脅迫 行為は暴行と脅迫に限定されている．この暴行・脅迫の内容について判例は，暴行罪・脅迫罪の内容よりも広く解している．すなわちそれは，公務員に物理的に接触することはおろか，物理的に感応することさえ要せず，ただ，公務の執行を妨害するようなものであればよいとしているのである．たとえば，警察官の面前で覚せい剤の入ったアンプルを足で踏み付け毀棄したような場合である（最決昭和34・8・27刑集13・10・2769．その他，最判昭和26・3・20刑集5・5・794［押収してトラックに積み込んだタバコを街路上に投げ捨てた場合］，最判昭和33・10・14刑集12・14・3264［収税官吏が差し押えた密造酒入りの瓶を鉈で壊した場合］）．

しかし，法は公務執行妨害罪の行為の客体を公務員に限定し，かつ，これに「対して」暴行・脅迫をしたことを要求しているのである．判例の見解は，実際上，公務の執行を妨害したというだけで，公務執行妨害罪の成立を認めるに等しいものとなっている．少なくとも，公務員に対して，物理的な感応を与えるものであることを要すると解するべきであろう（参照，平野279頁，曽根300頁，山口541頁，山中724頁など）．

同様にして判例は，公務員の補助者に対して暴行・脅迫をなせば，公務員に

---

[3] なお，公務員の職務の外形をなす一般的職務権限のみが構成要件要素であって，それ以外の事情は違法要素だとする見解が主張されている（内田612頁，中森298頁）．しかし，警察官が逮捕した場合に，およそそのことを認識していれば，それだけで故意の成立を認めてしまうのは不当であろう．

対して直接に暴行・脅迫をしたのでなくても公務執行妨害罪の成立を認めている（最判昭和41・3・24刑集20・3・129）．これに対しても同様の疑問が提起されえよう．

2 封印破棄罪

公務員が施した封印若しくは差押えの表示を損壊し，又はその他の方法で無効にした者は，2年以下の懲役又は20万円以下の罰金に処する（96条）．

(1) 本罪の**保護法益**は，封印または差押によって生じる公的権力作用である．強制執行の適性かつ円滑な実施と解する見解（大谷582頁）もあるが，郵便行嚢の封印も含まれる（大判明治44・12・15刑録17・2190）とするならば，狭すぎよう．

(2) **客体**は封印または差押の標示である．**封印**とは，公務員が物に対する任意の処分を禁止するために，その物の外装に施した開披禁止意思の物的表示をいう．**差押**とは，公務員がその職務上保管すべき物を自己の占有に移す強制処分をいう．物の占有を移さず，単に作為・不作為を命じるにすぎない場合を含まない（大判大正11・5・6刑集1・261）．

差押の表示が行為当時現存しないかぎり，たとえその前に仮処分決定がなされ行為者がそれを知りつつ仮処分命令の趣旨に反する行為をしても，本罪は成立しない（最判昭和33・3・28刑集12・4・708）．立法論上は問題となりうるところである．

仮処分の公示札が包装紙で覆われビニールひもがかけられ，そのままでは記載内容を知ることができない場合でも，容易にこれを除去して記載内容を明らかにすることができる状態にあったときは，有効な差押の表示といえるとする判例がある（最決昭和62・9・30刑集41・6・297）．しかし，事情を知らない者にそれを除去することを義務づけえない以上，その表示を有効となしうるか，疑問がある．

(3) 封印・差押の表示は，**適法**に施されたものでなければならない（反対，小野24頁）．この点は，公務執行妨害罪の場合と同じである．判例は，この適法性の基準について，公務員の主観によって判断する傾向を示している．最決

昭和42・12・19刑集21・10・1407は，占有者を誤認してなされた仮処分の執行について本罪を認めるにあたり，「その執行の瑕疵が重大かつ明白であって，執行行為そのものが無効あるいは不存在と認められるような場合でもなかった」ということのほか，公務員に「故意に第三者の権利を侵害する目的があったとは認められず」としているのである．しかし，そのような公務員の意思によって公務の適法性が決定されるべきではないし，占有者を誤認したことが，重大かつ明白な瑕疵でないといえるか，疑問がある．

(4) **適法性の錯誤**についても，公務執行妨害罪の場合と同じように解決される．封印・差押の存在，あるいはその適法性を基礎づける事実についての錯誤は故意を阻却するが，それを認識しつつ，ただ，それが違法なものと誤信し自己の行為を許されたものと信じた場合は，違法性の錯誤にすぎない（参照，大判大正15・2・22刑集5・97，最判昭和32・10・3刑集11・10・2413）．

(5) 本罪の**行為**は，封印または差押の表示を損壊し，またはその他の方法をもって無効とすることである．損壊とは，物質的に破壊してその効力を失わせることである．封印をはがすことなども含まれ，原状に復しうるかどうかは問題でない（大判大正3・11・17刑録20・2142）．その他の方法で無効にするとは，物質的に破壊することなくその事実上の効用を滅却または減殺することであって，たとえば，犯則物件として差押えられ，封印を施された密造酒を漏出させた場合（大判明治44・7・10刑録17・1409），仮処分によって執行官が土地を占有し，立入禁止の標示札を立てたのを無視して耕作した場合（大判昭和7・2・18刑集11・42）などである．

3　競売入札妨害罪と談合罪

> 偽計又は威力を用いて，公の競売又は入札の公正を害すべき行為をした者は，2年以下の懲役又は250万円以下の罰金に処する（96条の3第1項）．公正な価格を害し又は不正な利益を得る目的で，談合した者も，前項と同様とする（同条2項）．

本罪の**保護法益**は，国家または公共団体が行う競売・入札の公正である．

競売入札妨害罪　(1) **公の競売・入札**とは，国またはこれに準ずる公共団体の実施する競売・入札をいう（東京高判昭和36・3・31高刑集

14・2・77〔健康保険組合が実施する入札はこれにあたらないとした〕）。公の競売には，民事執行法による競売，国税徴収法による公売などがあり，公の入札には地方自治法による競争入札などがある．公の入札が行われたというためには，権限のある機関によって適法に入札に付すべき旨の決定がなされたことが必要であり，かつ，それをもって足りるが，現実には何ら入札と目すべき行為が行われず右決定が適法になされたものといえない場合には本罪は成立しない（最判昭和41・9・16刑集20・7・70）．

(2) **偽計**の例としては，特定の入札予定者にのみ敷札額を内報して入札させる行為（最決昭和37・2・9刑集16・2・54），入札価格が下位にある特定業者の入札価格を増額訂正して発表し，その訂正額で売買契約を締結する行為（甲府地判昭和43・12・18下刑集10・12・1239）などである．

最近の判例に，弁護士である被告人が，裁判所に対して，競売開始決定のあった土地建物につき賃貸借契約があるかのように装って，取調べを求める上申書及び競売開始決定前に短期賃貸借契約の締結があった旨の内容虚偽の賃貸借契約書写しを提出する行為は，偽計による競売入札妨害罪に当たるとするものがある（最決平成10・7・14刑集52・5・343）．

(3) **威力**の例としては，談合に応ずるように脅迫を加えて要求する行為（最決昭和58・5・9刑集37・4・401），入札終了後威力を用いて執行官に入札の取り下げを申しださせた行為（京都地判昭和58・8・1刑月15・7＝8・387）などである．

最近の判例に，不動産競売における入札で最高価買受申出人となった者に対し，落札後に，威力を用いて当該不動産の取得を断念するよう要求する行為は，本罪に当たるとするものがある（最決平成10・11・4刑集52・8・542）．

談合罪 (1) 談合については，それが**詐欺罪**を構成するかどうかについて争いがあったが，判例はこれを消極に解した（大判大正8・2・27刑録25・252）．そこで，公の競売・入札の公正を保護するために立法されたのが本条である．

(2) 談合とは，競売・入札の競争に加わる者が互いに通謀して，その中の特定の者を落札者たらしめるため，他の者は一定の価格以下または以上に入札または付値をしないことを協定することである．本罪は**危険犯**であるから，協

定すればただちに成立し，その協定に従って行動することまでを必要としない（最決昭和 28・12・10 刑集 7・12・2418）．

談合罪も偽計による競売入札妨害罪の一態様であるが，談合が取引上是認される場合もあるので，とくに**目的犯**とすることによって，要件を厳格にしたのである．

(3) 解釈論上最も問題とされているのは，「公正な価格」の意義である．

最高裁判例によれば，**公正なる価格**とは，入札を離れて客観的に測定されるべき価格をいうのではなく，その入札において公正な自由競争が行われたならば成立したであろう価格をいう[4]．したがって，談合が行われても，入札の結果が自由競争により到達したと同一の結果に帰着する場合は，本罪は成立しない（東京高判昭和 27・8・18 判特 34・148）．

これに対しては，「客観的に妥当な価格」を基準とするべきだとするものがある（平野 282 頁）．しかし，入札という「公正な」自由競争の結果が不当な価格だとはいえない．さらに，適正な利潤を考慮すべきだという見解がある[5]．しかし，何が適正か不明確であるし，たとえば，支払いが確実で取引が大きい官庁相手の入札のような場合，「適正な利潤」がなくても，落札者に大きな利益が生じたといえることもありうる．

さらに前掲最高裁判例の後にも次のような下級審判例がある．すなわち，利潤を無視した入札の場合に，到達すべかりし落札価格（出血価格）を，通常の利潤の加算された価格にまで引き上げる意図をもってする協定は，公正な価格を害する目的があったとはいえないというのである（大津地判昭和 43・8・27 下刑集 10・8・866 [確定している]）．さらに，この判決は，談合金の授受を伴う談合については，入札価格への算入や手抜き工事による実費の削減等により「公正な価格」を害することになるから処罰の対象となるが，談合金の授受を伴わない談合については，通常の利潤の確保と業者の共存を図ると同時に完全な工事という入札の最終目的をも満足させようとするものであるとして是認できる

---

4) 最判昭和 32・1・22 刑集 11・1・50．これを支持するものとして，団藤 70 頁，西田・松尾古稀（上）446 頁，山口 558 頁など．
5) かつての下級審判例には，このような見解をとるものがあった．東京高判昭和 32・5・24 高刑集 10・4・361 など．学説として，大塚 583 頁，中森 307 頁など．

としている．

談合金の授受を伴わないものをすべて本罪の範囲外とすることには疑問がある．しかし，最高裁の判示にもなお不明確な所があり，さらに検討を要する（参照，野村・争点［3版］244頁など）．

(4) **不正な利益**とは，談合によって得る金銭その他の経済的利益であって，社会通念上いわゆる「祝儀」の程度を超え不当に高額の場合をいう．したがって，落札者が自己の採算を無視し，公正な価格の範囲内で利潤を削減して談合金を捻出し，分配するような場合には，これを収受する意思をもって談合しても，「不正の利益を得る目的」があるとはいえない（大阪高判昭和29・10・30裁特1・追録759）．

(5) 談合行為は，刑法所定の談合罪のみならず，独占禁止法上の不当な取引制限罪（同法2条6項，3条）にも該当し得る．その場合，両罪の罪数が問題となる．両罪を観念的競合とする見解が多いが，法益はほとんど重なり合うから，完全に2個の犯罪の成立を認めることには疑問がある．独占禁止法上の犯罪の成立を認め得るかぎり（3年以下の懲役又は500万円以下の罰金），本条の談合罪はこれに吸収されると解すべきものと思われる[6]．

4 賄賂罪

(1) 保護法益

信頼保護説 賄賂罪の保護法益については見解の対立がある．判例には，その内容を，職務の公正とそれに対する国民の信頼と解するものが多い[7]．しかしこれに対しては，職務の公正を害してもそれに対する国民の信頼を害していない場合，たとえば，公務員が職務に関して国民に知られないように隠れて利益を収受したような場合，国民の信頼は利益の授受そのものに

---

[6] 参照，西田・岩波講座（現代の法）6巻229頁，齋野・経済現象と法（松下編）127頁，野村・現刑2・5・120など．

[7] 大判昭和6・8・6刑集10・412，最判昭和34・12・9刑集13・12・3186，最大判平成7・2・22刑集49・2・1など．もっとも，信頼保護に言及した判例はさほど多くはなく，現実にはそれとは別のレベルで判断されることが少なくない．参照，林・鈴木古稀（上）．信頼保護説を採用する学説として，内藤・注釈刑法（4）398頁，団藤129頁，中森334頁，斎藤信治・法学新報96・1＝2・73頁以下など．これを批判するものとして，堀内・平野古稀517頁ほか，後掲純粋性説．

よってではなく，それが国民に知られることによって害されるのである以上，処罰しえないこととなってしまうのではないか，という疑問がある．

　他方，職務の公正を害する危険がまったくない場合，たとえば，利益を受けても，それによって職務を左右する意思が公務員にまったくない場合[8]，あるいは，職務にまったく裁量を加える余地がない場合[9]，さらに，すでになされた過去の職務行為（しかも，その時点で利益を期待して職務を左右する意思がまったくなかったとする）に対して授受がなされ，かつ，将来とも（退職間近であるために）職務に影響を及ぼすおそれがまったくない場合[10]にも，利益の授受が国民の信頼を害するような場合には，処罰するということになるであろう．しかし，このような場合，職務の公正に対する危険がその具体的な場合にはなかった以上（あったのであれば処罰してよい），それについて国民に疑いが生じ，信頼が害されたとしても，それはその具体的な場合には，結局根拠のないものであったということになる．賄賂罪は，単に公務員の廉潔性を保護する[11]ものではないし，また，利益を収受することそれ自体は不法ではありえないのであるから，国民の信頼を保護法益とすることには疑問がある[12]．

恐喝による収賄　（1）　信頼保護説によれば，公務員が職務執行の意思なく，名を職務執行にかりて，人を恐喝して財物を交付させたときにも，職務の公正に対する信頼は害なわれるから，収賄罪は成立するということになる（斎藤信治・法学新報96＝4・68）．しかし，判例はそのような見解を採用していない．大判昭和2・12・8刑集6・512によれば，被害者に公務員の職務に対し財物を交付する意思があっても，公務員に職務執行の対価として財物

---

8) 後にみる「恐喝による収賄」がその典型であり，判例は収賄罪の成立を否定している．
9) このような場合にも賄賂罪を認める旨を判示したものとして，大判昭和11・5・14刑集15・626．
10) 参照，大判大正2・12・13刑録19・1422．
11) このような見解として，小野48頁．「公務を行う公務員の公正さ」を考慮すべきだとするものとして，前田・百選〔3版〕195頁．
12) なお，信頼保護説からは，職務の公正を「疑わしめる」利益の授受が賄賂罪を構成するとされるから，利益と職務行為とは対価関係に立たなくてもよいこととなる．そこから，いわゆる密接関連行為の理論，一般的職務権限の理論が導かれた．なお，「本来の職務への影響が事実上考えられなくても公正さへの信頼が害されたと判断されれば，賄賂罪としての可罰性は認められる」とする見解がある（前田・百選〔3版〕195頁）．これに対する批判として，町野・現代的展開350頁．

の交付を受ける意思はなく，贈賄者による賄賂の提供は任意によるものでないので，収賄罪は成立せずに恐喝罪が成立するから，警察官が，その意思がないのに，検挙を行う旨申し向け，犯人を畏怖させて金員を提供させた場合には，恐喝罪だけが成立する（同旨の判例として，最判昭和25・4・6刑集4・4・481）．

(2) 恐喝罪が成立するということは，それ自体としては，賄賂罪を否定する理由とはならない．それにもかかわらず，判例が以上の場合に賄賂罪の成立を否定した結論は正当である．なぜならば，これらの判例も述べるように，**公務員に職務執行の意思がなく，職務執行の対価として財物の交付を受ける意思がないような場合，職務の公正を害する危険がない**からである．

(3) もっとも，判例の中には，賄賂要求に応じて行った贈賄行為について，要求行為が恐喝罪を構成するときでも，贈賄罪の成立は否定されないとするものがある（大判昭和10・12・21刑集14・1434，最決昭和39・12・8刑集18・10・952）．たしかに，恐喝罪を構成するときでも，公務員が利益に決定されて職務執行をする意思があり，職務の公正に対する危険があるときには，贈賄罪の成立は否定されない．

学説には，恐喝の被害者に贈賄罪は成立しえないとするものがある（中森340頁，西田453頁）が，恐喝があっても，それから得た利益によって職務を左右する意思がある場合，その利益は賄賂性を帯びるのであり，供与した方については，そのことを認識しつつ利益を供与している以上（自由意思もある程度残っている），贈賄罪の成立は否定されない（山口616頁，山中817頁など）．

<small>純粋性説</small> (1) 現在学説上有力になっている見解によれば，利益の授受に決定され動機づけられて職務の公正が害されること，ないし，その危険性に賄賂罪の不法内容はある[13]．これは，職務の純粋性を保護法益と解する説であるので，純粋性説といわれる．本書も基本的にこのような見解を正当と考える．この見解に対しては次のような批判がある．

(2) まず，この見解によるときは，**過去の職務行為**に対しては賄賂罪は成立しえないということになるのではないか，というものである．しかし，過去

---

13) 北野・刑雑27・2・259，曽根・刑雑31・1・49，神山・小暮ほか562頁，町野・現代的展開351頁，能勢編・重要問題50選369頁（白木），山口606頁，松宮463頁など．さらに，嶋矢・法教306・58．

の職務行為に対して利益が供与されても，ほとんどの場合，将来の職務の公正に対する危険を認めることが可能である（曽根328頁）．もっとも，現行法は事後収賄の場合も処罰の対象としている（197条の3第2項，第3項）．この場合には，将来の利益を期待して職務の公正性（かつ適法性）を害することが不法内容となっているといえよう．ただこのように考えた場合，何故にそのような不公正・不適法な職務執行がなされただけで賄賂罪は成立しないのか，いいかえると，何故にその後に賄賂の収受・要求・約束が必要なのか，が問題となってくる[14]．197条の3第2項の場合には，将来の職務の公正に対する危険も合わせて不法内容になっているといえよう．第3項の場合には，すでに公務員でない者については，利益を期待した不公正な職務をしたかが明らかでないことが多いから，現実に利益を収受・要求・約束した場合に処罰を限ったのであろう．

(3) 次に，**職務執行が適法**であった場合，いいかえると，それが裁量の範囲内の行為であった場合であっても，賄賂罪が成立することを説明しえないではないか，というものである．たしかに，収賄罪の基本類型である単純収賄罪は，適法な職務執行であった場合であっても，すなわち，不正な行為＝枉法の危険がまったくない場合であっても，成立しうる（職務行為は必ずしも不正のものでなくてもよいとするものとして，最判昭和27・7・22刑集6・7・927，最大平成7・2・22刑集49・2・1）．しかし，適法な職務執行であっても，それが，賄賂によって決定されたものである以上，不公正なものであり，賄賂罪は成立する．賄賂罪は基本的に，職務の適法性ではなく，職務の公正性を保護しようとするものである．国民生活に重大な影響をもつ公務は，個人的な利益の影響を受けずにとくに公正になされる必要がある．これが，賄賂罪の処罰根拠である．

(4) なお，純粋性説の中には，枉法（不正行為）収賄罪こそが賄賂罪の基本類型であって，単純収賄罪はその危険を処罰するものだという見解がある（北野・刑雑28・3・415）．しかし，枉法収賄罪における枉法は，**それ自体として不適法な場合**を意味する．賄賂罪の基本類型としての単純収賄罪は，利益に影響

---

14) 過去の職務行為についても賄賂罪の成立を認めることを説明する説として，**不可買収説**（平野294頁，山中604頁など）がある．公務は買収されてはならず，したがって，公務に対して利益が供与されたというだけで，賄賂罪が成立するというのである．しかし，公務に対して利益が供与されることそれ自体が何故に不法となりうるのか，明らかではない．

された職務の執行の危険性を，適法か不適法かを問わず，不法内容とするものである．不適法な職務執行の危険性がまったくなくても，不公正な職務執行の危険性があれば，単純収賄罪の不法内容は充足される[15]．

(2) 職務の内容

> 公務員又は仲裁人が，その職務に関し，賄賂を収受し，又はその要求若しくは約束をしたときは，5 年以下の懲役に処する．この場合において，請託を受けたときは，7 年以下の懲役に処する（197 条 1 項）．

「職務に関し」の意義　(1)　法は「その職務に関し」利益を授受した場合であることを要求している．これについては，利益の授受が単に職務に関連していればよいとする考えもある（内藤・注釈刑法 406 頁）．これは，そのような場合，本来の職務の公正に対する国民の信頼が害されるというのであろう．しかし，そのように解するときは，賄賂罪の成立は無制限に広がるおそれがある．この文言は，職務の**対価**として利益が授受されなければならないという意味でなければならない．職務の対価として利益が授受されたときにのみ，賄賂罪の不法内容としての職務の不公正の危険が生じるからである．そして，職務の対価としてということは，利益を授受したとき（あるいは，要求・約束したとき）に，公務員が，それによって職務を左右しようという意思（対価意思）をもったことを意味する（前掲大判昭和 2・12・8 刑集 6・512 は，公務員に職務執行の対価として財物の交付を受ける意思はなかったことを 1 つの理由として賄賂罪の成立を否定した）．

(2)　このように解するときは，利益の授受が職務の対価でなかったとき，いいかえると，利益の要求・約束・収受がなされても，公務員がそれによって職務を左右しようとする意思をまったくもっていなかったときは，賄賂罪の成

---

15) 学説には，「もし，ある人だけの利益のために裁量が行われると，それ以外の人々は，その利益を受けないという意味で，被害を受ける」とするものがある（平野 294 頁）．しかし，そのような「競争者」がいない場合もありうる．たとえば，刑事事件の被疑者が，警察官に対して，利益を供与して逮捕を免れたような場合，他に被疑者がいなければ，誰も特定の被害を被らない．しかしこのような場合であっても，国家の司法作用の公正さは侵害されたといいうるのである．

立を認めることはできない．先に問題とした「恐喝と収賄」の場合はその1つの場合である．

さらに，職務行為でない私的な行為の対価として利益が供与されても，賄賂罪は成立しない．有名な判例に次のものがある．中学校教諭が，深夜の宿直時間や私生活上の時間を割いて生徒に学習指導することは，それが，法令上の義務的時間の枠をはるかに超え，内容の実質も社会一般の通常の期待以上のものがあるときは，職務に基づく公的な面を離れ，私的な人間的情愛と教育に対する格別の熱情の発露の結果であるともみられ，職務行為と速断できないというのである（最判昭和50・4・24判時774・119）．

社交儀礼と政治献金　(1)　関連して，**社交的儀礼**が賄賂罪となるか，という問題がある（参照，町野・判例と学説8，284頁以下）．まず，職務行為の対価として利益が供与されたのでない場合，たとえば，職務行為とならない私的な行為，あるいは，公務員個人の人格に対して利益が供与された場合には，賄賂罪は成立しない．職務行為の対価として供与されたとしても，その額・時期などからして，通常の社交的儀礼の範囲内であるときには，やはり賄賂罪とはならない．

(2)　政治献金が賄賂となるかも，同じで，職務行為と対価関係にあるかが要点である．最決昭和63・4・11刑集42・4・419は，献金者の利益にかなう政治活動を一般的に期待して行われるだけならば賄賂性は否定されるが，政治家の職務権限の行使に関して具体的な利益を期待する趣旨なら賄賂にあたるとしているが，むしろ問題は，受け取った政治家がその利益によって職務行為を左右する意思をもつ危険性があったか，である．

密接関連行為　ところが，判例は，利益が職務の対価として授受されたのでなくても，賄賂罪を認める論理をおよそ2つ採用している．

(1)　1つは，職務でなくても，職務に密接な関係がある場合には，賄賂罪となるというものである[16]．これは，職務に密接な関連がある行為に対して利

---

16)　最決昭和31・7・12刑集10・7・1058．密接関連性を否定したものも少なくない．たとえば，最判昭和32・3・28刑集11・3・1136は，農林大臣が農林省所轄下兵庫県食糧事務所宛に紹介する名刺を渡し，復興金融金庫融資部長に紹介したことは，職務に密接な関係のある行為ではないとした．さらに，最判昭和34・5・26刑集13・5・817，最判昭和51・2・19刑集30・1・47．

益が供与されれば，職務の公正に対する国民の信頼を害することになるというのであろう．そこから，ある行為が密接関連行為となるかどうかは，その行為をすると職務の公正を疑わしめるものか，という観点から決められるべきだともされている（大判昭和9・9・14刑集13・1405）．しかし，いかに職務の公正について疑いを生ぜしめ，職務の公正に対する国民の信頼が害されたとしても，職務の公正を害する危険がないのであれば，その疑いと信頼喪失は理由のないものであったのであるから，賄賂罪を認めるべきではない．密接に関連すればいいということになると，その範囲は無制限に広がるおそれもある．やはり，利益は職務自体の対価として，授受されなければならない（中森・法学論叢128・4＝5＝6・187，北野・山形大学紀要22・1・119）．従来職務に密接な関連がある場合とされた場合のほとんどは，職務をあまりに形式的に狭く解した結果として賄賂罪の成立を拡張した場合であり，それ自体を職務とすることが可能であった事案のように思われる．

　たとえば，衆議院議員に対し，同院大蔵委員会で審査中の法律案について，同院における審議・表決に際し意思を表明するとともに，大蔵委員会委員を含む他の議員に説得・勧誘することを請託して金員の供与がなされたときは，同議員が同委員会委員でなくても（運輸委員会委員であった）賄賂罪が成立するという最高裁判例がある（最決昭和63・4・11刑集42・4・419［大阪タクシー事件］）．一審・二審は，これを，職務権限に密接に関連する行為だから賄賂罪は成立するとした．最高裁は，この点についてとくに触れず，単に「職務に関してなされた賄賂の供与」だとした．このような場合，そのような行為自体が職務といえるであろう．

　ロッキード事件においても最高裁は，総理大臣の職務権限について，航空会社の航空機購入の際の機種選定に関して行政指導を行う運輸大臣を指揮監督する職務権限を有するとした（最大判平成7・2・22刑集49・2・1）．これに対して，この場合職務権限はないとして，ただ，職務に密接に関連する行為だから賄賂罪の成立を認めてよいとする意見が付されている．しかし，この場合にも，職務権限はあったというべきであろう．

　(2)　このように密接関連行為理論はその内容が不明確であり，無限定となるおそれもあるところから，その基準が問題とされている．

第一に，**本来の職務に影響をもつような行為**でなければならないというものがある（山口・新判例から見た刑法265頁など）．判例は，大学設置の許可申請を審査する審議会の委員が，申請内容の適否を審査基準に従って予め判定してやり，あるいは，中間的審査結果を正規の手続によるより早く知らせた行為について密接関連行為だとして賄賂罪の成立を認めた（最決昭和59・5・30刑集38・7・2682）．これについて，「中間的」審査結果を漏示する行為の対価として利益を受け取ると，本来の公務である以後の審議に重大な影響をもつから，密接関連行為となるとする見解がある（曽根・百選〔3版〕189頁）．あるいは，市議会議員により構成される議会内会派に属する議員が，市議会議長選挙における投票につき同会派所属の議員を拘束する趣旨で，同会派として同選挙で投票するべき者を選出する行為は，市議会議員の職務に密接な関係のある行為だとするものもある（最決昭和60・6・11刑集39・5・219）．これも，そのような準備的な行為は本来の職務に大きな影響をもつことが重視されているのかもしれない．

　しかし，このような基準によるときは，中学校教諭が時間外に指導したような場合にまで，賄賂罪を認めることになってしまうであろう．まったく私的な行為であっても，本来の職務に影響をもつことはありうる．前の最高裁判例の場合，委員としての守秘義務という職務に反した行為に利益が提供されている．後の事案の場合も，議長選挙の前にその準備をするのも，それ自体議員としての職務としてよいであろう．

　(3)　第二に，**相手方に対する影響力**がある場合でなければならないというものである．いわゆる芸大バイオリン事件においては，芸大の教授が，特定の店から特定のバイオリンを買うように生徒に指導することは，相手方に対する事実上の影響力はかなり大きかったとして，職務に密接に関連する行為だとされている（東京地判昭和60・4・8判時1171・16）．しかし，これを徹底するときは，いわゆる「顔をきかす」あっせん行為のような場合まで，職務行為だとすることになってしまうであろう．職務権限がある場合には，たしかに，その行為によって相手方に影響を及ぼす場合もありうるが，事実上の影響力があればただちに賄賂罪の成立を認めることはできないであろう．

　(4)　第三に，**公務性**を有しなければならないというものである（山中810頁，林陽一・百選〔5版〕211頁など）．賄賂罪は，公共性を有する職務が利益によっ

て影響を受けることの重大性を根拠として処罰するものであるから、これが基本的に正当なものといえよう。しかしこれは、その行為自体が職務でなければならないということに帰着する。もっとも、このように考えた場合、それでは公務とは何かがさらに問題となってくるであろう。この点については結局、私的な行為でない、**公的な性格をもつ行為**と解するほかはないであろう。本来の、法令による主要な「職務」から派生する公的な行為は、賄賂罪との関係ではなお職務というべきものと思われる（参照、島田・ジュリ1254・252）。職務といえない行為については、いかに職務と密接に関連していても、賄賂罪の成立を認めることはできない（なお、最近の関連判例として、最決平成17・3・11刑集59・2・1、最決平成18・1・23刑集60・1・67）。

一般的職務権限　判例が採用している職務権限を拡張するもう1つの理論は、具体的に担当する職務でなくても、一般的な職務権限に属するものであれば足りるというものである（最判昭和37・5・29刑集16・5・528）。これについて、現在具体的に担当していなくても、将来担当する可能性があるから、賄賂罪の成立を認めてもよいとする考えがある（参照、北野・百選［4版］203頁、前田［4版］567頁）。しかし、そのような考えによれば、たとえば、市の職員であれば、自己の配属されているわけでもない課の職務についても賄賂罪の成立を認めることになってしまうであろう。そもそも、たとえば裁判官の場合、その職務は一般的にいえば裁判することだとしても、自分が担当していない事件についてまで裁判する職務があるとすることはできないであろう。したがってやはり、職務は、現在担当する具体的なものでなければならない。ただ、事務の事実上の分担をしてはいないが、なお、それをなす具体的な権限をもっている場合（市役所の中の同じ課の場合にはそのようなことがいえるであろう）、あるいは、他の職員に助言・指導する職務権限をもっている場合には、事実上の事務の分担をしていなくても、職務行為と認めてよい。

(3) **事後収賄罪と事前収賄罪**

　　公務員又は仲裁人が前2条の罪を犯し、よって不正な行為をし、又は相当の行為をしなかったときは、1年以上の有期懲役に処する（197条の3第1項）。公務員

又は仲裁人が，その職務上不正な行為をしたこと又は相当の行為をしなかったことに関し，賄賂を収受し，若しくはその要求若しくは約束をし，又は第三者にこれを供与させ，若しくはその供与の要求若しくは約束をしたときも，前項と同様とする（同条第2項）．公務員又は仲裁人であった者が，その在職中に請託を受けて職務上不正な行為をしたこと又は相当の行為をしなかったことに関し，賄賂を収受し，又はその要求若しくは約束をしたときは，5年以下の懲役に処する（同条3項）．

加重収賄罪及び事後収賄罪　（1）　197条の3第2項の立法趣旨は，将来利益を受けることを期待して不正（＝枉法）行為をすることを抑止しようとするにある．ただ，それだけでは，不法内容が十分ではないので，これからの職務に対する影響をも付加的に要求している．それが，後で，公務員であるときに賄賂を現実に収受・要求・約束したことを要求している理由である．

197条の3第3項の立法趣旨は，前項の立法趣旨と基本的に同じであるが，前項のように授受の段階で公務員であるときには，将来の職務に影響を及ぼす危険性がわずかながらある．3項の場合，そのわずかの危険性もない．この不法内容の不十分さを補うものとして，法は請託を受けたことを要求している．請託によって不正を行ったからには，そのことによって将来利益を受けることを期待して不公正な職務を行ったことが強く推定されるという趣旨の規定である（参照，嶋矢・法教306・57，林・鈴木古稀（上））．

（2）　単純収賄罪と事後収賄罪の区別に関わる問題として，公務員が一般的職務権限を異にする他の職務に転じた後に前の職務に関して利益の供与を受けた場合にどちらの罪が成立するか，という問題がある．判例は，この場合でも，単純収賄罪の成立を認めている[17]．したがって，請託や枉法がない場合であっても処罰しうるということになる．これに対しては，後の職務がたまたま公務であることを理由として単純収賄を認めるものであって，後の職務が私的なものの場合と均衡を失するとして，197条の3第3項の事後収賄罪として処罰す

---

17) 最決昭和58・3・25刑集37・2・170．これを支持するものとして，平野296頁，平川487頁，中森336頁，山口612頁など．

べきだとする見解が有力である[18]．これに対しては，現在公務員である以上，「公務員であった者」ということはできないとする批判がある（平野296頁，中森336頁）が，供与された利益を期待してなされた職務行為との関係では，もはや公務員でないといいうるから，必ずしも当たらない．しかし，枉法と請託の証明が困難な場合がありうるという問題がある．また，197条の3第2項を認めるべきだとの見解もある（北野・荘子古稀333頁）が，供与された利益から直接の影響を受けた職務行為を行う危険性がない場合に，この罪の成立を認めることには疑問がある．また，枉法が証明できないときには処罰できないという問題もある．

本書は，職務と対価関係にある利益を収受するときは，一般的職務権限を異にするとはいえ，現在の職務の公正を害する抽象的危険が生じるから，この危険を捉えて単純収賄罪の成立を認めてよいと解する（参照，林・鈴木茂嗣古稀．旧版の見解を改める）．

公務員又は仲裁人になろうとする者が，その担当すべき職務に関し，請託を受けて，賄賂を収受し，又はその要求若しくは約束をしたときは，公務員又は仲裁人となった場合において，5年以下の懲役に処する（197条2項）

事前収賄罪　（1）　197条2項は，公務員になろうとする者が，利益を収受などすることによって，職務の公正さを侵害する危険を抑止しようとするものである．行為時にはいまだ公務員でないので，その危険性は小さい．そこで，請託があったことが要求されている．また，公務員とならなければ，その危険性は生じないので，これも要求されている．

（2）　公務員となることは，構成要件要素か客観的処罰条件かが争われている．公務員となってはじめて職務の公正の危険が生じるのであるから，それが不法要素であることは疑いを入れない．しかし，不法要素だとしても，客観的処罰条件でありうるのである．客観的処罰条件と構成要件要素との区別は，不法要素としての重要性の程度にある．そこから，客観的処罰条件の場合は故意

---

[18]　団藤135頁，町野・現代的展開359頁，曽根328頁，小林・百選［5版］217頁など．

が及ぶ必要はないが，構成要件の場合には及ぶ必要があるという違いが生じる（林・総論 118 頁）．事前収賄罪において公務員となることは基本的な重要性をもつから，構成要件要素とするべきであろう（団藤 454 頁，曽根 333 頁，山口 618 頁など．客観的処罰条件と解する見解として，平野 295 頁，松宮 469 頁など）．

(3) **事前収賄罪と受託収賄との限界**に関わる判例として，市長が，任期満了前に，現に市長としての一般的職務権限の属する市庁舎の建設工事の入札等に関し，再選された場合に担当すべき具体的職務の執行について請託を受けて利益を収受した場合には，受託収賄罪が成立するというものがある（最決昭和 61・6・27 刑集 40・4・369）．これを支持する学説は，現に公務員である以上，「公務員になろうとする者」とはいえないとか，また，将来担当するべき事務に関しても，受託収賄罪が成立するとかいうことを根拠としている．しかし，利益によって影響を受ける職務との関係では，「公務員となろうとする者」といいうるし，また，たとえば，市議会の議長であって，次期の市長に当選する可能性の高い者であっても，事前収賄罪にしかならないこととの均衡を考慮すれば，事前収賄罪とするべきであろう（今井・警研 61・4・62）．将来担当するべき事務について，受託収賄罪の成立を一律に認めることには疑問がある．そのように解するときは，一般的職務権限をまったく異にする場合であっても，賄賂罪の成立が認められてしまうであろう（北野・百選［3 版］197 頁は，単純収賄罪の成立を認めるべきだとする）．

請託 **請託**とは，公務員に対し，職務に関し一定の行為を行うことを依頼することをいう（最判昭和 27・7・22 刑集 6・7・927）．受託収賄罪の場合に加重されるのは，請託があると，公務の公正さが害される危険が高まるからである．請託の対象となる職務行為は，ある程度具体的なものでなければならず，「何かと世話になったお礼」の趣旨であるときは，請託があったとはいえない．単に好意ある取り扱いを受けたい趣旨であるような場合には，単純収賄罪にとどまる（最判昭和 30・3・17 刑集 9・3・477）．

(4) **第三者供賄罪と斡旋収賄罪**

公務員又は仲裁人が，その職務に関し，請託を受けて，第三者に賄賂を供与させ，

又はその供与の要求若しくは約束をしたときは，5年以下の懲役に処する（197条の2）．

第三者供賄罪 (1) 本罪の立法趣旨は，公務員が自己のために利益を受けた場合には，影響を受ける度合いが強く，職務の公正を害する高度の危険があるのに対して，他人の利益のために供与させるのは，それほどの危険がないので，原則として処罰せず，ただ，請託があった場合には，その危険が高まるから処罰することとしたものである．

(2) 判例によれば，本罪の成立には，公務員が職務に関する事項について依頼を受けて承諾し，第三者に供与した利益が，職務執行の代償であることを要し，その第三者には地方公共団体その他の法人を含むから，警察署長が，町及び隔離病舎組合に寄付金をするから寛大に取り扱われたいとの依頼を受けて承諾し，町などに寄付金名義で金員を供与させ，被疑事件を検察庁に送致しなかったときには，本罪が成立する（最判昭和29・8・20刑集8・8・1256）．

この判例において，利益が職務執行の代償であることを要するとし，また，第三者には地方公共団体その他の法人を含むとしたのは正当であろう．しかし，自分とまったく関係のない第三者であってもよいか，という問題がある．学説には，「財物の交付が職務行為の対価ではなく，条件にすぎないときは処罰されない」として反対するものがある（平野300頁，曽根334頁）．たしかに，利益は職務行為の対価として供与されなければならない．しかし，まったくの第三者に供与されても，職務行為の対価となっている場合はありうる．財産犯の場合には，とくに詐欺罪の場合について，まったくの第三者に取得させるときには，不法領得の意思を欠くとすべき場合がありうる．しかし，賄賂罪の関係では，それによって職務の公正が害される危険性があるかぎり，本罪の成立を否定する理由はないであろう．

(3) なお，第三者との間に公務員が自ら取得するのと同視しうるほど密接な関係がある場合（家族など）には，通常の収賄罪が成立する（中森341頁）．

公務員が請託を受け，他の公務員に職務上不正な行為をさせるように，又は相当の行為をさせないようにあっせんをすること又はしたことの報酬として，賄賂を収受

し、又はその要求若しくは約束をしたときは、5年以下の懲役に処する（197条の4）。

あっせん収賄罪　（1）　本罪の立法趣旨は、**職務行為とはいえないあっせん行為**に対する収賄罪を処罰しようとするところにある。本来ならば、公務の公正さに対する危険を処罰するというのであれば、主体を公務員に限定する理由はない。主体を公務員にかぎったのは、あっせんが、いわば、公務に付随してなされる必要があると考えたためであろう。判例によれば、本罪成立には、公務員が積極的に地位を利用してあっせんする必要はないが、少なくとも公務員の立場であっせんすることを要し、**単なる私人としての行為**では足りない（最決昭和43・10・15刑集22・10・901）。公務員がその地位を利用して行うことを要求する見解もある（内田687頁、曽根335頁）が、過大の要求と思われる（中森343頁）。

（2）　立案当局者は、公務員の行う他の公務員へのあっせん行為は、その地位の利用として行われたことはもちろん、公務員としての立場において行われたことも必要ではなく、親族・友人その他の私的な関係を利用したものでも足りると考えていた（鈴木・斡旋収賄罪論110頁、神谷・曹時10・5・14）。しかし、立案者は立法者ではない。裁判所は立法者の意思には拘束されるが、立案者の意思には拘束されない。

なお、あっせん収賄罪についての最近の判例として、最決平成15・1・14刑集57・1・1がある（本決定について、高山・ジュリ1301・103）。

(5)　没収追徴

犯人又は情を知った第三者が収受した賄賂は、没収する。その全部又は一部を没収することができないときは、その価額を追徴する（197条の5）。

必要的没収　（1）　刑法197条の5には、賄賂はこれを必要的に没収すると規定されている。任意的没収を規定する刑法19条以下の特則をなすものである。賄賂の全部または一部を没収することができないときは、

その価額を追徴する．この規定の趣旨は，賄賂はこれを必ず没収・追徴することを示すことによって，刑罰の一部として，賄賂罪を抑止しようとするところにある．

(2) 犯人又は情を知った第三者が収受した賄賂に限られる．これ以外の場合には，一般の没収・追徴の規定（刑法19条以下）によらなければならない．たとえば，申込はあったが収受されなかった賄賂（最判昭和24・12・6刑集3・12・1884），金銭の貸与を受けた場合の金銭（最決昭和33・2・27刑集12・2・342）などである．

(3) 本条の没収・追徴は，第三者である法人の代表者が情を知っている場合，その法人に対して言い渡すことができる（最判昭和29・8・20刑集8・8・1256）．

目的物 (1) ゴルフクラブ会員権は，債権的法律関係であり，性質上没収できず，入会保証金預託証書は，ゴルフクラブ会員権を表章する有価証券ではなく没収できず，収受時の価格を追徴すべきだというのが判例である（最決昭和55・12・22刑集34・7・747［この判例については，林・警研53・12]）．賄賂罪においては，無形のものを含めあらゆる利益がその目的物となりうる．したがって，本来総則の没収規定におけるように客体が「物」でなければならないという限定はないはずである．もっとも，賄賂罪の場合を含め，現行法の没収は，客体が「物」の場合にのみなしうると解するべきであろう．

(2) 収賄した金銭を預金した場合，没収できないとして追徴すべきである（最判昭和32・12・20刑集11・14・3331）．賄賂と賄賂でない謝礼とが不可分のときは，全部を没収・追徴すべきである（大判昭和3・5・24刑集7・389）．収受されなかった賄賂は，賄賂申込罪の組成物件として，刑法19条により没収できる（最判昭和24・12・6刑集3・12・1884）．

金銭の貸与を受けて収賄した場合，金銭の没収ができないときは，刑法19条1項3号により全額を追徴できるというのが判例である（最決昭和33・2・27刑集12・2・342）．しかし，貸与である以上，全額を追徴するのは，疑問となろう．貸与の利益の算定は困難であるが，収賄者に債務が残っている以上，不法利益以上のものを追徴することになりうるからである．もっとも，貸与の外見をとっていても，実際上贈与である場合も多いであろう．

(3) 賄賂が贈賄者に返還されたときは，贈賄者から没収する（大連判大正11・4・22刑集1・296）．学説には，贈賄者からの没収は19条によるべきとする見解がある（団藤155頁，曽根336頁）．197条の5は，収賄者に不正な利益を保持させない趣旨だというのがその理由である．しかし，その場合に限る理由はないであろう．

(4) 収賄者が収受した賄賂を消費した以上，その後同額の金銭を贈賄者に返還しても，収賄者から追徴する（最判昭和24・12・15刑集3・12・2023．疑問とするものとして，宮本526頁，小野58頁）．数人が共同して賄賂を収受し，その賄賂を消費した場合，共犯者各自からその分配額に応じて追徴する（大判昭和9・7・16刑集13・972）．

追徴 (1) 賄賂の価額を追徴する場合には，**授受当時の価額**を追徴額とすべきだというのが判例である（最大判昭和43・9・25刑集22・9・871）．これは，没収・追徴の規定は，賄賂として不正に収受された利益は剝奪されることを一般に示すことによって，賄賂罪を抑止しようとするものだという考慮に基づくものであろう[19]．

(2) 学説には，**没収不能となった時点の価額**によるとする見解（佐伯48頁，福田57頁），**没収不能と認定する時点の価額**によるとする見解（大塚645頁）がある．これは，株や土地のように相場の動きが激しい利益の場合で，収受後に価格が急騰した後に売ったような場合に，収賄者に不法な利益を保持させないことを目的とするものである．しかし，反対に，急落したような場合，その価額を追徴すれば足りるとするのは，賄賂として収受された利益は没収・追徴されることを示すことによって賄賂罪を抑止するという目的からは不当な結論だということになろう．

(3) さらに学説には，「（費消等の処分により享受し）いわば一般財産に繰り込まれた価値を剝奪する」ことが必要だとするものがある（山口・内藤古稀216頁）．しかし，たとえば，賄賂として収受された車を使用した場合，一体どれ

---

[19] 堀内・内藤古稀240頁は，いわゆる積極的一般予防論の立場から，追徴価額の算定時期を解釈しようとする．この見解は，追徴を刑罰的性格を有するものとし，刑罰目的から，追徴の内容を規定する点で，注目すべきものである．しかし，単に国民の刑法に対する信頼を維持強化するのが刑法の目的であるわけではない．そのことによって，犯罪を抑止し，法益を保護するのが刑法の目的である．

だけの価額が一般財産に繰り込まれたとされるのか，その内容と基準は明確でない．また，たとえば，賄賂として宝石を収受したが，そのために，他の宝石を買わずにすんだというような場合，一般財産から追徴するとすれば，不当であろう．たしかに株や不動産が大幅に値上がりした後に売った場合，あるいは，宝くじや馬券について，授受後に当選的中したような場合などに，授受当時の価格を追徴すれば足りるとするのは，不正に保持されている利益の剥奪という観点からは不当に見えるが，没収・追徴は，不正に保持されている利益の剥奪を目的とするものではなく，賄賂の授受行為を，主たる刑罰と共に，賄賂としての利益を剥奪することによって抑止しようとするものと考える立場からは，やむをえないであろう．

(6) 贈賄罪

　197条から197条の4までに規定する賄賂を供与し，又はその申込み若しくは約束をした者は，3年以下の懲役又は250万円以下の罰金に処する（198条）．

第2節　司法作用に対する罪

　虚偽告訴罪，犯人蔵匿・証拠隠滅罪，偽証罪，逃走罪などは，司法作用に対する罪とされることが多い．偽証罪は民事訴訟も含め国家の適正な審判作用を保護するもので，まさに司法作用を保護するものといいうる．しかし逃走罪は，広い意味で刑事司法作用の一部と解することもできるが，国家の拘禁作用を内容とする行政作用を保護するものともいえよう．虚偽告訴罪，犯人蔵匿罪などは，（主として）刑事司法作用を保護するものである．

　いずれにしても，刑法典においては，これらの罪は体系的にばらばらに規定されている．本書においては，冒頭にあげたように，ほぼ，広い意味での司法作用の手続の順序に従って，検討を加えることとした．

1　虚偽告訴罪

　人に刑事又は懲戒の処分を受けさせる目的で，虚偽の告訴，告発その他の申告をし

た者は，3月以上10年以下の懲役に処する（172条）．前条の罪を犯した者が，その申告をした事件について，その裁判が確定する前又は懲戒処分が行われる前に自白したときは，その刑を減軽し，又は免除することができる（173条）．

保護法益　（1）　本罪の保護法益については，もっぱら**国家の適正な刑事司法作用とその他の懲戒作用**と解する立場（団藤109頁）と，もっぱら**虚偽告訴された私人**と解する立場（平野290頁）の争いがある．しかし，本罪の保護法益はその両者であって，この2つが共に危殆化されなければその成立を認めることはできないと解するべきである（田宮・注釈刑法 (4) 264頁，内田668頁，中森325頁，山口595頁など）．

（2）　したがって先ず，国家法益の危殆化があっても個人法益の危殆化がない場合には本罪の成立を認めるべきではない．その典型が告訴される者の承諾があった場合である．判例はこの場合にも本罪の成立を認めている（大判大正元・12・20刑録18・1566）が，不当である[20]．もっとも，この場合に本罪の成立を認める立場も，自己について虚偽告訴した場合，あるいは，死者や架空人・虚無人を虚偽告訴した場合には，本罪の成立を否定するものが多い．その理由としては，条文が「人」を要求していることがあげられる（団藤110頁）．しかし，それではなぜ法がそのような要求をしたのかが問題となってくるであろう．とくに架空人を虚偽告訴したような場合には捜査が著しく混乱することがありうることを否定しえないであろう．法が「人」，すなわち，実在の他人を要件としたのは，このような者をも保護する意図によるものと解するべきである．

（3）　他方，個人法益が危殆化されても，国家の刑事司法作用などがまったく（あるいは，ほとんど）危殆化されない場合には，本罪の成立を認めるべきではない．たとえば，外国の刑事司法機関に虚偽告訴したような場合である．

（4）　いずれにしても，この刑事司法作用について，どの段階の国家的・個人的利益を保護しようとしているのかが問題となる．一般に「刑事の処分」とは刑罰，保安処分及び起訴猶予処分（大谷624頁など），さらに，刑事裁判にお

---

[20]　判例に批判的な見解として，平野290頁，平川189頁，中森325頁，山口595頁など．判例を支持する見解として，大塚613頁，大谷621頁，山中788頁，松宮455頁など．

いて言い渡される有罪判決，少年に対する保護処分も含まれる（山口595頁など）とされている．

しかし，虚偽告訴されても，誤って有罪とされる危険はないが，不当に逮捕・勾留され，起訴までされる危険が生じた場合がありえ，そのような場合にも本罪の成立を認めるべきだとすれば，そのような手続における国家的・個人的利益をも保護しようとするものと解するべきであろう．

懲戒の処分とは，公法上の監督関係に基づいて，規律維持のために科される制裁であって，公務員に対する懲戒のほか，弁護士・医師などに対するものも含まれる．

行為　(1) 行為は**虚偽の申告**をすることである．既述の保護法益に対する**危険**が処罰の根拠とされている．したがって，責任無能力者に対する虚偽告訴も本罪を構成する．他方，処罰の根拠となる危険がまったくない場合，たとえば一見して，刑事未成年とわかる場合や虚偽とわかるような場合には，本罪の成立を認めるべきではないであろう．

(2) 虚偽の意義については，一般に**客観的事実に反すること**と解されている（判例として，最決昭和33・7・31刑集12・12・2805）．判例は，偽証罪の場合には主観説によっているが，それと一貫しているか，疑問がある．もっとも，客観的事実といっても，本人の過去の意思に反することも虚偽でありうる．たとえば，財産の移転に同意していたにもかかわらず，その事実を述べずに財産を奪われたと申告すれば，本罪を構成しうる．

(3) 申告は**自発的**になされなければならず，受動的に，たとえば取調の際に虚偽の事実を述べても本罪を構成しないと解されている（中森327頁，山口596頁，山中790頁など）．

既遂時期は虚偽の申告が相当官署に到達した時点である．発送しただけでは足りないが，相当官署が申告の内容を知ることや，捜査に着手したことなどを必要とするものではない．

主観的要件　(1) 虚偽の故意の内容について，未必的故意で足りるか，確定的なものでなければならないかが問題とされている．判例は，**未必的故意**で足りるとしている[21]．その理由としては，一般的な故意論を適用すべきであること（平川191頁），未必の故意と確定的故意の区別は困難である

ことが考えられる．しかし本罪においては，未必の故意で足りるとすると，告訴権などの行使を不当に制限するおそれが出てくるという特殊の問題がある．犯罪を犯したことを確信して告訴などをすることは実際上稀だからである．そこで学説上は，**確定的故意**にかぎるべきだという見解が有力である[22]．これに対しては，通常の告訴人は審査の結果正しい処分がなされることを目的としているから未必の故意で足りるとしても本罪を構成することにはならないという反論がなされている（平野291頁）．しかし，通常の告訴人であっても，もしかしたら誤って処分を受けさせることになるかもしれないという意思であることもありうる．確定的故意にかぎるべきだという見解には理由がある．

（2）　本罪は人に刑事又は懲戒の処分を受けさせる目的でなされなければならない．この目的について，結果発生の意欲・希望を必要とするという見解もある（団藤111頁）．しかしこの場合には，先の「虚偽」についての故意のような問題はないから，未必的認識で足りるとしてよいであろう（参照，大判昭和8・2・14刑集12・114．山口598頁，山中792頁など）．

罪数その他　一通の告訴状によって2人に対する虚偽申告をしたときは，2つの異なる利益の危険が発生しているから，観念的競合である（大判明治44・11・9刑録17・1849）．同一人の同一の虚偽事項を記載した書面であっても，時を異にし，1つは市警察本部，他は地方検察庁に対して告訴状を提出したときは，判例はこれを併合罪としている（最決昭和36・3・2刑集15・3・451）が，個人としては1個の危険しか生じていないから包括一罪とするべきであろう．

なお，173条の規定は，誤った裁判や処分がなされることを未然に防止しようとするものである．

2　犯人蔵匿と証拠隠滅の罪

刑法典第7章には，犯人蔵匿と証拠隠滅の罪が規定されている．これらの罪は，国家の刑事司法作用を保護しようとするものである．これらは，犯罪完成後に行われるのであるから，もともとの犯罪についての共犯であるわけではな

---

21)　最判昭和28・1・23刑集7・1・46．学説として，田宮前掲271頁，内田669頁など．
22)　団藤112頁，中森327頁，山口597頁，山中791頁，松宮454頁など．

い．**因果共犯論**からは，事後従犯としての共犯を認めることはできない．

(1) 犯人蔵匿罪

罰金以上の刑に当たる罪を犯した者又は拘禁中に逃走した者を蔵匿し，又は隠避させた者は，2年以下の懲役又は20万円以下の罰金に処する（103条）．

(1) **罰金以上の刑に当たる罪を犯した者**の意義について争いがある．判例は，これについて，実際に罪を犯した者のみならず，その嫌疑によって捜査中の者を含むと解している（最判昭和24・8・9刑集3・9・1440．学説として，中森314頁など）．しかし，条文は明らかに「罪を犯した者」としているのであって，このような解釈は罪刑法定主義に反するであろう．しかも，現実に罪を犯した者を匿うのと，その嫌疑があるにすぎない者を匿うのとでは，不法・責任の内容をまったく異にする（団藤81頁，平野285頁，曽根309頁，山口573頁など）．

このような解釈に対する批判の要点は，このような解釈によるときは，本罪を認める前提として，客体たる者が真実犯罪を犯したことを確定する必要があることとなるが，それは，過度の要求だというところにある（さらに，中森315頁は「蔵匿・隠避に完全に成功すれば本罪の処罰に困難を来すことにもなりかねない」とする）．しかしこのような問題は，ここだけで生じるものではない[23]．

(2) この要件についての**故意**の内容にも問題がある．罰金以上の刑にあたることまで知っている必要があるとする学説もある（平野285頁）が，この要件は一種の客観的処罰条件にすぎず，構成要件要素と解するべきではないであろう（最決昭和29・9・30刑集8・9・1575）．もっとも，およそ何らかの犯罪を犯したことの認識で足りるものではなく，被告人の認識した犯罪が，罰金以上の刑が科されるものであったのでなければならない．その認識があれば，犯罪の種類に錯誤があっても，故意は阻却されない（大判大正4・3・4刑録21・231〔窃盗犯人を瀆職犯人と誤信した事例〕）．

---

[23] 参照，最判昭和35・6・24刑集14・8・1103（本書479頁）．さらに，本権説や占有説や盗品関与罪の問題などにおいても同様の問題が生じることがあることについて，本書161頁，309頁．なお，山中764頁参照．

なお，このことを素人的認識の問題とするものがある（前田536頁）．しかし，素人的認識とは，構成要件要素について，素人の場合どの程度正確に認識する必要があるか，という問題である．ここで問題となっているのは，罰金以上の刑にあたるということそのものを構成要件要素とすることができるか，いいかえると，客観的処罰条件にすぎないのではないか，という問題である．素人的認識の問題と解するときは，たとえば，法律の専門家が，罰金以上の刑が科されていなかった犯罪について，それを引き上げる改正があったことを知らず，罰金以上の刑に当たらないものと誤認したような場合には，故意が阻却されることとなってしまうであろう（参照，林・総論241頁以下）．

(3) 判例によれば，**蔵匿**とは官憲の発見逮捕を免れるべき隠匿場を供給することをいい，**隠避**とは蔵匿以外の方法により官憲の発見逮捕を免れしむるべき一切の行為を包含する（大判昭和5・9・18刑集9・668）．このようにしてこの判例は，逃避者に，留守宅の状況，家族の安否，捜査の形勢等を通報する行為を隠避にあたるとしている．しかし，捜査の形勢等を通報することは，犯人の逮捕を妨害するものとして，場合によって隠避にあたりうるとしても，単に家族の安否を教えて，逃避者を安心させたというだけで隠避とされるべきではない．判例には，手配中の被疑者の依頼により，その内妻に金銭を工面してやったが，被疑者自身の手に渡ったのは皆無であった場合に，隠避を否定したものがある（大阪高判昭和59・7・27高刑集37・2・377）が，正当である．

(4) 判例はさらに，犯人として逮捕・勾留されている者をして，現になされている身柄の拘束を免れさせるような性質の行為も本条にいう「隠避」にあたるとし，たとえ本犯が現に逮捕・勾留された後であっても，**身代わり犯人を警察に出頭させる行為**は，隠避の教唆にあたるとしている（最決平成元・5・1刑集43・5・405．この判例を支持するものとして，川端・法セ421・99）．この判例は，他人を身代わり犯人として警察に出頭させ虚偽の陳述をさせた場合（大判大正4・8・24刑録21・1244），参考人が捜査官に対し，犯人の発見または逮捕を免れしむる目的をもって，虚偽の供述をした場合に，隠避の罪を認めた判例の系譜を引き継ぐものである（このような判例を批判するものとして，十河・同志社法学46・5・72）．しかし，現に拘束されている者について「隠避」とすることは，言葉の上で無理があるだけでなく，犯人の身柄の確保を困難にするのを防止す

る本罪の目的を超え，捜査活動そのものを保護しようとするものであって，疑問である．本件の行為の結果として，拘束されている犯人が釈放される可能性もないではないが，きわめて小さいものであって，「蔵匿」との均衡からしても，本決定には疑問がある（本判例を批判するものとして，松宮・南山法学 12・2＝3・75，井田・平成元年度重判解 162 頁，日高・法教 198・88，山口 576 頁など．なお，山中 766 頁参照）．

(5) 犯人が他人を教唆して自己を隠匿・隠避させた場合に，本罪の教唆犯となるかが問題とされている．判例はこれを肯定し（最決昭和 40・2・26 刑集 19・1・59），これを支持する学説も多い（団藤 90 頁，中森 319 頁）．その理由としては，他人を罪責に陥れることはもはや期待可能性がないとはいえないということがあげられている．しかし教唆犯の処罰の根拠は，他人を罪責に陥れることにあるわけではない．教唆犯は，他人を介して法益を侵害・危殆化したことを根拠として処罰されるものである．ところが，本罪においては，犯人自身が蔵匿・隠避した場合には，法益を侵害・危殆化しているにもかかわらず，期待可能性の欠如を理由として処罰されないこととされているのである．そうである以上，他人を介して法益を侵害・危殆化した場合も同じに解するのでなければならない（無罪説として，平野 285 頁，虫明・基本講座 6 巻 370 頁，山口 577 頁など）．

この問題についての判例には，**防御権の濫用・逸脱**を指摘するものがある（大判昭和 8・10・18 刑集 12・1820）．これは，理論的には，他人を教唆して隠匿・隠避させることは，単に自分が逃げ回ることよりも違法性が大きいとするものだといえよう．学説にも，「法益侵害性（司法作用を害する程度）は，他人を利用した場合の方が，犯人 1 人で行った場合に比して類型的に高まる」とするものがある（前田 538 頁）．しかし，たとえば，捜査機関にすでに知られた友人に対して蔵匿を教唆したり，身代わり犯人を出頭させることを教唆したりしたために，足が付くというような場合もあるから，一概にそのようにいうことはできない．

なお，この問題を必要的共犯の問題として説明する見解がある（最決昭和 60・7・3 裁判集刑 240・245〔谷口意見〕）．しかし，犯人蔵匿に犯人の教唆は必要とはいえないだろう．

(6) 関連して，共犯者を蔵匿・隠避した場合が問題とされている．判例には，**共犯者の蔵匿・隠避**は，行為者自身の刑事事件に対する証拠隠滅の側面を併有していたとしても，本罪を構成するというものがある（旭川地判昭和 57・9・29 刑月 14・9・713．これを支持するものとして，森本・判評 295・68 など）．しかし，行為者自身の蔵匿・隠避が処罰されないのは，もともとそのような行為にも違法性は十分にあるが，行為者自身が罪責を免れようとするのは，責任が小さいという理由によるものである．そうだとすれば，共犯者を蔵匿・隠避させた場合であっても，もっぱらその共犯者のために行為した場合のほかは，本罪を構成しないと解さなければならない（参照，高橋・百選〔4 版〕235 頁，山口 580 頁など）．

(7) この場合とは反対に，とくに証拠隠滅罪について，第三者が犯人を教唆して証拠を隠滅させた場合，犯人が不可罰なことは当然として，第三者について証拠隠滅罪の教唆犯が成立するか，という問題がある．共犯が成立するためには正犯が構成要件に該当する行為を行わなければならないとし，かつ，構成要件には責任要素も含まれるとすれば，否定されることになる（中森 319 頁，山口 584 頁など）．しかし，たしかに，正犯は構成要件に該当する行為を行わなければならないが，構成要件は不法類型であって，「他人の」のような責任要素は含まれないとすれば，第三者について教唆犯の成立を否定するべきではないということになる．実質的に考えても，第三者は教唆犯としては不法・責任を完全に充足しているといいうる．

なお，大判昭和 9・11・26 刑集 13・1598 は，犯人の親族をして犯人の利益のために証拠隠滅させた場合，教唆犯は成立しないとしている．しかしその理由を見ると，親族の行為は「適法」であり，「不可罰」だというにある．しかし，現在の刑法理論によれば，親族の行為は違法であって責任がないにすぎず，また，正犯が責任がないために不可罰な場合にも教唆犯は成立するというのが通説である（いわゆる制限従属説．参照，山中 768，774 頁，林・総論 431 頁）．

(2) 証拠隠滅罪

　　他人の刑事事件に関する証拠を隠滅し，偽造し，若しくは変造し，又は偽造若しく

は変造の証拠を使用した者は，2年以下の懲役又は20万円以下の罰金に処する（104条）．前2条の罪については，犯人又は逃走した者の親族がこれらの者の利益のために犯したときは，その刑を免除することができる（105条）．

<small>総説</small>　(1)　証拠隠滅罪は，**他人の刑事事件に関する証拠**についてのみ成立する．これは，自己の刑事事件に関する証拠を隠滅することを思い止まることを期待するのは不可能だという考慮によるものである．

(2)　そこで，判例には，自己の刑事事件に関する証拠が，同時に，共犯者の刑事事件に関する証拠である場合でも，自己の利益のために隠滅するときは本罪を構成しないとするものがある（東京地判昭和36・4・4判時274・34）が，正当である．したがって逆に，専ら他の共犯者のためにする意思に基づき，自己のためにする意思が欠如するときは，本罪を構成することになる（大判大正8・3・31刑録25・403）．ただ，実際上は，専ら他の共犯者のためにする意思である場合は，きわめて稀であろう．

学説には，自己の刑事事件に関するものであれば，それだけで本罪の成立を否定する見解もある（参照，平野286頁，内田657頁，中森317頁，山中769頁など）．しかし，本条が他人の刑事事件に限ったのは期待可能性という責任に着目したものだとすれば，主観を問題とせざるをえないと思われる（団藤86頁，曽根310頁，山口579頁など）．

(3)　判例によれば，**刑事事件**とは，現に裁判所に係属する刑事訴訟事件はもちろん将来刑事訴訟事件となりうべきものをも含む（大判明治45・1・15刑録18・1）．証拠とは，犯罪の成否，態様，刑の軽重に関係を及ぼすべき情状を決定するに足るべき一切の証拠をいい（大判昭和7・12・10刑集11・1817），捜査段階の参考人も，これに含まれ，これを隠匿すれば証拠隠匿罪が成立する（最決昭和36・8・17刑集15・7・1293）．

隠滅とは刑事事件に関する証拠の顕出を妨げ，もしくは，その効力を滅失・減少させるすべての行為を意味し，証拠の蔵匿を含む（大判明治43・3・25刑録16・470）．

<small>虚偽供述</small>　証人や参考人が虚偽の供述をした場合に，証拠偽造罪が成立するかが問題とされている．本罪における証拠には，証人や参考人な

どの人的証拠に含まれるとすることに争いはない．したがって，これを隠匿するときには，証拠隠滅罪が成立する（最決昭和 36・8・17 刑集 15・7・1293）．問題となるのは，これらの者が虚偽供述を行っただけの場合，あるいは，捜査官の前で虚偽供述を行い，供述録取書を作成させた場合である．

判例には，偽証した場合，（宣誓すれば）偽証罪は成立しうるものの，証拠隠滅罪は成立しないとするものがある（大判昭和 9・8・4 刑集 13・1059，最決昭和 28・10・19 刑集 7・10・1945）．参考人が検察官に対して虚偽の供述を行い，内容虚偽の供述調書を作成させ，それに署名押印した場合について，証拠偽造罪は成立しないとした判例もある（千葉地判平成 8・1・29 判時 1583・156 など）．

もっとも，判例にも，民事訴訟において情を知らない裁判所書記官に内容虚偽の認諾調書を作成させた場合（大判昭和 12・4・7 刑集 16・517），参考人が内容虚偽の上申書を作成し，捜査機関に提出した場合（福岡地判平成 5・6・29 研修 562・29）などに，証拠偽造罪の成立を認めたものがある．

そこで学説上は，参考人などの虚偽供述が文書化された場合について証拠偽造罪の成立を認める見解が有力となっている（参照，中森・判時 1597・238，十河・同志社法学 49・2・28，山口 583 頁，山中 773 頁など）．

たしかに，大審院昭和 12 年判例の場合のように，捜査手続の外で，虚偽文書が作成された場合には，証拠偽造罪の成立を否定する理由はない．しかし，上申書，供述録取書のように，当該刑事事件の捜査官を直接の相手とする場合，容易に信用されず，虚偽性によって捜査が攪乱される可能性は一般的には低いと考えられ，本罪の成立を認めることには疑問がある（団藤 84 頁，平野 287 頁，藤木 42 頁など）．

親族特例　(1)　犯人蔵匿罪と証拠隠滅罪について，犯人または逃走者の親族が，犯人または逃走者の利益のために犯したときは，その刑を免除することができる．かつては，このような行為は，儒教思想の下ではむしろ推奨すべきものとして，完全に不可罰とされていたのであるが，昭和 22 年の改正で，現在の形に改められたのである．それは，この行為の違法性の大きいこと，そして，期待可能性も小さいものの，本人の行為ほどではないということによるものである．

(2)　判例によれば，自己または親族の利益たるにとどまらず，同時に他人

の刑事事件にも関係ある証拠を，そのことを認識して隠滅したときは本条の適用はない（大判昭和7・12・10刑集11・1817）．しかし，そのような認識があっても，少なくとも専ら自己または親族の利益のために犯したときは，本条の適用を認めるべきであろう（山口584頁，山中776頁など）．

(3)　さらに判例によれば，犯人の親族が他人を教唆して犯人を隠避させたときは，庇護の濫用であって，犯人隠避教唆が成立する（大判昭和8・10・18刑集12・1820）．しかし，犯人自身が他人を教唆して隠避させた場合と同じく[24]，ここでも，期待可能性は自分で隠避した場合と同様に小さいというべきであるから，本条の適用を認めるべきである（山口585頁，山中776頁など）．犯人が親族を教唆した場合も，親族は刑の任意的免除であるが，犯人は不可罰とされるべきである．

反対に，第三者が親族を教唆した場合には，**責任の有無・大小は個人ごとに考慮するべきである**から，第三者については教唆罪の成立を認め，刑の免除を認めるべきではない（山中776頁，松宮448頁など）．

(3)　証人威迫罪

　　自己若しくは他人の刑事事件の捜査若しくは審判に必要な知識を有すると認められる者又はその親族に対し，当該事件に関して，正当な理由がないのに面会を強請し，又は強談威迫の行為をした者は，1年以下の懲役又は20万円以下の罰金に処する（105条の2）．

(1)　本規定は，暴力団員によるいわゆる「お礼参り」が多発したために，これに対処するために，昭和33年に新設されたものである．

他の刑事司法作用を保護する罪の場合と異なり，自己の刑事事件についても成立することとされているのは，証人の人身の利益をも侵害するこのような行為は，もはや期待可能性がないとはいえないという理由によるものである．

(2)　本罪の保護法益としては，個人の私生活の平穏も含まれるが，基本的

---

[24]　本書462頁参照．

には，適正な刑事司法作用である（参照，大阪高判昭和 35・2・18 下刑集 2・2・141）[25]．したがって，当該事件が確定してしまった後は，再審の問題が生じないかぎり，本罪の成立はないと解すべきである（仲家・大コンメ 334 頁）．本罪の性格として，事後的な報復行為まで含むと解する（参照，山口 587 頁など）ことには疑問がある．

　もちろん，一度証人として証言を終えた者であっても，事件の確定前に威迫したときは，証言・供述を翻す可能性があるから，本罪の成立を認め得る．また，起訴前の捜査段階にある場合でもよい．

　本罪の成立には，公判結果に何らかの影響を及ぼそうとの積極的な目的意識を要するものではない（東京高判昭和 35・11・29 高刑集 13・9・639）．また，相手方の供述に不当な影響を及ぼす具体的危険性を要しない（福岡高判昭和 51・9・22 判時 837・108）が，強談威迫の行為は，少なくとも，適正な刑事司法作用を侵害する抽象的な危険性がなければならない．

　(3)　「面会の強請」とは，直接相手方の住居，事務所などにおいて行うことを要し，書信，電話などによって間接に行われるものは，本罪を構成するものではない（福岡高判昭和 38・7・15 下刑集 5・7=8・653．大塚 603 頁，大谷 611 頁など）．もっとも，判例には，電話の方法による「強談威迫」を認めたものがある（鹿児島地判昭和 38・7・18 下刑集 5・7=8・748）．しかし，書信・電話などの間接的な方法による場合は，一般的にいえば，法益侵害の程度は低く，これを含めると本罪の成立が広がりすぎるおそれがあり，疑問である．

3　偽証罪

> 法律により宣誓した証人が虚偽の陳述をしたときは，3 月以上 10 年以下の懲役に処する（169 条）．前条の罪を犯した者が，その証言をした事件について，その裁判が確定する前又は懲戒処分が行われる前に自白したときは，その刑を減軽し，又は免除することができる（170 条）．法律により宣誓した鑑定人，通訳人又は翻訳人が虚偽の鑑定，通訳又は翻訳をしたときは，前 2 条の例による（171 条）．

---

25)　専ら刑事司法作用と解する（団藤 91 頁，滝川=竹内 409 頁など）は妥当でない．

総説　(1) 偽証罪の**保護法益**について，かつては，神に誓ったことに反したことを処罰するものだと考えられたこともあったが，現在ではより世俗的な，**国家の審判作用**と解されている．また，条文の法典上の位置についても，各種偽造罪の後に規定されてはいるが，本罪は，これらの主として社会的・経済的利益を保護しようとするものとは異なり，もっぱら国家的法益を保護することについても争いがない．

(2) 本罪の主体は**法律により宣誓した証人**にかぎられている．身分犯である．身分のない者について，本罪に対する教唆犯が成立しうることはいうまでもないが，共同正犯・間接正犯まで成立しうるかが問題となる．65条1項には共同正犯の場合にも適用があると解されるから，共同正犯は成立し得る．身分のない者について間接正犯が成立し得るかは困難な問題であるが，たとえば，証人の家族を殺害すると脅して，法廷において宣誓させた上虚偽の陳述をさせたような場合，本罪の間接正犯とすることができると思われる（大谷617頁，西田426頁など．反対，大塚609頁，山口589頁など）．

虚偽の意義　(1) **虚偽**の意義について，主観説と客観説の対立がある．**主観説**によれば，虚偽とは陳述が主観的な記憶に反していることを意味する．**客観説**によれば，虚偽とは陳述が客観的な事実に反していることを意味する．判例は主観説により，陳述が客観的な事実に合致していたとしても，記憶に反して陳述した以上本罪が成立するとしている[26]．客観説によるときは，本罪の成立を認めるためには，陳述が客観的な事実に反していることが合理的な疑いを入れない程度まで証明されなければならず，偽証罪の成立が不当に狭められる危険がある．しかし，やはり，客観的な真実を述べている場合に，本罪の成立を認めることには疑問がある[27]．

(2) 客観説に対しては，次の2つの批判がなされている．第一に，客観説に従うと，記憶に反する事実を，真実と信じて陳述したときは，虚偽であっても，処罰できなくなるが，それは不当だというのである（団藤100頁）．しかし，

---

26) 大判大正3・4・29刑録20・654. 学説として，団藤101頁，大塚608頁，平川552頁，曽根317頁など．

27) 客観説として，平野・判時1557・5，内田663頁，中森323頁，山口591頁，山中784頁など．

自分の記憶が誤りだと思っていながら，その記憶どおりに陳述すべきだという方が，むしろ不当であろう（平野289頁）．第二に，虚偽の事実を虚偽と知りつつ陳述した場合であって，自己の記憶に従って陳述したような場合を処罰する必要はないという批判がなされている（曽根・刑法における実行・危険・錯誤218頁）．しかし，自己の記憶が虚偽であることを知りつつ記憶どおりに陳述することは，許されるべきではないであろう．

<small>被告人の関与</small>　被告人自身は，自己の事件では証人となることが現行法上は認められていない．しかし，他人の偽証に関与した場合に，共犯となるかが問題とされている．判例は，偽証罪を教唆した場合に教唆犯の成立を認めている（最決昭和28・10・19刑集7・10・1945）．もし，被告人自身が自己の事件では証人となることができない理由が，期待可能性の欠如にあるとするならば，他人を教唆して偽証させた場合にも，処罰しないとすることになる[28]．しかし，被告人も，審理が分離されている共犯者等の被告事件においては，宣誓の上偽証すれば，自己の犯罪事実について偽証罪が成立し得るから，一般的に期待可能性がないとすることはできない．しかも，被告人が自己の事件では証人とできないのは，むしろ，責任に関わらない，黙秘権などの制度的な事情，あるいは，その他（被告人自身の供述は信用性が小さく，裁判を誤らせる危険が小さいなどの）違法性に関わる事情にあると考えられる．したがって，被告人についても教唆犯の成立を認めるべきであろう[29]．

4　逃走の罪

<small>総説</small>　（1）　第6章に逃走の罪が規定されている．これは，**国家の拘禁作用**を保護しようとするものである．この中にも2つの異なる類型があり，第一は，被拘禁者自身が逃走する場合（97・98条）であり，第二は，他の者が被拘禁者を逃走させる場合（99条から101条）である．

（2）　それぞれの罪について，被拘禁者と他の者との間に，共犯は成立しえないという見解が有力である（中森308頁など）．しかし，他の者の関与形態のすべてが類型化されているわけではなく，他の者が共犯として関与した場合で，

28）　滝川285頁，大谷618頁，川端352頁，山中786頁など．
29）　平野290頁，中森324頁，曽根318頁，山口592頁など．

99条以下に該当しない場合には，共犯の成立を否定する理由はないであろう．たとえば，97条の単純逃走罪を教唆したような場合である．また，被拘禁者が逃走援助罪（100条）を教唆したような場合にも，教唆犯の成立を否定する理由はないであろう（山口 559 頁など．反対，山中 759 頁など）．

(1) 逃走する罪

拘禁されている者が逃走するのは期待可能性が低く，処罰しない立法例もある．しかし他方，その違法性は大きく，責任もある程度認められるところから，我が刑法はこれを処罰することとしているのである．

　　裁判の執行により拘禁された既決又は未決の者が逃走したときは，1 年以下の懲役に処する（97 条）．

単純逃走罪　（1）　平成 7 年の平易化前には，客体は「既決，未決ノ囚人」とされていたが，「囚人」という表現が適当でないために改められた．

裁判の執行により拘禁された既決の者とは，確定判決により，自由刑・死刑の執行のため拘禁されている者であって，罰金・科料を完納することができず労役場に留置されている者を含む．

（2）　未決の者とは，勾留状により拘禁されている被疑者・被告人であって，逮捕された者，勾留状の執行を受けたが引致中の者は主体に含まれないと一般に解されている（団藤 73 頁，中森 309 頁，山中 752 頁，松宮 441 頁など）．平成 7 年の平易化後は，法令上，「逮捕状を執行する」とはいわないために，このような解釈がより有力となった．

これに対して，収監状・勾留状が執行されていれば入監前の者，とくに逮捕された被疑者を含むとする見解が主張されている（平野 283 頁，同・判時 1556・5）．被拘禁者奪取罪（99 条）において，「法令により拘禁された者」の中には，逮捕された者も含むと解される．ここにおいては「拘禁」とは拘束を意味することになる．そうだとすれば，本条においてもこの意味に解し，これを含むと解することは可能と思われる．

もっとも，現行犯逮捕された被疑者，緊急逮捕され逮捕状が発布されるまでの間の被疑者を含めることはできない（山口561頁）．

(3) 判例によれば，鑑定留置（刑訴167条）に付された者も，留置中の身柄の処遇が勾留と同一視されるかぎり「未決の者」にあたり（仙台高判昭和33・9・24高刑集11・追録1），勾留中に鑑定留置に付され精神病院に収容中の者は，同所における身柄の処遇が勾留と同程度の拘禁状態に置かれていない場合は「未決の者」にあたらない（福井地判昭和46・2・16刑月3・2・105）．

(4) 未遂も処罰される（102条）．未決の者が施設外に逃走したが，看守者がただちに発見し追跡し，まもなく600メートル離れた家屋内で発見した場合は，未遂だとしたものとして，福岡高判昭和29・1・12高刑集7・1・1がある．

> 前条に規定する者又は勾引状の執行を受けた者が拘禁場若しくは拘束のための器具を損壊し，暴行若しくは脅迫をし，又は二人以上通謀して，逃走したときは，3月以上5年以下の懲役に処する（98条）．

加重逃走罪 (1) 主体の範囲について，単純逃走罪の場合よりも広く，**勾引状の執行を受けた者も主体となりうることとされている**．勾引は，被告人・被疑者のほか，証人（刑訴法152条・民訴法278条）などに対しても行われうる．判例によれば，逮捕状により逮捕された被疑者を含む（東京高判昭和33・7・19高刑集11・6・347）．令状が出されていない現行犯逮捕や緊急逮捕の場合は，本罪の主体から除かれている．

(2) 拘禁場とは，監獄・留置場などの拘禁のための場所，拘束のための器具とは，手錠など身体の自由を拘束する器具である．これらは物理的に損壊されなければならない（団藤75頁，中森310頁，山口564頁，山中754頁など）．したがって，単に手錠を外し投棄して逃げた場合は本罪は成立しない（広島高判昭和31・12・25高刑集9・12・1336）．

(3) 暴行・脅迫は看守又はその協力者に対して行われる必要がある．

(4) 判例によれば，通謀の場合，総則の共犯規定（従ってその1つである刑法60条）の適用はなく，また，同罪が成立するには，通謀した2人以上の者が共に少なくとも逃走に着手することが必要であり，その各人の行為の態様によ

って，それぞれについて既遂・未遂が成立する（佐賀地判昭和35・6・27下刑集2・5=6・938）．

（5）最高裁は，未決の囚人が逃走の目的をもって拘禁場内の換気孔周辺のモルタル部分を損壊したときは，脱出可能な穴を開けることができなかった場合でも本罪の実行の着手があるとした（最判昭和54・12・25刑集33・7・1105）．これは，実行の着手時期について構成要件該当行為が行われたときと解すれば当然の結論であろうが，それについて国家の拘禁作用の実質的危険が発生したときと解する立場からは，疑問がある．この場合，いまだ，国家の拘禁作用を侵害する切迫した危険が生じたとは思われない．この判例は，前述した福岡高裁判例[30]と比較しても均衡を失する疑いがある（山口565頁，山中755頁，曽根306頁など）．

(2) 逃走させる罪

逃走させる罪においては，「法令により拘禁された者」というように，客体について，逃走する罪におけるような限定がない．逃走する罪におけるような期待可能性への配慮を必要としないからである．したがって，逮捕状により逮捕された被疑者はもちろん，緊急逮捕・現行犯逮捕された被疑者なども客体となりうる．

少年院に収容されている者については争いがあり，これを肯定する判例がある（福岡高宮崎支判昭和30・6・24裁特2・12・628）．

児童福祉法上の児童自立支援施設への収容，精神保健及び精神障害者福祉に関する法律による措置入院の場合には，刑事司法作用実現のための拘禁ではないから，含まれないと解するべきであろう．

　法令により拘禁された者を奪取した者は，3月以上5年以下の懲役に処する（99条）．

---

[30] 本書471頁．

被拘禁者奪取罪　奪取の意義について，自己または第三者の支配内に移すことが必要かが問題とされている．拘禁を離脱させた後，被拘禁者の自由にまかせるのは奪取罪ではなく，逃走援助罪にあたるとする見解も有力である（団藤 77 頁，大谷 595 頁，曽根 307 頁など）．しかし，拘禁離脱の主体が誰かが両罪を区別すると解され（逃走援助罪はその主体が被拘禁者であることから刑が軽い），このような場合も，本罪によって処罰するべきだと思われる（平野 284 頁，中森 311 頁，山口 567 頁，山中 758 頁など）．

　　法令により拘禁された者を逃走させる目的で，器具を提供し，その他逃走を容易にすべき行為をした者は，3 年以下の懲役に処する（100 条 1 項）．前項の目的で，暴行又は脅迫をした者は，3 月以上 5 年以下の懲役に処する（同条 2 項）．

逃走援助罪　(1)　逃走を容易ならしめれば足り，現実に逃走させる必要がない点で，他の逃走罪とかなり異なっている．しかし，保護法益は他の逃走罪と同じく国家の拘禁作用と解するべきであろう．本罪においては，その危険が発生すれば犯罪が成立するとされているわけである．

(2)　本罪は，逃走罪の共犯を独立類型としたものである．それ故逃走罪の幇助が行われた場合，逃走罪の共犯ではなく，本罪が成立する．もっとも，加重逃走罪の教唆は，本罪よりも重く，これを本罪によって排除する理由はない（山口 568 頁，山中 759 頁など）．

(3)　被拘禁者は，逃走罪としてのみ可罰的であって，本罪の共犯として処罰されることはない．被拘禁者が逃走するのは期待可能性が低く，逃走罪の主体となるかぎりで，かつ，その法定刑の範囲内で，処罰すべきである．

(4)　器具を提供するというのは例示であって，逃走を容易ならしめるべき行為一般が処罰されることとされている．過度に広汎な構成要件となっている疑いがあり，立法論上は問題を含んでいる．

　　法令により拘禁された者を看守し又は護送する者がその拘禁された者を逃走させたときは，1 年以上 10 年以下の懲役に処する（101 条）．

看守者の逃走させる罪　本罪は，看守または護送する者に主体が限定されている身分犯である．これは，そのような地位にある者については，拘禁作用だけでなく，職務の侵害もあるという違法加重に着目したものである．また，本罪においては，前条の罪とは異なり，現実に逃走させることが必要である．

実質的には，この身分は前条の罪を加重する所もある．しかし，違法身分であるとすれば，本罪に関与した非身分者には65条1項が適用され，本罪の共犯となる（中森313頁，山口570頁など．反対，曽根308頁，松宮443頁．参照，林・総論437頁）．

未遂罪　この章の罪の未遂は，罰する（102条）．

第3章 国交に関する罪

総論　(1)　刑法典第4章には,国交に関する罪として,外国国章の損壊などを処罰する罪 (92条),私戦の予備陰謀を処罰する罪 (93条),中立命令違背を処罰する罪 (94条) が規定されている.これらの罪の保護法益については議論がある.

(2)　これまでの通説によれば,これらの規定は,国際法上の義務に基づいて,**外国の利益**を保護するものだと理解されてきた[1].その理由としては,92条においては「外国に対して侮辱を加える目的」,93条においては「外国に対して私的に戦闘する目的」とされており,我が国の外交作用に対する危険は要件とされていないこと,我が国の外交作用に対する危険が生じてもそれは外国に対する危険の副次的効果にすぎないこと,我が国の刑法が外国の利益を一方的に保護することを認めないと考えるのは今日の国際化の中にあって狭量にすぎること,92条2項は外国の請求がなければ公訴を提起することができないとしていること,外交作用を危殆化する場合は多様であるのに,これらの規定は外国の利益を直接に危殆化した場合にかぎって処罰していること,などが考えられる.

(3)　これに対して近時,これらの規定は**我が国の外交作用**を保護するものだという見解が有力となっている[2].その理由としては,現行法は「国交に関する罪」として,「外国に対する罪」としてはいないだけでなく,外患に関する罪と公務執行妨害罪の間に規定していること,相互主義 (外国の法律が同一の犯罪を規定する場合にかぎって自国法を適用する立場) をとらず,単独主義 (外国法

---

1) 団藤163頁,大塚648頁など.なお,平川556頁は「国際社会の法益としての国際関係」と解する.
2) 平野292頁,佐伯・小暮ほか603頁,中森289頁,山口529頁,山中704頁など.

と無関係に我が国が一方的に保護する立場）をとる現行法の下において，外国は我が国の利益を保護しないにもかかわらず，我が国だけが保護するのはゆきすぎた刑事立法であること，などがあげられている．

（4）　しかし，我が国の外交作用といえども，自国の利益の追求だけを目的とするべきではないであろうし，また，単独主義はまさに自国の利益だけを考えるべきでないということを理由とするものであろう．

いずれにしても，外国の利益を危殆化しながら我が国の外交作用に危殆化が生じない場合は現実には考えにくいし，また，近時の有力説も外国の利益が危殆化された結果として我が国の外交作用が危殆化された場合にかぎって処罰を認めるほかないのであるから，実質的・具体的にこの2つの説に違いはなく，さしあたり，この議論は観念的なものにとどまっている．

本書としては，本章の罪においては，外国の利益と我が国の外交作用が共に法益となっていると考える．

> 外国に対して侮辱を加える目的で，その国の国旗その他の国章を損壊し，除去し，又は汚損した者は，2年以下の懲役又は20万円以下の罰金に処する．前項の罪は，外国政府の請求がなければ公訴を提起することができない（92条）．

外国国章損壊等罪

（1）　**客体**は外国の国旗その他の国章である．国章とは，国家の権威を表象する物件のことであって，国旗の他には，陸海空軍旗，元首旗などが含まれる．外国の国家機関が公的に掲揚しているものに限られる（大谷561頁，曽根293頁など）か，私人の掲揚するものも含まれる（大塚649頁など）かが問題とされているが，私人によって掲揚されたものであっても，公共の場所で国の権威を表象するために用いられている場合（国際競技会における表彰旗など）を除くべきでない反面，まったくの私的な掲揚まで保護するのは妥当でないし限界もはっきりしない（中森290頁）から，「国家機関自身によって公的に掲揚されたものに限られないとしても，それに準じた，外国国民により国威発揚の手段として公共の場合に掲揚されているものに限られるべきであろう」（佐伯・小暮ほか606頁，山口530頁など）．

（2）　本罪は**外国に対して侮辱を加える目的**でなされなければならない．こ

の点について,「国章損壊等の行為は,客観的に当該国家に対する侮辱行為でなければならず,侮辱を加える目的とは,その確定的認識」だとする見解が主張されている(佐伯・前掲 606 頁,山口 531 頁など).これは,主観的違法要素を限定しようとする意図によるものであろう.侮辱を加える目的があることによって,外国の利益ないし我が国の外交作用の危殆化がより大きくなるわけではないから,これを主観的違法要素とするべきではなく,また,行為は侮辱行為,すなわち,侮辱する危険をもったものでなければならないであろう.

(3) **行為**としては,損壊・除去・汚損が規定されている.判例には,「除去」の意義について,遮蔽等の方法によって,国旗が現存の場所で果たしている効用を滅失・減少させることをいうとして,中華民国総領事館邸(当時)の正面にかかげられていた同国の国章等を刻した横額の上に「台湾共和国大阪総領事館」と大書した看板をかかげて,この国章を遮蔽した場合を本罪で処罰したものがある(最決昭和 40・4・16 刑集 19・3・143)が,許されない類推解釈だと思う.この場合を「損壊」とするべきだという見解もある(平野 293 頁)が,同様に疑問である(佐伯・前掲 606 頁).

(4) 器物損壊罪との罪数関係が問題とされているが,法益がまったく異なるから,法条競合とする(中森 290 頁,山口 531 頁など)べきではなく,観念的競合とするべきである(大塚 650 頁,内田 404 頁など).この罪の刑が軽いのは,法益が抽象的・観念的だからである.国旗などの財産的価値に重大な侵害があった場合,器物損壊罪の成立を否定するべきではない.

> 外国に対して私的に戦闘行為をする目的で,その予備又は陰謀をした者は,3月以上5年以下の禁錮に処する.ただし,自首した者は,その刑を免除する(93条).

私戦予備及び陰謀の罪
(1) 現実に私戦に至り,**殺人・放火・器物損壊罪**などが成立した場合,それらの罪に本罪が吸収されるかについて,本罪はそれらの罪とは保護法益を異にするから,吸収されるべきでないとするものがある(佐伯前掲・608 頁).しかし,保護法益を異にしていても吸収されることはありうる.たとえば,殺人を犯したときに,被害者の服を毀損したような場合,器物損壊罪は殺人罪に吸収されると解するべきなのは,保

護法益が同じだからではなく，殺人罪がそのような器物損壊罪を通常の事態として予定しているからである．本罪が殺人罪などに吸収されないのは，殺人罪などは本罪をそのようなものとしては予定していないからである．

(2) このようにして殺人罪などが成立しても，本罪の成立を独立に認めざるをえないが，さらに，牽連犯とすべきか併合罪とすべきかが問題とされている．ここでも，本罪が独立の保護法益をもっていることを理由として併合罪とするべきだとする見解がある（佐伯・前掲 609 頁など）．しかし，たとえば住居侵入罪と殺人罪が牽連犯とされるのは，住居侵入罪が殺人罪とは独立の保護法益をもっていないからではない．両罪が客観的に手段・目的の関係に立っているからである．もっともこのような見地からも，両罪は客観的に通常手段・目的の関係に立っているとはいえないから，牽連犯とするべきではないであろう（参照，林・基礎理論 244 頁．牽連犯説として，中森 293 頁など）．

外国が交戦している際に，局外中立に関する命令に違反した者は，3 年以下の禁錮又は 50 万円以下の罰金に処する（94 条）．

中立命令違反罪　本罪については，中立命令を出す根拠となる法律は存在しないから適用の余地がないとする見解もある（平野 293 頁）が，政令にかぎらず，法律及び法律に基づく命令を含むと解しうる（佐伯・前掲 610 頁，山口 532 頁など）し，中立に関する条約に加盟している（明治 45 年条約 5・12 号）から，これに基づいて命令を発することも可能（中森 292 頁）と思われる．違反行為の内容は個々の局外中立命令によって決まるから，白地刑罰法規といえる．

第4章　国家の作用に関する罪

第1節　強制執行不正免脱罪

強制執行を免れる目的で，財産を隠匿し，損壊し，若しくは仮装譲渡し，又は仮装の債務を負担した者は，2年以下の懲役又は50万円以下の罰金に処する（96条の2）．

（1）　この罪の性格をめぐっては，この罪を基本的に国家的法益に対する罪と捉え，**国家の強制執行作用**を，債権者とは切り離し，それ自体として保護するという立場と，その作用の究極的な目的が**私人の債権**の実現にあるところから，国家の強制執行作用のみならず，究極的には，債権者の債権を保護することにその主眼がある，という立場の対立がある[1]．

（2）　この対立は次のような事件をめぐって表面化した．被告人は債権があると主張する者によって民事裁判所に訴えられたので，強制執行を免れるために，自己の財産を仮装譲渡したという事案について，最高裁は，この場合債権がなかったことが民事裁判所で確定したので，もはや保護すべき利益がないとして，無罪としたのである（最判昭和35・6・24刑集14・8・1103）．本書もこれを正当と考える．強制執行とは，債権者の債権を実現するためのものである．その債権が存在しないにもかかわらず，「国家の強制執行作用」をそれ自体として保護することには疑問がある．

（3）　これに対しては，本罪の規定の位置（それは公務の執行を妨害する罪の章に規定されている）などからして，国家的法益に対する罪であるとして，債権が

---

1)　前説として，大塚578頁，山口547頁，山中737頁など．後説として，大谷585頁，曽根302頁，中森304頁など．

なかったとしても，本罪の成立を認めるべきだという主張がなされている（団藤 64 頁）．しかし，条文の位置は決定的なものではない（平野 281 頁）．

（4）ただ，最高裁の見解によるときは，この罪の成立を認めるためには，刑事裁判の場で，民事上の債権の有無について審理し，債権があったという証明がなければ有罪とできないことになる．これは，本権説・占有説の場合と同じように妥当ではないとして，「行為時に債権の存在する可能性が認められればよい」とする見解も主張されている（前田 522 頁〔4 版〕）．しかし，刑事裁判の時点で債権が存在しないことが明らかになっている場合に，行為時に「存在の可能性」を理由に本罪の成立を認めることには疑問がある．

（5）もっとも，最高裁の見解によると，刑事裁判の場で，債権の存在が合理的な疑いを入れない程度まで証明された場合にしか本罪の成立を認めることはできないこととなるが，これは，不当であろう．なぜなら，民事裁判の場合にはそれほどの証明がなくても債権の存在を認めることができるのであり，そのような債権の存在は刑事でも保護するべきだと考えられるからである[2]．

（6）本罪の保護法益は，国家の強制執行作用のみならず，究極的にはその背後にある債権者の債権だとする立場からは次のような帰結も導かれる．

第一に，**仮差押・仮処分**のような保全執行を免れようとして行為する場合も本罪の成立を認めることができる．本罪を純粋に国家的法益に対する罪と解する見解は，このことを理由に債権は存在しなくてもよいと主張する[3]が，その場合にも本罪の成立を認めるためには，前に述べたような意味で，債権は存在しなければならないと解される．

第二に，私人の債権でない，**罰金・科料・没収**などの執行，さらに，国税徴収法による**滞納処分**（参照，最決昭和 28・4・28 刑集 8・4・596）などについては，本罪は成立しえない．

（7）なお，判例によれば，真実譲渡する意思をもって譲渡した場合は，たとえ強制執行を免れる目的からであり，債権者に不利益を来しても，本条にいう隠匿，仮装譲渡にあたらない（大阪高判昭和 32・12・18 裁特 4・23・637）．

2）本書 168 頁参照．
3）最高裁昭和 35 年判決における池田反対意見参照．

第2節　職権濫用罪

(1)　刑法典第25章には汚職の罪として，職権濫用罪と賄賂罪とが規定されている．共に，公務員が違法な行為をしてその職務を瀆(けが)す場合であるからである．しかし，この2つの罪はかなり性格を異にする．賄賂罪は純粋に国家的法益に対する罪である．ところが職権濫用罪は，市民の**個人的な法益に対する罪**の性格が大きな比重を占めている．

(2)　両罪の刑事訴追の在り方にも顕著な相違が見られる．賄賂罪は純粋に職務を瀆す上(かみ)に対する罪として，厳しく刑事訴追されるのに対して，職権濫用罪は下(しも)に対する罪として，大目に見られる傾向が従来あったのである（団藤118頁）．統計的にもこのことははっきりしている．また，賄賂罪には禁錮刑が規定されていないが，職権濫用罪にはそれが規定されている．これも，賄賂罪はいわゆる破廉恥犯であるのに対して，職権濫用罪はそうでないという考慮によるものであろう．

(3)　本書においては以上のことから，賄賂罪と職権濫用罪とを体系的に分け，賄賂罪は国家の作用に**対する**罪の1つとして，職権濫用罪は国家の作用に**関する**罪の1つとして検討することとした．

> 公務員がその職権を濫用して，人に義務のないことを行わせ，又は権利の行使を妨害したときは，2年以下の懲役又は禁錮に処する（193条）．裁判，検察若しくは警察の職務を行う者又はこれらの職務を補助する者がその職務を濫用して，人を逮捕し，又は監禁したときは，6月以上10年以下の懲役又は禁錮に処する（194条）．裁判，検察若しくは警察の職務を行う者又はこれらの職務を補助する者が，その職務を行うに当たり，被告人，被疑者その他の者に対して暴行又は凌辱若しくは加虐の行為をしたときは，7年以下の懲役又は禁錮に処する（195条1項）．法令により拘禁された者を看取し又は護送する者がその拘禁された者に対して暴行又は凌辱若しくは加虐の行為をしたときも，前項と同様とする（同条2項）．前2条の罪を犯し，よって人を死傷させた者は，傷害の罪と比較して，重い刑により処断する（196条）．

保護法益 (1) 職権濫用罪の構成要件は「公務員がその職権を濫用して，人に義務のないことを行わせ，又は権利の行使を妨害した」というのであるが，この要件のうち，とくに**職権の濫用**という概念の内容は明確ではない．判例はこれを「公務員が，一般的職務権限に属する事項につき，職権行使に仮託して実質的，具体的に違法，不当な行為をすること」だとしている（最決昭和 57・1・28 刑集 36・1・1）が，そのように解する理論的な根拠，そして，そこで使われている概念の内容は，依然として明確ではないのである．「一般的職務権限」とは何か，どの程度一般化するのか，「仮託」とは何か，十分に明確ではない．

(2) このことは，1つには，職権濫用罪の**保護法益**が明確でないことに由来している．戦前は，これを純粋に**国家的法益に対する罪**と解する見解が有力であった．「その主たる保護法益は国家の司法・行政の作用である」という見解もあった．しかし戦後となって，新憲法 15 条の下で，市民の個人的法益に対する罪という側面が強調されるようになった．それでも依然として，本罪は両方の性格を合わせもつという見解が有力である．すなわち，「公務に対する国民の信頼」（前田・刑雑 31・1・76，あるいは「公務の威信・廉潔性」），「職務の適正な執行」（山口 599 頁，山中 793 頁など）を保護するというのである．

しかし，「信頼」を保護するというのは，賄賂罪における信頼保護説に対するのと同じ疑問がある．また，後者の内容もあまりに漠然としている．たとえば，背任罪においても，一定の主体による「任務違背」が要件とされているが，任務の適正な執行を保護法益とはしない．保護法益は財産のみである．

以上のように，現在の所，職権濫用罪における国家的法益の内容は不明確・無内容の疑いがある．本書においてはさしあたり，本罪の主たる法益は市民の個人的利益であって，「公務員」の「職権濫用」は，主体と行為態様を限定したものと解しておく（参照，平野 294 頁，神山・井戸田古稀 803 頁以下）[4]．

(3) このような立場からは，職権濫用罪の不法内容は次のように理解されるべきだということになる．公務員には，市民に強制力を行使したり事実上の負担を与える権限が認められているが，法治国家の下ではそれには厳格な要件

---

[4] なお，いずれにせよ「公務員」は違法身分であるから，これに関与した者は，65 条 1 項により，本罪の共犯として処罰されるべきである．

が法定されている．ところが公務員はその権限を，要件が完全に満たされていないにもかかわらず，これを行使して市民に不利益を与える危険性がある．これを防止するのが職権濫用罪の目的である．

(4) したがって，特別公務員暴行凌虐についての次の判例には疑問がある．本罪は公務の適性とこれに対する国民の信頼を保護するもので，看守者等がその実力的支配下にある被拘禁者に，姦淫行為のような精神的，肉体的苦痛を与えると考えられる行為に及んだ場合には，被拘禁者がこれを承諾し，精神的，肉体的苦痛を被らなかったとしても，凌辱若しくは加虐の行為に当たる（東京高判平成 15・1・29 判時 1835・157）．もともと実力的支配下にある被拘禁者が真に「承諾」したかは慎重に認定しなければならないが，真に承諾があり，精神的，肉体的苦痛を被らない場合に，本罪の成立を認めることには疑問がある．

職権濫用の意義 したがって，まず，**職権の濫用**といえるためには，「実質的，具体的に違法，不当な行為」がなされなければならないが，それだけでは本罪の成立を認めることはできないのであって，次のような要件も充足されなければならないと考えられる．

第一に，本来の職権を行使するための要件のうち，それが満たされると，他の要件が満たされないままに，その権限を事実上行使して市民に不利益を与える危険性が生じるようなものが満たされていなければならない．警察官は捜索・差押の職権をもっているが，何らの要件が満たされていないにもかかわらず，住居侵入・窃盗などをしても，職権濫用罪は成立しない．判例は，公務員が一般的職務権限をもっているだけでなく，「職権行使に仮託」しなければならないとしているのも，このような意味であるならば支持しえよう．

第二にしかし，要件がすべて満たされていなくても，その瑕疵が市民に不利益を与える危険性がきわめて小さい場合には，これを違法として職権濫用とすることはできない（参照，大分地決昭和 48・4・11 刑月 5・4・854，東京高決昭和 35・10・6 東高刑時報 11・10・265．なお前田・刑雑 31・1・79）．これは，公務執行妨害罪における職務の適法性と同じことである[5]．

第三に，公務員のなした行為は，その要件が完全に満たされた場合には，合

---

5) 本書 432 頁．

法になしえたものでなければならない．たとえば，保護観察官が女性に対してわいせつ行為をしても，およそ合法となる余地はないから，職権濫用とはならない（東京高判昭和43・3・15高刑集21・2・158）[6]．

判例の検討 　近年の職権濫用罪に対する学説の関心の高まりは，次の3つの最高裁判例を契機とするものである．

（1）最決昭和57・1・28刑集36・1・1は，裁判官である被告人は，刑務所長などに対して，司法研究その他職務上の参考に資するための調査研究を装って，身分帳簿の閲覧・写しの交付などを求め，これに応じさせたという事案について，職権濫用罪の成立を認めた．判旨は，一般的職務権限は，必ずしも法律上の強制力を伴うものであることを要せず，それが濫用された場合，相手方をして「事実上義務なきことを行なわせ又は行なうべき権利を妨害するに足りる権限」であればよいとした．裁判官が刑務所長に対して上述のような要求をした場合，これに法律上の強制力はないが，それでも，一般的職務権限はあるというのである．

本件については，客観的にまったく正当な行為が，ただ被告人に不当な目的があったというだけで違法とされてよいかという問題がある（参照，中森・森下古稀（上）339頁）．たしかに，客観的に完全に正当な場合に，主観だけで不法とすることを認める（参照，町野・警研55・4・74）ことには疑問がある．しかも本件の場合の被害は，資料を不当な目的に利用することによってはじめて発生するのではない．もっとも本件の場合，刑務所長らは正当な目的をもたない者には身分帳簿を秘匿しておく利益があるのであり，それが客観的に侵害されていると見ることができるであろう．

さらに，本件の場合被害者は刑務所長という公務員であって，公務員が職務としてなした行為について，職権濫用罪（それは一般には私人が被害者となる場合を予定している）を認め得るかも問題となりうるが，この点については，とくに除く理由はないであろう．

---

[6] 職権濫用の概念内容を明らかにする学説の検討が現在続けられている．その中に「職権濫用」とは「公務員の違法な行為であり，当該行為を違法とする要素を捨象して，その一般的職務権限たる職務に包摂することが許されるものをいう」とし，「捨象する」ことが許されるかは，当該行為の不法部分の職権との距離による」とするものがある（町野・法教174・41, 44）．しかし，そのように解する理論的な根拠は明らかではない．なお，山口・法教221・79以下参照．

(2) 最決昭和60・7・16刑集39・5・245は，刑事の裁判官が女性の被告人を，午後8時40分ころ，自己との交際を求める意図で，電話した上喫茶店に呼び出し，9時30分ころまで同席させたという事案について，職権濫用罪の成立を認めた．この決定は，刑事事件の被告人に出頭を求めることは裁判官の一般的職務権限に属するとし，かつ，それが「職権行使としての外形を備えていないとはいえず」，相手をして，裁判官がその権限を行使して自己に出頭を求めてきたと信じさせるに足りる行為だとしている．本件では，「自己との交際を求める意図」であるとされているが，そのような時間に電話で喫茶店に呼び出し同席させるという客観的な行為自体が違法性を帯びているといえるかが問題となる．判旨は，この客観的行為だけでは違法とできず，被告人はそのような意図であることを秘していて，被害者は騙されて同席させられたことを違法としているのである．

このような職権行使としての外形・**相手方を誤信させる**という要素は，次の共産党盗聴事件においても，重要視されている．

(3) 警察官である被告人らは，職務として，共産党に関する警備情報を得るため，電話を盗聴した．その行為は電気電話通信事業法に触れる違法なものであった．原原決定は，「相手方において，職権の行使であることを認識できる外観を備えたもの」でないとし，原決定は「行為の相手方の意思に働きかけ，これに影響を与える職権行使の性質を備えるもの」でないとした．最高裁は，次のように述べてこれを維持した．「職務としてなされたとしても」職権の濫用とはならないことがあり，職務とかかわりなくなされたとしても，職権の濫用となりうる．本件の場合，「被疑者らは盗聴行為の全般を通じて終始何人に対しても警察官による行為でないことを装う行動をとっていたというのであるから」職権濫用はないというのである（最決平成元・3・14刑集43・3・283）．

最高裁は，「公務員の不法な行為が職務として行われ，その結果個人の権利，自由が侵害されたとき」には職権濫用罪が成立するという主張を却けた．このこと自体は正当であったと思われる．このような主張によるときは，まったく軽微な方式違反であっても職権濫用となってしまうだけでなく，何らの要件も満たされないままに，ただそれが職務として行われたような場合，あるいは，公務員としておよそなしえない行為をしたような場合にまで，職権濫用となっ

てしまうおそれがあるからである．

（4）　さらに最高裁は，原決定の**相手の意思に働きかける**という要件も不要のものとしたが，これも正当であろう（学説にもこれを支持するものが多い．中森330頁，曽根323頁，山口600頁など）．原決定は，職権濫用罪を強要罪の一種と理解したのであろう．しかし，このように解するときは，執行吏が権限なしに第三者の土地に公示札を立てたような場合（最決昭和 38・5・13 刑集 17・4・279），あるいは，町会議員が決議の効力により反対派の者に不当に納税義務を負わせたような場合（大判大正 11・10・20 刑集 1・568）などには職権濫用罪の成立を認めることができなくなってしまう．盗聴した場合，秘密裏に電話する権利の行使を妨害したとすることは可能であろう．

（5）　ただ，最高裁決定に対しては次のような疑問がある．

第一に，最高裁の職権濫用の一般的な定義からは，本件の場合も職権濫用となりうるのではないか，という疑問である．警察官には一定限度情報収集の権限があり，また，犯罪捜査のための電話の傍受・録音は（一定の場合）裁判所の発する検証令状（刑訴 218 条 1 項・3 項）によってなしうるとすれば，一般的職務権限はあったとすることは可能であろう．なお，現在では通信傍受法が制定されている．

第二に，「何人に対しても警察官による行為でないことを装う行動をとっていた」ということが必要だとする理論的根拠が明らかではない．最高裁の考えによれば，私服で職務を行っている警察官は職権濫用を犯しえないということにもなりかねない（学説には，本決定に批判的なものが多い．中森・判タ 708，前田・ジュリ 957，堀内・警研 63・4，青木・同志社法学 41・6 など）．

文献表

(本文中で略記して引用した文献を掲げる．本書冒頭の略語表に掲示した講座等に掲載のものを除く．)

あ 行

相内 信「続・ドイツ刑法判例研究 13・詐欺罪における被害」警研 59 巻 5 号
青木紀博「警察官の電話盗聴と公務員職権濫用罪の成否——日本共産党幹部宅電話盗聴付審判請求事件最高裁決定（平成元・3・14 最高三小決）」同志社法学 41 巻 6 号
秋葉悦子「自殺関与罪に関する考察」上智法学論集 32 巻 2・3 号
――――「臓器移植法の成立――死の選択権の認容〈新法解説〉」法教 205 号
安里全勝「クレジットカード濫用の刑事法上の考察」山梨学院大学法学論集 23 号
――――「権利行使と詐欺・恐喝罪」山梨学院大学法学論集 1 号
――――「窃盗罪の保護法益――最高裁平成元年 7 月 7 日決定の検討」山梨学院大学法学論集 19 号
――――「不法領得の意思についての考察」山梨学院大学法学論集 6 号
足立友子「詐欺罪における欺罔行為について」名古屋法政論集 208 号
穴澤大輔「いわゆる『誤振込・誤記帳』事案における財産犯の成否」上智法学 48 巻 2 号
――――「いわゆる第三者領得について」上智法学 50 巻 2 号
阿部純二「割賦販売と横領罪」東北大学法学 52 巻 3 号
井田 良「結果的加重犯における結果帰属の限界についての覚書」法学研究 60 巻 2 号
――――「臓器移植法と死の概念」慶応義塾大学法学研究 70 巻 12 号
――――「人の出生時期をめぐる諸問題」ジャーナル 2 号 123 頁
伊東研祐「公文書の電子コピーの作成が有印公文書偽造罪に該るとされた事例」警研 51 巻 11 号
――――「『死』の概念」ジュリ 1121 号
伊藤 渉「詐欺罪における財産的損害 (1), (4), (5・完) ――その要否と限界」警研 63 巻 4, 7, 8 号
――――「商品先物取引により，いわゆる客殺し商法により顧客から委託証拠金名義で現金等の交付を受けた行為について詐欺罪の成立が認められた事例（平成 4・2・18 最高三小決）」警研 64 巻 5 号
――――「健康保険証の不正取得と詐欺罪」東洋法学 38 巻 2 号
――――「形式詐欺と実質詐欺について」松尾古稀上巻
今井猛嘉「文書偽造罪の一考察 (1)」法学協会雑誌 112 巻 2 号
――――「文書概念の解釈を巡る近時の動向について」松尾古稀上巻
上田健二「臨死介助と自死への権利――西ドイツにおける最近の法政策的論議を中心として」刑雑 29 巻 1 号
上蔦一高「背任罪における図利加害目的」神戸法学雑誌 45 巻 4 号
――――「背任罪（刑法 247 条）理解の再構成 (4・完)」法学協会雑誌 108 巻 11 号
――――「被害者の同意」法教 272 号
植松 正「被害者たる公務員の氏名を表示しない名誉棄損」『刑事判例評釈集 15 巻』（昭和 35 年）

臼木　豊「自己庇護の限界」警研 58 巻 7 号
─────「窃盗の既遂時期」警研 59 巻 3 号
内田　浩『結果的加重犯の構造』（平成 17 年）
内田文昭「欺罔により健康保険被保険者証の交付を受ける行為と刑法 246 条（詐欺罪）・健康保険法 87 条 1 号（事業主の虚偽報告罪）の関係」判タ 577 号
内田幸隆「横領罪と背任罪の関係」早稲田法学会誌 52 巻
大沼邦弘「傷害罪における身体的虐待」警研 58 巻 9 号
大谷　實「キャッシュ・カードの不正使用と財産罪」判タ 550 号
─────「堕胎により出生させた未熟児を放置した医師につき保護責任者遺棄致死罪が成立するとされた事例」判タ 670 号
─────「テレホンカード改ざんと有価証券偽造の罪」研修 499 号
岡上雅美「人の始期に関するいわゆる陣痛開始説ないし出産開始説について」筑波法政 37 号 88 頁
岡本　勝「『不作為による遺棄』に関する覚書」東北大学法学 54 巻 3 号
─────「背任罪における『財産上ノ損害』について」荘子古稀
小田直樹「死亡概念について（1）」広島法学 13 巻 1 号
─────「公務執行妨害罪における職務行為の適法性（1）」法学論叢 120 巻 3 号
小野清一郎『刑法に於ける名誉の保護』（昭和 9 年）
─────『刑罰の本質について・その他』（昭和 30 年）
─────「名誉毀損の罪における公然性──真実の証明と道義的責任の阻却」警研 32 巻 4 号
─────「自己の財物について窃盗罪はどういう条件の下に成立するか」警研 33 巻 1 号
小野寺一浩「騒擾罪の構造について（1）」福岡大学法学論叢 32 巻 2 号
─────「私文書偽造罪における『偽造』概念」福岡大学法学論叢 38 巻 2・3・4 号

か　行

甲斐克則「安楽死問題における病者の意思──嘱託・同意殺の可罰根拠に関連して」九大法学 41 号
─────「末期医療における患者の自己決定権と医師の刑事責任──西ドイツにおける新たな議論の展開を素材として」刑雑 29 巻 1 号
─────「終末期医療・尊厳死と医師の刑事責任」ジュリ 1293 号
加藤佐千夫「企業秘密の刑法的保護──日本・西ドイツの状況とその立法論的展開」名古屋大学法政論集 116 号
金澤文雄『刑法とモラル（現代刑法学の課題）』（昭和 59 年）
神谷尚男「斡旋収賄罪の新設について」曹時 10 巻 5 号
神山敏雄『経済犯罪の研究（1）』（平成 3 年）
川口浩一「刑法 206 条の『他人ノ』建造物の意義──最三小決昭和 61 年 7 月 18 日の評価をめぐって」警研 59 巻 1 号
川崎友巳「手形保証責務を負担させたことが刑法 247 条にいう『財産上ノ損害』にあたるとされた事例」同志社法学 50 巻 1 号
川島武宜『所有権法の理論』（昭和 24 年）〔『川島武宜著作集第 7 巻　所有権』（昭和 56 年）所収〕
川端　博『財産犯論の点景』（平成 8 年）

————『新版文書偽造罪の理論』(平成11年)
————「逮捕勾留中の犯人の身代りを出頭させる行為と犯人隠避教唆罪」法セ421号
————「正当化事情の錯誤と主観的正当化要素としての『義務にしたがった検討』」法律論叢58巻4・5号
菊池京子「いわゆる乞食詐欺と寄付詐欺における『無意識の自己加害』について——処分行為の自由をめぐる問題性」一橋論叢98巻5号
北野通世「枉法収賄罪の成立要件——賄賂の職務関連性の一局面」荘子古稀
————「収賄罪の一考察(1)」刑雑27巻2号
————「刑法197条第1項にいわゆる『其職務ニ関シ』の意義(1)」山形大学紀要22巻1号
木村光江『財産犯論の研究』(昭和63年)
————『主観的犯罪要素の研究』(平成4年)
————「詐欺罪の現代的課題(2・完)」都立大学法学会雑誌34巻2号
京藤哲久「有形偽造」警研60巻3号
栗田　正「担保に供した国鉄公傷年金証書に対する詐欺罪の成立」曹時11巻11号
香城敏磨「自動車金融により所有権を取得した貸主による自動車の引揚行為と窃盗罪の成否」曹時42巻9号
小林憲太郎「被害者の関与と結果の帰属」千葉大学法学論集15巻1号
————「いわゆる『救助・追跡事故』について」千葉大学法学論集15巻3号
————「追いつめられた被害者」立教法学67号

さ　行

斎藤信治「自己所有物に対する窃盗」藤木英雄編『判例と学説8・刑法Ⅱ〔各論〕』(昭和52年)
————「不法領得の意思(1)」法学新報79巻8号
————「賄賂罪の保護法益(1)——信頼保護説の妥当性」法学新報96巻1・2号
斉藤誠二『刑法における生命の保護』(昭和62年)
————「胎児への傷害に対する刑事責任」法律のひろば41巻6号
斉藤豊治「営業秘密と刑事法——序論的考察」刑雑32巻1号
齋野彦弥「暴行概念と暴行罪の保護法益」成蹊法学28号
————「贓物罪の主体」警研59巻11号
佐伯仁志「手形保証債務の負担と背任罪にいう財産上の損害」金融法務事情1460号
————「被害者の錯誤について」神戸法学年報1号
————「プライヴァシーと名誉の保護(4・完)——主に刑法的観点から」法学協会雑誌101巻11号
————「放火罪の論点」法教132号
————「末期医療と患者の意思・家族の意思」樋口範雄編著・ケーススタディ生命倫理と法86頁
————「窃盗罪をめぐる3つの問題」研修645号
酒井安行「遺棄の概念について」早稲田法研論集28号
佐久間修『刑法における無形的財産の保護——企業秘密・コンピュータ・データを中心として』(平成3年)

───「臓器『提供』における被害者の意思──ドイツ臓器移植法に関する議論を素材として」香川古稀
澤登俊雄「脳死問題と法律家の役割」法律時報58巻8号
塩見　淳「猥褻物と猥褻情報」判タ874号
塩谷　毅『被害者の承諾と自己答責性』(平成16年)
芝原邦爾「コンピュータによる情報処理と業務妨害罪──改正案234条ノ2の検討」ジュリ885号
島岡まな「フランス刑法における文書偽造罪」慶応義塾大学法学研究68巻3号
島田聡一郎『正犯・共犯論の基礎理論』(平成14年)
───「財産犯の保護法益」法教289号
───「いわゆる『刑法上の所有権』について」現刑62号
───「事後強盗罪の共犯」現刑4巻12号
嶋矢貴之「賄賂罪」法教306号
清水一成「通称名による再入国許可申請書の作成と私文書偽造罪の成否」警研61巻2号
───「轢き逃げと遺棄罪」警研58巻8号
───「財産犯の保護法益」警研59巻2号
鈴木左斗志「刑法における『占有』概念の再構成──財産犯罪の『成否』と『個別化』における保護法益論の機能」学習院大学法学会雑誌34巻2号
───「秘匿された立入目的と建造物侵入罪の成否」法教222号別冊付録判例セレクト'95
───「詐欺罪における『交付』について」松尾古稀上巻
関　哲夫『住居侵入罪の研究』(平成7年)
荘子邦雄「公務執行妨害罪における職務行為の適法性」木村博士還暦祝賀『刑事法学の基本問題第2巻』(昭和33年)
十河太朗「犯人蔵匿罪と証憑湮滅罪の限界に関する一考察──『隠避』概念の検討を中心として」同志社法学46巻5号
曽根威彦『表現の自由と刑事規制』(昭和60年)
───『刑法における実行・危険・錯誤』(平成3年)
───「収賄罪──職務権限論を中心に」刑雑31巻1号
───「私文書偽造罪の客体」法セ428号
───「地方公務員法61条4号のあおり罪の成否」法セ429号
園田　寿「私的秘密の刑法的保護」刑雑30巻3号
───「インターネットとわいせつ情報」法律時報69巻7号

　　　た　行

瀧川幸辰『刑事法判決批評第2巻』(昭和12年)[『瀧川幸辰著作集第3巻』(昭和56年)]
───『増補刑法各論』(昭和43年)[『同著作集第2巻』(昭和56年)]
───「背任罪の本質──信義破壊か権限濫用か」民商1巻6号
辰井聡子「生命の保護」法教283号52頁
谷口知平「不法原因給付と強盗殺人罪の成立」民商法雑誌44巻3号
田山聡美「不法原因給付と横領罪の成否」早稲田法研92号
団藤重光「名誉毀損罪と事実の真実性」『刑法と刑事訴訟法との交錯』(昭和25年)
恒光　徹「所有権留保付き自動車割賦売買の刑法的保護と刑法の担保性」岡山大学法学会雑誌

48 巻 1 号
豊田兼彦「盗品等に関する罪について」愛大法経論集 159 号

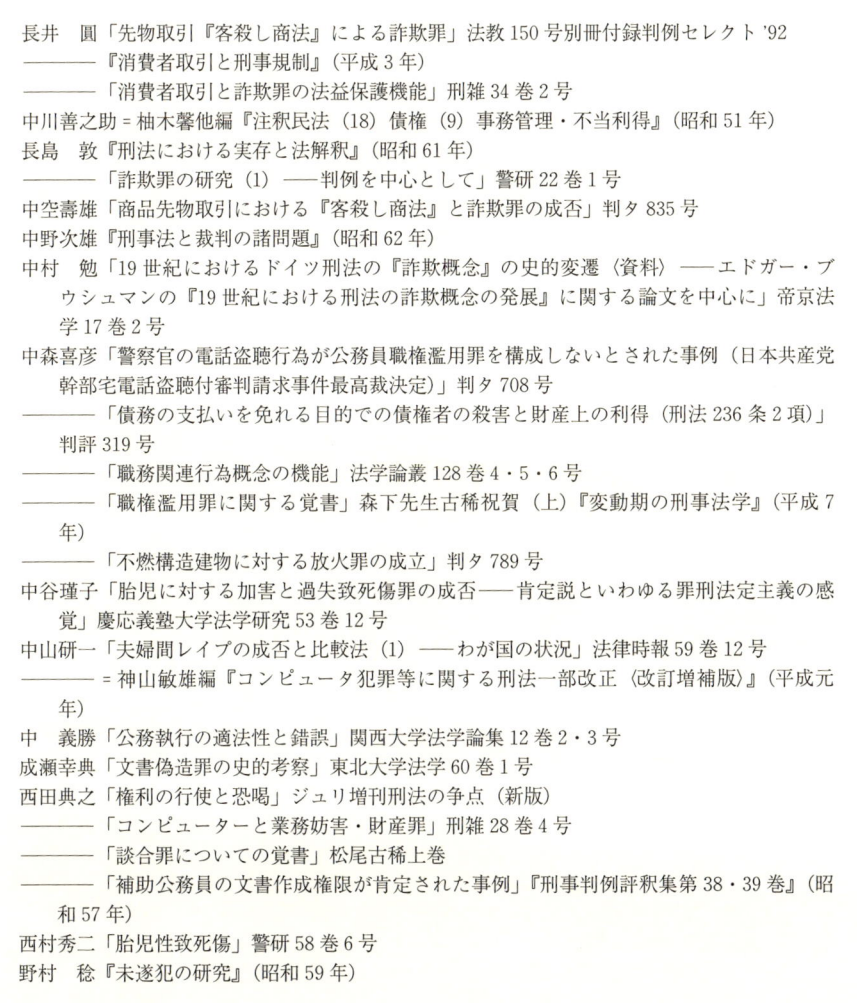

な 行

長井　圓「先物取引『客殺し商法』による詐欺罪」法教 150 号別冊付録判例セレクト '92
─── 『消費者取引と刑事規制』(平成 3 年)
─── 「消費者取引と詐欺罪の法益保護機能」刑雑 34 巻 2 号
中川善之助＝柚木馨他編『注釈民法 (18) 債権 (9) 事務管理・不当利得』(昭和 51 年)
長島　敦『刑法における実存と法解釈』(昭和 61 年)
─── 「詐欺罪の研究 (1) ──判例を中心として」警研 22 巻 1 号
中空壽雄「商品先物取引における『客殺し商法』と詐欺罪の成否」判タ 835 号
中野次雄『刑事法と裁判の諸問題』(昭和 62 年)
中村　勉「19 世紀におけるドイツ刑法の『詐欺概念』の史的変遷〈資料〉──エドガー・ブウシュマンの『19 世紀における刑法の詐欺概念の発展』に関する論文を中心に」帝京法学 17 巻 2 号
中森喜彦「警察官の電話盗聴行為が公務員職権濫用罪を構成しないとされた事例 (日本共産党幹部宅電話盗聴付審判請求事件最高裁決定)」判タ 708 号
─── 「債務の支払いを免れる目的での債権者の殺害と財産上の利得 (刑法 236 条 2 項)」判評 319 号
─── 「職務関連行為概念の機能」法学論叢 128 巻 4・5・6 号
─── 「職権濫用罪に関する覚書」森下先生古稀祝賀 (上)『変動期の刑事法学』(平成 7 年)
─── 「不燃構造建物に対する放火罪の成立」判タ 789 号
中谷瑾子「胎児に対する加害と過失致死傷罪の成否──肯定説といわゆる罪刑法定主義の感覚」慶応義塾大学法学研究 53 巻 12 号
中山研一「夫婦間レイプの成否と比較法 (1) ──わが国の状況」法律時報 59 巻 12 号
───＝神山敏雄編『コンピュータ犯罪等に関する刑法一部改正 (改訂増補版)』(平成元年)
中　義勝「公務執行の適法性と錯誤」関西大学法学論集 12 巻 2・3 号
成瀬幸典「文書偽造罪の史的考察」東北大学法学 60 巻 1 号
西田典之「権利の行使と恐喝」ジュリ増刊刑法の争点 (新版)
─── 「コンピューターと業務妨害・財産罪」刑雑 28 巻 4 号
─── 「談合罪についての覚書」松尾古稀上巻
─── 「補助公務員の文書作成権限が肯定された事例」『刑事判例評釈集第 38・39 巻』(昭和 57 年)
西村秀二「胎児性致死傷」警研 58 巻 6 号
野村　稔『未遂犯の研究』(昭和 59 年)

は 行

萩原由美恵「ドイツの騒擾罪規定 (Landfriedensbruch) の変遷 (2・完) ──1970 年の改正以降を中心に」上智法学論集 40 巻 1 号

橋田　久「業務妨害罪」法教 288 号
橋爪　隆「過失犯」法教 276 号
─────「詐欺罪」法教 293 号
林　幹人「いわゆる一項強盗による強盗殺人未遂罪ではなく窃盗罪又は詐欺罪といわゆる二項強盗による強盗殺人未遂罪との包括一罪になるとされた事例」警研 59 巻 6 号
─────「現代刑事法学の視点・木村光江『権利行使と財産犯 (1)-(5)』」法律時報 59 巻 9 号
─────「ゴルフクラブ会員権・預託証書を賄賂として収受した場合における没収・追徴」警研 53 巻 12 号
─────「錯誤に基づく被害者の同意」松尾古稀上巻
─────「相当因果関係と一般予防」上智法学論集 40 巻 4 号
─────「続・ドイツ刑法判例研究 (7) 住居権者」警研 58 巻 10 号
─────「続・ドイツ刑法判例研究 (17) 背任罪の主体と行為」警研 59 巻 9 号
─────「手形保証債務を負担させたことが刑法 247 条にいう『財産上ノ損害』に当たるとされた事例」ジュリ 1119 号
─────「背任罪における『財産上の損害』の意義」ジュリ増刊刑法の争点 (新版)
─────「不動産侵奪罪の公訴時効の起算点」判評 356 号
─────「本権説と占有説──最高裁平成元年 7 月 7 日決定 (刑集 43 巻 7 号 607 頁) について」判時 1387 号
─────「有形偽造に関する二つの新判例をめぐって」曹時 45 巻 6 号
林美月子「状態犯と継続犯」神奈川法学 24 巻 3・4 号
─────「性的自由・性表現に関する罪」法セ 455 号
─────「窃盗罪における不法領得の意思についての一考察」警研 53 巻 2 号
─────「錯誤に基づく同意」内藤古稀
─────「クレジットカードの不正使用と詐欺罪」平野古稀上巻
林　陽一「財産的情報の刑法的保護──立法論の見地から」刑雑 30 巻 1 号
原田　保「死体等に対する財産犯罪の成否」福田・大塚古稀 (下)
樋口恭介「欺罔による請負代金の本来の支払時期より前の受領と詐欺罪の成否」ジュリ 1249 号
日高義博「遺棄罪の問題点」現代講座第 4 巻
平川宗信『名誉毀損罪と表現の自由』(昭和 58 年)
─────「名誉に対する罪の保護法益」現刑 60 号
平野龍一「横領と背任」,「刑法における『出生』と『死亡』」,「詐欺罪における交付行為」『犯罪論の諸問題 (下) 各論』(昭和 57 年)
─────「偽証罪における客観説と主観説」判時 1557 号
─────「刑事法ノート 4・文書偽造の二・三の問題」法教 4 号
─────「刑法各論の諸問題 4, 5, 14」法セ 201, 203, 221 号
─────「三方一両損的解釈──ソフト・ランディングのための暫定的措置」ジュリ 1121 号
─────「潜在的意思と仮定的意思──監禁罪の保護法益」判時 1569 号
─────「堕胎と胎児傷害──刑事法ノート 2」警研 57 巻 4 号
─────「単純遺棄と保護責任者遺棄」警研 57 巻 5 号
深町晋也「危険引受論について」本郷法政 9 号
─────「窃盗罪」法教 290 号
福田雅章「刑事法における強制の根拠としてのパターナリズム──ミルの『自由原理』に内在

するパターナリズム」一橋論叢 103 巻 1 号
藤木英雄「凶器準備集合罪の問題点」警察学論集 21 巻 4 号
─── 「公文書の『写』の偽造と文書偽造罪の成否」警研 45 巻 10 号
─── 「事実の真実性の誤信と名誉毀損罪」法学協会雑誌 86 巻 10 号
古川伸彦「簡易生命保険証書の騙取と詐欺罪の成否」ジュリ 1221 号
星周一郎「焼損概念について (2・完)」東京都立大学法学会雑誌 37 巻 1 号
堀内捷三「警察官の電話盗聴行為が職権濫用罪を構成しないとされた事例 (いわゆる共産党幹部宅盗聴事件) (平成元・3・14 最高三小決)」警研 63 巻 4 号
─── 「刑法第 110 条 1 項の罪と公共の危険発生の認識の要否 (昭和 60・3・28 最高一小判)」警研 61 巻 5 号
─── 「作成権限の濫用と文書偽造」前掲『判例と学説 8』
─── 「賄賂罪における職務行為の意義」平野古稀上巻
─── 「収賄罪と追徴」内藤古稀

ま　行

前田雅英「インターネットとわいせつ罪」ジュリ 1112 号
─── 「クレジットカードの不正使用と詐欺罪」法セ 425 号
─── 「警察官の電話盗聴と公務員職権濫用罪」平成元年度重要判例解説・ジュリ 957 号
─── 「建造物侵入罪における『侵入』の意義」昭和 58 年度重要判例解説・ジュリ 815 号
─── 「職権濫用罪」刑雑 31 巻 1 号
町野　朔『患者の自己決定権と法』(昭和 61 年)
─── 「いわゆる親族相盗例における親族関係」ジュリ 1092 号
─── 「兇器準備集合罪における共同加害目的 (1)」警研 52 巻 4 号
─── 「刑法 193 条にいう職権の濫用の意義」警研 55 巻 4 号
─── 「私人の私生活上の行状と刑法 230 条の 2 第 1 項にいう『公共ノ利害ニ関スル事実』にあたるとされた事例──刑法 230 条の 2 第 1 項にいう『公共ノ利害ニ関スル事実』にあたるか否かの判断方法 (月刊ペン事件第一次上告審判決)」『刑事判例評釈集第 42・43 巻』(平成 5 年)
─── 「『独立呼吸説』の旅路」ソフィア 41 巻 4 号
─── 「犯罪各論の現在・職権と濫用の構造──職権濫用罪の範囲 II」法教 174 号
─── 「被害者の承諾」判例研究 2
─── 「賄賂と社交儀礼──収賄罪の成立要件」前掲『判例と学説 8』
松原芳博「情報の保護」法教 298 号
松宮孝明「すでに本犯の嫌疑で逮捕勾留されている者に対する犯人隠避罪の成否 (昭和 63・1・28 福岡高判)」南山法学 12 巻 2・3 号
─── 「自殺関与罪と実行の着手」中山古稀第 1 巻
─── 「脳死について」中義勝先生古稀祝賀『刑法理論の探究──中刑法理論の検討』(平成 4 年)
─── 「優生保護法上の指定医師に対して業務上堕胎, 保護責任者遺棄致死, 死体遺棄の併合罪の成立を認めた事例」甲南法学 24 巻 2 号
丸山雅夫『結果的加重犯論』(平成 2 年)
─── 「続・ドイツ刑法判例研究 (15)・三角詐欺」警研 59 巻 7 号

―――「判例理論としてのいわゆる『独立燃焼説』（上）」判時 393 号
―――「個人法益としての『名誉』概念」内田古稀
三ケ月章「占有訴訟の現代的意義――民法 202 条 1 項の比較法的・系譜的考察」法学協会雑誌 79 巻 2 号
宮澤浩一「フォトコピーと文書偽造罪（上）」判タ 323 号
宮野　彬『安楽死から尊厳死へ』（昭和 59 年）
虫明　満『包括一罪の研究』（平成 4 年）
村井敏邦『公務執行妨害罪の研究』（昭和 59 年）

や　行

安田拓人「窃盗罪の保護法益」法教 261 号
安廣文夫「刑法 260 条の『他人ノ』建造物に当たるとされた事例」ジュリ 873 号
安村　勉「騒擾罪――群衆」警研 60 巻 4 号
山口　厚『危険犯の研究』（昭和 57 年）
―――「偽造概念における『人格の同一性』をめぐって」研修 543 号
―――「刑法 130 条前段にいう『侵入』の意義」警研 56 巻 2 号
―――「コンピュータ・ネットワークと犯罪」ジュリ 1117 号
―――「財産的情報の刑法的保護――立法論の見地から」刑雑 30 巻 1 号
―――「詐欺罪における処分行為」平野古稀上巻
―――「テレホンカードと有価証券変造」ジュリ 951 号
―――「時の判例・迎撃形態の兇器準備集合罪――相手方からの襲撃の蓋然性の要否（昭和 58・6・23 最高一小判）」法教 38 号
―――「『法益関係的錯誤』説の解釈論的意義」司法研修所論集 111 号
―――「犯罪各論の基礎 1-4, 6-10, 12, 13, 15-17」法教 199-203, 206-213, 215, 217, 220-222 号
―――「名誉毀損と真実性の誤信」曹時 41 巻 10 号
―――「賄賂の没収・追徴」内藤古稀
山中敬一「財物の価値性」判タ 540 号
―――「自己名義のクレジット・カードの不正使用に関する一考察（2・完）」関西大学法学論集 37 巻 1 号
山本輝之「ダイヤル Q^2 回線を利用したわいせつな音声の提供とわいせつ物公然陳列罪の成否――大阪地判平成 3・12・2」法教 146 号
―――「不法領得の意思」警研 59 巻 4 号
吉岡一男「企業秘密と情報財（1）――刑事学各論の試みのために」法学論叢 117 巻 3 号
米倉　明「月賦品処分の刑法的処理」北大法学論集 17 巻 1 号
米澤慶治編『刑法等一部改正法の解説』（昭和 63 年）

わ　行

渡部　尚「事実証明に関する文書」研修 497 号
和田俊憲「住居侵入罪」法教 287 号
―――「法領域をまたぐ」法教 271 号

事項索引

あ 行

あっせん収賄罪　453
あへん煙に関する罪　347
安楽死　30
遺棄　45
遺棄罪　39
意思説　355
遺失物等横領罪　297
委託関係　280
委託された金銭　283
委託物横領罪　188
一時使用の意思　191
一部露出説　9, 10
一般的職務権限　448
移転罪　224
居直り強盗　207
違法状態維持説　308
因果共犯論　306
印章偽造の罪　393
隠匿罪　313
飲料水に関する罪　348
印磁　384
営利目的等拐取罪　84
役務　178
越権行為説　291
延焼罪　338
往来危険罪　344, 345
往来危険による汽車転覆等罪　346
往来妨害罪　343
横領行為　291
横領罪　278, 279
　——と背任罪・詐欺罪　298
　——の共犯　288

か 行

外患罪　426
外国国章損壊等罪　476
外国通貨偽造罪　371
解釈論　2, 420

外部的名誉　112
替え玉受験　360
過失傷害罪　66
過失致死罪　66
加重収賄罪　449
加重逃走罪　471
ガス漏出等の罪　340
肩書きの冒用　358, 364
可能的自由　72
可罰的違法性　142
患者の自己決定権　32
看守者の逃走させる罪　474
間接偽造　363
観念説　355
管理可能性説　172
毀棄・隠匿の意思　194
毀棄罪　313
企業秘密　110
偽計　131
　——による監禁　74
危険運転致死傷罪　60
期限の利益　213
偽証罪　467
キセル乗車　243
偽造　376, 389
偽造公文書行使等罪　379
偽装心中　28
偽造通貨収得罪　372
規範的意思説　353
規範的構成要件要素　399
器物損壊等の罪　317
欺罔　225
　——の対象　226
　——の程度　228
キャッシュカード　255
境界損壊罪　317
恐喝　263
　——による収賄　441
　——による贈賄　265
恐喝罪　205, 260

496　事項索引

凶器準備集合罪　63
強制執行不正免脱罪　479
強制わいせつ罪　87, 88
強制わいせつ等致死傷罪　96
共同意思　324
脅迫　435
　——の概念　78
　——の程度　205
脅迫罪　75
共犯の因果性　217
業務　128, 339
　——と公務　129
　——の概念　67
業務上横領罪　296
業務上失火罪　339
強要罪　80
虚偽記入　390
虚偽公文書作成罪　376
虚偽告訴罪　456
虚偽診断書等作成罪　381
虚偽の意義　458, 468
虚偽の風説の流布　131
虚無人名義　364
禁制品　157, 310
金銭横領　286
クレジットカードの不正使用　250
傾向犯　90
経済的価値　141
経済的財産説　140, 148
経済犯罪　137
形式主義　354
継続性・裁量性をもつ財産上の義務　272
継続犯　82
競売入札妨害罪　437
軽微な傷害　48
厳格責任説　123
権限逸脱行為　303
権限濫用説　266
現実的自由　72
現住建造物等浸害罪　341
現住建造物等放火罪　336
建造物損壊罪　316
建造物等以外放火罪　338
建造物の一体性　334
現場助勢罪　53

原本　351
権利行使と恐喝　159, 261
権利行使と恐喝罪　164
強姦罪　87, 91
公共の危険　329
　——の認識　331
公共の利害に関する事実　118
公共の利害に関する場合の特例　116
抗拒不能　93
強取　206
公衆の健康に対する罪　347
公正証書等不実記載罪　379
公正なる価格　439
公然　402
　——の意義　115
公然わいせつ罪　402
強盗強姦罪　223
強盗罪　205
　——の故意　208
強盗傷害罪における傷害　48
強盗致死傷罪　219
行動の自由に対する罪　71
強盗予備罪　215
強盗利得罪　211
交付
　——の意思　236
　——の権限　245
　——の地位　245
交付行為　235, 264
公文書偽造等罪　375
公務員の意義　429
公務執行妨害罪　428
公務の範囲　429
公用文書等毀棄罪　315
個人責任の原則　325
国家秘密　110
コピーによる文書偽造　351
誤振込　281
個別財産に対する罪　138
昏睡強盗罪　216
コンピュータ犯罪　255

　　さ　行

罪刑法定主義　2
債権の侵害　176, 211, 240, 284

事項索引　497

財産関係の相対性　157
財産権の対象　174
財産罪
　——の移転性　179
　——の客体　172
　——の体系　137
　——の保護法益　140
財産侵害の危険　147
財産的価値　141
財産的損害　140, 285, 286
　——の要否　142
再生された文書　383
財物　172
債務の負担　176
債務不履行　136, 270
詐欺罪　223, 438
詐欺賭博　415
錯誤　233
殺人罪　7
三角詐欺　244
産業スパイ　193
三徴候説　19
事後強盗罪　216
事後収賄罪　449
自殺関与　23
事実証明文書　359
事実証明に関する文書　380
事実的意思説　353
事実の真実性に関する錯誤　121
死者に関する罪　407
死者の占有　189
死者の名誉毀損　114
事前収賄罪　450
私戦予備及び陰謀の罪　477
死体遺棄等罪　408
死体損壊罪等　407
失火罪　329, 339
実質主義　354
死の概念　19
私文書偽造罪　380
司法作用に対する罪　456
重過失　69, 339
住居権　98
　——の主体　101
住居侵入罪　97

住居の平穏　98
集合犯　328, 424
私有財産　137
集団強姦罪　96
収得後知情行使罪　372
主観的自由意思喪失的錯誤説　95
主観的名誉　111
出水に関する罪　340
準強制わいせつ罪　92
準強姦罪　92
準強盗罪　216
準詐欺罪　229, 254
純粋性説　442
傷害　47
傷害罪　47
　——の拡張類型　53
消火妨害罪　339
証拠隠滅罪　463
常習性　413
常習賭博罪　414
詔書偽造罪　375
浄水汚染罪　348
浄水毒物等混入罪　349
焼損　332
状態犯　82, 199
譲渡担保　288
証人威迫罪　466
私用文書等毀棄罪　316
情報　179
職務行為の適法性　431
職務執行の時間的範囲　430
「職務に関し」の意義　444
職務の適法性についての錯誤　434
所在国外移送目的拐取罪　86
職権の濫用　482
職権濫用罪　481
所有権の対象　174
所有権留保　288
信書　108
信書隠匿罪　318
信書開封罪　108
心神喪失　92
親族間の犯罪　202, 312
侵奪　200
侵入の意義　103

信任違背説　266
信頼保護説　440
心理的因果性　325
水道汚染罪　349
水防妨害罪　342
水利に関する罪　340
水利妨害及び出水危険罪　342
スキミング　391
制限責任説　123
精神説　355
生前意思表示（living will）　32, 33
請託　451
性的感情に対する罪　87, 396
性的自己決定権　87
性的自由　87
　──・性的自己決定権　87, 91
　──に対する罪　87
窃取　184
　──の既遂　197
　──の未遂　197
窃盗罪　184
全体財産に対する罪　138
全部露出説　10
占有　184, 279
占有説　159, 161, 261
占有離脱物横領　185
臓器移植　20
臓器移植法　21
相続財産を承継する利益　213
相対的わいせつ概念　400
相当対価　142, 286
騒乱の罪　323
贈賄罪　453
贈賄と横領　292
訴訟詐欺　246
損害　247
損害賠償請求権の行使　166
尊厳死　33

　　　た　行

第三者供賄罪　452
胎児性致死傷　15
逮捕・監禁の意義　75
逮捕・監禁の罪　72
代理名義の名義人　358

多衆　326
多衆犯　424
多衆不解散罪　329
堕胎行為　35
堕胎罪　14, 34
「他人の」の意義　169
他人の物　282
談合行為　234
談合罪　438
単純逃走罪　470
単純賭博罪　415
中立命令違反罪　478
治療行為　52
追求権　304
追徴　453, 455
通貨偽造準備罪　372
通貨偽造の罪　370
通称名の使用　364
テレフォンカード　260, 387
電子計算機損壊等業務妨害罪　133
電磁的記録不正作出　382
電磁的記録物　382
同意殺人罪　23
同意傷害　51
同意堕胎　35
同時傷害罪　54
逃走援助罪　473
逃走の罪　469
盗品等に関する罪　304
盗品等の第三者による侵害　158
独立燃焼説　332
賭博　415
賭博罪　412
賭博場開帳罪　416
富くじ罪　416
図利加害目的　276

　　　な　行

内乱罪　424
難燃性建築物　333
2項恐喝罪　262
2項財産罪　175, 181
二重抵当　273
二重売買　273, 287
任務違背行為　274

事項索引　499

脳死　20
　——と心臓死　22
脳死説　20

は 行

背任罪　266
パターナリズム　24
犯罪の完成　198
犯罪の終了　198
犯人蔵匿罪　460
被害者の主観内容　205
被害者の同意　52
被害者のない犯罪　396
非現住建造物等浸害罪　341
非現住建造物等放火罪　337
被拘禁者奪取罪　473
必要的共犯　328, 424
人の始期　7
人の終期　19
秘密　109, 179
秘密漏示罪　108
秘密を侵す罪　106
封印破棄罪　436
夫婦間の強姦　92
封をされた包装物　188
不可罰的事後行為　307
不実電磁的記録作出利得罪　255
侮辱罪　111
不正電磁的記録供用罪　382
不動産　199
不動産侵奪罪　199
不法原因給付　309
　——と横領罪　149
　——と強盗罪　153
　——と詐欺罪　149, 153
不法領得の意思　190, 285, 293
不保護　45
不良貸付　147
文書　315, 350, 372, 382, 387
　再生された——　383
文書偽造の罪　372
弁護士資格を冒用した場合　368
変造　374, 390
法益関係的錯誤　93
法益関係的錯誤説　28

放火の罪　329
冒険的取引　274
暴行　327, 435
　——の概念　57
　——の程度　205
暴行・脅迫　89, 91
暴行罪　57
法秩序の統一性　433
法律的財産説　141, 148, 240
保護責任　42
母体外での保続が可能な生命　11
母体外での保続が不可能な生命　11
母体保護法　38
没収　453
補塡の意思　285
本権説　159, 261

ま 行

未成年者拐取罪　82
密接関連行為　445
身の代金目的拐取罪等　85
身分犯　376
無形偽造　353
無銭飲食　242
村八分　78
名誉感情　111
名誉毀損罪　111
目的の公益性　119

や 行

薬物犯罪　347
有価証券　386, 389
有価証券偽造の罪　385
有形偽造　353, 361
ユーザー・ユニオン事件　167
有体性説　172
有体物　308
許された危険　124

ら 行

利益窃盗　181
利益の窃取　136
立法論　3, 420
略取及び誘拐の罪　81
領域権　98

——の主体　101
領得行為説　291
領得罪　224
労働力　178

わいせつ物頒布等の罪　403
賄賂罪　440

わ　行

わいせつの概念　396, 399

判例索引

明治

大判明治 26・9・28 刑抄録 1・29 ……………… 175
大判明治 31・3・3 刑録 4・3・15 ……………… 281
大判明治 35・6・5 刑録 8・6・42 ……………… 390
大判明治 36・3・26 刑録 9・454 ……………… 226
大判明治 36・5・21 刑録 9・874 ……………… 173
大判明治 36・6・1 刑録 9・930 ……………… 200
大判明治 36・7・6 刑録 9・1219 ……………… 9
大判明治 37・2・25 刑録 10・364 ……………… 374
大判明治 38・10・20 民録 11・1374 ……………… 288
大判明治 39・6・28 刑録 12・768 ……………… 371
大判明治 41・5・9 民録 14・546 ……………… 151
大判明治 41・9・4 刑録 14・755 ……………… 371
大判明治 42・2・5 刑録 15・61 ……………… 391
大判明治 42・2・23 刑録 15・127 ……………… 375
大判明治 42・3・16 刑録 15・261 ……………… 386
大判明治 42・4・12 刑録 15・435 ……………… 308
大判明治 42・4・16 刑録 15・452 ……………… 313
大判明治 42・4・30 刑録 15・536 ……………… 376
大判明治 42・5・14 刑録 15・607 ……………… 176
大判明治 42・6・17 刑録 15・783 ……………… 374
大判明治 42・10・7 刑録 15・1196 ……………… 386
大判明治 42・10・19 刑録 15・1420 ……………… 35
大判明治 42・11・11 刑録 15・1554 ……………… 386
大判明治 42・11・15 刑録 15・1596 ……………… 280
大判明治 42・11・15 刑録 15・1622 ……………… 176
大判明治 43・3・4 刑録 16・384 ……………… 332
大判明治 43・3・8 刑録 16・393 ……………… 50
大判明治 43・3・10 刑録 16・402 ……………… 371
大判明治 43・3・25 刑録 16・470 ……………… 464
大判明治 43・4・28 刑録 16・760 ……………… 26
大判明治 43・5・12 刑録 16・857 ……………… 11
大判明治 43・5・13 刑録 16・860 ……… 373, 394
大判明治 43・6・7 刑録 16・1064 ……………… 176
大判明治 43・6・17 刑録 16・1210 ……………… 211
大判明治 43・6・30 刑録 16・1314 ……… 371, 372
大判明治 43・8・9 刑録 16・1452 ……………… 375
大判明治 43・9・30 刑録 16・1569 ……………… 83
大判明治 43・9・30 刑録 16・1572 ……… 372, 383
大判明治 43・10・4 刑録 16・1608 ……………… 408
大判明治 43・10・11 刑録 16・1689 ……………… 416
大判明治 43・11・8 刑録 16・1895 ……………… 379
大判明治 43・11・15 刑録 16・1937 ……………… 77
大判明治 43・11・21 刑録 16・2093 ……………… 394
大判明治 43・12・2 刑録 16・2129 ……………… 153
大判明治 43・12・5 刑録 16・2135 ……………… 300
大判明治 43・12・13 刑録 16・2181 ……………… 372
大判明治 44・2・2 刑録 17・27 ……………… 391
大判明治 44・2・9 刑録 17・52 ……… 126, 131
大判明治 44・2・27 刑録 17・197 … 184, 196, 313
大判明治 44・3・24 刑録 17・458 ……………… 374
大判明治 44・3・31 刑録 17・482 ……………… 391
大判明治 44・4・17 刑録 17・605 ……………… 376
大判明治 44・4・24 刑録 17・655 ……………… 331
大判明治 44・5・25 刑録 17・959 ……………… 247
大判明治 44・6・22 刑録 17・1242 ……………… 341
大判明治 44・7・6 刑録 17・1388 ……………… 409
大判明治 44・7・10 刑録 17・1409 ……………… 437
大判明治 44・7・21 刑録 17・1475 ……………… 372
大判明治 44・8・15 刑録 17・1488 ……… 314, 315
大判明治 44・9・5 刑録 17・1520 ……………… 78
大判明治 44・9・14 刑録 17・1531 ……………… 239
大判明治 44・9・25 刑録 17・1550 ……………… 328
大判明治 44・10・13 刑録 17・1713 ……………… 380
大判明治 44・11・9 刑録 17・1849 ……………… 459
大判明治 44・11・16 刑録 17・1987 ……………… 341
大判明治 44・12・4 刑録 17・2095 ……………… 176
大判明治 44・12・15 刑録 17・2190 …… 188, 436
大判明治 44・12・18 刑録 17・2208 ……………… 308
大判明治 45・1・15 刑録 18・1 ……………… 464
大判明治 45・4・22 刑録 18・496 ……………… 176
大判明治 45・6・17 刑録 18・880 ……………… 390
大判明治 45・6・20 刑録 18・896 ……………… 58
大判明治 45・7・4 刑録 18・896 ……………… 47
大判明治 45・7・4 刑録 18・1009 ……… 292, 390
大判明治 45・7・16 刑録 18・1083 ……………… 42
大判明治 45・7・16 刑録 18・1087 ……………… 255

大正

大判大正元・9・6 刑録 18・1211 ……………… 209
大判大正元・10・8 刑録 18・1231 ……… 279, 284
大判大正元・11・25 刑録 18・1413 …………… 359
大判大正元・11・26 刑録 18・1425 …………… 380
大判大正元・12・20 刑録 18・1566 …………… 457
大判大正 2・1・27 刑録 19・85 ………………… 127
大判大正 2・3・27 刑録 19・423 ……… 380, 394
大判大正 2・4・17 刑録 19・511 ……………… 274
大判大正 2・6・12 刑録 19・711 ……………… 284
大判大正 2・9・5 刑録 19・853 ………………… 394
大判大正 2・10・21 刑録 19・982 ……………… 190
大判大正 2・11・19 刑録 19・1253 …………… 416
大判大正 2・11・19 刑録 19・1255 ……………… 91
大判大正 2・12・13 刑録 19・1422 …………… 441
大判大正 2・12・16 刑録 19・1440 …… 194, 293
大判大正 2・12・19 刑録 19・1472 …………… 311
大判大正 2・12・19 刑録 19・1481 …… 380, 394
大判大正 3・4・29 刑録 20・654 ……………… 468
大判大正 3・4・29 新聞 943・32 ……………… 264
大判大正 3・5・18 刑録 20・932 ……………… 415
大判大正 3・6・9 刑録 20・1147 ……… 330, 335
大判大正 3・6・11 刑録 20・1171 …………… 247
大判大正 3・6・17 刑録 20・1245 …………… 296
大判大正 3・6・20 刑録 20・1300 …………… 316
大判大正 3・6・20 刑録 20・1313 …………… 268
大判大正 3・6・27 刑録 20・1350 …………… 293
大判大正 3・7・21 刑録 20・1541 ……………… 90
大判大正 3・7・28 刑録 20・1548 …………… 417
大判大正 3・10・6 刑録 20・1810 …………… 374
大判大正 3・10・7 刑録 20・1816 …………… 415
大判大正 3・10・12 新聞 974・30 …………… 271
大判大正 3・10・16 刑録 20・1867 …… 277, 278
大判大正 3・11・4 刑録 20・2008 …………… 395
大判大正 3・11・7 刑録 20・2054 …………… 374
大判大正 3・11・17 刑録 20・2142 …………… 437
大判大正 3・11・18 刑録 20・2157 …………… 374
大判大正 3・11・19 刑録 20・2200 …………… 386
大判大正 3・12・1 刑録 20・2303 ……………… 79
大判大正 3・12・17 刑録 20・2426 …………… 390
大判大正 4・2・9 刑録 21・81 ………………… 131
大判大正 4・2・20 刑録 21・130 ……………… 272
大判大正 4・3・4 刑録 21・231 ………………… 460
大判大正 4・4・9 刑録 21・457 ……………… 279

大判大正 4・4・20 刑録 21・487 ………… 25, 28
大判大正 4・4・26 刑録 21・422 …………… 176
大判大正 4・5・21 刑録 21・663 ……… 190, 194
大判大正 4・5・21 刑録 21・670 ………… 40, 42
大判大正 4・6・2 刑録 21・721 ……………… 309
大判大正 4・6・8 新聞 1024・31 …………… 114
大判大正 4・6・15 刑録 21・818 ……… 229, 255
大判大正 4・6・24 刑録 21・886 ……… 308, 410
大判大正 4・7・9 刑録 21・990 ………………… 91
大判大正 4・8・24 刑録 21・1244 …………… 461
大判大正 4・9・21 刑録 21・1390 …………… 374
大判大正 4・10・6 刑録 21・1441 …………… 432
大判大正 4・10・16 刑録 21・1632 ………… 415
大判大正 4・10・25 新聞 1049・34 ………… 226
大判大正 4・12・11 刑録 21・2088 …………… 97
大判大正 5・5・1 刑録 22・672 ……………… 186
大判大正 5・5・25 刑録 22・816 …………… 113
大判大正 5・6・1 刑録 22・854 ……………… 126
大判大正 5・6・24 刑録 22・1017 ………… 280
大判大正 5・6・26 刑録 22・1153 …………… 126
大判大正 5・7・13 刑録 22・1267 …………… 308
大判大正 5・9・28 刑録 22・1467 …………… 295
大判大正 5・11・6 刑録 22・1664 …………… 310
大判大正 5・12・13 刑録 22・1822 ………… 114
大判大正 6・3・3 新聞 1240・31 …………… 316
大判大正 6・4・13 刑録 23・312 …………… 336
大判大正 6・4・30 刑録 23・436 …………… 415
大判大正 6・5・23 刑録 23・517 …………… 311
大判大正 6・7・14 刑録 23・886 …………… 291
大判大正 6・10・15 刑録 23・1113
　　　　　　　　　……………… 153, 188, 281
大判大正 6・10・23 刑録 23・1165 ………… 380
大判大正 6・11・24 刑録 23・1302 ………… 408
大判大正 7・2・6 刑録 24・32 ……………… 188
大判大正 7・2・26 刑録 24・121 …………… 395
大判大正 7・3・11 刑録 24・172 ……………… 77
大判大正 7・3・15 刑録 24・219 …………… 332
大判大正 7・6・17 刑録 24・844 …………… 415
大判大正 7・7・15 刑集 24・975 …………… 413
大判大正 7・7・17 刑録 24・939 …………… 232
大判大正 7・8・20 刑録 24・1203 ……………… 89
大判大正 7・9・25 刑録 24・1219 ………… 159
大判大正 7・10・19 刑録 24・1274 ………… 280
大判大正 7・11・19 刑録 24・1365 ………… 188
大判大正 7・12・6 刑録 24・1506 …… 98, 101

大判大正 8・2・27 刑録 25・252 ……… 234, 438
大判大正 8・2・27 刑録 25・261 ……………… 37
大判大正 8・3・6 新聞 1547・19 ……… 407, 410
大判大正 8・3・27 刑録 25・396 …………… 226
大判大正 8・3・31 刑録 25・403 …………… 464
大判大正 8・4・4 刑録 25・382 ……………… 186
大判大正 8・4・5 刑録 25・489 ……………… 188
大判大正 8・5・13 刑録 25・632 …………… 316
大判大正 8・6・30 刑録 25・820 ……………… 81
大判大正 8・7・5 刑録 25・836 ……………… 380
大判大正 8・7・15 新聞 1605・21 …………… 273
大判大正 8・7・31 刑録 25・899 ……………… 51
大判大正 8・8・7 刑録 25・953 ……………… 42
大判大正 8・8・30 刑録 25・963 …… 42, 43, 44
大判大正 8・9・13 刑録 25・977 …………… 284
大判大正 8・12・13 刑録 25・1367 ………… 9, 11
大判大正 9・7・19 刑録 26・541 …………… 379
大判大正 9・12・17 刑録 26・921 …………… 315
大判大正 9・12・24 刑録 26・1437 ………… 412
大判大正 10・9・24 刑録 27・589 …………… 315
大判大正 10・10・24 刑録 27・643 ………… 128
大判大正 11・1・17 刑集 1・1 ……………… 284
大判大正 11・2・28 刑集 1・82 ……………… 310
大連判大正 11・4・22 刑集 1・296 ………… 455
大判大正 11・5・6 刑集 1・261 ……………… 436
大判大正 11・7・12 刑集 1・393 ……… 152, 304
朝鮮高等法院判大正 11・9・21 評論 11・刑
　法 300 ……………………………………… 176
大判大正 11・10・9 刑集 1・534 …………… 272
大判大正 11・10・20 刑集 1・558 … 356, 361, 390
大判大正 11・10・20 刑集 1・568 …………… 486
大判大正 11・10・23 評論 11 刑 400 ………… 48
大判大正 11・11・3 刑集 1・622 …………… 308
大判大正 11・12・11 刑集 1・745 …………… 376
大判大正 11・12・13 刑集 1・754 …………… 331
大判大正 11・12・15 刑集 1・763 ……… 139, 176
大判大正 11・12・16 刑集 1・799 …………… 48
大連判大正 11・12・22 刑集 1・815 ………… 221
大判大正 11・12・22 刑集 1・828 …………… 379
大判大正 12・1・25 刑集 2・19 ……………… 311
大判大正 12・2・7 刑集 2・45 ……………… 292
大判大正 12・2・15 刑集 2・73 ……………… 391
大判大正 12・2・15 刑集 2・78 ……………… 390
大判大正 12・3・15 刑集 2・210 …………… 345
大判大正 12・3・29 刑集 2・275 …………… 413

大判大正 12・4・9 刑集 2・330 ……… 192, 197
大判大正 12・4・14 刑集 2・336 ……… 309, 311
大判大正 12・5・24 刑集 2・445 …………… 380
大判大正 12・6・4 刑集 2・486 ……………… 115
大判大正 12・7・3 刑集 2・624 ……… 192, 198
大判大正 12・11・12 刑集 2・783 …………… 335
大判大正 12・12・1 刑集 2・895 …………… 295
大判大正 12・12・15 刑集 2・988 …………… 115
大判大正 12・12・25 刑集 2・1017 ………… 176
大判大正 13・2・9 刑集 3・95 ……………… 416
大判大正 13・3・11 刑集 3・203 …………… 185
大判大正 13・6・10 刑集 3・473 ……… 186, 187
大判大正 13・10・22 刑集 3・749 …………… 89
大判大正 13・11・11 刑集 3・788 …………… 274
大判大正 14・9・25 刑集 4・547 …………… 386
大判大正 14・10・10 刑集 4・599 …………… 380
大判大正 14・10・16 刑集 4・613 …………… 408
大判大正 14・12・5 刑集 4・709 …………… 364
大判大正 15・2・22 刑集 5・97 ……………… 437
大判大正 15・2・24 刑集 5・56 ……………… 389
大判大正 15・3・24 刑集 5・117 ……… 81, 113
大判大正 15・4・20 刑集 5・136 ……… 293, 294
大判大正 15・5・8 刑集 5・271 ……………… 390
大判大正 15・6・19 刑集 5・267 …………… 405
大判大正 15・6・25 刑集 5・285 ……………… 93
大判大正 15・7・5 刑集 5・303 …………… 113
大判大正 15・7・20 新聞 2598・9 …………… 49
大判大正 15・9・23 刑集 5・427 …………… 274
大判大正 15・9・28 刑集 5・383 …………… 335
大判大正 15・9・28 刑集 5・387 ……………… 43
大判大正 15・10・8 刑集 5・440 …………… 186
大判大正 15・11・2 刑集 5・491 …………… 186
大判大正 15・11・25 新聞 2645・9 ………… 416

昭和元年～20年

大判昭和 2・3・26 刑集 6・114 …………… 363
大判昭和 2・3・28 刑集 6・118 ……………… 53
大判昭和 2・6・8 新聞 2734・11 …………… 328
大判昭和 2・6・17 刑集 6・208 ……………… 35
大判昭和 2・7・11 評論 16・365 …………… 428
大判昭和 2・12・8 刑集 6・512 …… 266, 441, 444
大決昭和 3・1・28 刑集 7・33 ……………… 222
大判昭和 3・5・24 刑集 7・389 …………… 454
大判昭和 3・7・14 刑集 7・490 …………… 373

大判昭和 3・12・21 刑録 7・772 ………… 142
大判昭和 4・2・18 新聞 2970・9 ……… 412, 415
大判昭和 4・5・16 刑集 8・251 …………… 221
大判昭和 4・8・6 新報 197・16 ……………… 79
大判昭和 4・10・14 刑集 8・477 …………… 314
大判昭和 4・11・1 刑集 8・557 …………… 395
大判昭和 4・12・14 刑集 8・654 …………… 390
大判昭和 4・12・24 刑集 8・688 ……………… 82
大判昭和 5・4・24 刑集 9・265 …………… 328
大判昭和 5・5・17 刑集 9・303 …………… 265
大判昭和 5・7・10 刑集 9・497 …………… 264
大判昭和 5・9・18 刑集 9・668 …………… 461
大判昭和 5・10・25 刑集 9・761 ……………… 51
大判昭和 6・3・11 評論 20・刑法 96 ………… 387
大判昭和 6・5・8 刑集 10・205 …………… 212
大判昭和 6・7・2 刑集 10・303 …………… 331
大判昭和 6・7・8 刑集 10・319 …………… 219
大判昭和 6・8・6 刑集 10・412 …………… 440
大判昭和 6・10・29 刑集 10・511 ………… 219
大判昭和 6・11・26 刑集 10・627 ………… 227
大判昭和 7・2・1 刑集 11・15 ……………… 35
大判昭和 7・2・18 刑集 11・42 …………… 437
大判昭和 7・2・25 刑集 11・207 …………… 376
大判昭和 7・2・29 刑集 11・141 ……………… 75
大判昭和 7・3・17 刑集 11・437 ……………… 81
大判昭和 7・3・24 刑集 11・296 …………… 434
大判昭和 7・4・11 刑集 11・337 …………… 343
大判昭和 7・4・12 刑集 11・367 …………… 416
大判昭和 7・4・21 刑集 11・407 …………… 105
大判昭和 7・5・5 刑集 11・578 …………… 389
大判昭和 7・5・5 刑集 11・595 …………… 336
大判昭和 7・6・11 刑集 11・815 …………… 386
大判昭和 7・6・15 刑集 11・837 …………… 371
大判昭和 7・7・20 刑集 11・1104 ……………… 81
大判昭和 7・9・12 刑集 11・1317 ……… 274, 292
大判昭和 7・10・31 刑集 11・1541
……………………………… 268, 273, 301
大判昭和 7・11・24 刑集 11・1703 ………… 274
大判昭和 7・12・10 刑集 11・1817 …… 464, 466
大判昭和 8・2・14 刑集 12・114 …………… 459
大判昭和 8・2・17 刑集 12・139 …………… 227
大判昭和 8・3・9 刑集 12・232 …………… 298
大判昭和 8・3・16 刑集 12・275 … 197, 295, 302
大判昭和 8・4・15 刑集 12・427 ……………… 58
大判昭和 8・4・19 刑集 12・471 ……………… 27

大判昭和 8・5・4 刑集 12・538 …………… 226
大判昭和 8・6・5 刑集 12・736 ………… 48, 348
大判昭和 8・7・8 刑集 12・1195 …………… 408
大判昭和 8・7・27 刑集 12・1388 ………… 335
大判昭和 8・9・6 刑集 12・1593 ……………… 48
大判昭和 8・9・11 刑集 12・1599 ………… 284
大判昭和 8・10・5 刑集 12・1748 ………… 376
大判昭和 8・10・18 刑集 12・1820 …… 462, 466
大判昭和 8・11・9 刑集 12・1946 ………… 289
大判昭和 8・12・6 刑集 12・2226 ………… 394
大判昭和 9・3・29 刑集 13・335 …………… 239
大判昭和 9・3・31 刑集 13・362 …………… 386
大判昭和 9・6・11 刑集 13・730 …………… 415
大判昭和 9・6・13 刑集 13・747 ……… 407, 411
大判昭和 9・7・16 刑集 13・972 …………… 455
大判昭和 9・7・19 刑集 13・983 …………… 302
大判昭和 9・7・19 刑集 13・1043 ………… 289
大判昭和 9・8・27 刑集 13・1086 ……………… 27
大判昭和 9・9・14 刑集 13・1405 ………… 446
大判昭和 9・10・22 刑集 13・1367 ………… 376
大判昭和 9・10・29 新聞 3793・17 ………… 296
大判昭和 9・12・10 刑集 13・1699 ………… 247
大判昭和 9・12・22 刑集 13・1789 …… 194, 314
大判昭和 10・2・7 刑集 14・76 ……………… 37
大判昭和 10・5・13 刑集 14・514 ………… 223
大判昭和 10・6・26 新聞 3861・16 ………… 152
大判昭和 10・10・24 刑集 14・1061 …… 293, 294
大判昭和 10・10・24 刑集 14・1267 ……… 425
大判昭和 10・11・6 刑集 14・1114 ………… 67
大判昭和 10・11・22 刑集 14・1240 ………… 77
大判昭和 10・12・21 刑集 14・1434 …… 266, 442
大判昭和 11・3・24 刑集 15・307 ………… 108
大判昭和 11・3・30 刑集 15・396 ………… 290
大判昭和 11・4・24 刑集 15・518 ………… 374
大判昭和 11・5・14 刑集 15・626 ………… 441
大判昭和 12・3・10 刑集 16・290 ………… 188
大判昭和 12・3・28 判決全集 4・6・42 ………… 42
大判昭和 12・9・10 刑集 16・1251 …………… 55
大判昭和 12・9・10 新聞 4204・9 …………… 42
大判昭和 12・10・26 刑集 16・1391 ……… 374
大判昭和 12・11・19 刑集 16・1513 ……… 116
大判昭和 13・2・28 刑集 17・141 ………… 114
大判昭和 13・9・1 刑集 17・648 …………… 152
大判昭和 13・12・6 刑集 17・907 ………… 391
大判昭和 14・3・7 刑集 18・93 …………… 300

大判昭和 14・10・27 刑集 18・503 ……………… 261
大判昭和 14・11・4 刑集 18・497 ………………… 75
大判昭和 15・4・2 刑集 19・181 ………………… 363
大判昭和 15・10・14 刑集 19・685 ………………… 37
大判昭和 16・11・11 刑集 20・598 ……………… 189
大判昭和 17・2・2 刑集 21・77 …………………… 248
大判昭和 19・2・8 刑集 23・1 …………………… 217
大判昭和 19・11・24 刑集 23・252 ……………… 207
大判昭和 20・5・1 刑集 24・1 …………………… 408

昭和 21 年～30 年

最判昭和 22・12・15 刑集 1・80 ………………… 49
最判昭和 22・12・17 刑集 1・94 ……………… 362
最判昭和 23・3・9 刑集 2・3・140 ……………… 219
最判昭和 23・3・16 刑集 2・3・227 …………… 312
最判昭和 23・4・17 刑集 2・4・399 …………… 197
最判昭和 23・5・20 刑集 2・5・489 …………… 103
最判昭和 23・6・5 刑集 2・7・641 …………… 149
最判昭和 23・6・8 裁判集刑 2・329 …………… 339
最判昭和 23・7・27 刑集 2・6・1004 ………… 188
最判昭和 23・10・7 刑集 2・11・1289 ………… 416
最判昭和 23・10・23 刑集 2・11・1386 ……… 373
最判昭和 23・11・2 刑集 2・12・1443 ……… 332
最判昭和 23・11・9 刑集 2・12・1504 ……… 311
最判昭和 23・11・16 刑集 2・12・1535 ……… 408
最判昭和 23・11・25 刑集 2・12・1649 ……… 102
最判昭和 23・12・24 刑集 2・14・1883 ……… 209
最判昭和 24・1・11 刑集 3・1・1 ……………… 264
最判昭和 24・2・8 刑集 3・2・83 ……… 238, 265
最判昭和 24・2・8 刑集 3・2・75 …… 58, 205, 265
最判昭和 24・2・15 刑集 3・2・164 …………… 207
最判昭和 24・2・15 刑集 3・2・175 …………… 157
最判昭和 24・3・8 刑集 3・3・276 … 287, 293, 294
最判昭和 24・4・5 刑集 3・4・427 ……………… 376
最判昭和 24・5・10 刑集 3・6・711 …… 58, 89, 91
最判昭和 24・5・28 刑集 3・6・873 …………… 219
最判昭和 24・6・18 刑集 3・7・1094 ………… 414
最判昭和 24・6・28 刑集 3・7・1129 ………… 335
最判昭和 24・7・9 刑集 3・8・1174 …………… 91
最判昭和 24・7・9 刑集 3・8・1188 …………… 216
最判昭和 24・7・12 刑集 3・8・1237 …………… 48
最判昭和 24・7・30 刑集 3・8・1418 ………… 307
最判昭和 24・8・9 刑集 3・9・1440 ………… 460
名古屋高判昭和 24・10・6 判特 1・172 …… 101

最判昭和 24・10・20 刑集 3・10・1660 ……… 311
名古屋高判昭和 24・11・12 判特 3・93 …… 198
最判昭和 24・12・6 刑集 3・12・1884 ……… 454
最判昭和 24・12・10 裁判集刑 15・273 ……… 49
最判昭和 24・12・15 刑集 3・12・2023 ……… 455
大阪高判昭和 24・12・16 判特 5・95 ……… 198
最判昭和 24・12・20 刑集 3・12・2036 ……… 75
最判昭和 24・12・22 刑集 3・12・2070 ……… 198
最判昭和 24・12・24 刑集 3・12・2088 ……… 215
福岡高判昭和 25・2・17 判特 4・74 ………… 255
最判昭和 25・2・24 刑集 4・2・255 …………… 233
最判昭和 25・2・28 刑集 4・2・268 ……… 376, 429
最判昭和 25・3・23 刑集 4・3・382 …… 248, 249
最判昭和 25・4・6 刑集 4・4・481 ……… 266, 442
最判昭和 25・4・13 刑集 4・4・544 …………… 200
最判昭和 25・4・21 刑集 4・4・655 …………… 314
東京高判昭和 25・6・10 高刑集 3・2・222 …… 58
広島高松江支判昭和 25・7・3 高刑集 3・2・247 …………………………………………… 77
最判昭和 25・7・4 刑集 4・7・1168 …… 149, 224
名古屋高判昭和 25・7・17 判特 11・88 …… 262
最判昭和 25・8・9 刑集 4・8・1556 ………… 312
最判昭和 25・8・29 刑集 4・9・1585 ………… 141
最判昭和 25・9・5 刑集 4・9・1620 ………… 390
最判昭和 25・9・22 刑集 4・1757 …………… 292
最大判昭和 25・9・27 刑集 4・9・1783 ……… 105
最判昭和 25・11・9 刑集 4・11・2239 ………… 50
名古屋高判昭和 25・11・14 高刑集 3・4・748 …………………………………………………… 197
最判昭和 25・11・22 刑集 4・11・2380 ……… 412
最判昭和 25・12・14 刑集 4・12・2548 ……………………………………… 219, 333, 336
最判昭和 26・1・23 裁判集刑 39・573 ……… 301
最判昭和 26・1・30 刑集 5・1・117 …………… 305
最判昭和 26・3・20 刑集 5・5・794 …………… 435
最判昭和 26・4・10 刑集 5・5・825 …………… 414
名古屋高判昭和 26・4・27 判特 27・84 …… 216
最判昭和 26・5・10 刑集 5・6・1026 …… 396, 399
最判昭和 26・5・25 刑集 5・6・1186 ………… 283
最判昭和 26・6・7 刑集 5・7・1236 ……………… 67
最判昭和 26・7・13 刑集 5・8・1437 ………… 191
最大判昭和 26・7・18 刑集 5・8・1491 ……… 129
福岡高判昭和 26・8・9 高刑集 4・8・975 …… 390
最判昭和 26・8・9 裁判集刑 51・363 ………… 157
福岡高判昭和 26・8・25 高刑集 4・8・995 …… 311

最判昭和 26・9・20 刑集 5・10・1937 ……… 50, 56
最判昭和 26・9・28 刑集 5・10・2127 ……… 262
福岡高判昭和 26・10・6 判時 19・28 ……… 153
最判昭和 26・12・14 刑集 5・13・2518 ……… 237
福岡高判昭和 27・1・23 判時 19・60 ……… 308
東京高判昭和 27・2・9 裁特 29・27 ……… 228
最決昭和 27・2・21 刑集 6・2・275 ……… 27
福岡高判昭和 27・3・20 判時 19・72 ……… 231
最判昭和 27・3・28 刑集 6・3・546 ……… 432
東京高判昭和 27・6・3 高刑集 5・6・938 …… 410
最判昭和 27・6・6 刑集 6・6・795 ……… 47, 48
東京高判昭和 27・6・26 裁特 34・86 ……… 216
大阪高判昭和 27・6・28 刑集 5・6・1010 …… 386
東京高判昭和 27・7・3 高刑集 5・7・1134 …… 128
最決昭和 27・7・10 刑集 6・7・876 ……… 305
最判昭和 27・7・22 刑集 6・7・927 …… 443, 451
東京高判昭和 27・8・5 高刑集 5・8・1364 …… 411
東京高判昭和 27・8・18 判特 34・148 ……… 439
最判昭和 27・10・17 裁判集刑 68・361 ……… 291
札幌高判昭和 27・11・20 高刑集 5・11・2018
　　　　　　　　　　　　　　　　　　……… 155
東京高判昭和 27・12・11 高刑集 5・12・2283
　　　　　　　　　　　　　　　　　　……… 192
名古屋高判昭和 27・12・22 判時 30・23 …… 386
最判昭和 27・12・25 刑集 6・12・1387 … 377, 379
最判昭和 28・1・23 刑集 7・1・46 ……… 459
最判昭和 28・1・30 刑集 7・1・128 …… 127, 132
福岡高判昭和 28・2・9 高刑集 6・1・108 …… 69
最決昭和 28・2・19 刑集 7・2・280 ……… 222
東京高判昭和 28・2・21 高刑集 6・4・367
　　　　　　　　　　　　　　　　　　…… 117, 118
高松高判昭和 28・2・25 高刑集 6・4・417 …… 197
名古屋高判昭和 28・2・26 判特 33・11 ……… 284
最判昭和 28・3・6 裁判集刑 75・435 ……… 307
最決昭和 28・4・28 刑集 8・4・596 ……… 480
東京高判昭和 28・4・30 東高刑時報 3・5・192
　　　　　　　　　　　　　　　　　　……… 187
最判昭和 28・5・8 刑集 7・5・965 ……… 268
最決昭和 28・5・14 刑集 7・5・1041 …… 100, 103
最判昭和 28・5・21 刑集 7・5・1053 …… 324, 327
広島高判昭和 28・5・27 高刑集 6・9・1105 …… 133
最判昭和 28・5・29 刑集 7・5・1171 ……… 386
最判昭和 28・6・17 刑集 7・6・1289 ……… 73
最決昭和 28・7・24 刑集 7・7・1638 ……… 315
東京高判昭和 28・8・3 判特 39・71 ……… 363

浦和地判昭和 28・8・21 判時 8・19 ……… 233
最判昭和 28・10・2 刑集 7・10・1883 ……… 428
最決昭和 28・10・19 刑集 7・10・1945 … 465, 469
福岡高判昭和 28・10・31 判時 26・45 ……… 198
東京高判昭和 28・11・12 裁特 39・177 …… 228
札幌高判昭和 28・11・26 高刑集 6・1737 …… 103
最決昭和 28・12・10 刑集 7・12・2418 ……… 439
最判昭和 28・12・15 刑集 7・12・2436 ……… 120
福岡高判昭和 29・1・12 高刑集 7・1・1 …… 471
最判昭和 29・3・9 裁特 26・70 ……… 155
最判昭和 29・3・30 判特 26・75 ……… 153
最判昭和 29・4・6 刑集 8・4・407 ……… 263
最決昭和 29・5・6 刑集 8・5・634 ……… 197
大阪高判昭和 29・5・31 高刑集 7・5・752 …… 48
最判昭和 29・6・8 刑集 8・6・846 ……… 77
大阪高判昭和 29・6・11 判特 28・144 ……… 77
最判昭和 29・6・29 裁判集刑 96・587 …… 197
広島高判昭和 29・6・30 高刑集 7・6・944 …… 29
大阪高判昭和 29・7・14 判特 1・4・133 … 51, 52
最判昭和 29・8・20 刑集 8・8・1256 … 452, 454
最判昭和 29・8・20 刑集 8・8・1277 …… 48, 58
最判昭和 29・8・31 民集 8・8・1557 ……… 151
最決昭和 29・9・30 刑集 8・9・1575 ……… 460
最判昭和 29・10・22 刑集 8・10・1616 ……… 234
大阪高判昭和 29・10・30 裁特 1・追録 759
　　　　　　　　　　　　　　　　　　……… 440
最判昭和 29・11・5 刑集 8・11・1675 ……… 283
大阪高判昭和 29・11・12 高刑集 7・11・1670
　　　　　　　　　　　　　　　　　　……… 132
最判昭和 30・1・11 刑集 9・1・25 ……… 394
広島高判昭和 30・2・5 裁特 2・4・60 ……… 120
福岡高宮崎支判昭和 30・3・11 裁特 2・6・151
　　　　　　　　　　　　　　　　　　……… 198
最判昭和 30・3・17 刑集 9・3・477 ……… 451
最判昭和 30・4・8 刑集 9・4・827 …… 241, 243, 263
東京高判昭和 30・4・9 高刑集 8・4・495 …… 58
福岡高判昭和 30・4・25 高刑集 8・3・418 …… 186
名古屋高判昭和 30・5・4 裁特 2・11・501 …… 209
東京高判昭和 30・5・30 裁特 2・11・538 …… 275
最判昭和 30・6・22 刑集 9・8・1189 …… 344, 346
福岡高宮崎支判昭和 30・6・24 裁特 2・12・
　　628 ……… 472
大阪高判昭和 30・6・27 裁特 2・15・748 …… 298
最決昭和 30・7・7 刑集 9・9・1856
　　　　　　　　　　　　　　 ……… 240, 242, 243

最判昭和 30・7・12 刑集 9・9・1866 ············ 307
東京高判昭和 30・8・30 高刑集 8・6・860 ···· 128
広島高判昭和 30・9・6 高刑集 8・8・1021 ··· 236
最判昭和 30・9・16 裁判集刑 108・485 ······· 312
最判昭和 30・10・7 民集 9・11・1616 ·········· 153
最判昭和 30・10・14 刑集 9・11・2173 ··· 164, 260
東京地判昭和 30・10・31 判時 69・27 ········· 405
最決昭和 30・12・3 刑集 9・13・2596 ·········· 429
東京高判昭和 30・12・6 東高刑時報 6・12・
　440 ··· 370
名古屋高判昭和 30・12・13 裁特 2・24・1276
　·· 154, 155, 224
最判昭和 30・12・26 刑集 9・14・3053 ········· 280

昭和 31 年～40 年

最決昭和 31・1・19 刑集 10・1・67 ············· 188
最判昭和 31・4・10 刑集 10・4・520 ············ 105
福岡高判昭和 31・4・14 裁特 3・8・409 ······· 83
最判昭和 31・6・13 刑集 10・6・830 ············ 348
最判昭和 31・6・26 刑集 10・6・874 ············ 288
最決昭和 31・7・12 刑集 10・7・1058 ··········· 445
東京高判昭和 31・8・9 裁特 3・7・826 ········· 286
最判昭和 31・8・22 刑集 10・8・1260 ··········· 191
最判昭和 31・12・7 刑集 10・12・1592 ········· 273
広島高判昭和 31・12・25 高刑集 9・12・1336
　·· 471
東京高判昭和 31・12・27 高刑集 9・12・1362
　·· 248
最決昭和 31・12・27 刑集 10・12・1798 ······· 387
最決昭和 32・1・17 刑集 11・1・23 ············· 390
東京高判昭和 32・1・22 高刑集 10・1・10 ······ 89
最判昭和 32・1・22 刑集 11・1・50 ············· 439
最決昭和 32・1・24 刑集 11・1・270 ············ 187
最決昭和 32・1・29 刑集 11・1・325 ····· 314, 315
最決昭和 32・2・21 刑集 11・2・877 ············ 133
名古屋高金沢支判昭和 32・3・12 高刑集 10・
　2・157 ·· 87
最決昭和 32・3・13 刑集 11・3・997 ····· 396, 400
札幌高判昭和 32・3・23 高刑集 10・2・197 ····· 20
最判昭和 32・3・28 刑集 11・3・1136 ··········· 445
最判昭和 32・4・4 刑集 11・4・1327 ····· 105, 313
最決昭和 32・4・23 刑集 11・4・1393 ······ 47, 48
最判昭和 32・4・25 刑集 11・4・1427 ·········· 188
大阪高判昭和 32・5・20 判時 120・27 ·········· 67

最決昭和 32・5・22 刑集 11・5・1526 ···· 402, 403
東京高判昭和 32・5・31 裁特 4・11＝12・289
　·· 215
最判昭和 32・6・21 刑集 11・6・1700 ·········· 336
最判昭和 32・7・16 刑集 11・7・1829 ·········· 186
最判昭和 32・7・18 刑集 11・7・1861 ·········· 219
大阪高判昭和 32・7・22 高刑集 10・6・521 ··· 433
最判昭和 32・7・25 刑集 11・7・2037 ·········· 386
最判昭和 32・9・13 刑集 11・9・2263 ···· 211, 212
最判昭和 32・10・3 刑集 11・10・2413 ········· 437
最判昭和 32・10・4 刑集 11・10・2464 ········· 377
最判昭和 32・10・15 刑集 11・10・2597 ········ 175
最判昭和 32・11・8 刑集 11・12・3061 ········· 185
最判昭和 32・11・19 刑集 11・12・3073 ······· 296
大阪高判昭和 32・12・18 裁特 4・23・637 ···· 480
最決昭和 32・12・19 刑集 11・13・3316 ······· 280
東京高判昭和 32・12・19 裁特 4・24・660 ···· 336
最判昭和 32・12・20 刑集 11・14・3331 ······· 454
最決昭和 33・2・27 刑集 12・2・342 ············ 454
最判昭和 33・3・6 刑集 12・3・452 ············· 263
東京高判昭和 33・3・10 裁特 5・3・89 ··· 186, 187
最判昭和 33・3・19 刑集 12・4・636 ············ 74
最判昭和 33・3・28 刑集 12・4・708 ············ 436
最判昭和 33・4・10 刑集 12・5・743 ············ 373
最判昭和 33・4・17 刑集 12・1079 ·············· 191
最判昭和 33・4・18 刑集 12・6・1090 ··········· 67
最判昭和 33・5・1 刑集 12・7・1286 ············ 281
東京高判昭和 33・7・7 裁特 5・8・313 ········ 242
東京高判昭和 33・7・19 高刑集 11・6・347 ··· 471
最判昭和 33・7・25 刑集 12・12・2746 ········ 339
最判昭和 33・7・31 刑集 12・12・2805 ········ 458
最判昭和 33・9・1 刑集 12・13・2833 ·········· 149
最判昭和 33・9・5 刑集 12・13・2844 ·········· 402
最判昭和 33・9・16 刑集 12・13・3031 ········· 380
最判昭和 33・9・19 刑集 12・13・3127 ········· 293
仙台高判昭和 33・9・24 高刑集 11・追録・1
　·· 471
最判昭和 33・9・30 刑集 12・13・3151 ········· 428
最判昭和 33・10・10 刑集 12・14・3246 ······· 302
最判昭和 33・10・14 刑集 12・14・3264 ······· 435
最判昭和 33・10・24 刑集 12・14・3368 ······· 311
最判昭和 33・11・21 刑集 12・15・3519 ········ 28
広島高判昭和 33・12・24 高刑集 11・10・701
　·· 93
最決昭和 34・2・9 刑集 13・1・76 ·············· 309

高松高判昭和 34・2・11 高刑集 12・1・18 …… 208
最決昭和 34・2・19 刑集 13・2・186 ………… 115
最判昭和 34・3・5 刑集 13・3・275 …………… 404
東京高判昭和 34・4・30 高刑集 12・5・486 … 433
最判昭和 34・5・7 刑集 13・5・641 ……… 115, 121
岡山地判昭和 34・5・25 下刑集 1・5・1302 … 119
最判昭和 34・6・30 刑集 13・6・985 ………… 371
最判昭和 34・7・24 刑集 13・8・1163 …… 41, 45
最判昭和 34・7・24 刑集 13・8・1176 ………… 77
最決昭和 34・8・27 刑集 13・10・2769 …… 58, 435
最決昭和 34・8・28 刑集 13・10・2906 ……… 160
神戸地判昭和 34・9・25 下刑集 1・9・2069 … 214
最決昭和 34・9・28 刑集 13・11・2993 ……… 142
東京高判昭和 34・11・28 高刑集 12・10・974
　…………………………………………………… 386
東京高判昭和 34・12・8 高刑集 12・10・1017
　……………………………………………………… 81
最判昭和 34・12・9 刑集 13・12・3186 ……… 440
大阪高判昭和 34・12・18 下刑集 1・12・2564
　…………………………………………………… 166
最決昭和 34・12・25 刑集 13・13・3360 …… 115
最決昭和 35・1・11 刑集 14・1・1 …………… 379
最決昭和 35・1・12 刑集 14・1・9 …………… 374
大阪高判昭和 35・2・18 下刑集 2・2・141 … 467
最判昭和 35・2・18 刑集 14・2・138 ………… 344
最判昭和 35・3・1 刑集 14・3・209 ………… 429
最判昭和 35・3・18 刑集 14・4・416 ………… 79
東京高判昭和 35・3・22 東高刑時報 11・3・73
　……………………………………………………… 69
最判昭和 35・4・26 刑集 14・6・748 ………… 160
東京高判昭和 35・5・12 東高刑時報 11・5・
　108 ………………………………………………… 69
最判昭和 35・6・24 刑集 14・8・1103 …… 460, 479
佐賀地判昭和 35・6・27 下刑集 2・5=6・938
　…………………………………………………… 474
熊本地判昭和 35・7・1 下刑集 2・7=8・1031 … 44
東京高判昭和 35・7・26 東高刑時報 11・7・
　202 ……………………………………………… 186
最判昭和 35・8・30 刑集 14・10・1418 … 155, 212
東京高決昭和 35・10・6 東高刑時報 11・10・
　265 ……………………………………………… 483
東京高判昭和 35・11・29 高刑集 13・9・639
　…………………………………………………… 467
最判昭和 35・12・8 刑集 14・13・1818
　………………………………………… 58, 326, 327, 329

神戸地姫路支判昭和 35・12・12 下刑集 2・
　11=12・1527 …………………………………… 223
最決昭和 35・12・13 刑集 14・13・1929 …… 304
最決昭和 35・12・27 刑集 14・14・2229 …… 314
最判昭和 36・3・2 刑集 15・3・451 ………… 459
東京高判昭和 36・3・31 高刑集 14・2・77 … 437
東京地判昭和 36・4・4 判時 274・34 ……… 464
最判昭和 36・6・20 刑集 15・6・984 ………… 379
広島高判昭和 36・7・10 高刑集 14・5・310
　………………………………………………… 20, 26
浦和地判昭和 36・7・13 下刑集 3・7=8・693
　…………………………………………………… 264
東京高判昭和 36・8・8 高刑集 14・5・316 … 186
最判昭和 36・8・17 刑集 15・7・1244 ………… 96
最決昭和 36・8・17 刑集 15・7・1293 …… 464, 465
最決昭和 36・9・8 刑集 15・8・1309 ………… 348
最決昭和 36・9・26 刑集 15・8・1525 ………… 390
最決昭和 36・10・10 刑集 15・9・1580 ……… 153
大阪地判昭和 36・10・17 下刑集 3・9=10・945
　……………………………………………………… 81
大阪地判昭和 36・11・25 下刑集 3・11=12・
　1106 ……………………………………………… 49
東京高判昭和 36・11・27 東高刑時報 12・11・
　236 ……………………………………………… 166
横浜地判昭和 36・11・27 下刑集 3・11=12・
　1111 ……………………………………………… 42
最判昭和 36・12・1 刑集 15・11・1807 ……… 344
最決昭和 37・2・9 刑集 16・2・54 ………… 438
最判昭和 37・2・13 刑集 16・2・68 ………… 147
最判昭和 37・5・29 刑集 16・5・528 ………… 448
名古屋高金沢支判昭和 37・7・10 下刑集
　4・7=8・624 ……………………………………… 69
東京高判昭和 37・8・7 東高刑時報 13・8・207
　………………………………………………… 177, 215
東京高判昭和 37・8・30 高刑集 15・6・488 … 208
最決昭和 37・11・21 刑集 16・11・1570 ……… 84
東京地判昭和 37・11・29 判タ 140・117 …… 247
東京地判昭和 37・12・3 判時 323・33 ……… 189
名古屋高判昭和 37・12・22 高刑集 15・674 … 31
東京地判昭和 38・3・23 判タ 147・92 ……… 47
最決昭和 38・4・18 刑集 17・3・248 ……… 74, 75
最決昭和 38・5・13 刑集 17・4・279 ………… 486
最決昭和 38・7・9 刑集 17・6・608
　………………………………………… 274, 292, 303
福岡高判昭和 38・7・15 下刑集 5・7=8・653

判例索引　509

.... 467
高松地丸亀支判昭和 38・9・16 下刑集 5・867
.... 247
最判昭和 38・11・8 刑集 17・11・2357............ 312
最判昭和 38・12・6 刑集 17・12・2443............ 364
新潟地相川支判昭和 39・1・10 下刑集 6・1=
　2・25 200
広島高松江支判昭和 39・1・20 高刑集 17・
　1・47 66
最判昭和 39・1・24 裁判集民 71・331............ 283
最決昭和 39・1・28 刑集 18・1・31................. 58
名古屋地判昭和 39・2・20 下刑集 6・1=2・80
.... 128
最決昭和 39・3・11 刑集 18・3・99............... 411
宮崎簡判昭和 39・5・13 下刑集 6・5=6・652
.... 403
東京高判昭和 39・6・8 高刑集 17・5・446 189
最決昭和 39・12・8 刑集 18・10・952............ 442
最決昭和 40・2・26 刑集 19・1・59............... 462
最判昭和 40・3・9 刑集 19・2・69................. 197
最決昭和 40・4・16 刑集 19・3・143............. 477
最決昭和 40・5・27 刑集 19・4・396............. 302
最決昭和 40・6・3 刑集 19・4・431............... 389
大阪高判昭和 40・6・7 下刑集 7・6・1166 51
東京地判昭和 40・6・26 下刑集 7・6・1319 .. 181
東京地判昭和 40・8・31 判タ 181・194......... 338
東京高判昭和 40・9・30 下刑集 7・9・1828.....46
名古屋高金沢支判昭和 40・10・14 高刑集
　18・6・691 49
大阪高判昭和 40・12・17 高刑集 18・7・877
.... 201

昭和 41 年～50 年

最判昭和 41・3・24 刑集 20・3・129............. 436
最判昭和 41・4・8 刑集 20・4・207 .... 189, 208
最決昭和 41・4・14 裁判集刑 159・181......... 434
最決昭和 41・6・10 刑集 20・5・374...... 313, 317
大阪高判昭和 41・8・9 高刑集 19・5・535 201
最決昭和 41・9・14 裁判集刑 160・733............49
最判昭和 41・9・16 刑集 20・7・70............... 438
最判昭和 41・10・11 刑集 20・8・817............ 379
最大判昭和 41・11・30 刑集 20・9・1076
.... 130, 429
最決昭和 42・3・30 刑集 21・2・447............. 374

最大判昭和 42・5・24 刑集 21・4・505.......... 432
水戸地判昭和 42・6・6 下刑集 9・6・836...... 248
静岡地沼津支判昭和 42・6・24 下刑集 9・6・
　851 403
東京地判昭和 42・9・5 判タ 213・203.......... 166
最決昭和 42・11・2 刑集 21・9・1179........... 201
最決昭和 42・11・28 刑集 21・9・1277... 356, 357
東京地判昭和 42・12・15 下刑集 12・1506... 278
最判昭和 42・12・19 刑集 21・10・1407........ 437
最決昭和 42・12・21 刑集 21・10・1453........ 246
最決昭和 43・1・18 刑集 22・1・7................. 117
最決昭和 43・1・18 刑集 22・1・32............... 317
尼崎簡判昭和 43・2・29 下刑集 10・2・211... 101
大阪高判昭和 43・3・4 下刑集 10・3・225 ... 142
東京高判昭和 43・3・15 高刑集 21・2・158... 484
岡山地判昭和 43・5・6 下刑集 10・5・561
.... 84, 95
最決昭和 43・6・5 刑集 22・6・427............... 410
最決昭和 43・6・6 刑集 22・6・434............... 231
最決昭和 43・6・25 刑集 22・6・490
.... 356, 357, 389
最判昭和 43・6・28 刑集 22・6・569............. 318
最判昭和 43・8・2 民集 22・8・1571............. 288
最決昭和 43・9・17 裁判集刑 168・691........ 191
最大判昭和 43・9・25 刑集 22・9・871......... 455
最判昭和 43・10・15 刑集 22・10・901......... 453
最決昭和 43・10・24 刑集 22・10・946... 156, 176
最判昭和 43・11・7 刑時 541・83................... 41
大阪地判昭和 43・11・15 判タ 235・280...... 200
広島高岡山支判昭和 43・12・10 高刑集 21・
　5・640 248
最決昭和 43・12・11 刑集 22・13・1469
.... 263, 264
甲府地判昭和 43・12・18 下刑集 10・12・1239
.... 438
広島地判昭和 43・12・24 判時 548・105...... 156
最判昭和 43・12・24 刑集 22・13・1625
.... 404, 424
最決昭和 44・5・1 刑集 23・6・907............... 316
最大判昭和 44・6・18 刑集 23・7・950......... 375
最大判昭和 44・6・25 刑集 23・7・975......... 121
最決昭和 44・7・25 刑集 23・8・1068............ 89
東京高判昭和 44・7・31 高刑集 22・4・518
.... 285, 303
大阪高判昭和 44・8・7 刑月 1・8・795... 178, 244

京都地判昭和 44・8・30 刑月 1・8・841
.... 130, 429
東京高判昭和 44・9・17 高刑集 22・4・595 … 399
最判昭和 44・9・26 民集 23・9・1727 ………… 151
東京高判昭和 44・9・29 高刑集 22・4・672 …… 65
最大判昭和 44・10・15 刑集 23・10・1239 ….. 401
最判昭和 45・1・29 刑集 24・1・1 ………………… 90
京都地判昭和 45・3・12 刑月 2・3・258 ……… 311
最判昭和 45・3・26 刑集 24・3・55 …… 245, 246
最決昭和 45・3・27 刑集 24・3・76 …………… 292
仙台地判昭和 45・3・30 刑月 2・3・308 ……… 316
東京高判昭和 45・4・6 東高刑時報 21・4・152
.... 142
最判昭和 45・4・7 刑集 24・4・105 …………… 405
東京高判昭和 45・5・11 高刑集 23・2・386 …… 45
東京地判昭和 45・7・11 判タ 261・278 ………… 65
札幌高判昭和 45・7・14 高刑集 23・3・479 …… 56
最決昭和 45・7・28 刑集 24・7・585 …………… 96
東京高判昭和 45・8・11 高刑集 23・3・524 … 346
最決昭和 45・9・4 刑集 24・10・1319 ………… 359
名古屋高判昭和 45・9・30 刑月 2・9・951 …. 130
京都地判昭和 45・10・12 刑月 2・10・1104 …… 73
最判昭和 45・10・21 民集 24・11・1560 …… 150
浦和地判昭和 45・10・22 刑月 2・10・1107 …… 46
名古屋高判昭和 45・10・28 刑月 2・10・1030
.... 77
東京高判昭和 45・11・10 刑月 2・11・1145 … 151
最決昭和 45・12・3 刑集 24・13・1707 …… 64, 65
最決昭和 45・12・17 判時 618・97 …………… 132
最判昭和 45・12・22 刑集 24・13・1812
.... 430, 431
最決昭和 45・12・22 刑集 24・13・1882 …… 207
東京高判昭和 46・2・2 高刑集 24・1・75 ……… 97
福井地判昭和 46・2・16 刑月 3・2・105 …… 471
東京地判昭和 46・3・19 刑月 3・3・444 ……… 66
最判昭和 46・4・22 刑集 25・3・530 …… 345, 346
大阪高判昭和 46・4・26 高刑集 24・2・320 …… 65
岡山地判昭和 46・5・17 刑月 3・5・712 ……… 80
仙台高判昭和 46・6・21 高刑集 24・2・418 … 194
東京高判昭和 46・9・9 高刑集 24・3・537 …. 200
広島高判昭和 46・9・30 判タ 269・260 ………. 69
福岡高判昭和 46・10・11 刑月 3・10・1311 …… 60
高松高判昭和 46・11・30 高刑集 4・4・769
.... 179, 261
東京高判昭和 46・12・23 高刑集 24・4・789

.... 403
最決昭和 47・3・2 刑集 26・2・67 …………… 268
最決昭和 47・3・14 刑集 26・2・187 …………… 65
東京地判昭和 47・4・27 刑月 4・4・857 ……… 24
高松高判昭和 47・9・29 高刑集 25・4・425 …… 92
東京地判昭和 47・10・19 判例集未登載 …… 281
東京高判昭和 47・11・21 高刑集 25・5・479
.... 327
福岡高判昭和 47・11・22 刑月 4・1・1803 …. 288
最決昭和 48・2・8 刑集 27・1・1 ……………… 65
最決昭和 48・2・28 刑集 27・1・68 …………. 416
東京高判昭和 48・3・26 高刑集 26・1・85 …. 208
大分地決昭和 48・4・11 刑月 5・4・854 ……. 483
最判昭和 48・4・12 刑集 27・3・351 …………. 400
大阪高判昭和 49・2・14 刑月 6・2・118 ……. 132
山形地判昭和 49・4・24 刑月 6・4・439 ……… 68
東京地裁昭和 49・4・25 刑月 6・4・475 …… 131
最決昭和 49・5・31 裁判集刑 192・571 ……… 98
東京高判昭和 49・10・22 東高刑時報 25・10・
90 333
東京地判昭和 49・11・5 判時 785・116 ……. 117
最決昭和 50・3・25 刑月 7・3・162 …………. 130
東京高判昭和 50・4・15 刑月 7・4・480 ……… 58
最決昭和 50・4・24 判時 774・119 …………… 445
最決昭和 50・6・12 刑集 29・6・365 ………… 311
最決昭和 50・6・13 刑集 29・6・375 ………… 370
広島地判昭和 50・6・24 刑月 7・6・692 …… 192
最決昭和 50・9・19 判例集未登載 …………… 226

昭和 51 年～60 年

東京高判昭和 51・1・23 判時 818・107 ……. 340
最判昭和 51・3・4 刑集 30・2・79 ………… 98, 105
最決昭和 51・3・23 刑集 30・2・229 ………… 125
東京高判昭和 51・3・25 判タ 335・344 ………. 68
最決昭和 51・4・1 刑集 30・3・425 …… 248, 249
最決昭和 51・4・30 刑集 30・3・453 ………. 351
最決昭和 51・5・6 刑集 30・4・591
.... 353, 361, 376
大阪高判昭和 51・7・14 刑月 8・6=8・332 …. 431
東京高判昭和 51・8・16 東高刑時報 27・8・
108 93
広島高判昭和 51・9・21 刑月 8・9=10・380 …. 74
福岡高判昭和 51・9・22 判時 837・108 ……. 467
京都地判昭和 51・10・15 刑月 8・9=10・431

·· 216
大阪地判昭和 51・10・25 刑月 8・9=10・435 … 85
札幌簡判昭和 51・12・6 刑月 8・11=12・525
·· 142
東京高判昭和 51・12・13 東高刑時報 27・
  12・165 ·· 92
京都地判昭和 51・12・17 判時 847・112 … 192
最決昭和 52・4・25 刑集 31・3・169 ············ 374
最判昭和 52・5・6 刑集 31・3・544 ············· 65
東京地判昭和 52・6・8 判時 874・103 ········ 51
広島地判昭和 52・7・13 判時 880・111 ······ 49
最判昭和 52・7・14 刑集 31・4・713 ·········· 315
東京地判昭和 52・8・12 刑月 9・7=8・448 … 168
東京高判昭和 52・11・29 東高刑時報 28・11・
  143 ·· 51
最判昭和 52・12・22 刑集 31・7・1176 ······· 405
大阪地判昭和 52・12・26 判時 893・104 ····· 51
広島高判昭和 53・1・24 判時 895・126 ······ 49
東京高判昭和 53・3・14 東高刑時報 29・3・42
  ·· 265
東京高判昭和 53・3・20 刑月 10・3・210 ··· 262
最判昭和 53・6・29 刑集 32・4・816 ·········· 431
大阪高判昭和 53・7・28 高刑集 31・2・118 ··· 82
最決昭和 53・9・4 刑集 32・6・1077 ····· 326, 328
大阪高判昭和 53・12・7 高刑集 31・3・313 ··· 430
最決昭和 54・1・10 刑集 33・1・1 ············· 430
横浜地判昭和 54・1・16 判時 925・134 ····· 340
東京高判昭和 54・3・29 東高刑時報 30・3・55
  ·· 142
秋田地判昭和 54・3・29 刑月 11・3・264 ······ 18
最決昭和 54・4・13 刑集 33・3・179 ·········· 296
名古屋地判昭和 54・4・27 刑月 11・4・358 … 248
佐賀地判昭和 54・5・8 刑月 11・5・435 ····· 223
大阪地堺支判昭和 54・6・22 刑月 11・6・584
  ·· 404
東京地判昭和 54・8・10 判時 943・122 ······ 48
最決昭和 54・10・26 刑集 33・6・665 ········ 414
最判昭和 54・11・19 刑集 33・7・710 ········ 225
最決昭和 54・12・25 刑集 33・7・1105 ······ 472
東京判昭和 55・2・14 刑月 12・1=2・47
  ··· 181, 193
東京高判昭和 55・3・3 刑月 12・3・67 ······ 233
東京高判昭和 55・7・7 判例集未登載 ······ 119
最決昭和 55・7・15 判時 972・129 ············ 289
名古屋地判昭和 55・7・28 刑月 12・7・709 … 94

判例索引　511

大阪高判昭和 55・7・29 刑月 12・7・525
  ··· 269, 290
最決昭和 55・10・30 刑集 34・5・357 … 191, 192
最決昭和 55・11・28 刑集 34・6・433 ········ 401
前橋地判昭和 55・12・1 刑タ 445・176 ····· 133
最判昭和 55・12・9 刑集 34・7・513 ·········· 345
最決昭和 55・12・22 刑集 34・7・747 ········ 454
東京高判昭和 56・1・27 刑月 13・1=2・50 … 94
最決昭和 56・2・20 刑集 35・1・15 ······ 186, 298
福岡高判昭和 56・3・26 刑月 13・3・164 ··· 317
神戸地判昭和 56・3・27 判時 1012・35 ····· 275
最決昭和 56・4・8 刑集 35・3・57 ············ 354
最決昭和 56・4・16 刑集 35・3・84 ··········· 118
最決昭和 56・4・16 刑集 35・3・107 ·········· 354
広島高判昭和 56・6・15 判時 1009・140 ····· 284
東京高判昭和 56・8・25 判時 1032・139 ···· 179
福井地判昭和 56・8・31 刑月 13・8=9・547 … 244
福岡高判昭和 56・9・21 刑月 13・8=9・527 … 250
最決昭和 56・12・22 刑集 35・9・953 ··· 364, 367
最判昭和 57・1・28 刑集 36・1・1 ······· 482, 484
東京高判昭和 57・5・26 東高刑時報 33・5=
  6・30 ·· 102
東京高判昭和 57・6・28 刑月 14・5=6・324 … 168
東京高判昭和 57・7・13 判時 1082・141 ···· 218
東京高判昭和 57・8・6 判時 1083・150 ····· 208
東京高判昭和 57・8・10 刑月 14・7=8・603 … 69
大阪地判昭和 57・9・9 刑月 14・10・776 ··· 382
旭川地判昭和 57・9・29 刑月 14・9・713 ··· 463
東京高判昭和 58・1・20 判時 1088・147 ···· 102
大阪地判昭和 58・2・8 判タ 504・190 ······ 340
福岡高判昭和 58・2・28 判時 1083・156 ···· 187
東京地判昭和 58・3・1 刑月 15・3・255 ····· 95
最決昭和 58・3・25 刑集 37・2・170 ·········· 449
仙台地判昭和 58・3・28 刑月 15・3・279 ···· 334
最判昭和 58・4・8 刑集 37・3・215 ······· 99, 103
最決昭和 58・5・9 刑集 37・4・401 ··········· 438
最決昭和 58・5・24 刑集 37・4・437
  ································· 140, 147, 148
東京地判昭和 58・6・10 判時 1084・37 ····· 120
東京地判昭和 58・6・20 刑月 15・4=6・299 … 334
最判昭和 58・6・23 刑集 37・5・555 ········ 63, 64
京都地判昭和 58・8・1 刑月 15・7=8・387 … 438
大阪高判昭和 58・8・26 刑月 15・7=8・376 … 200
最決昭和 58・9・27 刑集 37・7・1078 ········· 82
最決昭和 58・11・1 刑集 37・9・1341 ········ 113

最判昭和 58・11・22 刑集 37・9・1507 …… 65, 66
最決昭和 58・11・24 刑集 37・9・1538 ……… 382
最判昭和 59・2・17 刑集 38・3・336 …… 365, 366
最決昭和 59・2・17 刑集 38・3・341 ……… 353
名古屋高判昭和 59・2・28 判月 16・1=2・82 … 68
最判昭和 59・3・23 刑集 38・5・2030 ………… 133
最決昭和 59・4・12 刑集 38・6・2107 ………… 343
最決昭和 59・4・27 刑集 38・6・2584 ………… 132
大阪高判昭和 59・5・23 高刑集 37・2・328 … 248
最決昭和 59・5・30 刑集 38・7・2682 ………… 447
鹿児島地判昭和 59・5・31 刑月 16・5=6・437
　………………………………………………… 53
東京地判昭和 59・6・15 刑月 16・5=6・459 … 193
東京地判昭和 59・6・22 刑月 16・5=6・467
　…………………………………………… 333, 334
東京地判昭和 59・6・28 刑月 16・5=6・476 … 193
大阪高判昭和 59・7・27 高刑集 37・2・377 … 461
東京地判昭和 59・8・6 判時 1132・176 …… 262
東京高判昭和 59・10・30 刑月 16・9=10・679
　………………………………………………… 188
東京高判昭和 59・11・6 速報 2777 ………… 284
大阪高判昭和 59・11・28 高刑集 37・3・438
　…………………………………………… 211, 212
最判昭和 59・12・18 刑集 38・12・3026 …… 105
最決昭和 59・12・21 刑集 38・12・3071
　…………………………………………… 326, 327
大阪高判昭和 60・2・6・高刑集 38・1・50 …… 222
東京地判昭和 60・2・13 刑月 17・1=2・22 … 293
東京地判昭和 60・3・6 判時 1147・162 …… 272
東京地判昭和 60・3・19 判時 1172・155 …… 217
最判昭和 60・3・28 刑集 39・2・75 ………… 331
東京地判昭和 60・4・8 判時 1171・16 …… 447
最決昭和 60・6・11 刑集 39・5・219 ………… 447
新潟地判昭和 60・7・2 刑月 17・7=8・663 … 189
最決昭和 60・7・3・裁判集刑 240・245 …… 462
最決昭和 60・7・16 刑集 39・5・245 ………… 485
旭川地判昭和 60・8・23 高刑集 39・1・22 … 409
最決昭和 60・10・21 刑集 39・6・362 ……… 339

昭和 61 年〜63 年

福岡高判昭和 61・2・13 刑月 18・1=2・45 … 178
横浜地判昭和 61・2・18 刑月 18・1=2・127 … 129
福岡地判昭和 61・3・3 判タ 595・95 ………… 132
札幌高判昭和 61・3・24 高刑集 39・1・8 … 409
東京高判昭和 61・4・17 高刑集 39・1・30 … 217
最決昭和 61・6・27 刑集 40・4・369 ………… 451
最決昭和 61・7・18 刑集 40・5・438 ………… 169
大阪地判昭和 61・10・3 判タ 630・228 ……… 69
最決昭和 61・11・18 刑集 40・7・523
　………………………………… 156, 206, 207, 214
大阪高判昭和 61・12・16 高刑集 39・4・592 … 78
仙台地石巻支判昭和 62・2・18 判時 1249・
　145 …………………………………………… 51
最決昭和 62・3・12 刑集 41・2・140 ………… 130
最決昭和 62・3・24 刑集 41・2・173 ………… 85
最決昭和 62・4・10 刑集 41・3・221 ………… 186
広島高松江支判昭和 62・6・18 高刑集 40・1・
　71 …………………………………………… 92
大阪高判昭和 62・7・10 高刑集 40・3・720
　……………………………………………… 56, 57
大阪高判昭和 62・7・17 判時 1253・141 …… 217
東京高判昭和 62・7・30 高刑集 40・3・738 … 409
東京高判昭和 62・9・16 判時 1294・143 …… 90
最決昭和 62・9・30 刑集 41・6・297 ………… 436
東京地判昭和 62・10・6 判時 1259・137
　…………………………………………… 194, 195
最決昭和 63・1・19 刑集 42・1・1 … 14, 36, 44, 46
最決昭和 63・2・29 刑集 42・2・314 ……… 16, 36
最決昭和 63・4・11 刑集 42・4・419 …… 445, 446
東京地判昭和 63・5・6 家月 41・7・126 …… 366
最決昭和 63・11・21 刑集 42・9・1251 ……… 278

平成元年〜

東京地判平成元・2・22 判時 1308・161 …… 384
大阪高判平成元・3・3 判タ 712・248 ……… 209
最決平成元・3・10 刑集 43・3・188 ………… 431
最決平成元・3・14 刑集 43・3・283 ………… 485
東京高判平成元・3・14 東高刑時報 40・1・4・
　11 …………………………………………… 230
福岡高宮崎支判平成元・3・24 高刑集 42・2・
　103 …………………………………………… 29
大阪地判平成元・3・29 判時 1321・3 ……… 228
甲府地判平成元・3・31 判時 1311・160 …… 384
最決平成元・5・1 刑集 43・5・405 ………… 461
最決平成元・7・7 裁判集刑 252・203 ……… 335
最決平成元・7・7 刑集 43・7・607 ………… 160
最決平成元・7・14 刑集 43・7・641 ………… 335
東京地判平成元・8・8 判時 1319・158 ……… 387

判例索引　513

東京高判平成 2・2・20 高刑集 43・1・11 …… 380
富山地判平成 2・4・13 判時 1343・160 …… 405
札幌地判平成 2・4・23 判タ 737・242 …… 218
浦和地判平成 2・12・20 判時 1377・145 …… 217
新潟地判平成 3・3・20 判タ 755・226 …… 263
東京高判平成 3・4・1 判時 1400・128 …… 186
最決平成 3・4・5 刑集 45・4・171 …… 389,392
東京八王子支判平成 3・8・28 判タ 768・249
　………………………………………………… 237
神戸地判平成 3・9・19 判タ 797・269 …… 315
大阪地判平成 3・12・2 判時 1411・128
　………………………………………… 404,405
最決平成 4・2・18 刑集 46・2・1 …………… 230
浦和地判平成 4・4・24 判時 1437・151 …… 262
東京地判平成 4・5・28 判時 1425・140 …… 360
大阪地判平成 4・9・22 判タ 828・281 …… 205
最決平成 4・11・27 刑集 46・8・623 ……… 133
最決平成 5・10・5 刑集 47・8・7 …………… 368
最決平成 6・7・19 刑集 48・5・190 ………… 203
東京高判平成 6・9・12 判時 1545・113 …… 282
最決平成 6・11・29 刑集 48・7・453 …… 360,381
最大判平成 7・2・22 刑集 49・2・1 …… 440,443
横浜地判平成 7・3・28 判時 1530・28 ……… 31
最決平成 8・2・6 刑集 50・2・129 ………… 146
東京高判平成 8・2・26 東高刑時報 47・1=12・
　29 ………………………………………… 292
東京地判平成 8・4・22 判時 1597・151 …… 405
最判平成 8・4・26 民集 50・5・1267 ……… 282
大阪地判平成 9・8・20 判タ 995・286 ……… 57
最決平成 10・7・14 刑集 52・5・343 ……… 438
最決平成 10・11・4 刑集 52・8・542 ……… 438

最決平成 10・11・25 判時 1662・157 ……… 278
最決平成 12・3・27 刑集 54・3・402 ……… 250
大阪高判平成 12・8・24 判時 1736・130 …… 196
最判平成 13・7・19 刑集 55・5・371
　……………………………………… 144,163,261
最決平成 13・11・5 刑集 55・6・546 …… 257,292
最決平成 14・2・14 刑集 56・2・86 ………… 216
東京地判平成 14・3・15 判時 1793・156 …… 166
最判平成 14・7・1 刑集 56・6・265 ………… 305
横浜地判平成 14・9・5 判タ 1140・280 …… 129
東京高判平成 15・1・29 判時 1835・157 …… 483
最判平成 15・3・11 刑集 57・3・293 ……… 126
最決平成 15・3・12 刑集 57・3・322 …… 232,282
最決平成 15・3・18 刑集 57・3・371 ………… 86
最決平成 15・3・18 刑集 57・3・356 ……… 274
最判平成 15・4・14 刑集 57・4・445 ……… 331
最大判平成 15・4・23 刑集 57・4・467 …… 281
最決平成 15・10・6 刑集 57・9・987 ……… 369
最決平成 15・12・9 刑集 57・11・1088 …… 245
最決平成 16・2・9 刑集 58・2・89 ………… 254
最判平成 16・12・10 刑集 58・9・1047 …… 216
最判平成 16・1・20 刑集 58・1・1 …………… 27
最決平成 16・8・25 刑集 58・6・515 ……… 186
最決平成 16・11・30 刑集 58・8・1005 …… 195
最決平成 17・3・11 刑集 59・2・1 ………… 448
最決平成 17・12・6 刑集 59・10・1901 …… 83
最判平成 17・3・29 刑集 59・2・54 ………… 48
大阪地判平成 17・5・25 判タ 1202・285
　……………………………………………… 164,166
最決平成 18・1・23 刑集 60・1・67 ………… 448

著者略歴

1951年　北海道生まれ
1975年　東京大学法学部卒業
現　在　上智大学法学部教授

主要著書

『財産犯の保護法益』（1984年，東京大学出版会）
『現代の経済犯罪』（1989年，弘文堂）
『刑法の現代的課題』（1991年，有斐閣）
『刑法の基礎理論』（1995年，東京大学出版会）
『刑法総論』（2000年，東京大学出版会）

刑法各論　第2版

1999年 9 月20日　初　版第 1 刷
2007年10月 1 日　第 2 版第 1 刷

［検印廃止］

著　者　　林　幹人
　　　　　はやし　みきと

発行所　財団法人　東京大学出版会
代表者　岡本和夫
113-8654 東京都文京区本郷 7-3-1 東大構内
電話 03-3811-8814　Fax 03-3812-6958
振替 00160-6-59964

印刷所　株式会社三陽社
製本所　矢嶋製本株式会社

Ⓒ 2007 Mikito Hayashi
ISBN 978-4-13-032342-0　Printed in Japan

Ⓡ〈日本複写権センター委託出版物〉
本書の全部または一部を無断で複写複製（コピー）することは，著作権法上での例外を除き，禁じられています．本書からの複写を希望される場合は，日本複写権センター（03-3401-2382）にご連絡ください．

林　幹人　著	刑　法　総　論	A5	3500 円
林　幹人　著	刑法の基礎理論	A5	3800 円
前田雅英　著	刑法総論講義　第4版	A5	3600 円
前田雅英　著	刑法各論講義　第4版	A5	3700 円
池田　修／前田雅英　著	刑事訴訟法講義　第2版	A5	3600 円
木村光江　著	刑　　　　法　第2版	A5	3500 円
木村光江　著	刑　事　法　入　門　第2版	A5	2200 円
平野龍一　著	刑　法　概　説	A5	3000 円
平野龍一　編	判例教材　刑　法　各　論	A5	2600 円
平野龍一　著	刑　事　訴　訟　法　概　説	A5	2700 円

ここに表示された価格は本体価格です．御購入の際には消費税が加算されますのでご了承下さい．